北京农村年鉴

2021

《北京农村年鉴》编委会　编

中国农业出版社

北　京

北京农村年鉴

2021

美丽乡村建设

建设中的丽泽　原梓峰　摄

朝阳区东坝乡坝河景观带

卢沟桥　赵智和　摄

怀柔区桥梓镇口头村全景

房山区城关街道东坟村美丽乡村建设成果

大兴区北臧村镇民宿“当归小院”

门头沟区清水镇洪水口村

门头沟区清水镇梁家庄村乡村民宿精品

产业兴旺

房山区现代农业产业园蔬艺中心

北京兴农天力农机服务专业合作社的小麦收割机在田间进行小麦收割和秸秆粉碎还田作业

北京立春农业科技有限公司西瓜新品种观摩

北京乐平农产品合作社西瓜集约化育苗技术观摩

北京农商银行支持“三农”发展新战略

举办北京花果观光采摘季启动仪式暨“平谷瑞桃·祝福京城”主题活动

延庆区四海镇前山村菊花产业基地

“欢乐通州·欢乐购”推介通州区西集镇和西集大樱桃

生态宜居

南五环旁最大城市森林公园狼垡城市森林公园开园

怀柔区喇叭沟门满族乡中榆树店村

房山区河北镇人居环境建设成果

朝阳区朝来森林公园三期

大兴区新凤河流域综合治理工程完工

通州区张家湾公园开园

乡风文明

门头沟区少年宫小百花艺术团参加第三届中国农民丰收节专场展演活动

2020 年海淀区丰收节暨农民艺术节·海淀农村地区群众表演节目

门头沟区乡村大舞台决赛中节目《亘鼓》获评一等奖

朝阳区亦庄镇举办 2020 年社区广场舞比赛

通州区马驹桥镇开展第二届“社区邻里节”活动

朝阳区南磨房乡双龙西社区在“社区邻里节”中举办“生活小故事温馨邻里情——双龙西社区‘和·邻里’主题图片展”

通州区潞城镇举办第五届“聚美潞城”文化艺术节系列大赛

双节同庆——民间书画家献艺张湾文艺博览苑

农桑亲子乐园，让孩子体验农耕乐趣

中央美术学院联手抖音开展乡村美育教育活动

治理有效

海淀区动监所执法人员监督检查宠物市场

朝阳区东风乡开展垃圾分类宣传活动

门头沟区大力推广“垃圾不落地”模式

朝阳区高碑店乡太平庄北社区周末大扫除活动

抗击疫情

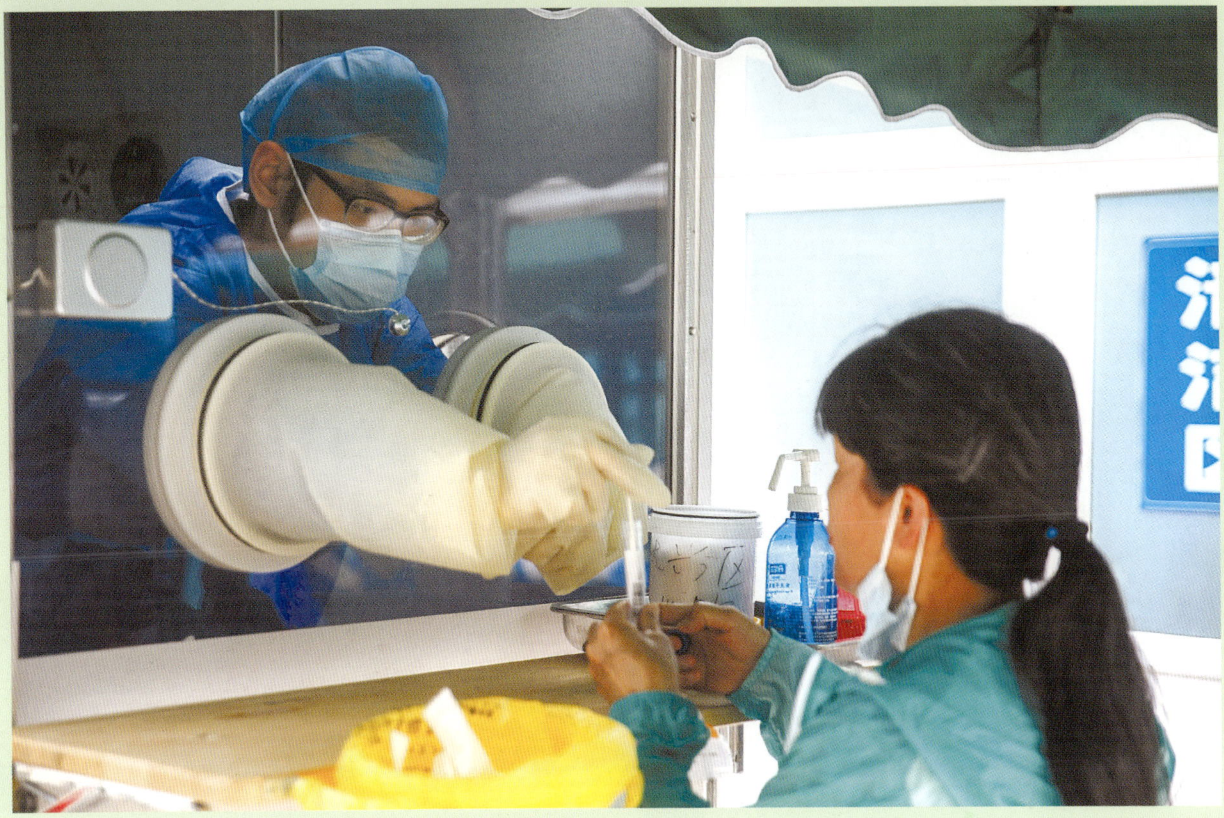

大兴区首个正压核酸采样站投入使用

朝阳区十八里店乡、村自行搭建核酸检测场所，落实“一米线”、消毒消杀等措施，优化采样流程，提高检测效率，引导居民分批次、分时段有序检测

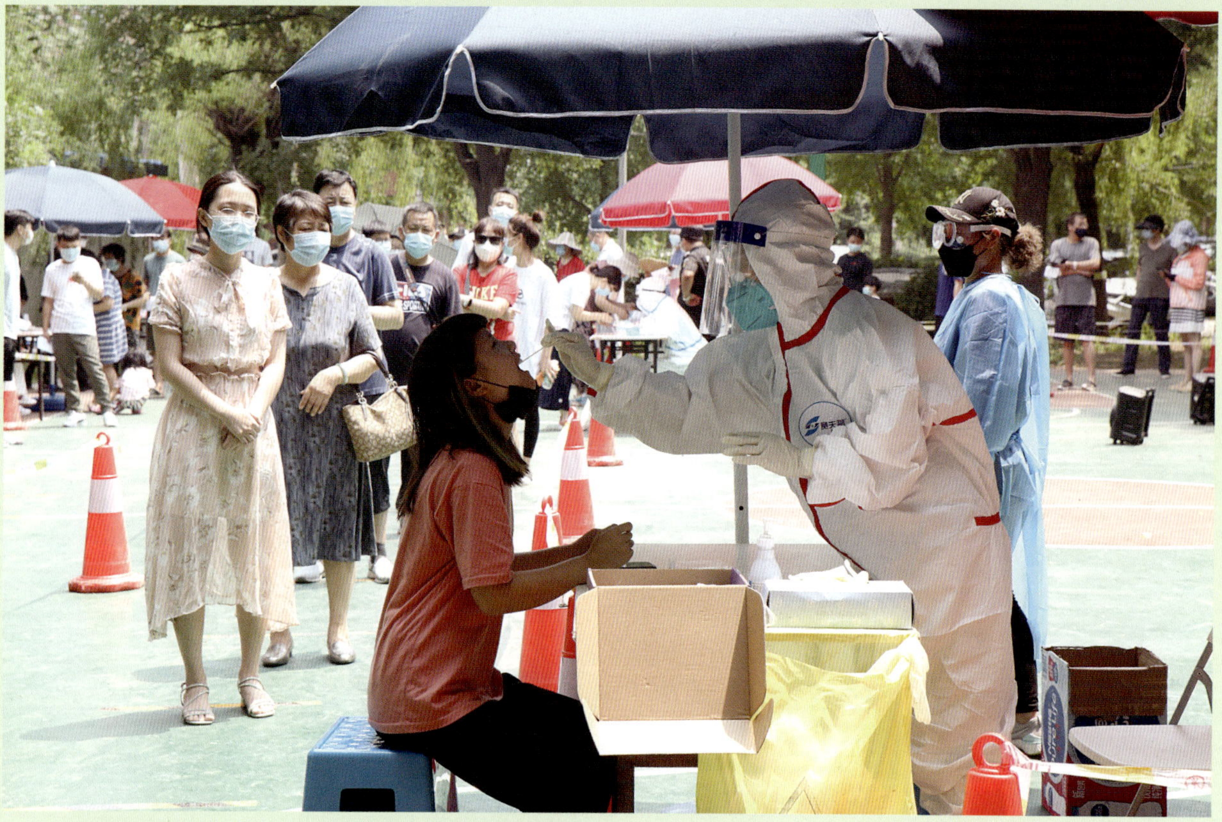

大兴区西红门镇核酸检测现场

大兴区榆垡镇村级卡口党员正在执勤

人才培养

北京市教育学会举办农村中小学教育研究分会年会

北京农业职业学院在首都高等学校第 58 届学生田径运动会上再创佳绩　*赵宏宇　摄*

北京农业职业学院乡村振兴论坛暨北京乡村振兴学院揭牌仪式　*孙田田　摄*

北京农业职业学院举办京津冀农林高校协同创新联盟 2020 年交流推进会　*孙田田　摄*

北京市农林科学院新产品介绍

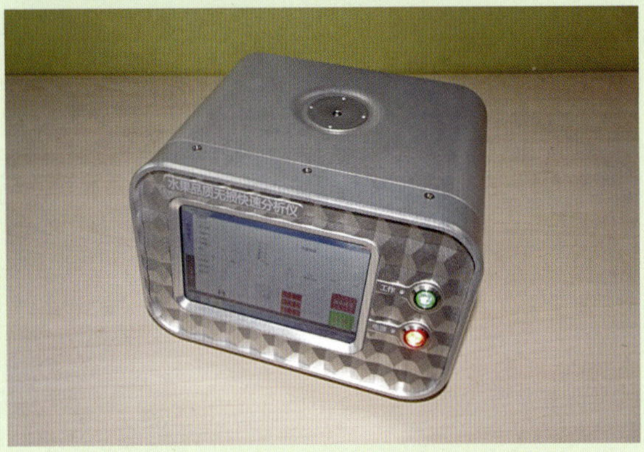

便携台式水果品质无损快速分析仪

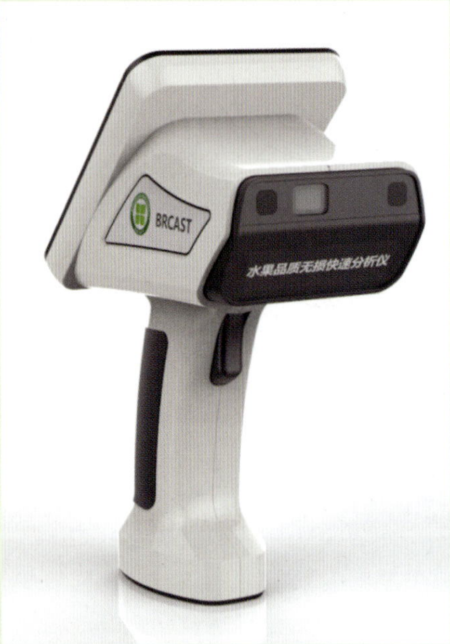

手持式水果品质无损快速分析仪 HDR–1700 型

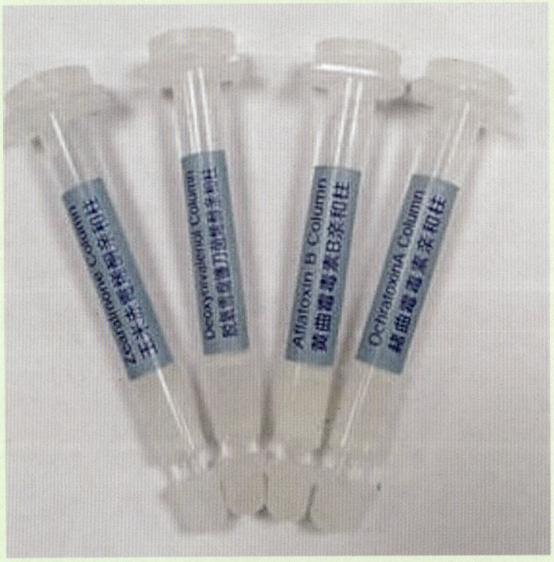

适配体亲和柱

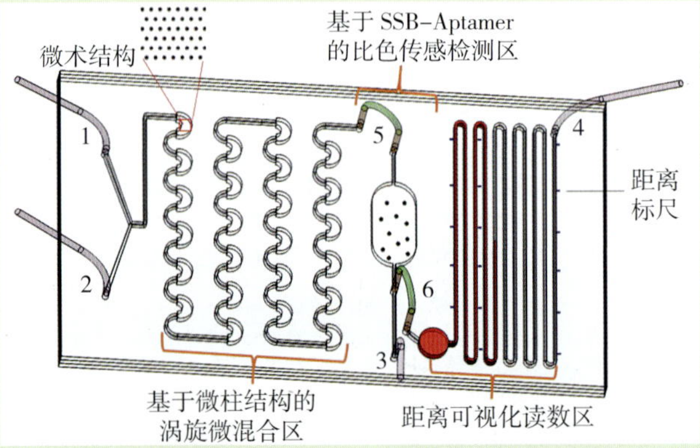

食源性致病菌微流控芯片“样本进－结果出”现场快检技术

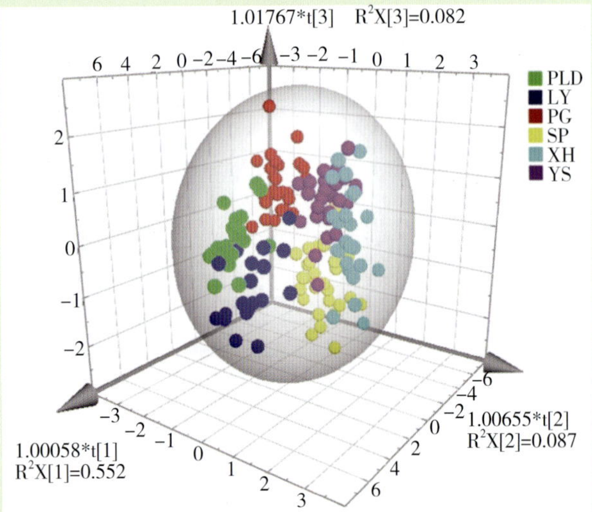

稳定同位素溯源技术

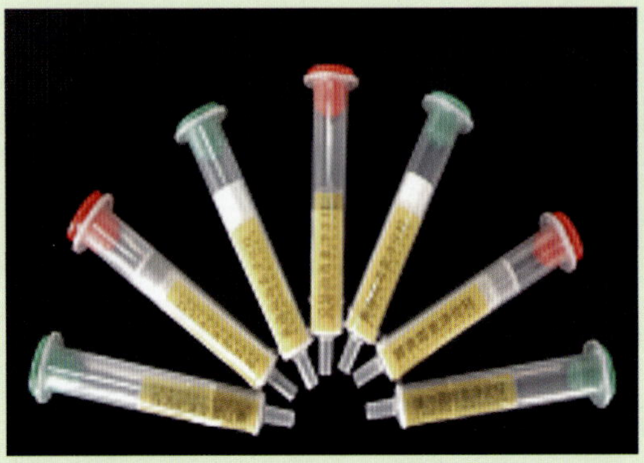

一种净化真菌毒素的固相萃取柱

《北京农村年鉴》编辑委员会

《北京农村年鉴》编辑部

凡　例

一、《北京农村年鉴》是集中反映北京农村经济和社会发展情况的大型资料性工具书和史料文献。在中共北京市委农村工作委员会和北京市农业农村局的领导下，由北京市农村经济研究中心主持编纂。

二、《北京农村年鉴》以马克思列宁主义、毛泽东思想、邓小平理论、“三个代表”重要思想、科学发展观、习近平新时代中国特色社会主义思想为指导，运用丰富、翔实的资料和客观、真实的记述，使社会各界增进对北京农村的认识与了解，促进北京地区各行业和国内外与北京农村的合作、交流，也为地方史志的编写积累珍贵的历史资料。

三、《北京农村年鉴》基本写作形式为条目体，并选载适量文件，辅以图片、表格，使读者对北京农村情况有一完整了解。

四、《北京农村年鉴》所设栏目与类目基本固定，依据年度变化情况做适当调整。

五、《北京农村年鉴》稿件，由北京市委农工委、北京市农业农村局各职能部门，北京市农业农村系统各单位，各涉农区，并邀请各有关部门，确定专人撰写，均经各部门主管领导审阅。有关数据采用国家和市统计部门发布的权威数字；未列入国家和市统计范围的，采用业务部门经过核实、可以发布的数字。

目　录

特　载

文件选载

涉农文件目录

总　述

大　事　记

实施乡村振兴战略

都市型现代农业

产业融合发展

生态环境与基础设施建设

山区建设

农业科技

农村改革

农 村 民 生

农村社会事业

农村社会管理

农村法治建设

基层组织建设与乡村治理

市委农工委、市农业农村局机关建设

郊 区 农 情

市委农工委系统行政、事业机构

统 计 资 料

索　　引

撰稿联系人名单与单位

特　载

中共中央　国务院
关于抓好“三农”领域重点工作确保如期实现全面小康的意见

（2020年1月2日）

党的十九大以来，党中央围绕打赢脱贫攻坚战、实施乡村振兴战略作出一系列重大部署，出台一系列政策举措。农业农村改革发展的实践证明，党中央制定的方针政策是完全正确的，今后一个时期要继续贯彻执行。

2020年是全面建成小康社会目标实现之年，是全面打赢脱贫攻坚战收官之年。党中央认为，完成上述两大目标任务，脱贫攻坚最后堡垒必须攻克，全面小康“三农”领域突出短板必须补上。小康不小康，关键看老乡。脱贫攻坚质量怎么样、小康成色如何，很大程度上要看“三农”工作成效。全党务必深刻认识做好2020年“三农”工作的特殊重要性，毫不松懈，持续加力，坚决夺取第一个百年奋斗目标的全面胜利。

做好2020年“三农”工作总的要求是，坚持以习近平新时代中国特色社会主义思想为指导，全面贯彻党的十九大和十九届二中、三中、四中全会精神，贯彻落实中央经济工作会议精神，对标对表全面建成小康社会目标，强化举措、狠抓落实，集中力量完成打赢脱贫攻坚战和补上全面小康“三农”领域突出短板两大重点任务，持续抓好农业稳产保供和农民增收，推进农业高质量发展，保持农村社会和谐稳定，提升农民群众获得感、幸福感、安全感，确保脱贫攻坚战圆满收官，确保农村同步全面建成小康社会。

一、坚决打赢脱贫攻坚战

（一）全面完成脱贫任务。脱贫攻坚已经取得决定性成就，绝大多数贫困人口已经脱贫，现在到了攻城拔寨、全面收官的阶段。要坚持精准扶贫，以更加有力的举措、更加精细的工作，在普遍实现“两不愁”基础上，全面解决“三保障”和饮水安全问题，确保剩余贫困人口如期脱贫。进一步聚焦“三区三州”等深度贫困地区，瞄准突出问题和薄弱环节集中发力，狠抓政策落实。对深度贫困地区贫困人口多、贫困发生率高、脱贫难度大的县和行政村，要组织精锐力量强力帮扶、挂牌督战。对特殊贫困群体，要落实落细低保、医保、养老保险、特困人员救助供养、临时救助等综合社会保障政策，实现应保尽保。各级财政要继续增加专项扶贫资金，中央财政新增部分主要用于“三区三州”等深度贫困地区。优化城乡建设用地增减挂钩、扶贫小额信贷等支持政策。深入推进抓党建促脱贫攻坚。

（二）巩固脱贫成果防止返贫。各地要对已脱贫人口开展全面排查，认真查找漏洞缺项，一项一项整改清零，一户一户对账销号。总结推广各地经验做法，健全监测预警机制，加强对不稳定脱贫户、边缘户的动态监测，将返贫人口和新发生贫困人口及时纳入帮扶，为巩固脱贫成果提供制度保障。强化产业扶贫、就业扶贫，深入开展消费扶贫，加大易地扶贫搬迁后续扶持力度。扩大贫困地区退耕还林还草规模。深化扶志扶智，激发贫困人口内生动力。

（三）做好考核验收和宣传工作。严把贫困退出关，严格执行贫困退出标准和程序，坚决杜绝数字脱贫、虚假脱贫，确保脱贫成果经得起历史检验。加强常态化督导，及时发现问题、督促整改。开展脱贫攻坚普查。扎实做好脱贫攻坚宣传工作，全面展现新时代扶贫脱贫壮阔实践，全面宣传扶贫事业历史性成就，深刻揭示脱贫攻坚伟大成就背后的制度优势，向世界讲好中国减贫生动故事。

（四）保持脱贫攻坚政策总体稳定。坚持贫困县摘帽不摘责任、不摘政策、不摘帮扶、不摘监管。强化脱贫攻坚责任落实，继续执行对贫困县的主要扶持政策，进一步加大东西部扶贫协作、对口支援、定点扶贫、社会扶贫力度，稳定扶贫工作队伍，强化基层帮扶力量。持续开展扶贫领域腐败和作风问题专项治理。对已实现稳定脱贫的县，各省（自治区、直辖市）可以根据实际情况统筹安排专项扶贫资金，支持非贫困县、非贫困村贫困人口脱贫。

（五）研究接续推进减贫工作。脱贫攻坚任务完成后，我国贫困状况将发生重大变化，扶贫工作重心转向解决相对贫困，扶贫工作方式由集中作战调整为常态推进。要研究建立解决相对贫困的长效机制，推动减贫战略和工作体系平稳转型。加强解决相对贫困问题顶层设计，纳入实施乡村振兴战略统筹安排。抓紧研究制定脱贫攻坚与实施乡村振兴战略有机衔接的意见。

二、对标全面建成小康社会加快补上农村基础设施和公共服务短板

（六）加大农村公共基础设施建设力度。推动“四好农村路”示范创建提质扩面，启动省域、市域范围内示范创建。在完成具备条件的建制村通硬化路和通客车任务基础上，有序推进较大人口规模自然村（组）等通硬化路建设。支持村内道路建设和改造。加大成品油税费改革转移支付对农村公路养护的支持力度。加快农村公路条例立法进程。加强农村道路交通安全管理。完成“三区三州”和抵边村寨电网升级改造攻坚计划。基本实现行政村光纤网络和第四代移动通信网络普遍覆盖。落实农村公共基础设施管护责任，应由政府承担的管护费用纳入政府预算。做好村庄规划工作。

（七）提高农村供水保障水平。全面完成农村饮水安全巩固提升工程任务。统筹布局农村饮水基础设施建设，在人口相对集中的地区推进规模化供水工程建设。有条件的地区将城市管网向农村延伸，推进城乡供水一体化。中央财政加大支持力度，补助中西部地区、原中央苏区农村饮水安全工程维修养护。加强农村饮用水水源保护，做好水质监测。

（八）扎实搞好农村人居环境整治。分类推进农村厕所革命，东部地区、中西部城市近郊区等有基础有条件的地区要基本完成农村户用厕所无害化改造，其他地区实事求是确定目标任务。各地要选择适宜的技术和改厕模式，先搞试点，证明切实可行后再推开。全面推进农村生活垃圾治理，开展就地分类、源头减量试点。梯次推进农村生活污水治理，优先解决乡镇所在地和中心村生活污水问题。开展农村黑臭水体整治。支持农民群众开展村庄清洁和绿化行动，推进“美丽家园”建设。鼓励有条件的地方对农村人居环境公共设施维修养护进行补助。

（九）提高农村教育质量。加强乡镇寄宿制学校建设，统筹乡村小规模学校布局，改善办学条件，提高教学质量。加强乡村教师队伍建设，全面推行义务教育阶段教师“县管校聘”，有计划安排县城学校教师到乡村支教。落实中小学教师平均工资收入水平不低于或高于当地公务员平均工资收入水平政策，教师职称评聘向乡村学校教师倾斜，符合条件的乡村学校教师纳入当地政府住房保障体系。持续推进农村义务教育控辍保学专项行动，巩固义务教育普及成果。增加学位供给，有效解决农民工随迁子女上学问题。重视农村学前教育，多渠道增加普惠性学前教育资源供给。加强农村特殊教育。大力提升中西部地区乡村教师国家通用语言文字能力，加强贫困地区学前儿童普通话教育。扩大职业教育学校在农村招生规模，提高职业教育质量。

（十）加强农村基层医疗卫生服务。办好县级医院，推进标准化乡镇卫生院建设，改造提升村卫生室，消除医疗服务空白点。稳步推进紧密型县城医疗卫生共同体建设。加强乡村医生队伍建设，适当简化本科及以上学历医学毕业生或经住院医师规

范化培训合格的全科医生招聘程序。对应聘到中西部地区和艰苦边远地区乡村工作的应届高校医学毕业生，给予大学期间学费补偿、国家助学贷款代偿。允许各地盘活用好基层卫生机构现有编制资源，乡镇卫生院可优先聘用符合条件的村医。加强基层疾病预防控制队伍建设，做好重大疾病和传染病防控。将农村适龄妇女宫颈癌和乳腺癌检查纳入基本公共卫生服务范围。

（十一）**加强农村社会保障**。适当提高城乡居民基本医疗保险财政补助和个人缴费标准。提高城乡居民基本医保、大病保险、医疗救助经办服务水平，地级市域范围内实现“一站式服务、一窗口办理、一单制结算”。加强农村低保对象动态精准管理，合理提高低保等社会救助水平。完善农村留守儿童和妇女、老年人关爱服务体系。发展农村互助式养老，多形式建设日间照料中心，改善失能老年人和重度残疾人护理服务。

（十二）**改善乡村公共文化服务**。推动基本公共文化服务向乡村延伸，扩大乡村文化惠民工程覆盖面。鼓励城市文艺团体和文艺工作者定期送文化下乡。实施乡村文化人才培养工程，支持乡土文艺团组发展，扶持农村非遗传承人、民间艺人收徒传艺，发展优秀戏曲曲艺、少数民族文化、民间文化。保护好历史文化名镇（村）、传统村落、民族村寨、传统建筑、农业文化遗产、古树名木等。以“庆丰收、迎小康”为主题办好中国农民丰收节。

（十三）**治理农村生态环境突出问题**。大力推进畜禽粪污资源化利用，基本完成大规模养殖场粪污治理设施建设。深入开展农药化肥减量行动，加强农膜污染治理，推进秸秆综合利用。在长江流域重点水域实行常年禁捕，做好渔民退捕工作。推广黑土地保护有效治理模式，推进侵蚀沟治理，启动实施东北黑土地保护性耕作行动计划。稳步推进农用地土壤污染管控和修复利用。继续实施华北地区地下水超采综合治理。启动农村水系综合整治试点。

三、保障重要农产品有效供给和促进农民持续增收

（十四）**稳定粮食生产**。确保粮食安全始终是治国理政的头等大事。粮食生产要稳字当头，稳政策、稳面积、稳产量。强化粮食安全省长责任制考核，各省（自治区、直辖市）2020年粮食播种面积和产量要保持基本稳定。进一步完善农业补贴政策。调整完善稻谷、小麦最低收购价政策，稳定农民基本收益。推进稻谷、小麦、玉米完全成本保险和收入保险试点。加大对大豆高产品种和玉米、大豆间作新农艺推广的支持力度。抓好草地贪夜蛾等重大病虫害防控，推广统防统治、代耕代种、土地托管等服务模式。加大对产粮大县的奖励力度，优先安排农产品加工用地指标。支持产粮大县开展高标准农田建设新增耕地指标跨省域调剂使用，调剂收益按规定用于建设高标准农田。深入实施优质粮食工程。以北方农牧交错带为重点扩大粮改饲规模，推广种养结合模式。完善新疆棉花目标价格政策。拓展多元化进口渠道，增加适应国内需求的农产品进口。扩大优势农产品出口。深入开展农产品反走私综合治理专项行动。

（十五）**加快恢复生猪生产**。生猪稳产保供是当前经济工作的一件大事，要采取综合性措施，确保2020年年底前生猪产能基本恢复到接近正常年份水平。落实“省负总责”，压实“菜篮子”市长负责制，强化县级抓落实责任，保障猪肉供给。坚持补栏增养和疫病防控相结合，推动生猪标准化规模养殖，加强对中小散养户的防疫服务，做好饲料生产保障工作。严格落实扶持生猪生产的各项政策举措，抓紧打通环评、用地、信贷等瓶颈。纠正随意扩大限养禁养区和“无猪市”“无猪县”问题。严格执行非洲猪瘟疫情报告制度和防控措施，加快疫苗研发进程。加强动物防疫体系建设，落实防疫人员和经费保障，在生猪大县实施乡镇动物防疫特聘计划。引导生猪屠宰加工向养殖集中区转移，逐步减少活猪长距离调运，推进“运猪”向“运肉”转变。加强市场监测和调控，做好猪肉保供稳价工作，打击扰乱市场行为，及时启动社会救助和保障标准与物价上涨挂钩联动机制。支持奶业、禽类、牛羊等生产，引导优化肉类消费结构。推进水产绿色健康养殖，加强渔港建设和管理改革。

（十六）**加强现代农业设施建设**。提早谋划实施一批现代农业投资重大项目，支持项目及早落地，有效扩大农业投资。以粮食生产功能区和重要农产品生产保护区为重点加快推进高标准农田建设，修编建设规划，合理确定投资标准，完善工程建设、验收、监督检查机制，确保建一块成一块。如期完成大中型灌区续建配套与节水改造，提高防

汛抗旱能力，加大农业节水力度。抓紧启动和开工一批重大水利工程和配套设施建设，加快开展南水北调后续工程前期工作，适时推进工程建设。启动农产品仓储保鲜冷链物流设施建设工程。加强农产品冷链物流统筹规划、分级布局和标准制定。安排中央预算内投资，支持建设一批骨干冷链物流基地。国家支持家庭农场、农民合作社、供销合作社、邮政快递企业、产业化龙头企业建设产地分拣包装、冷藏保鲜、仓储运输、初加工等设施，对其在农村建设的保鲜仓储设施用电实行农业生产用电价格。依托现有资源建设农业农村大数据中心，加快物联网、大数据、区块链、人工智能、第五代移动通信网络、智慧气象等现代信息技术在农业领域的应用。开展国家数字乡村试点。

（十七）发展富民乡村产业。支持各地立足资源优势打造各具特色的农业全产业链，建立健全农民分享产业链增值收益机制，形成有竞争力的产业集群，推动农村一二三产业融合发展。加快建设国家、省、市、县现代农业产业园，支持农村产业融合发展示范园建设，办好农村“双创”基地。重点培育家庭农场、农民合作社等新型农业经营主体，培育农业产业化联合体，通过订单农业、入股分红、托管服务等方式，将小农户融入农业产业链。继续调整优化农业结构，加强绿色食品、有机农产品、地理标志农产品认证和管理，打造地方知名农产品品牌，增加优质绿色农产品供给。有效开发农村市场，扩大电子商务进农村覆盖面，支持供销合作社、邮政快递企业等延伸乡村物流服务网络，加强村级电商服务站点建设，推动农产品进城、工业品下乡双向流通。强化全过程农产品质量安全和食品安全监管，建立健全追溯体系，确保人民群众“舌尖上的安全”。引导和鼓励工商资本下乡，切实保护好企业家合法权益。制定农业及相关产业统计分类并加强统计核算，全面准确反映农业生产、加工、物流、营销、服务等全产业链价值。

（十八）稳定农民工就业。落实涉企减税降费等支持政策，加大援企稳岗工作力度，放宽失业保险稳岗返还申领条件，提高农民工技能提升补贴标准。农民工失业后，可在常住地进行失业登记，享受均等化公共就业服务。出台并落实保障农民工工资支付条例。以政府投资项目和工程建设领域为重点，开展农民工工资支付情况排查整顿，执行拖欠农民工工资“黑名单”制度，落实根治欠薪各项举措。实施家政服务、养老护理、医院看护、餐饮烹饪、电子商务等技能培训，打造区域性劳务品牌。鼓励地方设立乡村保洁员、水管员、护路员、生态护林员等公益性岗位。开展新业态从业人员职业伤害保障试点。深入实施农村创新创业带头人培育行动，将符合条件的返乡创业农民工纳入一次性创业补贴范围。

四、加强农村基层治理

（十九）充分发挥党组织领导作用。农村基层党组织是党在农村全部工作和战斗力的基础。要认真落实《中国共产党农村基层组织工作条例》，组织群众发展乡村产业，增强集体经济实力，带领群众共同致富；动员群众参与乡村治理，增强主人翁意识，维护农村和谐稳定；教育引导群众革除陈规陋习，弘扬公序良俗，培育文明乡风；密切联系群众，提高服务群众能力，把群众紧密团结在党的周围，筑牢党在农村的执政基础。全面落实村党组织书记县级党委备案管理制度，建立村“两委”成员县级联审常态化机制，持续整顿软弱涣散村党组织，发挥党组织在农村各种组织中的领导作用。严格村党组织书记监督管理，建立健全党委组织部门牵头协调，民政、农业农村等部门共同参与、加强指导的村务监督机制，全面落实“四议两公开”。加大农村基层巡察工作力度。强化基层纪检监察组织与村务监督委员会的沟通协作、有效衔接，形成监督合力。加大在青年农民中发展党员力度。持续向贫困村、软弱涣散村、集体经济薄弱村派驻第一书记。加强村级组织运转经费保障。健全激励村干部干事创业机制。选优配强乡镇领导班子特别是乡镇党委书记。在乡村开展“听党话、感党恩、跟党走”宣讲活动。

（二十）健全乡村治理工作体系。坚持县乡村联动，推动社会治理和服务重心向基层下移，把更多资源下沉到乡镇和村，提高乡村治理效能。县级是“一线指挥部”，要加强统筹谋划，落实领导责任，强化大抓基层的工作导向，增强群众工作本领。建立县级领导干部和县直部门主要负责人包村制度。乡镇是为农服务中心，要加强管理服务，整合审批、服务、执法等方面力量，建立健全统一管理服务平台，实现一站式办理。充实农村人居环境整治、宅基地管理、集体资产管理、民生保障、社会服务等工作力量。行政村是基本治理单元，要强化自我管理、自我服务、自我教育、自我监督，健全基层民主制度，完善村规民约，推进村民自治制度化、规范化、程序化。扎实开展自治、法治、德治相结合的乡村治理体系建设试点示范，推广乡村治理创新性典型案例经验。注重发挥家庭家教家风在乡村治理中的重要作用。

（二十一）调处化解乡村矛盾纠纷。坚持和发展新时代“枫桥经验”，进一步加强人民调解工作，做到小事不出村、大事不出乡、矛盾不上交。畅通农民群众诉求表达渠道，及时妥善处理农民群众合理诉求。持续整治侵害农民利益行为，妥善化解土地承包、征地拆迁、农民工工资、环境污染等方面矛盾。推行领导干部特别是市县领导干部定期下基层接访制度，积极化解信访积案。组织开展“一村一法律顾问”等形式多样的法律服务。对直接关系农民切身利益、容易引发社会稳定风险的重大决策事项，要先进行风险评估。

（二十二）深入推进平安乡村建设。推动扫黑除恶专项斗争向纵深推进，严厉打击非法侵占农村集体资产、扶贫惠农资金和侵犯农村妇女儿童人身权利等违法犯罪行为，推进反腐败斗争和基层“拍蝇”，建立防范和整治“村霸”长效机制。依法管理农村宗教事务，制止非法宗教活动，防范邪教向农村渗透，防止封建迷信蔓延。加强农村社会治安工作，推行网格化管理和服务。开展农村假冒伪劣食品治理行动。打击制售假劣农资违法违规行为。加强农村防灾减灾能力建设。全面排查整治农村各类安全隐患。

五、强化农村补短板保障措施

（二十三）优先保障“三农”投入。加大中央和地方财政“三农”投入力度，中央预算内投资继续向农业农村倾斜，确保财政投入与补上全面小康“三农”领域突出短板相适应。地方政府要在一般债券支出中安排一定规模支持符合条件的易地扶贫搬迁和乡村振兴项目建设。各地应有序扩大用于支持乡村振兴的专项债券发行规模。中央和省级各部门要根据补短板的需要优化涉农资金使用结构。按照“取之于农、主要用之于农”要求，抓紧出台调整完善土地出让收入使用范围进一步提高农业农村投入比例的意见。调整完善农机购置补贴范围，赋予省级更大自主权。研究本轮草原生态保护补奖政策到期后的政策。强化对“三农”信贷的货币、财税、监管政策正向激励，给予低成本资金支持，提高风险容忍度，优化精准奖补措施。对机构法人在县域、业务在县域的金融机构，适度扩大支农支小再贷款额度。深化农村信用社改革，坚持县域法人地位。加强考核引导，合理提升资金外流严重县的存贷比。鼓励商业银行发行“三农”、小微企业等专项金融债券。落实农户小额贷款税收优惠政策。符合条件的家庭农场等新型农业经营主体可按规定享受现行小微企业相关贷款税收减免政策。合理设置农业贷款期限，使其与农业生产周期相匹配。发挥全国农业信贷担保体系作用，做大面向新型农业经营主体的担保业务。推动温室大棚、养殖圈舍、大型农机、土地经营权依法合规抵押融资。稳妥扩大农村普惠金融改革试点，鼓励地方政府开展县域农户、中小企业信用等级评价，加快构建线上线下相结合、“银保担”风险共担的普惠金融服务体系，推出更多免抵押、免担保、低利率、可持续的普惠金融产品。抓好农业保险保费补贴政策落实，督促保险机构及时足额理赔。优化“保险＋期货”试点模式，继续推进农产品期货期权品种上市。

（二十四）破解乡村发展用地难题。坚守耕地和永久基本农田保护红线。完善乡村产业发展用地政策体系，明确用地类型和供地方式，实行分类管理。将农业种植养殖配建的保鲜冷藏、晾晒存贮、农机库房、分拣包装、废弃物处理、管理看护房等辅助设施用地纳入农用地管理，根据生产实际合理确定辅助设施用地规模上限。农业设施用地可以使用耕地。强化农业设施用地监管，严禁以农业设施用地为名从事非农建设。开展乡村全域土地综合整治试点，优化农村生产、生活、生态空间布局。在符合国土空间规划前提下，通过村庄整治、土地整理等方式节余的农村集体建设用地优先用于发展乡村产业项目。新编县乡级国土空间规划应安排不少于10％的建设用地指标，重点保障乡村产业发展用地。省级制定土地利用年度计划时，应安排至少5％新增建设用地指标保障乡村重点产业和项目用地。农村集体建设用地可以通过入股、租用等方式直接用于发展乡村产业。按照“放管服”改革要求，对农村集体建设用地审批进行全面梳理，简化审批审核程序，下放审批权限。推进乡村建设审批“多审合一、多证合一”改革。抓紧出台支持农村一二三产业融合发展用地的政策意见。

（二十五）推动人才下乡。培养更多知农爱农、扎根乡村的人才，推动更多科技成果应用到田间地头。畅通各类人才下乡渠道，支持大学生、退役军人、企业家等到农村干事创业。整合利用农业广播学校、农业科研院所、涉农院校、农业龙头企业等各类资源，加快构建高素质农民教育培训体系。落实县域内人才统筹培养使用制度。有组织地动员城市科研人员、工程师、规划师、建筑师、教师、医生下乡服务。城市中小学教师、医生晋升高级职称前，原则上要有1年以上农村基层工作服务经历。优化涉农学科专业设置，探索对急需紧缺涉农专业实行“提前批次”录取。抓紧出台推进乡村人才振兴的意见。

（二十六）强化科技支撑作用。加强农业关键核心技术攻关，部署一批重大科技项目，抢占科技制高点。加强农业生物技术研发，大力实施种业自主创新工程，实施国家农业种质资源保护利用工程，推进南繁科研育种基地建设。加快大中型、智能化、复合型农业机械研发和应用，支持丘陵山区农田宜机化改造。深入实施科技特派员制度，进一步发展壮大科技特派员队伍。采取长期稳定的支持方式，加强现代农业产业技术体系建设，扩大对特色优势农产品覆盖范围，面向农业全产业链配置科技资源。加强农业产业科技创新中心建设。加强国家农业高新技术产业示范区、国家农业科技园区等创新平台基地建设。加快现代气象为农服务体系建设。

（二十七）抓好农村重点改革任务。完善农村基本经营制度，开展第二轮土地承包到期后再延长30年试点，在试点基础上研究制定延包的具体办法。鼓励发展多种形式适度规模经营，健全面向小农户的农业社会化服务体系。制定农村集体经营性建设用地入市配套制度。严格农村宅基地管理，加强对乡镇审批宅基地监管，防止土地占用失控。扎实推进宅基地使用权确权登记颁证。以探索宅基地所有权、资格权、使用权“三权”分置为重点，进一步深化农村宅基地制度改革试点。全面推开农村集体产权制度改革试点，有序开展集体成员身份确认、集体资产折股量化、股份合作制改革、集体经济组织登记赋码等工作。探索拓宽农村集体经济发展路径，强化集体资产管理。继续深化供销合作社综合改革，提高为农服务能力。加快推进农垦、国有林区林场、集体林权制度、草原承包经营制度、农业水价等改革。深化农业综合行政执法改革，完善执法体系，提高执法能力。

做好“三农”工作，关键在党。各级党委和政府要深入学习贯彻习近平总书记关于“三农”工作的重要论述，全面贯彻党的十九届四中全会精神，把制度建设和治理能力建设摆在“三农”工作更加突出位置，稳定农村基本政策，完善新时代“三农”工作制度框架和政策体系。认真落实《中国共产党农村工作条例》，加强党对“三农”工作的全面领导，坚持农业农村优先发展，强化五级书记抓乡村振兴责任，落实县委书记主要精力抓“三农”工作要求，加强党委农村工作机构建设，大力培养懂农业、爱农村、爱农民的“三农”工作队伍，提高农村干部待遇。坚持从农村实际出发，因地制宜，尊重农民意愿，尽力而为、量力而行，把当务之急的事一件一件解决好，力戒形式主义、官僚主义，防止政策执行简单化和“一刀切”。把党的十九大以来“三农”政策贯彻落实情况作为中央巡视重要内容。

让我们更加紧密地团结在以习近平同志为核心的党中央周围，坚定信心、锐意进取，埋头苦干、扎实工作，坚决打赢脱贫攻坚战，加快补上全面小康“三农”领域突出短板，为决胜全面建成小康社会、实现第一个百年奋斗目标作出应有的贡献！

中共北京市委　北京市人民政府
关于抓好“三农”领域重点任务
确保如期高质量实现全面小康的行动方案

（2020 年 4 月 9 日）

为深入贯彻落实中央农村工作会议精神和《中共中央　国务院关于抓好“三农”领域重点工作确

保如期实现全面小康的意见》，结合本市实际，制定本行动方案。

一、总体要求

以习近平新时代中国特色社会主义思想为指导，深入贯彻习近平总书记对北京重要讲话精神，牢固树立新发展理念，对标对表全面建成小康社会目标，准确把握“大城市小农业”“大京郊小城区”市情农情，强化责任、狠抓落实，统筹做好新冠肺炎疫情防控和农村改革发展稳定各项工作，集中力量完成打赢脱贫攻坚战和补上全面小康“三农”领域突出短板两大重点任务，持续抓好美丽乡村建设、重要农产品稳产保供和农民增收，扎实推动农业农村高质量发展，全力维护农村社会和谐稳定，不断提升农民群众获得感、幸福感、安全感，确保乡村振兴战略科学有序实施。

二、主要任务

（一）助力打赢脱贫攻坚战，全面完成全市低收入农户“脱低”工作

落实摘帽不摘责任、不摘政策、不摘帮扶、不摘监管的要求，建立帮扶工作长效机制，保持政策举措连续、投入力度不减、资源队伍稳定，推动由集中作战转向常态化帮扶。

1. 深化“携手奔小康”行动，助力受援地区决胜脱贫攻坚。聚焦深度贫困地区，紧盯资金到点到位，压实援派干部扶贫支援责任，解决“两不愁三保障”突出问题和薄弱环节，高质量助力受援地区贫困人口如期脱贫。

2. 抓实本市“六个一批”帮扶措施，不折不扣完成低收入农户帮扶任务。重点围绕现行标准下低收入农户家庭人均可支配收入未过标准线的、过标准线后可能返贫的、处于标准线边缘的三类群体集中发力，建立“市级到村、区级到户”的监测机制，开展月排查、月调度、月分析，认真查找漏洞缺项，逐村逐户对账销号，确保帮扶成果经得起检验。

（二）对标全面建成小康社会，加快补上农村基础设施和公共服务短板

各区、各乡镇要聚焦全面建成小康社会的重点任务，对照全面小康定性定量指标及“十三五”规划目标，查找各自短板，倒排工期，精准发力。

1. 完成农村人居环境整治三年行动计划。落实“清脏、治乱、增绿、控污”要求，农村人居环境普遍达到干净整洁有序。统筹推进农村“厕所革命”和污水治理，年内达标改造农村公厕755座、户厕2万户左右，全市90%以上的行政村公共卫生厕所达到三类以上标准，98%的户厕达到卫生厕所要求，解决300个左右村庄生活污水治理问题。推动农村生活垃圾分类处理，累计创建1 500个垃圾分类示范村，完成162处非正规垃圾堆放点治理，99%的行政村生活垃圾得到有效处理。抓好396个城乡接合部地区村庄、125个农村集市等重点部位的人居环境整治。扎实做好国务院农村人居环境整治大检查反馈问题整改，举一反三，全面排查，确保整改到位。充分发挥农民主体作用，实现长效管护机制有效运转。

2. 高水平推进美丽乡村建设。开展美丽乡村建设第三批村庄规划编制，结合村庄实际编制完整版或简易版规划，基本实现全市村庄规划“应编尽编”。深入实施“百村示范、千村整治”工程，152个示范村建设取得明显成效。因地制宜推进“村头一片林”建设，完成乡村绿化4 200亩①，累计创建1 000个首都绿色村庄。持续做好已实现煤改清洁能源村庄住户的后期运维保障，稳妥有序推进山区村庄住户的清洁取暖工作。深化乡村公路养护管理体制改革，推广乡村公路“路长制”，基本实现“建好、管好、护好、运营好”的“四好农村路”目标。

3. 围绕“七有”“五性”补上农村民生短板。加强基层疾病预防控制队伍建设，做好重大疾病和传染病防控。加强农村公共卫生服务体系建设，对不适宜建设卫生机构的行政村开展巡回医疗，实现农村基层医疗卫生服务全覆盖。加大公共就业服务和就业政策落实力度，鼓励和引导农村劳动力多途径转移就业。统筹优质教育资源扶持乡村学校建设，城区优质学校点对点牵手乡村学校，建立教师跨区跨校教研和教育教学资源共享机制，市级中小学教师专业发展培训机会优先向乡村学校教师倾斜，推动优质教育资源向农村覆盖。继续推进镇村两级文化活动中心、乡镇养老照料中心、农村幸福晚年驿站、残疾人温馨家园等建设。制定加强本市

---

① 亩为非法定计量单位，1亩≈667米^2。——编者注

农村宅基地及房屋建设管理的相关指导意见，启动山区农民搬迁 200 户，做好六类人群危房改造工作。进一步提升农村供水规范化管理水平，实现消毒设施 100%配备、100%运行，保障农村供水安全。

（三）推动农业高质量发展，保障首都“菜篮子”有效供给

按照党中央、国务院部署要求，全面落实“菜篮子”市长负责制，切实完成好超大城市“菜篮子”产品自给生产、产销衔接、市场调控、质量安全等各项任务。

1. **加快恢复生猪生产。**加紧优化提升生猪产业发展布局，年内建成标准化、高级别生物安全生猪规模养殖场 17 家，生猪存栏恢复到 31 万头以上，本市猪肉自给率达到 6%以上；鼓励本市龙头企业在外埠建设生猪养殖和屠宰加工基地，保证掌控猪源达到本市消费需求的 70%以上。加强非洲猪瘟、口蹄疫、高致病性禽流感等重大动植物疫情防控工作，完善动物疫情应急处置机制。支持奶业、禽类、牛羊、水产品等生产，推进绿色健康养殖和畜禽粪污资源化利用，引导优化肉类消费结构。

2. **促进设施农业健康有序发展。**压实“菜篮子”区长责任制，分解各涉农区任务，蔬菜种植面积和产量要恢复到 2018 年水平，并保持稳定。制定扶持措施，推动闲置设施恢复生产，引导老旧低端设施开展升级改造，在涉农区开展现代化高效设施农业试点建设。设施农业可以使用一般耕地；种植设施不破坏耕地耕作层的，可以使用永久基本农田，不需补划；养殖设施原则上不得使用永久基本农田。

3. **加强农产品质量安全保障。**深入开展农药化肥减量行动，化肥利用率提高到 40%以上，农药利用率提高到 45%以上。完善耕地土壤环境质量分类清单，持续推进受污染耕地安全利用。推广农艺节水、休耕轮作，建设高标准农田 4 万亩，农业年用新水控制在 4.5 亿$米^3$左右。基本完成北京农产品绿色优质安全示范区建设和国家农产品质量安全市创建，本市“菜篮子”产品“三品一标”认证覆盖率达到 75%以上，农产品质量安全监测抽检合格率达到 98%以上。试行食用农产品合格证制度。推进顺义区、大兴区国家农业绿色发展先行区和房山区国家现代农业产业园建设，指导密云区开展国家现代农业产业园创建。

4. **发展富民乡村产业。**支持各涉农区立足资源优势打造各具特色的农业全产业链，形成有区域特点和竞争力的产业集群，推动农村一二三产业融合发展。总结和推广新型集体林场试点经验，推进林下经济“1＋20”试点工作。规范闲置农宅盘活利用，促进乡村民宿、休闲农业持续健康发展。着力抓好 70 个集体经济薄弱村发展壮大集体经济试点工作，因地制宜探索拓宽农村集体经济发展路径。

5. **强化农业科技创新。**落实《北京市促进科技成果转化条例》，整合各类科技资源，创新体制机制，推动更多科技成果应用到田间地头。组建强有力的工作队伍，深入推进平谷区农业科技创新示范区建设，推动农科教企协同创新、联动发展。加快实施北京现代种业发展三年行动计划。年内农业科技进步贡献率达到 75%，主要农作物、畜禽良种覆盖率达到 98%以上。

（四）加强农村基层治理，保持农村社会和谐稳定

结合本市实际，深入贯彻落实《中国共产党农村工作条例》及中共中央办公厅、国务院办公厅《关于加强和改进乡村治理的指导意见》。

1. **充分发挥党组织领导作用。**全面落实《中国共产党农村基层组织工作条例》，筑牢党在农村的执政基础。推动村党组织书记通过法定程序担任村级集体经济组织、合作经济组织负责人，推进党员民警兼任村党组织副书记。加强对村“两委”干部的管理监督，落实村党组织书记区级备案管理、个人重大事项报告、经济责任审计等制度，加大农村基层巡察工作力度。加大在青年农民中发展党员力度。深入开展农村党风廉政建设，推进反腐败斗争和基层“拍蝇”，持续整治侵害农民利益的不正之风和群众身边的腐败问题。集中整顿 108 个软弱涣散村党组织，年内实现全部转化提升。加强农村宣传思想工作，在乡村开展“听党话、感党恩、跟党走”宣讲活动。

2. **不断提高乡村治理效能。**推动社会治理和服务重心向基层下移，推进党建引领“街乡吹哨、部门报到”改革向农村基层延伸，依托“12345”市民服务热线，健全完善“接诉即办”工作机制，强化主动治理、“未诉先办”。推动政务服务事项便利化办理，为群众办事提供“一门式办理”和“一站式服务”。健全基层民主制度，完善村民自治章程和村规民约，全面落实村级重大事项决策制度，落实“三务公开”。推进海淀区、平谷区全国乡村治理体系建设试点工作，开展乡村治理示范村镇创建。

3. **深入推进平安乡村建设**。坚持和发展新时代“枫桥经验”，及时妥善处理农民群众合理诉求，做到小事不出村、大事不出乡镇、矛盾不上交。推动扫黑除恶专项斗争向纵深推进，建立健全遏制农村地区黑恶势力滋生蔓延的长效机制。加强农村社会治安工作，以“智慧平安村（社区）”为载体，推进农村“雪亮工程”建设，推行网格化管理和服务，全面排查整治农村各类安全隐患。

三、保障措施

（一）切实加强党的领导

各级党委和政府要深入学习习近平总书记关于“三农”工作的重要论述，强化五级书记抓乡村振兴责任。全面贯彻党的十九届四中全会精神，把制度建设和治理能力建设摆在“三农”工作更加突出位置，稳定农村基本政策，创新和完善新时代北京“三农”工作制度框架和政策体系，持续深化农村改革。区是“一线指挥部”，要加强统筹谋划，层层压实责任，强化大抓基层的工作导向，建立区级领导干部和区直部门主要负责人蹲点包村制度。把党的十九大以来“三农”政策贯彻落实情况纳入市委巡视重点监督内容，把完成全面建成小康社会“三农”领域重点任务纳入涉农区党政领导班子和领导干部推进乡村振兴战略实绩考核。

（二）优化涉农资金使用结构

市有关单位和各涉农区要根据补短板的需要优化涉农资金使用结构，确保财政投入与补上全面小康“三农”领域突出短板相适应。树立过“紧日子”的思想，强化对“三农”信贷的货币、财税、监管政策正向激励，给予低成本资金支持，优化精准奖补措施。合理设置农业贷款期限，与农业生产周期相匹配。推动温室大棚、养殖圈舍、土地经营权依法合规抵押融资。

（三）缓解乡村发展用地难题

扎实抓好规划和自然资源领域问题整改，加强“村地区管”，建立区、乡镇、村三级管理责任制度，健全土地用途管控机制，加强合同监督管理，遏制集体土地失管失控现象，坚守耕地和永久基本农田保护红线，严防“大棚房”问题反弹。完善乡村产业发展用地政策体系，明确用地类型和供地方式，实行分类管理。农村集体建设用地可以通过入股、租用等方式直接用于发展符合规划的乡村产业。

（四）强化人才与科技支撑作用

制定农民培训计划，鼓励“半农半读”等职业教育和技能培训，年内组织公益性农民培训 2 万人次，招录村务管理专业等学历教育 1 000 人、乡村振兴协理员 400 人。深化“千名干部科技人员进千村入万户”活动，细化实化科技特派员、全科农技员队伍管理，农村基层工作服务经历可作为农业技术人员晋升职称的参考。创新科技、产业、市场相结合的农业生产组织形式，开辟农村创新创业业务办理绿色通道，深入推进“星创天地”建设，吸引各类人才到农村干事创业，培养一批爱农业、懂科技、会管理、善经营的新时代农民企业家。

北京市副市长卢彦 2020 年 4 月 14 日在北京市农村工作会议上的报告

市委、市政府对这次会议非常重视。会前，市委常委会、市政府常务会议分别研究了北京市贯彻落实中央 1 号文件的行动方案，市委农村工作领导小组召开了全体会议，蔡奇书记、吉宁市长对做好北京市“三农”工作、实施乡村振兴战略、决胜全面建成小康社会提出了明确要求。吉宁市长将作重要讲话，我们要认真学习领会，抓好贯彻落实。

一、乡村振兴迈出了坚实步伐

2019 年，我们以习近平新时代中国特色社会主义思想为指导，深入实施乡村振兴战略，对标全面建成小康社会目标，全面梳理和推进“三农”领域必须完成的20余项硬任务，持续发力，农业农村保持向上奋斗的良好态势，为首都经济社会持续健康发展、成功举办新中国成立70周年庆祝活动提供了有力保障，为北京市全面建成小康社会奠定了坚实基础。

农村人居环境整治面上全部推开，无一例外都动了起来，无害化卫生厕所、垃圾处理等完成了既定任务，全市近九成的村通过第三方评估验收，大面上保持了干净整洁。低收入农户增收保持较快增长，2019年低收入农户人均可支配收入达到15 057元，同比增长20.2%。农业“调转节”的预期任务率先完成，农村产业发展更加规范绿色，“大棚房”问题基本完成整改任务，非洲猪瘟疫情实现不蔓延不扩散目标，农业用水调减到4亿米^{3}以内，农产品“三品一标”认证覆盖率达到八成以上，合格率保持全国前列。“不忘初心、牢记使命”主题教育深入开展，以党组织为核心的农村基层组织建设不断加强，农村改革持续深化，农村社会保持和谐稳定。

二、充分认识做好2020年“三农”工作的特殊重要性

2020年是全面建成小康社会的收官之年，是具有里程碑意义的大事，其特殊重要性对“三农”工作不言而喻。

（一）要统筹做好新冠肺炎疫情防控和农村改革发展稳定各项工作，确保乡村振兴战略扎实推进

习近平总书记指出“没有全民健康，就没有全面小康。”当前，国内疫情防控形势持续好转，但境外疫情输入风险和压力不断加大，北京市防控形势依然严峻复杂。尤其是农村社区点多、面广、外出务工人员多，特别是城乡接合部地区的乡村，外来人员集聚、流动性大，是疫情防控的重点区域、薄弱环节，必须绷紧联防联控这根弦，只要疫情隐患一天没消除、防控指令一天没解除，各项行之有效的防控措施就不能停，要确保农村疫情防控的门户不失守。

同时，要按照习近平总书记强调的“越是发生疫情，越要注意做好保障和改善民生工作。要统筹推进经济社会发展各项任务，做好‘六稳’工作”。具体到“三农”，小康之年，就是要实现农业稳产丰收、农民持续增收，这就要求我们要统筹兼顾当前农业生产、农村建设、农民就业等各项任务，切实加强运行调度，抓紧出台一批保供应、促生产、富农民的政策措施，确保各级投入与补上完成全面小康任务的“三农”领域突出短板相适应，确保菜果粮、肉蛋奶等居民生活必需品的丰富供应，尽可能降低疫情对农村改革发展稳定的影响，不断夯实乡村振兴的基础。

（二）要紧紧围绕确保如期实现全面建成小康社会目标，不折不扣完成党中央部署的重点任务

当前，虽然新冠肺炎疫情带来了新的挑战，但我国经济长期向好的基本面没有变，抓好决胜全面建成小康社会、决战脱贫攻坚重点任务的决心没有变。必须坚决按照习近平总书记强调的“要围绕全面建成小康社会和打赢脱贫攻坚战两大目标任务，梳理短板，明确举措，把当务之急的事解决好。”全面小康最突出的短板在“三农”。中央指出，补短板是要求对照全面小康定性定量指标找短板，是要补上全面建成小康社会的短板，而不是补现代化的短板。当务之急的补短板与着眼长远的建设要求和内容是有所区别的，这一点必须明确，防止个别地区特别是一些基础较好的乡村出现盲目攀比、过度补、重复补的情形。

全国来看，共明确了农村公共基础设施、供水保障、人居环境、医疗卫生服务等8个方面的短板。就北京而言，对应的任务基本一样，但指标要求上普遍要高一些，这与北京市“十三五”规划指标任务和乡村振兴规划的阶段目标是吻合的，时间节点一致、符合市情农情，体现了北京的首善意识，不存在过度拔高和层层加码。就各区而言，有的指标总体已经完成，有的指标仍有一定的差距，这就要求各区、各乡镇要结合实际，查找各自的短板、弱项，履行主体责任，建立项目库，倒排工期、精准发力，把该补的补上，让小康的成色更纯、质量更高。

（三）开工即决战，决战务必决胜

蔡奇书记在市委十二届十一次全会上已经下达了开工令，吉宁市长在市“两会”上对2020年工作也作了具体部署，现在已进入春耕大忙时节，农时不等人，小康更是等不来的。2020年“三农”各项工作任务都有定性定量的指标要求，都是向农民群众承诺过的，都要向中央交账、向社会明示，任务只能往前赶，时间安排只能往前提，没有任何

回旋和弹性，出发就要冲刺，这是对我们的一次大考和检验。每项工作都是“硬骨头”，决不是简简单单、轻轻松松就能做到的，必须要加强统筹谋划，强化各区、乡镇“一线指挥部”和主要负责人担当“施工队长”的职责，广泛动员、迅速行动、强力实施，一个一个攻坚拔寨，才能不拖全市的后腿，才能让中央放心、让群众满意。

三、尽锐出战，确保各项任务按时完成

关于2020年的“三农”工作，今天印发的市委、市政府文件是对标对表中央1号文件要求，结合北京实际制定的一个行动方案，各区、各部门要结合实际抓好落实，确保各项任务全面完成。这里就几个关键事项和具体问题强调几点。

（一）不折不扣完成低收入农户全面脱低任务

这是全面建成小康社会的标志性工程，是一项底线任务，于2016年签过军令状的，必须做到应脱尽脱，兑现责任。要高质量完成脱低任务，就不能笼而统之看平均数据，而是要把“精准”的要求贯彻始终。重点是围绕少数未过线的、过线后可能返贫的、处于标准线边缘的三类群体聚焦发力，从各区摸底情况看，目前超过11 160元低收入标准线但低于1.3万元的边缘户有4 500余户，这部分家庭要盯紧了。要充分评估疫情对低收入农户的影响，及时采取措施，持续压实“六个一批”帮扶责任，强化帮扶资金、项目到位率、投产率，切实防止返贫和致贫。要建立“市级到村、区级到户”的监测机制，市主管部门要坚持月排查、月调度、月分析的工作制度，只有过程扎实了，结果才更可靠，有任务的区要认真查找漏洞缺项，逐村逐户督查普查、对账销号，确保帮扶成果经得起历史检验。

2020年脱低任务完成后，这项工作将由集中作战转向常态化帮扶。要按照中央明确的摘帽不摘责任、不摘政策、不摘帮扶、不摘监管的要求，抓紧研究接续推进发展的措施，把帮扶工作与发展壮大集体经济一体谋划、同步实施，激发农民内生动力，形成持续增收长效机制。

（二）加快补上农村全面建成小康社会短板

就是要围绕“七有”“五性”要求补短板、强弱项、堵漏洞。坚持以农村人居环境整治为切入点，以“百村示范、千村整治”工程为抓手，深入持续推进“清脏、治乱、增绿、控污”行动，使农村人居环境普遍达到干净整洁有序目标，并长期保持。这项工作经过一年多的密集调度和蔡奇书记的月度书记点评会的点评，大家都比较清楚了。2019年年底，国务院农村人居环境整治大检查对北京市开展的全域整治给予了充分肯定，但同时指出了我们存在的一些突出问题，包括部分基层干部思想认识还不到位，农村生活污水问题仍是突出短板，改厕、污水治理还有改进空间，城乡接合部地区是整治的“低洼”地带，长效管护机制还不健全，等等。从“12345”市民服务热线来看，反映农村环境问题仍比较集中，这说明农村人居环境整治力度还不够均衡、成效还不够扎实，一松劲就可能反弹，还得经常抓、抓反复，还要坚持2019年的工作机制，保持现有的工作节奏。

2020年有几个硬指标大家心里要有个道道，总体上要把握住“五个百分比”，盯住进度。即90%以上的农村公厕达到三类以上标准、98%的户厕达到卫生厕所要求、99%的行政村生活垃圾得到有效处理、农村安全饮水消毒设施配备与运行实现两个100%。目前看，公厕改造目标差9个百分点，户厕改造目标差不到1个百分点，垃圾处理差2个百分点，供水消毒设施配备差10个百分点、运行差4个百分点，这就是要补的短板任务，市各有关部门要抓好统筹，工作进度要明确到月份。具体的“五组数据”要分解到乡镇、量化到村，盯死任务。即152个美丽乡村示范村建设、396个城乡接合部地区村庄整治、125个农村集市综合整治、300个村庄生活污水治理、4 200亩乡村绿化。上述任务是美丽乡村建设的有机整体，各有关区必须按照村庄规划，科学调度、统筹实施、联动推进，“一张图”施工，防止一些项目在部分村庄点位上遗漏、“扯皮”，杜绝“拉链”工程、形象工程。

同时，要结合疫情防控工作，以乡村公共卫生体系建设为着力点，积极开展爱国卫生运动，继续推进乡镇卫生机构、文化活动中心、养老照料中心、农村幸福晚年驿站、残疾人温馨家园等建设，对不适宜建设卫生机构的行政村开展巡回医疗，实现农村基层医疗卫生、文化、教育、助残、养老服务全覆盖。

（三）全面压实“菜篮子”保供稳价政治责任，着力打造富民乡村产业

近两年，农业内部陆续受高致病性禽流感、非

洲猪瘟、“大棚房”问题等影响，外部又叠加了新冠肺炎疫情的冲击，农业出现了区域性的生产下滑、区间波动，农业的应急保障功能面临较大的挑战和隐忧，推动乡村高质量发展的动能亟须加快培育。其中影响最大的就是“菜篮子”的自给能力出现了明显下降，蔬菜产能连续17年处于下降通道，猪肉自给能力下降了80%，保供稳价的压力陡增。我们必须高度重视，积极应对。

第一，重点抓住生猪、蔬菜两个品种，稳住城市“菜篮子”基本供应的安全底线。2019年以来，习近平总书记对“菜篮子”作出系列重要指示批示，强调要将猪肉保供稳价作为重点工作来抓，不能忽视养猪，无人养猪，不能把养猪和环保、美丽乡村对立起来，不能以环保为借口建无猪市、无猪县。特别是疫情发生以来，总书记多次强调要严格落实“菜篮子”市长负责制，积极组织蔬菜和畜禽生产，增加肉蛋奶供给。蔡奇书记也多次强调“要着力抓好农业这个‘基本盘’，绝不能‘清零’”。吉宁市长也多次就提升农业产值和效益、推进设施农业与科技农业发展提出要求。这就要求我们好好审视工作的差距与不足，该规范的要严格规范，该纠正的要坚决纠正，该恢复的要积极恢复，加快推动都市现代农业转型升级、转换动能、止跌回升。

恢复产能是当前最紧迫的任务。要按照城市应急保供5～7天的供应量，科学测算各区基本的保有量，压实“菜篮子”区长责任制，保持一定的自给率，这是涉农区的政治责任，不能全推给市里、全交给外埠来供，一点不留，这不安全。这其中重点要保住生猪、蔬菜两个大类，依托科技增效能，稳住自给供应这一头。生猪方面，年底要恢复到存栏31万头以上、市域自给率达到6%的目标，当前已经确定的17家高级别生物安全养殖场，要按计划加快建设进度，确保工程质量，尽早投产。种猪、仔猪调运、托养等务必落实好各项检验检疫和防控措施，确保不发生非洲猪瘟等重大动物疫情。另外，仍将支持奶业、禽类、牛羊、水产品等生产，引导优化肉类消费结构。蔬菜方面，要恢复到2018年的水平，播种面积达到54万亩、产量达到130万吨左右。产量要增加，关键是得保证足够的种植面积，即破损闲置的设施要用起来，不能搁置撂荒，上半年要逐个地块核查；未经规划批准减少的菜田要补回来，不能弃种，面积要分解到各区、落实到地块；支持各区利用永久基本农田开展高效设施农业建设试点，支持各农业经营主体开展老旧设施升级改造，市里将出台配套的扶持措施，提升产能。另外，国家刚刚下达了粮食生产的刚性指标，要求北京市粮食种植要稳定在2019年水平，种植保持在70万亩、产量稳定在5.8亿斤①，这项任务也要落实到各区，确保把每一块粮田、每一分菜地种好管好。

守住底线是丝毫不能放松的责任。要扎实抓好规划和自然资源领域问题整改，落实“村地区管”责任，做到保护有力、集约高效、监管严格，遏制集体土地失管失控现象，严防“大棚房”问题反弹，守住“农地姓农”的底线。要坚持质量兴农、绿色兴农，继续推进节肥、节药、节水行动，2020年要基本完成北京农产品绿色优质安全示范区建设和国家农产品质量安全市创建，为保障广大市民“舌尖上的安全”提供全域的绿色生产环境，守好食品安全的生命线。

第二，下力气抓好林下经济、乡村民宿两个业态，激发乡村创新创业的活力。从北京市实际看，林下经济和乡村民宿精品是融合发展的新业态好业态，是践行“两山”理念最生动的实践，也是生态产业化和产业生态化的典型范式，两者皆具有广阔的上升空间和发展余地。

大力发展林下经济，带动壮大集体经济。目前，全市林下经济约有17万亩，仅占全市林业总面积的1%，发展的空间很大，关键是要规范管理、科学发展、集体受益。在总结和推广前期新型集体林场试点经验的基础上，再选择1个乡镇和20个村开展林下经济试点，按照宜种则种、宜养则养、宜游则游的原则，打造新型农林复合体，推动山水林田湖草生命共同体健康管理、绿色发展，带动生态涵养区的集体经济转型升级。

积极培育乡村民宿，带动农民创业增收。作为乡村旅游的升级版，民宿经济的后发优势刚刚显露。目前，乡村民宿精品有500多家，与近8 000户的传统农家乐相比，与3万多处闲置农宅相比，还是小数，其中农民自主经营的民宿比例也很少。为此，市里先后出台了规范闲置农宅盘活利用、促进乡村民宿发展两个指导意见，重点是在吸引社会资本参与的同时，调动农民主体创业的积极性，转换观念、提升服务、搞好经营，通过一家一户的精

---

① 1斤=500克。——编者注

品建设、品牌营销，促进乡村旅游提档升级、特色发展。

打造富民乡村产业，须始终牢记一点，就是要带动广大农民就近就业、增收致富。在发展过程中，必须遵循区域发展规划要求，坚决杜绝违建别墅、私人会所、变相小产权房及其他违法建设发生。这是一条刚性原则，决不能触碰。

第三，着力打好科技资源和地域特色两张牌，发挥区域特色发展这一主板优势。13个涉农区资源禀赋不同，功能定位不同，要结合落实新版城市总体规划，用足科技、人才资源优势，向科技要产能、靠特色增效益，把“农”字这篇基础性文章做好。

切实加强科技要素投入，引领农业高质量发展。现代种业、高效设施农业、植物工厂、“互联网＋现代农业”等都是农业的高精尖，在这方面，我们有较好的基础，还需集中优势兵力、打主动仗、占据制高点。要以落实《北京市促进科技成果转化条例》为契机，抓实三件事。一是实施北京现代种业发展三年行动计划，深化种业科研成果保护和产权激励改革，要切实转化到生产环节，推动种养结构调优做精。二是组建强有力的工作队伍，加快推进平谷区农业科技创新示范区建设，使京瓦农业科技创新中心在“农科教企”协同发展中迈出实质性步伐。三是整合资源，结合农口科站队所等事业单位改革，创新体制机制，重点瞄着设施农业、智慧农业，让创新团队、科技人员在田间地头、生产一线续写论文、建功立业。

发挥各区资源优势，推动北京市农业特色化发展。各涉农区要结合各自特点，科学规划，聚焦重点，调动各类经营主体的积极性，巩固提升现有的发展优势，把不同特色的“农味”更好地融入丰富多韵的“京味”城市之中。目前，已经明确的“国”字号要持续抓好，比如，通州区国际种业园区建设，顺义区、大兴区国家农业绿色发展先行区建设，房山区国家现代农业产业园建设，延庆区国家休闲农业示范区创建，等等。同时，确定的一批市级、区级项目也要加大投入，有地域特色的农业文化遗产要精心培育，有“三农”情怀的“老把式”“新农人”要细心呵护，让北京农业的“调色板”多姿多彩。

“三农”工作是项慢功，需绵绵用力、久久为功，才能出品质、见成效。在经济发展转型的当前，关键是要围绕高质量发展、供给侧结构性改革、城乡融合发展，深入研究解决系统性、基础性、薄弱性问题，加强政策的储备、资金的统筹、资源的调配。要抓住制度建设这条主线，构建更为有力管用的政策体系，抓紧研究制定设施农业、产业融合发展等措施，着手编制“十四五”时期乡村振兴战略实施规划，不断畅通资本、人才、科技、土地、数据等生产要素下乡进村的通道，鼓励和吸引更多人才返乡下乡创业发展。必须充分发挥党的领导这个最大优势，增强农村基层党组织战斗堡垒作用，紧紧依靠广大人民群众，加强乡村治理，维护首都农村和谐稳定的良好局面。

做好2020年“三农”工作，任务艰巨、使命光荣。我们要更加紧密地团结在以习近平同志为核心的党中央周围，在市委、市政府坚强领导下，不忘初心、牢记使命，锐意进取、攻坚克难，为全面建成小康社会、建设国际一流的和谐宜居之都作出新的更大贡献！

文 件 选 载

中共北京市委农村工作委员会　北京市农业农村局关于印发《2020年北京市农业安全生产工作要点》的通知

（2020年6月15日）

各区区委农工委、区农业农村局：

为认真贯彻落实习近平总书记关于安全生产工作的一系列重要指示批示精神和市委、市政府关于安全生产工作的决策和部署，全面做好本市2020年度农业安全生产各项工作，经研究决定，现将《2020年北京市农业安全生产工作要点》印发给你们，请认真抓好贯彻落实。

中共北京市委农村工作委员会

北京市农业农村局

2020年北京市农业安全生产工作要点

为认真贯彻落实习近平总书记关于安全生产工作一系列重要指示批示精神和市委、市政府关于安全生产工作的决策部署，全面做好本市2020年度农业安全生产各项工作，根据《北京市安全生产委员会关于印发〈2020年北京市安全生产重点任务工作〉的通知》（京安发〔2020〕2号）要求，制定2020年度北京市农业安全生产工作要点。

一、指导思想和工作目标

坚持以习近平新时代中国特色社会主义思想为指导，认真贯彻党的十九大和十九届二中、三中、四中全会精神，深入落实党中央、国务院和市委、市政府关于安全生产工作的决策部署，紧紧围绕农业农村高质量发展，不断完善农业安全生产长效管理机制，落实行业安全生产管理（监管）责任、党政领导干部领导责任和农业企业安全生产主体责任，坚持问题导向，深入开展安全生产隐患排查治理，有效防范较大以上事故和社会影响大的事故，坚决遏制重特大事故，确保首都农业安全生产形势持续稳定。

二、重点任务

（一）做好复工复产安全保障

1. 认真研判新冠肺炎疫情防控期间农业复工复产安全形势，正确处理好安全与发展的关系，为复工复产拧紧“安全阀”。结合农业生产特点，在分类有序指导企业复工复产的同时，强化安全生产服务保障，督促企业落实安全生产主体责任，指导企业开展风险隐患排查，为坚决打赢疫情防控阻击战、保障企业复工复产创造良好安全环境。

（二）全面压实安全责任

2. 认真贯彻落实《北京市党政领导干部安全生产责任制实施细则》，坚持党政同责、一岗双责、齐抓共管、失职追责，建立分工明确、责任清晰、考核严格的农业安全生产领导责任体系，健全机构设置科学、人员配置合理、装备配备齐全的农业安全生产组织保障体系，完善定期进行研究部署、及时进行形势分析、及时进行督导检查的农业安全生产工作制度体系，层层传导压力，层层压实责任，抓实抓细安全防范，确保农业安全生产工作有序推进。

（三）积极履行部门管理职责

3. 按照“管行业必须管安全、管业务必须管安全、管生产经营必须管安全”的要求，认真对照安全生产法律、法规、规章和规范性文件，进一步梳理农业安全生产部门管理职责，明确管理事项清单。根据属地管理原则，结合本地实际，将安全生产工作与各项业务工作一并做部署、一同抓落实。

（四）开展事故隐患排查治理

4. 深入贯彻落实《北京市生产安全事故隐患排查治理办法》和《北京市生产经营单位安全生产主体责任规定》，加强对农业事故隐患排查治理工作和农业生产经营单位履行安全生产主体责任的情况的检查，制定年度监督检查计划，建立事故隐患治理督办制度，建立健全农业生产经营单位基础台账和安全隐患台账，切实做到隐患排查、整改、复查、销号闭环管理，确保隐患彻底消除。

5. 督促、指导农业生产经营单位履行事故隐患排查治理和安全生产主体责任，建立健全安全生产责任制和安全生产规章制度、操作规程，组织安全生产教育培训，改善安全生产条件，加强安全生产管理，开展风险管控和生产安全事故隐患排查治理，重点加强消防安全、危险化学品使用、用电安全、特种设备、场所环境、人员操作、职工身体和心理健康等方面隐患排查，及时发现并消除事故隐患，提升应急救援处置能力等。在检查过程中发现风险隐患的，要及时通报相关部门，严防安全事故发生。

（五）加强行业安全生产管理（监管）

6. 农业机械安全监督管理。依法开展在册农业机械的催检注销，严格执行《拖拉机和联合收割机安全技术检验规范》，开展农业机械检验，完成全年指标任务，提升农业机械安全技术状况，保障农业机械生产作业安全。在“三夏”“三秋”等重点时节及重大活动期间，加强对田间作业农业机械及跨区农业机械的安全监管和执法检查。深化“平安农机”创建，进一步推进农机专业合作组织安全生产规范化和标准化建设，做好示范单位及示范岗位标兵评选推荐工作。

7. 种植业安全监督管理。依据《肥料登记管理办法》《农药管理条例》，生产环节重点查验肥料、农药生产企业主体资格，检查企业仓储、生产、运输、质检等环节安全生产责任制落实情况；经营环节重点对营业场所、仓储场所等进行安全检查；使用环节重点检查服务组织、经营主体等安全用肥用药情况。加强设施农业结构及其使用等方面的隐患排查，强化排查农田、设施农业中毒品原植物，配合检查威胁石油天然气管道的农业建（构）筑物。

8. 兽药安全监督管理。督促兽药生产企业严格执行《兽药生产质量管理规范》等法规文件要求，重点排查人员培训、生物制品生产、强弱毒菌种等分开管理、强毒微生物操作区、操作条件及人员防护、毒麻药品及易燃易爆等危害品保存、仓储区消防间距等方面安全隐患。

9. 渔业安全监督管理。指导各养殖场（户）建立用电、用水、防火、防溺水、渔业机械使用、铲冰扫雪作业等安全生产规章制度，设立必要的安全警示标志，督促其定期组织渔业安全生产自查。加强渔船救生应急安全装备和渔业捕捞安全的监督检查，提示捕捞渔船船（户）主按规定申请渔业船舶法定检验，按要求配备救生、通信等必备设备，按规范进行捕捞作业。

10. 畜牧业安全监督管理。督促畜牧企业加强行业设施设备运行和维护保养，开展线路安全检查，排查电源短路、电器老化，严格执行特种设备作业人员持证上岗，强化对地坑、排污管道、青贮窖池等狭小空间作业的安全管理。严格饲料行业中有毒有害物品的储存和使用管理，重点加强饲料生产各环节的防火、防尘、防爆等制度的制定和落实。指导屠宰企业完善设施设备定期维护、保养、检测的相关制度，主动配合安监部门，突出强化对液氨制冷系统的安全管理。

11. 农村能源行业安全监督管理。不断加强生物质气化站、沼气站、太阳能浴室、太阳能路灯等农村能源设施的安全管理。对停用的生物质气化站、沼气站及太阳能浴室，严格履行报废手续，按时规范完成拆除工作，坚决杜绝次生安全隐患。对在用、准备恢复或者新建的农村能源设施，严格对照相关安全生产等级评定技术规范或地方标准开展安全检查和隐患排查，加强从业人员培训和设施维修维护，提高工程设施安全运行保障水平。配合相关行业部门，在职能职责范围内做好农村地区村庄住户“煤改电”“煤改气”安全管理。

12. 动物疫病防控过程安全监管。加大非洲猪瘟等重大动物疫病防控过程中检疫、消毒、封锁、扑杀、病死畜禽无害化处理等环节的安全管理。

（六）加大安全生产宣传培训力度

13. 加强普法宣传，积极组织开展“安全生产月”等系列活动，通过开辟专题专栏、开展网络直播、播放宣传视频、发放宣传材料等形式，有针对性地开展主题宣讲、安全论坛、宣传咨询、警示教育、科普宣传等活动，着力提升宣传质量和效果，提升安全文化建设水平，强化生产经营单位的安全责任意识，让安全成为农业行业领域的共同追求。

14. 抓好安全法律法规的宣传培训，深入学习贯彻习近平总书记关于安全生产重要论述，组织农业执法人员、安全监督管理人员、农业生产经营单位主要负责人和安全生产管理人员等开展安全生产培训。

15. 督促农业生产经营单位对本单位从业人员进行全面、深入的安全生产教育和培训，重点加强《北京市生产经营单位安全生产主体责任规定》《生产安全事故应急条例》等法律法规的培训，全面提高从业人员安全责任意识和安全操作技能。按照《北京市安全生产等级评定技术规范》等地方标准，组织农业重点生产企业申报等级评定。

（七）提升生产安全事故应急能力

16. 制定并严格落实各类生产安全事故应急预案，加强应急预案体系管理，提高应急预案的针对性和可操作性，定期开展相关应急预案演练工作。切实加强应急值班值守，保证通讯及信息畅通，及时响应生产安全事件。

17. 指导、督促农业生产经营单位制定生产安全事故应急救援预案，配备应急救援人员和必要的应急救援器材、设备设施和物资，开展应急救援演练等。

（八）完成部门年度重点任务

18. 做好城乡接合部重点地区安全生产专项整治工作，强化消防安全监管，深入推进消防安全专项整治工作，加强城乡接合部重点地区农业生产经营单位安全隐患排查，提高城乡接合部地区社会治理水平。

三、工作要求

（一）强化组织领导

各区要树牢安全发展理念，增强安全生产责任感和紧迫感，把安全生产工作摆在突出位置，把解决问题、推动农业生产经营单位主体责任落实作为安全监管的关键。主要领导和分管领导加强调度，精心筹划、周密部署，抓紧制定具体工作方案，明确责任分工，充分调动管理力量，有计划、有步骤地实施安全生产管理（监管）工作，加强监管执法和安全服务。严格安全隐患整改标准，对发现的违法违规问题要一盯到底，做到闭环管理，确保各项工作取得实实在在的效果。市农业农村部门将加强监督考核，综合运用通报、警示、提醒等手段加强督查检查，重点关注领导责任不落实、重点任务推动不力、部门监管走形式、监管执法宽松软等问题。

（二）强化应急处置

各区要严格执行应急值班值守制度，建立健全突发事件应急响应机制，确保通信网络畅通，遇到突发事件要及时上报。要会同有关部门完善农业安全生产应急预案，切实加强对突发事件应急响应处置工作，最大限度地减少各类突发事件造成的不利影响。要积极应对舆情，做好引导工作。

（三）强化信息报送

各区要加强检查数据统计和信息报送，及时收集、整理安全生产管理工作中的文字、图片、资料，做好阶段性总结，客观真实反映安全生产工作情况，找准存在的突出问题。安排专人负责，按要求及时报送各类联络表、方案、台账、总结等材料，做好档案管理。

附件：北京市农业安全生产工作联系表（略）

北京市人才工作局 中共北京市委农村工作委员会关于开展2020年北京市农村实用人才优秀创业项目评选资助活动暨第四届北京市农村创业创新大赛的通知

（2020年7月16日）

各涉农区区委组织部、区委农工委：

2020年是全面建设小康社会的收官之年。为贯彻落实农业农村部《关于举办第四届全国农村创业创新大赛的通知》（农办产〔2020〕7号）和《北京市人才工作领导小组2020年工作要点》（京人才组发〔2020〕1号）关于“开展第六届农村实用人才优秀创业项目评选”的部署要求，加大对农村实用人才创业创新引导支持力度，鼓励更多优秀人才投身农村、振兴乡村，决定开展“2020年北京市农村实用人才优秀创业项目评选资助活动暨第四届北京市农村创业创新大赛”。现将有关事项通知如下。

一、活动主题

激情创业创新 梦圆乡村振兴。

二、总体要求

以习近平新时代中国特色社会主义思想为指导，以实施乡村振兴战略为抓手，搭建创业就业展示平台，激发创业创新活力，促进各类人才在农村广阔天地大施所能、大展才华、大显身手，为实现乡村振兴提供有力支撑。

三、评选范围和资助名额

（一）创业项目参评人要求

返乡入乡在乡创新创业的农民工、大中专毕业生、退役军人、科技人员、能工巧匠等各类农村创新创业者，且符合下列条件。

1. 拥护中国共产党领导，坚持中国特色社会主义道路，热爱祖国，理想信念坚定，弘扬社会主义核心价值观。

2. 积极投身农村创新创业，具有良好职业道德和创业精神，在促进乡村振兴、带领农民增收致富等方面业绩突出。

3. 年满18周岁（截至2019年12月31日），一般应具有高中及以上学历（含高中）。

4. 须为创业项目的创办人或共同创业者，从事创业经营已满1年。

5. 近五年内不存在违法违纪等问题。

（二）参评创业项目要求

在北京市依法注册成立，围绕乡村振兴战略，充分利用现代科技成果，开发新技术新产品，催生新产业新业态，激发创造活力的农村创新创业项目，且符合下列条件。

1. 具有创新性、引领性和可持续性。

2. 参评项目要体现扎根乡村、带动农民，所属行业包括但不限于现代种养业、乡土特色产业、农产品加工流通业、乡村制造业、乡村休闲旅游业、乡村信息产业和其他乡村新型服务业。鼓励新冠肺炎疫情期间带动农民就地就近就业，以及在决战脱贫攻坚中贡献突出的各类乡村产业项目参评。

3. 经营规模适度，具有良好示范作用，创业模式和经验做法可借鉴可推广。

4. 经营管理理念创新，技术先进适用，市场竞争力较强，符合绿色发展理念和地区产业发展功能定位。

5. 近三年未发生重大生产安全事故和农产品质量安全问题，不存在违法违规建设“大棚房”、拖欠工资和农民款项等情况。

6. 往届已获资助项目不能再次申报参评。

（三）项目分组

根据参评项目经营主体的创办年限（工商登记时间截至2020年6月30日）和营业收入情况，分设初创组和成长组。

1. 初创组：项目主体创办时间不超过 6 年，且 2019 年营业收入不超过 1 000 万元。

2. 成长组：项目主体创办时间不超过 10 年，且 2019 年营业收入 1 000 万元及以上。

四、评选程序

（一）各区组织区级项目选拔和推荐

各区依据《北京市农村实用人才优秀创业项目评选标准》（详见附件 1），广泛动员，精心组织，采用区级创业大赛等方式遴选出本区优秀农村创业创新项目，并按要求推荐项目参加市级农村创业创新大赛。各区推荐名额分别为初创组 2 个和成长组 2 个。

（二）初选及入围

成立市级评选资助活动小组，下设市评选资助活动办公室，办公室设在市委农工委人才工作处。由市评选资助活动办公室组织相关专家根据项目评审标准对各区申报项目进行初步评审，以评分高低进行排序，前 20 名入围路演环节。

（三）创业指导和培训

由专业创业指导老师对入围路演环节的项目负责人进行集中培训，赛训结合、以赛带训，通过有针对性的专业培训和指导，帮助参赛选手提高创业创新实战技能，提升创业创新项目质量。

（四）项目路演及评审

举办北京市农村实用人才优秀创业项目路演和评审活动，邀请相关专家、创投机构负责人和媒体组成评审小组，对入围项目进行评审和打分。

（五）实地考察

市评选资助活动办公室组织有关专家组成考察组，对路演成绩前 10 名的优秀创业项目进行实地考察和评估。

（六）表彰和资助

经过项目路演和实地考察评估之后，确定 10 个优秀创业项目，授予“北京市农村实用人才优秀创业项目”称号并给予 10 万元的资金扶持。在获评的优秀创业项目中，择优推荐，代表北京市参加农业农村部举办的“第四届全国农村创业创新大赛”。

（七）宣传推广

在相关媒体对获评的优秀创业项目进行立体式宣传报道，在创业培训、融资发展、产业升级等方面予以支持，表彰树立农村人才创业榜样，营造创业创新良好氛围。

五、报送要求

（一）需提交的材料

1. 北京市农村实用人才优秀创业项目评选资助申报表（附件 2）。

2. 北京市农村实用人才优秀创业项目说明书（附件 3）。

3. 各区申报项目汇总表（附件 4）。

4. 项目所属单位的营业执照/组织机构代码证/税务登记证复印件。

5. 项目相关产品及服务等图片。

6. 项目相关专利证书、荣誉证书等复印件。

（二）报送要求

1. 以上材料纸质一式 4 份（其中 1 份将创业项目负责人近期免冠 2 寸照片贴于申报表，其余 3 份可复印）；所有材料装订成册，报送至市评选资助活动办公室。同时，报送以上资料电子版至市评选资助活动办公室电子邮箱。

2. 各区在报送推荐材料的同时，报送本区开展评选活动的工作报告。

3. 市评选资助活动办公室接收材料的截止时间为 2020 年 7 月 31 日。

附件 1　北京市农村实用人才优秀创业项目评选标准（略）

附件 2　北京市农村实用人才优秀创业项目评选资助申报表（略）

附件 3　北京市农村实用人才优秀创业项目计划书（略）

附件 4　各区申报项目汇总表（略）

中共北京市委农村工作委员会 北京市农业农村局关于进一步加强农村宅基地管理体系建设的通知

（2020年11月20日）

各相关区区委农工委、区农业农村局：

为加快落实市纪委市监委关于全市规划和自然资源领域专项治理察访中反馈问题的整改要求，进一步健全完善区级农村宅基地管理体制机制，根据《中央农村工作领导小组办公室农业农村部关于进一步加强农村宅基地管理的通知》（中农发〔2019〕11号）和《北京市人民政府关于落实户有所居加强农村宅基地及房屋建设管理的指导意见》（京政发〔2020〕15号），现就加强本市农村宅基地管理体系建设有关事项通知如下。

一、进一步建立健全区级宅基地管理体制机制

各相关区要相互学习借鉴好经验、好做法，根据本区实际情况，积极主动争取区级相关职能部门支持，采取切实有效措施，建立健全宅基地管理体制机制，加大人力、物力、财力倾斜力度，加强管理机构队伍建设，优化职能配置，明确工作职责，充实工作力量，保障工作经费，完善装备条件，确保工作有人干、责任有人负。

二、加快研究制定宅基地及建房管理办法或实施细则

各相关区要根据国家和本市农村宅基地管理有关文件精神和工作要求，结合本区实际，集中精力，加快研究制定具体的管理办法或实施细则，并确保于2020年12月底前完成。各区在制定管理办法或实施细则过程中，要本着精炼、简约、易懂和可操作的原则，便于基层广大干部群众落实执行。

三、切实加大宅基地管理政策宣传培训力度

各相关区要多渠道全方位宣传市区两级宅基地管理有关文件精神，扩大宣传覆盖面，增加群众知晓度，营造加强宅基地管理的良好氛围。按照分级负责原则，大力开展乡村两级干部培训，丰富培训内容，创新培训方式，通过培训，提升能力素质，逐步建设起一支熟悉情况、掌握政策、依法管理的宅基地工作队伍。

四、指导和推进乡镇加快建立宅基地及建房审批管理机制

各相关区要在落实国家和本市法律法规和政策的前提下，结合辖区农村实际，进一步明确宅基地具体审批程序和工作要求，指导乡镇加快探索建立一个窗口对外受理、多部门内部联动运行的宅基地及建房联审联办工作机制，实行“一站式服务”。

五、严格加强宅基地管理工作督查考核

市委、市政府已把宅基地管理工作推进情况纳入各区党政领导班子和领导干部推进乡村振兴战略实绩考核内容，年终将进行督查考核。各相关区要高度重视，认真做好各项工作。在工作推进过程中出现的有关问题及建议可及时反馈市农业农村局宅基地管理处。

中共北京市委农村工作委员会 中共北京市委宣传部 北京市农业农村局 北京市文化和旅游局 首都精神文明建设委员会办公室 北京市文学艺术界联合会 关于印发《第31届北京农民艺术节总体方案》的函

（2020年8月20日）

各涉农区区委、区人民政府：

为深入落实中宣部《推进乡村文化振兴工作方案》等文件部署和全市宣传部长会议、农村工作会议等会议要求，紧密结合全国文化中心建设实际和乡村居民的美好生活需求，进一步推动乡村文化振兴、培育文明乡风，经市委农工委、市委宣传部、市农业农村局、市文化和旅游局、首都文明办、市文联共同研究决定，举办第31届北京农民艺术节。现将《第31届北京农民艺术节总体方案》印发给你们，请紧密结合实际，认真抓好落实。

第31届北京农民艺术节总体方案

2020年是决胜全面建成小康社会之年，为深入贯彻落实党中央国务院相关决策部署和市委、市政府相关工作要求，以文艺视角展示首都率先全面建成小康社会的生动实践，进一步推动全市乡村文化振兴、培育文明乡风，特制定第31届北京农民艺术节总体方案如下：

一、活动目的

通过上下联动、广泛参与、丰富多彩、寓教于乐的群众文化活动，努力达到以下目的：一是唱响时代主旋律。广泛宣传习近平新时代中国特色社会主义思想，促进其在京郊乡村落地生根开花结果，引导群众“听党话、感党恩、跟党走”。二是倡导文明乡风。深入培育社会主义核心价值观，引导乡村居民自觉参加新时代文明实践、提升乡风文明。三是营造良好氛围。运用文艺形式生动讲述决胜全面小康、推动乡村振兴的精彩故事，在寓教于乐中持续传播正能量。四是活跃乡村生活。激发广大乡村居民参与文化活动的积极性、主动性和创造性，满足群众的精神文化需求。

二、活动主题

本届农民艺术节的主题为：放歌全面小康，聚力乡村振兴。

三、活动时间

2020年秋分（9月22日）至2021年元宵节（2月26日）。

四、活动原则

本届农民艺术节应遵循以下基本原则：

1. 重在基层。始终围绕活跃基层、服务农民的初心，切实将工作重心下移到乡村，通过多种形式“进村入户”和广泛宣传推介，着力调动激励农民发挥主体作用、文艺骨干发挥带动作用，有效推动乡村文化活动普遍开展，持续培育“不走”的队伍、“常在”的活动，不断提高艺术节的影响力。

2. 服务下沉。全面严格落实新冠肺炎疫情防控相关要求，统筹做好常态化疫情防控和组织开展文艺活动，尽量减少人员流动和聚集，大型活动由以往的全市集中举办调整为各区分散组织开展。要深入调研分析乡村居民的实际需求和兴趣爱好，在做好防护、确保安全的情况下，组织文化工作者、文化志愿者等主动下沉服务、进村培训辅导，不断提高基层群众的参与度。

3. 网络优先。适应疫情防控带来的新形势和新要求，充分利用现代信息传播手段，尽可能利用网络特别是移动平台开展演出直播、节目评选以及创办用好数字展示平台等，努力扩大对活动成果的宣传展示和推广应用。

4. 注重时效。在疫情防控形势允许的情况下，要抓住时机、宜早则早，加快推进活动的组织开展，与中国农民丰收节系列庆祝活动、“三下乡”等活动有机结合起来。各级党委政府相关部门要注重整合资源、形成合力，同时引导鼓励社会各界支持参与、合作共赢，因地制宜挖掘利用好现有文化资源，以尽可能少的投入争取尽可能多的活动实效。

五、主要安排

本届农民艺术节，在各区因地制宜、组织开展丰富多彩文化活动的基础上，举办四大系列共8项活动（根据疫情形势变化可能进行调整，单项活动方案另行制定印发）：

（一）乡村大舞台——“梦圆小康礼赞丰收”群众文艺展演系列活动

1. “乡村大舞台”专场展演活动。每个区举办一场专场演出，突出地方特色尤其是优秀原创节目，节目内涵和格调要积极向上、紧贴时代、突出主旋律。节目形式不限，时长控制在90分钟以内，提倡走进乡村、户外举行、节俭实效。市组织指导委员会将组建评委团走进各区遴选优秀节目，同时评选最佳专场、优秀专场。系列演出活动将在北京美丽乡村网展播；遴选出的优秀节目，将精编成集锦，商请北京电视台播出。市组织指导委员会将根据综合评选情况，给予各区相应补贴。

承办单位：市委农工委宣教中心、北京文化艺术活动中心，各区文化和旅游局、农工委、农业农村局。

完成时间：2020年10月底前

2. 好戏连台——北京乡村小戏网络大赛。鼓励13个涉农区乡村基层业余小剧团参加，剧种不限，折子戏、小戏均可，须具有一定的完整性，单个节目不超过20分钟。由各区负责推荐、集中报名，每区最多报送3个。市组织指导委员会将组织评委进行评选，对优秀节目给予相应补贴奖励。

承办单位：北京文化艺术活动中心、市委农工委宣教中心，各区农工委、农业农村局、文化和旅游局。

完成时间：2020年11月中旬

（二）乡村文化培育示范活动

3. 开展“特色文化示范村”试点建设。围绕“传承乡村文化、助力乡村振兴”的目标，继续开展“特色文化示范村”试点建设工作，努力培育一批文化特色突出的示范村。拟重点从乡风文明、传统文化、文旅融合的角度，请文化志愿者深入挖掘、精心策划，精准培训村民并组织开展文艺演出，打造“一村一品”文化活动。各区可分别推荐1个特色突出、基础较好、积极性高、区镇重点扶持的候选村，市组织指导委员会将从中筛选并扶持3个市级“特色文化示范村”进行试点建设。

承办单位：市委农工委宣教中心、北京文化艺术活动中心，各区农工委、农业农村局、文化和旅游局、文明办。

完成时间：2020年12月

4. 文化走进乡村——文化志愿者下基层实地培训活动。深入强化培训的针对性和有效性，与乡村大舞台——“梦圆小康礼赞丰收”群众文艺展演系列活动一起统筹谋划推进，从市文化志愿者专家库中优选一批群众文化活动专家组成文化志愿者评委团，下沉乡村参与13场演出遴选优秀节目；同时以具体节目为案例进行现场点评，与乡村编导形成互动式交流培训，提升基层节目创作和演出水平。

承办单位：北京文化艺术活动中心、市委农工委宣教中心，各区文化和旅游局、农工委、农业农村局。

完成时间：2020年12月

（三）“诗画北京美丽乡村”系列活动

5. 开展第11届“聚焦美丽乡村”摄影大赛。面向城乡摄影爱好者征集“三农”题材作品，并落实农业农村部要求，面向农民开展“小康美景手机拍”摄影作品征集，用镜头记录乡村全面建成小康社会的历史性变化，展现美丽乡村的产业、生态、人文、生活等美丽之处。

承办单位：市委农工委宣教中心、北京摄影家协会、各区文联、农工委、农业农村局。

完成时间：2020年12月

6. 开展主题作品征集活动。聚焦“决胜全面小康、决战脱贫攻坚”，面向社会各界和文联系统，开展“三农”主题的诗词楹联作品征集活动，要求作品为原创，内容反映现代乡村新风尚，部分优秀作品将由书法家进行二次创作转化为书法作品；开展民间手工艺作品征集，包括剪纸、布艺、草编、京绣、农民画等，创作题材要反映当代乡村生活，生动有趣、健康向上，鼓励产业化商品手工艺品参展。

承办单位：北京书法家协会、北京美术家协会、北京民间文艺家协会、北京楹联学会、市委农工委宣教中心，各区文联、农工委、农业农村局。

完成时间：2020 年 12 月

7. 举办“诗画北京美丽乡村”艺术作品联展。 荟萃摄影、诗词楹联创作、民间手工艺、书画等优秀作品合璧展出，艺术化地展示北京现代乡村的面貌和风韵，展示农村群众物质精神“双丰收”的喜悦心情和良好精神状态，反映具有首都特点的乡村振兴之路新气象。优先考虑网上展出，若疫情防控允许再考虑进行线下展出。

承办单位：市委农工委宣教中心，各区文联、农工委、农业农村局。

完成时间：2021 年 1 月

（四）数字化乡村文化宣传展示推广阵地建设

8. 充实完善市级网络版“北京乡村大舞台”。 落实《数字乡村发展战略纲要》，开展重要农业文化资源网络展览，宣传中华优秀农耕文化，在“北京美丽乡村”网上逐步充实完善网络版“北京乡村大舞台”，分门别类集中展示全市丰富多彩的乡村文化、激励人心的红色文化等及北京农民艺术节的丰硕成果，包括但不限于文艺作品、历史典故、革命故事、民俗风情、文化人才、文艺团体等，努力实现“乡村文化一网通览”。各区、镇（乡）、村要广泛宣传发动、积极申报上传文化资源、做好内容审核，不断积聚充实网络版“乡村大舞台”的内容。市里将做好综合平台的建设运行维护，并精心梳理乡村优质文化资源，面向社会各界进行广泛宣传推介，不断打造“走云端、不打烊”的乡村文化展示交流平台和北京乡村文化资源库。

承办单位：市委农工委宣教中心，各区农工委、农业农村局。

完成时间：2020 年 12 月并长期实施

六、组织机构

为加强统筹协调组织工作，确保各项活动有序高效开展，市级主办单位共同组建“第 31 届北京农民艺术节组织指导委员会”，办公室设在市委农工委宣传教育中心（详见附件 1）。

各主办单位的基本分工是：

市委农工委、市农业农村局主要负责牵头策划、组织、实施相关活动，参与具体实施方案的制定，统筹做好活动资金的预算申报、与其他 4 家主办单位及各区相关部门的沟通协调、活动全过程的指导服务，及时通报活动成果、总结经验做法等。

市委宣传部主要负责协调新闻媒体及各区融媒体中心对活动及时进行宣传报道，协调北京广播电视台于 2021 年春节期间播出“乡村大舞台”精编版视频等。

首都文明办主要负责将北京农民艺术节纳入到首都精神文明创建各项工作中，用文化涵养文明新风尚等。

市文化和旅游局主要负责组织评选节目，组织文化志愿者下乡，并推荐优秀节目参与更高水平的角逐和展演等。

市文联主要负责摄影、诗词楹联、民间手工艺、书画等作品的评选工作，承担部分培训工作，并推荐优秀作品参与更高水平的角逐和展示等。

七、工作要求

（一）加强统筹安排

举办北京农民艺术节，是落实实施乡村振兴战略部署要求、推动乡村文化振兴和培育提升乡风文明的具体举措，是展现首都全面小康丰硕成果的有效载体。各区区委区政府要高度重视，坚持党委政府引导、基层群众主体，着力提高活动的覆盖面和群众参与率；注重整合资源，统筹安排农民艺术节与农民丰收节等活动，充分用好现有的文化资源、活动项目和活动形式，顺应群众需求，不加重基层负担，争取取得好的效果。

（二）健全组织机构

为统筹协调、有序推进北京农民艺术节各项工作，市级层面由市委农工委市农业农村局牵头，宣传、文化和旅游、文明、文联等部门分工负责并通力协作，合力发挥好龙头活动的引领作用。区级层面，由各区委区政府统筹协调，明确牵头部门和参与部门，整合资源、同向共进，确保落实到位。各区要参考市级方案，成立相应工作机构（详见附件2），结合实际制定具体的落实方案，请于8月28日前报市组织指导委员会办公室。请于2021年3月12日前报本届农民艺术节总结。

（三）加强资金支持

北京农民艺术节是一项连续举办时间较长、知名度较高、群众喜闻乐见的乡村品牌文化活动，市组织指导委员会将安排一定的资金，对区级活动给予补贴。各区要站在深入推进乡村文化振兴、培育提升乡风文明的高度，从市级财政转移支付的相关资金中继续给予大力支持，做好有关资金预算安排，并严格按照规定使用，确保廉洁务实高效，确保各项活动顺利开展，有效丰富乡村文化生活。同时要积极引导鼓励社会各界优质资源参与乡村文化建设。

（四）加强安全保障

严格落实“谁主办、谁负责”的原则，大型活动要制定周密的安保工作预案，强化安保措施，落实岗位责任，尤其要处理好活动开展与疫情防控的关系，确保各项活动安全有序进行，切实把好事办实、实事办好。

（五）加强氛围营造

要注重发现活动过程中涌现出来的具有一技之长、热心公益、得到群众普遍认可的乡村文艺人才，不断创新宣传形式、拓宽宣传渠道，着力发挥好先进典型的引领带动作用。要综合运用各级各类宣传载体和文化阵地，不断加大对北京农民艺术节的宣传推广力度，努力营造各级重视、各界支持、群众踊跃参与的良好舆论氛围，多视角展现北京乡村文化繁荣发展的勃勃生机，凝聚起决胜全面小康、推动乡村振兴的强大力量。

附件1　第31届北京农民艺术节组织指导委员会成员名单（略）

附件2　第31届北京农民艺术节各区组织指导委员会工作机构情况表（略）

北京市农业农村局关于印发《北京市农机购置补贴机具投档和核验工作规范（试行）》的通知

（2020年1月5日）

各有关单位：

按照农业农村部办公厅《关于进一步做好农机购置补贴机具投档与核验等工作的通知》（农办机〔2019〕7号）要求，为做好本市农机购置补贴投档、核验工作，制定了《北京市农机购置补贴机具投档和核验工作规范（试行）》，现予印发，请遵照执行。

北京市农机购置补贴机具投档和核验工作规范（试行）

第一章　总　　则

第一条　为确保本市农机购置补贴政策规范、廉洁实施，根据《农业农村部办公厅关于进一步做好农机购置补贴机具投档与核验等工作的通知》（农办机〔2019〕7号）和北京市农业农村局、财政局《关于印发2018—2020年北京市农机购置补贴实施方案的通知》要求，制定本规范。

第二条　本规范所称投档，是指农机生产企业通过农机购置补贴机具信息化自主投档平台（以下简称“投档平台”）投送投档信息，经本市农机主管部门组织形式审核、汇总公示后整理公布，为补贴政策实施提供信息的活动。本规程所称核验，是指受理农机购置补贴申请的部门对从事农业生产的个人和农业生产经营组织（以下简称“购机者”）申报农机购置补贴时提供的相关资料进行形式审核、对机具进行核查的工作。核验分为“三合一”

系统核验和现场核验两种。

第三条 市农业农村局组织投档工作，投档实行网上投送，由农机生产企业按照“自愿参加、自主投档、承诺践诺”原则，根据本规范要求进行。市农业农村局指导全市农机购置补贴（以下简称补贴）机具核验工作，并组织开展督导、抽查等工作，结果正式通报各相关单位。区级农机主管部门在本级人民政府领导下，是补贴机具核验工作的受理部门，负责组织实施区域内的补贴机具核验工作。区级农机主管部门应建立核验工作责任制，本着“就近核验，方便群众”的原则开展核验工作。区级农机主管部门也可以委托镇乡农机主管部门作为补贴机具核验工作的受理部门，具体承担补贴机具核验工作。

第四条 投档机具主要信息来源于全国农业机械试验鉴定管理服务信息化平台（以下简称“鉴定平台”）（市级资金独立支持的由生产企业自行提供），参与投档的农机生产企业对投档信息的真实性、有效性、合法性、合规性、准确性和完整性负责并承担相应法律责任。

第五条 核验受理部门派出的核验人员应了解农机具的基本常识，掌握核验工作流程。每次核验应有两名核验人员参加。购机者、产销企业、农机安全监理机构（属于牌证管理的机械）对提供的核验材料的真实性、合规性、准确性和有效性等承担主体责任。

第二章 投档工作规范

一、信息投送、审核与公布

第六条 市级农机主管部门公布补贴机具种类范围和补贴额一览表，组织开展投档工作，并与农机鉴定、认证结果通告集中发布时间相互衔接。

第七条 农机生产企业登录投档平台（http://td.sxwhkj.com/），填写企业信息，选择符合要求的机具，逐项核对鉴定平台传输的信息，依据机具的性能、结构、基本配置和参数以及价格等，按照“就低不就高”的原则选定所属档次，并在不高于该档次补贴标准基础上选择（填写）补贴额，经其确认无误后投送。

第八条 农机生产企业应投送或提交以下资料和信息。

（一）企业信息，包括企业营业执照扫描页、企业名称、统一社会信用代码、生产厂注册地址、法定代表人和主要从业人员姓名及身份证件号码、联系方式等。

（二）鉴定（认证）信息，包括农业机械试验鉴定证书（农业机械推广鉴定证书）且在有效期内、农机强制性产品认证证书且在有效期内、列入农机自愿性认证采信试点范围的提供农机自愿性产品认证证书且在有效期内（认证机构及其认证产品种类范围经国家认监委确定并公布）。对于市级独立支持的品目，需提供产品出厂合格证、产品执行标准(如产品涉及强制性或已发布的国家标准，需按相关标准执行)。

（三）机具信息，包括大类、小类与品目，名称与型号，基本配置和参数，机具正前、正侧、正后照片和整机铭牌照片，其中轮式拖拉机还应含翻倾防护装置侧面照片。

（四）二维码和物联网信息，相关要求按照市农业农村局印发的《北京市农机购置补贴“三合一”试点方案》执行。

（五）企业投档承诺书（格式附后，开展投档工作的同时，需邮寄纸质件或通过投档平台上传电子版）。

（六）企业认为需补充的信息。

第九条 市级农机主管部门组织汇总审核结果并公示，接受社会监督。公示内容应包含机具的大类、小类、品目、档次、企业名称、机具名称、机具型号、基本配置和参数、补贴额、鉴定（认证）证书编号、审核结果等。

第十条 农机生产企业对于投档机具审核结果有异议的，可在公示期间向市级农机主管部门提出正式书面意见，市级农机主管部门组织对原申报信息、补充资料等进行复核，确属审核结果有误的，予以更正。

第十一条 市级农机主管部门汇总公布补贴机具信息表，并留存相关资料 5 年。

二、监督管理

第十二条 有下列情形之一的，不得参与投档。若继续投档，由此引发的一切损失由相关企业负责。

（一）列入全国农机购置补贴黑名单数据库的生产企业、法定代表人、主要从业人员及机具。

（二）列入全国农机购置补贴违规通报数据库且尚未恢复或已取消补贴资格的机具。

（三）国家产品质量监督抽查或市场质量监督检查中不合格的机具。

（四）本市各级农机主管部门列明的不应投档的情形。

第十三条　农机生产企业参与投档，应严格遵守投档规定，主动接受相关部门的监督、检查。

第十四条　对农机生产企业在投档过程中发生的违规行为，由相关部门依照农业农村部办公厅、财政部办公厅印发的《农业机械购置补贴产品违规经营行为处理办法（试行）》和市农业农村局、财政局印发的《北京市农机购置补贴产品违规经营行为处理规定（试行）》处理。

第三章　核验工作规范

一、“三合一”系统核验

第十五条　使用“三合一”系统核验流程。

（一）“三合一”系统核验适用于购置轮式（履带）拖拉机、自走式谷物联合收割机、自走式玉米收获机和青饲料收获机并拟申报农机购置补贴的购机者。

（二）购机者利用“北京农机补贴手机 App”，按提示上传相关材料，并提交补贴申请。

（三）区级农机主管部门授权的工作人员，对购机者所提交的兑付申请按提交时间先后顺序进行形式审核，通过后，自动提交至辅助管理系统。

（四）购机者本人携带规定的材料至补贴核验点，核验人员核实身份及相关材料后，打印《北京市农机购置补贴资金申领表》《现金交易承诺书》（如需要），签字确认，同时核对银行账户等信息，完成申请。

购机者“三合一”系统核验时，须提供以下资料。

1. 购机者身份证明原件。

2. 购置产品的发票原件。

3. 购机者银行卡（账）号、户名、开户银行等信息。

4. 购机者需携带行驶证原件（或《拖拉机和联合收割机登记证书》原件）。

5. 购机者支付购机款的凭证（刷卡单、手机支付截图、转账或汇款记录等）。

6. 如支付购机款项为小额（壹仟元及以下）现金交易的，可不提供支付凭证，但需签订《购机现金交易承诺书》。

7. 非本市户籍个人或农业生产经营组织，在本市实际从事农业生产的，除按规定提交相关材料外，还需提交在本市实际从事农业生产的证明材料，包括土地承包（流转或租赁）协议（合同），协议（合同）约定的剩余期限不少于三年，同时提供在本市从事农业生产的情况说明等。

第十六条　“三合一”系统核验内容。

一是购机者及其身份、购机税控发票等资料。购机者为个人的，重点核验购机者本人与其身份证件的肖像照片是否相符，购机税控发票所显示的购机者姓名与购机者身份证件所显示的姓名是否一致；购机者为农业生产经营组织的，重点核验该组织法定代表人本人与其身份证件的肖像照片是否相符，法定代表人身份证件所显示的姓名与工商营业执照所显示的法定代表人姓名是否一致，购机税控发票所显示的购机者名称与工商营业执照所显示的农业生产经营组织名称是否一致。二是银行卡（折）等资料。重点核验购机者填写的银行卡（折）账号、开户名等信息与其携带的银行卡（折）所显示的账号、身份证件所显示的购机者姓名、工商营业执照所显示的农业生产经营组织名称是否一致。三是购机价格真实性承诺。核实支付凭证的金额与发票金额的一致性，如个别购机者支付大额购机款（壹仟元以上）确为现金支付的，由本人签订《现金交易承诺书》并提交情况说明，由区级农机主管部门集体决策后给予补贴。提示所有购机者确认购机税控发票上的购机金额与其实际全部支付给经销企业的资金是否一致，以及隐瞒不报、提供虚假信息需承担的违规责任，提示所有购机者对购机价格的真实性签字确认。四是物联网设备。核对物联网设备是否可以正常发送机械的运行（或作业）轨迹。五是规定要求提供的其他资料。包括非本市个人或农业生产经营组织在本市申请农机补贴的相关材料。

材料核实后在产品发票上加盖“购机补贴申请已受理”字样印章。

二、现场核验

第十七条　非“三合一”核验的补贴机具，需采取现场核验的方式，流程如下。

（一）购机者利用“北京农机补贴手机 App”，按提示上传相关材料，并提交补贴申请。

（二）区级农机主管部门授权的工作人员，对购机者所提交的兑付申请按提交时间先后顺序进行形式审核，通过后，通知购机者带机至核验点现场核验（固定安装类等不便移动的机具可采取入户核验的方式）。

（三）购机者本人带机并携带规定的材料至补贴核验点，核验人员核实身份、相关材料和所购机械后，打印《北京市农机购置补贴资金申领表》《现金交易承诺书》（如需要），签字确认，同时核对银行账户等信息，完成申请。

购机者现场（带机）核验时，需携带的材料按照“三合一”核验要求执行。以下两种情况按相应要求执行。

1. 本市的“国家级农业产业化重点龙头企业”或“市级农业产业化重点龙头企业”，购买的固定安装类机具需在自有外埠基地安装使用的，除按规定提交相关材料外，还需提交外埠从事农业生产的证明材料，包括土地承包（流转或租赁）协议（合同）及在外埠从事农业生产的情况说明等。

2. 除上述农业企业外，在本市注册登记的农业生产经营组织购买固定安装类机械需在自有外埠基地安装使用的，在 2020 年 1 月 31 日（含）前购机并提交申请的（以首次提交日期为准），除按规定提交相关材料外，还需提交外埠从事农业生产的证明材料，包括土地承包（流转或租赁）协议（合同）及在外埠从事农业生产的情况说明等，且满足在本市注册登记时间（成立时间）不少于三年，可以兑付补贴。

鼓励区级农机主管部门通过进村入户、提前预约等方式开展核验，便利购机者以及固定安装类机具核验。

第十八条　现场核验主要内容。

（一）资料核验

一是购机者及其身份、购机税控发票等资料。购机者为个人的，重点核验购机者本人与其身份证件的肖像照片是否相符，购机税控发票所显示的购机者姓名与购机者身份证件所显示的姓名是否一致；购机者为农业生产经营组织的，重点核验该组织法定代表人本人与其身份证件的肖像照片是否相符，法定代表人身份证件所显示的姓名与工商营业执照所显示的法定代表人姓名是否一致，购机税控发票所显示的购机者名称与工商营业执照所显示的农业生产经营组织名称是否一致。二是银行卡（折）等资料。重点核验购机者填写的银行卡（折）账号、开户名等信息与其携带的银行卡（折）所显示的账号、身份证件所显示的购机者姓名、工商营业执照所显示的农业生产经营组织名称是否一致。三是购机价格真实性承诺。核实支付凭证的金额与发票金额的一致性，如个别购机者支付大额购机款（壹仟元以上）确为现金支付的，由本人签订《现金交易承诺书》并提交情况说明，由区级农机主管部门集体决策后决定是否给予补贴。提示所有购机者确认购机税控发票上的购机金额与其实际全部支付给经销企业的资金是否一致，以及隐瞒不报、提供虚假信息需承担的违规责任，提示所有购机者对购机价格的真实性签字确认。四是规定要求提供的其他资料。包括非本市个人或农业生产经营组织申请补贴、本市注册登记的农业生产经营组织在外埠安装使用补贴机具相关材料等。

（二）机具核验

对机具进行逐台核验，一是核验购机税控发票所显示的机具名称、生产企业、型号、发动机号（不带动力的可不核验）、出厂编号与所购实物机具铭牌显示信息是否一致；二是所购实物机具铭牌显示信息与农机购置补贴辅助管理系统内对应的机具信息是否一致；三是购机税控发票所显示的经销企业与农机购置补贴辅助管理系统内对应的经销信息是否一致。

通过以上核验的，在产品发票上加盖“购机补贴申请已受理”字样印章。未通过核验且无异议的，应将所发现的问题一次性告知购机者，并说明完善方法，以便购机者再次申请核验。未通过核验且有异议的，可向区级农机主管部门申请复验。

核验完成后，无论核验结果如何，核验人员应当在核验单上写明核验意见并签署姓名及日期，购机者签字确认。

三、复核和公示

第十九条　复核登记。区级农机主管部门对资料核验、机具核验的程序、方式和签章的规范性进行集体复核，通过后登记立册。

第二十条　公示报送。区级农机主管部门对通过复核的补贴申请信息进行为期不少于 30 天的公示，公示无异议后报送区级（乡镇）财政部门。

四、归档

第二十一条 下列核验材料，应当由区级农机主管部门及时存档。

（一）“三合一”系统核验和现场核验需购机者携带的材料由区级农机主管部门复印并归档。

（二）其他要求的材料。

五、监督管理

第二十二条 区级农机主管部门应当对核验工作进行监督检查，对核验人员每年至少开展 1 次廉洁从政、业务培训和宣传教育，增强法制观念和责任意识，提高业务工作水平。

第二十三条 区级农机主管部门应当建立健全主要领导监督机制，有条件的可实行补贴申请受理、补贴机具核验岗位分离，明确岗位职责。

第二十四条 核验人员对核验中发现的补贴申请违规行为线索，应逐条书面登记，并及时报告主要领导。区级农机主管部门要开展违规线索集体研究，对违规嫌疑较大或反复出现的应启动调查程序，对违规嫌疑较小的留存材料备查。对补贴机具核验争议处理等重大事项，及时报请市级农机主管部门研究决策。

第二十五条 区级农机主管部门要对辖区内短期单人多台套、短期大批量、同人连年大量购置同类机具、区域适应性差的机具购置等异常情形进行预警，组织对核验流程进行抽检，对机具使用情况进行跟踪，如发现有异常情况及时开展集体会商。

第二十六条 在机具核验过程中，如发现有违规经营问题，按照《北京市农机购置补贴违规经营处理规定（试行）》执行。

第四章 附 则

第二十七条 之前印发规定与本规定不符之处，以本规定为准。

第二十八条 本规定由北京市农业农村局负责解释。

第二十九条 本规定自印发之日起执行，有效期至 2020 年 12 月 31 日。

附件 1 北京市农机购置补贴生产企业自主投档承诺书（中央资金补贴版本）（略）

附件 2 北京市农机购置补贴生产企业自主投档承诺书（市级资金补贴版本）（略）

北京市农业农村局
关于印发《北京市农机购置补贴“三合一”试点方案》的通知

（2020 年 1 月 5 日）

各有关单位：

按照农业农村部、财政部要求，为做好本市农机购置补贴“三合一”试点工作，结合本市农机购置补贴工作实际，制定了《北京市农机购置补贴“三合一”试点方案》，现予印发，请遵照执行。

北京市农机购置补贴
“三合一”试点方案

按照农业农村部、财政部《关于做好 2019 年农业生产发展等项目实施工作的通知》（农计财发〔2019〕6 号）要求，本市启动实施农机购置补贴手机 App、补贴机具二维码和物联网监管“三合一”试点。为进一步推进试点工作的顺利实施，特制定本方案。

一、试点时间和机具范围

1. 试点时间：2020 年 2 月 1 日（含）至 2020 年 12 月 31 日。为保障政策的平稳实施，2020 年 1

月 31 日（含）前，按照市农业农村局《关于做好农机购置补贴“三合一”试点工作的通告》（京政农发〔2019〕59 号）执行。

2. **试点机具范围**：在本市销售并申请补贴的轮式（履带）拖拉机、自走式谷物联合收割机、自走式玉米收获机和青饲料收获机四个补贴品目须符合本市“三合一”试点相关要求。

二、试点内容

（一）采用“北京农机补贴”手机 App 申办补贴

功能：方便购机者在线查询补贴产品、补贴额、申请补贴等；方便区级农机补贴管理人员对购机者提交的申请进行形式审核。

要求：“北京农机补贴”手机 App（以下简称“手机 App”）技术提供方应提供便捷的下载方式（如提供统一的 App 下载链接地址、下载 App 的二维码、手机应用商店里能够搜索并下载安装等），并按市农业农村局要求及时完善、修复相关功能；购机者在使用手机 App 时要及时更新，并注意手机 App 中的提示内容，利用手机 App 扫描机具上的二维码查询该设备是否为补贴机具，同时在申报补贴时，扫描机具二维码读取该机具的相关信息；区级农机补贴管理人员在后期抽查时利用手机 App 扫描机具上的二维码，读取该机具在补贴辅助管理系统中的登记信息比对机具实物进行检查。

（二）采用机具身份二维码管理机具唯一性身份

功能：实现“一机一码”，即一台试点的补贴机具对应唯一的身份二维码，方便查询、核实补贴机具信息。

要求：生产企业须在补贴机具的醒目位置，使用金属材质铆接固定永久性二维码标牌，二维码标牌可以与原产品铭牌合二为一，也可以在原产品铭牌邻接位置单独铆接固定。二维码尺寸不小于 20 毫米×20 毫米，且能够正常扫描读取信息，生产企业在产品出厂前，要核查该二维码是否能够正常读取，不能正常读取二维码信息的产品不能作为补贴产品销售。扫描铭牌上的二维码，根据品目不同，可以得到下列信息。

1. **轮式（履带）拖拉机**。二维码信息包括出厂编号、企业名称、产品型号、产品名称、标定功率、最小使用质量、发动机编号等。

2. **自走式谷物联合收割机**。二维码信息包括出厂编号、企业名称、产品型号、产品名称、标定功率、发动机编号、喂入量。

3. **自走式玉米收获机械**。二维码信息包括出厂编号、企业名称、产品型号、产品名称、标定功率、发动机编号、工作行数。

4. **青饲料收获机**。二维码信息包括出厂编号、企业名称、产品型号、产品名称、标定功率、发动机编号、割幅。

具体要求见“北京市农机购置补贴信息公开专栏”中“农机购置补贴机具二维码管理辅助系统使用说明书”。

（三）试点补贴机具安装卫星定位终端上传数据到物联网辅助管理平台

功能：购机者可及时了解试点的补贴机具行驶轨迹、作业面积等情况；区级农机主管部门在核验机具时，可通过查询该机具的运行（作业）轨迹，进行非现场核机，后期了解该补贴机具的使用情况，方便监管。

要求：生产企业对轮式（履带）拖拉机、自走式谷物联合收割机、自走式玉米收获机和青饲料收获机，须安装物联网监控设备（卫星定位终端），自农机产品生产日期起，物联网设备可读取信息的期限不少于 3 年。物联网设备须达到必要的硬件标准，能够产生必要的数据信息，并按照相应的数据对接协议将机具的原始运行数据上传到“北京市农机购置补贴机具物联网辅助管理系统”中。具体要求见“北京市农机购置补贴信息公开专栏”中“农机购置补贴‘三合一’系统农机定位北斗（BDS/GPS）终端硬件说明”和“北斗（BDS/GPS）农机定位终端数据传输协议”。

购机者不得私自拆除物联网设备。区级农机主管部门要转变监管方式，对于“三合一”方式办理的机具，要由现场核验机转变为申请后的实地抽查核验，抽查核验比例由各地依据该类机具办理总量确定（机具总数 100 台套以上的抽查核验比例不低于 10%，机具总数 100 台套及以下的抽查核验比例不低于 20%）。

三、组织保障

1. **加强组织领导**。区级农机主管部门要切实加强组织领导，明确职责分工。制定相应的工作方案，加强力量，统筹推进本地“三合一”试点工作，进一步规范工作流程和明晰岗位职责。要加强重点工作人员的廉政教育和业务培训，提升政策实施和风险防控能力。

2. **强化监督管理**。区级农机主管部门要及时对农机购置补贴辅助管理系统中各项数据进行分析，加强对短期大批量、短期单户多台套、长时间无轨迹等情况的监管预警，要加强对试点中违规行为的调查处理工作。生产企业未按方案要求执行的，视同履行承诺事项不到位，按照农业农村部办公厅、财政部办公厅《农业机械购置补贴产品违规经营行为处理办法（试行）》和市农业农村局、财政局《北京市农机购置补贴产品违规经营行为处理规定（试行）》处理并对外公布结果。

3. **明确责任义务**。区级农机主管部门要承担好政策实施领导责任，负责对试点中关键环节的监督，研究解决在政策实施过程中遇到的重大问题，同时承担起试点组织实施责任，对形式审核和抽查核验结果负责。购机者对购机及所提供材料的真实性负责。产销企业要严格按照要求履行承诺，并对自愿参与农机购置补贴工作的一切行为承担主体责任。按相关法律法规要求，手机 App、物联网平台和二维码生成平台中的数据信息安全，由软件系统技术服务方负责。

北京市农业农村局
关于印发《北京市 2020 年兽药管理工作要点》的通知

（2020 年 1 月 22 日）

各区农业农村局，东城区、西城区、石景山区卫生健康委，市农业农村局所属各有关单位：

为做好 2020 年全市兽药管理工作，市农业农村局研究制定了《北京市 2020 年兽药管理工作要点》，现印发给你们，请结合要点，统筹安排 2020 年兽药管理各项工作。

北京市 2020 年兽药管理工作要点

兽药管理工作是兽医部门的重要工作内容之一，对于预防、控制、扑灭动物疫病，保障动物源性食品安全以及公共卫生安全，具有十分重要的意义。2020 年，全市兽医部门应当进一步完善兽药管理工作机制，督促企业落实主体责任，依法履职，推动本市兽药管理工作再上新台阶。

一、进一步完善兽药管理工作机制

（一）完善兽药管理工作机制

按照《动物防疫法》《兽药管理条例》和相关工作职责，市农业农村局负责全市兽药监督管理工作；市动物卫生监督所受市农业农村局委托，承担兽药监管和执法有关工作；市兽药监察所承担全市兽药相关检测工作；市动物疫病预防控制中心受市农业农村局委托，承担兽药使用技术支撑工作。各区兽医行政管理部门负责本区域兽药监督管理工作，参照市农业农村局有关工作安排，进一步完善本辖区兽药管理工作机制，明确各部门及有关单位兽药管理工作职责。

（二）提升兽药管理人员素质能力

全市兽医部门要通过组织专题培训、学习、交流、研讨、考察等形式多样的活动，不断提高兽药管理人员的素质能力。有关人员既要熟悉兽药管理法律、法规和政策规定，又要熟悉本辖区兽药研发、生产、销售、使用各环节监管对象的底数。

二、督促企业落实主体责任

（三）明确责任主体

研发、生产、销售、使用兽药的单位和个人是兽药质量和兽药安全方面的责任主体。全市兽医部门要通过培训、宣传、发放明白纸等多种方式，告知有关单位和个人建立健全主体责任制。动物卫生监督机构要在双随机检查等日常监管环节，以及专项检查、违法违规行为调查与处理等监督、执法工作中，督促相关单位和个人切实履行主体责任。

（四）强化安全生产

全市兽医部门要切实贯彻落实中央和本市关于安全生产的各项要求，在职责权限范围内，督促兽药生产企业落实安全生产主体责任和全面责任，建立健全安全生产各项规章制度。要重点排查和治理兽用生物制品生产企业生物安全隐患，及兽药生产企业危险化学品安全隐患。对于违反《兽药管理条例》，存在相关安全隐患的兽药生产企业，一律不得“带病”生产。对于在工作中发现的不属于兽医部门职责范围的安全生产隐患，要及时报告辖区有关部门处理。

三、做好兽药监督抽检和兽药残留监控工作

（五）实施抽检分离

各区要按农业农村部印发的专项监测计划，以及本市的配套计划，做好落实工作。要在年度工作经费中安排抽样费用，配合市动物卫生监督所和市兽药监察所做好两项计划中的抽样工作，实行抽检分离。

（六）提升检测水平

市兽药监察所要严格执行国家关于兽药产品和动物产品中兽药残留检测的相关标准，严格按照质量管理体系开展检测工作，确保检测结果准确、科学。对于检测中发现不合格的，要按照有关规定进行报告。对于抽检产品来自外省的，还应将检验报告寄送所在地省级兽医行政管理部门。

四、促进科学使用兽药

（七）加强兽药使用宣贯培训

各区要向广大兽药使用者宣传科学用药、合理用药技术，按规范和兽药使用说明用药，执行休药期制度，避免不合理用药现象。市动物疫病预防控制中心要组织开展对养殖场户使用兽用疫苗、抗菌药等方面的技术培训和指导，不断提升科学用药水平。

（八）推动兽用抗菌药减量化试点工作

2020年是减量化试点工作的决胜之年，全市兽医部门要按照《北京市农业农村局关于印发〈北京市兽用抗菌药使用减量化行动试点工作方案（2019—2021年）〉的通知》（京政农发〔2019〕111号），切实采取有效措施，引导本市养殖场户积极参加试点，规范、合理、科学、审慎地使用兽用抗菌药，实现试点场兽用抗菌药零增长目标。

（九）落实促生长类药物饲料添加剂退出养殖业政策

各区要组织、指导相关养殖场户，按照农业农村部第194号公告要求，自2020年1月1日起退出除中药外的所有促生长类药物饲料添加剂使用。

五、强化兽药全程监管

（十）强化兽药追溯

各区要按照农业农村部第174号公告要求，持续强化全市兽药产品追溯管理工作，在继续保持兽药生产企业入网率100%、产品上传率100%、兽药经营企业入网率100%基础上，力争做到兽药经营企业产品入库出库信息上传率达到100%。同时按农业农村部要求，组织兽药使用环节试点养殖场和试点动物诊疗机构上传兽药追溯信息。

（十一）强化监督执法

全市动物卫生监督机构要不断健全风险分级、量化监督、档案管理和双随机抽查工作机制，实施兽药研发、生产、经营、使用全程监管，确保本市兽药产品质量。对于农业农村部通报的以及市兽药监察所检测发现的不合格兽药产品和兽药残留超标的动物产品，要按程序实施调查和处理。

北京市农业农村局
关于做好畜禽疫情监测等相关防控工作的通知

（2020 年 1 月 25 日）

各区农业农村局，东城、西城、石景山区卫生健康委，市动物疫病预防控制中心，市动物卫生监督所：

为有效防控新型冠状病毒感染的肺炎疫情，按照《北京市人民政府关于进一步明确责任加强新型冠状病毒感染的肺炎预防控制工作的通知》（以下简称《通知》）有关要求，履行好部门责任，现就有关工作要求通知如下：

一、各区各单位要坚决落实习近平总书记重要指示批示精神和李克强总理批示要求，把人民群众生命安全和身体健康安全放在第一位，进一步提高政治站位，增强大局意识和底线思维，按照市委、市政府统一部署和《通知》确定的部门职责，切实履行属地责任、部门责任、单位责任、个人责任，全力做好疫情防控工作。

二、市动物疫病预防控制中心要做好相关检测试剂、设备条件和人员培训等监测能力准备，根据全市疫情防控需要，及时开展监测；根据园林绿化部门请求，经市农业农村局批准，可实施野生动物相关检测。对畜禽开展新型冠状病毒主动监测工作，将根据本市疫情防控和农业农村部有关部署确定。

三、各公路、铁路、航空动物防疫监督检查站发现运输野生动物及产品，应及时通报园林绿化部门依法处理。

四、根据《通知》安排，现场宰杀、违法销售畜禽、野生动物等行为由市场监管部门负责查处。各区要配合市场监管部门做好相关动物和动物产品的无害化处理工作。

五、在落实上述工作的基础上，各区要统筹做好高致病性禽流感、非洲猪瘟等重大动物疫病防治工作，加强免疫效果监测力度，严格督导养殖场落实对节后返回养殖场人员的隔离消毒措施，防止动物疫情输入和发生。有重大情况及时向市农业农村局报告。

北京市农业农村局
关于进一步加强动物疫情防控工作的通知

（2020 年 2 月 11 日）

各区农业农村局、市动物疫病预防控制中心、市动物卫生监督所：

为保护畜牧业生产，加强畜禽与野生动物的隔离措施，严密防范重大动物疫病和人畜共患病的输入和发生，现就有关动物防疫工作要求通知如下。

一、严格做好畜禽与野生动物的隔离控制

各区要督导畜禽养殖场户落实好养殖场所的封闭管理，阻断野生动物与家畜家禽的接触途径。各区要组织对辖区内所有畜禽养殖场所进行全面检查，重点督导完善“三项措施”：一是在养殖场所入口和

圈舍入口要加装防鼠板，二是在养殖场所围墙的排水口要加装防鼠网，三是在圈舍窗户和饲料贮放间要加装防鸟网。要求养殖场户加强生产区巡查，有条件的要加装监控系统，发现野犬、野猫、鼠、鸟类等动物进场入舍，应立即采取措施弥补漏洞。

二、严格做好养殖生产人员的隔离管理

各区要督导畜禽养殖场户做好返场或新聘人员的隔离管理，防止疫情传入和发生。对于雇用的外埠返京生产人员，除按照有关规定进行隔离观察外，在进入养殖场时，仍要严格按照养殖场所防疫制度进行更衣、消毒和隔离。进入猪场生产区的返场人员必须在场内隔离 48 小时以上，在洗澡、更换工作服和鞋靴、消毒后才能进入生产区，严防非洲猪瘟等疫情输入。

三、严格做好动物疫病强制免疫工作

各区要组织基层兽医机构严格按照免疫程序实施高致病性禽流感、口蹄疫、布鲁氏菌病强制免疫工作，继续做好免疫抗体监测，发现群体不达标的要立即进行补免，督导规模养殖场做好本场动物强制免疫和监测工作。努力确保辖区内畜禽群体免疫保护水平达到国家规定标准，严防因免疫失败导致突发重大疫情。

四、严格落实防疫工作人员个人防护

在坚持做好各项动物防疫工作的同时，要严格落实当前疫情防控的单位责任和个人责任。合理规划工作任务和人员调配安排，加强人员卫生防疫知识培训和监督指导，确保在开展动物免疫、疫病诊断、疫情监测、监督巡查过程中遵守相关防疫操作要求，既要保障养殖场所的生物安全，也要保证工作人员的个人健康安全。

北京市农业农村局
关于开展动物饲养场等场所选址风险评估工作的通知

（2020 年 2 月 12 日）

各区农业农村局，东城、西城、石景山区卫生健康委，市动物卫生监督所，市动物疫病预防控制中心，市畜牧总站：

为优化动物防疫条件审查工作，根据《农业农村部关于调整动物防疫条件审查有关规定的通知》（农牧发〔2019〕42 号），暂停执行关于兴办动物饲养场、养殖小区、动物隔离场所、动物屠宰加工场所以及动物和动物产品无害化处理场所（以下简称“动物饲养场等场所”）的选址距离规定，《动物防疫条件合格证》发证机关要组织开展兴办动物饲养场等场所选址风险评估。现就相关工作通知如下。

一、《动物防疫条件合格证》发证机关依据农业农村部《动物防疫条件审查办法》和《农业农村部关于调整动物防疫条件审查有关规定的通知》（农牧发〔2019〕42 号）有关要求对动物饲养场等场所在动物防疫条件审查工作中实施选址风险评估。

二、选址风险评估工作实行专家评估制。风险评估专家组应当由从事预防兽医学、动物传染病防治、动物疫病预防控制工作、动物卫生监督工作的中高级畜牧兽医专业技术职称人员组成。

三、风险评估专家组要依据场所周边的天然屏障、人工屏障、行政区划、饲养环境、动物分布等情况，以及动物疫病的发生、流行状况等因素，结合场所的生物安全条件、防疫制度和管理措施实施综合评估。

四、风险评估专家组实行组长负责制，由组长

决定采取合议制或者投票制确定评估结果。评估结果为选址风险评估合格或不合格。专家组应当提交选址风险评估报告，全体专家签字确认。

五、《动物防疫条件合格证》发证机关应当根据选址风险评估结果以及《动物防疫条件审查办法》规定的其他条件要求进行动物防疫条件审查。

北京市农业农村局
关于印发《2020 年北京市动物疫病强制免疫实施方案》的通知

（2020 年 2 月 12 日）

各区农业农村局，东城区、西城区、石景山区卫生健康委，市动物疫病预防控制中心，市动物卫生监督所：

为贯彻落实国家和本市中长期动物疫病防治规划，切实做好 2020 年本市动物疫病强制免疫工作，防止发生区域性重大动物疫情，根据《中华人民共和国动物防疫法》《北京市动物防疫条例》和《农业农村部关于印发〈2020 年国家动物疫病强制免疫计划〉的通知》（农牧发〔2019〕44 号），市农业农村局组织制定了《2020 年北京市动物疫病强制免疫实施方案》。现印发给你们，请遵照执行。

2020 年北京市动物疫病
强制免疫实施方案

一、总体要求

（一）免疫病种

高致病性禽流感、口蹄疫、小反刍兽疫、布鲁氏菌病、狂犬病。

（二）免疫要求

对高致病性禽流感、口蹄疫、小反刍兽疫、布鲁氏菌病，要求应免畜禽免疫密度达到 100%。高致病性禽流感、口蹄疫和小反刍兽疫免疫抗体合格率全年保持在 70%以上。

（三）免疫动物种类和区域

高致病性禽流感：对全市所有鸡、鸭、鹅、鹌鹑等人工饲养的禽类，进行 H5 亚型和 H7 亚型高致病性禽流感免疫。

对供研究和疫苗生产用的家禽、进口国（地区）明确要求不得实施高致病性禽流感免疫的出口家禽以及其他特殊原因不免疫的，有关企业按规定逐级报市农业农村局批准后，可以不实施免疫。

口蹄疫：对全市所有猪、牛、羊、骆驼、鹿进行 O 型口蹄疫免疫；对所有奶牛和种公牛进行 A 型口蹄疫免疫。

根据市动物疫病预防控制中心评估结果，本市暂不对生猪实施 A 型口蹄疫强制免疫。

小反刍兽疫：对全市所有羊进行小反刍兽疫免疫。

布鲁氏菌病：对全市所有羊（不包括种羊）进行布鲁氏菌病免疫；对奶牛布鲁氏菌病继续实行申请批准后免疫；对种畜禁止进行布鲁氏菌病免疫。

狂犬病：犬只饲养者应当按本市有关法规规定为犬只接种狂犬病疫苗。

猪瘟、高致病性猪蓝耳病：各区应执行国家防治指导意见有关要求。

二、疫苗种类

经国家批准使用的 H5＋H7 亚型高致病性禽流感、口蹄疫、小反刍兽疫、布鲁氏菌病、狂犬病疫苗（见附件）。

三、免疫主体

根据《中华人民共和国动物防疫法》《北京市动物防疫条例》，饲养动物的单位和个人是强制免疫的主体，承担强制免疫主体责任，切实履行强制免疫义务。养殖场（小区）应当配备动物防疫技术人员或购买防疫服务，实施免疫接种，做好免疫记录，建立免疫档案；不具备自行实施免疫接种条件的单位和个人，应当向区兽医主管部门设立的基层兽医机构申请强制免疫接种服务。

四、职责分工

根据国务院有关文件规定，各级人民政府对辖区内动物防疫工作负总责，组织有关部门按照职责分工，落实强制免疫计划。

市农业农村局具体组织实施全市强制免疫计划，各区兽医主管部门具体组织实施本辖区强制免疫计划，负责组织狂犬病疫苗的采购、调拨、保存和使用监管，组织开展强制免疫及监管工作。

市动物疫病预防控制中心负责强制免疫疫苗的采购、调拨、保存和使用监管。市、区动物疫病预防控制机构负责开展使用环节强制免疫效果评价。各区动物卫生监督机构负责监督检查养殖场（户）履行强制免疫义务情况。

各级兽医主管部门要积极协调同级财政部门，确保强制免疫补助经费（包括疫苗采购费用，以及器械耗材、培训、劳务、人员防护、免疫效果监测评价、免疫副反应处置等经费）落实到位。加强经费使用监管，确保经费专款专用，规范合理使用。

其他有关部门依法配合做好强制免疫计划实施工作。

五、组织实施

（一）制定实施技术方案

市动物疫病预防控制中心根据本实施方案，制定技术方案，负责指导落实全市强制免疫和免疫效果评价工作；各区应按照本实施方案要求，结合辖区实际，及时制定本区强制免疫计划实施方案和技术方案。

规模养殖场应实施程序化免疫；对散养动物，采用集中免疫与定期补免相结合的方式进行，有条件的地方可实施程序化免疫。

（二）规范疫苗采购和使用管理

市农业农村局会同市财政局，加强疫苗采购工作的监督管理，市、区动物疫病预防控制机构应建立健全疫苗采购制度，完善内部管控体系，严格规范疫苗采购活动。疫苗采购应以质量、免疫效果、价格和售后服务等综合指标为评判标准。禁止疫苗企业恶意竞标、以低于成本的价格参与竞标和超出使用范围宣传等行为，一经发现，将相关违规企业列入黑名单。市、区动物疫病预防控制机构应建立健全疫苗供应、监督管理、报废和无害化处理制度，制定实施疫苗配送计划，加强疫苗运输和保存管理，实行全程冷链运输。

（三）组织免疫技术培训规范免疫操作

市动物疫病预防控制中心和各区动物疫病预防控制机构及时组织开展免疫技术师资培训，组织好乡镇派出机构兽医人员及村级动物防疫员免疫技术培训。

各区应根据免疫动物和病种制定免疫操作规范，免疫时应按照疫苗说明书正确使用、规范操作，按要求更换注射针头，做好各项消毒工作。同时，要加强免疫操作人员生物安全防护，配备足够的人员生物安全防护用品。

（四）完善免疫记录与标识管理

乡镇畜牧兽医机构、村级防疫员、养殖场（户）要做好免疫记录，确保免疫记录与畜禽标识相符。养殖场（户）要对畜禽存栏、出栏、免疫等情况进行详细记录，尤其是疫苗种类、生产厂家、生产批号等，免疫记录与畜禽标识相符。

各区兽医主管部门应做好本行政区域内狂犬病免疫标识的制作、质量监督和发放管理工作；督促并指导各免疫定点按要求填报犬只狂犬病免疫记录，打印免疫证明；每年年初，应及时收回处理上一年度剩余标识，禁止标识跨年度使用。

（五）落实报告制度

市动物疫病预防控制中心按月报告疫苗采购情况，各区动物疫病预防控制机构按月报告免疫情况。在春秋两季集中免疫期间，对免疫进展实行周报告制度，出现突发重大动物疫情时，对紧急免疫情况实行日报告制度。各区动物疫病预防控制机构要安排专人负责收集统计免疫信息，按时报市动物疫病预防控制中心，市动物疫病预防控制中心按时报中国动物疫病预防控制中心，并及时报告免疫过程中发现的问题。

各区兽医主管部门要按照《北京市畜牧兽医精细化管理信息系统应用管理办法（试行）》要求，组织有关人员及时在系统中录入强制免疫信息。

（六）推进“先打后补”

市农业农村局结合本市实际制定2020年度“先打后补”工作实施方案，并探索借鉴青岛市“先打后补”信息管理试点经验，推动强制“先打后补”工作的信息化，简化操作环节，逐步推进“先打后补”工作的覆盖率。各有关区要按照方案要求，认真组织开展强制免疫“先打后补”工作。对暂不参加“先打后补”的养殖场户，继续实施疫苗集中招标采购，并探索以政府购买服务的形式，有序引导社会力量参与强制免疫工作。

（七）评估免疫效果

各区兽医主管部门要加强免疫效果监测与评价工作，实行常规监测与随机抽检相结合，对畜禽群体抗体合格率未达到规定要求的，及时组织开展补免；对开展强制免疫“先打后补”的养殖场（户），要及时组织开展免疫效果监测，确保免疫效果；对辖区内的动物疫病免疫副反应发生情况、免疫抗体水平不达标情况和免疫失败情况应及时进行调查处理，重大问题应及时报市农业农村局。市动物疫病预防控制中心要在市级季度监测中，对各区主要疫病的免疫效果进行抽测，并通报抽测结果。

六、监督管理

对拒不履行强制免疫义务、不遵守本市动物疫病免疫退出和动物疫病传播阻断制度、因免疫不到位引发动物疫情的养殖单位和个人，要依法处理并追究相关单位和人员的责任。

各区要加强对辖区内强制免疫疫苗生产企业的监督检查，严格执行兽药生产质量管理规范（GMP）有关规定，进一步规范疫苗生产行为。全面实施兽药“二维码”管理制度，加强疫苗质量追踪和全程质量监管，严厉打击制售假劣疫苗行为。

七、经费支持

高致病性禽流感、口蹄疫、小反刍兽疫、布鲁氏菌病免疫费用由中央财政和市财政承担，犬只狂犬病疫苗资金渠道不变。列入强制免疫“先打后补”的养殖场（户），补助经费按照“先打后补”工作方案执行。

附件　国家批准使用的有关疫苗目录（略）

北京市农业农村局
关于印发《积极应对新冠肺炎疫情抓好“菜篮子”稳产保供和春耕备耕工作的指导意见》的通知

（2020年2月20日）

各区农业农村局：

经研究决定，现将《积极应对新冠肺炎疫情抓好“菜篮子”稳产保供和春耕备耕工作的指导意见》印发给你们，请抓好贯彻落实。

关于积极应对新冠肺炎疫情抓好“菜篮子 ”稳产保供和春耕备耕工作的指导意见

为认真贯彻落实全国农业农村系统应对新型冠状病毒感染的肺炎疫情视频调度会以及《国务院应对新型冠状病毒肺炎疫情联防联控机制关于压实“菜篮子”市长负责制做好农产品稳产保供工作的通知》《农业农村部办公厅关于不误农时抓好春耕备耕的通知》精神，按照市委、市政府关于在全力以赴抓好疫情防控同时，努力完成2020年经济社会发展各项目标任务的有关要求，现就切实抓好“菜篮子”产品稳产保供和春耕备耕工作，提出如下意见。

一、严格落实“菜篮子”区长负责制

当前新冠肺炎疫情正处于关键时期，各区要坚持防控疫情和农业生产“两手抓”，切实增强“保障民生无小事”的大局意识和底线思维，始终把“菜篮子”稳产保供作为重大政治任务，全力推进春季农业生产有序开展，为打赢疫情防控阻击战、实现全年经济社会发展目标任务提供保障。要认真落实“菜篮子”区长负责制，严格履行属地责任，细化年度任务目标，制定具体实施方案，优化调整产业结

构，全力组织蔬菜、生猪等农产品的生产和供应保障，抓好家禽、牛羊、水产品生产的统筹安排，进一步提升“菜篮子”农产品的应急保障能力。

二、切实提高蔬菜生产供应能力

一是加强工作统筹，合理组织安排生产。各区要按照2020年蔬菜产量恢复到2018年水平的总体要求，进一步摸清在田蔬菜种类、面积、产量，建立台账，积极动员各类生产主体加大生产投入。同时，针对当前疫情期间劳动力不足，要加大统筹协调力度，加强本地劳动力的动员，有序组织开展生产，并按照每周调度制度，将生产情况通过市蔬菜报表系统进行报送。要加大对农民专业合作社、农业产业化龙头企业、种植大户的政策支持力度，进一步提升蔬菜生产经营规模主体的保供能力。二是加强技术指导，抓好田间生产管理。要根据实际，指导生产主体积极调整种植结构，优化品种结构，合理安排茬口和生产布局，高效利用设施的空档期安排生产，适当扩大叶类菜种植面积，延长越冬果类蔬菜采收期，提高产量。要强化社会化服务，动员农机服务、植保服务等组织，开展关键生产环节的农机服务、病虫害统防统治、采收处理等，推广应用标准化生产栽培技术，提高生产效率。三是加强规范管理，提高设施农业发展水平。各区要以设施农业“一棚一码”为抓手，统筹蔬菜产业发展的产前、产中和产后全链条，形成每栋设施农业的立体化信息档案，实现设施农业的精细化管理。要采取有效措施，提高设施利用率，针对处于闲置状态的日光温室和塑料大棚，尽快恢复生产能力，及时组织开展蔬菜生产。要按照加快推进高效现代设施农业用地试点的有关要求，提前做好谋划，及时启动项目建设。

三、切实抓好春耕备耕

一是抓好小麦田间管理。要做好镇压、施肥、浇水、病虫害防治等工作，基本实现测土配方施肥、小麦“一喷三防”等重大技术全覆盖，实现良田、良种和良法配套。要密切关注春季重大天气变化，及早发布预警信息，提出科学有效的应对措施；要加强鼠情监测，及时开展统一灭鼠工作。二是开展生产技术指导服务。要根据市农业技术推广、市植物保护、市种子管理等单位提出的有关生产技术指导意见，开展线上多种形式的技术培训和指导，将关键技术措施落实到位。要积极开展农机春耕生产技术指导服务工作，推广包括作物秸秆覆盖还田、少免耕播种和农机深松整地在内的保护性耕作技术，减轻风蚀，抑制扬尘。三是保障农业生产资料供应。要克服疫情影响，有序引导农资企业复工复产，协调解决农资供应问题，保障农资进村入店。要深入开展农资打假专项行动，确保春耕期间农资质量可靠、价格稳定。四是严控耕地撂荒现象。要加强基础设施建设，改善农业生产条件，调整优化产业结构。要依法推进农村土地流转，加强规模化种植。要有效提升耕地地力，提高经营效益，减少耕地撂荒和设施闲置，要加强农业推广服务体系建设，提升农业科技水平。五是抓好草地贪夜蛾监测防控。预计2020年草地贪夜蛾发生范围涵盖西南、黄淮、华北、西北甚至东北玉米产区，虫源基数大，发生时间早，要落实防控责任和防控措施，加密布设监测网点，加强虫情监测和田间普查力度，发现虫情立即上报，确保不大面积连片成灾。

四、切实抓好恢复生猪生产

各有关区要把生猪稳产保供作为重大政治任务，严格落实区长负责制，坚定恢复生猪生产目标任务不动摇，积极督促项目承建单位抓紧建设，努力在2020年6月底前完成新建、改扩建猪场的建设工作，并力争在10月底前完成装猪任务，不折不扣完成年底前恢复生猪产能基本接近常年水平的硬任务，确保生猪存栏恢复到31万头以上，基本实现域内自给率6%。要围绕构建高效生态的生猪产业体系、建立高级别生物安全防控体系，不折不扣落实优化生猪产业布局的各项政策措施，推动生猪产业高质量发展。同时，在恢复生猪生产过程中，要毫不松懈地抓好非洲猪瘟防控，并针对近期新疆、湖南等地相继发生的口蹄疫和H5亚型禽流感疫情，在当前防控新冠肺炎疫情的严峻形势下，统筹做好重大动物疫病防控，防止动物疫情发生，保证动物防疫局面稳定。

五、切实抓好农产品流通

一是加强农产品的产销对接。要加强生产、流通、消费的信息统筹共享，指导各生产主体充分利用“北京农产品供求信息采集平台”；推动生产经营主体和市场的高效精准对接，多种形式组织农产品线上线下产销对接活动；支持就地就近“点对点”供应，积极组织开展“农产品进社区”等活动，提高市场有效供给，着力解决好本地农产品“买难”“卖难”的问题。二是保障农产品运输渠道畅通。要维护好“菜篮子”产品正常流通秩序，畅通鲜活农产品运输的“绿色通道”和农资的物流通道，要确保农产品产得出、运得走、供得上；同时，要切实保障好必要的生产资料快速有序流通，抓好种子、肥料、农膜等农资的调运和储备。

六、切实抓好农产品质量监管

要抓实抓细农产品质量安全工作，进一步加强稳产保供措施与质量安全保障措施的协同部署、一并落实，确保农产品产出数量与质量安全。各区要严格落实属地责任，积极开展本地区农产品质量安全风险监测工作，加强对本区域内上市农产品质量安全的风险防控和预警，坚决守住农产品质量安全底线，协同打赢疫情防控阻击战。要按照全市推进食用农产品合格证制度试行工作的要求，督促种植、养殖生产者严格落实主体责任、提高农产品质量安全意识，提升农产品质量安全治理能力和水平，为推动农业高质量发展提供有力支撑。

北京市农业农村局　北京市商务局
关于加强新冠肺炎疫情防控期间本地农产品
销售工作的紧急通知

（2020年2月27日）

各区农业农村局、区商务局：

近期，受新冠肺炎疫情影响，本市部分地区农产品出现流通不畅、滞销卖难等情况。为做好“菜篮子”产品保供稳价，强化市区联动，完善工作机制，促进产销衔接，现将有关工作紧急通知如下。

一、切实提高政治站位

坚决贯彻习近平总书记重要指示批示精神，全面落实党中央、国务院和市委、市政府决策部署，坚持把农产品稳产保供作为当前“三农”工作的大事要事来抓，严格落实“菜篮子”区长负责制。针对疫情发展趋势和市场需求，全面部署，精准施策，畅通运输渠道，做好产销衔接，保障质量安全，确保“菜篮子”产品总体供应充足，价格基本稳定，流通顺畅有序。

二、抓好重点工作

（一）强化属地责任，严格落实“菜篮子”区长负责制

各区在切实抓好农产品生产的同时，毫不松懈统筹抓好农产品产销衔接、流通运输、市场调控、质量安全等各项工作。加强对辖区内生产信息和销售需求的梳理，建立农产品生产主体生产及销售台账，动态跟踪了解产销对接情况，设立并公开服务热线等问题反映和受理渠道，及时解决农产品稳产保供中存在的突出问题。

（二）保障道路运输通畅

严格落实市农业农村局、市交通委员会、市公安局公安交通管理局《关于确保“菜篮子”产品和农业生产必需品正常流通秩序的紧急通知》（京政农发〔2020〕14号）要求，按照“一断三不断”“三不一优先”要求，妥善解决车辆通行不畅问题，

确保“菜篮子”产品产得出、运得走、供得上。

（三）积极扩宽销售渠道

积极协助农产品生产主体加强与辖区内大型商超、批发市场、农贸市场、大型社区开展“点对点”对接，建立稳定的产地与市场对接机制，充分发挥电商企业、微信公众号、社区微信群团购、直播平台等优势，进一步拓宽销售渠道。积极利用“北京原产地新鲜果蔬供需发布平台”和全国、京津冀地区及其他地区产销供需发布平台，通过线上发布、线下收购的方式，快速解决农产品滞销问题。鼓励政府机关、企事业单位、社会团体积极与农产品生产经营主体建立销售帮扶机制。合理配置市场资源，倡导辖区内生产经营主体统筹资源、共享渠道、集中配送。

（四）引导龙头企业加大收储和加工力度

引导农业产业化龙头企业、规模化农民合作社等及时启动农产品收储和加工，持续加大对粮食、肉类、耐储蔬菜等加工原料的收购储备力度。根据产业布局，加快建设农产品冷链物流设施，并将有关设施、设备纳入农机购置补贴范围。

（五）适时逐步开放休闲农业园区

各区视疫情防控进展情况，在确保防控措施落实到位前提下，适时逐步开放休闲农业园区。要进一步完善疫情防控措施，科学制定管控方案，通过采取门票预约、智慧引导等手段，科学分流疏导游客，维护采摘秩序，做好游客流量关口前置管控。

（六）切实加强农产品质量安全

坚持统筹施策、科学管理、高效服务，按照灵活调整监测开展方式、就近组织开展抽样工作的原则，抓好质量安全工作。各区针对重点生产主体，加强质量安全技术指导与管理，开通安全服务绿色通道，组织安全检测单位和部门结合实际为生产主体提供免费检测服务，增强质量安全控制水平。

（七）加强对市场的监测分析

切实加强本地自产农产品营销渠道的市场统计分析，充分运用大数据资源，加大对市场的监测和农情调度力度，强化调运组织管理，确保“菜篮子”产品有效均衡供给。

（八）建立农产品经营用工保障机制

摸清本地农产品产销主体的用工信息，会同人力社保、卫生健康、民政等部门，在抓好社区（村）疫情防控的基础上，以本地和周边地区为重点，招募劳动力，组织用工对接，妥善协调好农产品产销主体的用工需求。同时，健全各类主体与农民的利益联结机制，保证农民在加工、储藏、运销等环节的收益，促进农民就业增收。

（九）加强宣传引导

加大对社会舆情的监测和正确引导，通过官方媒体及时宣传解读疫情防控、“菜篮子”产品稳产保供等政策，提振打赢疫情防控阻击战的信心，为维护经济社会大局稳定提供有力支撑。

三、建立健全工作保障机制

（一）建立工作调度机制

要坚持定期调度，压实工作责任，明确工作任务，强化监督落实，保证工作效率，切实把解决农产品销售问题作为落实“菜篮子”区长负责制工作的重要组成部分抓实抓细抓落地。

（二）建立信息沟通机制

要坚持政令畅通、决策畅通、信息畅通，及时通报工作动态，汇总工作进展，总结推广好的经验做法，梳理热点难点问题，同时加强与其他有关部门之间的沟通协调，为有效决策提供信息依据。

（三）建立问题解决机制

要重点围绕农产品的产销，建立各类农业生产经营主体的问题困难台账，加强上下联动，发挥各级优势，逐一研究解决，并及时跟踪实际效果。

北京市农业农村局　北京市财政局关于印发2020年度动物疫病强制免疫“先打后补”工作实施方案的通知

（2020年2月28日）

各有关区农业农村局、财政局，市动物疫病预防控制中心，市动物卫生监督所：

根据《财政部　农业部关于印发〈动物防疫等补助经费管理办法〉的通知》（财农〔2017〕43号）、《农业部办公厅　财政部办公厅关于印发〈动物疫病防控财政支持政策实施指导意见〉的通知》（农办财〔2017〕35号）和《农业农村部关于印发〈2020年国家动物疫病强制免疫计划〉的通知》（农牧发〔2019〕44号），2020年本市继续开展动物疫病强制免疫“先打后补”工作，现将《北京市2020年度动物疫病强制免疫“先打后补”工作实施方案》印发给你们，请遵照执行。

北京市2020年度动物疫病强制免疫“先打后补”工作实施方案

根据《财政部　农业部关于印发〈动物防疫等补助经费管理办法〉的通知》（财农〔2017〕43号）、《农业部办公厅　财政部办公厅关于印发〈动物疫病防控财政支持政策实施指导意见〉的通知》（农办财〔2017〕35号）和《农业农村部关于印发〈2020年国家动物疫病强制免疫计划〉的通知》（农牧发〔2019〕44号）精神，按照农业农村部有关工作部署，结合本市实际，制定本方案。

一、实施范围

（一）补助病种

口蹄疫。

（二）补助畜种

生猪、奶牛。

（三）补助对象

按照《北京市农业农村局关于开展2020年度动物疫病强制免疫先打后补场户调查统计工作的通知》，根据养殖者自愿申请，经各区兽医主管部门认定并报市农业农村局备案的养殖场。

二、补助标准及经费安排

（一）补助标准

1. 生猪。根据动物产地检疫记录核定，免疫“O型＋A型”口蹄疫疫苗的，每出栏1头生猪补助口蹄疫疫苗费用2.63元；免疫O型口蹄疫疫苗的，每出栏1头生猪补助口蹄疫疫苗费用2.32元。

2. 奶牛。根据动物养殖存栏记录核定，每存栏1头奶牛补助口蹄疫疫苗费用3.45元。

（二）经费保障

根据中央转移支付资金管理有关规定，由各区统筹优先安排之前年度结余资金，保障动物疫病强制免疫“先打后补”工作。

三、管理措施

（一）动物数量核定

1. 2020年度核定周期。因中央转移支付资金拨付时间调整，自2020年度核定周期前移一个月。

（1）2019、2020年度连续参加“先打后补”场：自2019年11月1日至2020年9月30日。

（2）2020年度新增“先打后补”场：2020年有关场户停止领用统一招采疫苗后至2020年9月30日。新增场户一直为自采自免、未领用过统一招采苗，按照2019年11月1日至2020年9月30日的周期核定。

2. 生猪产地检疫数量核定。

（1）官方兽医开具产地检疫证明时，在货主栏必须填写养殖场户名称，以保证在检疫电子出证平台中该场户生猪出栏数据完整准确。

（2）区动物卫生监督机构通过动物检疫合格证明电子出证系统核定有关场户 2020 年度核定周期内的生猪产地检疫数量。

3. 奶牛存栏数量核定。区兽医主管部门指定工作机构根据实际情况采取现场查验活畜数量、核对养殖生产档案和检疫监督记录以及运用奶牛电子标识管理系统等多种方式进行核定。在 2020 年 9 月 30 日前完成对有关场奶牛存栏数量的核定工作。

（二）免疫情况核定

区动物疫病预防控制机构检查有关场户的免疫记录、疫苗使用记录、疫苗采购记录和证明等，并按照监测评价工作要求（附件 1）完成免疫效果监测评价工作。

（三）补助金额核定

区兽医主管部门组织相关单位填写生猪强制免疫“先打后补”补助资金审核表（附件 2）、奶牛强制免疫“先打后补”补助资金审核表（附件 3），综合有关监测评价和监督检查信息，确认是否给予补助，确定补助金额。对存在以下情形之一的不予补助：①免疫抗体监测不合格后，补免后免疫抗体检测仍不合格的；②不配合免疫抗体监测采样和监督检查工作的；③购置、使用非法疫苗的；④免疫记录、疫苗使用记录、疫苗采购记录和证明等材料不真实的；⑤违规调运动物的；⑥不按规定处置病死动物的；⑦不按规定开展奶牛布鲁氏菌病和结核病净化工作的。

（四）公示

动物疫病强制免疫“先打后补”补助经费使用管理坚持公开透明原则，区级兽医主管部门应设立强制免疫“先打后补”工作举报电话，并将补助政策内容、申请参加场名单、补助标准、补助金额及补助发放名单等信息在区人民政府网站或区农业农村部门网站上进行公示，接受群众和社会监督，杜绝违规违纪行为的发生。

（五）资金发放

区兽医主管部门将动物疫病强制免疫“先打后补”补助资金审核表提交区财政部门，由区财政部门及时发放补助经费。

各区应于 2020 年 10 月 31 日前将 2021 年度经费需求报市农业农村局和市财政局。

四、工作要求

（一）明确职责，分工协作

各级兽医主管部门、财政部门要加强组织领导，明确职责分工，密切沟通配合，形成工作合力。市农业农村局负责全市实施方案的编制和组织实施，并根据各区核定资金需求情况，汇总后提出资金年度预算和资金分配方案，制定绩效目标，组织和指导各区实施项目管理，开展绩效评价等工作；市财政局根据市农业农村局提出的资金分配意见安排资金，会同市农业农村局开展绩效管理工作。各区兽医主管部门负责本地区实施方案编制、计划落实，养殖场申报情况审查、养殖场先打后补实际情况的核定、项目监督管理、总结等，据实提出资金使用预算及方案，开展绩效管理具体工作；各区财政部门负责资金分解下达、资金审核拨付、使用管理、监督检查及绩效管理等工作。

（二）制定方案，周密部署

各区要高度重视此项工作，根据本辖区实际制定“先打后补”工作实施方案，方案应明确职责分工、实施条件、补助对象、补助标准、实施要求、监管措施、绩效评价等内容，切实加强领导，周密部署安排，确保“先打后补”工作顺利开展。

（三）翔实统计，及时发放

各区兽医主管部门负责组织做好动物疫病强制免疫“先打后补”情况的统计、汇总、审核和监督检查等工作，并会同区财政部门及时做好补助经费的发放工作。同时，补助经费的核定发放需要有完整的程序和手续，保证工作严谨规范。

（四）加强调度，认真总结

各区要加强调度，保证“先打后补”工作按计划有序开展，并将调度情况及时报送市农业农村局。各区要认真评估总结“先打后补”工作，完善经验、做法，于 2020 年 11 月 30 日前将工作总结报市农业农村局。

五、监督管理

（一）各区兽医主管部门应加强对本区“先打后补”工作的监督管理，建立监督抽查动态监管制度，确保“先打后补”工作措施落实到位，如期完成年度绩效目标。绩效目标表见附件 4。

（二）申请补助资金的“先打后补”场户应妥善保存强制免疫“先打后补”工作的记录和档案资料，包括但不限于免疫记录、疫苗使用记录、疫苗采购记录或证明、抗体检测报告。相关档案资料保存2年。

（三）对挤占、挪用、虚报、冒领等行为，依照《财政违法行为处罚处分条例》的相关规定进行处理。

（四）遇有国家或本市相关政策发生变化时，按照新规定执行。

附件1 免疫效果监测评价工作要求（略）

附件2 生猪强制免疫“先打后补”补助资金审核表（略）

附件3 奶牛强制免疫“先打后补”补助资金审核表（略）

附件4 强制免疫“先打后补”绩效目标表（略）

北京市农业农村局 北京市生态环境局关于做好耕地分类管理工作的通知

（2020年3月6日）

各区农业农村局、区生态环境局：

为贯彻落实《中华人民共和国土壤污染防治法》《关于进一步做好受污染耕地安全利用工作的通知》（农办科〔2019〕13号）、《关于印发〈农用地土壤环境质量类别划分技术指南〉的通知》（环办土壤〔2019〕53号）、《北京市污染防治攻坚战2020年行动计划》（京政办发〔2020〕8号）等文件要求，各区要高度重视，充分结合春耕生产工作，周密部署，加强对优先保护类耕地的管护，避免出现新增污染地块；推广各类管控措施，确保受污染耕地的安全利用，现将有关工作安排如下。

一、工作目标

加强耕地分类管理工作力度，更新耕地土壤环境质量类别分类清单，有效管控风险，促进耕地土壤生态系统良性循环，优先保护类耕地土壤环境质量不下降，安全利用类和严格管控类耕地土壤环境安全得到保障。2020年年底前，各相关区受污染耕地安全利用率达到90%以上，基本实现安全利用。

二、工作措施

（一）加强耕地土壤污染源头管控

各相关区要严格控制污染源头，预防和减少耕地土壤污染。持续推进化肥、农药减量增效，积极推进农膜和肥料、农药等农业投入品包装废弃物回收处置，加强秸秆资源化利用，推进畜禽粪污资源化利用，促进养殖生产清洁化和产业模式生态化。严禁将城镇生活垃圾、污泥、工业废物直接用作肥料。

（二）加大优先保护类耕地的保护力度

对于优先保护类耕地，各相关区要强化污染源头预防，合理开发利用，采取严格保护措施，推行种养结合、秸秆还田、增施有机肥、少耕免耕、农膜减量与回收利用等措施，提升耕地质量，防止因过度施肥、滥用农药等掠夺式农业生产方式造成土壤环境质量下降，避免形成新增受污染耕地。

（三）强化安全利用类耕地的风险控制

对于安全利用类耕地，各相关区要按照农业农村部《轻中度污染耕地安全利用与治理修复推荐技术名录（2019年版）》（农办科〔2019〕13号）要求，因地制宜选取安全利用、治理修复的相应技术，降低农作物质量超标风险，积极推进受污染耕地的安全利用。安全利用类措施主要为农艺调控类措施，包括实施低吸收品种替代、调节土壤酸度、开展水肥调控等。治理修复类措施是在农艺调控的基础上，进一步实施土壤调理、开展原位钝化、实施生物修复等。

（四）加强严格管控类耕地的用途管理

对于严格管控类耕地，各相关区要加强用途管理，推进种植结构调整，引导种植非食用农产品，也可结合新一轮百万亩造林工程，将严格管控类耕地纳入造林或退耕还林还草范围。受污染耕地中发现存在威胁地下水、饮用水水源安全的，按照相关技术规定，制定环境风险管控方案，落实有关措施。

（五）加强耕地土壤环境质量和农产品质量监测评价

为确保分类管理各项措施取得实效，各相关区要加强受污染耕地土壤环境质量和农产品质量监测与评价。对辖区内受污染耕地种植的食用农产品，原则上按照“产出一季、检测一季”的要求开展农产品质量检测。对检测不合格的，严禁食用，并及时调整安全利用措施。对辖区内的受污染耕地，2020 年年底之前要按照相关要求至少开展 1 次耕地土壤环境质量监测。

对未利用地、复垦土地等拟开垦为耕地的，各相关区要开展土壤污染状况调查，依法进行分类管理。在开展相关监测、现场检查过程中新发现有土壤污染风险的耕地地块，要开展土壤污染状况调查，调查表明污染物含量超过土壤污染风险管控标准的，要组织进行土壤污染风险评估，并按照耕地分类管理制度管理。

（六）更新耕地土壤环境质量类别分类清单

根据土地用途变更、耕地土壤环境质量监测评价和农产品质量监测评价结果，按照《农用地土壤环境质量类别划分技术指南》（环办土壤〔2019〕53 号）有关要求，涉及受污染耕地的相关区要提出辖区内耕地土壤环境质量类别分类清单调整方案。

三、有关要求

（一）高度重视，落实属地责任

各相关区要坚持以人民为中心的发展思想，高度重视耕地分类管理工作，统筹好农产品产地质量安全、粮食安全和农产品质量安全工作，切实把受污染耕地安全利用工作摆在重要位置。要切实加强领导，组织、协调、督促相关部门及各乡镇加强耕地分类管理、保障受污染耕地安全利用、落实有关监管职责。

（二）细化方案，落实保障措施

各相关区要编制完善本区耕地分类管理工作方案，明确工作机制、责任分工、任务目标、工作措施和资金保障等，做好组织实施的具体工作，强化实施效果；要统筹利用好市级转移支付资金及各区财政资金，优先将受污染耕地安全利用纳入种植结构调整、休耕试点、退耕还林还草等任务，落实资金保障；要建立耕地分类管理工作台账，将各类耕地保护和管控措施落实到每个地块，加强档案管理，留存工作证明材料，实现从生产过程到产品质量的可追溯、能查验的完整的闭环管理链条。

（三）强化支撑，按期报送方案及年度报告

各相关区在方案制定、实施、效果评价和全程质量控制等过程中，要充分发挥农业环境监测、农业技术推广等业务部门的技术支撑作用和第三方机构的社会化服务功能，加强耕地土壤环境质量监测及农产品质量监测，探索引入第三方督查指导，综合分析本区耕地分类管理各项技术措施的成本和效果，确保各项技术措施的科学性和可行性。各区要加强对乡镇的监督考核，按照相关验收标准和办法，对各乡镇工作开展情况进行验收，自测本区受污染耕地安全利用率，确保按期完成工作任务，达到年度工作目标。

各相关区的耕地分类管理工作方案、耕地土壤环境质量类别分类清单调整方案、耕地分类管理工作年度报告，应分别于 2020 年 3 月底前、8 月底前、11 月底前报市农业农村局、市生态环境局。其中，涉及受污染耕地的区，要重点说明本区受污染耕地安全利用工作落实情况和受污染耕地安全利用率自测过程及结果，并提供工作完成情况的证明材料。

（四）加强市级指导

市农业农村局将会同市生态环境局加强对各区的监督指导，加强耕地土壤污染防治宣传和政策解读，开展技术培训。同时，市农业农村局将聘请第三方机构对各区耕地土壤污染防治工作开展检查指导。

北京市农业农村局
关于印发《北京市季节性裸露农田扬尘抑制关键保护性耕作技术推广应用作业补贴实施方案》的通知

（2020 年 3 月 11 日）

各区农业农村局、相关区农机服务中心：

为做好本市季节性裸露农田扬尘抑制关键保护性耕作技术推广应用工作，根据《北京市扬尘管控工作意见》，市农业农村局制定了《北京市季节性裸露农田扬尘抑制关键保护性耕作技术推广应用作业补贴实施方案》，现印发给你们，请遵照实施。

北京市季节性裸露农田扬尘抑制关键保护性耕作技术推广应用作业补贴实施方案

为做好本市季节性裸露农田扬尘抑制关键保护性耕作技术推广应用工作，根据《北京市扬尘管控工作意见》，制定本方案。

一、实施背景

抑制季节性裸露农田扬尘工作被列为《北京市打赢蓝天保卫战 2020 年行动计划》，《北京市扬尘管控工作意见》明确应加大免耕、土壤深松、秸秆粉碎覆盖还田等保护性耕作技术推广应用，减轻风蚀，抑制扬尘。保护性耕作核心技术主要包括作物秸秆覆盖还田、少免耕播种和农机深松整地。按照《全国农机深松整地作业实施规划（2016—2020年）》要求，“十三五”期间，本市积极开展农机深松整地技术推广，在全市农机深松整地作业补贴政策引导下，农机深松整地作业累计完成面积 44 万亩，农机深松整地作业在全市取得了较好的推广应用效果。但秸秆粉碎覆盖还田、少免耕播种两项关键技术尚无明确补贴政策，全环节保护性耕作技术推广应用水平近几年呈下降趋势，亟须政策引导，加快应用水平提升。

二、工作任务和目标

本市从 2020 年度开始，计划在全市范围内全面加强农机深松整地、秸秆粉碎覆盖还田、少免耕播种三项抑制季节性裸露农田扬尘关键保护性耕作技术集成推广应用，力争“十四五”期间，在全市实现三项关键保护性耕作技术应用率达到 80%以上，全面建成覆盖主要裸露农田区域的扬尘监测体系。

2020 年度市对区转移支付资金分配和任务清单表见附件 1。

三、补贴内容

（一）补贴对象

在本市范围内具备农机深松整地、秸秆粉碎覆盖还田、少免耕播种等保护性耕作技术作业能力和条件，满足实施要求的农机服务组织和其他农业生产经营组织。有其他条件和要求的，各区根据实际，因地制宜自行制定。

（二）补贴标准

对达到检查验收质量标准的实施面积，按照农机深松整地 50 元/亩、秸秆粉碎覆盖还田少免耕播种 70 元/亩的标准核发补贴资金。同一地块，仅实施秸秆粉碎覆盖还田或者少免耕播种单项作业的，按照 35 元/亩的标准核发补贴。

（三）补贴方式

采取“先干后补”的方式进行。即各地按照补贴作业内容、质量标准、公示程序，对技术实施地块进行检查验收和公示程序后，确定拟补贴的作业面积，最终拨付补贴资金到补贴对象账户。

四、实施要求

各区应根据本地土壤状况、气候和自然条件、种植制度、农艺要求以及机具配备等情况，按照节本增效和保障作业质量的原则，因地制宜合理选择确定农机深松整地、秸秆粉碎覆盖还田及少免耕播种作业技术模式。

（一）耕作要求

1. **农机深松整地**。以打破犁底层和板结层，增加土壤蓄水保墒能力为目标，可在前茬作物收获后、下茬作物播种前进行深松；在不影响作物生长的情况下，也可根据需要在玉米苗期进行深松。原则上同一地块2～3年深松一次。

2. **秸秆粉碎覆盖还田**。以秸秆粉碎覆盖地表，减少裸露农田为目标，可采取装有秸秆粉碎还田机的收获机直接将秸秆粉碎还田，也可采取在作物收获后使用秸秆粉碎还田机再将秸秆粉碎还田。田间不得有秸秆焚烧痕迹。

3. **少免耕播种**。以不翻耕土壤为目标，在未翻耕（可旋耕）的地块采用少免耕播种机直接进行少免耕播种。

（二）机具要求

1. **深松机**。鼓励使用复式作业机具（同时完成灭茬、深松、旋耕等多项作业）开展农机深松整地作业，作业机具须装有深松作业质量监测终端（已列入北京市农机购置补贴品目，由补贴对象自行购置），并实现定位信息、作业深度、作业面积等监测数据按要求传输到北京市农机调度中心。

2. **秸秆粉碎覆盖还田与少免耕播种**。鼓励使用装有监测终端的作业机具，并实现定位信息、作业面积等监测数据按要求传输到北京市农机调度中心。少免耕播种机应确保性能质量可靠，保证播种质量和出苗效果。

北京市农机调度中心作业质量监测具体要求见附件2。

（三）作业质量要求

1. **土壤深松**。深松应能打破犁底层和板结层，深松深度一般要大于30厘米不超过40厘米；山区耕作层30厘米以下存在较多石块区域深松深度一般要大于25厘米不超过30厘米。

2. **秸秆粉碎覆盖还田与少免耕播种**。一般要求作物收获后秸秆全量覆盖还田；播种时为了保证播种质量，采用少免耕播种的地块允许对地表秸秆进行适当处理，但禁止采用翻耕作业，且播种作业出苗后地表秸秆平均覆盖率不低于30%。

（四）监测点要求

监测点建设经费每区已安排转移支付资金30万元，主要用于监测点建设、秸秆粉碎覆盖还田与少免耕播种实地查验工作经费。要求每区建立三个扬尘监测点，配备土壤风蚀监测设备，重点开展传统耕翻与保护性耕作技术在防风蚀效果方面对比分析，除此之外，监测点还应辅助性开展土壤理化性状、作物生育状况、病虫草害情况、秸秆覆盖情况、作物产量和经济效益分析等监测内容，监测点主要监测指标表可参考附件3。通过监测，分析研究三项保护性耕作技术实施应用效果，尤其是扬尘抑制效果，每年度形成扬尘抑制效果监测。

（五）验收要求

检查验收由各区按照规定比率随机抽检的方式进行。

1. **农机深松整地**。以平台线上查验为主，农机深松整地作业抽检面积比率100%。根据农机深松整地作业深松深度合格率确定验收合格面积。

验收合格面积判定方法：在北京市农机调度中心采集到的农机深松整地作业质量监测数据中，同一地块连续两年不得重复作业；每次作业深松深度合格率≥85%时，认定该地块作业质量全部合格；深松深度合格率<85%时，以实际达标面积作为验收合格面积。

2. **秸秆粉碎覆盖还田与少免耕播种**。在秸秆粉碎覆盖还田作业后或少免耕播种作业前后开展查验，以实地查验为主、平台线上查验为辅。经实地查验后达到作业质量要求的作业面积视为验收合格面积，抽检面积比率达到30%以上。查验内容包括①查验田间秸秆覆盖留存情况；②查验耕地是否进行过耕翻动土作业；③是否实行少免耕播种作业；④是否有秸秆焚烧痕迹。

实地测定秸秆覆盖率测定方法：用50米长的绳子，每隔20厘米做一个记号。测定时，沿地块对角线拉紧绳子，数记号下的秸秆点数，再除以总记号数，即为覆盖率。每个地块取不同点测定5次，取平均值。

五、实施程序

1. **组织调查申报**。从2020年起，每年8月30日前，区级农机主管部门向市农业农村局农业机械化管理处提出下一年度作业补贴面积申请。

2. **确定作业指标和转移支付资金**。市农业农村局农业机械化管理处根据各区主要农作物种植面积、已实施作业补贴面积和上一年度实施绩效情况，综合考虑确定各区下一年度作业指标和转移支付资金，商市财政局农业处同意，并经市农业农村局办公会通过后下达各区农机主管部门。

3. **落实作业任务**。各区农机主管部门按照市级实施方案要求，结合实际编制本区项目实施方案。根据市农业农村局下达的作业指标，组织落实本年度补贴作业任务和签订相关协议，并开展监测点相关工作。

4. **组织检查验收**。每年三项保护性耕作技术作业实施前后，各区农机主管部门组织完成作业补贴的线上查验和实地查验，并组织镇（乡）、村完成公示、统计汇总和上报等项工作。检查验收人员和单位（组织）对检查验收结果的真实性、准确性负责。每年10月30日前，各区将作业补贴面积验收及资金汇总表（附件4）报送市农业农村局农业机械化管理处备案。鼓励各区创新检查验收方式，提高检查验收效率。

5. **完成补贴结算**。每年11月30日前，按照财政部门规定程序，进行补贴资金结算和补贴款兑付。

6. **进行工作总结**。每年12月15日前，各区将本区季节性裸露农田扬尘抑制关键保护性耕作技术推广应用实施情况形成工作总结（附扬尘抑制效果监测报告），报送市农业农村局农业机械化管理处。

六、保障措施

1. **加强组织领导**。各区农机主管部门是实施作业补贴和开展扬尘抑制效果监测工作的责任主体，要把推广应用保护性耕作技术提上重要议事日程，加强领导，落实责任，强化工作措施。要建立工作机构和严格规范的工作机制、制度，切实保证规范化开展工作。市农业农村局农业机械化管理处负责补贴实施方案的制定及组织全市实施，市农业机械试验鉴定推广站负责北京市农机调度中心建设及数据维护管理，以及指导各区开展监测点建设。

2. **加强监测点建设**。各区农机主管部门要认真抓好三项保护性耕作技术推广应用在扬尘抑制效果方面的监测工作，选取有代表性的监测地点，并保持监测点分布及数量相对稳定。没有相关工作基础的区可以委托中国农业大学、中国农业科学院等专业机构（具体由各区自主选择），开展专业性数据监测和实施效果研究，确保监测数据科学、准确，监测报告完整、规范。

3. **加强信息化建设**。鼓励各区推行信息化手段加强监测点建设、补贴面积核实和作业质量监管。充分运用物联网监测方式，实现监测点在线实时监测。结合本市农机购置补贴“三合一”试点工作实施，做好补贴作业类机具物联网设备的科学配置和精准运行。按照北京市农机调度中心的运行要求，做好深松机、秸秆粉碎覆盖还田与少免耕播种机械的作业监测数据传输工作。

4. **加强信息公开**。充分利用报纸、电视、广播、农机化信息网等媒介大力宣传季节性裸露农田扬尘抑制关键保护性耕作技术推广应用扶持政策，公开补贴的程序、补贴标准、补贴方式和实施要求等。要将补贴对象、补贴面积和补贴金额等相关信息（个人隐私信息除外）在当地进行公示，做到信息公开透明，接受社会和群众监督。

5. **加强监督监管**。各区要建立检查验收和公示制度，设立监督电话。对举报的，做到有报必查。要严格按照实施方案中的实施要求确定作业主体、配置作业机具、进行规范作业、开展查验验收。补贴资金必须做到专款专用，坚决杜绝截留、挪用和虚报补贴面积，降低标准，套取补贴资金行为。对发现违法违纪行为，将依照《财政违法行为处罚处分条例》（国务院令第427号），追究相关单位和人员的责任。市农业农村局农业机械化管理处将联合市农机试验鉴定推广站，在三项保护性耕作技术作业实施前后加强督导巡查，强化工作与技术执行到位情况的监管。

自本方案发布之日起，原《北京市农机深松整地作业补贴工作实施方案》（京农发〔2015〕105号）同时废止。

附件1　2020年度市对区转移支付资金分配和任务清单表（略）

附件 2 北京市农机调度中心作业质量监测要求（略）

附件 3 监测点主要监测指标表（略）

附件 4 ________年北京市季节性裸露农田扬尘抑制关键保护性耕作技术推广应用作业补贴面积验收及资金汇总表（略）

北京市农业农村局 北京市发展和改革委员会 北京市科学技术委员会 北京市财政局 北京市园林绿化局 关于印发《北京现代种业发展三年行动计划（2020—2022 年）》的通知

（2020 年 3 月 13 日）

涉农各区人民政府、有关科研单位、种业企业：

经市政府同意，现将《北京现代种业发展三年行动计划（2020—2022 年）》印发给你们，请结合实际，认真贯彻执行。

北京现代种业发展三年行动计划（2020—2022 年）

种业是农业的“芯片”。根据中共中央国务院深入实施乡村振兴战略、加快发展现代种业的决策部署，按照《北京加强全国科技创新中心建设总体方案》《北京市乡村振兴战略规划（2018—2022 年）》相关要求，为进一步促进北京现代种业高质量发展，制定本行动计划。

一、总体要求

（一）指导思想

以习近平新时代中国特色社会主义思想为指导，深入贯彻落实习近平总书记“要下决心把民族种业搞上去”的重要指示，立足科技创新中心这一战略定位，发挥和挖掘全市科技、人才、信息、市场、金融等富集优势，坚持“立足北京、协同津冀、辐射全国”的发展思路，加大科研成果权益改革力度，加快理论创新、技术创新、品种创新、体制机制创新，加强市场监管与服务，优化创新创业营商环境，建设多元平台，形成研发、展示、示范、推广、交易、服务一体化的全产业链发展模式，推动创新成果在京津冀及全国全面转化和广泛应用，努力打造全国现代种业发展高地，为北京实施乡村振兴战略、建设全国科技创新中心、促进经济社会发展提供强有力支撑。

（二）基本原则

创新引领，提质增效。深入实施创新驱动发展战略，发挥种业科研单位在基础性、公益性方面的创新资源优势，构建市场导向、企业主体、产学研相结合的现代种业自主创新体系。坚持以自主创新为主体、自主创新和技术引进相结合的原则，加强优质高产品种、地方特色品种和关键共性技术的研发与应用，促进经济效益、社会效益和生态效益相统一。

加快转化，增收惠民。加快优良品种推广力度，提升市域范围内农作物、畜禽、水产和林果良种应用水平，加大种业创新成果对津冀及全国的辐射带动，加快种业创新成果转化，带动农民增收。

市场导向，企业主体。充分发挥市场在种业资源配置中的决定性作用，强化种业企业主体地位，推动育种人才、技术、资源依法向企业流动，激发企业创新活力。充分发挥政府监管服务和政策支持等作用，支撑和保障现代种业发展。

区域协同，深化合作。探索建立京津冀种业协同创新和现代种业发展协作机制；加强与西北、西南、海南等国家级种业基地的对接与合作，促进区域间优势互补、共同发展；进一步扩大合作对象与范围，引进优质种质资源、先进育种和加工技术，强化种业交流合作。

（三）发展定位

种业科技创新引领者。聚焦种业重大基础研究与关键核心技术创新，推动自主创新与开放创新相结合、产学研相结合、公益性研究与商业化育种相结合、央地相结合，发展具有源头性领先优势的现代种业创新链。

现代农业产业增长点。聚焦高价值、强带动、生态环保的种业发展优势，支持育繁推一体化企业发展，建立研发、展示、示范、推广、交易、服务一体化的产业发展模式，支撑都市型现代农业发展，构建具有行业引领辐射作用的现代种业产业链。

种业资源要素聚集地。开展国际国内种业科技交流与产业合作，推动创新资源向北京聚集，促进北京种业创新成果转化，带动京郊农业增效、农民增收，形成种业上下游紧密结合的现代种业价值链。

行业监管服务样板区。聚焦监管体系和服务能力现代化，不断凝练提升种业核心内涵，深入落实“放管服”改革，强化知识产权有效保护，构建信息化监管能力，发展社会化服务平台，营造良好创新创业生态系统与公平公正营商环境，建立一流的现代种业服务链。

（四）总体布局

围绕四大种业领域，聚焦12大重点物种。围绕农作物、畜禽、水产、林果四大种业领域，聚焦于产业体量大、带动力强且具备竞争优势的战略物种和具有本土特点、区域优势的地方物种，重点推进甘蓝等蔬菜、特色玉米、节水小麦、马铃薯、蛋鸡、生猪、奶牛、北京鸭、鲟鱼等冷水鱼、宫廷金鱼等观赏鱼、桃、乡土树种12大物种产业创新高质量发展，培育具有竞争力的优良品种、优质企业和优秀品牌。

立足北京，协同津冀，带动全国。在北京辖区，以平谷农业科技创新示范区和通州国际种业科技园区为核心区，协同其他各区特色种业发展，布局种业科技创新、试验示范与交易交流基地，形成京内“两核、多点”的种业发展布局。在北京周边，建立环北京农作物新品种试验示范转化基地和畜禽良种繁育基地。在全国范围内，在海南三亚、文昌重点布局北京南繁科研育种基地，在新疆、甘肃、四川等地重点布局北京良种繁育生产与加工基地。

（五）主要目标

到2022年，北京现代种业的创新链、产业链、价值链和服务链协同发展能力大幅提升，现代种业建设成效突出。科技创新引领地位显著增强。形成一批具有影响力的种业基础研究和核心关键技术成果，实现以基因编辑技术为代表的育种技术的创新突破；选育推广20个以上在全国具有较强影响力和较大市场占有率的绿色优质多抗高效品种。产业创新发展能力全面提升。建成一批高标准园区基地与创新型科技平台，培养一批在全国有影响力的现代种业企业，农作物、畜禽、水产、林果种业总销售额达到180亿元以上，带动京郊种植农户增收10%。打造具有全国影响力和产业带动力的北京动植物种业品牌论坛峰会。种业监管服务水平全面提升。显著提升品种权保护与综合执法能力，建成完善的种业大数据平台，形成高效的信息化监管体系，部市共建具有行业引导支撑作用的北京种业智库等协同共享平台，引领全国种业社会化监管服务体系，营造公平公正的营商环境。

二、重点任务

紧紧围绕四大种业、12个优势物种，组织开展四大行动，实施12项重点工程（实施“2412种业行动计划”，即两个“412”），做强创新链，做精产业链，提升价值链，优化服务链，有力支撑北京现代种业创新高质量发展。

（一）现代种业科技引领行动

发挥首都科技资源富集优势，承接国家重大科技部署，提升优势特色物种的研发创新能力，加强种质资源保护和开发利用，做强北京种业创新链。

1. 承接国家现代种业重大项目工程。发挥在京种业科研院校和种业企业优势，承接国家现代种业自主创新工程、国家生物种业创新中心、国家农业高新技术产业示范区、国家重点实验室、国家现代种业产业园、重点研发计划等种业领域重大项目在京部署实施，对重点种业项目在北京落地给予支撑和保障，按照国家要求给予必要的配套。鼓励央地协同设立北京联合研究基地（平台），北京市提供配套条件支持。做好国家玉米种业技术创新中心落户北京支撑保障工作。（牵头单位：市科委、市农业农村局、相关科研单位和种业企业等；支撑保障单位：相关区政府）

2. 种质创制及品种选育联合攻关工程。支持产学研优势力量构建创新联合体，聚焦甘蓝等蔬菜、特色玉米、节水小麦、马铃薯、蛋鸡、生猪、奶牛、北京鸭、鲟鱼等冷水鱼、宫廷金鱼等观赏鱼、桃、乡土树种 12 个北京优势特色物种，围绕材料创制、品系改良与新品种培育等创新链关键环节，开展联合攻关。开展 12 个北京优势特色物种的绿色优质多抗高效性状改良及新品种选育联合攻关，制定联合攻关方案，每年启动 4 个物种，每个物种连续支持三年。累计选育 20 个以上在全国具有较强影响力和较大市场占有率的动植物品种。形成具有源头性领先优势的种业科技成果，引领我国种业创新发展。（牵头单位：市农业农村局、相关种业企业和科研单位；支撑保障单位：市科委、市财政局、相关区政府等）

3. **种质资源保护工程。**贯彻落实《国务院办公厅关于加强农业种质资源保护与利用的意见》精神，编制种质资源保护和利用规划，建立市级农业种质资源保护体系，完善农业种质资源保护名录，确定市级农业种质资源保护单位，全面提升种质资源保护与创新利用水平。组织落实全国第三次农作物种质资源普查与收集行动。支持在世界范围内收集引进、鉴定评价、创新利用动植物种质资源。适应国家种业开放新形势，建设国际植物品种综合测试站，畅通新品种新材料引进通道，提高新品种新材料引进效率。建立北京油鸡、北京鸭、北京黑猪、北京宫廷金鱼、鲟鱼、北京乡土树种等特有畜禽、水产、林木遗传资源的保种体系，建立遗传资源保护制度，建设完善遗传资源保种场，确保北京地区特有种业遗传资源留在北京。（牵头单位：市农业农村局、市园林绿化局、相关区政府、相关科研单位和种业企业；支撑保障单位：市财政局、市规划和自然资源委等）

（二）现代种业产业提升行动

以创新园区、创新基地和创新平台建设为重点，装备现代种业科技，夯实产业创新基础，为北京打造现代种业高端增长点提供保障，做精北京种业的产业链。

4. **平谷现代种业创新示范区建设工程。**聚集种业创新要素和产业资源，高水平规划、高标准建设以畜禽种业和果树种苗为主的平谷现代种业创新示范区，有力支撑平谷农业科技创新示范区核心区和京瓦农业科技创新中心建设。培育和打造2～3个育繁推一体化种业龙头企业，坚持强品种、强企业、强产业，走差异化发展之路，发挥种业产业引领作用。支持中国农业大学及其他在京中央单位在平谷落地作物、畜禽分子育种中试与产业化基地。支持建设畜牧种业创新中心、SPF 猪研发推广中心、樱桃谷鸭技术研发推广中心、奶牛繁育研发示范中心、林果种质资源创新中心等平台。建设 1.725 万亩科技创新服务试验基地，进行基础设施和条件能力建设，提升园区创新服务能力。积极申报并落实好国家现代农业（畜禽种业）产业园项目。（牵头单位：平谷区政府、相关种业企业和科研单位等；支撑保障单位：市农业农村局、市园林绿化局、市发展改革委、市科委、市规划和自然资源委）

5. **通州国际种业创新园区提升工程。**建成以农作物种业、林木种业为主的现代种业创新园区。引导城市核心区和中关村核心区的科技型种业企业和院所高校向园区集中，吸引国际顶尖研发机构、跨国企业研发中心在园区落户，打造现代种业创新创业集群。建成分子育种综合解决方案、工程化 DH 系生产筛选、种子（种苗）检验检测、品种身份鉴定平台等综合性、集成式科技服务平台。全面提升 3 万亩永久性种子科研试验基地的水利、土壤条件。建立国家农作物、林木新种质、新品种的展示、示范、评价、推介平台。建设固定的农作物、林木新品种展示园区。以种业园区为基础，带动于家务乡建设以种业创新为核心的农业科技小镇，推动一二三产融合发展，将科技小镇打造成为现代种业创新创业集聚区、北京环球影城主题乐园的旅游疏散地和副中心名特优新鲜活食品的供应地。（牵头单位：通州区政府、相关企业和科研单位等；支撑保障单位：市科委、市农业农村局、市园林绿化局）

6. **北京现代种业能力建设工程。**建设农作物分子育种创新服务平台，支持农作物与畜禽水产育繁推一体化示范项目。建设蜜蜂原种场，提升蜜蜂良种培育能力。加强农作物、畜禽品种测试站与种公畜站建设，强化北京种业的创新发展基础与平台保障能力。（牵头单位：市农业农村局、相关区政府、相关种业企业和科研单位；支撑保障单位：市规划和自然资源委、市科委、市发展改革委等）

7. **北京南繁科研育种基地基础设施提升工程。**统筹协调本市农作物、水产、畜禽等南繁科研育种工作，加强本市南繁科研管理和服务工作，提升管理和服务水平。改造提升完善 2 000 亩核心区原有南繁科研育种基地的农田水利设施、田间道路、配电设施等科研设施，改善科研育种基地条件。建设新建南繁科研育种基地配套生产生活设施。加强与海南省南繁管理局的沟通与协作，将南繁硅谷作为北京现代种业育种创新加速器和创新服务拓展区。（牵头单位：市农业农村局；支撑保障单位：市财政局）

8. **北京现代种业大数据技术研究与应用平台建设工程。**集成基因型、表型和环境型大数据，开发作物和畜禽育种关键性状的智能预测模型和评价方法。构建国内首个基于育种大数据的工程化育种软件服务云平台和商业化运营平台，提升智能育种技术水平。建立种业管理大数据平台和数据采集渠道，开展种业基础数据信息收集，加快推进种业管理服务信息化。（牵头单位：市农林科学院；支撑单位：市农业农村局、市科委、相关企业和科研单位等）

（三）现代种业创新成果转化行动

汇聚国内外种业创新成果，聚焦转移转化、试验示范、交流交易等环节，推动创新成果转化，提升北京种业价值链。

9. **北京“千村万户”良种更新工程。**完善北京市“10＋1”品种展示网，构建京津冀协同品种试验示范网，在京郊、武清、廊坊、保定、涿州等地建设品种试验示范转化基地。在全国构建北京优势品种的试验示范辐射推广网络。建立“企业＋农户＋市场＋政府”的北京优新品种推广机制，支持农民合作社等新型生产经营主体进行特色经济物种的品种更新与技术应用，带动现代都市农业发展，满足市民多元消费需求。开展优新品种与科技服务进村下田行动，通过示范引领、良种补贴等形式，加快自主知识产权成果转化应用，大力推广节水、优质、高产小麦，抗旱、节肥玉米以及优质、抗病等绿色高效农作物品种，增加农民生产效益。三年内，面向京郊农民专业合作社和种养大户推广100个农作物、畜禽、水产、林果特色品种，提高京郊农民新品种、新技术的使用率，结合科技人员下乡活动，组织开展“品种、市民进村，优质产品入城”活动，促进京郊种植农户增收10%，满足市民对本地自产鲜活、营养、健康农产品的消费需求。（牵头单位：市农业农村局、相关区政府；支撑保障单位：市科委、市财政局、相关企业和科研单位等）

10. **种业交流交易平台建设工程。**支持在原北京种子协会基础上组建北京种业协会，搭建种业交流交易及成果转化平台。办好一年一度的北京种业大会，举办农作物、蔬菜、畜禽、水产等全球种业高峰论坛，促进种业资源要素聚集，提高北京重点物种、核心领域、关键环节的创新发展水平。对接国内外优势创新机构，建立种业成果信息汇聚和定期发布机制，打造行业性成果转移转化平台，推进创新成果在京集成融合与价值释放。构建覆盖种质资源、关键基因、中间材料、亲本和品种交易于一体的种业成果托管、交易和展示体系。（牵头单位：市农业农村局；支撑保障单位：市科委、丰台区政府、通州区政府、平谷区政府、各区农业主管部门、相关企业、科研单位、种业协会等）

（四）现代种业发展环境优化行动

创新管理理念，提升服务能力，以行业管理和社会化服务能力提升为重点，构筑优良的种业发展环境，助力北京成为一流的种业创新创业高地，优化北京种业服务链。

11. **种业品种权保护及创新环境优化工程。**构建高效支撑种业创新创业的制度体系。加大品种权保护力度，开展品种权规范使用示范活动，培育品牌种子和品牌企业。保护创新成果及其权益，加大种子违法行为查处力度，严格市场监管，严厉打击违法使用品种权行为。提升品种测试能力，对推广品种的种性变化开展跟踪调查和风险评估。设立种子市场信息监测点，采集上报种子市场信息。建立健全审定、登记作物品种DNA指纹库和主要畜禽品种DNA数据库，加大对品种真实性DNA检测支持力度。加强畜禽、水产核心育种群性能监测和评估体系。（牵头单位：市农业农村局；支撑保障单位：市科委、市知识产权局、相关科研单位、种子企业、种子协会等）

12. **种业社会化服务平台构建工程。**与农业农村部种业管理司在北京共建社会化、专业化的中国（北京）种业智库，协同打造北京种业监管服务与双创孵化的行业共享平台。加强对北京与国家现代种业发展重大问题的战略性、前瞻性研究和竞争力分析，加大生物种业发展形势研判分析力度，及时发布北京、全国及世界现代种业专题性、行业性研究报告，为政府、企业决策提供智力和知识支持。推广北京种业品牌，推动北京种业与国家战略紧密衔接，提升北京在种业创新链、产业链中的位势和影响力。（牵头单位：市农业农村局；支撑保障单

位：市科委）

三、保障措施

（一）加强组织保障

建立定期会商制度，强化行动计划考核，引入第三方专业机构对于行动计划实施效果进行独立评价，实行一年一考核评价，三年一整体评估，三年一滚动实施，保障行动计划有效落实。由市农业农村局、市园林绿化局牵头组织实施三年行动计划，并建立考核通报制度；由市财政局提供必要的资金支持；由市发展改革委对于符合现行市政府固定资产投资政策的项目给予支持；由市科委对接与科创基金、国家种业自主创新工程等科技项目，加大对四大种业科技支撑力度。

（二）加大资金支持

加大多元投入。市区两级要不断研究对现代种业的支持方向，通过统筹整合现有政策，加大对种业发展的支持力度。探索多元投入方式，充分发挥市场主体作用，吸引社会资本参与种业建设发展。加强在京种业企业上市、并购重组等投融资服务，拓宽企业融资渠道。

（三）完善政策创新

全面贯彻落实《种子法》，修订《北京市实施〈中华人民共和国种子法〉办法》。建立种业重大项目“一事一议”机制，开辟绿色通道，实行特事特办。加大种业人才引进和培养力度，支持引进领军人才、高层次人才、紧缺人才和高水平创新团队，支持在京种业企业、第三方机构与高校合作设立种业人才培训基地。落实国家种业人才发展和科研成果权益改革政策，用足用好现有中关村各项政策措施，鼓励科研人才向种业企业流动。保证种业科研、保种、试验、生产、示范所必需的农业用地和必要的生产生活用地。

（四）优化发展环境

深化种业“放管服”改革，强化事中事后监管能力，探索“宽进严管重罚”的种业监督新模式，为种业创新创业营造公平公正的发展环境。创新服务模式，推进现代种业“破壁垒、建平台、增活力”，在种业科技体制机制上打破不合理束缚。改善服务方式，加快推进种业管理信息化，提高服务质量，提升服务能力，保护创新成果及其权益，不断优化本市现代种业创新创业生态系统。

附件　北京现代种业发展三年行动计划重点任务分解（略）

北京市农业农村局　北京市园林绿化局关于印发《北京市 2020 年试行食用农林产品合格证制度实施方案》的通知

（2020 年 3 月 16 日）

各区农业农村局、各相关区园林绿化局、平谷区果办，机关各相关处室、所属各相关单位：

为推动种植、养殖生产者落实质量安全主体责任，牢固树立质量安全意识，根据《农业农村部关于印发全国试行食用农产品合格证制度实施方案的通知》（农质发〔2019〕6 号）要求，结合本市实际情况，市农业农村局、市园林绿化局研究制定了《北京市 2020 年试行食用农林产品合格证制度实施方案》。现印发给你们，请认真贯彻执行。

北京市 2020 年试行食用农林产品合格证制度实施方案

为推动种植、养殖生产者落实质量安全主体责任，牢固树立质量安全意识，根据《农业农村部关于印发全国试行食用农产品合格证制度实施方案的通知》（农质发〔2019〕6 号）要求，结合本市实际，特制定本实施方案。

一、总体思路

深入贯彻落实习近平总书记关于农产品质量和食品安全“四个最严”指示精神，落实农业农村部通知要求，积极推进“国家农产品质量安全市”创建和北京农产品绿色优质安全示范区建设，创新完善农林产品质量安全制度体系，在全市范围试行食用农林产品合格证（以下简称“合格证”）制度，督促种植、养殖生产者落实主体责任、提高农林产品质量安全意识，探索构建以合格证管理为核心的农林产品质量安全监管新模式，提升农林产品质量安全治理能力和水平，为推动农业高质量发展、促进乡村振兴提供有力支撑。

二、基本原则

（一）整体推进、统一试行

按照全国“一盘棋”和“实现在全国范围内通查通识”的总要求，结合本市特点，在全市范围内统一试行，即统一合格证基本样式，统一试行品类，统一监督管理。

（二）突出重点、分批推进

在试行主体上，以全国统一试行的规模化生产主体为基础，由易到难，逐步扩大试行主体范围。在试行品类上，选择消费量大、风险隐患高的主要农林产品先行开展试行。在推进进度上，先确保“有证”，再边试行推进、边改进完善。

（三）部门协作、分头落实

在全市统一领导下，各区农业农村部门和园林绿化部门，根据职能分工，分头落实，做好本区试行工作。组织区级农业农村各相关单位和镇（乡）政府，做好合格证试行的服务指导和监督检查。同时，加强与市场监管部门的沟通协调，积极推进合格证制度与市场准入有效衔接。

三、试行范围

（一）试行区域：各涉农区、所有食用林产品生产基地。

（二）试行主体：全市食用农林产品生产企业、农民专业合作社、家庭农场全部列入试行范围；其他“三品一标”认证主体列入试行计划，加快启动推进。同时，积极鼓励小农户参与试行，已挂牌“国家农产品质量安全示范县”的区，要带头推进小农户试行工作。

（三）试行品类：蔬菜、果品（水果和干果）、畜禽、禽蛋、养殖水产品。

四、开具要求

食用农林产品合格证是指食用农林产品生产者根据国家法律法规、农产品质量安全国家强制性标准，在严格执行现有的农产品质量安全控制要求的基础上，对所销售的食用农林产品自行开具并出具的质量安全合格承诺证。

（一）基本样式：在全国合格证统一基本样式的基础上，本市制定统一规格和样式（附件 1）。内容包含食用农林产品名称、数量（重量）、种植及养殖生产者信息（名称、产地、联系方式）、开具日期、承诺声明等。若开展自检或委托检测的，可以在合格证上标示。鼓励有条件的主体附带电子合格证、追溯二维码等。

（二）承诺内容：种植、养殖生产者承诺不使用禁限用农药兽药及非法添加物，遵守农药安全间隔期、兽药休药期规定，销售的食用农产品符合农药兽药残留食品安全国家强制性标准，对产品质量安全以及合格证真实性负责。

（三）开具方式：种植、养殖生产者自行开具。可采用三种开具方式。在包装物上印制、在包装物上粘贴或者加挂、现场临时开具。所有开具记录需留存一年备查。

（四）开具单元：有包装的食用农林产品应以包装为单元开具，张贴或悬挂或印刷在包装材料表面。散装食用农林产品应以运输车辆或收购批次为单元，实行一车一证或一批一证，随附同车或同批次使用。

五、推进措施

（一）抓紧部署，全面启动试行工作

主要任务：本方案自发布之日起实施。各区农业农村部门、园林绿化部门根据本方案，按照职能分工，结合本地实际，分别细化区级实施方案，组织各镇（乡）抓好动员部署。

工作目标：全面启动试行工作。各区出台区级

方案，并分别报送市农业农村局和市园林绿化局备案。

任务分工：各区农业农村局、区园林绿化局、平谷区果办根据本方案具体落实。

时间进度：2020 年 3 月 30 日前完成。

（二）完善主体名录，实现信息化管理

主要任务：市、区两级紧密配合，在现有农业生产主体信息库和食用林产品生产主体信息库的基础上，进一步摸清生产者底数，核准、补充和更新相关信息，完善北京市食用农林产品生产主体名录数据库，并进行动态化管理。

工作目标：①生产主体基本全部入库。蔬菜、果品、畜禽、禽蛋、养殖水产品等本市食用农林产品的所有生产主体全部入库，形成统一的主体二维码，一户一码。②主体信息要全面。包括种植、养殖生产者名称、地址、类型，以及主要生产品种和生产规模等信息。③实现动态化管理。主体信息全部入库并进行定期更新，确保试行范围内的主体信息准确、全面。

任务分工：市农业农村局和市园林绿化局分别组织实施。各区农业农村局、区园林绿化局、平谷区果办分别负责做好辖区内相关主体信息的收集、审核、报送等工作。

时间进度：2020 年 5 月 30 日前完成。

（三）分类设计，全市统一合格证规格样式

主要任务：在全国统一的合格证基本样式基础上，根据产品类别和上市方式等，设计北京市统一的合格证试行规格和样式，并适时进行修改完善、推出升级样式，生产者根据实际需要自行选择使用规格。

工作目标：设计确定北京市食用农林产品合格证统一试行规格和样式。

任务分工：市农业农村局和市园林绿化局分别负责农产品和林产品合格证规格样式的统一设计。

时间进度：2020 年 4 月 30 日前完成。

（四）开展培训，推动合格证规范开具

主要任务：向合格证制度相关管理人员和推广人员、试行主体解读农业农村部关于合格证制度的会议和文件精神，培训本市试行工作实施方案，以及合格证开具、管理的具体要求等。

工作目标：实现相关管理人员和推广人员、试行主体培训全覆盖。通过培训，推动生产者正确开具合格证，指导生产者主动出具合格证，让食用农林产品合格上市、带“证”销售。

任务分工：市、区两级农业农村部门、园林绿化部门分别开展食用农产品合格证制度专题培训。市级重点培训市级和区级相关管理人员和技术推广人员；区级重点培训乡镇级管理人员、技术推广人员和规模生产主体，各区还要发动各乡镇积极组织培训宣传，对辖区内生产主体进行培训。

时间进度：2020 年 8 月 30 日前完成。

（五）分类推进，不断完善合格证试行模式

主要任务：全市分三种类型同时推进试行工作。①规模化主体全面试行。各区全面推进本辖区内所有食用农林产品生产企业、农民专业合作社、家庭农场的试行工作。②重点区域试点散户。已挂牌“国家农产品质量安全示范县”的大兴、顺义、房山和平谷四个区，在试行三类规模主体的基础上，积极推进分散小农户的试行工作。③建立新模式试点。在全市遴选一批产品供给量大、有品牌、有追溯、有认证的食用农林产品生产主体，探索合格证制度与企业品牌、追溯管理、信用管理、“三品一标”认证等的对接方式，不断完善合格证制度推行模式。同时，鼓励各区结合区域产业发展特点，探索创新试行模式。

工作目标：规模化生产主体合格证制度试行全覆盖，实现带“证”上市；总结一套小农户合格证试行的工作经验；探索一套合格证制度与品牌、追溯和认证等的有效对接模式。

任务分工：各区农业农村局、区园林绿化局、平谷区果办负责本辖区规模化主体的全面试行工作，其中四个重点区还要开展小农户的试点工作；市农业农村局和市园林绿化局负责新模式探索工作，各相关区做好配合。

时间进度：2020 年 12 月 30 日前完成。

（六）强化服务、指导和监管，严格合格证管理

主要任务：一是加强配套服务与指导。各级农业技术推广部门要加强对生产者安全生产的技术培训；各级农业投入品管理部门要加强对相关投入品的监管，发现不合格投入品尤其是影响农产品质量安全的投入品，要及时向生产者进行通报；市、区两级检测机构要围绕生产量大、风险隐患高的主要农产品要及时开展风险评估，向生产者公开评估结果。各级农业农村部门、园林绿化部门在指导生产者规避生产风险、安全生产的同时，要指导生产者正确开具和出具合格证，确保合格证填写规范、信息完整、真实有效，促进食用农林产品合格上市、带证销售。二是开展网格化监管。充分发挥乡镇监管站和村“两委”的作用，建立健全村级协管员队伍，督促生产者开具和出具合格证。三是强化日常检查。将合格证检查纳入农林产品质量安全日常巡查检查工作，对照监管主体名录，既检查农林产品质量安全控制要求落实情况，也核查合格证开具的合规性和真实性。四是严格管理，强化政策联动。将合格证开具情况与本市农业农村相关扶持、补贴、奖励政策挂钩，对积极、认真开具合格证的主体在相关政策支持上给予优先考虑；对不开具合格证的要加强引导；对虚假开具合格证的、承诺与抽检结果不符的主体，要纳入重点监管对象，加大抽检频次，纳入信用管理，实施联合惩戒。

工作目标：市级指导和检查主体数量的覆盖度不低于10%，区级检查的覆盖度不低于30%，乡镇级检查覆盖度要达到100%。

任务分工：在市农业农村局和市园林绿化局统一指导下，各区负责做好本辖区内的服务、指导和监督检查工作。

时间进度：持续开展。

（七）广泛宣传引导，营造良好社会氛围

主要任务：通过多种渠道广泛开展宣传。通过电视、广播、报纸、网站、微博、微信公众号等，宣传合格证制度，实时报道合格证制度试行工作进展情况，充分发挥社会监督作用，营造全社会共同落实合格证制度的共治氛围。充分发挥村“两委”和村级协管员作用，将合格证制度明白纸发放给辖区内所有种植、养殖生产者；在生产基地、农村主要路口等显著位置摆放宣传展板、张贴相关宣传彩图，做到醒目易懂。

工作目标：提高食用农林产品合格证在生产者和消费者中的影响力，营造良好社会氛围。

任务分工：市、区两级农业农村、园林绿化部门分别开展多种形式的宣传工作。市级重点负责宣传内容的设计，以及对全市试行工作的媒体宣传工作；各区重点负责做好基层宣传工作，包括宣传材料的印制、发放工作，做好区级工作的媒体宣传。

时间进度：2020年12月30日前完成。

以上七项推进措施中，鉴于食用林产品生产周期长等实际情况，具体时间进度按照实际情况适时推进。

六、保障措施

（一）加强组织领导

各区农业农村部门、园林绿化部门要高度重视试行工作，切实提高思想认识，主要负责人员要亲自研究部署，制定印发区级实施方案。同时，各区要明确负责该项工作的主管局领导和具体联系人（附件2）。请于2020年3月30日前将印发的实施方案及附件2，分别报送市农业农村局农产品质量安全处、市园林绿化局产业发展处备案。

（二）加强保障支持

各区农业农村部门、园林绿化部门要将试行合格证制度纳入年度重点工作，加强人员保障，充分利用市级转移支付资金，并积极争取区级财政支持，加大资金支持力度。

（三）加强绩效考核

市级将合格证制度试行工作纳入对各区的食品安全考核、质量工作考核、农产品、食用林产品质量安全工作绩效考核的重点内容。各区农业农村部门、园林绿化部门要建立区级考核机制，对乡镇进行绩效考核，对积极试行合格证制度的主体，在农业相关政策支持、奖励和表彰中优先考虑。

（四）加强沟通协调

市、区两级农业农村部门、园林绿化部门，按照一月一调度、一季一报告的要求，定期沟通协调，掌握工作进展。从2020年4月起，每月5日前将上月月度调度表（附件3）分别上报市农业农村局、市园林绿化局。各区、各镇（乡）要及时收集工作执行情况，特别是“12345”市民服务热线反映的问题要及时办理，并分别上报市农业农村局、市园林绿化局。

（五）加强总结提升

各区农业农村部门、园林绿化部门在试行过程中，要及时分析总结经验成效、存在的问题和对策建议。分别于2020年5月8日、8月7日、12月8日前形成书面报告，分别报送至市农业农村局农产品质量安全处、市园林绿化局产业发展处。

附件1　北京市食用农林产品合格证试行样式和规格（略）

附件2　各区试行合格证制度主管领导及联系人信息表（略）

附件 3　试行食用农林产品合格证制度推进情况调度表（略）

北京市农业农村局
关于印发《2018 年北京市耕地质量监测报告》的通知

（2020 年 3 月 19 日）

各区农业农村局：

根据《粮食安全省长责任制考核办法》和国家发展改革委等十一部门《关于认真开展 2019 年度粮食安全省长责任制考核工作的通知》（发改粮食〔2017〕984 号）文件要求，市农业农村局在北京市耕地质量长期定位监测网点数据分析的基础上，形成了《2018 年北京市耕地质量监测报告》，现印发给你们，请结合实际，做好耕地质量管理工作。

2018 年北京市耕地质量监测报告

根据《基本农田保护条例》及农业农村部对耕地质量管理工作的总体要求，市农业农村局组织完成了 2018 年全市耕地质量长期定位监测点的调查监测工作，依据《北京市土壤养分分级标准》，对全市耕地土壤肥力进行了等级划分，相关情况如下。

一、总体情况

总体来看，当前全市耕地土壤有机质水平处于中等水平，耕地土壤有机质平均含量为 18.7 克/千克，全氮平均含量为 1.23 克/千克，有效磷平均含量为 86.8 毫克/千克，速效钾平均含量为 180 毫克/千克，耕地土壤养分综合指数为 70.9，与 2017 年持平，属于中等肥力水平（表 1）。

（一）粮田土壤

有机质平均含量为 17.9 克/千克，全氮平均含量为 1.20 克/千克，有效磷平均含量为 51.0 毫克/千克，速效钾平均含量为 138 毫克/千克，粮田土壤养分综合指数为 65.7，处于中等肥力水平（表 2）。

（二）菜田土壤

有机质平均含量为 22.5 克/千克，全氮平均含量为 1.53 克/千克，有效磷平均含量为 214.4 毫克/千克，速效钾平均含量为 262 毫克/千克，菜田土壤养分综合指数为 84.4，处于高肥力水平（表 2）。

（三）果园土壤

有机质平均含量为 18.4 克/千克，全氮平均含量为 1.20 克/千克，有效磷平均含量为 92.9 毫克/千克，速效钾平均含量为 221 毫克/千克，果园土壤养分综合指数为 74.5，处于中等肥力水平（表 2）。

表 1　2018 年全市耕地土壤肥力情况

肥力等级	监测点个数（个）	有机质（克/千克）	全氮（克/千克）	有效磷（毫克/千克）	速效钾（毫克/千克）	养分综合指数
高	29	34.2	2.03	213.2	325	98.3
较高	48	21.2	1.44	126.4	241	84.7
中	57	16.5	1.06	52.4	137	65.0
较低	18	12.7	0.86	30.0	87	42.0
低	1	7.8	0.50	8.2	79	24.0
加权平均	153	18.7	1.23	86.8	180	70.9

注：表中的加权平均指根据每个监测点的代表面积加权折算所得。养分综合指数用于表征耕地土壤肥力水平，［95～100］为高肥力等级，［75～95）为较高肥力等级，［50～75）为中肥力等级，［30～50）为较低肥力等级，［0～30）为低肥力等级。下同。

表 2 2018 年不同地类土壤肥力情况

地类	肥力等级	监测点个数（个）	有机质（克/千克）	全氮（克/千克）	有效磷（毫克/千克）	速效钾（毫克/千克）	养分综合指数
粮田	中	45	17.9	1.20	51.0	138	65.7
菜田	高	59	22.5	1.53	214.4	262	84.4
果园	中	49	18.4	1.20	92.9	221	74.5

二、变化趋势

从 2009 年到 2018 年十年间，北京耕地土壤养分综合指数从 60.5 增加到 70.9，平均每年增加 1.0 个数值。其中，粮田肥力水平逐年缓步提高；果园肥力变化幅度较大，波动上升；菜田土壤的肥力水平逐年提升，增幅最大（图 1、图 2）。

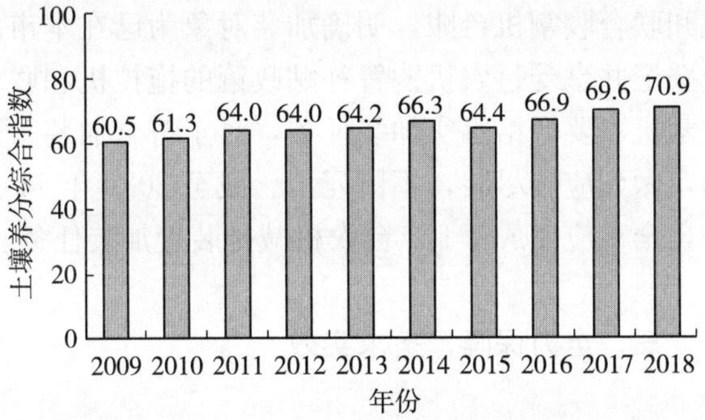

图 1 2009—2018 年北京耕地土壤养分综合指数

图 2 2009—2018 年不同地类土壤养分综合指数

三、下一步工作

（一）进一步提升耕地土壤有机质水平

一是推进有机肥替代。推广应用商品有机肥、农家肥和生物有机肥等部分替代化肥，实现耕地培肥提质、化肥减量和农业废弃物资源无害化处理的综合效益目标。二是推进秸秆养分还田。推广秸秆粉碎还田、快速腐熟还田、过腹还田等技术，使秸秆取之于田、用之于田，不断提升耕地土壤有机质含量水平。三是因地制宜种植绿肥。充分利用冬闲田和果园土肥水光热资源，推广种植绿肥，增加土壤活性有机质的补充，增强耕地活力。

（二）加强养分科学管理能力

一是推进科学配方施肥技术，在更大规模和更高层次上推进测土配方施肥。二是推进施肥方式转变。示范推广滴灌施肥、喷灌施肥等技术，促进水肥一体下地，提高肥料和水资源利用效率。三是促进新肥料新技术应用。示范推广缓释肥料、生物肥料、土壤调理剂等高效新型肥料，集成推广一批高产、高效、生态施肥技术模式。

（三）不断完善耕地肥力长期定位监测网络

按照全市统筹、市区联动、客观全面、兼顾产业的原则，构建全市耕地质量监测评价网络，根据土壤类型、作物布局变化、生态环境差异科学布设监测网点，长期开展耕地质量和肥效监测。

北京市农业农村局
关于做好 2020 年度拖拉机和联合收割机
污染物排放控制装置加装工作的通知

（2020 年 3 月 24 日）

各区农业农村局：

2020 年是全面建成小康社会和“十三五”规划的收官之年，也是打好污染防治攻坚战的决胜之年。为贯彻落实《中共北京市委　北京市人民政府关于全面加强生态环境保护坚决打好北京市污染防治攻坚战的意见》（京发〔2018〕16 号）和《北京市人民政府办公厅关于印发〈北京市污染防治攻坚战 2020 年行动计划〉的通知》（京政办发〔2020〕8 号）相关要求，按照工作部署，市农业农村局将继续组织开展全市拖拉机和联合收割机污染物减排控制装置（以下简称农机减排装置）加装工作，结合 2019 年全市减排工作开展情况，现就有关要求通知如下。

一、高度重视，加强领导

精准实施农机减排装置加装工作，抓好源头污染防控是落实《北京市农业机械安全监督管理规定》，推进非道路移动农业机械污染物减排的必要措施，更是大力推动农业绿色发展、补齐全面建成小康社会的突出短板的重要举措，各区农业农村部门要高度重视、加强领导。

当前，突发的新冠肺炎疫情给农机减排装置加装工作带来很大困难，各区应在做好疫情防控的基础上，认真谋划、科学制定本区具体实施方案，明确任务目标，规范采购程序，细化工作流程，同时，结合疫情防控情况，灵活推进农机减排装置加装的各项工作，确保本年度加装任务圆满完成。市农业农村局将成立工作督导小组，根据工作进度安排赴各区指导开展农机减排装置加装工作，并进行督导考核。

二、明确范围，落实责任

2020 年，农机减排装置加装范围包括朝阳、海淀、丰台、门头沟、房山、通州、顺义、大兴、昌平、平谷、怀柔、密云、延庆 13 个区。涉及农机减排装置加装工作的区要认真梳理本区所有拖拉机和联合收割机台账，明确加装对象为已在本市注册登记并享受过农机购置补贴政策的拖拉机和联合收割机；要严格落实加装任务，对于符合加装条件的，做到应装尽装，不留死角。截至 2020 年 11 月底，全市应完成 1 178 台农机减排装置加装任务。

三、全力保障，务求实效

（一）严格项目资金使用

本年度减排装置加装工作由市农业农村局统一申报财政专项资金，并转移支付至各区，各区应根据资金批复规模落实加装任务。项目资金由两部分组成，一是采购农机减排装置，二是对农机减排装置进行抽查检测，各区应合理分配项目资金，按各区财政要求做好项目招标工作，依据相关产品技术要求和环保性能标准，采购农机减排装置，并做好后期抽查检测。加装农机减排装置为 2020 年农业农村改革发展资金工作的约束性任务，项目资金务必专款专用，不得挪作他用。

（二）规范减排装置加装

减排装置需满足除《北京市农业农村局关于做好 2019 年度拖拉机和联合收割机污染物减排控制装置加装工作的通知》（京政农发〔2019〕36 号）、《北京市农业机械监理总站关于开展 2019 年度拖拉机和联合收割机污染物减排控制装置加装工作的通知》（京农机监发〔2019〕11 号）、《关于进一步做好2019年北京市拖拉机和联合收割机污染物减排控制装置加装工作的通知》（京农机监发〔2019〕22号）中明确的技术手段、安装使用、信息录入等各项要求外，原则上农机减排装置应采取原位置加装的方式进行加装，不得改变原有结构、外廓尺寸等，避免造成安全隐患，继续采用氧化性催化转化器和颗粒过滤器（DOC+DPF）的技术手段，确保农机减排装置稳定、耐用、安全、有效。

（三）做好减排效果评估

减排装置加装完成后，各区应委托具有检测资质的第三方检测机构，对本区购置的减排装置进行环保性能抽检，检测农机减排装置的减排效果，抽检率不低于10%，形成相关检测报告，并将检测报告于2020年11月30日前上报市农业农村局。

（四）强化事后执法巡查

农机减排装置加装完毕后，企业和用户不得私自拆卸、破坏农机减排装置。各区要加强检查和执法巡查，依照《北京市农业机械安全监督管理规定》相关要求，对发现的问题及时处理，对擅自拆卸、破坏农机减排装置的违法违规行为严肃处罚。

（五）加强宣传和信息公开

各区要加强对农机减排装置加装工作的宣传，提高农机服务组织和农机手对于此项工作的认识，理解农机减排对提升人民群众对良好生态环境的获得感和幸福感的重要意义。要做好对实施方案和细则、加装流程、产品信息、企业投诉及政策咨询方式等信息的全程全面公开，确保农机减排装置加装工作透明、高效。

北京市农业农村局
关于印发《北京市2020年种业市场监管工作方案》的通知

（2020年3月30日）

各涉农区农业农村局：

为切实加强北京种业市场监管，营造种业创新发展的良好环境，按照《农业农村部办公厅关于印发〈2020年种业市场监管工作方案〉的通知》（农办种〔2020〕4号）、《北京现代种业发展三年行动计划（2020—2022年）》（京政农发〔2020〕24号）、《北京市种子监管三年行动计划（2018—2020年）》（京农发〔2018〕149号）的有关要求和本市种业市场监管工作实际，市农业农村局制定了《北京市2020年种业市场监管工作方案》，现印发你们，请结合实际，认真抓好落实。

北京市2020年种业市场监管工作方案

为切实加强北京种业市场监管，强化知识产权保护，激发种业创新发展活力，提高种业发展质量，根据有关要求和本市种业市场监管工作实际，制定本方案。

一、基本思路与目标

（一）基本思路

深入落实2020年中央农村工作会议精神，以不断提升北京种业市场监管体系和监管能力现代化水平为方向，强化种业知识产权保护，加强种业监督检查，加大种业执法力度，提高种业执法能力，营造秩序良好的种业发展环境。

（二）工作目标

实现北京种业市场监管体系队伍不断健全，种业监管能力水平不断提高，种业知识产权保护意识不断增强。2020年市区两级农业农村部门种业监管年度工作目标如下。

市级目标：印发种业监管方案，对区级种业监管工作的现场督查达到40%；在农作物种业方面，对本市所属的部级发证企业现场检查全覆盖，对市级发证企业监管覆盖率达到30%，被检查企业经营品种抽样覆盖率达到30%以上，被检查企业经营档案、包装、标签整改合格率100%；在畜禽种业方面，对市级发证种畜禽生产经营企业监管覆盖率达到30%。按时办结农业农村部转办督办的群众信访举报等案件并及时书面反馈。对2019年评选的15家品种权规范使用示范单位进行鼓励。

区级目标：明确种业监管责任部门，通过书面形式对农作物种业和畜禽种业分管责任领导、行政管理和统筹协调、行政许可、一线执法等责任进行明确。形成监管方案和现场检查方案，在农作物种业方面，对区级发证种子企业现场检查覆盖率达到30%以上，被检查企业经营品种抽样覆盖率达到30%以上，对辖区内种子经营门店检查覆盖率达到20%以上，被检查门店经营品种抽样覆盖率达到20%以上，被检查企业经营档案、包装、标签整改合格率100%，零售主体经营活动备案率100%；在畜禽种业方面，对辖区内种畜禽生产经营企业监管覆盖率达到100%。

二、重点内容

（一）加强植物新品种权保护

各区农业农村局应当在纠纷调解、证据保全、责令停止侵权、依法处罚等方面担当作为，坚决维护品种权人合法权益。以杂交玉米、蔬菜为重点作物，探索植物新品种权保护的有效途径。市农业农村局指导各区做好植物新品种保护工作，对2019年评选的15家品种权规范使用示范单位进行鼓励。

（二）开展种子市场检查

结合辖区疫情防控及用种实际情况，采取灵活多样的方式，开展种子市场检查工作。以种子标签和种子质量为检查重点，开展春秋两季种子市场专项检查，并在冬季开展主要农作物生产经营企业监督抽查。将近3年有套牌侵权、制售假劣、存在不规范生产经营行为的生产经营主体列为重点监管对象，增加检查频次并及时向社会通报；对近3年在监督检查中未发现问题的企业，酌情减免检查。

（三）严查非法转基因种子

以杂交玉米种子为重点，狠抓品种审定、基地制种和种子销售等关键环节，严查生产主体、企业生产经营资质、品种权属及亲本来源、制种田块转基因成分，做到早检查、早发现、早处理，确保覆盖全面、检查到位、执法严格。

（四）规范种业生产基地

各区农业农村局要对辖区内的良种繁育基地实行全覆盖检查，重点核查制种企业的生产经营许可、生产备案、产地检疫等内容。

（五）推进许可备案信息化

全面落实《种子法》及配套制度规定，建立种子种苗生产经营备案主体清单并在同级农业农村局官方网站公布。所有种子生产经营许可信息、备案信息，均应当录入中国种业大数据平台。

（六）开展种畜禽质量安全监管工作

以无证（含过期、超范围）生产经营、假冒优质种公牛冷冻精液、低代别冒充高代别、销售的种畜禽不符合种用标准、种畜禽系谱档案不全等问题为重点，开展种畜禽市场监管工作。国家任务下达后，配合做好采样工作，同时，组织开展本市种畜质量安全检测工作。

三、责任分工与工作机制

（一）压实监管责任

市农业农村局制定全市种业市场监管方案并组织实施。组织对上级部门转办案件的查处，协调处理跨区域案件，配合处理其他省份协查案件，督办重点案件。重点对农作物品种真实性和转基因成分进行监督抽查。

各区农业农村局根据当地实际制定监督抽查方案和现场检查抽样方案并实施。重点检查主体备案、经营档案、种子标签和使用说明、品种审定和登记、品种权许可、种子进口等情况，检查监督种子、种苗、种畜禽质量。

（二）完善协查联动机制

各区农业农村局应主动配合、积极协助，加快跨区域案件的查处进程。需其他省市协查时，应上报市农业农村局，由市农业农村局制发协查公函。

四、工作要求

（一）各区农业农村局和有关单位应在做好新冠肺炎疫情防控的情况下，采用灵活多样的方式开展种业市场监管工作。

（二）市种子管理站承担市级农作物种子种苗监管、植物新品种保护等具体工作，协助指导各区农作物种业市场监管工作；市畜牧总站负责配合国家抽样任务和本市种畜质量安全检测工作；市动物卫生监督所负责组织指导种畜禽生产经营的监督执法和大案、要案、跨区域案件的查处工作；市动物疫病预防控制中心负责本市种畜质量安全检测中的动物疫病检测工作。

（三）各区农业农村局和有关单位要按照“双随机、一公开”以及行政执法公示制度等要求开展执法活动，并及时在相应服务平台公示有关查处结果和行政处罚信息。

（四）请各区农业农村局于4月底前制定本区2020年种业市场监管方案，于12月10日前将贯彻落实情况书面报告市农业农村局，并附2020年内结案的种业典型案例；请各有关单位每季度将贯彻落实情况书面报告市农业农村局。

北京市农业农村局　北京市财政局 关于印发《北京市生猪产业优化提升发展项目实施意见》的通知

（2020年3月30日）

各区农业农村局、区财政局：

根据《关于印发〈北京市生猪产业优化提升发展方案和保障猪肉市场供应工作方案〉的通知》（京政农发〔2019〕135号）要求，北京市农业农村局、财政局联合制定《北京市生猪产业优化提升发展项目实施意见》，现印发给你们，请遵照执行。

北京市生猪产业优化提升发展项目实施意见

根据市农业农村局、市发展改革委等十一部门《关于印发〈北京市生猪产业优化提升发展方案和保障猪肉市场供应工作方案〉的通知》（京政农发〔2019〕135号），为落实“菜篮子”市长负责制、生猪稳产保供省负总责的要求，大力发展生猪标准化规模养殖，打造高生物安全防控水平、具备完善粪污资源化利用能力的现代化生猪产业，拟对本市新建、改建、扩建的生猪规模养殖场给予政策资金扶持，特制定本意见。

一、项目申报、审批流程

（一）项目申报

2019—2021年新建、改建、扩建的项目建设单位向各区农业农村局提交项目申报材料，包括申报书（附件1）、农业设施用地备案审批表、环境影响评价审批文件、属地乡镇政府项目审核意见等。

（二）项目评审

建立联审联批制度，由区农业农村局牵头汇总申报项目，组织规划和自然资源委员会、生态环境局、园林绿化局、水务局等相关部门及相关领域专家对项目的选址、建设方案等进行评审，并出具评审意见。

（三）项目批复

根据项目的资质审查及评审、评估意见，由各区农业农村局批准立项。

（四）项目备案

对获得批准的项目，区农业农村局及时报市农业农村局备案。

二、实施建设要求

（一）承建单位资质

项目单位应委托具有建设资质能力的承建单位进行项目建设施工。

（二）工程质量监督

项目实行工程监理制，项目单位应聘请建筑工程监理，对猪场建设工程质量进行监督。

（三）档案管理

项目单位应将申报、审核、建设及竣工等资料，全部纳入档案管理，各项记录清晰、规范，以备后期查看。

（四）建立财务专账

项目实行专账管理，做到独立使用、单独核算，全程实现账目清晰。

（五）建设工期

项目单位取得审批立项后开始施工建设，原则上建设期不得超过一年。

三、建设验收

（一）验收申请

项目竣工后，项目单位应向区农业农村局提交工程监理报告及项目验收申请。

（二）组织验收

1. 生物安全验收。区农业农村局组织项目投产前的生物安全评估，形成评估验收结果。

2. 建设竣工验收。区农业农村局组织相关部门及相关领域专家对项目工程、设施设备、生产能力等内容进行联合验收，验收合格后出具验收意见。

3. 投产达标验收。区农业农村局组织项目投产达标验收，各企业应按照相关规定引进种猪、仔猪，存栏量达到设计能力，严格执行生物安全防控措施且未发生非洲猪瘟等疫情，粪污治理等相关设施设备正常运转。

（三）结算评审

完成建设验收后，区农业农村局向区财政局提出项目工程结算评审申请。区财政局组织开展建设项目工程结算的评审工作，结算评审结果作为建设项目补贴资金申请的依据。

四、生产验收

项目单位正常生产一年且达到出栏标准后，向区农业农村局申请进行生产验收。验收包括生猪存栏、出栏数量达到设计规模；未发生非洲猪瘟等疫病；严格落实生物安全措施；粪污治理等配套设施符合有关标准等内容。

五、指导与监督

（一）技术指导

市、区农业农村局会同规划和自然资源部门、生态环境、水务、园林绿化、住房和城乡建设等部门依据各自职责在项目建设过程中，给予项目单位技术支持、指导、监督。

（二）工程督导

区农业农村局要加强项目督查，及时掌握项目计划落实进度、安全生产制度执行情况，督促项目按照项目申报书的预定计划执行。

（三）上报进度

项目单位应每月向区农业农村局上报项目进展情况，如遇特殊情况，应及时上报。

六、资金补贴办法

（一）补贴对象

自繁自育场以存栏不低于500头基础母猪（存栏5 000头）、年出栏不低于9 000头为一个补贴单元；专业育肥场以存栏不低于4 000头，出栏不低于8 000头为一个补贴单元；且符合《北京市生猪养殖场建设规范》（附件2）和生物安全相关要求，通过生物安全验收评估并严格落实相关措施，未发生非洲猪瘟等重大动物疫情，实际生产能力达到设计要求并通过验收的新建、改建、扩建规模猪场。

（二）补贴原则

按照“先建后补、以奖代补、达标奖补”的原则，对达到标准的项目单位给予补贴。

（三）补贴标准

1. 新建自繁自育生猪养殖场。按照不超过结算评审资金的50%，且设计存栏每个补贴单元不超过1 000万元进行补贴。

2. 新建专业育肥场。按照不超过结算评审资金的50%，且设计存栏每个补贴单元不超过400万元进行补贴。

3. 改建规模猪场不增加产能，按照不超过结算评审资金的50%，且每头不超过200元进行补贴；扩建规模猪场新增产能，补贴标准按照新建规模猪场补贴资金标准执行。

（四）拨付办法

补贴资金按照6∶4比例，根据考核指标完成情况分两批拨付。

第一阶段：项目建设验收合格后，拨付60%补贴资金。

第二阶段：项目生产验收合格后，未发生非洲猪瘟等重大动物疫情，按照考核指标完成情况据实拨付剩余40%补贴资金。

七、资金发放流程

（一）资金申请

区农业农村局与区财政局根据验收结果联合申报补贴资金，市农业农村局汇总后向市财政局递交申请。

（二）下达资金

市财政局按照市农业农村局递交的补贴资金申请，将补贴资金下达各区。

（三）资金发放

财政资金到位后，各区依据项目验收结果和相关规定，及时下发各项目单位。

八、工作要求

（一）高度重视，提高认识

该补贴资金对全面优化本市生猪产业布局、恢复生猪生产、保障猪肉“菜篮子”稳定供应意义重大。各单位要高度重视、提高认识，严格按照《北京市生猪产业优化提升发展和保障猪肉市场稳定供应工作方案》及本文执行。

（二）严格把关，认真履职

各区严格按照《北京城市总体规划（2016—2035 年）》要求，对建设单位的选址进行严格把关。

要对建设项目的申报、审核、评估、施工、实际生产能力、资金拨付等环节严格把关，切实履职到位。

（三）实事求是，不得虚报

项目申报要坚持实事求是，根据各自能力申报，确保各项手续齐备，不得弄虚作假，不得虚报、谎报、瞒报。

（四）符合标准，规范实施

项目建设要达到《北京市生猪养殖场建设规范》和生物安全相关要求，要严格落实生物安全制度、措施和监督，预防动物疫病发生；要配套粪污处理设施设备并确保正常运转，做好粪污资源化利用工作。

（五）规范调运，确保安全

一是确保猪源安全。拟调入本市的种猪、商品仔猪须按农业农村部《生猪产地检疫规程》检疫合格和非洲猪瘟检测合格，对于种猪须按《跨省调运乳用种用动物产地检疫规程》开展疫病检测或风险评估，合格后方可调入本市。

二是确保运输安全。运输车辆须按农业农村部公告 79 号规定备案，并按规定时间、指定路线，以及动物检疫证明载明的目的地、数量承运生猪。本市动物卫生监督机构在指定进京道口严格查证验物，并做好车辆的清洗消毒。

三是确保进场安全。生猪调运须按规定向所在地动物卫生监督机构报告，并按要求开展隔离观察。辖区动物卫生监督机构需派驻人员或依托监控系统开展监督管理，动物疫病预防控制部门开展非洲猪瘟相关检测工作。

附件 1　北京市生猪产业优化提升项目申报书（略）

附件 2　北京市生猪养殖场建设规范（试行）（略）

北京市农业农村局
关于印发《北京市 2020 年农业领域“留白增绿”工作方案》的通知

（2020 年 4 月 12 日）

各区农业农村局：

为贯彻落实《北京市人民政府关于组织开展“疏解整治促提升”专项行动（2017—2020 年）实施意见》（京政发〔2017〕8 号）和《北京市人民政府办公厅关于印发〈北京市“疏解整治促提升”专项行动 2020 年工作计划〉的通知》（京政办字〔2020〕6 号）要求，扎实做好农业领域“留白增绿”工作。现将《北京市 2020 年农业领域“留白增绿”工作方案》印发给你们，请结合实际，认真贯彻落实。

北京市 2020 年农业领域“留白增绿”工作方案

为贯彻落实《北京市人民政府关于组织开展“疏解整治促提升”专项行动（2017—2020 年）实施意见》（京政发〔2017〕8 号）和北京市关于“疏解整治促提升”专项行动 2020 年工作计划要求，坚持把拆违腾退土地作为增加城市绿色空间的重要抓手，扎实做好农业领域“留白增绿”工作，特制定以下工作方案。

一、目标任务

按照《关于印发做好“留白增绿”工作指导意见的通知》（京发改〔2018〕760 号）要求，农业领域“留白增绿”主要是对拆违腾退土地中涉及永久基本农田的地块，通过种植农作物和观赏性作物，实现生态绿色覆盖。2020 年农业领域完成 285.18 公顷拆违腾退土地的复种复绿任务（附件）。

二、工作安排

（一）精准接收“留白增绿”地块

农业领域“留白增绿”地块实施范围为永久基本农田区域。各区要加强与本区拆违牵头部门对接，按要求参加拆违腾退地块的现场核验，确保待移交地块土地平整，无垃圾和渣土；确实无法参加现场验收时，需及时对第三方报送的材料进行审核，确保第二年能组织复垦复种。

（二）确定实施“留白增绿”地块

将 2017 年和 2018 年移交尚未实施地块全部纳入 2020 年年度实施范围；2019 年新拆违移交地块，原则上全部纳入 2020 年年度任务，其中属“大棚房”问题清理整治腾退移交的地块必须组织实施。各区依据前期图斑核对结果，组织上账入图情况，集中连片园区或基地内的分散地块，可采取整合打包方式上账入图。

（三）开展“留白增绿”地块土壤检测

用于种植食用农产品的“留白增绿”地块，对照《土壤环境质量标准》（GB 15618—1995）要求，开展土壤环境状况检测，重点检测土壤 8 种重金属和六六六、滴滴涕等含量，依据检测结果选择指导种植农作物或观赏性作物。对于面积较小不宜种植食用农产品的地块，由各区自行确定是否开展土壤环境检测。

（四）因地制宜实施复种复绿

各区要以不破坏耕作层为原则，把握作物种植时节，选择种植农作物（玉米、蔬菜、杂粮）或观赏性作物（花卉），及时组织复垦复种。根据地块具体情况，统筹林田生态整体布局，实施大尺度绿化实现复绿，也可将实施地块纳入休耕轮作试点范围实现复种复绿。考虑地块实际情况，面积不足 20 米^2 的地块，采取“战略留白”方式不实施复种，其中集中连片园区或基地内不足 20 米^2 地块，各区自行确定。加强对不实施复种地块的管理，防止出现新增违法建设；加强对 2018 年、2019 年已实施复种地块的管理，防止出现撂荒现象。

（五）组织开展检查验收

依据国家有关规定，永久基本农田不允许种树，除特殊情况已经种植外，禁止通过种树实现复垦复种。要加强作物生长期间的管理，实现生态效益和绿色覆盖。市级将根据各区台账系统上报情况，每月组织第三方进行验收和审核销账。

三、工作要求

（一）加强组织领导

农业领域“留白增绿”工作是全市疏解整治促提升专项行动的重要内容。各区农业农村部门要提高思想认识，加强工作统筹，研究制定工作方案，明确责任部门和联系人，同时要积极协调相关部门，确保年度指标任务落实。

（二）严格资金使用

全市疏解整治促提升专项行动资金中，安排农业领域留白增绿专项资金，用于土地整治、改良土壤、土壤检测以及购买种子、有机肥等农资。各区农业农村部门要积极协调区级财政部门落实资金，严格把控资金使用范围，杜绝违反资金使用问题。

（三）强化监督检查

各区要逐宗建立工作案卷，包括地块图斑、复种复绿计划、土壤检测报告、验收报告以及工作检查等相关资料。各区农业农村部门要加强检查指导，每月 20 日前登录台账系统更新进展情况。

（四）做好宣传引导

强化风险意识，加强舆情监测和应对处置，预防和减少不稳定因素。及时报送和宣传好的经验做法。运用多种形式，做好政策解读和宣传引导，营造良好社会氛围。

附件：农业领域“留白增绿”指标任务分解表（略）

北京市农业农村局
关于印发《北京市 2020 年化肥减量增效工作方案》的通知

（2020 年 4 月 28 日）

各区农业农村局，市土肥站：

为落实生态环境部、农业农村部《关于印发〈农业农村污染治理攻坚战行动计划〉的通知》（环土壤〔2018〕143 号）、农业农村部《2020 年农业农村绿色发展工作要点》以及《北京市关于推动生态涵养区生态保护和绿色发展的实施意见》和《北京市打好净土保卫战 2020 年行动计划》要求，市农业农村局制定了《北京市 2020 年化肥减量增效工作方案》，现印发给你们，请认真组织实施。

北京市 2020 年化肥减量增效工作方案

为贯彻落实《水污染防治法》《土壤污染防治法》等法律法规，按照生态环境部、农业农村部《关于印发〈农业农村污染治理攻坚战行动计划〉的通知》（环土壤〔2018〕143 号）、农业农村部《2020 年农业农村绿色发展工作要点》以及《北京市关于推动生态涵养区生态保护和绿色发展的实施意见》和《北京市打好净土保卫战 2020 年行动计划》要求，着眼推进农业农村绿色发展，推进化肥减量工作，制定本工作方案。

一、工作思路和目标

牢固树立绿色发展理念，强化污染防控、循环利用和生态保护，坚持政府主导、市场主体、农民参与的机制，强化耕地质量保护与提升，深入推进科学施肥，全面推广应用有机肥，提高农业废弃物综合利用率，建立科学施肥管理和技术体系，测土配方施肥技术覆盖率达到 98%以上，化肥使用量比 2015 年下降 28%以上，化肥利用率达到 40%以上，单位耕地化肥用量降低到 28 千克以下。

二、工作任务

（一）巩固提升测土配方施肥工作

继续做好田间调查、取土化验、田间试验、配方发布等测土配方施肥基础工作，发布全市主要农作物施肥指导意见，指导各区采取培训、观摩、宣传、下乡指导等措施抓好落实。开展肥料利用率试验，由市土肥站制定全市主要作物试验计划方案，粮田原则上按照 3 万亩设置 1 个点位，其中面积不足 5 万亩的区酌情设置。开展粮经、蔬菜作物施肥情况调查，原则上按照粮田 5 000 亩设置 1 个调查点、菜田 2 000 亩设置 1 个调查点，掌握主要农作物施肥状况。

（二）继续实施有机肥推广应用工作

按照《北京市农业农村局北京市财政局关于印发〈北京市推广应用绿色防控产品工作方案（试行）〉和〈北京市推广应用有机肥工作方案（试行）〉的通知》（京政农发〔2019〕83 号）要求，在梳理总结 2019 年实施情况的基础上，各区研究制定年度具体实施方案，确定具体组织实施单位，明确补贴对象和标准、供肥企业选择、操作程序和补贴发放方式等内容。要抓好推广应用的组织实施，严格落实规定程序和要求，强化享受补贴有机肥质量监管，组织落实推广应用效果评估，切实发挥补贴政策的效能。

（三）建设化肥减量技术示范区

按照集中连片、整体推进的要求，巩固提升测土配方施肥基础工作，开展化肥减量技术集成示范，在全市建立12个粮田和设施蔬菜市级示范区。在5个生态园区集成推广应用化肥减量增效、绿色高产高效技术模式，主推粮食作物种肥同播、缓释肥一次性施肥技术，蔬菜作物有机肥替代、水肥一体化技术，着力减少不合理化肥施用，提高肥料利用效率。

（四）加强肥料质量监督检查

按照全国肥料质量监督抽查工作部署，组织开展春、秋两季全市肥料产品质量监督抽查，在全市肥料生产企业抽取100个肥料样品，肥料销售门店抽取300个肥料样品，共计400个肥料样品，涉及有机肥料、水溶肥料、复混肥料，做到抽查工作的全覆盖。将肥料列入农资打假清单，协调和配合市场监管等部门开展执法检查。组织开展基层培训工作，通过典型案例、肥料包装标识实物等形式，讲授肥料真假识别、肥料选购及肥料施用事项等，提高农户、经销商、生产企业辨别肥料真假优劣的能力和水平。

三、保障措施

一要加强组织领导。各区要加强工作统筹，明确具体实施单位，确保各项工作落实。特别是实施有机肥补贴工作，属于年度约束性任务，要制定具体实施方案，确保资金到位、加强监管，切实发挥效能，实施方案于5月底前报市农业农村局备案。市土肥站要加强对化肥减量工作的指导和督促检查。

二要加强技术指导。市级成立专家指导组，加强技术研究，编制相应技术指导手册，指导各区落实相关工作。市区两级技术部门要积极开展技能培训，推广应用化肥减量技术，在关键农时季节，组织专家和农技人员深入田间地头，指导农民落实好各项技术措施。

三要加强督查考核。化肥减量工作是农业农村污染治理的重要内容，也是落实生态涵养区功能定位的重要措施，将纳入各区绩效考核范围。市级将制定可量化的考核办法，对工作开展情况加强检查督导，考核各区绩效目标完成情况。各区牵头部门分别于6月20日、9月20日前报送季度工作情况，于12月15日前报送年度工作情况，报送情况将纳入考核内容。

四要加强宣传引导。充分挖掘和总结宣传好做法、好技术、好经验、好典型，相互借鉴，推进交流。充分利用广播、电视、报刊、互联网等媒体，加大相关法律法规的宣传培训力度，提高生产经营者的认识和参与度，营造良好社会氛围。

附件　北京市推广应用有机肥工作考核办法（略）

北京市农业农村局　北京市发展和改革委员会　北京市民政局　北京市财政局　北京市规划和自然资源委员会　北京市生态环境局　北京市住房和城乡建设委员会　北京市城市管理委员会　北京市交通委员会　北京市水务局　北京市卫生健康委员会　北京市园林绿化局 关于印发《2020年北京市开展农村人居环境整治推进美丽乡村建设工作方案》的通知

（2020年4月27日）

各相关区人民政府，市各有关单位：

经市政府同意，现将《2020年北京市开展农村人居环境整治推进美丽乡村建设工作方案》印发给你们，请认真组织实施。

2020年北京市开展农村人居环境整治推进美丽乡村建设工作方案

为深入贯彻落实习近平总书记以疫情防治为切

入点加强乡村人居环境整治和公共卫生体系建设的重要指示精神，贯彻落实中央1号文件、《中共中央办公厅 国务院办公厅关于印发〈农村人居环境整治三年行动方案〉的通知》（中办发〔2018〕5号）、《农业农村部关于落实党中央 国务院2020年农业农村重点工作部署的实施意见》（农发〔2020〕1号）、《农业农村部 国家发展和改革委员会 财政部 生态环境部 住房和城乡建设部 国家卫生健康委员会关于抓好大检查发现问题整改扎实推进农村人居环境整治的通知》（农社发〔2020〕2号）等文件精神，切实抓好农村人居环境整治收官工作，依据《中共北京市委北京市人民政府印发〈关于抓好“三农”领域重点任务确保如期高质量实现全面小康的行动方案〉的通知》（京发〔2020〕6号）要求和本市工作安排，制定本工作方案。市、区各部门要对标中央和本市的任务目标，坚持目标导向，压实压紧属地责任，以“干干净净迎小康”为主题，加快补齐农村人居环境的短板，确保农村人居环境整治三年行动和美丽乡村建设任务如期完成。

一、工作目标

到2020年年底前，全市99%的行政村生活垃圾得到处理，完成162处存量非正规垃圾堆放点整治任务，累计完成1 500个垃圾分类示范村创建工作，规模养殖场粪污处理设施装备配套率基本达到100%，畜禽粪污综合利用率达到90%以上；全市农村无害化卫生户厕覆盖率达到98%，农村三类及以上公厕比例达到90%以上；解决300个左右村庄生活污水治理问题，全市农村地区生活污水处理设施村庄覆盖率达到50%以上；全市现状行政村村庄规划基本实现应编尽编；乡村公路中等路以上比例保持在90%以上；四类重点对象和低收入群众农村危房改造2019年任务全部完成、2020年任务全面开工；公共空间和庭院环境整治深入推进；新增完成140个（累计完成700个）以上村的环境综合整治；396个城乡接合部地区村庄环境整治、125个农村大集整治规范管理等工作全面推进；152个“百村示范”创建村建设取得明显成效；扎实做好国务院农村人居环境整治大检查、中央环保督察等反馈问题的整改；全面建立农村人居环境整治长效机制，美丽乡村建设取得重要进展。

二、重点任务

1. 扎实抓好农村人居环境整治大检查发现问题整改工作。各区要充分认识抓好大检查发现问题整改扎实推进农村人居环境整治工作的重要意义，进一步强化农村人居环境整治工作保障，以疫情防治为切入点，加强农村人居环境整治，深入开展村庄清洁行动，扎实推进农村厕所革命，全面推进农村生活垃圾治理，梯次推进农村生活污水治理，统筹推进其他重点任务。各区对农村人居环境整治大检查发现问题整改，要举一反三开展全方位排查，对能够立即整改的问题做到立行立改；对整改内容较多、涉及面较广、一时难以整改的问题，建立台账、制定整改方案、细化分解任务、明确完成时限，整改一项、销号一项，确保问题真正解决到位，整改效果落到实处。2020年6月1日前，各区要将整改和排查情况以区人民政府名义正式报市农业农村局。

2. 加快推进村庄规划和实施方案的编制审批工作。推进多规合一的实用性村庄规划编制工作，做好村庄规划与上位规划的衔接。2020年6月底前，基本完成第二批美丽乡村创建村村庄规划区级审批工作，年底前基本完成第三批创建村村庄规划编制工作，全市现状行政村村庄规划基本实现“应编尽编”。加快美丽乡村建设实施方案（农村人居环境整治实施方案）编制工作，结合村庄规划审批进度，2020年年底前基本完成方案编制和审批工作。

3. 加快推进“百村示范”培育创建工作。围绕乡村振兴“二十字”总要求和“五个振兴”目标，突出“四线两区”重要节点，按照“民富村强”要求，集成资金政策，加大推进力度，“一村一策”开展乡村振兴示范村培育创建工作。市级将对各区创建培育工作进行考核评估。2020年年底前，152个“百村示范”创建村建设取得明显成效，初步形成示范功能。

4. 高质量完成“千村整治”任务。围绕“清脏治乱增绿控污”，深入开展村庄清洁行动，以疫情防治为切入点推进农村人居环境整治，推动整治范围向村外周边延伸，向农户庭院延伸。加快推进农村生活垃圾治理和农村生产废弃物资源化利用；梯次推进农村生活污水治理，深入开展村内坑塘沟渠等小微水体治理；因地制宜推进小型一体化改水改厕模式试点应用；扎实推进农村厕所革命，加强改厕质量监管和验收，逐村梳理农户改厕任务，完成2万户左右无害化卫生户厕、700余座农村公厕达标改造任务；落实国家《水污染防治行动计划》，新增完成140个（累计完成700个）以上村的环境综合整治；推进“四好农村路”建设；抓好125个农村大集整治规范管理工作。各区要利用4月“爱国卫生月”、五一、七一、十一等重要节点，广泛动员开展农村人居环境整治活动，采取有效管控措施，防止生活污水直排溢流、道路难以通行等影响群众生活。2020年9月底前，第三批800个左右村庄环境整治通过考核验收；持续开展环境整治效果核查工作，全市所有村庄达到干净整洁有序的要求。

5. 抓好城乡接合部农村地区村庄人居环境整治。按照“一村一策”挂账推进城乡接合部农村地区村庄人居环境整治。各区要坚持以人为本、实事求是、因地制宜的原则，科学合理的细化工作方案，灵活采用临时措施和工程措施相结合的方法，立足当前、兼顾长远、“标本兼顾”推进整治工作。2020年10月底前基本完成396个城乡接合部村庄环境整治任务。

6. 加快推进美丽乡村建设。依据美丽乡村建设实施方案积极稳妥地推进农村污水设施、道路建设、绿化亮化、四类重点对象和低收入群众危房改造、农宅抗震节能建设等各项农村基础设施和公共服务建设，结合实际完善无障碍设施建设，提升农村提升基本公共服务供给水平。全力做好农村地区村庄冬季清洁取暖工作，完成剩余平原地区村庄（2023年取暖季前拆除村庄除外）“煤改清洁能源”，实现平原地区村庄基本“无煤化”的目标；科学稳妥有序推进山区村庄煤改清洁能源工作，未实施煤改清洁能源的村庄住户继续实施优质燃煤全覆盖，完善清洁取暖设备运行管理长效机制。各区要落实属地责任，研究制定加强管理、简化项目审批和招投标程序的办法，引导支持村级组织和农村工匠带头人等承接参与村内环境整治、绿化等小型涉农工程项目。农村人居环境整治和美丽乡村建设、管护等工作，除专业性有特殊要求的外，应按照不低于60%的比例，尽量吸引本地农民用工。各区要对照美丽乡村建设考核验收标准，做好美丽乡村自查验收，美丽乡村覆盖率作为考核各区美丽乡村建设工作的重要依据。2020年年底前，全市按照区级推荐、市级核查的形式验收认定一批美丽乡村。

7. 健全完善农村人居环境管护长效机制。坚持问题导向，举一反三抓好“两气、两水、两厕、一室”等农村基础设施长效管护机制建设，做好中央环保督察等反馈问题的整改工作。各区要抓好《关于统筹推进农村生活污水治理和农村改厕工作的指导意见》（京农组办发〔2020〕1号）贯彻落实，结合实际研究制定政府引导、市场运作和农户负担相结合的农村户厕清掏管护机制，推进农村厕所粪污资源化利用。健全完善市、区多层级农村人居环境整治点评调度、考核验收、奖惩通报、末位约谈等机制，传导压力压实责任，确保环境整治效果长期保持。市、区各行业部门要加强本行业工作的检查考核，确保长效机制得到有效落实。2020年年底前，有制度、有标准、有队伍、有经费、有督查的农村人居环境管护长效机制全面建立，农村基础设施得到有效管护，村庄干净整洁有序的环境面貌得到长期保持。

8. 切实发挥好农民主体作用。广大农民群众是农村人居环境整治和美丽乡村建设工作的主体。发挥好农民的主人翁精神，在农村人居环境整治过程中开展美好环境与幸福生活共同缔造活动，推进村规民约和农村人居环境长效管护制度在村内显著位置公开公示，接受群众监督。引导农民以家庭为基本单位，清除庭院和房前屋后卫生死角，广泛开展“美丽庭院”创建活动，提高村民环境卫生意识，切实改变影响农村人居环境的不良习惯。充分发挥村支书、村民党员、村“两委”干部、村民代表等关键少数在美丽宜居家园建设中的带头示范作用。2020年10月底前，全市各涉农区基本完成村规民约制（修）订工作，农村人居环境整治和村庄规划管控等内容纳入村规民约。

9. 强化美丽乡村建设政策资金规范管理和使用监管。各区要加强农村人居环境整治和美丽乡村建设工作档案管理工作，及时维护更新台账数据，确保数据真实准确，形成农村基础设施建设及其管护工作“一本账”。鼓励各区运用信息化手段，加强对农村基础设施运行维护的监管，提高精准管理水平。各区要落实主体责任，按照“权责一致”的要求，建立完善美丽乡村资金使用管理的相关制度，落实资金监管责任，确保资金使用安全。市级将在各区自查的基础上，重点对美丽乡村市级引导资金中管护资金拨付使用等情况进行检查。

10. **农村人居环境整治三年行动任务目标完成情况考核验收。**年底前，中央有关部门将组织对农村人居环境整治三年行动任务完成情况进行检查验收。各区要对照中央和市级的具体要求，加快各项工作推进，认真查漏补缺，主动开展自查工作，确保农村人居环境整治三年行动任务全面完成。2020年10月底前，市级有关部门对照中央农村人居环境整治三年行动方案的任务目标和本市的目标，制定考核验收标准和办法，以区为单位对任务完成情况进行检查验收。

附件1　农业农村部 国家发展和改革委员会 财政部 生态环境部 住房和城乡建设部 国家卫生健康委员会关于抓好大检查发现问题整改扎实推进农村人居环境整治的通知（农社发〔2020〕2号）

附件2　2020年北京市农村人居环境整治美丽乡村建设重点任务清单（略）

附件3　北京市落实农村人居环境整治三年行动方案及本市工作任务目标（略）

附件1

农业农村部　国家发展改革委　财政部
生态环境部　住房和城乡建设部
国家卫生健康委
关于抓好大检查发现问题整改扎实
推进农村人居环境整治的通知

各省、自治区、直辖市人民政府，新疆生产建设兵团，国务院有关部门：

党中央、国务院高度重视改善农村人居环境。习近平总书记多次强调，要结合实施农村人居环境整治三年行动计划和乡村振兴战略，因地制宜、精准施策，不断谱写美丽中国建设的新篇章。李克强总理在《政府工作报告》中明确提出，要推进“厕所革命”、垃圾污水治理，建设美丽乡村。2019年下半年，国务院成立农村人居环境整治工作检查领导小组，对北京、天津、河北、山西、江苏、安徽、福建、江西、山东、河南、湖北、湖南、广东、海南等14个省（市）开展了农村人居环境整治大检查，对其他17个省（区、市）和新疆生产建设兵团整治情况进行了调度。总的看，各地区各部门认真贯彻党中央、国务院决策部署，整治工作总体进展良好，村庄面貌发生明显变化。但是一些地方仍然存在目标定得过高、工作操之过急、质量管理和后续管护滞后等问题。为切实抓好大检查发现问题整改，扎实推进农村人居环境整治，经国务院同意，现将有关事项通知如下。

一、充分认识抓好问题整改扎实推进农村人居环境整治工作的重要意义

农村人居环境整治直接关系到农民群众的获得感、幸福感、安全感，对于加快改变乡村发展面貌、改善农民生产生活条件、补齐乡村建设短板和全面建成小康社会都具有重要意义。此次国务院农村人居环境整治大检查，是习近平总书记亲自指示部署的重大专项检查，是对农村人居环境整治工作的一次把脉问诊，是一项严肃的政治任务。各地区各部门要从增强“四个意识”、坚定“四个自信”、做到“两个维护”的高度，强化责任感、使命感、紧迫感，聚焦突出问题，加大工作力度，抓好整改落实，切实把这项事关亿万农民切身利益的大事抓紧抓实抓好。在做好新冠肺炎疫情防控工作的前提下，要结合推进乡村振兴战略，以疫情防治为切入点，加强乡村人居环境整治和公共卫生体系建设，补上全面小康“三农”领域突出短板，在坚决打赢疫情防控阻击战的同时，按时保质完成农村人居环境整治三年行动目标任务。

二、切实抓好农村人居环境整治大检查发现问题整改

实地检查的14个省（市）要对大检查发现的问题建立台账，制定整改方案、细化分解任务、明确完成时限，整改一项、销号一项。要适时开展“回头看”，较真碰硬搞整改，确保问题真正解决到位，整改效果落到实处。要依法依规追责问责，举一反三开展排查，杜绝类似问题再次发生。

其他17个省（区、市）和新疆生产建设兵团要对标党中央、国务院部署，围绕农村厕所革命、生活垃圾和污水治理等重点任务，组织开展自查自改，找准问题症结，及时彻底整改。检查整改要深入扎实，不能浮于表面、走过场、打折扣，杜绝开

展运动式检查、选择性整改。

要推动问题整改与政策完善、制度建设相结合，优化政策体系，实化政策举措，加强政策协同配套，打通农村人居环境整治政策落地“最后一公里”。农业农村部将会同有关部门视情对部分省（区、市）的检查整改情况进行抽查。

三、以疫情防治为切入点，加强农村人居环境整治

（一）深入开展村庄清洁行动

要抓好疫情重灾区、交通要道两侧、人流密集区等重点区域，以及乡村集市、农贸市场、农村工业园区和物流园区周边等重点部位清洁整治。因地制宜适当拓展优化“三清一改”内容，突出清理死角盲区，由“清脏”向“治乱”拓展，由村庄面上清洁向屋内庭院、村庄周边拓展，干干净净迎小康。大力倡导清洁卫生，宣传健康防病知识，引导农民群众改变不良生活习惯，提高清洁卫生文明意识，养成健康的生活方式。不断健全长效清洁机制，推动村庄清洁行动常态化、制度化、持续化。

（二）扎实推进农村厕所革命

要坚持好字当头、质量优先、分类推进、注重实效，做好项目建设前期准备，重点确保 2020 年年底东部地区、中西部城市近郊区等有基础有条件的地区基本完成农村户用厕所无害化改造，实事求是、量力而行推进其他地区农村厕所改造。因地制宜选择技术模式，提高改厕工作科学性、实效性，新技术新产品需经充分试验示范成熟后才能推开。继续组织实施农村厕所革命整村推进财政奖补政策，编制农村户厕建设有关标准规范，开展技术指导服务，强化改厕工作质量监管，统筹推进农村改厕和生活污水治理。在疫情防控期间尤其要切实加强农村厕所粪污处理，不得随意倾倒或直接排放，未经处理或处理后达不到无害化要求的粪污不得还田。

（三）全面推进农村生活垃圾治理

要加强农村生活垃圾收运处置体系建设，确保疫情防控期间收运处置体系正常运转。推进非正规垃圾堆放点整治。开展农村生活垃圾就地分类、源头减量试点。加快农村生活垃圾回收利用体系建设，不断提高治理和资源化利用水平。建立完善村庄保洁机制，加强保洁公益性岗位的考核管理，探索社会化服务方式，有条件的地区尽量做到生活垃圾日产日清，无法及时清运的也要封闭管理、定期消毒。

（四）梯次推进农村生活污水治理

要优先解决乡镇所在地和中心村生活污水问题，抓好农村黑臭水体整治。加快编制县域农村生活污水治理规划。因地制宜采取符合农村实际的生活污水处理技术，落实设施运维管理责任，做好疫情防控期间农村生活污水处理设施运行维护。积极探索农村生活污水资源化利用模式，实现生活污水治理与生态农业发展、农村生态文明建设的多赢。严格落实河长制、湖长制，积极开展农村河塘、沟渠清淤疏浚。

（五）统筹推进其他重点任务

要强化畜禽粪污资源化利用，深入实施秸秆综合利用和农膜回收行动，推动农村清洁能源开发利用。有序推进“多规合一”的实用性村庄规划编制，推进村内道路建设，提高村庄绿化水平，整体提升村容村貌。落实《关于深化农村基础设施管护体制改革的指导意见》（发改农经〔2019〕1645 号），分领域细化配套措施，制定管护制度、标准和规范，鼓励有条件的地区探索农户付费合理分担机制。

四、进一步强化农村人居环境整治工作保障

（一）强化责任落实

按照五级书记抓乡村振兴的要求，把农村人居环境整治作为“一把手”工程来抓，进一步强化市县主体责任。完善工作协调推进机制，加强部门协同配合，统筹整合各类资源，形成工作合力。健全激励问责机制，对整治措施有力、效果显著、群众满意度高的单位和个人，适时给予表彰奖励；对措施不力、搞虚假形式主义、劳民伤财无效实施的，要依法依规批评问责。建立完善投诉处理机制，畅通群众反映问题渠道，力争把问题解决在基层和萌芽状态。

（二）强化支撑保障

将农村人居环境整治任务作为农村补短板主要内容纳入相应规划和政策支持范围，继续加强财政资金投入保障。允许县级按规定统筹整合相关资金，集中用于农村人居环境整治，积极引导社会资本参与。鼓励各地发行地方政府债券支持符合条件的农村人居环境整治项目建设。落实相关设施建设

用地、用水用电保障和税收减免政策。将农村人居环境整治技术研究创新列入重大科技项目，加大科技研发、联合攻关、试点示范力度。选优配强农村人居环境整治一线工作力量，加强政策宣贯和业务培训，改进工作作风，提升人员素质和能力。

（三）强化宣传动员

完善村规民约，加大入户宣讲、教育培训力度，强化健康生活理念和疫情防控知识宣传教育。推广各地在农村人居环境整治工作中的好经验好做法，发挥示范带动作用。通过美丽庭院评选、卫生评比等群众喜闻乐见的活动，动员广大农民群众积极主动参与农村人居环境整治，形成广泛参与、集中整治的局面。

北京市农业农村局　北京市财政局关于印发《北京市休闲农业“十百千万”畅游行动实施意见》的通知

（2020 年 4 月 30 日）

各区农业农村局、各区财政局：

为深入贯彻落实国务院《关于促进乡村产业振兴的指导意见》《北京城市总体规划（2016—2035年）》《北京市乡村振兴战略规划（2018—2022年）》要求，积极发展休闲农业，打造休闲农业精品，推进一二三产业深度融合，实现农民创业增收，满足市民休闲需求，提升本市休闲农业发展水平，特制定《北京市休闲农业“十百千万”畅游行动实施意见》，现印发你们，请结合实际认真贯彻落实。

北京市休闲农业“十百千万”畅游行动实施意见

为深入贯彻落实国务院《关于促进乡村产业振兴的指导意见》《北京城市总体规划（2016—2035年）》《北京市乡村振兴战略规划（2018—2022年）》要求，积极发展休闲农业，打造休闲农业精品，推进一二三产业深度融合，实现农民创业增收，满足市民休闲需求，提升本市休闲农业发展水平，就实施本市休闲农业“十百千万”畅游行动提出以下意见。

一、总体思路

以习近平新时代中国特色社会主义思想为指导，深入贯彻党中央、国务院和市委、市政府部署要求，牢固树立新发展理念，落实高质量发展要求，紧扣首都功能定位，围绕农村一二三产业深度融合发展，深入推进休闲农业供给侧结构性改革，聚焦产业提档升级，强化服务完善提升，突出产业集群成链，致力农户增收致富，着力打造十余条精品线路、创建百余个美丽休闲乡村、提升千余个休闲农业园区、改造近万家民俗接待户（简称休闲农业“十百千万”畅游行动），全面构建覆盖各区、乡村、园区与农户的全要素配套、全方位布局、多层次提升的休闲农业产业体系，提高对农户增收的贡献率、市民对休闲农业的认知率，实现休闲农业提质增效，推动休闲农业高质量发展。

二、总体要求

（一）基本原则

1. 提升品质、高效发展。围绕本市现代农业发展，结合资源禀赋，运用现代科技、管理要素和服务手段，推动产业链向上下游延伸，提高产业附加值，推进农业与文化、教育、科技、生态、康养的深度融合，走休闲农业高效发展之路。

2. 因地制宜、特色发展。立足“大城市小农业”“大京郊小城区”市情农情，依托京郊自然生态、历史文化内涵和区位优势，探索具有首都特色的发展模式，发掘农业新功能，提供特色鲜明、感受舒适的休闲农业产品和体验。

3. 生态优先、绿色发展。践行绿水青山就是金山银山发展理念，走资源节约型、环境友好型绿色可持续发展道路。坚持绿色发展，遵循乡村自身发展规律和产业发展规律，统筹考虑资源和环境承载能力，建设生产发展、生活富裕、生态良好的休闲农业业态，提供绿色优质产品和服务。

4. 文化铸魂、创新发展。立足本地农耕文明，深入发掘民俗文化，拯救村落文化，传承农业文化、非物质文化遗产，开展产品、包装、体验、景观、环境、服务等创意创新设计，打造鲜明文化印记，增强产品和服务的艺术创造力、想象力、感染力，提升休闲农业产业文化软实力和核心竞争力。

（二）发展目标

到 2025 年，基本形成布局合理、业态丰富、功能完善、特色鲜明的休闲农业“十百千万”发展格局。产业规模进一步扩大，实现休闲农业和乡村旅游接待人次和经营收入逐年增长，年接待达到 4 000万人次，经营收入达到 50 亿元。业态形式进一步丰富，发掘一批内涵丰富的农耕文化、非遗体验项目，培育一批知名度高、影响力大的休闲农业精品品牌，培养一批有文化、懂技术、会经营的休闲农业新农人，形成一批特色鲜明、经营规范的休闲农业新业态。从业农民收入进一步增长，实现休闲农业质量效益进一步提升，对农民增收拉动贡献率进一步增长。

三、重点任务

推进休闲农业“十百千万”畅游行动，打造十余条休闲农业精品线路、创建百余个美丽休闲乡村、提升千余个休闲农业园、改造近万家民俗接待户，推动全市休闲农业走一二三产业融合的高质量发展之路，致力于精心设计吸引人、精细服务留住人、精致感受打动人，打造温暖而近距离的休闲农业精品项目，给市民提供“简奢”“静奢”“野奢”的美好感受。

（一）打造十余条休闲农业精品线路

以美丽休闲乡村、传统村落、生态景观田、休闲农业园区、民俗接待户等休闲农业经营节点为依托，合理布局资源，连点成线，打造区位优势明显、基础设施完善、生态环境优美、农民创业致富的景观线路、产业线路和人文线路。着力提升沿线配套设施、配套服务体系、田园景观系统、各休闲农业经营节点品质，形成特色鲜明、品质优良、辨识度高的休闲农业精品线路，促进线路经济效益、社会效益、生态效益共赢。支持各区申报建设市级和区级休闲农业精品线路，支持延庆等区积极创建全国休闲农业重点县（区）。

1. 围绕长城文化、大运河文化和西山永定河文化三个文化带，打造市级跨区域休闲农业精品线路。打造长城风情线路：落实长城文化带发展规划，突出长城文化符号和民族精神引领，发掘整理鲜活文化形态，充分利用长城防御设施、民间故事、抗敌遗迹，结合当地民间习俗、山地沟壑自然生态景观，结合线路周边休闲农业发展，打造全长 300 余千米的长城风情线路。

打造西山永定线路：落实西山和永定河文化带发展规划，突出历史文化之源和独特自然地理条件，充分利用山川交融的生态景观、传统村落、“源文化”、流域文化、古商道、红色文化等资源，结合线路周边休闲农业发展，打造全长 100 余千米的西山永定线路。

打造运河湿地线路：落实大运河文化带发展规划，突出大运河历史文化，充分利用湿地生态资源、漕运和水利技术遗迹、特色民俗，结合线路周边休闲农业发展，打造全长 100 余千米的运河湿地线路。

2. 结合资源禀赋，打造区域特色鲜明的休闲农业精品线路。鼓励各区结合农业文化遗产、非遗传承、地标产品（地理标志产品、原产地认证、GAP 认证）、“一村一品”等特色产业，打造各具特色的休闲农业精品线路。

打造以山、泉、水为特色的百泉汤河线路：突出怀柔山水文化特性，从雁栖镇的雁栖湖、怀北镇的百泉山、琉璃庙镇的白河湾到喇叭沟门乡的白桦林，依托怀山柔水、森林氧吧、万亩白桦林及众多休闲农业节点，形成 110 余千米的百泉汤河线路。

打造以古御道文化为特色的京西古道线路：突出门头沟古御道文化特色，从琉璃渠村沿永定河到沿河城，依托传统村落、古商道、古长城、古城、永定河、湿地玫瑰谷、神仙峪和地理标志特产京白梨、大樱桃、京西白蜜，形成 100 余千米的京西古道线路。

打造以园艺观光体验为特色的乐享妫川线路：突出延庆独特的历史文化资源和山水资源，从百里山水画廊到八达岭长城脚下，依托丰富的山、水、湿地、休闲园区、乡村民宿精品、世园会园区和冰雪资源，连点成线，形成150余千米的乐享妫川线路。

打造以浅山沟域为特色的舞彩浅山线路：以顺义燕山余脉山体为纽带，依托山体、水系、田园和五色系乔、灌、藤、草复合大地景观，形成集生态观光、田园野趣、休闲运动为一体的100余千米舞彩浅山线路。

打造以桃、梨、杏等果品为特色的桃花仙谷线路：以平谷观花和果品采摘为主线，依托平谷峪口、刘家店、大华山等镇22万亩桃花海和茅山后佛见喜梨、北寨红杏、西牛峪玉露香梨等地标产品，形成春赏花、夏观景、秋采摘的100余千米桃花仙谷线路。

打造以精品农业为特色的幽岚山谷线路：以房山精品农业为主线，结合天开花海、周口店源文化、红螺三险、坡峰岭、醉石林，形成集智慧农业、生态农业、景观农业于一体的80余千米幽岚山谷线路。

打造重要农业文化遗产为特色的三山五园线路：以海淀重要农业文化遗产为特色，依托京西御稻、玉巴达杏、香山水蜜桃等特色农产品，结合风筝工艺坊等传统手工艺传承，形成60余千米的三山五园线路。

（二）创建百余个美丽休闲乡村

结合全市美丽乡村建设，打造百余个地方特色突出、产业功能多元、乡村文化浓郁、村容精致独特、精神风貌良好的美丽休闲乡村。

1. 突出村庄特色优势。优化自然环境，丰富生态资源，突出产业特色，整合农业生产功能与休闲功能，推动一二三产业深度融合，以休闲农业产业发展联农带农，带动本地农民创业就业。

2. 完善配套服务设施。协调吃住行游购娱学等要素，合理配置餐饮、住宿、体验、康养、文化展示等设施。结合自然生态文化资源，合理利用闲置资源发展休闲农业。

3. 倡导良好乡风民俗。鼓励制定完善的村规民约，传承发展农耕文明、民俗文化，形成民风淳朴、社会和谐、村民尊老爱幼、邻里和睦、热情好客、诚实守信的乡风。

4. 强化乡村品牌建设。创建全市知名度、美誉度以及游客满意度较高的乡村品牌，依托稀缺资源优势和乡土符号，建设休闲农业示范带动作用强的美丽休闲乡村，鼓励发展成为中小学及各类大专院校的培训实训基地。

（三）提升千余个休闲农业园

围绕产业发展、绿色生态、示范带动，鼓励园区提高科技支撑和经营管理水平，加强产品质量安全检测，落实标准化生产，科学规范合理安排配套设施建设，开展高效节水、有机、绿色生产、地理标志认证，支持园区联农带农，走一二三产业融合发展之路。提升一批精品观光采摘、农业文化遗产、非遗文化体验、教育科普体验、生态体验和康养体验等特色休闲农业园。鼓励各区创建市级以上星级休闲农业园。

1. 提升一批优质、安全、绿色的采摘园。在规范用地的前提下，鼓励园区优化种植品种，开展有机、绿色农产品认证，改善生态环境，完善服务设施，通过设计、包装、制作等丰富创意产品，增加休闲体验和参与活动，完善园区、合作社、农户之间的利益联结机制，满足市民休闲采摘需求，创建市级以上知名品牌。

2. 提升一批以农业文化遗产、非遗文化体验为主的休闲农业园。鼓励园区以农业生产系统为载体，深入挖掘重要农业文化遗产和非物质文化遗产，精心设计出一批传统生态农业和景观、农副产品加工、农事歌谣、谚语、手工技艺、传统农耕技术、饲养技术、生产习俗、农节时令等内涵丰富的体验活动、伴手产品、工艺品，满足市民农业文化休闲需求。

3. 提升一批以教育和科普体验为主的休闲农业园。鼓励园区依托农业生产、自然生态、农村生活文化，设计农耕过程参与、农村生活体验、农业生产操作、农业高科技应用的休闲农业活动，建设具有农作、森林、渔业、天文、环境、科技等多功能的休闲农业园，满足市民涉农科普教育的需求。

4. 提升一批以各类生态体验为主的休闲农业园。鼓励园区以生态农业为主题，围绕京郊丰富的动植物生态资源，结合季节性、生长性、活动性、知识性、文化性，设计丰富的生态体验活动，满足市民感受自然生态的需求。

5. 提升一批以健康养生体验为主的休闲农业园。鼓励园区充分挖掘、利用森林、温泉、湿地等自然资源，积极整合周边村庄闲置农宅，依托中药材生产、中医养生、药膳体验、健康养生，丰富和完善休闲农业园区康养功能，满足市民健康养生需求。

（四）改造近万家民俗接待户

鼓励支持民俗接待户规范经营管理、完善安全设施、美化内外环境、明确主题定位、提升文化内涵、增加休闲体验，升级成为乡村民宿。鼓励村集体经济组织统筹考虑村庄的区位条件、资源禀赋、市政交通、环境容量和产业发展基础，通过作价回购、统一租赁、农户入股合作等形式，整合闲置农宅资源，进行自主经营或对外合作，发展乡村民宿，增加村集体和村民收入。鼓励农户利用自有合法宅基地，发展乡村民宿，利用自留地或承包地设计农村劳作体验、农业生产活动体验。

1. 改造一批特色文化为主题的民俗接待户。以京郊丰富民俗文化、农耕文化和非遗文化为依托，重点围绕古长城、大西山、大运河文化，结合乡土风情和民族特色，丰富休闲文化内涵，提升一批特色文化主题乡村民宿。

2. 改造一批自然景观为主题的民俗接待户。以京郊独特自然景观为依托，整合自然山水、风景名胜区等资源，精心设计观光采摘、康养、垂钓、滑雪、温泉等活动的配套服务，提升一批自然景观主题乡村民宿。

3. 改造一批体验参与为主题的民俗接待户。以京郊多彩民俗活动为依托，深度发掘传统雕刻技术和手工工艺传承，创新生产生活体验，融入生活美学、设计美学，提升一批乡土乐趣、乡村野趣、乡居雅趣的体验参与主题乡村民宿。

4. 改造一批特色餐饮为主题的民俗接待户。以当地特色餐饮为依托，鼓励农产品初加工、地产地销，提升一批乡土风味浓郁、农家文化淳朴、用餐环境优美的特色餐饮主题乡村民宿。

四、保障措施

（一）加强规划引领，优化产业布局

依据《北京城市总体规划（2016—2035 年）》《北京市乡村振兴战略规划（2018—2022 年）》，制定《北京市“十四五”休闲农业发展规划》，确立发展思路，优化产业布局，统筹休闲农业资源，引导休闲农业规范化、标准化、精品化发展。各区要结合资源禀赋和功能定位，按照各分区规划要求，制定本区休闲农业发展规划，结合本区主导产业布局及其他产业发展情况，立足主导产业越来越强，其他产业蓬勃发展，形成主导产业引领休闲农业，休闲农业助力主导产业的局面，提升本区整体产业发展水平。

（二）加大支持力度，强化政策集成

市级部门要完善休闲农业评价体系，健全运营管理机制，指导各区加强政策统筹，整合现有资金，结合《北京市休闲农业“十百千万”畅游行动建设成效评价办法（试行）》对各区的评价情况，确定年度建设任务，加大政策支持，充分发挥支持资金的撬动作用。鼓励各区配套资金支持休闲农业发展，引入社会资本投入，促进资金、技术、人才等资源要素向休闲农业集聚，提升整体发展水平。各区要加强资金规范使用，研究制定本区促进休闲农业发展的工作方案和资金监管办法，积极整合休闲农业相关土地政策、金融支持政策，加大支持力度。

（三）搭建服务平台，加大宣传推介

建立休闲农业“十百千万”畅游行动宣传推介平台，有效利用电视、报纸、杂志和微信、微博、微视频等各种媒体，加大宣传推介。各区要在重大节假日前和重要农事节庆节点，积极报送信息，并有组织、有计划地推介休闲农业精品线路、美丽休闲乡村、休闲农业园、民俗接待户，扩大本市休闲农业影响力，提升知名度。

（四）整合各方资源，加强人才支撑

依托职业院校、行业协会和产业基地，分层、分类开展休闲农业管理人员和服务人员培训。市级将整合优化青年创业致富“领头雁”计划、实用人才培训等资源，开展针对休闲农业经营管理、从业人员多种形式的培训。各区要结合实际情况，积极探索发展新模式，开展有针对性的人才培养，为休闲农业发展提供有力的人才支撑。鼓励文化、艺术、科技专业人员发挥优势，培养引导鼓励社会人士开展休闲农业创作创业。鼓励烹饪协会、北京巧娘协会、玩具协会、工艺美术协会等专业社会团体与美丽休闲乡村、休闲农业园开展共建，全力提升休闲农业经营管理水平。

本意见自发布之日起实行，持续实施至 2025 年，由北京市农业农村局、北京市财政局负责解释。

北京市农业农村局
关于印发《北京市休闲农业“十百千万”畅游行动建设成效评价办法（试行）》的通知

（2020 年 4 月 30 日）

各区农业农村局：

为贯彻落实《北京市休闲农业“十百千万”畅游行动实施意见》，加强对本市休闲农业“十百千万”畅游行动实施效果的考核，确保畅游行动高效率、高质量推进，特制定《北京市休闲农业“十百千万”畅游行动建设成效评价办法（试行）》，现印发给你们，请按照要求开展本市休闲农业“十百千万”畅游行动建设成效评价工作。

北京市休闲农业“十百千万”
畅游行动建设成效评价办法（试行）

第一章 总 则

第一条 为加强对北京市休闲农业“十百千万”畅游行动实施效果的考核，确保畅游行动高效率、高质量推进，制定本办法。

第二条 北京市休闲农业“十百千万”畅游行动是推动本市休闲农业高质量发展的重要举措，即在全市打造十余条休闲农业精品线路、创建百余个美丽休闲乡村、提升千余个休闲农业园、改造近万家民俗接待户。

第三条 市农业农村局、市财政局及相关区农业农村局共同开展北京市休闲农业“十百千万”畅游行动建设成效评价工作。

第四条 评价工作是考核评估北京市休闲农业“十百千万”畅游行动建设成效和评价财政资金使用效率的重要手段，每年开展一次。

第五条 本办法适用于北京市休闲农业“十百千万”畅游行动建设成效评价。

第六条 本办法实施期限为 2020 年至 2025 年。

第二章 评价对象

第七条 北京市休闲农业“十百千万”畅游行动建设成效评价是由市农业农村局、市财政局考核各区整体休闲农业推进情况。

第八条 北京市休闲农业“十百千万”畅游行动建设成效评价对象为各相关区农业农村局。精品线路打造被评价主体为区农业农村局、美丽休闲乡村建设被评价主体为村集体经济组织、休闲农业园提升被评价主体为园区运营主体、民俗接待户改造被评价主体为村集体经济组织或经营者。

第三章 评价内容与方法

第九条 北京市休闲农业“十百千万”畅游行动建设成效评价突出所在地农业农村生态环境保护、基础设施提升、乡村产业绿色发展、农产品品质提升、联农带动机制完善以及农户收入水平提高等方面效果。

第十条 各实施主体评价采取指标体系评价与专家现场评价相结合的办法：最终分值＝指标体系评价分（占 60%）＋专家现场评价分（占 40%）。指标体系评价与专家现场评价总分均为 100 分。

第十一条 指标体系评价：按照休闲农业精品线路、美丽休闲乡村、休闲农业园、民俗接待户四种类型，市农业农村局组织编制相应的评价指标体系（附件 1 至附件 4）。

第十二条 专家评价：市农业农村局组织休闲农业、景观农业、生态经济、农村区域发展和品牌建设等方面专业人员组成专家组，召开专家评审会，对各区农业农村局推进情况进行评价，并出具书面评审意见。评审专家不少于 5 名（为单数）。

第十三条 区级综合评价采取因素法。以区为单位，辖区内参与评价的休闲农业精品线路、美丽休闲乡村、休闲农业园、民俗接待户四种类型分别按照 40%、20%、20%、20%的权重计算总得分。计算公式为：区级综合评价得分＝休闲农业精品线路平均得分×40%+美丽休闲乡村平均得分×20%+休闲农业园平均得分×20%+民俗接待户平均得分×20%。分以下三种情况。

1. 有精品线路、美丽休闲乡村和休闲农业园（产业园区）改造任务的，区级综合评价得分=休闲农业精品线路平均得分×40%+美丽休闲乡村平均得分×30%+休闲农业园平均得分×30%。

2. 有精品线路和休闲农业园改造任务的，区级综合评价得分=休闲农业精品线路平均得分×60%+休闲农业园平均得分×40%。

3. 有美丽休闲乡村和民俗接待户改造任务的，区级综合评价得分=美丽休闲乡村平均得分×50%+民俗接待户平均得分×50%。

第四章　评价程序

第十四条　休闲农业精品线路建设自备案之日起建设期一年，由所在区农业农村局依据评价指标体系开展自评，自评结果加盖公章后报市农业农村局。由市农业农村局会同市财政局组织专家进行抽查核验。依据核验结果，在前期建设的基础上，结合各区休闲农业发展规划，确定下一年度建设任务、辐射范围、带动区域发展能力、经济效益增长率等内容。

第十五条　美丽休闲乡村、休闲农业园与民俗接待户建设需向所在区农业农村局申报，自批准建设之日起经一周年建设期，由所在区农业农村局依据评价指标体系组织本辖区内各实施主体开展自评。自评结果由区农业农村局审核后，加盖公章，报市农业农村局。由市农业农村局会同市财政局组织专家进行抽查核验。

第十六条　北京市休闲农业“十百千万”畅游行动一年建设期满后，由区农业农村局向市农业农村局提交以下评价材料。

1. 本区休闲农业“十百千万”畅游行动建设评价汇总表。

2. 本区休闲农业“十百千万”畅游行动建设总结报告（资金使用及项目建设情况、其他相关辅助材料）。

第五章　评价结果及运用

第十七条　评价结果作为下一年度拨付各区休闲农业资金的依据。区级综合评价得分在80分以上的，根据各区申报情况，原则上从市级发展改革资金中继续给予支持；70～80分的，原则上减半支持；在70分以下的，责令整改并按照要求完成建设，原则上停止支持。

第十八条　评价结果作为市级及以上重点项目安排、推荐、推广、评优等的重要参考依据。

第十九条　市级支持资金主要用于支持实施本市休闲农业“十百千万”畅游行动的各项任务。重点用于休闲农业相关的公共基础设施建设、品质改造提升、品牌打造推广、服务能力提升和经营人员培养。原则上不得直接用于生产设备的投资补助，严禁用于建设楼堂馆所和发放人员补贴，不得用于差旅费、会议费、接待费、日常办公、购车及车辆运行费等一般性支出。各区要结合本地区实际需求，加大资金使用监管，加强绩效管理。

第六章　监督管理

第二十条　各实施主体科学采集指标数据，对评价数据的真实性负主要责任，严禁虚报数据。

第二十一条　各区农业农村局对本辖区内休闲农业“十百千万”畅游行动建设成效评价数据的真实性负审核责任，并强化监督检查。

第二十二条　市农业农村局加强对评价工作的监督管理。各区农业农村局按时上报评价材料，市农业农村局、市财政局做好抽查核验等管理工作。

第二十三条　有下列情形之一的，取消下一年度支持。

（一）报送有关数据不及时、虚报伪造数据、建设进度报告不真实的。

（二）侵占农民权益，严重损害农民利益，造成恶劣社会影响的。

（三）发生重大生产安全、农产品质量安全、重大生态环境污染等事故，造成严重后果的。

（四）出现新生重大违法用地违法建设的。

（五）有关部门未发现“大棚房”问题等重大违法用地违法建设，被上级部门发现查处或被群众举报、媒体曝光的。

（六）绩效目标未实现及在资金审计中发现重大问题的。

（七）其他应当取消下一年度支持资格的情形。

第七章　附　　则

第二十四条　本办法自发布之日起实施。

第二十五条　本办法由市农业农村局负责

解释。

附件 1 北京市休闲农业“十百千万”畅游行动精品线路建设评价体系（略）

附件 2 北京市休闲农业“十百千万”畅游行动美丽休闲乡村建设评价体系（略）

附件 3 北京市休闲农业“十百千万”畅游行动休闲农业园建设评价体系（略）

附件 4 北京市休闲农业“十百千万”畅游行动民俗接待户提升建设评价体系（略）

附件 5 北京市休闲农业“十百千万”畅游行动建设成效专家评分表（略）

北京市农业农村局关于印发《北京市 2020 年农业投入品废弃物回收处置工作方案》的通知

（2020 年 4 月 30 日）

各区农业农村局，市农业技术推广站、市土肥站、市植保站：

为落实工信部、国家市场监管总局《关于加快推进农用地膜污染防治的意见》（农科教发〔2019〕1 号）、农业农村部《2020 年农业农村绿色发展工作要点》，以及《北京市关于推动生态涵养区生态保护和绿色发展的实施意见》《北京市打好净土保卫战 2020 年行动计划》要求，市农业农村局制定了《北京市 2020 年农业投入品废弃物回收处置工作方案》，现印发给你们，请认真组织实施。

北京市 2020 年农业投入品废弃物回收处置工作方案

农业投入品废弃物回收工作，是贯彻实施《土壤污染防治法》、打好土壤污染防治攻坚战、保护和提升耕地质量的具体行动，是践行农业绿色发展重要措施。农业投入品废弃物，主要包括废旧农膜（地膜和棚膜）、农药包装废弃物、肥料包装废弃物、废旧育苗盘、废旧节水灌溉材料等。根据工信部、国家市场监管总局《关于加快推进农用地膜污染防治的意见》（农科教发〔2019〕1 号）、国家发展改革委、生态环境部《关于进一步加强塑料污染治理的意见》（发改环资〔2020〕80 号），以及农业农村部《2020 年农业农村绿色发展工作要点》《北京市关于推动生态涵养区生态保护和绿色发展的实施意见》《北京市打好净土保卫战 2020 年行动计划》要求，制定本方案。

一、工作思路和目标

探索构建“市场主体回收、专业机构处置、农户零散收集、公共财政扶持”的农业投入品废弃物回收处置体系，摸清农业投入品使用情况和废弃物回收处置情况，推广使用 0.014 毫米（含）以上的加厚地膜，开展可全降解生物地膜试验示范，以及肥料包装物、废弃育苗盘、废弃节水灌溉材料等农用塑料回收试点工作。全市农膜回收率达到 85%以上，农药包装废弃物基本全回收，各区形成一套适宜本区的回收处置机制。

二、工作任务

（一）组织开展调查研究和残留监测

组织农膜使用与回收情况调查，开展农田地膜残留监测，根据覆膜区域、覆膜作物、覆膜年限、生产环境（设施与露地）、地块大小等因素合理选择调查（监测）点，原则上调查点与监测点相重合。在全市范围内布设调查（监测）点 80 个以上，其中房山区、通州区、顺义区和大兴区各设置 10～12个调查（监测）点，昌平区、平谷区、怀柔区、密云区和延庆区各设置 6～8 个调查（监测）点，朝阳区、海淀区、丰台区和门头沟区各设置 2 个调查（监测）点。同时，要结合农资供应保障情况，组织开展农药、化肥、育苗盘、节水灌溉材料等销售、使用及其包装物、废旧材料回收情况调查。

（二）源头减少农业投入品废弃物

各区要指导生产主体科学使用农业投入品，尽量减少废弃物产生。开展全生物可降解地膜试验与示范，引进以 PBAT、PPC、PLA 等为原料的全生物降解地膜新产品，在蔬菜、草莓、西甜瓜、鲜食玉米、甘薯和花生等覆膜作物上开展试验示范。推广应用一膜多用、适时揭膜等技术示范，减少地膜使用量。选取部分规模化生产基地或园区，试点探索专业化统防统治使用大包装农药，减少农药包装物。结合有机肥补贴政策，试点探索肥料统配统施社会化服务，减少肥料包装物。指导生产主体规范使用棚膜、育苗盘、节水灌溉材料等农业塑料制品，延长使用寿命。

（三）建立适宜本区的回收机制

各区要学习借鉴各地经验做法，年底前建立形成适合本区的回收机制。一是推广应用大兴地膜回收模式。依托第三方公司建立地膜回收点，采取以旧换新的方法回收地膜。科学测算新旧地膜兑换比例，兑换的新地膜推荐使用 0.014 毫米加厚地膜。二是健全农药包装废弃物回收模式。坚持“谁经营、谁回收”的原则，建立以经销商为主的回收点，特别是参与推广应用绿控产品补贴的农药经销商，要把农药包装物回收纳入到服务范围，回收情况将作为今后参加遴选的条件。三是探索棚膜、肥料包装物、育苗盘、节水灌溉材料等废弃农业塑料回收模式，在坚持原有废品回收主渠道的同时，各区根据调研摸排和资金情况，开展废旧农业塑料制品回收试点。

（四）分类回收处置农业投入品废弃物

具有再利用价值的农业投入品废弃物，第三方机构或废品收购商回收后，按规范渠道循环利用；零星的无再利用价值的农业投入品废弃物，使用者收集后，交回村庄垃圾收集房（点、站），集中处理。农药包装废弃物按照危废处理要求，定期送至具有危险废物经营资质单位进行集中处置。

（五）严格农业投入品质量监控

严格执行国家强制性标准《聚乙烯吹塑农用地面覆盖薄膜》（GB 13735—2017），禁止使用厚度小于 0.01 毫米的聚乙烯农用地膜和厚度小于 0.025 毫米的超薄塑料袋。将非标农用塑料制品列入农资打假清单，协调和配合市场监管等部门开展执法检查。

三、保障措施

一要加强组织领导。各区要加强工作统筹，研究制定实施方案，明确牵头部门和具体实施单位，确保各项工作落实。市农技推广站负责废旧地膜回收以及废旧棚膜、育苗盘和节水灌溉材料的回收试点工作，市土肥站负责肥料包装废弃物回收工作，市植保站负责农药包装废弃物回收工作。

二要保障资金落实。地膜和农药包装废弃物回收工作是年度约束性任务，各区要确保资金足额到位。实施过程中可统筹考虑资金安排，在确保全覆盖回收废旧地膜和农药包装废弃物的基础上，开展相关试点示范，禁止以全生物降解地膜示范代替废旧地膜回收工作。同时，要加强资金监管，确保资金使用规范和安全，防止出现违规问题。

三要加强督查考核。农业投入品废弃物回收工作是农业农村污染治理的重要内容，也是落实生态涵养区功能定位的重要措施，将纳入各区绩效考核范围。市级将制定可量化的考核办法，对工作开展情况加强检查督导，考核绩效目标完成情况。各区牵头部门分别于 6 月 20 日、9 月 20 日前报送季度工作情况，12 月 15 日前报送年度工作情况，报送情况将纳入考核内容。

四要加强培训宣传。各区要加强培训和宣传，引导农民科学使用农业投入品，积极参与回收工作。及时总结农业投入品回收利用的好做法、好经验，形成典型模式和示范样板。

附件　北京市地膜回收及处置工作考核办法（略）

北京市农业农村局关于印发《2020年北京市集体经济薄弱村林下经济试点工作方案》的通知

（2020年5月6日）

各相关区农业农村局：

为贯彻落实市政府工作部署，推进集体经济薄弱村林下经济试点工作，扶持壮大村级集体经济，促进农民增收致富，市农业农村局结合全市集体经济薄弱村林业资源和林下经济发展现状，组织制定了《2020年北京市集体经济薄弱村林下经济试点工作方案》。现印发给你们，请遵照执行。

2020年北京市集体经济薄弱村林下经济试点工作方案

为推进2020年集体经济薄弱村林下经济试点工作，扶持壮大村级集体经济，促进农民增收致富，结合本市集体经济薄弱村林业资源和林下经济发展现状，制定本方案。

一、主要原则

（一）坚持生态优先、保护优先

发展林下经济的前提是保护好养护好集体林木资源及其生态环境，严格执行生态红线，通过规模化、专业化、精细化保护和管理，逐步提升生态系统质量和稳定性，实现人与自然的和谐共生。

（二）坚持政府主导、市场导向

在集体林地上发展林下经济，必须发挥政府的主导作用，必须坚持集体经济为主体。同时坚持市场导向原则，通过组织协调和政策支持，对接好市场，调动社会各方面力量，鼓励社会资本积极参与林下经济建设。

（三）坚持因地制宜、统筹推进

发展林下经济要根据林地的类型、区位特点、郁闭度等因素综合考虑，不能一哄而上。按照“一村一策”原则，合理布局，统筹推进，协调处理好森林培育与绿色资源利用的关系。

（四）坚持绿色发展、惠民富民

牢固树立“绿水青山就是金山银山”的发展理念，通过发展林下经济，不断发展壮大集体经济，实现农业增产和脱低增收，丰富“菜篮子”产品供应。

二、主要目标和工作任务

（一）主要目标

开展集体经济薄弱村林下经济模式示范和运行机制探索，总结归纳适合北京地区的林下经济产业发展类型、经验和模式；建成一批规模大、效益好、带动力强的林下经济示范基地，壮大集体经济薄弱村集体经济，促进农民持续增收。

（二）2020年工作任务

1. 制定试点村林下经济建设方案。各区要按照“一村一策”原则制定试点村（附件1）林下经济建设方案，并于5月20日前报市农业农村局备案。建设方案要综合考虑试点村的生态林和经济林种植面积、种类、郁闭度，以及当地的产业及市场情况，明确试点村林下经济建设的目标、任务、进度及保障措施，确保建设方案落细落小、落地见效。

2. 组织开展试点村林下经济建设。按照试点村林下经济建设方案，加强技术和政策创新，开展林下经济模式示范和运行机制探索。通过积极推广切合本地实际、适宜本地区发展的林下种养模式，推进农业与旅游、教育、文化、康养等产业深度融合。已经拥有林下经济的试点村，在种植规模、经营模式等方面做好提升发展，提高经济效益；没有林下经济基础的试点村，要加强资金投入，强化科技支撑，做好新建开发。

3. 开展试点村林下经济建设工作总结。全面总结本区试点村林下经济年度建设情况，并于 11 月底前报送至市农业农村局。工作总结包括：开展的主要工作、目标完成情况、效益分析、林下经济发展经验和模式、技术和政策创新等内容。

三、保障措施

（一）加强组织领导

各区要建立集体经济薄弱村林下经济推进机制，区农业农村局要会同区园林绿化局、相关乡（镇）人民政府等部门，统筹考虑本区的林业资源、林下经济发展现状等情况，协调做好试点村林下经济建设实施工作。

（二）强化政策扶持

整合林业发展、风沙源治理、水利建设、村集体经济扶持、一二三产融合发展、市场和农产品销售等领域的支持政策，开展农业补贴政策向林下经济延伸、生产休闲服务设施建设用地、林下经济实施主体、社会资本进入林下经济领域、林地流转后的林下经济利益分配、科技支撑政策、社会化服务体系等领域研究，创新提出支持集体经济薄弱村林下经济发展的政策措施，积极引导发展。

（三）加大金融支持

各区要安排专项资金对林下经济发展予以扶持，提高农民建设的积极性。重点加强基础设施建设，切实解决农民发展林下经济基础设施薄弱的难题。积极推动金融创新，打破林下经济的资金瓶颈，完善多渠道筹资机制、金融支持机制和担保机制，市农业农村局将协调有关金融机构参与林下经济建设，解决贷款需求问题。

（四）发挥市场引领

加大“龙头企业＋专业合作社（基地）＋农户”经营模式的扶持力度，生产市场匹配度高的适销对路产品、特色地域产品和绿色优质产品，积极培育地区林下经济品牌。充分利用电商、“互联网＋”等手段，提升品牌知名度和市场竞争力。

（五）做好科技支撑

围绕林下经济发展，按照产业技术需求，充分利用市农科院、北京农职院、北京农学院、市级技术推广机构、区级相关部门及“进村入户”的科技人员力量，为林下经济发展提供技术指导和服务，提升从业农民的生产经营水平。

附件 1　2020 年集体经济薄弱村林下经济试点村名单（略）

附件 2　市农业农村局工作分工（略）

北京市农业农村局
关于印发《“北京渔政亮剑 2020”系列专项执法行动方案》的通知

（2020 年 5 月 6 日）

各区农业农村局、密云水库综合执法大队：

按照农业农村部关于“中国渔政亮剑 2020”系列专项执法行动的总体部署，为继续加强首都水生生态文明建设，进一步严厉打击涉渔违规违法活动，将在全市范围内开展“北京渔政亮剑 2020”系列专项执法行动。现将《“北京渔政亮剑 2020”系列专项执法行动方案》印发你们，请结合实际，认真组织实施。

“北京渔政亮剑 2020”
系列专项执法行动方案

按照农业农村部关于“中国渔政亮剑 2020”系列专项执法行动的总体部署，为继续加强首都水生生态文明建设，进一步严厉打击涉渔违规违法活动，将在全市范围内开展“北京渔政亮剑 2020”系列专项执法行动。为确保行动顺利实施，特制定本方案。

一、指导思想

以习近平新时代中国特色社会主义思想为指导，深入学习贯彻党的十九大和十九届二中、三中、四中全会精神，积极适应新时代新形势对渔政执法工作提出的新要求，坚持问题导向，突出关键领域，坚持严格规范公正文明执法，严厉整治对渔业资源破坏大、社会反映强烈的违规违法行为，维护渔民合法权益，推进水域生态文明建设。

二、行动目标

加强渔政队伍建设，推进依法治渔，提升执法效能，严厉打击违规违法渔业行为。全面落实本市渔业渔政法律法规制度，巩固完善京津冀渔政联合执法机制，强化渔政与公安、水务执法、园林等部门间的协调配合。保护渔业资源、水生野生动物资源和水域生态环境，持续提升渔业生态和水产品质量安全监管水平，树立新时代首都渔政良好形象，打造中国渔政首善之区，为首都生态文明建设提供有力保障。

三、组织领导

“北京渔政亮剑 2020”系列专项执法行动由市农业农村局统一领导，市农业农村局畜牧渔业处负责组织协调，市渔政监督管理站、各区农业农村局及其渔政监督管理机构负责具体实施。

四、行动任务

按照“中国渔政亮剑 2020”系列专项执法行动的总体安排，根据本市渔业违法行为特点，在全市范围内开展 4 个专项执法行动。

（一）水生野生动物保护专项执法行动

1. 行动时段。全年。

2. 行动目标。贯彻《中华人民共和国野生动物保护法》等法律法规相关要求，坚决取缔和打击国家重点保护水生野生动物及其制品、北京市二级保护水生野生动物及其制品非法交易，严格规范水生野生动物经营利用行为。

3. 主要任务。贯彻落实《中华人民共和国野生动物保护法》和《市场监管总局　公安部　农业农村部　海关总署　国家林草局关于联合开展打击野生动物违规交易专项执法工作的通知》（国市监稽〔2020〕28 号）相关规定，在新冠肺炎疫情防控期间会同公安、市场监管等部门，对本市各辖区内水生野生动物人工繁育场所进行全面检查，实施防控隔离，建立人工繁育野生动物单位台账，严厉打击非法捕捞、交易国家重点保护水生野生动物及其制品、北京市二级保护水生野生动物及其制品等行为。根据北京市园林绿化局、市公安局、市农业农村局、市市场监督管理局、市城管执法局五部门联合印发的《关于印发〈北京市野生动物保护专项执法行动工作方案〉的通知》（京绿办发〔2020〕84 号），做好对水生野生动物的专项执法行动。全面加强人工繁育及展示展演场所监管，严格规范水生野生动物经营利用行为。加强科普宣传，在执法检查时加强宣传引导，提高全社会野生动物保护意识，引导树立科学文明的饮食观，摒弃滥食野生动物的陋习。

4. 相关要求。加强部门间执法协作，共享线索、共商案情，发现违法行为要及时依法查处。涉嫌构成犯罪的，做到有案尽移，杜绝有案不移，以罚代刑。做好执法记录、执法情况统计表报送和工作总结等相关工作，重大情况随报。

（二）重点水域禁渔专项执法行动

1. 行动时段。各水域禁渔时间按照《北京市农业农村局关于调整禁渔区、禁渔期的通告》（京政农发〔2019〕63 号）和《关于调整官厅水库禁渔期的通告》（京农发〔2016〕79 号）执行。

2. 行动目标。贯彻落实《中华人民共和国渔业法》和《北京市实施〈中华人民共和国渔业法〉办法》相关规定，严格执行禁渔制度，促进本市渔业资源绿色可持续发展。

3. 主要任务。多角度、全方位宣传本市禁渔政策，落实属地监管责任，加强禁渔管理，确保禁渔秩序平稳。协调水务、公安等部门，对禁渔水域开展执法检查，对交界水域开展交叉互查和联合执法，重点打击违反禁渔规定进行捕捞的行为，对渔业违法案件高发水域保持禁渔执法高压态势，对涉嫌犯罪的案件或线索及时移交司法机关。

4. 相关要求。加大宣传力度，加强日常巡查，营造良好的禁渔氛围。提高多区，多省、市交界水域联合治理执法监管能力，补强监管薄弱环节。做好行刑衔接，对涉嫌犯罪的案件依法及时移交司法机关。

（三）清理整治违规渔具渔法专项执法行动

1. 行动时段。全年。

2. 行动目标。贯彻落实《中华人民共和国渔业法》和《北京市实施〈中华人民共和国渔业法〉办法》等法律法规，严格执行《北京市制造销售使用渔具管理办法》《关于禁用渔具的通告》和《官厅水库渔具使用管理特别规定》有关要求，严厉打击电、毒、炸鱼行为，清理取缔禁用渔具和“绝户网”，办理一批典型案件。

3. 主要任务。继续深入推进违规渔具渔法清理整治工作，严厉打击电、毒、炸鱼及使用禁用渔具和“绝户网”等违法行为，联合公安、工信、市场监管等部门，依法查处禁用渔具和“绝户网”生产、经营行为。

4. 相关要求。采取形式多样的宣传手段，充分利用各种新闻媒体，广泛宣传禁用渔具渔法等方面的法律法规，公布举报电话。坚持开展日常检查，对重点、敏感水域加强一线巡查力度，形成和保持严厉打击渔业违法行为的高压态势。完善渔政同水务、公安等部门间协调联动机制，形成执法合力。推进对渔具生产、销售单位的双随机检查，打击各类禁用渔具的生产、销售行为，截断流通渠道。积极组织违规渔具公开集中拆解、销毁活动，以案说法，充分发挥震慑作用。进一步探索渔政、公安协同办案模式，依法办理行刑衔接。

（四）水产养殖农资打假“春雷”专项行动

1. 行动时段。2020 年 3 月 25 日至 5 月 30 日

2. 行动目标。根据农业农村部 2020 年春耕农资打假工作视频会和市农业农村局《关于开展 2020 年春耕备耕农资打假“春雷”行动的通知》要求，开展水产养殖农资打假“春雷”行动，着眼于水产养殖的关键节点，强化水产苗种质量安全和投入品的监管，为本市依法健康养殖打好基础。

3. 主要任务。由市渔政监督管理站组织部署全市渔政执法机构的农资打假工作，结合农业农村部和本市要求，结合各区实际制定农资打假工作方案，认真落实农资打假各项工作。

在水产苗种繁育和外来苗种引进阶段，各区要对本区水产苗种和外来水产苗进行全面执法检查和开展违禁药物残留的速测筛查和实验室抽检工作，发现违法行为及时进行调查处理。

结合“放心农资下乡进村宣传周”等活动，采取有效措施加大宣传普法力度，提高渔民群众的维权意识。

4. 相关要求。做到“三个到位”：一是要组织领导到位，把水产方面的农资打假作为重要工作任务抓紧抓实。二是责令落实到位，落实好属地监管责任。三是能力提升到位，加强农资打假的宣传和培训。

五、督导检查

市农业农村局畜牧渔业处和市渔政监督管理站适时对各区专项行动开展情况进行督导检查，从工作责任制是否建立、组织领导是否到位、行动方案是否制定和执行力度、宣传效果、行动规模、档案整理等多方面进行全面督导。对检查中发现的问题，督促相关单位及时进行整改。

六、工作要求

（一）加强组织领导

“北京渔政亮剑 2020”系列专项执法行动是保障首都渔业高质量发展，助推首都水域生态文明建设的重要举措，相关单位要充分认识其重要意义，加强组织领导。各区分别成立“北京渔政亮剑 2020”系列专项执法行动小组，各区农业农村部门主管负责人员担任组长，确定一名工作人员担任联络员。

（二）统筹推进工作

坚持新冠肺炎疫情防控和渔业执法工作两手抓、两手硬，既要把疫情防控各项要求落实到位，也要结合本区实际，突出重点和关键领域，统筹安排好各项执法工作。落实“党政同责、一岗双责、失职追责”工作制度，健全安全生产管理机制，加强渔业安全监管，有效防范渔业安全生产事故的发生。定期召开渔业安全生产工作会议，分析安全形势，研究制定渔业安全生产工作计划，统一部署工作。

（三）突出执法协作

主动加强与公安、水务、园林、市场监管、城市综合管理等部门和乡镇（街道）的沟通联系，积极争取支持和配合，推动建立完善联合执法机制，强化行刑衔接，提升执法效果。对于发现的大案要

案要坚决查处、依法公开，达到“查办一起、震慑一片”的效果。

（四）创新执法制度

结合机构改革以后出现的新情况、新动态，立足职能，创新方式方法，在工作手段、资源整合、搭建平台等方面加强创新，提升渔政队伍执法能力，确保完成工作任务。

（五）助力扫黑除恶

按照党中央国务院开展扫黑除恶专项斗争的要求，主动将渔政执法工作融入本地区扫黑除恶总体安排，主动与公安部门汇报沟通、争取支持，主动将渔业领域涉黑涉恶线索向公安机关通报，配合公安、检察院、法院等部门，重点打击电鱼、使用禁用渔具和违反禁渔规定进行捕捞等行为中滋生的涉黑涉恶势力。

（六）积极宣传引导

将执法宣传摆到更加突出的位置，按照“谁执法、谁普法”的原则，与执法行动一起研究、一起布置，同步推进、同步落实。加强“以案释法”，特别是对重大渔业违法犯罪案件查处的宣传，强化警示作用。加强舆情监测，及时发现执法行动中的热点敏感信息，正面发声，及时回应社会关切问题。

（七）强化执法保障

要积极主动向本级党委、政府汇报渔业渔政执法工作，加强与财政部门的沟通协调，并争取支持，为执法行动提供政策和资金保障。要强化党风廉政建设，杜绝“不作为、乱作为、慢作为”，坚决清除为涉渔违规违法行为特别是涉渔黑恶势力充当保护伞的“害群之马”，打造一支忠诚干净担当、党和人民满意的渔政执法队伍。

（八）做好信息反馈

主动配合督导检查和数据收集工作，对督导中指出的问题要及时整改，并形成文字材料进行反馈，认真填写附表中的内容，在重要时间节点报送相关执法行动数据。

1. 5月15日前将《“北京渔政亮剑2020”系列专项执法行动联络表》（附表1）报市农业农村局畜牧渔业处并抄送市渔政监督管理站。

2. 6月10日前，将《春季农资执法专项情况表》（附表4）报市渔政监督管理站。

3. 7月15日前，将“北京渔政亮剑2020”系列专项执法行动上半年工作总结和《2020年水生野生动物保护执法情况统计表》（附表2）、《2020年渔业资源保护执法检查情况统计表》（附表3）报市渔政监督管理站。市渔政监督管理站汇总后，于7月5日前报市农业农村局。

4. 11月30日前，将“北京渔政亮剑2020”系列专项执法行动全年工作总结和《2020年水生野生动物保护执法情况统计表》（附表2）、《2020年渔业资源保护执法检查情况统计表》（附表3）报市渔政监督管理站。市渔政监督管理站汇总后，于12月10日前报市农业农村局。

附表1　“北京渔政亮剑2020”系列专项执法行动联络表（略）

附表2　2020年水生野生动物保护执法情况统计表（略）

附表3　2020年渔业资源保护执法检查情况统计表（略）

附表4　春季农资执法专项情况统计表（略）

北京市农业农村局
关于印发《北京市2020年农药减量控害工作方案》的通知

（2020年5月8日）

各区农业农村局，市植保站：

为落实《生态环境部农业农村部关于印发农业农村污染治理攻坚战行动计划的通知》（环土壤〔2018〕143号）、农业农村部《2020年农业农村绿色发展工作要点》，以及《北京市关于推动生态涵养区生态保护和绿色发展的实施意见》《北京市打好净土保卫战 2020 年行动计划》要求，市农业农村局制定了《北京市 2020 年农药减量控害工作方案》，现印发给你们，请认真组织实施。

北京市 2020 年农药减量控害工作方案

为贯彻落实《水污染防治法》《土壤污染防治法》等法律法规，按照《生态环境部农业农村部〈关于印发农业农村污染治理攻坚战行动计划〉的通知》（环土壤〔2018〕143 号）、《农业农村部 2020 年农业农村绿色发展工作要点》以及《北京市关于推动生态涵养区生态保护和绿色发展的实施意见》《北京市打好净土保卫战 2020 年行动计划》要求，着眼推进农业绿色发展，推进农药减量工作，制定本工作方案。

一、工作思路和目标

牢固树立公共植保、绿色植保、科学植保的理念，坚持预防为主、综合防治的植保方针，完善绿色防控技术体系，推广应用绿色防控产品，推进农作物病虫害专业化统防统治服务，构建资源节约型、环境友好型病虫害可持续治理体系，农作物病虫害绿色防控覆盖率达到 60%以上，主要农作物病虫害专业化统防统治覆盖率达到 45%以上，农药使用量比 2015 年下降 15%以上，农药利用率提高至 45%以上。

二、工作任务

（一）强化重大病虫害和植物疫情监测与防控

完善重大病虫疫情田间监测网点，开展全市主要病虫监测和京津冀农作物重大迁飞性害虫联合监测，及时发布病虫预警信息。落实京、津、冀等 5 省（区、市）联防联控机制，依托“三道防线”和联合监测点，做好草地贪夜蛾、黏虫、草地螟和蝗虫等重大病虫监测及防控，加强疫情趋势分析、动态监测和信息共享。

（二）继续实施推广应用绿色防控产品工作

按照《北京市农业农村局北京市财政局关于印发〈北京市推广应用绿色防控产品工作方案（试行）〉和〈北京市推广应用有机肥工作方案（试行）〉的通知》（京政农发〔2019〕83 号）要求，延续使用 2019 年北京市蔬菜病虫害绿色防控产品补贴名录，依托北京市农药减量使用管理系统，继续实施推广应用绿色防控产品工作。各区研究制定年度具体实施方案，严格落实规定程序和要求，加强补贴对象、植物医生、供应商和经销商等主体的培训，组织落实推广应用效果评估，切实发挥补贴政策的效能。

（三）推进植保专业化服务体系建设

继续推进植保专业化服务组织建设，规范服务流程和考核标准，推动植保专业化服务实现市场化运作。开展植保专业化服务示范，继续探索蔬菜植保专业化服务补贴机制，加强对大田作物植保专业化服务组织的引导与扶持，进一步提升统防统治覆盖率。

（四）集成推广绿色防控技术

研发引进绿控新技术及产品，完善蔬菜病虫全程绿色防控技术规程。研发优化新技术新产品，包括设施蔬菜生长期持续控害、植株残体快速无害化处理、蜜蜂保护与授粉、生物天敌和新型微生物菌剂等研究。优化集成绿控技术体系，优化集成全程绿色生态植保技术体系和以植保为核心的绿色高质高效融合技术。建立完善生物农药和天敌筛选、评价、改造和创新技术体系，制定生物天敌产品质量标准。完成全市 100 家蔬菜病虫全程绿色防控示范基地的建设，示范推广蔬菜病虫全程绿色防控技术，进一步提升绿色防控覆盖率。

（五）推进三级植物健康体系建设

充分发挥北京市植物总医院病虫害诊断咨询服务、绿控技术和阳台农业展示功能。在有意愿的区建立区级植物医院，明确已有区级植物医院功能定位，发挥其对本区植物诊所的管理作用。以各区植保站或相关单位为主体，加强对植物医生和植物诊所的监管，保证处方开具科学合理。

（六）加强农药及农产品质量安全监管

强化农药经营和使用环节执法监管与监督检验，严厉查处假冒伪劣、禁限用高毒等农药违法违规经营和使用行为。落实“检打联动”，组织开展春季、夏季、秋季农药打假专项检查，开展大型批发经营单位专项检查，开展假劣生物农药专项整治，对重点农药展会假冒农药暗访检查，对检查、检测中发现的不合格农药产品、农产品，依据相关法律法规组织查处。抓好农产品质量安全监督抽查抽样和检测工作，制定农药产品质量和农产品质量监督检验抽查方案，明确现场监督抽查的重点内容和农药产品质量、农产品质量监督检验内容，依法依规出具监督检验报告。

三、保障措施

一是加强组织领导。各区要加强工作统筹，明确具体实施单位，确保各项工作落实。特别是实施绿控产品补贴工作，属于年度约束性任务，要制定具体实施方案，确保资金到位、加强监管，切实发挥效能，实施方案于 5 月底前报市农业农村局备案。市植保站要加强对农药减量工作的指导和督促检查。

二是加强技术指导。市级成立专家指导组，加强技术研究，编制相应技术指导手册，指导各区落实相关工作。市区两级技术部门要积极开展技能培训，推广应用绿色防控技术，在关键农时季节，组织专家和农技人员深入田间地头，指导农民落实好各项技术措施。

三是加强督查考核。农药减量工作是农业农村污染治理的重要内容，将纳入各区绩效考核范围。市级将制定可量化的考核办法，对工作开展情况加强检查督导，考核绩效目标完成情况。各区牵头部门分别于 6 月 20 日、9 月 20 日前报送季度工作情况，12 月 15 日前报送年度工作情况，报送情况将纳入考核内容。

四要加强宣传引导。充分挖掘和总结宣传好做法、好技术、好经验、好典型，相互借鉴，推进交流。充分利用广播、电视、报刊、互联网等媒体，加大相关法律法规的宣传培训力度，提高生产经营者的认识和参与度，营造良好社会氛围。

附件　北京市推广应用绿控产品工作考核办法（略）

北京市农业农村局
关于发布《北京市农业机械试验鉴定办法》的通告

（2020 年 5 月 11 日）

根据《农业机械试验鉴定办法》（农业农村部令 2018 年第 3 号）、《农业机械试验鉴定工作规范》（农机发〔2019〕3 号），市农业农村局对《北京市农业机械试验鉴定办法》进行修订，现将《北京市农业机械试验鉴定办法》予以通告。

北京市农业机械试验鉴定办法

（2020 年 5 月 12 日修订）

第一章　总　　则

第一条　为了促进先进适用农业机械的推广应用，维护农业机械使用者、生产者和销售者的合法权益，根据《中华人民共和国农业机械化促进法》《北京市农业机械化促进条例》《农业机械试验鉴定办法》《农业机械试验鉴定工作规范》，制定本办法。

第二条　本办法所称农业机械试验鉴定（以下简称“农机鉴定”），是指由市农业农村局所属或者指定的农业机械试验鉴定机构（以下简称“市农机鉴定机构”）通过科学试验、检测和考核，对农业机械的适用性、安全性、可靠性、创新性作出技术评价，为农业机械的选择和推广提供依据和信息的活动。

第三条　市农机鉴定机构应当具备下列条件。

（一）不以赢利为目的的公益性事业组织。

（二）具有与鉴定工作相适应的工作人员、场所和设施设备。

（三）具有符合鉴定工作要求的工作制度和操作规范。

第四条　市农机鉴定机构根据本市农业生产和产业发展需要，依法开展农机鉴定工作。本市农机鉴定分为如下。

（一）推广鉴定：全面考核农业机械性能，评定是否适于推广。

（二）专项鉴定：考核、评定农业机械创新产品的专项性能。

第五条 农机鉴定由农业机械生产者或者销售者（以下简称申请者）自愿申请。

第六条 通过农机鉴定的产品，可以依法纳入国家促进农业机械化技术推广的财政补贴、优惠信贷、政府采购等政策支持的范围。

第七条 市农业农村局主管本市行政区域内的农机鉴定工作，制定并公布专项鉴定大纲，报农业农村部备案。

市农机鉴定机构负责专项鉴定大纲技术归口管理；专项鉴定大纲制修订程序按照《农业机械试验鉴定工作规范》执行。

第二章 指南发布

第八条 市农机鉴定机构原则上应当每年制定或调整、发布农机鉴定产品种类指南，明确可鉴定的产品范围和要求，依据农机推广或专项鉴定大纲开展农机推广或专项鉴定工作。

第九条 指南应包括产品类别、品目、名称以及受理单位和要求等内容。指南应报市农业农村局同意后发布，并在发布后 10 日内上传至全国农业机械试验鉴定管理服务信息化平台。

第三章 申请和受理

第十条 申请鉴定的产品应当在农机鉴定申请者营业执照（境外生产者为法定登记注册文件）的经营范围内。农机鉴定一般由生产者进行申请，由销售者申请的，应当提交生产者签署的委托书。

第十一条 申请者通过北京市农机鉴定管理服务信息系统填写《农业机械试验鉴定申请表》（附件），提交申请。同一产品不得在不同鉴定机构之间重复申请。

申请者填报完毕后，下载打印申请表，经生产者法定代表人或委托代理人签字加盖单位印章后与其他申请材料一起送至市农机鉴定机构。

第十二条 农机鉴定申请表应当按照一个独立的申请产品填写，同时申请多个机型时，符合大纲规定的涵盖机型或鉴定单元，应与主机型合并申报。

第十三条 市农机鉴定机构应当在收到申请材料之日起 9 日内对申请材料进行审查，决定是否受理，并通知申请者。不予受理的，应当说明理由。

第十四条 申请农机鉴定应当符合下列条件。

（一）属合格产品。

（二）有一定的生产批量。

（三）列入农机鉴定产品种类指南。

（四）实行强制性认证或生产许可管理的产品，还应当取得相应的证书。

（五）申请前 5 年内未有伪造、冒用或使用过期的农业机械鉴定证书和标志等行为的，以及未违反本办法第二十七条第一项、第五项、第六项、第七项的规定。

第十五条 申请农机鉴定时应当向农机鉴定机构提交下列材料。

（一）农机鉴定申请表。

（二）使用说明书。

（三）产品执行标准。

（四）农机产品合格和申请材料真实性承诺书。

（五）申请专项鉴定的产品，还应当提交包括下列材料之一的创新性证明（说明）材料。

1. 整机或部件的发明专利、实用新型专利。

2. 科技成果评价证书。

3. 科技成果查新报告。

4. 新产品新技术鉴定验收证书。

5. 省级以上或行业获奖证书。

6. 省级以上农机科研、推广、检测机构创新性评价报告。

第十六条 申请农机鉴定的产品有下列情形之一的，不予受理。

（一）未列入指南的。

（二）生产量、销售量不满足大纲要求的。

（三）申请材料不全或不符合第十五条要求且未按要求补正的。

（四）已向其他鉴定机构申请的。

（五）申请鉴定的产品为国家明令淘汰的产品的。

（六）其他应当不予受理的。

第四章 鉴定实施

第十七条 市农机鉴定机构应当在受理申请后与申请者商定试验鉴定时间，按鉴定大纲要求抽取或确认样机，审核必要的技术文件，开展试验鉴定工作。

第十八条 推广鉴定的鉴定内容。

依据《农业机械推广鉴定大纲》有关规定进行

鉴定，鉴定内容包括如下。

（一）安全性评价。

（二）适用性评价。

（三）可靠性评价。

第十九条 专项鉴定的鉴定内容。

依据《农业机械专项鉴定大纲》有关规定进行鉴定，鉴定内容包括如下。

（一）创新性评价。

（二）安全性评价。

（三）适用性评价。

第二十条 市农机鉴定机构在符合相关规定的情况下，可共享鉴定资源，推进京津冀农机鉴定机构开展合作，合作鉴定由受理或牵头承担任务的鉴定机构出具鉴定报告。

第二十一条 市农机鉴定机构应当在鉴定结束之日起 15 日内向申请者出具鉴定报告。

申请者对鉴定结果有异议的，应当在收到鉴定报告之日起15 日内向农机鉴定机构申请复验一次，复验结果为最终检验结果。

第五章 鉴定公告

第二十二条 市农机鉴定机构在指定媒体上公布通过农机鉴定的产品信息及相应的检测结果，公布后 10 日内颁发相应的农机鉴定证书。

第二十三条 农机鉴定证书和标志的式样按农业农村部统一发布格式。

推广鉴定证书的有效期为 5 年，专项鉴定证书的有效期为 3 年。有效期满仍符合现行鉴定大纲要求的，实行注册管理；不再符合鉴定大纲要求的，证书失效。

第六章 监督管理

第二十四条 市农机鉴定机构应当组织对通过农机鉴定的产品及农机鉴定证书和标志的使用情况进行监督，发现有违反本办法行为的，应当依法处理。

第二十五条 市农机鉴定机构不按规定进行鉴定、伪造鉴定结果或者出具虚假证明的，由农业机械化行政主管部门责令改正，对单位负责人和其他直接责任人员，依法给予处分；给农业机械使用者造成损失的，依法承担赔偿责任。

第二十六条 从事农机鉴定工作的人员徇私舞弊、弄虚作假、滥用职权、玩忽职守的，依法给予处分。

第二十七条 通过农机鉴定的产品，有下列情形之一的，由市农机鉴定机构撤销农机鉴定证书，并予公告。

（一）产品出现重大质量问题，或出现集中的质量投诉后生产者未在规定期限内解决的。

（二）企业名称或者注册地点发生改变在 3 个月内未申请变更的。

（三）产品结构、型号和主要技术参数变化超出限定范围未重新申请鉴定的。

（四）在国家产品质量监督抽查或市场质量监督检查中不合格的。

（五）通过欺诈、贿赂等手段获取鉴定结果或者证书的。

（六）涂改、转让、超范围使用农机鉴定证书和标志的。

（七）存在侵犯专利的。

第二十八条 通过农机鉴定的产品，有下列情形之一的，由市农机鉴定机构注销农机鉴定证书，并予公告。

（一）生产者申请注销的。

（二）证书有效期届满未实行注册管理的。

（三）国家明令淘汰的。

（四）生产者营业执照被吊销的。

（五）法律法规规定应当注销的其他情形。

第七章 附 则

第二十九条 本办法所称日，是指工作日。

第三十条 本办法自 2020 年 5 月 12 日起施行。2007 年 1 月 19 日起施行发布的《北京市农业机械试验鉴定办法》同时废止。

附件 农业机械试验鉴定申请表（式样）（略）

北京市农业农村局
关于印发《2020 年北京市农产品质量安全统一监测计划》的通知

（2020 年 5 月 11 日）

机关各相关处室、所属各有关单位，各区农业农村局：

为加强农产品质量安全监管，提升农产品质量安全水平，依据《中华人民共和国农产品质量安全法》《北京市食品安全条例》和《农产品质量安全监测管理办法》（农业部令 2012 年第 7 号）相关规定，按照《农业农村部关于开展 2020 年第一季度国家农产品质量安全例行监测（风险监测）工作的通知》（农质发〔2020〕1 号）和《北京市食品药品安全委员会办公室关于印发 2020 年北京市食品安全抽检监测计划的通知》（京食药安办〔2020〕5 号）要求，结合本市工作实际，市农业农村局制定了《2020 年北京市农产品质量安全统一监测计划》（以下简称《监测计划》），现印发给你们，请遵照执行。相关要求如下。

一、市、区各相关单位要高度重视农产品质量安全监测工作，强化组织管理、严格责任落实、科学细化方案、明确任务目标、抓好过程管控、强化结果应用，确保统一监测工作高效、规范实施，进一步增强风险预警监督抽查的作用，加大对农产品质量安全监管、执法工作的支撑力度。

二、市级各承检单位要严格按照《监测计划》的具体要求，制定详细的农产品质量安全监测计划实施方案，按照相关程序报相关处审核通过后，于 5 月 22 日前以正式文件形式报农产品质量安全处备案。要本着依法、科学、客观、及时的原则，严格按照备案后的实施方案开展监测工作，并及时按要求报送不合格结果、季度总结、年度总结等相关材料。

三、市农业农村局机关各有关处室要加强行业指导和监督管理，组织相关单位认真研究确定市级承检单位实施方案中的样本分布、检测项目等内容。要强化检测结果的应用，严格依法处理，及时开展“问题链”跟踪分析与管理，消除风险隐患。

四、各区农业农村局要按照《监测计划》的具体要求，强化属地责任落实，制定本区监测计划，加大监督抽查力度，认真做好本区农产品质量安全监测工作，并积极配合市级完成各类型监测与不合格结果处理工作。请于 5 月 25 日前将监测计划以正式公文形式报市农业农村局农产品质量安全处，同时将电子版发送至 nongan@nyncj.beijing.gov.cn。

2020 年北京市农产品质量安全统一监测计划

为加强农产品质量安全监管，提升农产品质量安全水平，按照 2020 年北京市农产品质量安全工作整体部署，制定本计划。

一、工作依据

依据《中华人民共和国农产品质量安全法》《中华人民共和国食品安全法》《北京市食品安全条例》和《农产品质量安全监测管理办法》（农业部令 2012 年第 7 号）相关规定开展本市农产品质量安全统一监测工作。按照农业农村部和北京市食品药品安全委员会办公室相关工作要求，结合本市农产品质量安全工作实际，编制本监测计划。

二、工作原则

（一）突出科学抽样

市级监测要按照各区的农产品生产数量及品种情况，合理安排抽样，做到区域平衡、时段均衡，突出重点，强化“三前”环节管理。要加强“双随机”抽样，提高不同类型生产主体监测覆盖度。同一类型的监测原则上不能在同一基地重复抽样。对 2019 年已经开展过监督抽查的基地、企业，检出过不合格产品的除外，2020 年原则上不再进行监督抽查。所有抽样要支付样本费。

（二）强化规范程序

抽样、检测、判定、复检等工作应严格执行国家相关标准、规定，力求过程严谨，做到程序合法、记录准确、数据真实、判定科学。

（三）严格数据管理

各承检单位要制定检测数据管理制度，加强数据管理，不得违反规定对外公布和泄露任何检测数据。

（四）坚持依法应用

监测结果的处理要严格遵守相关法律和规定。对风险监测发现的问题要及时进行行业分析研判，跟进开展监督抽查。对监督抽查发现的问题，要强化检打联动，及时进行依法查处。

（五）实施定期通报

市、区两级分别建立农产品监督抽查结果季度通报制度，并依法依规公布。

三、工作内容

（一）市级监测任务

市级农产品质量安全统一监测的总样本量为13 893个，其中：基地环境 550 个、农业投入品 1 850 个、产品 11 493 个。具体类别和任务分工如下。

1. 基地环境类。样本量 550 个，检测重点项目应为影响农产品质量安全的项目，可参照国家相关标准具体研究确定。具体监测任务分工见表 1。

表 1　基地环境类统一监测任务

监测对象	承检单位	监测任务量（个样本）
种植环境	市农业环境监测站	300
水产环境	市水产技术推广站	100
畜牧环境	市畜牧环境监测站	150
合计		550

2. 农业投入品类。样本量 1 850 个，检测重点项目应为影响农产品质量安全的项目，可参照国家相关标准具体研究确定。具体监测任务分工见表 2。

表 2　农业投入品类统一监测任务

监测对象	承检单位	监测任务量（个样本）	备注
农药	市植保站	300	
肥料	市土肥工作站	400	
饲料	市饲料监察所	700	含鱼饲料
兽药	市兽药监察所	450	含渔药
合计		1 850	

3. 农产品类。样本量 11 493 个。市级抽检分为监督抽查、风险监测、专项监测三类，具体任务分工见表 3。

表 3　农产品类统一监测任务

承检单位	监测对象	监测类别				小计
		监督抽查		风险监测	专项监测	
		常规	专项			
市植保站	蔬菜	980	150	0	0	1 130
	草莓	50	0	0	0	50
	鲜切菜	20	0	0	0	20
	小计	1 050	150	0	0	1 200
市农业环境监测站	蔬菜	0	0	280	420	700
	草莓	0	0	40	0	40
	粮经产品	130	0	100	0	230
	小计	130	0	420	420	970
市农优站	即用鲜切菜	0	0	60	0	60
市水产技术推广站	水产品	245	80	250	50	625
市渔政站	水产品	0	0	0	525*	525*

（续）

承检单位	监测对象	监测类别				小计
		监督抽查		风险监测	专项监测	
		常规	专项			
市兽药监察所	猪产品	180		230		451
	禽产品	50		160		251
	牛羊肉	90	60	115	145	246
	鲜蛋	160		200		401
	生鲜乳	60		100		201
	小计	540	60	805	145	1 550
市饲料监察所	生鲜乳	200	0	60	20	280
市动物卫生监督所	畜禽相关产品	0	0	0	4 083*	4 083*
	小计	0	0	0	4 083*	4 083*
合计		2 165	290	1 595	5 243	9 293

注：表中数字后标注“*”的为快速检测样本量。

另外，2020 年继续在全市统一开展市级异地监督抽查工作，全年共抽检农产品样本 2 200 个（具体实施方案另行制定）。由市农业环境监测站负责具体工作的组织实施与技术指导，由具有计量认证和农产品质量安全检测机构考核合格证的区级农产品质量安全综合质检站承担具体的监督抽查工作。具体任务分工见表 4。

表 4　农产品类市级异地监督抽查任务

承担单位	抽样地点	抽样量（个）
大兴区农产品质量检测中心	朝阳区	100
	平谷区	240
房山区农业环境和生产监测站	昌平区	180
	延庆区	180
延庆区植保站	通州区	240
密云区农产品质量安全综合质检站	怀柔区	200
	海淀区	100
平谷区农产品质量安全综合质检站	房山区	240
朝阳区植物保护检疫站	顺义区	240
怀柔区农产品质量安全综合质检站	大兴区	240
通州区农产品质量检验检测站	密云区	240
合计		2 200

（二）区级监测任务

区级监测任务由各区农业农村主管部门结合辖区实际制定，要强化属地监督抽查工作，逐步加大定量检测工作力度。定量检测工作以监督抽查方式实施，抽样、检测、结果处理等要严格依法依规执行；样本要实现全区主要农产品类别和规模生产主体的全覆盖，各行业产品样本量应按产业规模比例分配；承担具体检测工作的机构要通过实验室资质认定和农产品质量安全检测机构考核；对不合格产品要依法实施检打联动。定性检测样本要确保实现对全区农产品生产主体的全覆盖。定量和定性检测的参数均应为以农药残留、兽药残留为主的质量安全参数，不应含产品品质、检疫等方面检测参数。具体监测参考样本量见表 5。

表 5　各区监测参考样本量

区域	定量检测样本量	定性检测样本量
通州区	1 000 个以上	5 万个以上
顺义区	1 000 个以上	5 万个以上
大兴区	1 000 个以上	5 万个以上
平谷区	1 000 个以上	5 万个以上
延庆区	600 个以上	3 万个以上
怀柔区	600 个以上	3 万个以上
密云区	600 个以上	3 万个以上
昌平区	600 个以上	3 万个以上
房山区	1 000 个以上	5 万个以上
门头沟区	样本量要保证对生产主体和主要产品及种养批次的全覆盖	1 万个以上
朝阳区		1 万个以上
海淀区		1 万个以上
丰台区		1 万个以上
合计	7 400 个以上	41 万个以上

另外，各区要督促、指导辖区乡镇农产品质量

安全管理站和农产品生产企业、基地开展农产品质量安全检测和自检。

四、相关要求

（一）要强化监测工作的规范化管理与工作纪律。各承检单位要严格按照检测机构资质认定和农产品质量安全检测机构考核具体要求强化内部管理，确保依法依规开展监测工作，单位主要领导对监测工作实施过程中的规范性、合法性负总责。要严格落实监测工作实施方案，如确实需要调整，必须以承检单位正式文件形式报市农业农村局，获得正式批准后方可实施调整。

（二）市级各承检单位要按照相关要求实施分类监测，根据本计划及具体情况制定详细的实施方案。实施方案报市农业农村局相关业务处和农产品质量安全处审核同意后实施。

1. 监督抽查。由市农业农村局相关行业处负责，依法依规组织相关承检单位实施抽查、组织查处不合格样本。

要坚持问题导向，针对“六重”（即重点主体、重点产品、重点区域、重点时段、重点项目、重点环节）中存在的问题与产业发展实际开展抽查，突出针对性。各区样本分配要严格按照附件1落实。同时，蔬菜、畜禽产品、水产品要针对重点问题各开展不少于2次专项监督抽查。

检测项目和标准依据可参考附件2，由承检单位结合本市生产及用药特点、历年检测情况、国内外现状以及国家各相关部门要求具体提出，并经相关行业处和农产品质量安全处审核通过后实施。各行业专项监督抽查要制定独立的工作方案。

2. 风险监测。由农产品质量安全处商相关行业处研究确定并组织实施。

要本着区域全覆盖、时段全覆盖、产品全覆盖并结合产业发展、瞄准风险隐患的原则进行抽样；生产环节样本与流通销售环节（超市、农贸市场、批发市场、运输车、水产品暂养池、观光采摘、电商销售等）样本数量比例原则上保持7∶3；流通销售环节原则上只抽取能够溯源为本市农业生产主体生产或初加工配送的产品，如抽样无法溯源，可适当降低抽样量（等量样本要在生产环节补齐），要留存每批次样本照片、购买小票等。

检测项目和依据标准可参考附件3，由承检单位本着问题导向和充分发挥风险监测“雷达”作用的原则，结合行业质量安全风险调查、风险评估情况以及本市实际具体提出，经农产品质量安全处和相关行业处审核通过后实施。

3. 专项监测。由农产品质量安全处研究确定并组织实施。

主要结合专项工作、突发应急事件处置、重大活动保障等方面工作需求，确定检测任务和相关方案。各承检单位要严格按照抽样时间与区域、样本种类与数量等规定与要求组织实施。

另外，监督抽查和风险监测任务要结合生产实际均衡分配到各月，抽样不得过于集中，避免出现已抽样本无法及时完成检测以及不能科学准确反映实际问题的状况。在春节、五一、十一等重点节日前要开展各类农产品监督抽查。

（三）监督抽查严格实施“抽检分离”。抽样单位和检测单位要加强沟通、明确责任，建立完善工作机制，明确抽样计划、样品采集、样品交接、信息系统填报等相关事宜的具体安排与程序要求。

监督抽查各环节要严格遵守相关工作规范，依法依规组织实施。抽样环节须出示执法证、履行告知义务，科学规范采集样本，详细填写抽样单，准确记录样品信息。检测环节要严格执行相关标准，确保检测结果真实可靠。

（四）市级各承检单位要严格按照要求开展检测和结果报送工作。

1. 及时开展检测与结果处理。监督抽查要在抽样后10个工作日内完成检测工作，发现不合格结果，检测机构要在结果确认24小时内报告相关行业处和农产品质量安全处。相关行业处要严格按照相关要求与程序依法进行处理，符合行刑衔接条件的要依法依规移交，并联合农产品质量安全处和相关单位实施“问题链”跟踪分析与管理。

风险监测要在抽样后15个工作日内完成检测工作，发现不合格结果，检测机构要在结果确认24小时内报告农产品质量安全处和相关行业处，对本市农业农村部门监管范围内的不合格结果要由行业处及时跟进、安排承检单位开展监督抽查，并根据需要联合农产品质量安全处和相关单位实施“问题链”跟踪分析与管理。

市级各类监测，仅专项监测除外，要在11月25日前完成所有检测任务。专项监测样本量在11月25日前因任务未下达而没有完成，可在12月

31日前参照风险监测要求开展抽样检测，结果纳入下一年度第一季度进行统计。

对检测数据实施信息化管理，市级各类监测承检单位要在抽样次日将样本信息上传至“北京市农产品质量安全监管信息系统”，并在检测工作完成次日上传检测结果。

2. 按时、按要求报送总结等材料。各承检单位分别于5月25日、6月25日、9月25日以及11月25日前，按附件4格式将季度监测情况同时报市农产品质量安全处和相关行业处，按附件5格式将季度检测报告报农产品质量安全处。电子版通过局办公网报送，同时报送正式文件。分别于6月25日、11月25日前，上报半年、年度监测工作总结，全面总结、分析各类监测工作完成情况和监测结果，并结合监测结果中发现的农产品质量安全风险隐患与问题对下一步监测工作提出建议。

（五）整合检测资源，统筹检测结果应用。市级各检测机构要及时将承担的农业农村部各行业司局下达的各类农产品质量安全检测结果报送相关行业处室和农产品质量安全处。农产品质量安全处将强化各级各类监测结果统筹应用，并根据需要组织各行业处室、承检单位、区监管部门、市食药安委办、国家有关部门等相关人员及专家召开监测交流会商会，形成报告，通报给相关单位和部门。

（六）各区要根据本计划及具体情况，制定本区统一监测计划，并附具体实施方案，于5月25日前报市农业农村局农产品质量安全处备案。为进一步加强对各区监测工作的管理，由市农业环境监测站配合农产品质量安全处组织相关单位加强对各区的监测信息汇总、检测技术指导培训与工作交流等工作。同时，各区要分别于5月25日、6月25日、9月25日以及11月25日前将季度监测情况按照附件6格式报市农业环境监测站，由市农业环境监测站汇总后报市农业农村局农产品质量安全处；于6月25日、11月25日前，分别将半年、年度监测工作总结报市农业农村局农产品质量安全处。

（七）各区要按照市级安排的抽样计划，配合完成好市级抽样工作，对拒绝抽样的单位要按照相关规定处理。要积极配合市农业农村局相关部门开展检打联动相关工作。

（八）各区要明确负责监测工作的主管领导和1名具体工作联系人（负责具体对接市级检测机构抽样等事宜）、1名结果报送人，信息表（附件7）与本区监测计划同期报送市农业农村局农产品质量安全处。

附件1　2020年农产品质量安全监督抽查样本分配方案（略）

附件2　2020年北京市农产品质量安全监督抽查检测项目与标准参考表（略）

附件3　2020年北京市农产品质量安全风险监测检测项目与标准参考表（略）

附件4　2020年北京市农产品质量安全检测结果报送表（略）

附件5　农产品质量安全季度检测报告格式（略）

附件6　2020年区级农产品质量安全检测结果报送表（略）

附件7　各区主管领导、联系人登记表（略）

北京市农业农村局
关于加强耕地质量建设与管理工作的通知

（2020年5月15日）

各区农业农村局，市土肥工作站：

为强化《土地管理法》和《基本农田保护条例》赋予农业农村部门在土地质量建设和管理方面的责任，以及落实国家统计局等部门制定的《自然资源资产负债表编制制度（试行）》（国统字〔2018〕220号）、《北京市人民政府办公厅关于印发〈北京市耕地保护责任目标考核办法〉的通知》（京政办发〔2019〕24号），现就2020年耕地质量建设与管理方面的重点工作通知如下。

一、加强耕地质量保护与提升

耕地质量保护与提升是农业农村部门的重要职责，也是各级政府耕地保护的重要责任之一。各区农业农村部门要加强耕地质量保护与提升工作，严格落实耕地质量建设与管理责任，加大耕地质量建设投入，鼓励引导生产者、特别是新型经营主体采取用养结合的措施，有效保护和提升耕地质量，提高农业可持续发展能力。

二、全面开展耕地质量长期定位监测

根据《农业法》《农产品质量安全法》《基本农田保护条例》等法律法规，农业农村部门应对耕地质量进行长期定位监测。区级应按照不低于 10 000 亩耕地设置 1 个监测点的标准建立长期固定的耕地质量监测网络，优势产业区可以适当加密布设监测点位。通过长期定位监测，对不同区域、不同土壤类型进行分类指导，因地制宜加强耕地质量建设与管理。根据监测结果，市、区农业农村部门每年向同级人民政府提交《耕地质量监测报告》。

三、科学编制自然资源资产负债表

自 2018 年，本市已在门头沟区、房山区、昌平区、平谷区、怀柔区、密云区、延庆区七个生态涵养区试点编制自然资源资产负债表。2020 年起，本市所有涉农区将全面开展自然资源资产负债表编制工作。市农业农村局负责全市耕地质量等级评价，各区农业农村部门负责本区耕地质量等级评价工作。自然资源资产负债表编制工作将作为 2020 年《北京市耕地保护责任目标考核》中“耕地质量保护与提升”考核的重要指标进行考核。

四、保障措施

（一）加强组织领导

各区要根据相关法律法规及市有关文件要求，严格落实耕地质量建设与管理的属地责任，高度重视耕地质量保护与提升工作。要切实加强组织领导，组织、协调、督促相关部门及各乡镇加强耕地质量保护与提升，落实监管职责。

（二）优化政策集成

耕地质量保护与提升是一项系统工程，包括增施有机肥、保护性耕作（土壤深松、秸秆还田）、轮作休耕等建设内容。各区要坚持“科学保护，持续建设，严格管理，合理利用”的原则，通过综合施策，整合现有政策和资金，推进工程、农艺、农机相结合，实现技术推广全覆盖，构建耕地质量保护与提升长效机制，推进耕地质量持续提升。

（三）强化科技支撑

市农业农村局将组织市土肥工作站加强对各区工作的监督指导，适时开展技术培训，同时组织有关专家开展基本农田质量保护与提升相关技术的研究与示范，为各区耕地质量保护与提升工作提供技术支撑。

北京市农业农村局
关于印发《北京市创建 2020 年秸秆综合利用重点区项目实施方案》的通知

（2020 年 5 月 19 日）

房山、昌平、平谷区农业农村局，密云区农业服务中心：

根据《农业农村部办公厅关于全面做好秸秆综合利用工作的通知》（农办科〔2019〕20 号）、《财政部关于下达 2019 年农业资源及生态保护补助资金预算的通知》（财农〔2019〕28 号）以及《农业农村部　财政部关于做好 2020 年农业生产发展等项目实施工作的通知》（农计财发〔2020〕3 号）

等文件要求，为做好 2020 年秸秆综合利用重点区创建工作，市农业农村局制定了《北京市创建 2020 年秸秆综合利用重点区项目实施方案》，现印发给你们。请各区项目承担单位结合辖区实际需要，认真研究，科学谋划，创新举措，确保秸秆综合利用各项目标任务顺利完成。

北京市创建 2020 年秸秆综合利用重点区项目实施方案

开展秸秆综合利用工作，是提升耕地质量、改善农业农村环境、实现农业高质量发展、绿色发展的重要举措。为进一步贯彻落实《农业农村部办公厅关于做好秸秆综合利用工作的通知》（农办科〔2019〕20 号）精神和《农业农村部　财政部关于做好 2020 年农业生产发展等项目实施工作的通知》（农计财发〔2020〕3 号）等文件要求，确保创建 2020 年秸秆综合利用重点区项目工作有序开展，指导任务承担单位完成重点区项目绩效目标，巩固提升农作物秸秆综合利用水平，制定本方案。

一、工作目标

（一）指导思想

以习近平新时代中国特色社会主义思想为指导，深入学习贯彻习近平总书记关于“三农”工作的重要论述，落实中共中央、国务院关于“三农”工作重大决策部署，紧扣促进农业绿色发展，坚持因地制宜、农用优先、种养结合、政府引导、市场运作原则，围绕农作物秸秆和设施农业废弃物肥料化、饲料化、基料化等利用方向，以压实责任、完善政策、创新机制为推进手段，激发还田、离田、加工利用等环节市场主体活力，建立稳定的运行机制，推动形成布局合理、多元利用的产业化发展格局，不断提高农作物秸秆和设施农业废弃物综合利用水平。

（二）绩效目标

2020 年创建秸秆综合利用重点区项目具体实施工作由房山区、昌平区、平谷区、密云区承担，各区要完成以下绩效目标：①完成本区农作物秸秆资源台账，探索建立本区设施农业废弃物资源台账；②农作物秸秆基本实现全面综合利用，农作物秸秆综合利用率要达到 98.5%以上，初步建立设施农业废弃物综合利用机制模式；③编制项目实施方案；④梳理农作物秸秆和设施农业废弃物综合利用优惠政策和主要技术清单；⑤开展农作物秸秆和设施农业废弃物综合利用宣传。

二、重点任务

（一）编制项目实施方案

各区要加强对本区农作物秸秆和设施农业废弃物综合利用的规划研究，以重点区项目为契机，统筹设计全域全量农作物秸秆和设施农业废弃物利用，可兼顾树枝等农林废弃物综合利用，明确不同区域、不同作物秸秆和设施农业废弃物综合利用方向，制定本区项目实施方案。实施方案要明确组织领导和责任分工，创设农作物秸秆和设施农业废弃物还田、离田、加工利用等补贴政策，探索建立运行机制模式，明确资金用途和进度安排，确保项目各项绩效目标如期完成。请各区于 5 月 31 日前，以正式文件上报项目实施方案至市农业农村局农业机械化管理处备案。

（二）建立农作物秸秆和设施农业废弃物资源台账

按照《农业农村部办公厅关于做好农作物秸秆资源台账建设工作的通知》（农办科〔2019〕3 号）和《农业农村部科技教育司关于更新农作物草谷比和可收集系数的函》相关要求，各区要进一步完善秸秆资源台账建设，并在此基础上，探索建立本区设施农业废弃物资源台账，做到底数清、情况明。要认真学习统计调查方法，严格执行调查要求，科学测算，准确填报各项指标数据，按时通过“全国农作物秸秆资源台账系统”报送。

（三）因地制宜建立本地区农林废弃物综合利用机制模式

目前，全市基本形成以机械化粉碎还田为主、离田加工制作饲料和有机肥为辅的农作物秸秆综合利用模式，依托各地农机服务组织和有机肥厂建立起成熟稳定的运行机制。各区要在巩固已有成果的基础上进一步完善提升农作物秸秆综合利用运行机制，补短板、强弱项，通过项目实施推进本地区农作物秸秆基本实现全面综合利用。各区要按照“农用优先、种养结合”的思路，统筹兼顾本地区种植和养殖资源禀赋，加强政策引导和技术支撑，引导本地区农机专业合作社等农业生产经营组织拓展作业渠道和服务范围，积极培育设施农业等农林废弃物收储运和加工利用服务主体，探索建立适宜本地区的农林废弃物综合利用机制模式，形成可复制、可推广的区域典型模式和运行机制。各区要总结梳理本辖区农林废弃物综合利用扶持政策和主要技术清单，为全市农林废弃物综合利用制度创设提供依据。积极开展包括农作物秸秆和设施农业废弃物在内的农林废弃物综合利用工作宣传，项目区至少在区级主要新闻媒体上宣传报道一次。

三、资金安排

（一）资金分配

2020年创建秸秆综合利用重点区项目资金为中央资金，属于农业资源及生态保护补助项目，为约束性指标，资金总额3 157万元。结合各区农作物秸秆和设施农业废弃物综合利用工作开展情况，确定项目资金分配房山区795万元、昌平区685万元、平谷区697万元、密云区980万元。

（二）补助方式

项目资金可用于政府购买服务、先建后补、以奖代补、资产折股量化、担保补助等支持方式。如新增农业机械装备，原则上在农机购置补贴品目范围内的农业机械，优先通过农机购置补贴专项资金投入。

（三）补助对象

在本市范围内具备农林废弃物综合利用能力和条件，满足实施要求的农机服务组织和其他农业生产经营组织。有其他条件和要求的，各区根据实际，因地制宜自行制定。

（四）实施要求及补助标准

各区可结合本区农林废弃物综合利用工作实际制定实施要求及补助标准，在实施方案中予以明确。按规定程序做好补助对象、资金安排等相关信息公开公示工作，广泛接受社会监督。

四、相关要求

（一）强化组织保障

各区要牢固树立绿色发展理念，高度重视秸秆综合利用重点区建设项目工作，成立区级工作领导小组，明确职责，集体决策，规范管理。安排专人负责，确保按时完成各项任务。

（二）加强绩效评价

各区牢固树立以绩效评价为导向的项目资金安排机制，不断提高资金使用效益。要主动开展自评估，及时做好项目总结和绩效评价。自评估要覆盖组织管理、资金使用、实施执行、效果评价、存在问题等方面。以生态效益和社会效益为先，杜绝发生因农作物秸秆焚烧、废弃引起的大气、水体污染或交通安全事故。

（三）严格项目监管

各区要严格监管项目实施过程，规范资金使用、合同管理和公开公示等关键环节，避免在资金使用方面发生违规违纪违法行为。要加强项目进度管理，确保按时完成绩效目标，市级将成立督导组对各区实施情况进行督导。

北京市农业农村局
关于印发《2020年北京市农产品质量安全工作意见》的通知

（2020年5月19日）

各区农业农村局，中共北京市委农委、市农业农村局机关各有关处室、所属各有关单位：

为贯彻落实中央农村工作会议、全国农产品质量安全强监管推进会议、北京市农村工作会议以及《北京市关于深化改革加强食品安全工作的若干措施》等会议和文件精神，切实做好2020年农产品质量安全工作，促进农产品绿色生产、全程监管、优质安全，北京市农业农村局制定《2020年北京市农产品质量安全工作意见》，现印发给你们，请结合《2020年农业农村改革发展专项转移支付资金预算的通知》（京财农指〔2019〕2133号）中农产品质量安全工作任务和资金安排，统筹资源、整合政策，加强贯彻落实。

2020 年北京市农产品质量安全工作意见

为贯彻落实中央农村工作会议和全国农产品质量安全强监管推进会议精神，按照北京市农村工作会议工作部署和《北京市关于深化改革加强食品安全工作的若干措施》工作要求，全力做好本市 2020 年农产品质量安全工作，制定本意见。

一、指导思想与工作目标

（一）指导思想

围绕全面建成小康社会总体目标，提高服务首都“四个中心”战略定位水平，以质量兴农、绿色兴农、品牌强农为核心，以完成北京农产品绿色优质安全示范区建设和整体创建“国家农产品质量安全市”为统领，坚持“产出来”“管出来”两手抓，进一步提升生产源头质量安全控制能力和水平，强化属地监管责任落实，促进农产品绿色生产、全程监管、优质安全，全面提升农产品质量安全水平，促进农业产业健康发展与农产品消费安全。

（二）工作目标

全面完成“两个创建”。全市 13 个涉农区达到“国家农产品质量安全县”要求，完成“国家农产品质量安全市”和北京农产品绿色优质安全示范区创建各项任务指标。

农产品质量安全保持较高水平。全市农业标准化基地覆盖率达到 65%以上，“菜篮子”产品“三品一标”认证覆盖率稳定在 75%以上，农产品质量安全检测合格率达 98%以上，确保不发生重大农产品质量安全事件。

重大活动保障万无一失。圆满完成重大活动农产品质量安全服务保障工作，确保活动核心区和社会面保障平稳有序。

农产品质量安全监管能力稳步提升。进一步理顺区级农产品质量安全监管职责，强化监管队伍，提升属地监管责任意识和生产主体第一责任人意识。

二、工作重点与措施

（一）立足首善标准，完成“两个创建”

1. **全面完成“国家农产品质量安全市”创建。**按照《北京市创建“国家农产品质量安全市”实施方案》部署，以“国家农产品质量安全县”考核指标体系为核心，积极落实整市创建 6 大方面 16 项重点工作，进一步强化区级主导创建和完善提升。已完成创建的 4 个区，要进一步巩固创建成效，组织开展“回头看”工作，持续提升创建水平和强化制度机制创新；落实好农业农村部“双百对接”“结对帮扶”等活动；实施“响亮行动”，加强创建成效宣传。未完成创建的 9 个区，要加快创建进度，及时整理、完善创建材料并上报，确保 2020 年 9 月底前达到验收要求。市农业农村局将按照“成熟一个、验收一个”的方式，逐一组织考核。各相关单位、部门要认真梳理、总结全市创建专项工作材料，年底前完成“国家农产品质量安全市”整市创建验收工作。

2. **全面打造北京农产品绿色优质安全示范区。**全力落实农业农村部与北京市《共建北京农产品绿色优质安全示范区合作协议》内容，强化推进关键性指标任务完成，市农业农村局各相关处室要对照协议重点工作，制定本行业相关工作实施方案，并加快组织落实，强化督导管理与工作总结。各区要对照协议内容，结合市级支农转移支付任务清单，确定实施方案，明确责任分工，加快工作推进落实，做到措施有力、资金到位，确保创建成效。

（二）强化源头管控，推进绿色发展

3. **积极开展农业标准化工作。**完善农业农村标准体系，制定《北京市农业农村标准管理办法》。推进农业地方标准制修订，逐步构建全产业链标准体系。加大标准实施与宣传贯彻力度，将标准、规范集成简化成农民“看得懂、用得上”的简明操作手册、明白纸等。加大标准化基地建设力度强化区级主导推进，严格落实备案管理，确保标准化基地覆盖率达到 65%；以特色优质和全程标准化生产为核心，开展全程特优基地建设；加强部门协作，积极推进国家农业标准化示范区建设。

4. **稳步推进农产品质量安全认证工作。**继续开展“三品一标”认证，确保到 2020 年“菜篮子”产品“三品一标”覆盖率稳定在 75%以上。各区

要结合区域功能定位，加快推进绿色、有机农业发展。怀柔、密云、延庆等区要大力推进农业生产主体发展绿色、有机农产品生产，试点建设绿色、有机农产品产业群、产业带、示范区。开展地理标志农产品保护，积极培育知名地理标志品牌。鼓励农业生产规模主体开展GAP、HACCP、ISO等相关认证，提升质量安全源头自控能力。

5. **试行食用农产品合格证制度。**各区要按照《市农业农村局、市园林绿化局关于印发〈北京市2020年试行食用农林产品合格证制度实施方案〉的通知》（京政农发〔2020〕28号）要求，抓紧出台区级实施方案，推进食用农产品合格证试行工作，促进生产者落实质量安全主体责任。市、区两级要密切配合，完善生产主体名录，加强培训指导，规范合格证开具，严格合格证管理，广泛开展宣传。针对不同类型的生产主体探索不同的合格证模式，创新试行模式，确保规模化生产主体全面试行，并推进一批散户开具合格证试点。

（三）夯实监管基础，落实靶向监管

6. **完善农业生产主体信息库。**按照属地管理原则，由各区组织乡镇对本辖区农业生产主体进行信息核查、动态更新，实施规模主体定位上图，及时上传到监管信息系统，确保本区所有农业生产主体全部录入。

7. **开展农产品质量安全基层网格化监管试点。**房山、平谷、延庆等区要积极按照“区域定格、网格定人、人员履责”的原则，试点以农业生产主体为基本单元的网格化管理，重点推进乡镇和村级网格员队伍建设和责任落实。各有关处室、所属各有关单位及时指导，重点推进网格化监管与监管信息系统的有效衔接；各试点区拟订方案，以乡镇为单位定格划片到区级相关部门；各乡镇以村为单位责任到镇级管理人员，重点强化网格内企业、合作社、生产大户、连片地块的巡查指导和督促整改；各村统筹多方资源，建立村级网格员队伍，发挥点对点、面对面和传帮带作用，强化对农户的指导培训。

8. **强化落实农业生产环节现场监督检查。**加大对农业生产主体的技术服务、现场检查、巡查指导力度，以提升生产源头质量控制能力为重点，及时发布安全生产操作指南，制定和完善农产品质量安全现场检查规范，督促生产主体严格依法依规科学使用投入品、规范生产档案记录、推行全程标准化生产。市级日常督导巡查覆盖率不低于10%，区级不低于30%，乡镇级达到100%。强化风险排查意识，加强对新风险隐患的发现和上报。

9. **深入开展农产品质量安全专项整治。**开展“利剑”行动，巩固深化“不忘初心、牢记使命”主题教育专项整治成果，以突出问题和薄弱环节为重点，强化源头管控，重点整治蔬菜、畜禽、禽蛋、水产品中使用禁用、停用药物及生猪私屠滥宰等突出问题。开展农资打假专项治理，重点打击生产经营假劣农药兽药、饲料中非法添加禁用药物、肥料有效成分不足等行为。推进京津冀协同监管，开展专项联合执法检查。

10. **加强执法查处和行刑衔接。**按照食品安全监管“四个最严”要求，畅通案源线索和移送渠道，完善和落实线索发现、通报、联合办案等机制，与市场监管、公安等部门形成执法合力。加大农产品质量安全监督检查、抽查力度，发现违法违规行为要100%依法依规进行处置。发现使用禁限用农兽药、非法添加物质等符合行刑衔接的违法行为，要坚决移交司法机关。强化案件信息公开，有效震慑违法犯罪行为。

（四）强化技术支撑，深化推进“四位一体”监测机制

11. **强化基层检测能力提升。**全面提升区级农产品质量安全综合检测站建设，补充仪器设备，扩充检测参数，实现种植、畜禽、水产三大类农产品质量安全检测能力全覆盖，重点区要达到区域性综合质检站能力水平。乡镇管理站在“五有”“五落实”的基础上，重点配齐相关检测设备、耗材等，提升速测能力水平。同时，继续推进区级综合质检站、乡镇管理站等级评估和动态管理工作，促进基层体系能力持续提升。

12. **深化实施“四位一体”监测。**落实《2020年北京市农产品质量安全统一监测计划》，突出问题导向，针对重点主体、重点产品、重点区域、重点时段、重点项目、重点环节确定监测类型和计划。坚持分级分类监测，强化风险调查、风险评估、风险监测和监督抽查“四位一体”监测工作的有效联动，综合应用各类监测结果，及时分析会商和综合研判，加强监测信息通报和共享。突出市级风险监测，强化监测雷达预警作用，强化风险监测结果对监督抽查工作的导向性，增强风险监测与监督抽查良性互动与有效衔接。突出区级监督抽查，加大对问题农产品的抽查力度，及时查处不合格农

产品，压实属地监管责任。乡镇级要重点加大速测筛查力度。

（五）做好重大活动保障和应急处置，确保万无一失

13. 全力以赴做好重大活动保障工作。按照“一事一方案”要求，制定每项重大活动的具体实施方案，明确任务分工，强化生产基地源头管控措施落实，规范、细化供应产品批批检测、全程追溯、合格放行等保障程序，提升供应保障能力。各区要对承担保障任务的企业给予政策支持，并积极强化重大活动期间本辖区农产品质量安全风险排查和管控，确保各项保障任务圆满完成，确保重大活动期间不发生重大农产品质量安全事件。积极推进2022年冬奥会农产品质量安全相关筹备工作，全力做好重大活动供应及备选基地建设，完成冬奥会测试赛农产品质量安全保障工作。

14. 做好舆情监测和应急处置。进一步完善农产品质量安全应急机制，修订北京市农产品质量安全事故应急预案。市区两级严格落实舆情监测制度，加强舆情监测与分析研判，做到快速反应、科学处置，把负面影响降到最低。加强应急培训和演练，不断提升突发事件应急处置能力。

（六）推动长效机制，强化责任落实

15. 积极推进农产品质量安全智慧监管。建立农产品质量安全追溯体系，市级重点构建追溯系统，区级强化硬件配备，加快企业、合作社、散户三类主体追溯试点推广应用，推进与国家追溯平台以及本市重要产品追溯体系的互联互通，实现自产农产品的流向可查、全程可追溯。强化农产品质量安全监管信息系统应用，将市区两级农产品质量安全技术服务、检测、检查、执法等信息录入系统，与生产主体数据关联、统合、分析。逐步构建生产主体信用等级评价体系，推进监管工作向个性化服务、差异化管理、精准化打击、全方位控制的智慧监管转变。

16. 建立健全农产品质量安全监管制度机制。市级建立实施督导机制，综合运用督导检查、飞行检查、“四不两直”暗查暗访等工作方式，加强农产品质量安全专项检查督导，强化结果的内部通报、约谈制度，促进市、区、镇（乡）职责和任务落实到位。探索实施农产品质量安全“黑名单”制度和举报奖励制度，发挥信用体系的正激励和硬约束作用。

三、保障措施

（一）提高思想认识，加强组织领导

市、区各单位要提高认识、转变观念、加强组织领导，严格落实党政同责要求，将质量安全作为产业发展的基础。要落实农业农村行政主管部门属地监管责任，加强系统内各行业、各单位间协调配合、分工协作，统筹推进农产品质量安全与农业产业共同发展。当前，面对新冠肺炎疫情的新形势，要守好农产品质量安全底线，推进各项监管工作落实，提高主体自控能力和基层监管能力，确保上市农产品质量安全。

（二）加大资金保障，确保任务落实

各区要围绕农产品质量安全各项重点工作，加大资金保障力度，尤其是要充分利用好市级转移支付支农资金中安排的农产品质量安全专项资金，将重点工作落实到位。进一步推进政策联动机制建设，促进农产品质量安全相关情况与创建认定、品牌推选、产品认证、园区建设、奖励补贴、农业展会等支持政策相挂钩和联动，创造质量安全监管和产业发展相互促进的良好环境。

（三）强化督导考核，促进职责落实

市级针对农产品质量安全重点工作、突出问题组织开展专项督导，强化工作落实。同时，将市级转移支付支农资金农产品质量安全专项和区本级保障资金到位情况、资金使用效果纳入农产品质量安全考核指标体系，并将农产品质量安全考核结果综合应用到对各区政府的乡村振兴、食品安全、质量考核等相关绩效考核中。

（四）加强宣传培训，营造良好氛围

各区要以强化生产主体质量安全技术“应知、应会、应做”为目标，实施农产品质量安全大培训，提升生产主体第一责任人意识和自控能力水平。充分利用报纸、网络、电视、广播、公众号等媒体，开展农产品质量安全宣传，加大绿色、优质、安全农产品品牌推介力度，普及农产品质量安全知识，营造社会共治的良好氛围。

（五）加强协调配合，及时报送信息

要强化与市场监管、公安等相关部门的沟通协作，形成监管合力。认真做好信息报送工作，及时报送国家安全县创建、监测检查、专项整治、案件查处阶段性工作成果等相关信息。

北京市农业农村局 北京市园林绿化局 北京市财政局 北京市妇女联合会 首都精神文明建设委员会办公室 关于开展美丽庭院创建工作的指导意见

（2020年5月22日）

各相关区农业农村局、区园林绿化局、区财政局，各相关区妇联、区文明办：

为贯彻落实乡村振兴战略，引导美丽乡村建设向农户庭院延伸，持续改善农村人居环境，就开展美丽庭院创建活动制定本指导意见。

一、重要意义

美丽庭院创建是深耕家庭，打造美丽乡村的基础，是实施乡村振兴战略的重要抓手，也是农户参与农村人居环境整治和美丽乡村建设主人翁精神最直接的体现。当前，全市范围内深入开展农村人居环境整治取得了明显成效，村庄公共区域环境面貌明显改善，得到了广大农民群众的普遍拥护和欢迎。但一些农户文明健康良好的生活习惯有待进一步养成，房前屋后环境有待进一步改善，农户庭院环境质量有待进一步提升。

深入开展美丽庭院创建，充分发挥每个家庭成员的作用，切实改善庭院环境，对于培育农户家庭成员文明健康的现代生活习惯，摒弃乱堆乱放、乱泼乱倒、乱贴乱画、私搭乱建等不良行为和现象，从源头减少农村人居环境脏、乱、差的问题，不断巩固农村人居环境整治效果具有重要意义。

各级各部门要从实施乡村振兴战略、满足农民群众对美好生活向往的高度出发，深刻认识美丽庭院的重要意义，以群众性创建为载体认真组织抓好落实。

二、总体要求

（一）指导思想

以习近平新时代中国特色社会主义思想为指导，坚持以人民为中心的发展思想，顺应广大农民过上美好生活的期待，组织广大家庭参与整治美化家居环境，创建美丽庭院，践行科学文明健康的生活方式，在推动乡村生态振兴的实践中贡献力量，让开窗看绿、推门闻香、一户一景成为“美丽乡村”大舞台上的一道亮丽风景，不断夯实美丽乡村的群众基础，持续增强广大农民的获得感、幸福感、安全感。

（二）工作目标

以“共建美丽庭院、共享品质生活”为主题，以“清洁、整齐、绿色、协调、文明”为目标，以提高家庭成员素质、弘扬良好家风、养成文明习惯、优化生活环境、提高生活质量、完善长效机制为重点，全面开展美丽庭院创建活动，引领广大农村家庭成员从自身做起，从改变家庭环境卫生入手，培养良好家庭卫生和生活习惯，打造安居乐业、美丽舒适、文明和谐的家居环境。

从2020年起，各区动员群众广泛开展美丽庭院创建工作，实现村村有美丽庭院，以庭院“小美”助力乡村“大美”，“美美与共”建设美丽宜居家园。

（三）工作原则

典型引领，示范先行。坚持典型引领、示范先行、先点后面的原则，推动创建工作。注重培育典型、发现典型，打造一批可学习、可复制的示范庭院，让广大群众学有榜样、干有遵循。基础条件较好的地区，先行先建，对基础相对较弱的地区，要加大引导推动。尊重基层首创精神，及时发现基层在实践中创造出来的有益做法、鲜活经验，进行总结推广。

因地制宜，分类推进。合理制定美丽庭院建设目标，分类指导、分步推进。充分挖掘乡村文化和地方特色，注重保护人文历史资源，善于利用本地自然资源禀赋，鼓励就地取材建设庭院小景，力求庭院景观风貌与村庄规划、周边环境、人文传承相协调，打造一村一景、一带一韵、一院一品，避免简单模仿、复制套用，不搞一刀切。

整合资源，合力推进。坚持部门联动，强化与相关工作协调推进，借势借力、整合资源，形成上下一心、协调联动、齐抓共管的良好局面。发挥政府引导、农民主体、社会力量参与多元机制作用，形成美丽庭院创建工作合力。

农民主体，注重长效。坚持农民主体地位，发挥农民主人翁精神，引导广大家庭“思想先行、行动跟上”，让美丽庭院创建变成广大家庭每个成员的自觉行动，激发美丽庭院创建活力。坚持创建与管理并重，建立完善美丽庭院创建工作长效机制。

三、创建规则

（一）美丽庭院指导标准

1. **环境卫生清洁美。**庭院内外干净整洁，家居整洁美观，房屋门窗地面干净，无污水乱排乱放；生活垃圾分类，垃圾及时清理，无卫生死角；卫生户厕达标、干净整洁。

2. **摆放有序整齐美。**庭院内外整齐有序，房前屋后各类生产工具、生活用品、农用物资等物品分门归类、摆放有序，无杂物乱堆乱放，无乱贴乱挂乱画，无乱停放车辆等现象；家居布置干净舒适、整洁有序。

3. **栽花种树绿化美。**将景观、功能、经济三者有机结合起来，有效利用庭院空间和房前屋后，应绿尽绿、见缝插绿、栽花种树；树种以乡土植物为主，阔叶乔木和花灌木相结合，充分利用攀缘植物增加绿化量；加强日常养护管理，做到三季有花、四季常绿。

4. **庭院设计协调美。**庭院整体布局合理、美观舒适，地面平整，无有碍观瞻构筑物，无违法搭建物，无侵街占道私搭乱建；庭院内外与周边景致协调。

5. **文明和睦家风美。**家庭和谐，邻里和睦，崇尚科学，家庭生活方式文明健康；遵纪守法，遵守社会公德，遵守村规民约；移风易俗，注重家风传承、现代农村生活理念培育和家庭文化建设，主动参与村内环境卫生工作，自觉践行社会主义核心价值观。

各相关区可以在市级指导标准的基础上，进一步制定符合本区农村实际的美丽庭院创建标准，组织开展丰富多彩的群众创建活动。

（二）认定规则

各区制定美丽庭院创建工作实施方案，明确创建工作目标，采用群众参与评选的方法，对达到标准的农户庭院认定为美丽庭院。美丽庭院的认定工作要充分调动村民参与，组织村民开展展示、评选、公示等活动，认定结果应当得到群众公认。

四、保障措施

（一）加强组织领导

美丽庭院创建按照“市指导、区组织、镇实施、村落实、户主体”开展工作。市农业农村局加强工作统筹，将美丽庭院创建作为农村人居环境整治的重要内容予以推进；市园林绿化局加强对美丽庭院绿化美化等方面的业务指导；市财政局加强对美丽庭院创建的资金支持；市妇联发挥妇女在家庭中的独特作用，动员广大农村妇女积极参与美丽庭院创建工作；首都文明办发挥精神文明建设作用，引导广大农村开展美丽庭院创建工作。

各区是美丽庭院创建工作的责任主体，要结合实际制定实施方案，组织各镇（乡）开展创建工作，认定一批美丽庭院。各镇（乡）是实施主体，要制定具体方案，组织各村抓好落实。各村两委要抓好宣传发动、组织评选等具体工作落实。区、镇（乡）、村要坚持上下联动，抓住关键环节，引导广大农民群众参与，强化对美丽庭院工作的指导推进。

（二）强化激励推进

美丽庭院创建纳入美丽乡村创建考核的重要内容。各区要将美丽庭院创建与美丽乡村创建、绿色村庄创建、文明家庭等评选活动紧密结合起来，开展“创、比、赛、评”活动，通过群众喜闻乐见的评比、流动红旗、红黑榜等形式，吸引广大家庭动起来、创起来、赛起来，让爱劳动、讲卫生、美家园融入群众的日常生活，让美丽庭院创建成为自觉行动。

各区结合实际开展美丽庭院评选认定工作，建立美丽庭院工作台账，实行动态更新机制，注重美丽庭院长效保持，通过多种形式对美丽庭院进行挂牌激励，对达不到标准的及时摘牌，保证美丽庭院质量。每年 12 月底前，各区要将本年度美丽庭院创建成果和工作总结报市农业农村局等相关部门。

市级对美丽庭院创建工作成效突出的区进行表扬鼓励，并给予一定资金奖补。

（三）加大宣传发动

各区要充分发挥广播、电视、报刊、网络等媒体的舆论引导作用，广泛宣传美丽庭院创建工作的意义，充分调动基层干部和广大群众的积极性、主动性和创造性，加快构建政府、社会、群众等多方参与、多元合作的工作机制，加快形成美丽庭院人人参与、家家共享的浓厚氛围。

附件 北京市美丽庭院创建评分参考标准（略）

北京市农业农村局 北京市公安局 北京市市场监督管理局关于印发《2020年北京市农资打假专项治理行动实施方案》的通知

（2020年5月28日）

各相关区农业农村局、区公安局、区市场监督管理局，市农业农村局所属各相关单位：

根据全国农资打假和监管工作总体部署以及农业农村部《关于印发2020年农资打假工作实施方案的通知》（农质应函〔2020〕49号）要求，结合本市实际，市农业农村局、市公安局、市市场监督管理局共同制定了《2020年北京市农资打假专项治理行动实施方案》，现印发给你们，请认真贯彻执行。

2020年北京市农资打假专项治理行动实施方案

为全面部署2020年全市农资打假工作，稳定农资市场秩序，推动农业高质量发展，根据全国农资打假和监管工作总体部署，结合本市实际，制定本方案。

一、工作目标

以推动农业高质量发展为目标，狠抓农资市场监管，不断提高农资产品质量，为稳定农业生产、保障农产品有效供给奠定坚实基础。通过农资打假专项治理行动，规范农资生产经营使用行为，让农民用上放心种、放心药、放心肥、放心料。持续保持高压态势，严肃查处农资违法案件，严厉打击假劣农资坑农害农行为。强化日常监管，稳定农资市场秩序，维护农民群众合法权益，确保全年不发生因假劣农资引发的重大农业生产安全事件和农产品质量安全事件。

二、工作重点

（一）重点领域

农资经营领域：加强对农资批发市场、集贸市场、农资门店和农资展销会的巡查监管。加强对互联网电商农资产品经营的监管。加强对本市与外省市交界处、小规模农资产品生产经营主体聚集地区的监管。

农产品生产领域：加强对农产品生产基地的监管，重点打击在农作物种植、畜牧水产养殖中违法使用农兽药等行为，从源头上保障农产品质量安全。

（二）重点产品

种子：围绕重点作物，以经营主体备案情况、种子标签规范性等为重点，开展种子市场检查；以经营档案、品种真实性、品种权为重点，开展种子企业监督抽查。严厉打击生产经营假劣种子、无证经营、未审先推、侵权经营等违法行为。

农药：开展现场监督检查，严厉打击生产、经营禁用高毒农药、经营过期农药，以及套用、冒用农药登记证和无农药登记证生产经营农药等违法行为，查处未按照规定建立生产、经营台账行为。开展农药产品质量监督抽查，重点查处制售添加隐性农药成分和有效成分含量不符合标准等违法行为。

肥料：开展化肥、有机肥料、微生物肥料等获证肥料产品监督抽查。重点加强对水溶肥、有机肥重金属超标等不合格产品的查处力度。严厉查处登记产品中有效成分不足、未经登记、一证多用、假冒伪造登记证、肥料产品标称具有农药功能等违法行为。

兽药：强化兽药生产质量管理规范（GMP）和兽药经营质量管理规范（GSP）监督检查。强化兽药监管执法，重点整治未落实国家药物饲料添加剂退出政策，违法生产、经营、使用药物饲料添加剂行为；重点查处制假售假、兽药违法添加、兽药标签和说明书扩大适应证和使用范围等违法违规行为，严格执行兽药严重违法行为从重处罚公告。

饲料和饲料添加剂：开展饲料产品监督抽检和饲料企业现场监督检查，严厉打击生产经营假劣饲料和饲料添加剂行为，重点查处在饲料和饲料添加剂生产环节添加违禁品、掺假使假、无证生产等违法违规行为。

水产苗种：严厉查处水产养殖过程中特别是苗种生产阶段违法使用硝基呋喃类、氯霉素和孔雀石绿等违禁药品和有毒有害化学物质的行为，提高水产苗种质量。严厉打击以次充好、以劣充优、销售带病水产苗种和无证销售水产苗种的行为。

农机：开展农机及配件产品质量监督检查。打击制售假劣农机、零配件等行为。以补贴农机具的质量监管为重点，加强农机推广鉴定证后监督检查，重点查处农机推广鉴定获证产品以次充好，擅自改变参数性能、证书和标志使用不规范等行为。做好国家质量监督抽查不合格农机产品的处理。

三、工作任务

（一）扎实开展农资打假“春雷”行动

重点围绕春耕备耕期间使用量大的种子、肥料、农药等农资产品，结合本区域疫情防控情况，开展排查检查，紧盯非法添加、含量不符合要求、侵权假冒等问题，主动发现排查风险隐患，保障春耕生产顺利开展。落实“双随机、一公开”要求，强化农资产品质量监督检查。加大抽查频次，提高抽查效率，将多次抽检不合格、群众投诉举报多、问题突出的生产经营主体和产品列为重点监管对象，强化监督检查的针对性和实效性。迅速清理不合格产品，做到及时下架、坚决收缴，严防假劣农资流入市场坑农害农，危害农业生产。

（二）严格市场准入

按照“谁审批谁监管，谁主管谁监管”的要求，严格农资生产经营许可和产品登记审批。建立健全审批登记信息服务平台，鼓励生产绿色高效农资产品，严格限制高残留、高污染、高耗能农资产品重复登记注册，淘汰落后产能。加强证后跟踪检查，建立市场退出机制，坚决依法清理、吊销和取缔不符合法定资质条件或者有严重违法失信行为的生产经营单位。鼓励优势企业兼并重组、提档升级，退出一批竞争力弱的农资企业，全面提升行业发展质量。

（三）开展监督抽检

各区、各有关单位要科学制定农资产品抽检工作计划。要加大监督检查频次，对群众投诉举报多、发现问题多、新闻媒体曝光多的产品和企业，纳入重点检查范围。提高监督抽检效率，坚持“即抽即检”“即检即报”“即报即查”，做到快抽、快检、快出结果，第一时间发布农资消费警示信息。迅速清理不合格产品，做到及时下架、坚决收缴，严防假劣农资流入市场坑农害农，危害农业生产。

（四）狠抓案件查处

要保持农资打假高压态势，狠抓农资领域违法行为处罚，发现一起、查处一起、通报一起。特别是针对疫情防控期间制售假劣农资的，要严惩不贷、公开惩戒。深挖案件线索，切实做到“五不放过”。做好行刑衔接，对线索明显、事实清楚的案件，当地公安部门提前介入，必要时采取挂牌督办、集中办案、联合查案等形式严查大案要案。强化案件信息公开，对符合标准的农资行政处罚案件要一律公开。

（五）健全追溯体系

加强农药、兽药、饲料、种子等农资产品生产经营追溯体系建设，实现产品信息可查询、流向可追溯、主体可溯源。鼓励农资生产经营企业开发建设可追溯信息平台，加强与农业农村部以及市级相关平台的数据对接。

（六）加强信用监管

建立健全农资生产经营主体信用档案，推动实现农资生产经营主体信用档案全覆盖，加强信用信息归集管理，实行分类监管。推进严重失信主体“黑名单”制度，落实守信联合激励、失信联合惩戒措施。引导农资生产经营主体诚信经营。畅通农资打假投诉举报渠道，完善举报奖励办法。

（七）组织宣传培训

通过技术指导、咨询培训、普法宣传、维权服务等方式，加大对农民的宣传教育，引导农民做到知假、辨假、不买假。疫情防控期间，利用远程培训、视频讲解、多媒体宣传等方式，开展宣传培训。开展放心农资下乡进村宣传活动，普及法律法规知识，提供指导服务，把安全优质的农资产品和质量安全技术服务送到乡村。及时解决农民投诉的农资相关问题，特别是“12345”市民服务热线反映的问题要及时办理。举办农资打假执法培训，提高执法人员法律法规素养和专业技术水平。

四、重点工作时间安排

1. 3—5月，召开春耕备耕农资打假工作视频会议，组织开展2020年农资打假“春雷”行动，启动放心农资下乡进村宣传活动。

2. 4—11月，组织开展种子、肥料、农药、兽药、饲料和饲料添加剂等农资产品质量监督抽查，公布抽查结果。

3. 8月，举办农资打假执法骨干培训班。

4. 9—11月，组织开展农资打假专项治理秋季行动。

5. 10—12月，开展农资打假工作总结与绩效考核工作。

五、工作要求

（一）加强组织保障

各区农业农村、公安和市场监督管理部门要高度重视农资打假工作，主要领导要亲自负责，明确分管领导和牵头部门，将农资打假工作作为持续性工作开展。要按照属地管理原则，严格落实农资打假责任制，结合本辖区、本行业特点制定具体实施方案，确保各项工作落到实处。

（二）加强联动协作

农业农村部门作为农资打假牵头单位，要加强与公安、市场监管等部门的协作，齐抓共管，形成农资打假工作合力。建立跨区合作机制，密切协作，强化信息沟通、线索通报，扩大办案成果，努力做到一地发现线索，多地联动办案。要加强省际间合作，建立完善京津冀农业执法协作机制，共同做好农资打假和监管工作。

公安部门要加强与农业农村等部门的联勤联动，配合做好对农资批发、集散地、经营门店和物流配送、互联网电商等重点区域、重点行业的监控排查力度，对发现的犯罪线索会同农业农村等部门及时固定证据，按照行刑衔接程序做好案件线索的移交流转，迅速开展侦办工作。发挥公安机关基层基础工作优势，通过情报收集、走访摸排、发动举报等方式，及时发现掌握一批线索，把握“打源头、端窝点、摧网络、断链条、追流向”的打击目标，全面加强案件侦办。

市场监督管理部门要加大化肥、农机及配件产品质量监督检查力度，积极会同农业农村部门狠抓假劣农资查办工作，严厉打击以假充真、以次充好、以不合格产品冒充合格产品、无证生产等农资质量违法行为，涉嫌犯罪的坚决移交公安部门追究刑事责任。

（三）加强考核评价

继续将农资打假工作作为对各区打击侵犯知识产权和制售假冒伪劣商品工作绩效考核、食品药品安全暨质量工作考核评价的重要内容，加强对各区农资打假工作的考核力度。重点从农资打假专项行动开展、案件查办及信息公开、宣传培训、工作信息及报表报送、部门联合以及工作创新等方面进行考核。

（四）加强信息报送和总结工作

一是要严格农资打假统计报表和信息报送制度。根据农业农村部统一要求，请各区农业农村局、市农业农村局所属各相关单位于每月3日前报送上月农资打假情况月度统计表（附件1）及案卷信息表（附件2），分别于2020年4月3日、7月3日、10月10日、12月31日前报送农资打假情况季度统计表（附件3）。同时，要通过工作简报、信息等形式及时做好农资打假信息报送。以上材料请报送至市农业农村局农产品质量安全处。

二是做好农资打假工作总结。请各区农业农村局、市农业农村局所属各相关单位及时做好半年、年度总结，分别于7月10日前和12月20日前报送到市农业农村局农产品质量安全处。

附件1　农资打假情况月度统计表（略）
附件2　农资打假行政处罚案卷信息表（略）
附件3　农资打假情况季度统计表（略）

北京市农业农村局
关于印发《北京市水产苗种产地检疫实施方案》的通知

（2020 年 6 月 8 日）

各区农业农村局：

根据《农业农村部关于全面推进水产苗种产地检疫制度的通知》（农渔发〔2020〕7 号），为深入贯彻实施《关于加快推进水产养殖业绿色发展的若干意见》（农渔发〔2019〕1 号）等有关部署。保障水产养殖业健康稳定发展，从源头防控水生动物疫病，提高水产品质量安全水平，切实做好水产苗种产地检疫工作，市农业农村局制定了《北京市水产苗种产地检疫实施方案》，现印发给你们，请认真贯彻执行。

北京市水产苗种产地检疫实施方案

水产苗种产地检疫是从源头防控重大水生动物疫病、保障水生生物安全、提高水产品质量安全水平的重要举措，是《动物防疫法》《动物检疫管理办法》《水产苗种管理办法》等规定的一项重要制度。为深入贯彻实施《关于加快推进水产养殖业绿色发展的若干意见》（农渔发〔2019〕1 号）和《农业农村部关于全面推进实施水产苗种产地检疫制度的通知》（农渔发〔2020〕7 号）等部署，推进北京市水产苗种产地检疫全覆盖，特制定本方案。

一、总体要求

以建立水产苗种产地检疫制度为目标，认真执行《动物防疫法》《动物检疫管理办法》等法律法规，完善水产苗种产地检疫相关制度，建立健全配套的渔业官方兽医队伍和疫病防疫队伍，充实防疫检疫设施设备和技术力量，提高疫病检测检验能力，全面加强水产苗种产地检疫和监督执法，实现水产苗种产地检疫全覆盖。

二、工作内容

（一）强化组织领导

成立市级领导小组和工作实施小组，由市农业农村局分管领导担任市级领导小组组长。

市级领导小组：

组　长：马丽英　市农业农村局副局长
副组长：王　滨　市农业农村局总兽医师
成　员：张毅良　市农业农村局畜牧渔业处处长
　　　　王以中　市农业农村局种业管理处处长
　　　　刘建华　市动物卫生监督所所长
　　　　贾　丽　市水产技术推广站站长

工作实施小组：

组　长：张毅良　市农业农村局畜牧渔业处处长
副组长：刘建华　市动物卫生监督所所长
　　　　张　清　市渔政监督管理站站长
成　员：吴可强　市农业农村局畜牧渔业处一级调研员
　　　　张　帅　市农业农村局兽医兽药处副处长
　　　　许赞焕　市农业农村局种业管理处四级调研员
　　　　王增立　市渔政监督管理站副站长
　　　　肖　俊　市动物卫生监督所动卫科副科长
　　　　徐立蒲　市水产技术推广站病防科科长
　　　　各区动物卫生监督机构负责人

（二）健全渔业官方兽医队伍

渔业官方兽医是水生动物检疫的执行主体，负责检疫、出具检疫证明文书等工作。根据《农业部关于做好动物卫生监督执法人员官方兽医资格确认工作的通知》（农医发〔2011〕25号）《农业农村部关于全面推进实施水产苗种产地检疫制度的通知》（农渔发〔2020〕7号）等文件要求，由各区农业农村局根据工作需要组织相关人员进行申报，市农业农村局依法组织开展渔业官方兽医资格确认工作，渔业官方兽医人员名单报农业农村部备案，纳入全国官方兽医统一管理。渔业官方兽医应符合下列条件：一是属于受委托检疫机构或各区确认的水产苗种检疫主体单位编制内人员；二是需要从事水产苗种产地检疫工作；三是取得北京市农业行政执法证。受过开除、辞退、刑事处罚和法律法规规定不得从事行政执法工作的人员，以及动物卫生监督机构的工勤人员，不得确认为渔业官方兽医。渔业官方兽医确定不再从事水产苗种产地检疫岗位后，应当及时取消其渔业官方兽医资格。各区初步审查合格后报市农业农村局，市农业农村局复审合格确认其渔业官方兽医资格，并将人员名单报农业农村部备案，纳入全国官方兽医统一管理。

（三）完善产地检疫工作体系

依法做好水产苗种产地检疫委托工作。各区动物卫生监督机构要根据《动物防疫法》《动物检疫管理办法》（农业部令2010年第6号公布，农业农村部2019年第2号修订）第五十二条“水产苗种产地检疫，由地方动物卫生监督机构委托同级渔业主管部门实施”的要求，以及《行政许可法》等有关法律法规规定，具备条件的由动物卫生监督机构承担实施本辖区内水生动物检疫工作任务，不具备条件的由动物卫生监督机构履行委托程序，由区级渔业主管部门承担实施水生动物检疫工作任务。被委托的渔业主管部门或动物卫生监督机构是实施水生动物检疫工作的主体，承担检疫具体工作。渔业主管部门所属水产技术推广机构或水生动物疫病预防控制机构，是实施水生动物检疫工作技术支撑主体，协助渔业主管部门或动物卫生监督机构实施水生动物检疫工作。

（四）加快完善水产苗种产地检疫电子出证系统

将水产苗种产地检疫的内容，纳入《动物检疫合格证明电子出证系统》，并通过该系统出具水产苗种产地检疫合格证明。推动水产苗种产地检疫同水产苗种生产管理相结合，提高水产苗种产地检疫管理信息化水平。

（五）加强水产苗种产地检疫监督

1. 合理设置检疫申报点。各区实施水生动物苗种产地检疫工作的渔业主管部门或动物卫生监督机构要合理设置检疫申报点，向社会公布，并建立告知制度，广泛告知水产苗种生产企业和水产养殖企业产地检疫的相关规定。

2. 执行检疫申报制度。水产苗种生产单位和养殖经营单位是申报主体，应依法主动申报检疫并提供检疫所需的证明材料。

3. 严格依法检疫。依据检疫申报，渔业主管部门（或动物卫生监督机构）启动检疫程序，水生动物官方兽医和协助检疫的水产技术推广机构（或水生动物疫病预防控制机构）技术人员进行现场检疫。严格依照《农业部关于印发〈鱼类产地检疫规程（试行）〉等3个规程的通知》（农渔发〔2011〕6号）规定的检疫对象和范围实施检疫，并出具检疫证明。

4. 加强检疫执法监督。加强水产苗种产地检疫相关执法监督工作，规范执法程序和文书，对经营和运输水产苗种未附检疫证明、跨省引进水产苗种到达目的地后未报告等违法行为，依法给予行政处罚。

（六）落实各项工作的保障措施

各区农业农村局要充分认识实施水产苗种产地检疫的重要性，切实加强领导，落实工作责任，坚持依法行政，全力保障本区水产苗种产地检疫制度的实施。要结合本地实际，制定工作方案，创新工作模式，加强组织调度、人员配备、装备保障、工作经费保障等多种有效措施，推进水产苗种产地检疫制度的全面实施。

（七）加强宣传培训

组织渔业官方兽医和提供技术支撑的专业技术人员，开展对水产苗种产地检疫的理论、实操培训观摩，确保检疫人员熟练掌握检疫方法和技能。利用各类形式，广泛开展对《动物防疫法》《水产苗种管理办法》《动物检疫管理办法》等法律法规，以及《水产苗种产地检疫十问十答》等相关知识的宣传工作。增强苗种生产经营单位主动申报产地检疫、养殖单位外购苗种应索要检疫证明等法治意识，提高全社会对水产苗种检疫工作的认识，营造良好的社会氛围。

北京市农业农村局
关于切实加强兽用生物制品生物安全风险防范工作的通知

（2020 年 6 月 16 日）

各区农业农村局，东城区、西城区、石景山区卫生健康委，市动物疫病预防控制中心、市动物卫生监督所：

当前，正值非洲猪瘟、口蹄疫、高致病性禽流感等重大动物疫病防控关键时期。为适应非洲猪瘟常态化防控新形势新要求，根据《农业农村部畜牧兽医局关于切实加强生物安全风险防范严厉打击非法生产经营使用兽用生物制品等违法行为的通知》（农牧便函〔2020〕385 号），现就本市加强兽用生物制品生物安全风险防范相关工作通知如下。

一、切实加强生物安全风险防范的宣传培训

6 月底前，各区要组织对辖区内养殖场户、兽用生物制品生产企业、高等院校、科研单位、社会服务机构等相关从业人员，开展一次全覆盖式的宣传活动，进一步压实从业者主体责任，提高其生物安全风险防范和守法生产经营意识，督促其严格遵守国家有关法律法规和政策规定。对于辖区内生物安全风险较高的企业和单位，各区要灵活运用行政、执法、技术等手段，通过明确责任、完善制度、强化宣传教育和技术指导、增加监督频次等综合方式，督促其做到安全生产、合法经营。

市动物疫病预防控制中心要结合自身职责，充分发挥动物疫病防控管理和技术支持体系优势，加强对兽用生物制品使用环节的生物安全风险研判和技术储备，适时组织专题宣传培训活动，并对各区工作开展中涉及的相关技术性问题进行业务指导。

二、全面开展兽用生物制品生产企业生物安全检查

兽用生物制品生产企业是产品质量安全和生物安全风险防范的第一责任人，要认真落实产品质量安全和生物安全主体责任，切实加强生产环节质量管控和风险防范，严格按照兽药 GMP、产品规程和质量标准组织生产检验，确保产品安全有效、质量可控。

为进一步防范兽用生物制品生产环节的生物安全风险，海淀、通州、顺义、大兴、昌平、怀柔等区要切实加强对辖区内兽用生物制品生产企业的监管，于 7 月 10 日前对辖区内所有兽用生物制品生产企业生物安全防护措施落实情况进行一次全覆盖式检查。重点聚焦生产车间、废气废水处理和排放、质检室、动物实验室、菌（毒、虫）种库等关键场所，全面检查企业生物安全管理责任制和相关规章制度落实情况、GMP 实施情况、生物安全防护措施落实情况等。发现存在生物安全风险隐患的，要责令其立即整改；对整改后仍然存在生物安全隐患的，要责令其立即停止生产活动。

7 月底前，中国兽医药品监察所将对部分重点兽用生物制品生产企业进行抽查。

三、严厉打击非法制售使用兽用生物制品等违法行为

生产、销售、使用所谓“自家苗”“中试苗”“进口苗”是严重的违法行为，给养殖生产和疫病防控带来严重的风险隐患。各区要对辖区内规模养殖场进行排查，对其免疫档案、用药记录、生产记录等进行检查。重点核查养殖场是否存在使用非法疫苗等行为，是否存在委托兽用疫苗生产企业、高等院校、科研机构、社会服务机构等为其非法生产疫苗特别是非洲猪瘟疫苗的行为。按照农业农村部第 285 号公告规定，对使用非法疫苗免疫接种的猪只，一经检测为阳性的，视为非洲猪瘟感染，要及时扑杀，并不得给予补助。要结合在规模养殖场排查中发现的相关线索信息，有针对性地对兽用疫苗

生产经营企业、高等院校、科研单位、社会服务机构等进行跟踪检查。对查清违法事实的，要依据《兽药严重违法行为从重处罚情形》（农业农村部第97号公告）有关规定，坚决从严从重从快惩处。必要时，可商请公安机关联合办案，对涉嫌违法违规的行为一查到底。

市、区动物卫生监督所要继续做好非法生产销售使用非洲猪瘟疫苗等违法行为问题线索的举报核查工作，认真受理群众举报，针对信息线索及时开展核查处理。一经发现有关单位和个人生产销售使用非法疫苗等涉嫌违法违规线索及证据，要立即调查，一经查实，严肃处理。

市动物卫生监督所在指导各区做好兽药监督执法工作的同时，要加强对本市兽用生物制品生产经营环节生物安全风险的研判，对于重点兽用生物制品生产经营企业、高等院校、科研单位、社会服务机构等，可以采取市区联合检查、联合执法等形式，确保各项监管措施落实到位。

四、结果报送

各区组织开展生物安全风险防范宣传培训、兽用生物制品生产企业生物安全检查、打击非法生产销售使用非洲猪瘟疫苗等违法行为的相关工作进展情况，市动物疫病预防控制中心兽用生物制品使用环节生物安全风险研判及宣传培训情况，市动物卫生监督所兽用生物制品生产经营环节生物安全风险研判、市区联合监督执法及重特大案件查处情况，请于7月17日前报市农业农村局兽医兽药处。

北京市农业农村局关于开展2020年财政支农专项转移支付资金项目监督检查工作的通知

（2020年6月17日）

市农业农村局各相关处室，各区农业农村局、石景山区集体资产监督管理办公室：

为加强和规范本市财政支农专项转移支付资金使用管理，确保强农惠农政策有效落实，切实提高财政资金使用效益，推动乡村振兴战略实施，市农业农村局决定组织开展2020年财政支农专项转移支付资金项目监督检查工作，现将有关事项通知如下。

一、指导思想

认真落实北京市农村工作会议精神，进一步加强财政支农专项转移支付资金管理，优化涉农资金使用结构，为推动乡村振兴战略科学有序实施提供有力保障。按照《农业农村部　财政部关于做好2020年农业生产发展等项目实施工作的通知》（农计财发〔2020〕3号）要求及《北京市农业农村改革发展资金管理办法》（京财农〔2018〕2905号）等文件规定，通过开展监督检查工作，进一步完善农业项目管理和政策实施机制，强化资金使用过程监管，推动建立资金规范管理长效机制，确保强农惠农政策不折不扣落实。

二、检查范围

（一）2020年农业生产发展资金等中央财政转移支付资金项目

包括农业生产发展资金（包括农机购置补贴、耕地地力保护补贴、国家现代农业产业园、优势特色产业集群、农业产业强镇、培育新型农业经营主体带头人等、基层农技推广体系改革与建设、推广绿色高质量高效技术、地理标志农产品保护与开发、农村实用人才培训、支持新型农民主体、生猪良种补贴等），动物防疫补助经费（包括强制扑杀、强制免疫等）、农业资源及生态保护补助资金（包括秸秆综合利用、畜禽粪污资源化利用、耕地质量提升和化肥减量等），农田建设补助（包括农田建设补助等）、农村综合改革（包括扶持村集体经济发展等）。

（二）2020 年市财政农业农村改革发展资金项目

包括农机购置补贴、村级全科农技员绩效补贴、农村管理信息化（信息员）数据采集和低收入监测补贴、推广应用绿色防控产品、推广应用有机肥、推进地膜回收及处置、开展农药包装物回收处置、休耕轮作试点、抑制季节性裸地农田扬尘关键保护性耕作技术推广应用、北京市农业机械污染物排放控制装置加装项目、推进低收入农户增收及低收入村发展资金、“北京·京瓦农业科技创新中心”建设、市级现代农业产业园创建、北京市高效节灌溉水工程建设与管护项目、开展农村金融扶持资金、异地监督抽检、农产品质量安全专项、通州国际种业科技园区提升项目、北京市农业科技示范基地项目、农业文化遗产保护及特色产业提升、实施北京市休闲农业“十百千万”畅游行动、生态沟域建设项目等。

三、检查内容

（一）项目执行情况

项目实施是否按要求制定实施方案；实施内容是否符合相关政策要求、与市级下达的任务要求和绩效目标是否一致；项目实施进度情况；项目实施中落实政策公开情况；项目变更、调整、终止情况及相关依据。

（二）资金落实及使用情况

包括中央、市、区三级财政资金到位、使用和管理等。

（三）项目绩效实现情况

主要包括项目实施是否符合市级绩效目标要求，是否按要求实现项目功能，推动农村产业发展、改善农业生产条件、助力农民增收和经济、社会和生态效益情况等。

四、检查方式和时间安排

采取市区结合、以区为主，自查与抽查相结合的方式。各区农业农村局要及时与财政部门沟通，制定本区的检查方案，并对辖区项目执行、资金使用及绩效等情况进行全面自查，分项目形成自查报告（自查报告模板详见附件 2），并于 7 月 20 日前分别报送市农业农村局主管业务处审核。市农业农村局将综合审核情况，于 8 月 30 日前选择相关项目，对相关区开展抽查。

五、工作要求

（一）提高思想认识，强化组织领导

开展财政支农专项转移支付资金项目监督检查，是农业主管部门履职尽责的工作要求，也是优化农业项目管理的重要手段。为保障监督检查工作的顺利进行，市农业农村局成立了以局主要领导为组长的领导小组（具体名单详见附件 1）。各区要充分认识项目监督检查工作的重要性，加快制定专项检查工作方案，建立工作领导机构，强化工作指导，确保高质量完成监督检查各项工作。

（二）明确职责分工，做好工作落实

市农业农村局主管业务处是财政支农专项转移支付资金项目管理主体，负责督促指导各区落实年度工作任务，对预算执行情况及资金使用情况进行监督检查。各区是财政支农专项转移支付资金项目实施主体，负责落实完成年度工作任务，对预算执行情况及资金使用情况进行全过程监管。

（三）全面分析总结，及时信息报送

各区要全面总结辖区项目管理工作，认真分析梳理自查发现的问题及整改措施，总结工作成效，及时上报自查报告。市农业农村局将根据自查报告审核情况，开展项目抽查工作。自查及抽查结果将作为下一年度确定财政支农专项转移支付资金安排的重要考量因素。

（四）完善工作机制，加强定期调度

各区要建立项目执行定期调度督导机制，及时掌握项目执行和资金使用情况，定期向市农业农村局主管业务处报告。9 月起每月 10 日前填写《2020 年财政支农专项资金项目监督检查情况统计表》（附件 3、附件 4），报送截至上月末的项目实施和资金执行情况，2021 年 1 月 15 日前报送全年项目实施总结报告，并保证各项数据的真实性、准确性和完整性。有关数据材料的报送情况也将与下一年度相关项目资金安排挂钩。

附件 1　2020 年市农业农村局财政支农专项转

移支付资金项目监督检查工作领导小组（略）

附件2 自查报告模板（模板）（略）

附件3 2020年财政支农专项资金项目监督检查情况统计表（中央财政）（略）

附件4 2020年财政支农专项资金项目监督检查情况统计（略）

附件5 2020年农业生产发展资金等中央财政转移支付资金分区预算安排表（略）

附件6 2020年市财政农业农村改革发展资金转移支付资金分区预算安排表（略）

北京市农业农村局　北京市交通委员会　北京市公安局关于开展北京市违法违规调运生猪百日专项打击行动的通知

（2020年6月23日）

各区农业农村局、区交通局、区公路分局、区公安分局：

2020年3月以来，全国先后发生15起非洲猪瘟疫情，其中大多因违法违规调运生猪所引发，性质恶劣，风险巨大。本市下半年将进入生猪补栏调运高峰期，为进一步保持对生猪违规调运监管的高压态势，保障猪肉市场稳定供应，促进生猪产业优化提升发展，从6月初至9月上旬，在农业农村部门开展违法违规调运生猪行为专项整治基础上，市农业农村局、市交通委、市公安局将联合开展北京市违法违规调运生猪百日专项打击行动（以下简称“百日行动”）。现就有关事项通知如下。

一、工作目标

通过开展“百日行动”，建立农业农村、交通运输、公安等多部门协作的生猪调运监管工作机制，织密以省市边界、重要枢纽、高速路口、进京道口为重点的监管网络，健全固定站点检查与流动监督巡查相结合的监管模式，查处公布一批违法违规典型案例，形成有效防范非洲猪瘟等重大动物疫病通过运输环节传播的长效机制，不给不法行为以可乘之机，严防染疫生猪输入本市。

二、关键管控措施

（一）织密生猪调运监管网络

各区相关部门要继续按照市农业农村局、市交通委、市公安局《关于切实加强生猪调运监管工作的通知》（京政农发〔2018〕39号）要求，明确分工职责、加大协同配合，打击违法行为。农业农村部门要严把本市27个指定公路动物防疫监督检查站，落实24小时轮流值守制度；会同交通运输、公安等部门统筹用好部门资源，科学布设检查站点，强化省际高速路口、国省县道等非指定进京道口的巡检排查，建立健全信息共享、协同联动、行刑衔接等长效机制，确保生猪出入把关不留空当。

（二）加大生猪调运检查力度

各区农业农村部门要严格落实部、市印发的关于规范本市生猪及生猪产品调运活动的一系列通知要求，严把指定进京道口，监督检查生猪检疫合格证明、牲畜耳标佩戴、运输车辆备案等情况，核对生猪启运地、目的地及运输路线，检查生猪临床健康情况，做好运输车辆清洗消毒；要会同交通运输、公安等部门建立线索通报、联合执法、案件移送等工作机制；交通运输部门在公路治超站和收费站发现可疑生猪调运车辆，要及时通知农业农村部门并协助做好相关处置。公安部门要协助农业农村、交通运输部门对生猪运输车辆进行监督检查，及时依法处置阻碍检查、暴力抗法以及其他突发情况。

（三）加强生猪调运违法处置

各区在检查中发现违法违规调运生猪行为，一律就地处理，不得劝返。对无检疫证明、无牲畜耳标和运输车辆未备案的生猪，在动物卫生监督机构的监督下，由货主负责就地就近隔离观察15天。对发病、死亡或检出非洲猪瘟阳性的生猪，进行扑杀并进行无害化处理，不得给予补助。对违法的货主及承运人要依法从严处罚，涉嫌犯罪的，移送公安机关依法查处。对涉及其他省份的违法违规贩运生猪行为，要与相关省份及时通报情况，建立高效协查工作机制，确保查到源头。农业农村部门要全力配合公安部门开展案件侦办工作，对重点案件可会同公安等有关部门挂牌督办。

（四）严格生猪调运车辆管理

各区农业农村部门要继续按照《关于组织做好生猪运输车辆备案等有关工作的通知》（京政农发〔2018〕34号）要求，对生猪运输车辆实施动态备案管理，发现备案车辆存在违法违规行为的，取消其备案资格，涉及外埠备案车辆的要立即通报相关省市。动物卫生监督机构受理生猪检疫申报时，要严格查验车辆备案情况，未使用或未承诺使用备案车辆的不予出证。继续按照《北京市农业农村局关于进一步加强本市非洲猪瘟监测工作的通知》（京政农发〔2019〕44号）要求，定期对辖区备案的生猪运输车辆以及承担跨省运输生猪备案车辆进行采样检测，并督促车主和承运人在装载前、卸载后按规定对生猪运输车辆进行清洗消毒。

（五）健全生猪调运信息监管

各区要按照《农业农村部畜牧兽医局关于启用国家生猪运输车辆备案系统的通知》（农牧便函〔2019〕1060号）要求，加快推广“牧运通”车辆备案系统，确保6月底前完成本市生猪运输车辆备案系统与动物检疫电子出证系统的对接。探索利用信息化手段加强生猪收购承运单位和从业人员管理，高度重视通过网络违法违规销售生猪的新动向，各区农业农村部门要指定专人负责信息动态监测，发现生猪交易价格明显偏低、保险理赔与无害化处理数量异常等情况，可会同公安等部门进行核查。公安部门要紧紧围绕“信息流”“资金流”“物流”，运用大数据导侦机制，充分应用信息化研判模型和集群作战方式，深挖犯罪链条，彻底摧毁犯罪网络。

三、部署实施

（一）动员部署阶段（本通知印发之日至2020年6月30日）

各区要自上而下逐级建立组织领导机构和部门联合工作机制，将百日行动工作要求迅速传达落实到最基层，将工作责任和任务明确到具体单位和个人。要根据辖区内实际情况，尽快制定增加检查站点布设的具体方案，对相关信息系统的使用、相关证照查验要领进行培训。

（二）组织实施阶段（2020年7月1日至8月31日）

各区要按照百日行动通知要求全面落实各项工作部署，确保人员迅速到岗，措施全面落地，情况及时调度。强化协同配合、规范监督执法，严厉打击生猪调运环节违法违规行为，加大不法案件的查处力度，建立跟踪调度机制，及时总结典型案例，做到查清一起，上报一起，公布一起。

（三）总结提高阶段（2020年9月1日至9月10日）

各区要对百日行动开展情况进行全面总结，及时将行之有效的经验做法常态化、制度化，巩固工作成效。认真梳理各环节存在的问题，对发现的短板和不足制定有针对性的整改措施。组织研究下一步监管工作方案，完善打击违法违规调运生猪行为的长效机制。

四、保障措施

（一）加强组织领导

各区要高度认识违法违规调运生猪行为的危害性和严重性，充分意识到组织实施好百日行动对有效防控非洲猪瘟、有力保障生猪生产恢复发展、维护农业农村和经济社会工作大局的重大意义。三部门主要负责人员要靠前指挥，强化人员、资金、装备等条件保障，确保百日行动见到实效。

（二）强化部门协作

各区农业农村、交通运输、公安部门要加强协调配合，各司其职、各负其责，建立健全情况通报、联合作战、信息共享、案件移交等工作机制，形成工作合力。要定期组织部门会商，及时研判、推动解决监督执法中存在的问题。

（三）广泛开展宣传

各区要持续加大宣传力度，为百日行动顺利开展创造良好环境氛围。要通过制作发放宣传挂图、播放小视频、推送信息等方式，深入宣传生猪检疫、调运和车辆备案、贩运监管等有关法律法规，总结宣传工作成效、典型经验和做法，广泛听取群众意见，动员社会各方力量参与到百日行动中。

（四）做好信息报送

1. 每周信息报送。百日行动信息调度实行周报告制度，各区农业农村部门派专人负责，自6月26日起于每周五16时前报送本周百日行动有关情况（附件）。

2. 典型案例报送。各区农业农村部门统筹交通运输、公安部门，于9月10日前，向市农业农村局报送百日行动期间查处的违法违规调运生猪典型案例。

3. 行动总结报送。各区农业农村部门会同交通运输、公安部门形成百日行动工作总结，于9月10日前，分别报送市农业农村局、市交通委和市公安局。

4. 联系方式（略）

附件 北京市违法违规调运生猪百日专项打击行动周报表（略）

北京市农业农村局关于印发《北京市农业行业安全生产专项整治三年行动实施方案》的通知

（2020年7月6日）

各区农业农村局：

为深入贯彻习近平总书记关于安全生产重要批示指示精神，全面落实市委、市政府关于安全生产专项整治三年行动工作决策部署，扎实做好北京市农业行业安全生产专项整治三年行动各项工作，经研究决定，现将《北京市农业行业安全生产专项整治三年行动实施方案》印发给你们，请结合实际认真抓好落实。

北京市农业行业安全生产专项整治三年行动实施方案

为深入贯彻落实习近平总书记关于安全生产重要批示指示精神，按照《北京市安全生产委员会关于印发〈北京市安全生产专项整治三年行动计划〉的通知》（京安发〔2020〕3号）要求，制定北京市农业行业安全生产专项整治三年行动实施方案。

一、工作目标

深入学习贯彻习近平总书记关于安全生产重要论述，深刻理解其核心要义、精神实质、丰富内涵、实践要求，牢固树立安全发展理念，强化底线思维和红线意识，坚持问题导向、目标导向和结果导向，深化源头治理、系统治理和综合治理，切实在转变理念、狠抓落实上下功夫，增强“从根本上消除事故隐患”的思想自觉和行动自觉。通过安全生产专项整治三年行动，进一步加强农业行业安全生产治理能力和治理体系建设，推进安全生产由生产主体被动接受监管向主动加强管理转变、安全风险管控由农业行业主管部门推动为主向生产主体自主开展转变、隐患排查治理由督导检查为主向生产主体日常自查自纠转变，有效防范各类安全生产事故发生，为维护人民群众生命财产安全和社会稳定提供有力安全保障。

二、领导机构和工作制度

（一）领导机构

根据市安委会《北京市安全生产专项整治三年行动计划》《关于成立安全生产专项整治三年行动工作专班的通知》要求，成立市农业农村局安全生产专项整治三年行动领导小组，负责贯彻落实市委、市政府安全生产专项整治各项工作部署，统筹协调推进本市农业行业和系统单位安全生产专项整治三年行动各项工作，研究解决安全生产专项整治重点难点问题。领导小组下设办公室，负责协调推动本市农业行业安全生产专项整治三年行动实施方案具体任务落实，组织召开安全生产专项整治工作会议，传达上级会议精神和要求，组织开展督导检查，加强对外联络和信息报送等工作。（附件1）

各区农业农村局要按照有关要求成立相应的领导机构，明确、细化领导机构的具体职责，协调推动本地区农业行业安全生产专项整治三年行动开展。

（二）工作制度

1. 会议制度。适时召开会议，传达上级会议精神和相关工作要求，通报工作进展情况，协调解决重要事项，研究部署工作任务。

2. 联络员制度。指定专人作为联络员，定期组织开展工作交流，强化协调联络。联络员负责本地区农业行业安全生产专项整治工作的信息收集、情况汇总、相关数据统计和报送工作。联络员保持相对稳定，不得随意更换。

3. 台账管理制度。建立目标任务清单和问题隐患清单，明确安全生产专项整治的重点任务、年度目标、治理责任、工作措施，实时掌握工作进度。

4. 督查制度。适时组织督导检查，确保各项重点任务及时推进。

三、主要任务

根据全市统一部署，全市农业行业安全生产专项整治三年行动（以下简称“三年行动”），重点分3个专题和4个专项整治。

（一）学习宣传贯彻习近平总书记关于安全生产重要论述专题

一是开展学习教育。认真学习贯彻习近平总书记关于安全生产重要论述，农业行政主管部门要安排理论学习中心组进行专题学习，全市农业系统各单位要组织集中观看学习《生命重于泰山——学习习近平总书记关于安全生产重要论述》电视专题片，要把安全生产学习教育纳入干部职工年度培训内容。二是深入系统宣传贯彻。农业行政主管部门在政务网站、政务微博、微信公众号等主要宣传平台开设专题专栏，加强经常性宣传，形成集中宣传声势。依托“安全生产月”等活动，积极推进安全宣传进企业、进农村，开展“送法上门”活动。积极参与“青年安全生产示范岗”“应急先锋·北京榜样”等推选活动。三是健全落实安全生产责任制。认真贯彻落实《北京市党政领导干部安全生产责任制实施细则》，要及时制定落实办法，健全党政领导干部安全生产责任制度，进一步完善农业行业安全生产监管责任体系，形成职责清晰、任务明确、环环相扣的责任链条和协调有力、运转高效、齐抓共管的工作格局。根据全市党政部门安全生产工作职责制定工作安排，及时梳理农业安全生产工作职责。四是建立安全风险形势分析制度。加强事故隐患分析研判，及时总结经验和工作规律，有效防范化解重大安全风险。五是提升安全管理能力。采取专家辅导授课、视频讲座等方式，组织农业行政主管部门安全生产工作人员和重点企业负责人、安全生产管理人员进行专题培训。

（二）落实农业企业安全生产主体责任专题

一是提高企业落实安全生产主体责任水平。按照“典型引路、持续推进”的工作思路，选定农业示范企业，开展落实《北京市生产经营单位安全生产主体责任规定》（以下简称《规定》）示范工作并推广示范工作成果。二是强化企业落实安全生产主体责任督导检查。以推动农业企业全面落实《规定》为抓手，开展为期三年的系列督导检查行动，严查企业责任体系建立、安全生产教育培训、安全风险防控体系建设等情况，督促企业全面、有效落实安全生产主体责任。三是加强企业安全生产法治教育。贯彻落实“谁执法谁普法”普法责任制，坚持执法办案和普法宣传相结合，开展“安全生产月”和法律法规宣传活动，面向农业企业宣传安全生产法律法规和标准规范，进一步提升企业学法、懂法、守法、用法的自觉性。四是推动企业落实安全技术设备设施改造等支持政策。加大落后设备设施淘汰力度，及时更新推广应用先进适用的安全生产工艺和技术装备，提高安全生产保障能力。五是推动企业安全生产标准化达标创建工作提质增效。加强“百项地标”实施宣传，推动农业企业建立自我约束、持续改进的内生机制，实现安全生产管理规范化。六是加强企业安全管理制度建设。指导农业企业建立生产经营责任全过程追溯机制，引导建立安全风险管控、安全生产诚信等制度。

（三）隐患排查治理体系建设专题

一是推动落实企业隐患排查治理主体责任，督促、指导农业企业落实隐患排查治理责任制，提升企业隐患排查治理规范化水平。二是编制农业行业风险及隐患排查目录，建立动态更新完善机制，明确“查什么，怎么查”“做什么，怎么做”。三是对农业机械、种植业、兽药、畜牧业、渔业、农村能源等领域企业基本情况和安全生产隐患进行全面摸排和检查，限期整改到位，切实做到隐患排查、整改、复查、销号闭环管理，确保隐患彻底消除。四是开展事故分析，提高事故隐患排查治理效能，为实现“从根本上消除隐患”奠定基础。

（四）配合消防安全专项整治

配合消防救援、公安、规划和自然资源、住房和城乡建设等部门落实消防相关政策拟定，配合做好消防安全相关工作。配合相关部门做好农村消防安全宣传。

（五）农业机械安全专项整治

一是有序开展农机专业合作社安全生产标准化建设，推进农机行业安全生产基础建设，提升农机安全生产管理水平。二是定期对农机维修企业、农机驾驶培训学校、使用农业机械的农业生产经营组织等开展农机事故隐患排查治理活动。加大农机催检注销力度，督促危及人身财产安全的农业机械的所有人依法主动申请安全检验，消除农业机械事故隐患，确保农业机械生产安全。三是持续加大农机安全执法力度。在确保日常“双随机”农机执法的基础上，在“三夏”“三秋”等重点时节以及重大活动期间，加大对农机安全监管对象的执法检查力度。四是加强农村地区上道路行驶拖拉机的日常监管。建立健全农机交通安全联合监管机制，与公安交管部门协同配合开展联合执法检查，重点对无牌、无证、假牌、假证和注销的拖拉机以及在道路上违规行驶的联合收割机进行联合执法检查，严查无证驾驶、无牌行驶、拼装改装、超速超载、酒后驾驶等农村地区上道路行驶拖拉机违法行为，坚决遏制农机道路交通事故发生，确保农机安全生产形势稳定。五是开展农机安全生产宣传教育。在“三夏”“三秋”等重点时节以及重大活动期间，深入田间地头向广大农民机手广泛开展安全生产警示宣传教育活动，将执法检查与普法宣传相结合，提升农民机手的安全守法意识。

（六）配合做好农村地区抗震节能农宅建设和危房改造工作

各有关区农业农村部门按照《北京市抗震节能农宅建设工作方案（2018—2020年）》（京建发〔2018〕421号）、《北京市农村4类重点对象和低收入群众危房改造工作方案（2018—2020年）》（京建发〔2018〕303号）的文件要求，配合住房和城乡建设部门落实农村地区抗震节能农宅建设和危房改造工作。

（七）开展“煤改气”、洁净型煤燃用过程中安全风险排查治理

会同城市管理部门建立定期会商通报机制，对相关工作进展进行指导、督查。一是加强“煤改气”安全风险排查治理。各有关区农业农村部门依据职能职责，做好安全宣传教育培训；配合城市管理部门做好户内燃气安全防护装置的推广应用；督促指导有关中标燃气企业在取暖季前、中、后的关键时期，开展户内燃气取暖设备、烟感报警器、燃气供应管道等关键安全隐患点位的安全巡查。大兴、通州、平谷、延庆等区农业农村部门配合城市管理部门继续组织开展本区“煤改气”安全风险排查治理工作；其他有关区农业农村部门要报请区政府明确“煤改气”安全风险排查治理的责任部门，落实专项整治工作。对新开展“煤改气”的村，配合城市管理部门指导监督有关企业合理确定“煤改气”工程燃气管道走向、敷设方式和燃气设备设施的布局，加强对中标企业的施工安全管理。二是加强洁净型煤燃用过程中安全风险排查治理。对使用洁净型煤取暖的村庄住户和设施农业企业，要加大宣传教育培训力度，提高使用主体的安全意识；配合有关部门做好洁净型煤和炉具的质量监管。按照区预防煤气中毒工作小组的部署和分工，积极推广使用一氧化碳浓度报警等安全装置，配合相关部门进村入户排查洁净型煤炉具密封不严、积灰堵塞、排气不畅、私自加盖密封盖等问题隐患。

四、进度安排

从2020年6月至2022年12月，分四个阶段进行。

（一）动员部署（2020年6月底）

根据国务院的总体部署，按照农业农村部和市安委会的工作安排，结合本地区实际，制定农业行业安全生产专项整治三年行动实施方案，完善目标任务清单（附件2），明确需要完成的整治任务及需要完善的制度措施，建立时间表、路线图，全面部署安全生产专项整治三年行动工作。

（二）排查整治（2020年6月至12月）

要结合实际，对照重点整治任务，对本地区农业行业和重点场所、关键环节进行细致摸排，坚持

边查边改、立查立改，推动隐患治理取得成效。

要建立问题隐患清单，全面摸底排查本地区农业生产主体基本情况，掌握数量、性质、负责人等基本信息，开展隐患排查。各区于 2020 年 8 月 30 日前，完成问题隐患清单 4 张表格（附件 3 至附件 6），报市农业农村局，并每两个月动态更新一次。

（三）集中攻坚（2021 年）

要动态更新目标任务清单和问题隐患清单，针对重点难点问题，实施专项攻坚，强力推进问题整改，确保重点工作任务取得明显成效。

（四）巩固提升（2022 年）

要深入分析农业行业安全生产的共性问题和突出隐患，深挖背后的深层次矛盾和原因，补充完善具体制度措施，逐项推动落实。要全面梳理专项整治开展情况，系统总结经验做法，健全完善有关规章制度，建立健全长效机制。

各区农业农村局要分年度总结三年行动工作开展情况并报市农业农村局。

五、工作要求

（一）加强组织领导

各区农业农村局要高度重视安全生产专项整治工作，成立区级农业行业安全生产专项整治三年行动领导机构，建立相关工作制度，统筹推动本地区农业行业安全生产专项整治工作，按照“管行业必须管安全，管业务必须管安全，管生产经营必须管安全”的原则，强化责任担当，主动掌握安全生产专项整治落实情况，认真研究解决重点难点问题，积极推动工作落实。要充分发挥领导小组和联络员作用，加强与各部门沟通联系，定期分析安全生产专项整治工作形势，把握工作整体进度，通报问题不足，确保安全生产专项整治取得实效。要加强信息报送，落实专人负责，认真做好清单管理、数据统计和信息报送工作。

（二）强化保障能力

各区农业农村局要完善支持安全生产工作政策体系，紧紧围绕安全生产各项目标任务，从政策、人员和经费等方面加大对安全生产基础建设工作的支持力度。

（三）严格监督问责

各区农业农村局要强化监管执法和跟踪问效，深入开展“四不两直”明察暗访，对重点问题、重大隐患盯住不放、一抓到底，督促彻底解决。要督促企业自查自纠，对企业主动发现、自觉报告的问题隐患，重点实行跟踪指导服务。要建立和落实与纪检监察机关安全生产违法违纪问题线索移交查办工作机制，对专项整治工作不负责、不作为，分工责任不落实、措施不得力，重大问题隐患悬而不决，逾期没有完成目标任务的，依法依规予以问责。

附件 1　北京市农业行业安全生产专项整治三年行动领导小组组织机构（略）

附件 2　目标任务清单（略）

附件 3　问题隐患清单——北京市农业生产主体基础情况明细表（略）

附件 4　问题隐患清单——北京市农业生产主体基础情况统计表（略）

附件 5　问题隐患清单——北京市农业生产主体安全隐患情况明细表（略）

附件 6　问题隐患清单——北京市农业生产主体安全隐患情况统计表（略）

北京市农业农村局
关于做好《国家畜禽遗传资源目录》贯彻实施工作的通知

（2020 年 7 月 8 日）

各区农业农村局，所属有关单位：

按照《农业农村部办公厅关于做好〈国家畜禽遗传资源目录〉贯彻实施有关工作的通知》（农办种〔2020〕10 号）要求以及农业农村部《国家畜禽遗传

资源目录》(以下简称《目录》)贯彻实施视频推动会议精神，为做好本市《目录》贯彻实施工作，进一步规范本市畜牧业监督管理，促进畜禽种业和畜禽养殖业健康发展，现就有关事宜通知如下。

一、提高站位，充分认识《目录》公布的重要意义

按照《全国人民代表大会常务委员会关于全面禁止非法野生动物交易、革除滥食野生动物陋习、切实保障人民群众生命健康安全的决定》(以下简称《决定》)和《中华人民共和国畜牧法》(以下简称《畜牧法》)的规定，经国务院批准，《目录》已正式公布。《目录》的制定和实施，是贯彻党中央、国务院决策部署、落实《决定》和《畜牧法》的重要举措，对正确处理好资源保护利用与产业发展的关系，促进畜禽养殖业健康发展，保障人民群众生命健康安全具有重要意义。

二、摸清底数，加快理清地方畜禽品种情况

国家畜禽遗传资源委员会已公布与《目录》配套的《国家畜禽遗传资源品种名录》(以下简称《名录》)，明确了33种畜禽的地方品种、培育品种、引进品种及配套系，共计897个品种(其中17种传统畜禽品种848个，16种特种畜禽品种49个)，各区农业农村部门要以此为依据，认真调研梳理，加强属地管理，进一步摸清北京辖区内本地、外地及引进畜禽品种遗传资源名称、资源分布、来源、主要特征特性、生产性能、种群规模及近年变化情况、经营主体、保护现状、濒危状况、开发利用等情况，同时与本地园林绿化部门及时沟通，建立协调机制，制定工作方案，做好相关工作资料和档案移交等衔接工作，对新列入《目录》的原野生动物养殖企业(场户)，及时纳入《中华人民共和国畜牧法》《中华人民共和国动物防疫法》等法律法规管理范畴，指导并督促养殖业主按要求申请《动物防疫条件合格证》《种畜禽生产经营许可证》，并完成《北京市畜禽遗传资源调查情况统计表》(附件1)、《北京市新列入〈国家遗传资源目录〉物种的情况调查统计表》(附件2)和相关工作情况报告，为本市畜禽种业规范管理、分类指导、精准施策打牢基础。

三、夯实基础，加强畜禽遗传资源保护利用与行业监管

(一)加强畜禽遗传资源保护利用

认真贯彻落实《国务院办公厅关于加强农业种质资源保护与利用的意见》(国办发〔2019〕56号)，健全畜禽遗传资源保护体系，强化保护责任落实，不断完善畜禽遗传资源普查、品种登记、性能测定、遗传评估等基础性、公益性工作；落实畜禽遗传改良计划，推进畜禽良种联合攻关，加快培育突破性畜禽新品种；加强种畜禽生产经营许可管理，健全良种繁育、饲养管理、产品加工、疫病防控等体系；加强北京畜禽种业市场监管，印发种业监管方案，种畜禽生产经营企业监管覆盖率达到100%。

(二)加强畜禽遗传资源行业监管

市畜牧总站负责本市种畜质量安全检测工作；市动物卫生监督所负责组织指导种畜禽生产经营的监督执法和大案、要案、跨区域案件的查处工作；市动物疫病预防控制中心负责本市种畜质量安全检测中的动物疫病检测工作。强化特种畜禽养殖管理，健全管理制度，规范技术要求，不断提升特种畜禽养殖水平。依法加强水貂、银狐、北极狐、貉等毛皮动物饲养管理，严禁以食用为目的的胴体经营利用行为。加强政策规划指导，严格动物卫生监督，持续推进畜禽粪污资源化利用。

四、营造氛围，加强政策解读与宣传引导

各区农业农村局、市农业农村局所属有关单位要积极开展科普教育和宣传工作，创新方式方法，统筹做好《目录》宣传解读，充分利用网络、报刊、电视、广播、微博等新闻媒体，宣传畜禽在保障畜产品有效供给、提高人民生活水平方面的作用，增进公众对畜禽养殖业的了解，及时回应社会关切。要开展好畜禽健康养殖、疫病防控专业技术和法律法规等专题培训，及时推广好经验好做法，提高养殖者饲养管理水平。

五、及时补位，积极配合做好禁食野生动物善后处置工作

各区农业农村部门要在区委、区政府统一领导

下，积极配合相关部门做好禁食野生动物善后处置和受影响农户调整、转变生产经营活动等工作。

六、强化落实，进一步加强组织领导

落实《目录》是当前畜牧业和种业发展的一项重要任务，各区各有关单位要进一步提高政治站位，讲政治、顾大局，充分认识畜禽遗传资源保护和管理的重要性和紧迫性，将畜禽遗传资源保护和管理工作列入重要议事日程，整体谋划，深入推进，确定工作重点，采取科学有力措施，切实抓紧抓细抓实。市农业农村局将于 8 月至 11 月组织专项调研组对各区农业农村部门宣传贯彻落实《目录》情况进行调研。

请各区农业农村局、市农业农村局所属相关单位于 8 月 15 日前反馈《北京市畜禽遗传资源调查情况统计表》和《北京市新列入〈国家遗传资源目录〉物种的情况调查统计表》电子版；10 月 30 日前将《目录》贯彻实施情况总结及上述 2 份调查统计表纸质版加盖公章后，报送至市农业农村局种业管理处。

《国家畜禽遗传资源目录》和《国家畜禽遗传资源品种名录》请在以下网址自行下载。

http://www.moa.gov.cn/gk/tzgg_1/gg/202005/t20200529_6345518.htm.

http://www.moa.gov.cn/gk/tzgg_1/tz/202005/t20200529_6345586.htm.

附件 1　北京市畜禽遗传资源调查情况统计表（略）

附件 2　北京市新列入《国家遗传资源目录》物种的情况调查统计表（略）

北京市农业农村局　北京市生态环境局 关于印发《关于进一步推进畜禽粪污资源化利用 依法加强养殖污染治理的指导意见》的通知

（2020 年 7 月 17 日）

各区农业农村局、区生态环境局：

为贯彻落实《农业农村部办公厅生态环境部办公厅关于促进畜禽粪污还田利用依法加强养殖污染治理的指导意见》（农办牧〔2019〕84 号）和《农业农村部办公厅生态环境部办公厅关于进一步明确畜禽粪污还田利用要求强化养殖污染监管的通知》（农办牧〔2020〕23 号）要求，市农业农村局、市生态环境局联合制定了《关于进一步推进畜禽粪污资源化利用依法加强养殖污染治理的指导意见》，现印发给你们，请遵照执行。

关于进一步推进畜禽粪污资源化利用 依法加强养殖污染治理的指导意见

为贯彻落实《中共中央　国务院关于全面加强生态环境保护坚决打好污染防治攻坚战的意见》、《国务院办公厅关于加快推进畜禽养殖废弃物资源化利用的意见》（国办发〔2017〕48 号）、《农业农村部办公厅生态环境部办公厅关于促进畜禽粪污还田利用依法加强养殖污染治理的指导意见》（农办牧〔2019〕84 号）和《农业农村部办公厅生态环境部办公厅关于进一步明确畜禽粪污还田利用要求强化养殖污染监管的通知》（农办牧〔2020〕23 号）要求，深化种养结合发展，加快推进畜禽粪污肥料化利用，进一步明确畜禽养殖污染治理路径，提高粪污资源化利用水平，促进生态环境保护和畜牧业协调发展，结合本市实际，制定本指导意见。

一、总体要求

（一）指导思想

深入贯彻习近平生态文明思想，统筹考虑生态环境保护与畜牧业发展的需要，以粪污处理低成本、安全无害化和粪肥全量还田利用为重点，坚持依法治理、以用促治、利用优先，积极稳妥推进种养结合发展，努力探索畜牧业绿色高质量发展的新路径。

（二）基本原则

以用促治，利用优先。充分认识畜禽粪污资源属性和污染风险，加快畜禽养殖污染防治从重达标排放向重全量利用转变。采取减少处理环节、简化操作流程、实行专业服务等方式降低粪污处理、粪肥施用难度和成本，破除畜禽粪污肥料化利用瓶颈制约，提高利用水平。

政府引导，市场运作。完善支持政策，坚持企业投入为主、政府适当支持、社会资本积极参与的原则，引导种养主体完善粪肥还田利用设施装备，提高种植主体粪肥施用积极性。鼓励培育粪肥经纪公司、经纪人等社会化服务主体，建立粪肥收贮运还田体系，构建市场化运营机制。

科学管理，高效利用。完善畜禽粪污还田利用相关标准体系，依据施肥、灌溉、排污等不同行为性质确定适用标准。按照“养分平衡、以养促种”的思路，搭建粪肥供需渠道，优化、示范、推广畜禽粪污处理和利用模式，规范粪肥施用和管理，促进粪污养分高效利用。

落实责任，依法监管。加强粪肥施用技术指导和服务，落实种养主体和第三方责任，加大环保执法监管力度，避免畜禽粪肥利用超出土地养分需要量，造成环境污染。对养殖场户治理需要整改的，要给予合理过渡期。

（三）工作目标

建立健全粪肥还田制度体系，推广经济高效、灵活多样的种养结合模式，不断完善粪肥还田利用设施装备，构建有效衔接、相互匹配的种养业发展机制，持续提高耕地地力、提升农作物品质，有效控制畜禽养殖违法排污，增强畜牧业生态效益。到2020年，全市畜禽粪污综合利用率达到90%以上，规模养殖场粪污处理设施装备配套率达到100%并有效运行；到2025年，全市畜禽粪污综合利用率达到95%以上。

二、重点工作

（一）积极推进畜禽粪污还田利用

鼓励畜禽养殖主体全量收集和利用畜禽粪污，支持其建设畜禽粪污无害化处理和资源化利用设施，采取粪肥还田、制取沼气、生产有机肥等方式进行资源化利用。已获得环评批复的规模养殖场在建设和运营过程中，如需将粪污处理由达标排放（含按农田灌溉水标准排放）变更为资源化利用（不含商业化沼气工程和商品有机肥生产），在项目竣工环保验收前变更的，按照非重大变动纳入竣工环境保护验收管理；在竣工环保验收后变更的，按照改建项目依法开展环评。

（二）科学规划种养业布局

各区要根据环境容量和土地承载力，统筹安排种养发展空间，优化调整畜禽养殖场布局，降低环境风险。要统筹考虑现代化养殖基地、种植基地和生态循环农业建设基地建设，积极打造种养结合示范区。要制定“十四五”时期种养循环发展工作方案，明确粪肥利用目标、途径和任务，加强种养结合发展指导。

（三）稳定运行粪污处理设施装备

养殖主体要履行粪污利用和污染防治主体责任，采取措施，对畜禽粪污进行科学处理和资源化利用，防止污染环境。规模养殖场要严格落实《中华人民共和国固体废物污染环境防治法》《中华人民共和国水污染防治法》《中华人民共和国大气污染防治法》《畜禽规模养殖污染防治条例》和本市大气、水、固体废弃物等相关法律法规标准要求，建设粪污无害化处理和资源化利用设施，或委托第三方代为实现粪污无害化处理和资源化利用。对已配套建设粪污处理设施装备并通过区农业农村、生态环境部门联合检查评估的规模养殖场，要确保设施装备长期有效运行，定期进行检查维护，保障设施装备正常运转；对新建、扩建的规模养殖场，配套建设、改造升级与养殖规模相配套的粪污无害化处理和资源化利用设施装备后，各区农业农村、生态环境部门要联合组织开展检查评估，并出具区级部门检查意见，检查通过后，养殖场要确保设施装备长期稳定有效运行。各区要继续推进畜禽养殖污染防治，新建、扩建规模化畜禽养殖场要配备粪污治理视频监控系统，其他规模化畜禽养殖场逐步配套完善粪污治理视频监控系统。

（四）拓宽粪肥利用渠道

搭建畜禽粪肥利用信息平台，针对养殖主体、种植主体、第三方专业机构等开放共享粪肥供需信息，畅通种养联动信息渠道。各区要切实把畜禽粪肥作为替代化肥的重要肥料来源，着力推广堆（沤）肥、液态肥利用，结合土地配套、粪肥施用距离等实际，充分发挥畜禽粪肥利用信息平台作用，引导其根据实际选择通过租赁、协议等方式落实足量与粪污养分产量匹配的用肥土地或通过生产商品有机肥等形式利用粪污养分资源，提升畜禽粪污综合利用率，服务种植业提质增效。养殖主体配置的粪污贮存设施容积不得低于作物生产用肥的最大间隔时间内产生粪污的总量，配套用肥土地面积不得小于《畜禽粪污土地承载力测算技术指南》要求的最小面积；配套用肥土地面积不足的，应委托第三方代为实现粪污资源化；达不到以上要求且无法证明粪污去向的，视同超出土地消纳能力。鼓励各区培育粪肥经纪公司、经纪人等第三方社会化服务主体开展粪肥收运施用服务，建立“谁受益、谁付费”机制，引导养殖主体通过第三方与种植主体有效衔接，实现粪肥利用。鼓励种植大户、合作社、家庭农场、农业企业配套建设液态粪肥田间贮存池、输送管网等设施，实现养殖场内粪污贮存发酵与田间粪肥贮存利用设施相配套。

（五）规范畜禽粪肥利用管理

在种养平衡、土地承载力核算控制基础上，完善粪污肥料化利用标准体系，市级研究制定本市粪污肥料化还田利用标准或规范，规范畜禽粪污的处理、利用和检测，明确限量要求，加强对各区畜禽粪肥还田途径、利用方式、用量等方面的技术指导。区农业农村部门要加强业务指导把关，规模养殖场要制定畜禽粪肥还田利用方案，与种植主体或第三方专业机构签署粪肥还田利用协议，协议应在有效期内，同时根据作物类型、种植制度明确粪肥施用时间、使用量等，健全粪污处理和资源化利用台账，提供规模养殖场与种植主体双方签字的粪肥利用记录单，准确记录粪污去向、粪肥利用数量等信息，避免施用超量或时间不合理，并作为监督执法的重要依据。要切实用好规模养殖场直联直报信息平台，及时更新、审核有关内容，确保数据填报真实、准确，动态掌握辖区畜禽粪污资源化利用基本情况，实现精准管理。

（六）加大技术推广力度

加大源头节水、圈舍气体净化、粪污覆盖贮存、低蛋白日粮等技术推广力度，减少粪污产生总量，控制气体排放，降低粪污处理和利用难度。规范饲料和兽药使用，严格执行《饲料添加剂安全使用规范》，减少促生长兽用抗菌药物和矿物元素饲料添加剂使用，控制利用风险。统筹考虑不同辖区区域资源环境、主导畜种、养殖规模、优势作物等基础条件，以降低利用成本和提高安全水平为重点，强化粪肥无害化处理，大力推广经济适用的堆（沤）肥、固液混合发酵等经济高效的利用方式。加强固态和液态粪肥施用机具等还田利用设施装备的研发推广，积极推进全量机械化施用，降低粪肥施用劳动强度，逐步改进粪肥施用方式。鼓励通过机械深施、注射施肥等方式进行粪肥还田，提高氮素利用率，减少养分损失和氨气挥发。

（七）强化基础支撑

建立养分管理机制，以养分供需平衡为核心，完善畜禽粪肥土地需求量核算方法，实现地块、作物品种、养殖业生产养分供给之间进行精细化管理。加强种养结合区划研究，评估不同区域资源环境和粪肥供需特点，优化粪污区域配置。加强畜禽粪肥还田利用全链条监测，及时掌握粪污养分和有害物质含量，开展生态环境效应评估，防范还田风险。

（八）优化畜禽养殖环境监管

各区要严格执行《畜牧法》《畜禽规模养殖污染防治条例》有关要求，落实《北京市生态环境局北京市农业农村局关于进一步规范畜禽养殖禁养区管理的函》，依法对调整后的禁养区进行规范管理。结合畜牧部门畜禽养殖场（小区）登记备案工作，定期开展禁养区规模养殖排查，严防复养反弹。继续推进生猪养殖项目环评“放管服”改革，做好环评与排污许可、主要污染物排放总量管理的衔接，对年出栏5 000头及以上的生猪养殖项目，开展环评审批“告知承诺制”改革试点，缩短建设项目环评管理流程；对规模以下生猪养殖项目和不设置污水排放口的规模以上生猪养殖项目，不得要求申请排污许可证和取得总量指标。各区生态环境部门要加强督促，大力推进各畜禽养殖场、养殖小区按照《畜禽规模养殖污染防治条例》要求，每年将畜禽养殖品种、规模以及畜禽养殖废弃物的产生、排放和综合利用等情况向报区生态环境部门备案。区生态环境部门定期将备案情况抄送同级农业农村部门。

三、保障措施

（一）加强统筹协调

各区农业农村部门、生态环境部门要建立上下联动、各负其责、分工协作的工作推动机制，提升各项工作的系统性、整体性、协同性，合力推进畜禽粪肥还田利用，防治畜禽养殖污染。要结合本辖区特点，制定科学完善、操作性强的种养结合工作方案并推动实施。加强宣传引导，增强种养主体粪肥还田意识。市级有关部门将加强工作指导和监督，定期调度工作进展，跟踪评估实施成效，每年定期组织开展年度畜禽粪污资源化利用工作专项评估，全面评价各区工作进展，深入查找问题和不足，督促各区加快工作进度。

（二）强化政策支持

市级制定粪污资源化利用长效运行补贴机制，对畜禽粪污有效实现资源化利用的行为给予一定数额的补贴，建立健全畜禽粪污资源化利用补贴政策。各区要严格落实《2018—2020年北京市农机购置补贴实施方案》（京农发〔2018〕190号），引导养殖主体积极选购畜禽粪污资源化利用机具、按照程序申请购机补贴，及时审核补贴相关申请资料，兑付补贴资金，保障设备配套。

（三）严格依法监管

各区要准确适用相关标准，根据畜禽粪污排放去向或利用方式的不同执行相应的标准规范，对配套土地充足的养殖主体，粪污经无害化处理后还田利用具体要求及限量应符合《畜禽粪便无害化处理技术规范》（GB/T 36195）和《畜禽粪便还田技术规范》（GB/T 25246），配套土地面积应达到《畜禽粪污土地承载力测算技术指南》要求的最小面积；对配套土地不足的养殖主体，粪污经处理后向环境排放的，应符合《畜禽养殖业污染物排放标准》（GB 18596）、《北京水污染物综合排放标准》（DB11/307）及本市其他相关排放标准，用于农田灌溉的，应符合《农田灌溉水质标准》（GB 5084）。对粪污贮存、处理、利用、雨污分流等环保设施配套不到位，粪污未经无害化处理直接还田或向环境排放，不符合国家和本市排放标准的，农业农村部门要加强技术指导和服务，给予整改期限，严禁采取“一律关停”等简单做法，避免以清理代替治理，对于畜禽规模养殖造成环境污染的，生态环境部门要依法查处。进一步规范行使行政处罚自由裁量权，加强事中事后监管，积极转变执法理念，创新执法方式，增强服务意识，确保公正文明执法。

北京市农业农村局关于印发《2020年北京市农产品质量安全专项整治“利剑”行动方案》的通知

（2020年7月21日）

各区农业农村局，市农委、市农业农村局机关各有关处室、所属各有关单位：

为切实开展好本市2020年农产品质量安全专项整治“利剑”行动，市农业农村局制定了《2020年北京市农产品质量安全专项整治“利剑”行动方案》，现印发给你们，请认真组织实施。

2020年北京市农产品质量安全专项整治“利剑”行动方案

根据全国农产品质量安全强监管推进会议精神，按照中央纪委国家监委要求和农业农村部办公厅《关于印发2020年农产品质量安全专项整治“利剑”行动方案的通知》（农办质〔2020〕4号）部署，在“不忘初心、牢记使命”主题教育农产品质量安全专项整治成果的基础上，为进一步加强农产品质量安全监管执法，2020年将在全市继续组织开展农产品质量安全专项整治“利剑”行动，严厉打击各类违法违规用药和非法添加行为，坚决守住农产品质量安全底线，切实保障人民群众舌尖上的安全，具体方案如下。

一、总体目标

针对种植养殖农产品生产过程中质量安全管控不规范、违法使用禁用药物和非法添加物、农药兽药残留超标等问题和隐患风险，深挖根源，狠抓重点对象、重点产品和薄弱环节，坚持重拳出击、保持高压态势，严厉打击农产品质量安全领域的违法违规行为。强化农产品生产企业、合作社、基地、家庭农场、种养大户、小农户（以下简称“种植养殖者”）的源头管控措施落实，加大督导检查和指导培训力度，严格落实农药安全间隔期、兽药休药期制度，着力消除农产品质量安全隐患和行业潜规则，确保不发生重大农产品质量安全事件，切实保障人民群众舌尖上的安全。

二、整治重点

（一）“利剑 1 号”种植产品专项整治行动

以蔬菜产品为重点，重点排查生产企业、合作社、基地、家庭农场、种植大户等蔬菜生产主体，严厉打击生产过程中违法使用蔬菜禁用农药（见附件 1）的行为、采收时不遵守安全间隔期制度造成农药残留超标的行为，以及进入批发、零售市场或生产加工企业前在包装、保鲜、贮存、运输中未按国家有关强制性技术规范使用保鲜剂、防腐剂的行为。

（二）“利剑 2 号”畜禽产品专项整治行动

以禽蛋、猪肉、牛肉、羊肉等畜禽产品为重点，以蛋禽规模养殖场及养殖小区、年出栏 10～100 头的肉牛养殖场（户）、年出栏 20～200 只肉羊的养殖场（户）、生猪屠宰企业为重点对象，严厉打击蛋禽养殖过程中违法使用禁用药品、超剂量超范围使用兽药、使用未批准在产蛋期使用的药物、使用未批准的农药类杀虫剂、不执行休药期规定、销售残留超标禽蛋等行为，肉牛及肉羊养殖、交易、运输、屠宰过程中非法使用“瘦肉精”等禁用物质行为，未按规定落实屠宰环节非洲猪瘟自检和官方兽医派驻制度，以及生猪私屠滥宰、屠宰病死猪、注水注药等违法行为。

（三）“利剑 3 号”水产品专项整治行动

以水产养殖场、养殖户为重点对象，严厉打击水产养殖过程中违法使用禁用药品及其他化合物、停用药物的行为，以及出塘时不遵守休药期规定造成兽药残留超标的行为；违法生产、经营和使用假兽药（用于预防、治疗、诊断水产养殖动物疾病或者有目的地调节水产养殖动物生理机能的物质，依照《兽药管理条例》规定应当经审查批准而未经审查批准即生产、进口的，按照假兽药处理），以及所谓“非药品”“动保产品”添加兽药和禁用药品及其他化合物的行为。

三、组织领导及任务分工

市级成立农产品质量安全专项整治“利剑”行动工作组，负责组织市、区各相关单位开展农产品质量安全专项整治“利剑”行动。

组　长：单炜力　市农业农村局副局长
副组长：陶志强　市农业农村局二级巡视员
成　员：陈连武　市农业农村局农产品质量安全处处长
　　　　肖　勇　市农业农村局种植业管理处处长
　　　　张毅良　市农业农村局畜牧渔业处处长

工作组下设综合协调办公室，设在农产品质量安全处，负责全市农产品质量安全专项整治“利剑”行动的整体协调联络、工作调度、信息及工作开展情况汇总、上报等。市农业环境监测站和市农优站按照职责分工配合开展相关工作。

种植业管理处牵头组织相关站所开展“利剑 1 号”种植产品专项整治行动。市植保站具体负责蔬菜及农药监督抽样、检测、巡查检查及配合种植业管理处开展执法相关工作。

畜牧渔业处牵头组织相关站所开展“利剑 2 号”畜禽产品专项整治行动和“利剑 3 号”水产品专项整治行动；兽医兽药处负责违法使用禁用兽药、假兽药等行为的查处。市动物卫生监督所负责指导各区开展辖区内畜禽产品和兽药违法行为查处工作，开展相关大案、要案和跨区案件的查处工作；市兽药监察所负责畜禽产品及兽药监督检测相关工作；市饲料监察所负责畜禽养殖中饲料监督检测相关工作；市水产技术推广站负责水产品监督检测工作，市渔政站负责水产品监督执法相关工作。

各区农业农村局要参照市级专项整治工作职责分工，制定整治方案，积极落实属地职责，严厉查处相关违法行为，明确整治工作综合协调联系人及每一项专项整治行动的具体负责人员，共同开展好本辖区农产品质量安全专项整治“利剑”行动。

四、主要措施

（一）规范种植养殖屠宰行为

1. **落实主体责任。**一是提升生产主体农产品质量安全自控能力和第一责任人意识，依法告知种植养殖者其法定义务和违法犯罪后果，使其做到知法、懂法、用法和守法，严格落实安全间隔期、休药期制度。二是强化落实农业生产环节现场监督检查，督促种植养殖者落实生产记录制度，完善种植养殖用药档案；指导种植养殖者科学合理使用农业投入品，建立健全用药记录。督促屠宰企业全面落实生猪入场查验登记、待宰静养、“瘦肉精”自检、非洲猪瘟自检、病害猪无害化处理、车辆清洗消毒等制度。规范非洲猪瘟病毒核酸阳性样品处置，严禁相关生猪及其产品流入市场。三是试行食用农产品合格证制度，完善生产主体名录，规范合格证开具，严格合格证管理，积极推进诚信生产经营，促进生产者落实质量安全主体责任。

2. **指导种植养殖者加强风险防控。**组织安全用药宣传培训，提高种植养殖者质量安全意识，引导其严格落实安全用药要求，辨识国家批准的正规农药兽药，拒绝购买和使用禁用药品及其他化合物、停止使用药品、假兽药以及其他所谓“非药品”“动保产品”等存在安全隐患的投入品。加快低毒低残留农药推广应用，以新型农业经营主体和病虫害防治专业化服务组织为重点，培训一批技术骨干，提升科学选药用药能力。

（二）加强风险隐患排查

1. **强化属地监管职责落实。**一是开展农产品质量安全网格化监管试点。完善网格化监管制度，重点监管对象要明确监管责任人，实现网格内重点监管对象排查全覆盖，对于问题易发多发地区加大排查力度。二是严格落实风险监测预警机制。通过农产品质量安全风险调查、风险评估、风险监测，针对本市重点主体、重点产品、重点区域、重点时段、重点项目、重点环节开展风险隐患排查。针对发现的问题隐患，迅速反应，及时预警，主动设防，通过开展风险信息提示、生产技术指导、专项监督检查等及时进行查漏补缺，做到风险受控，防患于未然。市、区各单位应结合生产情况，在“利剑”行动中结合农业农村部梳理的近三年风险较高的产品及其需要关注的重点参数（见附件2）进行重点排查。

2. **强化重点问题隐患排查。**一是未按规定使用“三剂”问题。深入排查农产品从种植环节到进入批发、零售市场或生产加工企业前未按国家有关强制性技术规范使用保鲜剂、防腐剂，养殖环节使用未批准的农药类杀虫剂等问题隐患，一旦发现及时查处。同时，强化对农药、兽药、消毒药等投入品隐性添加的排查、整治力度。二是养殖过程中违法使用禁用药品及其他化合物、停用药物问题。重点查处肉牛肉羊养殖、交易、运输、屠宰过程中违法使用“瘦肉精”等禁用物质行为，蛋禽养殖过程中违法使用禁用药品、超剂量超范围使用兽药、使用未批准在产蛋期使用的药物、使用未批准的农药类杀虫剂行为，以及在水产养殖中使用的“非药品”“动保产品”中添加兽药和禁用药品及其他化合物，使用自制微生物菌剂等问题。

（三）加大监督抽查力度

做好日常督导巡查与农产品质量安全监测工作的衔接，加大监测力度，严格落实监督抽查“抽检分离”和“双随机”制度。强化风险监测结果对监督抽查工作的导向性，提高监测合格率较低的地区和主产区以及风险隐患高、问题突出的农产品监督抽查比例。严格不合格产品后续处理，及时销毁或无害化处理问题产品，依法查处相关企业和责任人，做到依法查处率100%，涉嫌犯罪的要坚决移送司法机关追究刑事责任。

（四）开展飞行检查

采取“四不两直”方式开展农产品质量安全飞行检查。市区两级在主要国庆、元旦等重点时段，根据风险监测中发现的问题隐患、媒体报道和群众投诉举报的质量安全问题、日常监管中发现的问题确定检查区域，随机选择检查对象，突出检查重点，重点检查质量安全控制措施落实情况、生产过程规范性以及产品质量安全情况，确保飞行检查的严肃性、针对性、实效性。飞行检查完成后要及时向检查对象通报检查结果，督促整改，加强跟踪督办，严格落实属地责任、监管责任、主体责任。

（五）加大案件查办力度

在“利剑”行动期间，对于发现的问题线索，做到发现一个，跟踪调查一个，形成严密的质量安全监督查处机制。对发现的问题隐患和不规范行为，纳入重点监管范围，强化督促整改；对发现的违法违规行为，要严厉打击、坚决查处；加强行政执法和刑事司法的有效衔接，对涉嫌犯罪的案件，要依法向公安机关移送。加强部门间协调合作，会同公安、市场监管等部门开展多部门联合执法，对大案要案要一案一报、挂牌督办。对发现涉及其他地区的问题农产品，要及时通报相关地区监管机构。

五、进度安排

坚持集中整治与日常监管相结合，主体自查自纠与监督检查相结合，集中力量切实开展好“利剑”行动。

（一）部署启动阶段（7月中旬前）

制定“利剑”专项行动方案，周密部署、突出重点、精心安排、及时启动。

（二）排查整治阶段（7月中旬至11月上旬）

市区各部门、各单位组织力量，围绕“利剑”3个行动，全面排查问题隐患，落实风险排查、飞行检查、监督抽查、执法查处等专项整治措施，着力消除农产品质量安全隐患和行业潜规则。

（三）总结提升阶段（11月中旬至12月上旬）

对“利剑”行动中的好经验、好做法进行总结，提炼形成农产品质量安全整治有效监管模式，加强宣传推广，推动建立长效机制，切实提升治理能力。

六、有关要求

（一）强化组织领导

市、区各单位应提高认识、加强组织领导，延续2019年主题教育农产品质量安全专项整治工作机制。各区农业农村局成立“利剑”行动工作组，由主管负责人员挂帅，统筹协调好农产品生产、监管、执法、宣传各相关部门，明确分工，建立发现问题、监管和预警通报机制，共同推进整治工作。各单位要根据辖区新冠肺炎疫情风险等级，灵活采用各种工作方式，开展好农产品质量安全专项整治“利剑”行动，切实落实监管责任。

（二）加强协调配合

各区农业农村部门应加强与公安、市场监管等部门的协调配合，建立健全信息共享、会商研判、联合办案协作机制，针对重点问题、重点时段组织开展联合执法，对大案要案实施案件移送和行刑衔接。

（三）做好宣传引导

市、区各单位要以多种形式加大宣传力度，着重宣传“利剑”行动措施和成效，曝光典型案例，形成专项整治行动的强大声势，震慑违法犯罪分子。要畅通投诉举报渠道，深入群众听取意见，引导全社会积极参与农产品质量安全监督，强化社会共治，营造良好的舆论氛围。

（四）及时总结报送信息

建立专项整治信息报送机制，切实做好信息统计报送工作，责任落实到人。各区农业农村部门请于7月31日前报送本区“利剑”行动方案及联络员，每月25日前汇总本辖区截至当时的农产品质量安全专项整治“利剑”行动统计表（见附件3）、问题发现查处台账（只报送农产品问题，不含农资问题，见附件4）、市内监督抽查不合格样品统计表（只报送农产品，不含农资，见附件5），大案要案（移送司法机关的农产品案件）要报送详细案情，并报送至市级“利剑”行动综合协调办公室。市级各相关单位于每月25日前，将本单位专项整治相关情况分别报送至“利剑”3大行动牵头处室，由牵头处室汇总后报送至综合协调办公室。同时，请市、区各相关单位于2020年12月10日前报送整治工作总结（包括整体情况、主要措施、存在的问题、下一步工作安排等）。

附件1　禁限用农药名录（略）

附件2　重点关注品种及参数清单（略）

附件3　2020年6—××月北京市农产品质量安全专项整治“利剑”行动统计表（略）

附件4　2020年6—××月北京市农产品质量安全问题发现查处台账（略）

附件5　2020年6—××月北京市农产品质量安全监督抽查不合格样品统计表（略）

北京市农业农村局 北京市卫生健康委员会 北京市城市管理委员会 北京市市场监督管理局 关于切实做好农村“厕所革命”专项行动 （2018—2020年）收尾工作的通知

（2020年7月21日）

各有关区农业农村局、卫生健康委、城市管理委、市场监管局：

2018年全市实施农村“厕所革命”专项行动（2018—2020年）以来，各区认真贯彻习近平总书记关于推进农村“厕所革命”的重要指示批示精神，按照市委、市政府的统一部署，依据《北京市关于农村“厕所革命”专项行动的指导意见》（京农函〔2019〕2号）要求，紧密结合农村人居环境整治三年行动，围绕2020年年底前实现“农村卫生户厕覆盖率达到98%以上”“农村三类以上公厕达到90%以上”两个目标，坚持先试点后推广、先地下后地上、先验收后奖补，逐步推进农村户厕、公厕建设标准化、管理规范化、运维市场化、监督社会化，农村三年改厕任务基本完成，有力促进了农村人居环境的持续改善。

2020年是农村人居环境整治三年行动收官之年，国务院检查组也将于第四季度对农村改厕情况和群众满意度进行专项检查。为做好下半年农村改厕各项工作，及早发现问题、解决问题，根据农业农村部、国家卫生健康委、国家市场监管总局《关于进一步提高农村改厕工作实效的通知》（农社发〔2020〕4号）、农业农村部办公厅等部门《关于印发〈农村厕所粪污无害化处理与资源化利用指南〉和〈农村厕所粪污处理及资源化利用典型模式〉的通知》（农办社〔2020〕7号）精神和市领导指示，现就有关事项通知如下：

一、尊重农民意愿，高标准完成农村“厕所革命”专项行动任务

要采取有效措施，主动克服疫情影响，按照“进度服从质量”“进度服从农民满意度”原则，依据国家市场监管总局（国家标准委）发布的《农村三格式户厕建设技术规范》《农村三格式户厕运行维护规范》《农村集中下水道收集户厕建设技术规范》等3项国家标准和北京市明确的《农村小型一体化粪污处理设施建设与运维指南（试行）》，完成好列入2019—2020年农村改厕计划的剩余厕所改造，并根据实际需要适当调整改厕台账，确保2020年年底前各区如期实现农村无害化卫生户厕覆盖率98%以上、三类以上公厕覆盖率90%以上目标。各区市场监管部门要将农村改厕产品列入重点监管范围，加大质量监管力度，从严从快处理生产、销售不合格改厕产品的行为。

二、坚持问题导向，及时处置和解决群众反映的相关问题

一是要持续抓好国务院检查组对北京农村改厕反馈问题的整改，用好“12345”接诉即办机制，举一反三，全面排查梳理农村户厕、公厕改造管护上存在的问题，横向到边、纵向到底、拉单挂账、逐项整改。二是要引导村民自行拆除或改造宅内“一户一厕”“一宅一厕”政府补贴之外的非卫生厕所，对确因农户宅内条件限制需以公厕形式解决户厕问题的村庄，要适当增加村内公厕布局密度。三是要倡导使用节水厕具，减少冲便用水，确保三格式户厕粪污清掏间隔时间不低于《农村三格式户厕运行维护规范》的明确要求。四是要做好农村“厕所革命”专项行动落实情况验收，2020年10月底前，各区要基本完成施工任务，按照户厕、公厕改造检查验收相关标准，启动区级三年农村改厕的检

查验收工作，验收完成后将专题报告报市相关部门。

三、健全长效机制，逐步实现农村厕所管理科学化制度化

一是加强宣传引导。各区要深入学习农业农村部办公厅、国家卫生健康委办公厅、生态环境部办公厅印发的《农村厕所粪污无害化处理与资源化利用指南》和《农村厕所粪污处理及资源化利用典型模式》，通过向广大农民印发无害化卫生厕所使用常识“明白纸”“一封信”等形式，增强农民群众对户厕管护的主体责任意识，引导正确使用无害化卫生户厕、公厕，尤其要禁止洗浴、洗涤、洗菜和餐厨泔水流入三格化粪池，禁止将含有农药、消毒液、大剂量洁厕灵等的化工物质流入小型一体化粪污处理设备生物菌池，禁止将菜叶、食物残渣、卫生用品等硬物杂物扔入便器，以免影响无害化处理效果。二是加强运维管护。引导各镇、村学习借鉴《农村厕所粪污处理及资源化利用典型模式》推广的9种模式11个典型范例，建立专业化的厕所管护队伍，因地制宜选择“委托管护（物业）企业管护、村委会自行管护”等不同模式，统筹户厕、公厕管护。要按照“政府补助、市场运作、农民自筹”相结合的原则，将农村户厕清掏管护纳入农村基础设施管护范围，确保已改厕所始终处于卫生、良好的使用状态。三是推进资源利用。要做好农村分散抽取粪污的流向管控，健全完善厕所粪污“抽取—转运—入站—处理”封闭式处理机制，避免造成二次污染；指导在不具备集中处理厕所粪污的1～2个乡镇，试点探索以村为基本处理单元的，集餐厨垃圾、秸秆瓜秧、树枝杂草、畜禽粪便、厕所粪污于一体的农村有机废弃物小型综合资源化处理模式，加快推进厕所粪污向有机肥料的应用转化，实现循环利用。市级将根据各区试点情况，适时组织指导、支持和推广。

附件1 农业农村部、国家卫生健康委、国家市场监管总局《关于进一步提高农村改厕工作实效的通知》（略）

附件2 农业农村部办公厅、国家卫生健康委办公厅、生态环境部办公厅《关于印发〈农村厕所粪污无害化处理与资源化利用指南〉和〈农村厕所粪污处理及资源化利用典型模式〉的通知》（略）

北京市农业农村局
关于做好2020年农村地区村庄住户冬季清洁取暖工作的通知

（2020年7月21日）

各区农业农村局、市电力公司：

2020年是京津冀大气污染防治工作重要考核目标实现的收官之年，为圆满完成《中共中央　国务院关于全面加强生态环境保护坚决打好污染防治攻坚战的意见》和《国务院关于印发打赢蓝天保卫战三年行动计划的通知》（国发〔2018〕22号）对本市的有关要求，顺利推进2020年全市农村地区村庄住户冬季清洁取暖工作，现就有关工作要求通知如下。

一、圆满完成平原村庄的清洁取暖工作

根据《北京城市总体规划（2016—2035年）》《北京市总体规划（2006—2020年）》《北京市土地利用总体规划（2006—2020年）》《北京市山区协调发展总体规划（2006—2020年）》和《北京市“十一五”时期山区发展规划》等相关文件，全市山区范围包括门头沟、房山、昌平、平谷、怀柔、密云、延庆等区的83个山区、半山区乡镇，面积为1.04万千米^2，占全市总面积的62%，剩余乡镇为平原乡镇。结合近年农村地区冬季清洁取暖工作推进情况，截至目前，全市还有昌平区、房山区（原计划拆迁上楼2020年调整为“煤改电”）和顺义区共计31个未实现清洁取暖的平原村庄。请上述3个区将计划在2023年10月底前完成拆迁的村庄清单于7月31日前以区政府名义报送市农业农村局，其余平原村庄全部纳入2020年任务中，并确保按期完成各项工作。

二、加速推进纳入2020年任务的低海拔山区和延庆山区村庄的改造工作

结合年初各有关区报送的2020年计划改造村庄清单，市农业农村局与市电力公司、市燃气集团等部门对报送村庄实施改造的可行性进行了多次研究分析。初步拟定将122个村庄（见附件）纳入改造计划，其中昌平区的12个村属于城乡接合部人口倒挂严重的平原村，计划开展燃气锅炉集中供暖；另有64个村已完成配套电网改造，可直接安装清洁取暖设备；46个村主网可接入且配网具备改造条件，需同步实施外部电网改造、户内线路改造和设备的安装。请各有关区高度重视，精心部署，加强各项工作的全程协调管理，确保农户正常取暖过冬。

三、全力保障纳入计划村庄的电网改造工作

由于规划调整、改造方式调整等因素影响，2020年农村地区村庄住户冬季清洁取暖工作涉及的外部电网改造政策有所调整，增加了区政府配套投入，请昌平区和房山区农业农村局按照商定的投资方案，及时报请本区区政府同意，并与市电力公司签订资金支付管理合同，确保按期完成外部线路改造工作。市电力公司要抓紧开展立项、物资采购、施工组织等相关工作，在政策允许的前提下，创新招标方式，尽量缩短招标周期；与各区政府紧密对接，抓紧实施外部电网改造，确保2020年取暖季电网能够支撑正常供暖。

四、强化后期管护服务

请各区结合本区实际，继续优化长效管护工作方案，严格按照2小时上门、4小时完成维修的工作要求，进一步健全区级、镇级的调度制度，落实好中标企业的维护责任；对超出质保期的取暖系统管护工作要探索推进第三方管护模式。市财政拟将采取因素法安排市级资金用于后期管护工作，各区要结合市级财政资金安排方案，提前谋划本区的长效管护工作及资金使用方案，落实好配套资金。各区要按照“未诉先办”的原则，总结分析以往取暖季百姓诉求、设备故障、关键时段、维修队伍等情况，有针对性地查找问题、分析原因、提出对策。鼓励各区通过信息化平台，掌握设备运行状况，实现设备故障提前预警、售后维护抢修调度等功能，降低设备故障发生率。要继续坚持取暖季前、后设备巡查工作，在做好设备常规事项巡查工作的同时，重点针对系统清洗除垢、压缩机漏氟、提前调试等方面，开展行之有效的故障预防、检查、排除工作，切实降低故障发生率。要结合巡查工作，采取百姓直观可见、易于接受、便于掌握的方式，如采取发放明白纸、张贴告知书等，使用户能够自行排查部分常规故障。

五、全面加强安全管理

各有关区农业农村部门、城市管理部门要建立定期会商通报机制，对农村地区冬季清洁取暖过程中村庄住户、设施农业企业“煤改电”“煤改气”、洁净型煤的安全管理工作进展进行指导、督查，加强安全宣传教育培训。督促电力企业做好外部管线安全巡查，组织督促中标企业完成设备巡查。各区农业农村局要配合城市管理部门做好户内燃气安全防护装置的推广应用；督促指导有关中标燃气企业在取暖季前、中、后的关键时期，开展户内燃气取暖设备、烟感报警器、燃气供应管道等关键安全隐患点位的安全巡查。加强洁净型煤燃用过程中安全风险排查治理。对使用洁净型煤取暖的村庄住户和设施农业企业，区农业农村部门要加大宣传教育培训力度，提高使用主体的安全意识；配合有关部门做好洁净型煤和炉具的质量监管。按照市、区预防煤气中毒工作小组的部署和分工，积极推广使用一氧化碳浓度报警等安全装置，配合相关部门进村入户排查洁净型煤炉具密封不严、积灰堵塞、排气不畅、私自加盖密封盖等问题隐患。

附件 2020年计划改造任务情况表（略）

北京市农业农村局关于印发《2020 年北京市农业农村绿色发展工作指导意见》的通知

（2020 年 7 月 27 日）

各区农业农村局：

为贯彻落实中共中央办公厅、国务院办公厅《关于创新体制机制推进农业绿色发展的意见》（中办发〔2017〕56 号）和农业农村部《2020 年农业农村绿色发展工作要点》（农办规〔2020〕5 号）有关要求，持续推进农业农村绿色发展工作，现将《2020 年北京市农业农村绿色发展工作指导意见》印发给你们，请认真抓好落实。

2020 年北京市农业农村绿色发展工作指导意见

加强农业农村生态环境保护，是深入实施乡村振兴战略，推进农业农村绿色发展的重要举措。为认真落实中办、国办《关于创新体制机制推进农业绿色发展的意见》（中办发〔2017〕56 号）和农业农村部《2020 年农业农村绿色发展工作要点》（农办规〔2020〕5 号）等相关文件要求，切实加强农业农村生态环境建设和保护工作，提出以下指导意见。

一、指导思想

以习近平新时代中国特色社会主义思想为指导，深入贯彻党的十九大、十九届二中、三中、四中全会精神，认真落实习近平生态文明思想和习近平总书记对北京重要讲话精神，认真落实 2020 年中央 1 号文件及本市实施方案要求，坚持绿色发展理念，推行农业绿色生产方式，推进质量兴农、绿色兴农，提高绿色发展对乡村振兴的引领作用，加速推进农业农村绿色发展。

二、主要任务及目标

围绕农业农村绿色发展在生态文明建设中的重要位置，参与起草并推进《北京市生态涵养区生态保护与绿色发展条例》贯彻实施，逐渐形成与资源环境承载力相匹配、与生产生活生态相协调的农业农村发展态势，任务目标主要内容包括如下。

（一）强化顶层设计，推进绿色发展

1. 推进农业绿色发展先行区建设。按照农业农村部办公厅《关于印发〈农业绿色发展先行先试支撑体系建设管理办法（试行）〉的通知》（农办规〔2019〕61 号）要求，组织顺义区、大兴区开展农业绿色发展先行先试支撑体系建设工作，进一步建立和完善农业技术体系、标准体系、产业体系、经营体系、政策体系和数字体系。

2. 优化种植业结构。立足水土资源匹配性，进一步调整优化农业区域布局。实施“藏粮于地”“藏粮于技”战略，落实耕地地力保护政策，推广绿色高效技术，合理有序统筹推进农业种植结构调整。全市完成粮食播种面积 70 万亩、产量 29 万吨，蔬菜播种面积 54 万亩、产量 130 万吨。各区确保完成本区 2020 年粮食和蔬菜生产目标。

3. 推行标准化生产。围绕农业高质量发展需要，继续推进农业地方标准制修订，构建和完善具有首都特色的北京农业标准体系。推进标准应用，全市农业标准化基地覆盖率达到 65%。

4. 发展生态健康养殖。着眼于服务首都核心功能的生态环境建设，积极推行种养结合发展模式。在种养平衡、土地承载力核算控制基础上，加快完善粪污肥料化标准体系，统筹安排种养业发展空间，推动构建粪污资源化利用长效运行补贴机制，优化种养结构。推动传统池塘生态化、景观化、休闲化改造，推行池塘生态微循环流水养殖、工厂化封闭循环水养殖、粪污收集处理设施工艺。加大微生态制剂应用技术、中草药防治技术的推广应用，合理确定养殖密度，控制减少渔药等投入品

使用。

5. **提高农产品质量安全水平。**试行食用农产品合格证制度，督促种植养殖生产者落实主体责任、提高农产品质量安全意识，探索构建以合格证管理为核心的农产品质量安全监管新模式。推进绿色、有机农业快速发展，确保本市“菜篮子”产品“三品”认证覆盖率稳定在75%以上。探索推进农产品质量安全“区域定格、网格定人、人员定责”的网格化管理。突出问题导向，强化各级各类型农产品质量安全监测工作定位与协同，为监管提供高效技术支撑。

（二）加强农业生态保护，提升产地环境质量

1. **全面实施畜禽粪污治理，提升畜禽养殖绿色发展水平。**落实市政府办公厅《关于印发〈北京市推进畜禽养殖废弃物资源化利用工作方案〉的通知》（京政办发〔2018〕24号），推进畜禽粪污资源化利用，促进种养结合循环发展，到2020年年底前，实现规模养殖场粪污处理设施装备配套率达到100%，畜禽粪污综合利用率达到90%以上。严格落实市生态环境局、市农业农村局《关于进一步规范畜禽养殖禁养区管理的函》，依法对调整后的禁养区进行规范管理。结合畜禽养殖场（小区）登记备案工作，定期开展禁养区规模养殖排查，严防复养反弹。

2. **推进化肥减量增效。**推广测土配方施肥技术，做好田间调查、取土化验、田间试验、配方发布、数据开发等基础工作。继续实施推广应用有机肥补贴政策，促进有机肥替代化肥。推广水肥一体和基质化栽培技术，综合提升水肥利用效率。科学开展有机肥质量监控与化肥减量评价，全面掌握化肥减量实施成效。到2020年年底，全市主要农作物化肥利用率提高到40%，测土配方施肥技术覆盖率达到95%以上，化肥施用总量比2015年下降28%。

3. **推进农药减量控害。**加强农作物病虫害监测，及时发布病虫害预警信息，增强科学防治的针对性。继续实施推广应用绿控产品补贴政策，优先使用天敌、生物农药和理化诱控产品，推广高效低毒低残留化学农药。扶持专业化服务组织建设，推进农作物病虫害专业化统防统治。扎实开展农药减量工作评价，全面掌握农药减量实施成效。到2020年年底，全市农作物农药利用率提高到45%，统防统治覆盖率达到40%以上，农药施用总量比2015年下降15%。

4. **推进农业投入品废弃物回收处置。**健全农业投入品废弃物回收处置体系，落实收集、回收、处置等环节责任及工作。推广和示范应用加厚地膜和全生物降解地膜，禁止使用0.01毫米厚度以下的地膜。组织地膜残留监测，开展地膜回收处置效果监测评价。完善农药包装物回收模式，开展肥料包装物和其他废弃农用塑料制品（育苗盘、节水灌溉材料等）回收处置试点，防止农业投入品废弃物对土壤的污染。到2020年年底，全市农膜回收率达80%以上，农药包装废弃物回收处置实现全覆盖。

5. **更新耕地土壤环境质量类别分类清单。**围绕落实《土壤污染防治行动计划》目标，根据土地用途变更、耕地土壤和农产品质量协同监测与评价结果，按照国家有关规定，组织相关区调整更新耕地土壤环境质量类别分类清单。

6. **推进受污染耕地安全利用。**各相关区要落实受污染耕地安全利用措施，建立安全利用管理台账。加强受污染耕地土壤和农产品质量协同监测与评价，原则上各相关区对安全利用类耕地种植的食用农产品，按照“产出一季，检测一季”的要求开展农产品质量检测。产出农产品检测不合格的，严禁食用并及时调整强化安全利用措施；对于需要实施修复的耕地，组织编制修复方案并实施。推进严格管控类耕地种植结构调整，强化用途管理，引导种植非食用农产品，也可结合新一轮百万亩造林工程，将严格管控类耕地纳入造林或退耕还林还草范围。2020年年底前，各相关区受污染耕地安全利用率达到90%以上。

7. **做好农业扬尘管控。**组织摸清季节性裸露农田分布区域，健全台账，加强裸露农田管理。严格落实《北京市季节性裸露农田扬尘抑制关键保护性耕作技术推广应用作业补贴实施方案》要求，持续开展作物秸秆还田等保护性耕作技术。结合农耕时节，配合生态环境、城管等部门开展秸秆禁烧检查和巡查。探索开展农机作业扬尘治理，有效抑制季节性扬尘。加强非道路农用机械监管，健全使用台账，示范推广农业机械尾气后处理、作业降尘处理等技术。

（三）做好农业资源保护，提升资源利用效率

1. **加强耕地资源保护利用。**以重要水源保护区、地下水严重超采区、大尺度绿化区、生态涵养

区、受污染耕地区等五大区域为重点，开展休耕轮作试点工作，改善土壤理化性状，提升农田覆盖度，减少农田裸露，提升资源利用效率。推广农田保护性耕作技术。继续实施耕地质量提升行动，开展耕地质量监测评价。

2. **加快发展节水农业。**推进农艺节水，发展雨养旱作农业。按照《北京市农艺节水工作方案》要求，深入推广应用大田喷灌施肥模式、大田雨养旱作模式、菜田精量微灌施肥模式、菜田覆膜沟灌施肥模式等 4 种农艺节水模式及 16 项农艺节水主推技术。继续完善节水农业示范区建设，扩大推广辐射范围。到 2020 年年底，全市农业用新水量下降到 4.5 亿$米^3$左右，农田灌溉用水有效利用系数达到 0.75 以上。

3. **强化渔业资源养护修复。**继续实施水生生物资源养护工程，科学开展增殖放流活动，加强土著水生物种保护。按照饮用水源水域突出水质净化和生态效益、河湖景观水域着眼于生态效益和景观效果、自然保护区立足于珍稀濒危水生野生物种保护和北京地区原有土著野生鱼类资源恢复的原则，利用各级资金，在全市 30 个重点水域的 35 万亩水面，放流鱼苗不低于 1 000 万尾。实施水生生物多样性保护，加强水生生物资源跟踪监测和效果评估工作。严格实施禁渔区和禁渔期制度，加强渔业资源保护。

（四）推进农村人居环境整治，不断改善村容村貌

1. **高标准完成农村人居环境整治三年行动任务。**落实"清脏、治乱、增绿、控污"要求，持续开展村庄清洁行动。抓好第三批 700 个左右村庄环境整治工作，农村人居环境普遍达到干净整洁有序。统筹推进农村"厕所革命"和污水治理，推进小型一体化粪污处理和资源化利用试点应用，年内完成农村公厕达标改造 755 座、户厕 1.7 万户左右，全市 90%以上的行政村公共卫生厕所达到三类及以上标准，98%的户厕达到卫生厕所要求。协调推进 300 个左右村庄生活污水治理问题。配合开展农村生活垃圾分类工作，累计创建 1 500 个垃圾分类示范村，完成 162 处非正规垃圾堆放点治理，99%的行政村生活垃圾得到有效处理。会同有关部门举一反三抓好"两气、两水、两厕、一室"等农村基础设施长效运行管护机制建设，扎实做好国务院农村人居环境整治大检查、中央环保督察整改等反馈问题整改。引导农民以家庭为基本单位，推动农村人居环境整治向庭院延伸，引导农民群众转变不良生活习惯。不断完善农村人居环境长效管护机制。

2. **统筹推进城乡结合部重点村庄环境整治。**充分认清城乡结合部农村地区环境整治"重中之重""难中之难"的形势，全面排查垃圾污水治理、厕所革命、村容村貌等方面存在的问题，坚持"一村一策"精准施策，统筹抓好城乡结合部地区 396 个村庄人居环境整治。要按照以人为本、实事求是、因地制宜的原则，灵活采用临时措施和工程措施相结合的方法，"标本兼顾"推进整治工作，整治措施要立足当前、兼顾长远、切实可行。2020 年 10 月底前基本完成整治任务。

3. **持续推进美丽乡村建设。**配合规划和自然资源部门推进多规合一的实用性村庄规划编制工作，2020 年 6 月底前基本完成第二批美丽乡村创建村村庄规划编制和区级审批工作，年底前基本完成第三批创建村村庄规划编制工作，全市现状行政村村庄规划基本实现"应编尽编"。深入实施"百村示范、千村整治"工程，推进农村基础设施建设向纵深发展，152 个示范村培育创建工作初显成效。

4. **巩固平原地区"无煤化"成果。**按照《北京市打赢蓝天保卫战 2020 年行动计划》要求，健全清洁取暖设备运维服务机制，严厉打击经营性企业非法使用、销售燃煤行为，严防散煤复烧，保持平原地区"无煤化"成果；有序推进北部山区村庄煤改清洁能源工作，未实施煤改清洁能源地区实现洁净煤替代散煤全覆盖。

5. **打造休闲农业和乡村旅游产业。**按照《北京城市总体规划（2016—2035 年）》和各分区规划要求，落实《2020 年北京市休闲农业"十百千万"畅游行动项目实施方案》，以产业绿色发展为前提，打造十余条休闲农业和乡村旅游精品线路、创建一批美丽休闲乡村、提升一批休闲农业园区、改造一批民俗接待户。

三、工作要求

（一）以农业农村绿色发展引领支撑农业高质量发展和乡村振兴

加快转变优化农业发展方式，立足于科技创

新，处理好产业振兴与生态保护的关系，做到农业发展与资源禀赋相匹配，开展农业资源台账建设。持续推进农村人居环境整治，以农村垃圾、污水、厕所治理为主要内容，不断改善村容村貌。同时通过推行农业清洁生产、利用生态优势发展生态产业等方式，做好农民收入和农产品质量的两个提升，保障农业农村绿色可持续发展。

（二）强化各级责任，形成有效合力

市级农业农村行政主管部门负责会同生态环境、发展改革、财政、规划和自然资源、水务、园林等部门建立健全协同推进工作机制，指导各区开展相关工作。各区农业农村行政主管部门要根据市级年度计划细化形成本区实施方案，明确牵头责任部门和实施主体，根据区政府分工建立与市级对应的工作机制。各区要统筹使用好各类转移支付资金，同时加大区级投入，全力推动农业农村绿色发展。

（三）提升监管能力，确保完成各项指标

各区要严守生态保护红线，创新监管手段，确保农业农村绿色发展工作取得实效，各项考核指标圆满完成。请于 11 月底前向市农业农村局报送本区推动农业农村绿色发展工作进展情况和工作总结。

（四）加强宣传引导，营造良好发展氛围

将首都农业农村生态环境保护作为践行“两山”理念的具体体现，加强对农业农村绿色发展相关政策、工作亮点以及先进技术的宣传。整合电视、广播、报纸、互联网等媒体建立宣传网络，面向农户、农业合作社、农业企业积极开展多种形式、多种内容的宣传活动，推广绿色生活方式，为相关工作营造良好氛围。

北京市农业农村局
印发《关于全面推进信息进村入户工程的实施意见》的通知

（2020 年 8 月 4 日）

各涉农区农业农村局：

为全面推进信息进村入户工程，经市农业农村局办公会讨论通过，现将《北京市农业农村局关于全面推进信息进村入户工程的实施意见》印发给你们，请遵照执行。

北京市农业农村局
关于全面推进信息进村入户
工程的实施意见

各涉农区农业农村局：

为贯彻落实《国务院关于促进乡村产业振兴的指导意见》（国发〔2019〕12 号）对全面推进信息进村入户工作的部署，按照农业农村部办公厅《关于全面推进信息进村入户工程的通知》（农办市〔2019〕12 号）的工作要求，结合北京市农业农村实际，现就本市全面推进信息进村入户工程提出以下实施意见。

一、指导思想

围绕北京“三农”中心工作，发挥“互联网＋”的支撑和聚变效应，践行“乡村振兴”，以打造“线上线下相融合”的综合服务体系为目标，着力推进资源聚合和机制创新，加快形成以农业农村部门为主、各级政府大力支持、各类市场主体积极参与的农业农村信息化建设和发展格局，为加快推进农业现代化提供有力支撑。

二、总体目标

到 2020 年年底，益农信息社覆盖全市 80％以上的行政村，“政府＋运营商＋服务商”三位一体的推进机制进一步完善，公益服务、便民服务、电子商务、培训体验服务内容基本满足农民生产生活需求，各类服务在一个平台协同运行，具备可持续运营能力，基层信息服务体系基本健全，服务农业农村经济社会发展的能力大幅提升。

三、建设标准

按照农业农村部统一规定，益农信息社要达到"有场地、有设备、有网络、有人员、有网页、有可持续运营能力"的标准。场地需满足公益服务、便民服务、电子商务服务、培训体验服务的实际需求；设备包括电脑、打印复印一体机、无线路由器、视频监控等；人员需具备公益服务意愿和市场化经营能力，可熟练操作电脑，沟通能力强；网络需共享村民委员会宽带，无线覆盖益农信息社；网页包括村情村貌、村域新闻、村域产业、民俗文化四个版面，每周给予更新；可持续运营能力要求以"村"为单位，通过运营实现村信息员补贴基本自给自足，以"镇""区"为单位，整合各类涉农资源，通过益农信息社实现各类助农服务在一个平台上运行。

四、推进机制

按照农业农村部《信息进村入户村级信息服务站建站规范》要求，由全市统筹，各区结合本区实际按照建设标准做好区域内统筹。

一是充分利用信息化建设成果。据前期调研，北京农村管理信息化综合应用平台、党员教育系统已经实现村级全覆盖，村邮站、供销社、电子商务也不同程度覆盖到村，中益农公司的"建站经验与运营模式"运行顺畅。各区要充分利用前期信息化建设成果，结合信息进村入户工程的建设要求，充分利用各类涉农信息资源、惠农项目，进行资源整合、人员整合、汇聚服务、查漏补缺，减少建设和运营成本。(各区现有资源情况见附件 2)

二是运营模式统筹兼顾。按照农业农村部全面完善市场化可持续运营机制的要求，省级运营商可以是 1 家企业，或是多家企业联合组建的 1 个新主体。各区要按照全市总体工作部署，保持工作延续性，同时兼顾各区实际情况，不断完善"政府＋运营商＋服务商"三位一体的推进机制，共同推进和优化运营商与益农信息社一体运作、共建共享、风险共担的利益机制。

三是服务共享"一站多用"。各区要统筹安排，村级充分利用益农信息社实现进村入户，推广"一站多用"，确保"大门常开、有人常在"。区级要建设运营中心和必要的乡镇级中心站，根据服务内容和业务发展需要，给予配套基础设施建设，实现普通农户不出村、新型农业主体不出户就可享受便捷高效的信息服务。

五、任务分工

市农业农村局负责统筹推进信息进村入户工程"整市推进"工作，负责项目的政策发布、制度规范和组织协调，对全市益农信息社统一编号并备案，对各区建设情况进行工作指导、督导检查、考核验收等。

区农业农村局负责整合区级资源，组织实施本区信息进村入户工程工作，研究探索益农信息社建设、运营、管理和服务模式，对符合要求的益农信息社按照农业农村部统一制式制作标牌并悬挂。

运营商负责组建运营团队，整合社会资本、投入市场运营资金，承担市场风险，探索可持续运营机制，逐步建立并完善北京信息进村入户工程各项运营管理制度和服务标准。

六、进度要求

（一）制定建设方案

8 月 14 日前各区按照全市建设的总体要求，结合本地特色制定信息进村入户建设方案，并提交市农业农村局。

（二）完成建设内容

11 月底前各区按照"六有"标准，结合各自的方案组织完成"整区推进"益农信息社建设任务，并按要求进行"挂牌"。

（三）检查验收备案

12 月底前，市区两级进行联合检查验收，按照农业农村部的建设要求，对照各区建设方案进行查漏补缺，确保任务全面完成，并接受农业农村部的检查验收。

七、工作要求

（一）提高政治站位，按期完成建设任务

各区农业农村局要加大工作力度，积极推进信息进村入户工程，争取区委、区政府主要领导高度

重视和大力支持，在做好新冠肺炎疫情防控前提下，依据实际情况制定具体实施方案，逐级分解任务，明确工作进度，切实抓好落实。充分发挥镇级政府的组织协调作用，落实村级“两委”实施主体责任。

（二）加强宣传培训，形成融合发展氛围

区级要充分调动新闻媒体加大对信息进村入户工程有关政策措施、典型经验、建设成效的宣传力度，积极营造全社会关心支持信息进村入户发展的良好氛围。充分调动各类资源，对镇、村两级工作人员开展信息进村入户工程培训，提高基层领导对信息进村入户工作重要性的认识，提高基层人员的积极性、主动性，形成市区镇村四级联动、融合发展的氛围。

（三）强化督促检查，确保建设质量

各区农业农村局要高度重视项目建设质量，加强督促检查，发现问题要及时整改，严把质量关。按照进度安排定期进行自查，对标对表跟进建设的时间进度和质量进度，每月5日前向市农业农村局市场与信息化处报送益农信息社建设进度，市级也将加大督导和检查力度，按月通报项目进度，确保信息进村入户工作取得预期成效。

（四）自筹项目资金，总结经验模式

市级财政已于2017—2018年通过转移支付资金安排建设540家益农信息社建设，部分区尚未完成建设任务，要按照财政支农转移支付资金管理要求，加快建设进度，确保按要求完成前期建设任务。2020年的建设任务由各区自筹项目建设资金，可整合资源、依托运营商，探索适合本区农业农村现状的建设和运营发展模式，并认真总结建设经验和典型案例。

本文件自公布之日起执行，原《关于开展信息进村入户工程的通知》（京农发〔2015〕195号）、《关于全面推进信息进村入户工程的实施意见》（京政农发〔2017〕23号）与本文件不一致的，以本文件为准。市农业农村局市场与信息化处负责解释。

附件1 各区信息进村工程建设任务（略）

附件2 各区信息化建设分布情况表（略）

附件3 农业农村部办公厅《关于全面推进信息进村入户工程的通知》（农办市〔2019〕12号）（略）

北京市农业农村局 北京市商务局 北京市园林绿化局关于印发《关于建立京郊农林产品产销对接联动工作机制的实施方案》的通知

（2020年8月5日）

各区人民政府：

为保障首都市场供应，确保京郊农林产品产销顺畅，经市政府同意，现将《关于建立京郊农林产品产销对接联动工作机制的实施方案》印发给你们，请认真贯彻落实。

关于建立京郊农林产品产销对接联动工作机制的实施方案

为贯彻落实北京市农村工作会议精神，根据市委、市政府《关于抓好“三农”领域重点任务确保如期高质量实现全面小康的行动方案》中切实完成好超大城市“菜篮子”产品产销衔接等各项任务要求，促进京郊农林产品出村进城、实现流通顺畅、顺产顺销、优质优价，有效应对疫情等突发公共事件对京郊农林产品流通带来的不利影响，现就建立京郊农林产品产销对接联动工作机制，制定本方案。

一、指导思想

以习近平新时代中国特色社会主义思想为指导，全面贯彻落实中央1号文件精神，认真落实全市农村工作会议精神，以切实完成好超大城市“菜篮子”产品产销衔接工作为主线，坚持“政府推动、市场运行、企业主体、社会参与”原则，重点聚焦散户、小型合作组织、小企业等小微农业生产经营主体，通过政策引导、市场主体参与等方式，发展新产业新业态新模式，培育特色农林产品品牌，完善京郊农林产品上行物流体系，开展京郊农林产品产销对接活动，推动“小农户”与“大市场”的有机衔接。着力构建京郊农林产品长期稳定的产销对接联动机制，确保实现京郊农林产品顺产顺销、优质优价。

二、主要工作任务

（一）强化市场导向

加强农产品市场信息预警和调控的能力，引导生产主体以市场为导向，根据京郊农林产品市场销售情况调整种植结构，优化品种结构，合理安排茬口和生产布局。鼓励生产主体主动进入流通环节，扩大同供销合作社、邮政集团等组织的合作。指导生产主体创新流通模式，不断提高农林产品商品化率，同时做好生产主体的培训工作，提高其主动营销能力。支持生产主体通过社区团购、网络直播、电子商务等方式，不断拓展农林产品销售渠道。

（二）建立生产和市场信息台账

加强对农林产品生产信息的采集和梳理，摸清各类生产主体主要生产种类、品种、面积、产量、预计下月上市量、预期交易价格及联系人情况等关键信息，掌握农林产品货源情况。建立完善供需信息台账，梳理主要经销商对京郊农林产品的需求信息，包括需求品种、数量、意向价格、品质要求等，定期推送给生产主体。同时，将京郊农林产品生产主体供给信息推送给各类经销主体。

（三）加强产销对接

加强农林产品流通渠道分析，协助京郊农林产品生产主体与批发市场、大型商超、电商平台进行渠道衔接，重点推动小微生产主体与经销主体开展“点对点”精准对接，打通田间地头到销售端的渠道，建立京郊农林产品产销对接长效机制。

（四）做好政策服务工作

鼓励生产经营主体建立电商销售、专店专柜专销、直供直销等稳定的销售渠道。拓宽门店直销、农批对接、农超对接等政策覆盖面，梳理农林产品进批发市场、进商超、进电商平台的资质和要求，及时推送给生产主体，实现政策的“应知尽知”“应享尽享”。

（五）加强对京郊农林产品的宣传推介

加大品牌培育和宣传力度。通过抓好农林产品包装、营销和品牌创建，以及“老口味”农林产品的恢复与示范推广，打造更多高品质、好口碑、有乡愁的京郊农林产品品牌。充分利用京郊农林产品的地缘优势和品质优势，向市民进行广泛宣传，提高京郊农林产品的美誉度、知名度和影响力。

（六）完善农业金融服务体系

研究扩大农业保险保障范围，试点推行京郊农林产品产量保险和价格指数保险参保品类，减少生产主体滞销风险。适度扩大农业信贷业务范围，将授信主体从单一支持农业生产主体向兼顾农业流通主体转变，进一步提高农业主体抵御市场风险的能力。

三、保障措施

（一）落实属地责任

各区要落实属地责任，站在保障辖区“菜篮子”产品应急供应和促进农民增收的高度，做好京郊农林产品产销对接工作，并将其作为“菜篮子”区长负责制的关键环节，抓实抓细抓好。

（二）建立监测机制

市、区各相关部门要做好数据共享和信息发布工作，共享生产主体、经销主体信息，建立健全农林产品信息采集发布制度，通过报刊、广播电视、互联网等媒体，定期向社会发布农林产品供求及价格信息等；加强市场信息分析队伍建设，提升信息分析能力和水平，及时向生产主体和经销主体发布市场信息。要加强农林产品市场信息化建设，加快建立科学、快速、准确、高效的农林产品信息网络。

（三）建立滞销农林产品分级响应处理机制

市、区各部门要本着高度负责的态度，积极应对农林产品滞销，帮助农林产品生产主体解决卖难问题。

1. 农产品分级响应机制。①正常情况。未出现农产品滞销情况时，各单位和部门根据职责，做好农产品产销对接相关工作。②三级响应。当村级（小微生产主体）出现农产品滞销且镇（乡）域范围内单品种滞销量低于当季总产量的 20%时，由属地乡镇政府牵头负责解决。③二级响应。当乡镇滞销的单品种农产品数量超过当季总产量的20%或区内2个以上乡镇因同一品种同时出现滞销三级响应时，由区级部门牵头负责解决。④一级响应。当各区滞销的单品种农产品数量占当季总产量的50%以上或多个区因同一品种（或品类）同时启动滞销二级响应时，由市级牵头协调解决。

2. 园林产品分级响应机制（包括果品、花卉、苗木、蜂产品等）。①正常情况。未出现产品滞销情况时，各单位和部门根据职责，做好产品产销对接相关工作。②三级响应。单树种（或单品类）在成熟上市期出现积压，库存接近总库存容量的60%时，由乡镇政府牵头组织解决。③二级响应。单树种（或单品类）在成熟上市期出现积压、库存饱和，或两个以上树种（或品类）产品同时出现积压、库存超过总库存容量的60%时，由区级部门牵头负责解决。④一级响应。当多个区因同树种（或品类）同时启动滞销二级响应时，由市级牵头协调解决。

（四）建立舆情引导机制

加大对京郊农林产品销售的舆情监测力度，提前做出预判，出现滞销时及时预警。加强正面宣传引导，及时汇总整理解决滞销问题的相关情况，协调媒体给予报道。

北京市农业农村局　北京市财政局关于印发《北京“千村万户”良种更新工程（2020—2022年）实施方案》的通知

（2020年8月10日）

各区农业农村局、财政局：

为深入贯彻落实《关于抓好“三农”领域重点任务确保如期 高质量实现全面小康的行动方案》（京发〔2020〕6号）、《北京现代种业发展三年行动计划（2020—2022年）》（京政农发〔2020〕24号）以及按照2020年北京市农村工作会议总体部署，拟在全市开展北京“千村万户”良种更新工程（2020—2022年）。现将《北京“千村万户”良种更新工程（2020—2022年）实施方案》印发给你们，请认真抓好落实。

北京“千村万户”良种更新工程（2020—2022年）实施方案

良种是农业生产实现高效、绿色、优质的基础。2020年北京市农村工作会议要求：实施北京现代种业发展三年行动计划，深化种业科研成果保护和产权激励改革，要切实转化到生产环节，推动种养结构调优做精。《北京现代种业发展三年行动计划（2020—2022年）》（京政农发〔2020〕24号）将北京“千村万户”良种更新工程列为12项重点任务之一。为提高北京现代农业生产水平，充分发挥良种在推进农业供给侧结构性改革基础性、先导性作用，特制定本实施方案。

一、基本原则

（一）坚持政府引领，市场主体

政府部门组织制定品种目录，规范优新品种遴选、补贴等程序与办法，营造公平公正的环境。充分发挥市场主体作用，建立以市民和企业等消费市场主体需求为导向的良种更新推广机制，激发内生动力。

（二）坚持多方协作，形成合力

构建良种更新推广协作机制，形成优新品种推广合力。市农业农村局负责统筹指导、市财政局负责筹集补贴资金，各区农业农村局要主动谋划、各区财政局负责监督资金使用，形成多点突破、全面推进的工作格局。

（三）坚持提升质量，农民增收

以提升农业发展质量和农民增收为目标，通过良种更新工程推进优新品种更新换代和生产结构调整，为“菜篮子”有效供给、特色农业和休闲景观农业高质量发展等提供品种支撑保障，并促进产业融合发展和农民增收。

二、总体目标

到 2022 年年底，面向京郊农民专业合作社和种养大户推广 100 个农作物、畜禽、水产等特色品种，提高京郊农民新品种、新技术的使用率。结合科技人员下乡活动，组织开展“品种、市民进村，优质产品入城”活动，促进京郊种养农户增收10％，满足市民对本地自产鲜活、营养、健康农产品的消费需求。

三、进度安排

2020 年对全市冬小麦进行品种更新工作；2021年在 2020 年基础上，围绕农作物、畜禽、水产等特色品种全面铺开，2022 年根据上两年工程实施情况进行查漏补缺，确保完成三年总体工作目标。

四、主要工作

（一）品种遴选

重点遴选三类品种：一是本市科研单位、种业企业自主创新研发的新品种；二是符合本市农业产业绿色高质量发展方向的绿色品种；三是符合市场需求，有利于低收入村脱低、适合美丽乡村示范村产业发展方向及高效设施农业、休闲观光、林下经济等产业发展需求的品种。遴选出的品种必须具有合法身份，即依法通过审定、引种备案、登记等。

（二）补贴程序

1. **发布良种更新品种名录。**每年年底开展良种更新品种的征集活动，组织专家评价会，对征集到的品种进行论证评价后向社会公示，无异议后发布良种更新品种名录，用于指导下一年良种更新工作。

2. **集成配套生产技术。**组织育种单位、推广单位等总结制定配套生产技术规程，整理成简单易懂、具有实际指导作用的技术明白纸，最大程度降低良种更新品种在推广过程中的技术风险。

3. **明确品种补贴对象及补贴标准。**根据各产业不同特点，分别明确良种更新品种补贴对象和补贴标准，补贴对象应当是农业产业从业者，包括普通农户、种植大户、家庭农场、农民专业合作社、农业生产经营企业、农业生产基地（园区）等。

4. **制定补贴办法。**根据各产业不同特点，分别制定补贴办法。制定的补贴办法要充分体现农业产业从业者主观意愿，不能对原有种业市场秩序造成扰动，同时要确保享受补贴的品种切实得到应用。

5. **开展绩效评价。**以政府购买服务的形式，每年度开展第三方绩效评价，请有资质的单位对良种更新的实际效果作出绩效评价，包括工作成效、存在问题和改进建议等，并在下年度的工作中对相关问题进行改进，提高工作针对性和实效性。

五、保障措施

为确保《北京“千村万户”良种更新工程（2020—2022 年）》顺利进行，各区要切实加强组织领导，明确部门责任分工，开展全程工作监管，务求各项工作有力、有序、有效开展。

（一）切实加强组织领导

各区要高度重视，落实北京“千村万户”良种更新工程（2020—2022 年）属地负责制，市农业农村局、财政局负责指导和协调各项工作的推进，建立工作协调机制，各区农业农村局是组织主体，及时沟通协调工作推进中遇到的问题。

（二）明确部门职责分工

市农业农村局负责统筹协调及监管全市北京“千村万户”良种更新工程（2020—2022 年），包括制定年度实施方案、测算并提出良种更新范围、组织监管种子（苗、畜禽）质量和价格、对各区良种更新工作进行指导及监督；市财政局负责筹集补贴资金、区财政局负责监督资金使用；各区农业农村局具体落实良种更新工作，负责落实良种更新范围、监管供种（苗、畜禽）质量和价格、审核汇总本区补贴情况，确保良种更新工作公开、公正，补贴范围及申报资金真实无误。

（三）加强全程工作监管

要加强质量监督检查，严把质量关，确保种子（苗、畜禽）质量达到标准。加大市场检查力度，严厉打击销售假冒伪劣、随意抬高价格等坑农害农的不法行为。因种子（苗、畜禽）质量出现的所有问题由供种企业承担全部责任。

要加强督导检查，确保农业从业者购买的良种用于生产，对于骗补等行为，要采取相应的惩戒措施坚决纠正。市、区财政局要及时下达预算，确保补贴资金专款专用，切实加强资金管理。

对出现政策宣传不到位、补贴情况弄虚作假、组织不力延误资金兑现等问题，要依据有关规定严肃处理并追究责任，触犯刑律的要移交司法机关依法处理。

北京市农业农村局关于印发《北京市农业领域生态环境损害赔偿制度改革工作实施方案（试行）》的通知

（2020年8月12日）

各区农业农村局：

为贯彻落实《中共中央办公厅　国务院办公厅关于印发〈生态环境损害赔偿制度改革方案〉的通知》（中办发〔2017〕68号）和《中共北京市委办公厅　北京市人民政府办公厅关于印发〈北京市生态环境损害赔偿制度改革工作实施方案〉的通知》（京办发〔2018〕17号）精神，加快构建本市农业领域内的生态环境损害赔偿制度，市农业农村局结合实际，制定了《北京市农业领域生态环境损害赔偿制度改革工作实施方案（试行）》，现印发给你们，请遵照执行。

北京市农业领域生态环境损害赔偿制度改革工作实施方案（试行）

为贯彻落实《中共中央办公厅　国务院办公厅关于印发〈生态环境损害赔偿制度改革方案〉的通知》（中办发〔2017〕68号）和《中共北京市委办公厅　北京市人民政府办公厅关于印发〈北京市生态环境损害赔偿制度改革工作实施方案〉的通知》（京办发〔2018〕17号）（以下简称《国家改革方案》和《市实施方案》）精神，加快构建本市农业领域内的生态环境损害赔偿制度，结合实际，制定本方案（试行）。

一、总体要求和目标

以习近平生态文明思想为指导，以《国家改革方案》和《市实施方案》为统领，落实市生态环境损害赔偿制度改革工作领导小组有关部署和要求，力争2020年年底前初步构建责任明确、途径畅通、技术规范、保障有力、赔偿到位、修复有效的农业领域生态环境损害赔偿制度，有序推进农业领域生态环境损害赔偿工作。

二、实施范围

生态环境损害赔偿制度改革试行期间，市、区政府作为本行政区域内生态环境损害赔偿权利人。市、区政府指定市农业农村局、各区农业农村局依照职责组织对涉及农业环境、渔业水域生态环境、水生野生动植物等的生态环境损害进行调查、鉴定评估、赔偿磋商、提起诉讼及修复监督等工作。市农业农村局负责跨区的农业领域生态环境损害赔偿有关工作，区农业农村局负责本区政府管辖的农业领域生态环境损害赔偿有关工作。

农业环境的生态环境损害主要是指单位和个人造成耕地土壤环境质量类别下降、耕地质量等级下降或耕地功能性退化的情形。

渔业水域的生态环境损害主要是指单位和个人损坏渔业水体使用功能，影响渔业水域内的生物繁殖、生长或造成该生物死亡、数量减少，以及造成该生物有毒有害物质积累、质量下降的情形。

水生野生动植物的生态环境损害主要是指单位和个人造成纳入国家和北京市相关保护名录的水生野生动植物资源破坏或生息繁衍场所及生长环境破坏的情形。

三、基本原则

坚持“谁损害谁担责”的原则。依据相关法律法规，稳妥有序推进生态环境损害赔偿制度改革，确保生态环境损害者承担相应的赔偿责任。生态环境损害赔偿义务人承担行政责任或刑事责任，不影响其依法承担生态环境损害赔偿责任。

坚持“生态环境修复优先”的原则。追究生态环境损害赔偿责任，优先选择生态环境修复方式，加强对修复效果的评估和监督。确实无法修复的，实施货币赔偿，用于替代修复。

坚持“先磋商后司法”的原则。农业领域生态环境损害发生后，市、区农业农村部门按照职责分工，组织开展生态环境损害调查、鉴定评估、修复方案编制等工作，主动与赔偿义务人磋商。磋商未达成一致，赔偿权利人可依法提起诉讼。

坚持“信息共享，公众监督”的原则。实施信息公开，推进政府及其职能部门共享生态环境损害赔偿信息。农业领域生态环境损害调查、鉴定评估、修复方案编制等工作中涉及公共利益的重大事项应当向社会公开，并邀请专家和利益相关的公民、法人、其他组织参与。

四、主要任务

1. **开展线索核查工作**。市、区农业农村局对日常监管执法、投诉举报和司法机关移送的线索，要进行认真梳理和核查，发现符合生态环境损害赔偿责任追究情形的，要按照《北京市生态环境损害调查（报告）办法（试行）》有关规定启动生态环境损害调查工作。

2. **开展赔偿磋商工作**。开展调查的农业农村部门要按照《北京市生态环境损害赔偿磋商办法（试行）》的要求，本着“先磋商后司法”的原则，积极启动磋商程序。磋商达成一致的，签订生态环境损害赔偿协议并可以进行司法确认，做好会议记录并存档保存。

3. **开展鉴定评估工作**。启动调查的农业农村部门认为需要开展环境损害鉴定评估的，按照《北京市生态环境损害鉴定评估机构选定程序（试行）》的要求，委托具有环境损害司法鉴定资质的机构或生态环境部推荐的环境损害鉴定评估机构开展评估。

4. **依法开展诉讼工作**。按照《北京市生态环境损害赔偿磋商办法（试行）》的要求，经两轮磋商或者三个月内磋商未达成一致的，或者赔偿协议经司法确认前赔偿义务人反悔的，开展调查的农业农村部门应当及时提起生态环境损害赔偿民事诉讼。

5. **加强损害修复监督管理工作**。加强生态环境损害修复工作，是恢复生态环境损害的基础工作。开展调查的农业农村部门负责生态环境修复执行监督的具体工作，要严格按照《北京市生态环境损害赔偿与修复执行及监督办法（试行）》的要求，认真审查赔偿义务人提供的修复方案、修复后评估报告等材料，对修复后的效果加强监督管理。

6. **加强损害赔偿信息公开**。按照《北京市生态环境损害赔偿信息公开办法（试行）》的要求，本着“信息共享、公众监督”的原则，依法公开农业领域生态环境损害调查、鉴定评估、赔偿、诉讼判决文书、生态修复效果报告等信息，主动向社会公开专家库名单、技术标准、技术规范等信息。

五、保障措施

1. **加强组织领导**。市农业农村局成立农业领域生态环境损害赔偿改革工作领导小组（以下简称“领导小组”），由分管副局长任组长，生态建设处、种植业管理处、畜牧渔业处、农田建设处、法制处、市渔政监督管理站、市农业环境监测站、市土肥工作站、市畜牧业环境监测站、市水产技术推广站、市水生野生动植物救护中心等单位为成员单位，各成员单位按职责和任务分工落实各项相关工作。领导小组办公室设在生态建设处，负责协调推进日常事务。各区农业农村局要成立本区工作机构，明确职责分工，有序推进农业领域生态环境损害赔偿改革工作。

2. **加强资金管理**。农业农村部门要按照《北京市生态环境损害赔偿资金管理办法（试行）》有关要求，将开展生态环境损害调查、鉴定评估、修复效果后评估等费用列入本部门财政预算，加强资金使用管理。赔偿义务人缴纳的生态环境损害赔偿资金作为政府非税收入，全额上缴同级国库。农业农村部门通过磋商确定或经人民法院生效判决、调解确定的生态环境损害赔偿资金，由农业农村部门负责执收，要监督赔偿义务人按照有关要求将赔偿资金划入指定账户。

3. **加强技术保障**。鼓励市农业环境监测站、市水生野生动植物救护中心等所属相关站所及其他机构申请环境损害司法鉴定资质或纳入生态环境部《环境损害鉴定评估推荐机构名录》。鼓励农业领域相关技术人员和专家学者积极参加司法鉴定执业人员能力评估考核。市、区农业农村部门将符合条件的专家推荐纳入生态环境损害鉴定评审专家库，形成鉴定评估合力，实现资源共享。

4. **鼓励公众参与**。开展生态环境损害赔偿宣传教育，创新公众参与方式，邀请专家和利益相关的公民、法人、其他组织参加农业领域内生态环境损害赔偿磋商或修复工作。探索建立多样化的磋商协调机制，以及通过律师、专家学者、环境保护社会组织代表、志愿者等提供法律技术援助的机制，营造社会各界参与生态环境损害赔偿的良好氛围。

北京市农业农村局
关于开展农业种质资源保护单位确定和农业种质资源登记工作的通知

（2020 年 9 月 9 日）

各区农业农村局，市农科院，市种子管理站、市畜牧总站、市水产技术推广站：

为贯彻落实《国务院办公厅关于加强农业种质资源保护与利用的意见》（国办发〔2019〕56 号，以下简称《意见》）精神，按照《农业农村部关于落实农业种质资源保护主体责任开展农业种质资源登记工作的通知》（农种发〔2020〕2 号）要求，切实做好本市农业种质资源保护单位确定和农业种质资源登记工作，现就有关事项通知如下。

一、扎实做好农业种质资源保护单位确定工作

（一）统筹推进，细化分工

市农业农村局负责国家农业种质资源保护单位确定的初审和统筹安排市级农业种质资源保护单位确定工作，市种子管理站、市畜牧总站、市水产技术推广站和市农科院，作为牵头组织实施单位，分别具体负责市级作物、畜禽、水产和农业微生物种质资源保护单位确定工作。各区农业农村局负责辖区内市级农业种质资源保护单位确定的初审。

（二）明确任务，分头实施

市农业农村局负责制定市级国家农业种质资源保护单位确定实施方案。牵头组织实施单位依据《农作物种质资源管理办法》《畜禽遗传资源保护场保护区和基因库管理办法》《国家级水产原、良种场资格验收与复查办法》等相关规定，按照分工，分别制定作物、畜禽、水产和农业微生物种质资源保护单位的管理办法和考评标准等，对基础设施条件、专业人才队伍、种质资源质量管理、技术要求和管理制度等进行规定。

（三）规范程序，严格考核

各申报单位在申请市级农业种质资源保护单位时，按照市级农业种质资源保护单位确定实施方案（附件 1），向所在区农业农村局提出申请，经区级初审，报牵头组织实施单位；牵头组织实施单位组织专家评估后，将考评结果报市农业农村局，由市农业农村局发布公告并命名。被命名的市级种质资源保护单位可据此制作和悬挂市级场铜牌。申报单位为市属承担农业种质资源保护工作的，申请材料直接提交至相关牵头组织实施单位。各申报单位如同时符合市级和国家农业种质资源保护单位申报条件要求，在申报市级种质资源保护单位的同时可申报国家农业种质资源保护单位，按照国家农业种质资源保护单位确定实施方案（附件 2）提供相应材料。

（四）落实责任，强化管理

各牵头组织实施单位要切实做好办法、考评标准的制定工作，严格组织实施国家和市级农业种质资源保护单位确定工作。各申报单位要对申报材料严格把关，确保材料的规范性、真实性和完整性。各种质资源保护单位主要负责人是农业种质资源保护的第一责任人，要建立与保护目标任务相一致的管理制度，明确岗位职责、细化工作分工、完善资源台账。要建立考核评估制度和种质资源保护单位

进出机制，农业种质资源保护单位要开展年度自评工作，牵头组织实施单位对农业种质资源保护单位的管理情况、运行情况和工作质量进行监测、评估，形成年度工作报告报市农业农村局。对管理混乱、运行不良、工作质量较差或者造成资源丢失的予以摘牌处理，并追究有关机构和主要管理人员的责任，摘牌后3年内不得再次提出申请。

二、稳步推进农业种质资源登记工作

（一）明确任务分工，细化工作落实

市农业农村局负责市级保护单位的农业种质资源登记工作及市级农业种质资源大数据平台构建推进工作。市种子管理站、市畜牧总站、市水产技术推广站和市农科院，依据国家发布分物种登记细则，细化本市登记规则及内容，分别牵头组织实施市级作物、畜禽、水产和农业微生物种质资源登记工作。各区农业农村局应积极组织辖区内有关单位开展种质资源登记，加强种质资源登记工作的宣传与培训。

（二）分类分批组织，有序实施登记

按照农业农村部的统一部署，按照国家农业种质资源登记实施方案（附件3）和市级农业种质资源登记实施方案（附件4）要求，依据全国农业种质资源登记总则（附件5）和分物种登记细则，依次开展登记工作，先从农业种质资源保护单位登记主体开始，逐步向科研院所、高等院校、企业、社会组织和个人等其他登记主体延伸，争取3年内完成现有农业种质资源登记工作。鼓励有条件的种质资源保护单位探索开展农业种质资源代储藏保管、代登记业务。

（三）资源应登尽登，规范共享利用

种质资源保存单位要对现有库存种质资源、创新种质、改良种质、携带新基因的优异种质、具有突出性状的优异种质，以及新收集、引进、鉴定、创制、汇交的种质资源等进行登记，登记内容包括保护单位、种质资源信息等，实现农业种质资源登记信息可查询可追溯并互联互通与共享。市农业农村局定期发布农业种质资源登记信息，公布可供利用的农业种质资源目录，相关单位免费交流共享利用。由公共财政科技项目支持形成的农业种质资源成果，要及时汇交相应登记平台，并依约定交流共享。对登记主体享有知识产权的创新种质、改良种质等，有关单位可通过签订种质资源共享交流协议等方式，依法进行交流交换与有条件共享利用。

三、严格落实农业种质资源保护责任主体

农业种质资源保护单位确定和农业种质资源登记是一项复杂的系统工程，涉及主体多、领域广，时间紧、任务重，各单位要切实提高政治站位，按照职责分工，狠抓责任落实。市农业农村局统筹布局全市农业种质资源库（场、圃）；各牵头组织实施单位要抓紧制定相关办法，加强技术指导和培训服务，将种质资源保护单位确定和种质资源登记工作纳入预算；各区要落实属地责任，将农业种质资源保护与利用纳入相关工作考核，组织辖区内相关单位申报并加强辖区内种质资源保护单位管理，建立监督检查制度；种质资源保护单位要建立种质资源收集、保存、鉴定、评价、交流和共享利用的利益分享机制，推进种质资源的保护和利用。

附件1　市级农业种质资源保护单位确定实施方案（略）

附件2　国家农业种质资源保护单位确定实施方案（略）

附件3　国家农业种质资源登记实施方案（略）

附件4　北京市农业种质资源登记实施方案（略）

附件5　全国农业种质资源登记总则（略）

北京市农业农村局
关于印发《北京市2020年中国农民丰收节庆祝活动工作方案》的通知

（2020年9月17日）

各区农业农村局、市各有关单位：

按照农业农村部办公厅《关于2020年中国农民丰收节有关工作的通知》（农办市〔2020〕10号）要求，市农业农村局制定了《北京市2020年中国农民丰收节庆祝活动工作方案》，现印发给你们，请遵照执行。

北京市2020年中国农民丰收节庆祝活动工作方案

2020年是全面建成小康社会和“十三五”规划收官之年，也是脱贫攻坚决战决胜之年。为更好地贯彻落实2020年中央1号文件精神，以“庆丰收、迎小康”为主题办好农民丰收节庆祝活动，喜迎全面建成小康社会，推动丰收节成风化俗，制定本方案。

一、总体要求

（一）指导思想

以习近平新时代中国特色社会主义思想为指导，深入学习贯彻习近平总书记关于“三农”工作的重要论述和关于中国农民丰收节的重要讲话精神，以“庆丰收、迎小康”为主题，以小康文明为引领，以传京味文化、讲“三农”故事、树农业好品牌为切入点，广泛发动、普及基层，引导带动京郊各区共庆丰收、共享喜悦、传递幸福，让丰收节成为“三农”事业高质量发展的重要载体。推动把丰收节组织培育工作纳入“三农”工作重要议程，与实施乡村振兴战略统筹推进，不断拓展节日载体和媒介功能，使其在繁荣乡村文化、拉动乡村产业、活跃城乡市场、提升乡村治理、密切党群干群关系，以及克服新冠肺炎疫情影响、恢复提振信心等方面发挥积极作用，持续打造乡村文化符号，持续推进丰收节成风化俗。

（二）基本原则

1. 坚持组织优势，提高培育引导力度。抓住全面建成小康社会的重要机遇，进一步健全组织指导工作机制，做好结合文章，推动丰收节工作纳入乡村振兴战略整体部署。

2. 坚持农民主体，释放乡村多元价值。乡村是主舞台，振兴是背景乐，市场是推动力，丰收是落脚点。进一步下沉基层，实化节庆内容，大力培育节日市场，为农民搭建创业创新的广阔舞台，带动实现乡村多元价值。

3. 坚持文化为魂，推动乡村文化振兴。保护乡村文化多样性，不断赋予丰收节历史文化内涵，充分发挥其对传统农耕文化、特色乡村文化的传承提升作用，打造一个充满活力的城乡公共文化空间，夯实文化自信根基。

4. 坚持开放创新，增强城乡参与互动。遵循节日的现代表现方式、传播方式、体验方式，探索创新丰收节庆祝活动内容和形式，吸引城乡居民共同参与，传递主流社会价值，推动城乡深度融合。

二、重点活动

（一）北京市中国农民丰收节组织指导委员会指导的重点活动

1. 开展丰收节系列庆祝活动。指导各区以“庆丰收、迎小康”为主题，以基层组织为载体开展重点庆祝活动，围绕文娱展示、宣传表彰、农事体验、展销品鉴等内容，集中展示京郊大地喜获丰收、文化繁荣的良好氛围。主要活动：举办丰收节庆祝活动开幕式；组织农村地区举办群众文艺汇演；组织农村地区开展健身综艺展示；举办“京郊农产品”电商消费季活动；组织网络直播带货、宣传推介活动；组织乡村才艺展示、趣味运动会、搭建扶贫展示平台、推荐农业休闲线路；开展“印迹乡村、丰收之旅”等活动。

2.“庆丰收、迎小康”成果展示。各区要集中展示本区人居环境整治和美丽乡村建设、低收入帮扶及对外扶贫协作农业领域发生的典型事迹、优秀人才、突出成果和重大事件。包括五大版块：①本区人居环境整治和美丽乡村建设成果展示专区。宣传本区在农村人居环境整治和美丽乡村建设工作中的好经验好做法。②本区低收入帮扶成果展示专区。搭建多元化展示平台，积极宣传本区低收入帮扶工作的主要政策和多项措施，讲好低收入帮扶故事。③对口帮扶成果展示专区。介绍和宣传本区农业领域扶贫支援工作的特色亮点和先进典型；设立受援地区农产品展示展销区，提高受援地特色优质农产品在首都市场的知名度和影响力，夯实消费扶贫基础。④农村疫情防控工作展示专区。宣传本区农村疫情防控中涌现的先进典型和总结出的成功经验等。⑤丰收集市专区。集中展示销售京郊特色农产品、低收入村农产品，做好产销对接。

3. 开展“丰收节”直播带货活动。包括①遴选 3～5 个网红打卡地。如农业非遗所在地、特色农产品产地、往年丰收节活动场所和有特色的“三农”地点等，在丰收节前安排采访、录制视（音）频、网络直播等，提前造势。②丰收节当天现场直播。安排三个直播间：一是请专家学者介绍农产品生产过程；二是请美食专家讲做法，营养专家讲养生；三是直播带货，内容包括农产品、民宿、休闲路线等售卖推介。

4. 举办“京郊最佳”评选活动。在丰收节期间，揭晓“京郊最具影响力农产品电商”“京郊最受欢迎农产品品牌”“京郊农产品最红带货人”。组织各区、有关协会、企业通过自主申报、部门介绍等方式推荐一批电商企业、农产品品牌、新农人代表参加评选。通过评选活动引导电商企业积极参与京郊农产品流通，扩大对京郊农产品的采购规模，提高京郊优质农产品线上销售份额；推荐一批具有北京特色、品质突出、广受欢迎的京郊优质农产品，提升京郊农产品附加值。集中树立一批利用现代化营销手段拓宽京郊农产品销售模式、畅通销渠道、带动京郊农民增收致富的新农人好典型。

5. 举办“北京农产品品牌”网络宣传推介活动。为更好地发挥农产品品牌在引领打造特色优势产业、促进农民增收等方面的重要作用，提高农产品品牌知名度和影响力，在丰收节期间组织农产品品牌企业、涉农组织制作宣传视频，通过“北京优农”“北京美丽乡村网”等网站，“北京农业”等公众号，抖音、快手等新媒体，推介给广大市民、京郊农民，让更多人了解农业、认识农人、感受农村。

6. 举办“京郊农产品”电商消费季活动。充分利用丰收节庆效应，连接国庆节、中秋节等假日市场，启动丰收节金秋电商消费季活动。结合北京消费季“时尚消费月”活动、“互联网＋”农产品出村进城工程，联合知名电商企业、农业产业化龙头企业、北京农业好品牌企业等策划丰收节专项营销活动，广泛使用丰收节标识等节日元素，营造节日氛围，将京郊高品质、好口碑的特色农产品推荐给广大市民。结合中国优质农产品开发服务协会开展的特优区及中国农产品品牌目录区域公用品牌公益宣传活动，借助农业农村部“丰收节消费券”推广活动，延伸“京郊农产品”电商消费季影响力。

7. 举办“新农人创新创业技能培训”。围绕农产品网络销售、微店经营等内容，请专业人员给农业企业、农民专业合作社等生产经营主体主播人员进行培训，包括策划、拍摄、包装等知识和技巧，增强其利用现代化营销手段进行产品宣传和销售的能力。

（二）组织指导委员会各成员单位开展活动

1. 市民族宗教委。在民族乡村组织开展“丰收节”直播带货活动，通过网络直播宣传，对民族乡村的特色农产品、民宿和休闲游路线进行售卖推荐。

2. 市广播电视局。组织协调市广播电视行业和重点网络视听平台，融合主流媒体与新媒体宣传本市 2020 年中国农民丰收节庆祝活动，扩大相关活动的覆盖面和到达率。

3. 市体育局。组织“奔向小康”2020 中国农民丰收节乡村半程马拉松赛、农民篮球比赛、农民跳绳比赛等活动。

4. 市文化和旅游局。组织畅游京郊·北京乡村旅游节推广活动启动仪式、最美乡村民宿线上评选活动、乡村民宿展览活动等。

5. 团市委。组织脱低攻坚直播带货活动。

6. 市妇联。组织“妇”字号基地直播带货主题活动、“妇”字号基地主播达人孵化专场培训活动。

（三）基层丰收节庆祝活动

1.“庆丰收、迎小康”综合文体展演。在“中国农民丰收节”期间，将举办多场丰富多彩的乡村特色文娱活动。朝阳区“筑梦新时代、携手奔小康”汇报演出、延庆区“欢庆丰收、喜迎小康”文艺演出、通州区丰收趣味运动会、密云区“我的乡村更美丽”演讲竞赛等活动将陆续进行。

2. 助力销售，金秋消费正当时。充分利用丰收节庆效应，启动金秋电商消费季活动。密云区、房山区、通州区、丰台区、门头沟区、昌平区、延庆区将依托区域产业优势，在丰收节期间举办农产品、旅游线路、民宿等产品和服务的线上线下展销推介活动，活跃消费市场，提振消费信心。

3. 传承京韵农耕文化，助力美丽乡村建设。在丰收节期间，各区将通过实物展览、技艺展示、云上游览等形式集中展示京郊民俗传统和京味特色文化。朝阳区组织线上“云游”朝阳村史博物馆系列展播，密云区举办“一起逛庙会、品美食、了解古北口当地民俗”活动，丰台区和顺义区将举办非遗文化体验等活动。

4. 疫情防控，农村地区在行动。各区积极宣传本区农村新冠肺炎疫情防控中涌现的先进典型和总结出的成功经验等。朝阳区、密云区、大兴区、门头沟区通过组织“打赢疫情防控战、全民携手奔小康”书画摄影展、表彰农村疫情防控中有突出贡献的优秀人物和企业、展示农村基层工作人员在岗防疫视频、设立农村疫情防控工作展示专区等方式，展现京郊农村地区在疫情防控中做出的贡献和取得的成效。

有关各区开展的51项活动见附件。

三、组织保障

（一）加强组织领导

切实提高思想认识，加强组织领导，完善工作机制，明确责任分工，加强与相关部门的协作配合，调动各方力量，打造丰收节庆品牌。

（二）加强统筹谋划

做好结合文章，提高政治站位，将丰收节庆祝活动纳入重点工作，做好与现有乡村文化、民俗活动的结合，做好与乡村振兴战略的结合，做好与“听党话、感党恩、跟党走”宣讲活动相结合，作为京郊地区欢庆打赢脱低攻坚战和全面建成小康社会的重要载体。

（三）做好疫情防控工作

各区在筹备丰收节庆祝活动时要与新冠肺炎疫情防控工作相结合，既要坚持科学防控、确保精准施策不出问题，又要兼顾庆祝活动群众参与、共享丰收的氛围。在抓好“四方责任”落实的前提下，强化常态化下的精准防控，细化防控要求，确保丰收节庆祝活动平稳健康有序。

（四）严守纪律规定

坚决遵循中央关于“过紧日子”的要求，严格执行中央八项规定、中央关于庆典活动有关要求和减轻基层负担有关精神，把活动出发点和落脚点放在提升农民群众获得感上，避免形式主义和奢靡之风，制止各种餐饮浪费行为，严防搭车搞庆典和增加农民负担。

（五）做好总结工作

各区、各有关单位要及时总结丰收节庆祝活动的好经验好做法，加强交流互鉴，共同提高。积极做好农民丰收节与时尚消费月活动的融合，充分发挥丰收节系列活动对消费的促进作用，注意收集、统计相关经济消费数据（包括丰收节带动的农业观光园个数、农业观光园接待人次、农业观光园经营总收入；丰收节带动的民俗旅游接待户数、民俗旅游接待人次、民俗旅游总收入；丰收节带动的农产品销售数量、销售金额，以及线上销售数量、销售金额等)，推动节日活动越办越好。

附件 北京市2020年丰收节基层庆祝活动汇总表（略）

北京市农业农村局
关于印发《北京市 2020 年水生生物增殖放流实施方案》的通知

（2020 年 9 月 29 日）

各区农业农村局，市农业农村局相关单位：

为深入贯彻落实《中华人民共和国渔业法》《北京市实施〈中华人民共和国渔业法〉办法》《中国水生生物资源养护行动纲要》，保证本年度水生生物增殖放流任务圆满完成，北京市农业农村局制定了《北京市 2020 年水生生物增殖放流实施方案》，现印发给你们，请认真组织抓好落实。

北京市 2020 年水生生物增殖放流实施方案

为贯彻落实《中华人民共和国渔业法》《北京市实施〈中华人民共和国渔业法〉办法》《中国水生生物资源养护行动纲要》，保证增殖放流任务圆满完成，制定北京市 2020 年水生生物增殖放流实施方案。

一、工作目标

着眼于服务首都核心功能的生态环境建设，改善水域生态环境，保护水生生物多样性，促进渔业种群资源恢复，发挥增殖放流“平衡生态、涵养水源、固碳释氧、净化水质、美化环境”的生态功能，实现“保水、净水、美水”的生态效果，高标准完成年度增殖放流任务。

二、主要任务

（一）实施范围

市级放流任务重点在水源涵养水域及水生野生动物保护区开展，适当在城市河湖、景观水域开展增殖放流。各区放流任务在本辖区宜渔水域开展。

（二）放流时间

根据鱼苗的生境适应条件，以及资金下达时限和招标采购结果，在各区春季增殖放流基础上，做好秋季增殖放流工作。

（三）放流水域、品种、数量、规格

市级放流任务在大中型水库及河湖等放流鲢、鳙、青鱼、草鱼等鱼苗 360 万尾，在永定河、白河上游放流细鳞鲑 2 万尾。区级放流任务按照各单位上报的增殖放流计划实施，放流物种规格按照北京市《鱼类增殖放流技术规范》执行。

1. 大中型水库。

密云水库、官厅水库、斋堂水库、北台上水库、十三陵水库、遥桥峪水库、海子水库、崇青水库等水域。

主要目的：以渔净水、恢复水生生物资源、促进渔民增收。

放流品种：鲢、鳙、草鱼、青鱼等。

放流数量：260 万尾。

放流规格：苗种体长 10～30 厘米/尾（50～150 克）。

2. 河流、湖泊和景观水域。

北运河、潮白河、永定河、奥运湖、园博湖、雁栖湖、龙泉湖等河湖及主要景观水域。

主要目的：美化环境、以渔净水、恢复水生生物资源。

放流品种：鲢、鳙、鲤鱼、鲫鱼等。

放流数量：100 万尾。

放流规格：苗种体长 10～30 厘米/尾（50～150 克）。

3. 适宜水生野生动物恢复水域。

永定河、白河上游。

主要目的：恢复和保护珍稀濒危水生野生物种。

放流品种：细鳞鲑。

放流数量：2 万尾。

放流规格：苗种体长≥5 厘米/尾。

三、管理措施

（一）实行苗种招标采购

按照市级财政的有关要求进行公开招标采购，各有关单位应在考察、调研的基础上，科学设定招标价格、招标条件和评标标准，严密组织招投标工作。

（二）严控放流品种来源

选择适宜本地生长且有助于生态安全的品种。苗种供应单位须具有良好信誉、管理规范、技术力量雄厚、技术水平较高，并持有《水产苗种生产许可证》，供应珍稀濒危物种的还须具有《水生野生动物驯养繁殖许可证》。

（三）开展苗种检验检疫

承担增殖放流苗种供货的中标单位应出具由有资质的水生动物疫病预防控制中心开具的药残检验和疫病检疫合格报告。

（四）加强放流过程监管

按照第三方监管的原则聘请监理公司负责放流过程监督，监理公司负责苗种起塘、称重、运输、放流等环节的监管工作，按要求做好放流验收工作，收集、保存并及时上报增殖放流相关影像和文档资料。

四、有关要求

（一）加强组织领导，依法实施增殖放流

市农业农村局成立渔业增殖放流工作领导小组，负责领导和组织实施全市的渔业增殖放流工作，领导小组组长由市农业农村局主管副局长担任。各区渔业主管部门要积极争取区渔业资源保护资金，按照基础调查清楚、放流过程规范、执法监管严格、效果评价科学的要求，认真负责的依法抓好增殖放流工作。

（二）加强宣传指导，切实规范放流行为

各级渔业主管部门要广泛宣传渔业增殖放流的目的、意义，提高公众爱护水生生物的意识；教育广大群众严禁向自然水域或渔业重点养殖水域投放来历不明或未经专业部门审定的鱼类苗种，规范社会放生行为；鼓励广大群众积极参与放流行动，增强资源环境保护意识，为开展水生生物资源养护行动营造良好的社会氛围。

（三）加强执法监督，强化放流水域管理

放流活动应采取网上公布、发布公告等形式向社会进行公示，增强放流工作的公开性和透明度。各级渔政部门要加强对渔业资源、环境保护工作的宣传，加强禁渔区、禁渔期的执法宣传和放流水域的监督管理，加大渔政执法力度，依法查处电鱼、炸鱼、无证捕捞等行为，清理有害渔具，确保放流效果。

（四）加强资金监管，严格落实财经制度

严格执行国家财政法规和财经制度，实行专款、专账管理，管好用好项目资金，严把支出审核关。加强廉政建设，防止发生各种谋取不正当利益的违法违纪行为，各级渔业主管部门负责对工作完成情况、经费使用情况等进行监督检查，确保财政项目资金充分发挥作用。

附件 1　经济物种放流水域、品种、数量（略）

附件 2　珍稀濒危物种放流品种、水域、数量（略）

北京市农业农村局　北京市人力资源和社会保障局　北京市财政局关于印发《北京市农民职业素质提升培训实施办法》的通知

（2020 年 10 月 30 日）

各区农业农村局、区人力资源和社会保障局、区财政局，各有关单位：

为进一步提升本市农民职业素质，更好地促进乡村振兴发展，依据《北京市人民政府办公厅关于印发〈北京市职业技能提升行动实施方案（2019—2021 年）〉的通知》（京政办发〔2019〕18 号）和市委农办《关于加强和改进农民培训工作的指导意见》（京农组办发〔2020〕7号），制定《北京市农民职业素质提升培训实施办法》，现印发给你们，请紧密结合自身实际，抓好贯彻落实。

北京市农民职业素质提升培训实施办法

为贯彻落实《北京市人民政府办公厅关于印发〈北京市职业技能提升行动实施方案（2019—2021年）〉的通知》（京政办发〔2019〕18号）和市委农办《关于加强和改进农民培训工作的指导意见》（京农组办发〔2020〕7号），高质量做好农民培训工作，结合本市实际，制定以下办法。

一、总体目标

坚持需求导向和结果导向，围绕北京现代农业产业和其他农村特色产业发展需要，加快提升农民的职业素质、生产技能和经营管理能力，促进农民就地就近就业创业和收入持续增长，为北京市乡村振兴战略实施提供人才支撑。

二、培训要求

（一）培训对象

本市户籍农民、各级各类农村实用人才、返乡下乡创新创业人员及连续3年在本市各涉农区直接从事农业生产且有劳动关系的其他从业者，男性在16周岁至65周岁、女性在16周岁至60周岁（不包括“按月领取城镇职工基本养老金的人员”），均可报名参加培训。同一人1年最多可参加3个不同培训班（次），年内不得重复参加同一职业同一等级的培训。

（二）培训方式

培训方式可采取现场培训、课堂培训、线上培训等方式。现场培训是指到实训场所（基地）动手操作、实地体验或现场交流等方式开展的培训；课堂培训是指通过集中授课、案例分享、经验介绍、团队建设等方式开展的培训；线上培训是根据教学计划安排，承训单位通过云上智农、“京科惠农”等网络平台，学员在线学习、在线答疑、在线测评等开展的培训。

（三）培训学时

每个培训班（次）根据具体培训要求和绩效目标，合理确定培训学时，累计不低于24学时（3天），最多不超过120学时（15天）。

（四）培训内容

根据农民培训需求，结合农民从事产业等特点，精准确定培训内容。以“发展现代农业，促进农民增收”为目标，重点围绕设施农业、生猪、蔬菜等“菜篮子”生产供应，乡村民宿、林下经济等富民乡村产业发展，加强经营管理型、生产技能型、专业服务型的高素质农民培训。

（五）承办主体

本市农民专业合作社、涉农企业、农业科研教学单位、各级农广校、各级农技推广机构、相关行业协会及专业培训机构均可承办培训。承办主体应具备以下条件：

1. 具有独立法人资格，近5年无重大违法违规和失信记录。

2. 具备农民培训需求调研、课程设计、师资选聘、学员征集的统筹协调和组织调度能力。

3. 具备或能够集成农民培训所需的各项硬件条件，如实训场地、设施设备、食宿保障等。

4. 具有农民培训的各项工作制度。

三、补贴标准

承训机构实施的农民职业素质提升培训可享受培训补贴，补贴按完成培训学时等要求并达到培训合格标准的学员人数核定。具体标准为：线上培训每人每天（8学时）110元。现场培训、课堂培训不住宿的，每人每天（8学时）260元，确需安排食宿的，每人每天（8学时）480元。区级以下培训学时在40学时以下的不安排住宿，40学时以上的，住宿类学时不超过培训总学时的30%。各区住宿类培训控制在本区培训总人次天的20%以下，全市住宿类培训总量不超过10 000人次天。

培训补贴与承训单位的绩效考核挂钩。对学员综合满意度达到85%以上的，按100%标准补贴；综合满意度70%～85%的，按80%标准补贴；综合满意度50%～69%的，按50%标准补贴；综合满意度低于50%的，不予补贴。对技能性培训，同时要有1～3项客观性绩效考核指标并达到考核要求。

四、申报审批和补贴程序

（一）培训的申报和审批实施

1. 承训机构开展农民培训需求调研，摸清农民培训需求，向所在区农业农村局提出办班申请。

2. 经区农业农村局审核同意的申报班（次），承训机构按照申报班（次）制定培训实施方案，方案应明确培训主题、承训规模、培训内容、课程设置、学时分配、师资安排、教学管理及绩效目标等工作内容。

3. 区农业农村局对培训实施方案的各项内容进行审核并指导完善。对审核同意实施的培训班（次）的培训时间、地点、内容及参训报名等具体信息在官方网站进行公布。

4. 承训机构按培训方案组织实施培训工作，严格审核参训学员各项资格，对确定的参训学员进行公示，接受社会监督。培训期间区农业农村局应指派专人监督指导培训工作。

5. 承训机构在培训实施中必须将学员基本信息和学习信息正确录入“云上智农”信息平台，市、区两级农业农村局通过“云上智农”信息平台加强学员培训过程的实时监管。

（二）补贴申报流程

1. 提交申请。承训机构向所在区农业农村局提出补贴申请，报送补贴资金申请表、参训学员人员名册、身份证复印件、培训方案等纸质材料。

2. 区级审核。区农业农村局对申请培训补贴材料进行审查，将审查后的材料以及学员满意度测评结果、学员综合评价结果报送市农业农村局。

3. 市级审核。市农业农村局对各区报送材料进行复核，复核时应对每个培训班（次）随机抽取不少于10%的学员进行电话或实地核查。

4. 公示。市农业农村局在官方网站对培训补贴情况进行公示，公示内容包括享受补贴的承训机构、培训人员名单、培训内容、培训地点、培训学时等具体信息。

5. 资金拨付。公示结束后，市农业农村局向市人力资源和社会保障局提出培训补贴资金申请，市人力资源和社会保障局对补贴情况进行查重后，由市财政局按照《北京市技能提升行动资金管理办法》规定拨付培训补贴经费。

五、加强培训管理

（一）加强绩效评估

1. 事前评估。在组织培训前，区农业农村局根据全市产业发展规划和本区农业产业发展特色，依据农业产业、农民培训需求对承训机构的培训申请进行审核，确保培训内容、培训对象、培训方式精准。

2. 事中评估。在培训过程中区农业农村局要加强对承训机构工作的检查指导，及时掌握培训班实施情况和存在问题，督促承训机构加强培训工作的实施。

3. 事后评估。培训过程中，区农业农村局组织开展培训绩效考评和培训班（次）的综合满意度测评。对培训过程、训后考核成绩两项均达到合格标准的学员，纳入培训补贴核定人数。组织学员进行综合满意度测评打分，并进行汇总统计，参与测评人数达到学员总数的80%以上时，测评结果有效。

（二）加强质量监督检查

1. 市农业农村局、市人力资源和社会保障局、市财政局，采取日常检查、专项检查等方式对培训班（次）进行督导评价，对检查过程中发现的问题责令承训机构改进，保证培训质量和资金效益。区农业农村局切实履行审核职责，有效甄别培训对象及其申请材料的真实性，防止出现造假行为。按照“谁主责、谁负责；谁审批、谁负责”的原则，全程追踪农民培训管理与承训工作。各级工作人员在工作中存在失职失察等违规违法行为，按照国家有关法律法规等有关规定追究相应责任；涉嫌犯罪的，依法移送司法机关处理。

2. 承训机构要加强培训班（次）的组织管理，合理安排培训课程、教师及培训时长。若存在骗取、冒领等问题，对骗取、冒领的资金予以追回，骗取、冒领补贴的承训机构列入黑名单，且不得再申请享受本市职业技能提升培训补贴。

六、其他

本办法自印发之日起执行，有效期至2021年11月30日。具体条款由市农业农村局负责解释。

北京市农业农村局　北京市财政局
关于印发《北京市级现代农业产业园创建管理办法（试行）》的通知

（2020年11月1日）

各涉农区农业农村局、财政局：

为规范北京市级现代农业产业园的创建活动，市农业农村局、市财政局共同制定了《北京市级现代农业产业园创建管理办法（试行）》，现印发给你们，请认真贯彻执行。

北京市级现代农业产业园创建管理办法（试行）

第一章　总　　则

第一条　为规范北京市级现代农业产业园的创建活动，依据《北京市乡村振兴战略规划（2018—2022年）》《北京市农村工作委员会　北京市财政局关于开展现代农业产业园创建工作鼓励支持现代农业产业园发展的意见》（京政农函〔2017〕16号）的精神，制订本办法。

第二条　现代农业产业园是按照政府引导、市场主导、农民受益、共享发展的方式，以规模化种养基地为基础，依托农业产业化龙头企业，通过“生产＋加工＋科技”，聚集现代生产要素，促进产业融合发展，创新体制机制，形成明确的地理界限和一定的区域范围、主导产业具有较强的竞争优势、建设水平比较领先的现代农业发展平台。

第三条　市农业农村局、市财政局联合部署开展市级现代农业产业园创建工作，共同组织开展市级现代农业产业园申报创建、监测评价、验收认定等工作。全市利用三年时间，支持发展10个市级现代农业产业园区。

第四条　北京市级现代农业产业园的申报创建、监测评价、验收认定适用于本办法。

第二章　申报创建

第五条　市级现代农业产业园以乡镇政府为创建主体，经区政府批准，由区农业农村局、区财政局联合向市农业农村局、市财政局提出创建申请。申报材料包括申报创建情况表（附件1）、监测评价情况表（附件2）、创建方案、建设规划及资金使用方案。

第六条　市级现代农业产业园创建方案包括产业园范围与布局、发展现状、功能定位和思路目标、创建内容（主导产业明确且不能超过两个）、带动农民增收、支持政策、运行管理机制、保障措施及获得国家、市级农业产业方面的奖项复印件和相关证明材料等。

第七条　市农业农村局对申报材料的合规性、完整性进行审核。组织专家及相关部门负责人员组成专家评审组，开展竞争性选拔，提出建议创建名单。

第八条　按照相关程序审定同意后，在市农业农村局政府门户网站进行公示，公示期为7个工作日。公示结束无异议后，批准创建市级现代农业产业园，创建期三年。

第三章　监测评价

第九条　市级现代农业产业园创建工作实行“目标考核、动态管理、能进能出”的管理机制。市农业农村局每年组织开展对批准创建的产业园运行情况进行监测评价。

第十条　批准创建的产业园每年提交年度建设水平自评报告、监测评价情况表（附件2），由区农业农村局审核后，加盖公章，报市农业农村局。

第十一条　市农业农村局在审核各产业园上报材料的基础上，组织第三方机构进行监测评价，监测结果作为资金支持的参考依据。

第十二条　监测评价按照评价指标体系（附件2）进行。内容包括主导产业发展、绿色发展成效、科技创新引领、品牌建设推进、带动农户增收、建设推进水平及组织管理保障七个方面，评价总分为

100 分。

第四章 支持方式

第十三条 对批准创建的现代农业产业园，从下一年度开始，市级财政分三年予以支持。第一年批准创建后安排支持资金 1 000 万元，第二年通过监测评价后安排支持资金 1 000 万元，第三年通过监测评价后安排支持资金 1 000 万元。

第十四条 产业园创建满一年和两年的监测评价分值应分别达到 60 分和 65 分。对未通过年度监测评价的，3 个月后进行再次监测评价，届时仍未达到相应分值的将取消创建资格，不再安排支持资金，并按有关规定收回结余资金。

第五章 验收认定

第十五条 市农业农村局负责组织对批准创建满三年的产业园进行验收。

第十六条 产业园在验收前须向市农业农村局提交三年创建工作报告，包含资金使用情况及绩效目标完成情况。

第十七条 市农业农村局组织都市农业、生态农业、农业规划、农业管理等方面专业人员组成专家组，召开专家评审会，对创建期满的产业园进行评审、验收，并出具书面评审意见。评审专家不少于 5 名（为单数）。评审验收采取指标体系评价与专家现场评价相结合的办法：最终分值＝指标体系评价分（占 60%）＋专家现场评价分（占 40%）。

第十八条 产业园创建期满考评分值达 85 分以上为优，70 分以上为合格，70 分以下为不合格。

第十九条 对创建期满评审验收合格的产业园经相关工作程序批准后，在市农业农村局政府门户网站进行公示，公示期为 7 个工作日。对公示期满无异议的产业园，正式认定为“北京市级现代农业产业园”。

第六章 监督管理

第二十条 各创建主体完善统计制度，科学采集指标数据，对监测评价数据的真实性负主要责任，严禁虚报数据。

第二十一条 各区农业农村局对本辖区内参加创建的产业园监测评价数据的真实性负审核责任，并加强监督检查。

第二十二条 市农业农村局加强对监测评价工作的监督管理，对报送有关数据不及时、虚报伪造数据、项目进度报告不真实的产业园，视情节予以通报批评，直至撤销创建资格。

第二十三条 市农业农村局对创建期满后的产业园继续监督管理。已认定的市级现代农业产业园，应当每年参与年度监测，并提交年度建设水平自评报告和监测评价情况表（附件 2）。年度监测不合格的市级现代农业产业园，实行一年整改，整改后依然不合格的，取消其称号。

第二十四条 有下列情形之一的，终止创建资格或取消认定称号。

（一）侵占农民权益，严重损害农民利益，造成恶劣社会影响的。

（二）发生重大生产安全、农产品质量安全、重大生态环境污染等事故，造成严重后果的。

（三）乡镇一级未发现产业园出现“大棚房”问题，被上级部门发现查处或被群众举报、媒体曝光等的。

（四）绩效目标未实现及在资金审计中发现重大问题的。

（五）其他应当终止创建资格或取消认定称号的情形。

第七章 附 则

第二十五条 本办法自公布之日起实施。

第二十六条 本办法由市农业农村局、市财政局负责解释。

附件 1 北京市级现代农业产业园申报创建情况表（略）

附件 2 北京市级现代农业产业园监测评价情况表（略）

北京市农业农村局 北京市财政局
关于开展第三批北京市级现代农业产业园创建工作的通知

（2020 年 11 月 5 日）

各相关区农业农村局、区财政局：

为贯彻落实农业农村部、财政部关于开展创建国家现代农业产业园相关工作精神，突出现代农业产业园产业融合、农户带动、技术集成、就业增收等功能作用，引领农业供给侧结构性改革，加快推进农业农村现代化，依据《关于开展现代农业产业园创建工作鼓励支持现代农业产业园发展的意见》（京政农函〔2017〕16 号），现就开展第三批北京市级现代农业产业园创建申报工作通知如下：

一、总体要求

围绕实施乡村振兴战略，以推进农业供给侧结构性改革为主线，立足优势特色产业，聚力建设规模化种养基地为依托、产业化龙头企业带动、现代生产要素聚集、“生产＋科技＋加工”的现代农业产业集群，促进一二三产业融合发展，创新农民增收利益联结机制，培育农业农村经济发展新动能，打造高起点、高标准的现代农业建设样板区和乡村产业兴旺引领区，为农业农村现代化建设和乡村振兴提供有力支撑。

二、申请创建条件

（一）创建市级现代农业产业园应达到以下条件

1. 主导产业特色优势明显。主导产业为本区特色优势产业和支柱产业，在本市具有较强的竞争优势。主导产业集中度高，上下游连接紧密，产业间关联度强，产值占产业园总产值的比重达 30％以上。主导产业符合“生产＋科技＋品牌营销”的发展要求，种养规模化、科技集成化、营销品牌化的产业链开发格局已经形成，实现了产业融合发展。

2. 规划布局科学合理。已制定产业园专项规划，并经所在地乡镇或区级以上政府批准，明确了产业园发展布局和区域范围。产业园种养、加工、物流、研发、服务等一二三产业板块已经形成，且相对集中、联系紧密。产业园专项规划与所在乡镇、区发展规划相衔接，产业发展与村庄建设、生态宜居统筹谋划、同步推进，形成园村一体、产村融合的格局。

3. 建设水平区域领先。产业园生产设施条件良好，高标准农田占比较高，主导产业耕种收综合机械化率高于本市平均水平，生产经营信息化水平高。现代要素集聚能力强，技术集成应用水平较高，职业农民和专业人才队伍初步建立，吸引人才创新创业的机制健全。生产经营体系完善，规模经营显著，新型经营主体成为园区建设主导力量。产业园总产值接近 10 亿元。

4. 绿色发展成效突出。种养结合紧密，农业生产清洁，农业环境突出问题得到有效治理，“一控两减三基本”全面推行并取得实效。生产标准化、经营品牌化、质量可追溯，产品优质安全，绿色食品认证比重较高。农业绿色、低碳、循环发展长效机制基本建立。

5. 带动农民作用显著。产业园积极创新联农带农激励机制，推动发展合作制、股份制、订单农业等多种利益联结方式，推进资源变资产、资金变股金、农民变股东，农民分享二三产业增值收益有保障。在帮助小农户节本增效、对接市场、抵御风险、拓展增收空间等方面，采取了有针对性的措施，促进小农户和现代农业发展有机衔接。园区农民可支配收入原则上应高于当地平均水平的 20％以上。

6. 政策支持措施有力。地方政府支持力度大，统筹整合财政专项、基本建设投资等资金用于产业园建设，并在用地保障、财政扶持、金融服务、科技创新应用、人才支撑等方面有明确的政策措施，政策含金量高，有针对性和可操作性。水、电、路、讯、网络等基础设施完备。

7. 组织管理健全完善。产业园运行管理机制有活力，方式有创新，有适应发展要求的管理机制和开发运行机制。政府引导有力，多企业、多主体建设产业园的积极性充分调动，形成了产业园持续发展的动力机制。

（二）经过三年创建，应达到《北京市级现代农业产业园创建管理办法（试行）》（京政农发〔2019〕134 号）规定的认定条件。经评估，与认定条件差距较大的，不得申请。

三、申报程序

各区要高度重视，把现代农业产业园创建工作摆在重要位置，建立健全由分管区领导挂帅，区农业农村局、区财政局牵头的申请创建现代农业产业园工作协调机制，统筹负责组织创建工作。按照乡镇政府申请，区农业农村局、财政局择优遴选，报请区政府主管负责人员审定后，以区农业农村局、财政局名义联合提出申请，并报送申请创建材料。市农业农村局、市财政局按照“高标准、少而精、宁缺毋滥”的总要求，采取书面审查和竞争性择优遴选相结合的方式批准创建。符合创建条件，经相关程序并公示后批准创建市级现代农业产业园。

四、支持方式

市财政通过以奖代补方式对批准创建的市级现代农业产业园给予支持。为体现激励约束、强化地方责任，奖补资金分期安排。按照“能进能退、动态管理”的市级现代农业产业园创建管理机制，每年对产业园创建情况进行监测评价。监测评价不合格的，不再给予奖补资金，并按规定撤销创建资格。

五、材料报送

请各区务必于 2020 年 12 月 31 日（星期四）前将以下材料（纸质件 10 份，电子光盘 1 套）报送至市农业农村局发展规划处（西城区枣林前街 70 号中环大厦 A 座 916）。

1. 2020 年北京市级现代农业产业园申报创建情况表及监测评价情况表（附件）。

2. 产业园发展规划。产业园发展规划内容要与所在乡镇、区发展规划相衔接。

3. 产业园创建方案。内容应包括产业园发展现状、功能定位和思路目标、创建内容、带动农民、支持政策、运行管理机制、保障措施及出台的政策文件、相关证明材料等方面内容。

特此通知。

附件　北京市农业农村局北京市财政局关于印发《北京市级现代农业产业园创建管理办法（试行）》的通知（京政农发〔2019〕134 号）（略）

北京市农业农村局
关于成立北京冬奥会和冬残奥会食用农产品
供应保障工作领导小组的通知

（2020 年 11 月 11 日）

机关各有关处室、所属各有关单位，各区农业农村局：

按照北京冬奥组委运动会服务部《关于成立冬奥工作专班及报送餐饮筹备工作任务进展情况的通知》（冬奥组委运服发〔2020〕10 号）和北京市食品药品安全委员会《关于印发建立北京冬奥会（北京地区）食品供应安全保障工作机制工作方案的通知》（京食药安〔2020〕7 号）要求，为全力做好 2022 年北京冬奥会和冬残奥会食用农产品供应保障工作，发挥好农业农村系统各相关部门职能作用，统筹整合各方力量，形成工作合力，决定成立市农业农村局北京冬奥会和冬残奥会食用农产品供应保障工作领导小组（以下简称“领导小组”）。现将有关事项通知如下。

一、领导小组成员及职责

领导小组由市农业农村局主要负责人员任组长，相关主管负责人员为成员。

组 长：李志军 市委农工委书记、市农业农村局局长

成 员：康 森 市委农工委副书记、市农业农村局副局长

马丽英 市委农工委委员、市农业农村局副局长

马荣才 市农业农村局副局长、一级巡视员

单炜力 市农业农村局副局长

陶志强 市农业农村局二级巡视员

王 滨 市农业农村局总兽医师

主要职责：负责加强与冬奥组委及其各成员单位间的沟通协调；研究、确定、部署、督导赛会供应保障工作。领导小组下设工作专班，具体组织落实相关工作。

二、工作专班组成及职责分工

工作专班负责人：单炜力 市农业农村局副局长

陶志强 市农业农村局二级巡视员

成员由市农业农村局种植业管理处、畜牧渔业处、兽医兽药处、宣传与文化处、农产品质量安全处等相关处室负责人员，所属有关单位负责人及相关具体工作人员组成。

工作专班设立综合协调办公室、种植业生产供应组、畜牧渔业生产供应组、质量检测组以及宣传工作组等五个专项工作组。同时，聘请相关专家为供应保障工作提供相关技术支撑，解决疑难问题。

专项工作组具体职责分工如下。

（一）综合协调办公室

综合协调办公室设在市农业农村局农产品质量安全处。主要职责为组织落实领导小组各项决策，制定相关的会议制度、调度督办制度、信息报送制度等，协调落实人员、经费等保障；处理供应保障日常具体工作，牵头召开相关会议，组织协调、分解各项工作任务并督促检查落实情况；收集、整理相关会议情况和工作信息，编发会议纪要和专项工作简报，报送相关信息。

综合协调办公室根据供应保障不同阶段的工作需要适时抽调补充相关工作人员。

（二）种植业生产供应组

由种植业管理处牵头，负责种植产品生产源头质量安全控制和数量充足供应；开展备选供应基地推荐、遴选及现场评估检查工作；落实现场驻点监管制度，组织安排人员实施驻点监管指导，督促基地持续完善提升质量安全生产与供应能力；及时分析种植产品生产与供应情况，并采取相应处理措施。

（三）畜牧渔业生产供应组

由畜牧渔业处牵头，负责畜禽和水产品生产源头质量安全控制和数量充足供应；开展备选供应基地推荐、遴选及现场评估检查工作；落实现场驻点监管制度，组织安排人员实施驻点监管指导，督促基地持续完善提升质量安全生产与供应能力；及时分析畜禽和水产品生产与供应情况，并采取相应处理措施。

（四）质量检测组

由农产品质量安全处牵头，兽医兽药处和市、区两级相关检测机构组成。负责研究确定供应食用农产品的农兽药残留、兴奋剂类物质等质量安全检测参数，拟定检测方案并组织实施，参加供应基地质量安全评估和指导落实相关控制措施。

（五）宣传工作组

由宣传与文化处牵头，根据需要做好食用农产品供应保障宣传工作，做好相关舆情日常监测，会同有关部门做好重点舆情应对引导工作。

三、工作要求

（一）高度重视，精心组织

要进一步提高政治站位，充分认识做好2022年北京冬奥会和冬残奥会供应保障等相关工作的重大意义，切实加强组织领导，落实好本单位本部门的工作职责与任务，给予人力物力等支持，助力赛会圆满举办。特别是承担食用农产品供应保障任务

的单位要按照职责分工，认真梳理、完善工作方案、保障措施，全力以赴做好供应保障工作。

（二）明确责任，狠抓落实

各专项工作组要按照供应保障总体部署要求和工作分工，进一步梳理职责任务，细化实施方案，落实保障措施，明确完成时限，确定具体工作人员，将每一项工作落实到位。

（三）密切协作，形成合力

各专项工作组及其成员单位、各区农业农村部门要牢固树立“一盘棋”思想，提前谋划、互相协作、密切配合、无缝衔接，确保形成工作合力，圆满完成各项工作。

北京市农业农村局
关于实施中国传统村落挂牌保护工作的通知

（2020 年 11 月 23 日）

各有关区农业农村局：

为贯彻落实中办、国办《关于实施中华优秀传统文化传承发展工程的意见》，推动传统村落保护传承和发展，住房和城乡建设部决定统一设置中国传统村落保护标志（以下简称保护标志），实施挂牌保护。根据住房和城乡建设部办公厅《关于实施中国传统村落挂牌保护工作的通知》（建办村函〔2020〕227 号）要求，现就有关事项通知如下。

一、统一保护标志设计样式

保护标志由中国传统村落徽志、主题词、村落名称、二维码、监制单位、公布日期等 6 部分组成，具体样式及要求见附件 1。中国传统村落徽志、主题词、监制单位按统一样式及内容制作，村落名称、二维码、公布日期要根据每个村实际情况确定具体内容并按统一样式制作。村落名称为公布列入中国传统村落名录的具体村落名称，不写其所在的乡镇、县（市、区、旗）、市（州、盟、地区）及省（自治区、直辖市）。二维码为该村链接到中国传统村落数字博物馆的标记（网站地址：www. dmctv. cn），可通过扫描二维码查看到其村落信息。公布日期为公布该村列入中国传统村落名录的具体年月（附件 2）。

二、落实挂牌要求

中国传统村落标志牌为悬挂牌匾，可用于室内或室外悬挂展示。请按照住房和城乡建设部统一要求制作本区中国传统村落标识牌，材质根据当地特色选择木、石、金属等适宜材质，大小可视实际情况按一定比例放大，并按照不破坏原有风貌的原则进行摆放。民族自治地区可另外矗立少数民族文字书写的标志牌，内容应与汉字内容相同。

所有列入中国传统村落名录的村落都要设置标志牌，请各区于 12 月底前完成中国传统村落挂牌工作。

特此通知。

附件 1　中国传统村落样式（略）

附件 2　中国传统村落公布时间（略）

北京市农业农村局　北京市财政局
印发《关于促进设施农业绿色高效发展的指导意见》的通知

（2020 年 12 月 10 日）

各涉农区人民政府、各有关单位：

经市政府同意，现将《关于促进设施农业绿色高效发展的指导意见》印发给你们，请认真组织实施。

关于促进设施农业绿色高效发展的指导意见

设施农业是都市现代农业的重要实现形式，在丰富城市“菜篮子”供应、促进农民持续增收、稳定小农户生产中发挥着重要作用。为进一步明确和完善设施农业的发展方向、产业布局和用地管理，促进设施农业绿色、高效、有序发展，特制定本意见。

一、总体要求和主要目标

（一）指导思想

以习近平新时代中国特色社会主义思想为指导，坚持新发展理念，深入贯彻《北京城市总体规划（2016—2035 年）》，全面落实“菜篮子”市长负责制、压实“菜篮子”区长责任制，紧紧围绕实施乡村振兴战略这个总抓手，对标高质量发展要求，深化农业供给侧结构性改革，以绿色发展、优质安全为导向，以科技和市场为动能，以提高发展质量和效益为中心，着力推动设施农业实现绿色化、智能化、品牌化、专业化、高效化发展，大力提振农业生产者的发展信心，让设施农业成为乡村产业振兴的重要支撑、“菜篮子”保供稳价的重要保障。

（二）基本原则

坚持政府引导和市场主体相结合。充分发挥市场在资源配置中的决定性作用，更好发挥政府作用，遵循市场规律，引导更多资本、人才、科技、土地、信息等生产要素投入设施农业发展，促进小农户与现代农业有机衔接。坚持“放管服”改革方向，建立健全监管和风险防范机制，营造公平竞争的市场环境、政策环境、法治环境，创造良好稳定的市场预期，构建政府可持续推动、社会资本有动力投入、农民有能力发展的市场化运行格局。

坚持绿色发展和科技引领相结合。把绿色发展、质量兴农导向贯穿产业发展全过程，充分发挥科技支撑的引领作用，着力开展关键技术创新、生态循环模式创建、典型示范引领，推广适用性广、实用性强的绿色技术模式，增加绿色安全优质农产品供给，构建绿色发展产业链、创新链和价值链，不断提升质量效益和竞争力。

坚持产业集群和区域特色相结合。推动全产业链建设提升，促进设施产业布局由平面分隔转变为集群成链，主体关系由“同质竞争”转变为“合作共赢”，形成集约化、集群式发展格局。聚焦重点区域、重点环节和突出短板，加快籽种、种植、加工、流通一体化发展，促进叶类菜、果类菜、食用菌及林果、花卉等特色产业做强做优，形成区域优势主导产业。

（三）主要目标

力争用 5 年左右时间，使设施农业区域布局更加合理，结构类型更加优化，技术装备更加现代，产业体系更加健全完善，应急保障更加有力，涌现一批经营效益好、带动能力强的新型农业经营主体，打造若干个以设施农业为主导、体现现代高效生产水平的产业园、产业强镇、产业集群，基本形成与服务保障“四个中心”功能相统一、与城市总体规划和分区规划相衔接、与资源承载能力相匹配、与首都市场消费升级相适应的发展格局。

到 2025 年年底，全市蔬菜自给率由目前的 10％提升到 20％，总产量翻一番达到 220 万吨左右，其中：设施蔬菜播种面积保持在 50 万亩以上，设施蔬菜产量达到 140 万吨以上；较大程度实现设施农业提档升级、结构优化，机械化水平达到60%以上，土地产出率、劳动生产率、资源利用率水平明显提升，走在全国前列。

二、工作措施

（一）综合施策保面积、增产能，不断提高蔬菜产业效益

1. **优化设施农业产业布局。**各涉农区是"菜篮子"生产责任的落实主体，要结合耕地保护，承担相应的蔬菜生产供应责任，确保菜田面积不下降、产量稳中有提升。积极推进闲置设施盘活利用、老旧设施升级改造、毁损设施翻建换代，发展一批新型日光温室，多举措保护现有设施面积和综合产能。开展高效设施农业建设试点，围绕六环路周边区域布局西北部、东北部和南部三个片区，推动规模化、集群式、可持续发展，引领全市设施农业结构效益向高质量发展水平跃升，深化"储菜于地、储菜于技"。鼓励集体经济组织发展设施农业，组织小农户加入合作组织，对成方连片的设施进行组团式、园区化开发，对农村边角地、零散地、荒地、养殖清退地块等进行整理利用，将农户的"小菜园"发展成为城市优质绿色的"大菜篮"。通过多渠道挖潜能、优存量、促增量，确保全市菜田面积在40万亩的基础上稳步增加，各涉农区蔬菜产量以2018年为基准，实现逐年稳步提升，形成蔬菜生产供应的梯次保障格局。

2. **加强科技支撑和装备建设。**依靠科技增产能，推动农业效率变革。大力引进选育适合北京设施种植的蔬菜新品种新技术，实施良种更新工程，推动设施农业经营主体普遍使用优质抗病高效农作物品种。开展设施农业关键技术科研攻关，研究符合北京特点的宜机化、智能化、节能型、低成本的设施农业建设标准和装备指南，组织实施一批产业化试点项目。推进农机农艺融合、机械化信息化融合，加快设施装备与设施专用品种和绿色高效栽培技术集成配套，促进良种、良法、良机协同推广。大力推动移动互联网、物联网、智能控制等数字化技术在设施生产中的推广应用，加快产业链数字化、标准化升级。建立设施农业大数据应用中心，搭建"云服务"平台，推动"一张图"管理。扩大设施农业农机购置补贴机具品目范围，实行补贴范围内机具应补尽补，对购买国内外农机产品一视同仁，将保鲜储藏、蔬菜采后处理等设备纳入补贴范围，将高效设施主体结构品目列入中央农机购置补贴新产品试点。

3. **大力促进产销衔接、优质优价。**深化农业供给侧结构性改革，引导生产主体面向市场需求，合理安排种植计划，优化品种结构和茬口安排，提升播种面积，促进全周期运营、满负荷生产。围绕设施蔬菜主产区，支持建设一批产地分拣包装、净菜加工、仓储保鲜冷链等设施，降低产后损失率。构建完善的城乡冷链物流体系，不断提高果蔬等适冷商品冷链运输占比，推动农产品由田间到餐桌快速送达。实施"互联网＋"农产品出村进城工程、信息进村入户工程，鼓励设施农业生产经营主体联合或单独建立电商销售、专店专柜专销、直供直销等稳定的销售渠道，打造线上线下相结合产销机制，打通产销价值链和信息链。恢复改良一批"老口味"蔬菜产品，发展"小而精""特而优"的"京味"特色蔬菜和地理标志产品，满足多样化消费需求。探索阳台农业、楼宇农业等新业态新模式。加强北京农业好品牌、区域公共品牌等建设，逐步实现品牌蔬菜产品数字化、在线化动态识别监管，培育一批品牌叫得响、市场卖得好的本地蔬菜产品，打造一批"一村一品"、各具特色的蔬菜专业村镇。

（二）强化服务促绿色，形成绿色生态生产方式

4. **持续推进化肥农药使用量负增长。**实施有机肥替代化肥行动，推广应用商品有机肥、生物有机肥、测土配方施肥、水肥一体化技术，持续提高化肥利用率。加快绿色防控替代化学防治，重点推广生态控制、生物防治、理化诱控、蜜蜂授粉等绿色增产技术，扶持发展植保专业服务组织。推广精准高效施药、轮换用药等技术，着力提升科学安全用药水平。

5. **大力发展绿色有机农业。**以蔬菜为重点，编制北京市绿色有机农产品生产标准及操作规程，健全完善可追溯、全链条的监管制度。培育绿色有机农产品电商龙头企业。扶持建设一批绿色有机蔬菜生产基地。推进绿色菜园建设，加强尾菜处理和净菜上市，逐步实现蔬菜废弃物资源化利用全覆盖。

（三）金融支持化风险，扩大农业有效投资

6. **强化政策性农业保险保障作用。**探索开展

设施农业新型保险产品试点，研究涵盖融资、生产、仓储、销售等环节的一揽子综合保险产品创新，促进保障范围由物化成本向涵盖地租成本和劳动力成本延伸。开展蔬菜价格指数、天气气象指数等保险创新试点，逐步提高设施农业风险保障水平。研究农业科技成果转化与农业保险衔接模式，为企业研发、成果转化和产业化活动提供风险保障等服务。

7. **拓宽经营主体融资渠道。**对各类经营主体发展设施蔬菜产业项目给予贷款贴息支持，贴息范围重点是新建或原址翻建设施等方面生产流动资金。鼓励银行业金融机构创新研发金融产品，简化优化贷款审批流程，推动农业设施、大型农机等依法合规抵押融资。发挥政策性融资担保机构作用，做大面向设施农业经营主体的担保业务，支持担保机构降低担保费用，确保政策性农担业务贷款主体实际负担的担保费率不超过0.8%。

8. **引导社会资本投入设施农业。**充分发挥蔬菜奖补资金引导撬动作用，拓宽投融资渠道，推动实施一批示范带动作用强、有利于生产消费“双升级”的设施农业项目，加快形成财政优先保障、金融重点倾斜、社会积极参与的多元投入格局。支持引导国有企业投资建设高效设施农业。探索农民土地入股、集体经济组织代建返租等模式，降低企业初期投入成本。

（四）保障用地促规范，完善设施农业用地监管

9. **规范设施农业用地管理。**设施农业配建的看护房、农资农机具库房、烘干晾晒、分拣包装、保鲜存储等设施用地均纳入设施农业用地管理，根据生产实际合理确定各类设施农业用地规模。设施农业可以使用一般耕地，不破坏耕作层的使用永久基本农田不需补划。纳入高效设施农业建设试点的要严格履行报备程序。

10. **严格设施农业用地核查和备案。**将设施农业项目纳入市区两级统一管理平台，严格按照设施农业用地管理办法进行备案，做到应备尽备、应报尽报，实现数字化档案管理。市、区两级农业农村、园林绿化、规划和自然资源部门及时共享设施农业备案信息，掌握设施农业的备案、建设、经营等情况。按照“发现—处置—整改—反馈”全流程闭环监管要求，市、区、镇、村四级实行动态全覆盖管理，严防“大棚房”问题反弹。

三、强化组织保障

11. **加强资金保障和绩效管理。**市级财政统筹现有农业农村改革发展资金并安排部分增量资金，采取菜田补贴、以奖代补等方式，加大对设施农业和蔬菜产业发展的支持力度。深化承包地“三权”分置改革，新增补贴从以承包权补贴为主转变为以经营权补贴为主。强化绿色生态导向，调整优化肥料、农药、绿色防控产品等补贴方式。建立市对区蔬菜生产目标考核与奖补机制，市级定期组织开展资金绩效考评，每年检查、定期评估，根据各涉农区绩效目标完成情况安排资金奖励；对资金使用不规范、效能作用不明显、产能达不到目标的，视情况核减扶持资金，并予以通报；对利用项目套取补贴的，原渠道追回资金，并依法依规追究责任。区级加大对设施农业扶持力度，加强产业链薄弱环节、关键节点、重点任务建设，提升设施农业科技装备水平、冬淡季生产能力和整体质量效益，促进数字农业、有机农业发展，引导绿色高效生产。

12. **强化部门职责。**市农业农村局牵头建立设施农业发展工作协同推进机制，会同市财政局、市规划和自然资源委、市发展改革委、市园林绿化局、市科委、市商务局等部门加强统筹协调、监督指导和跟踪问效，及时调整完善政策措施。进一步压实“菜篮子”区长责任制，对蔬菜生产及设施农业运行保障情况实行月统计、月通报制度，并将其纳入涉农区党政领导班子和领导干部推进乡村振兴战略实绩考核范畴。市商务局牵头推进农业品牌体系、销售体系建设。市科委牵头设立设施农业科技攻关专项，重点攻克高效设施农业棚体、装备、籽种等本土化、降成本技术难题。市园林绿化局组织研究城市绿化与农业种植相结合的试点。中国人民银行营业管理部、北京银保监局、市金融监管局引导金融机构创新金融产品，加大对设施农业的金融信贷支持力度。

13. **压实区和乡镇工作责任。**各涉农区要切实提高保持一定“菜篮子”自给率重要性的思想认识，加强组织领导，守住菜田面积底线，稳步提高设施生产效率。各涉农区人民政府是落实扶持措施的责任主体，要在市级转移支付资金基础上安排相应配套资金，结合本地实际制定具体实施方案，牢固树立过“紧日子”的思想，用好产业政策，优化资金使用，确保政策精准到种植地块、扶持资金精准到生产经营者，杜绝只拿补贴不种地、层层转包转租等现象发生，切实保护生产者的积极性。严肃查处设施农业用地的非农建设、非农利用等行为。各涉农区农业农村部门要加快建立设施农业生产经营主体名录管理制度，加强动态管理、典型监测和精准补贴；建立项目储备库，把项目落实到乡镇、统筹在乡镇，以奖代补资金项目实行竞争性申报、公开择优评选机制。推动落实国家发展改革委农业生产用电相关政策，设施农业生产用电实行峰谷分时电价。各涉农区年底要向市政府报告本区“菜篮子”生产供应情况。

14. **培育新型农业经营主体。**发挥首农集团、供销社、北京农投公司等龙头企业的带动作用，建立与小农户的利益紧密联结机制，调动农民合作社、家庭农场、“新农人”等经营主体生产积极性，形成功能互补、合作共赢的良好格局。创新农业组织形式，大力培育社会化服务组织，带动农户专业化经营、标准化生产。实施设施农业经营主体能力提升工程，加大农民培训力度，提升职业技能和创新创业能力，培育一批“菜把式”“田状元”等高素质职业农民，培养一批爱农业、懂科技、会管理的新时代农民企业家。

本意见由市农业农村局、市财政局等部门按职责负责解释。本意见扶持的设施农业含设施林果、设施花卉，各区制定奖补资金使用方案时要统筹考虑。设施畜牧业、渔业不在本意见规范范畴，按照其相关规定执行。高效设施农业用地、菜田补贴和蔬菜生产奖补等管理办法另行制定。本意见有效期至2025年12月31日。

北京市农业农村局
关于积极应对新型冠状病毒肺炎疫情
抓好当前农产品生产保障市场供应的函

（2020年1月31日）

各涉农区人民政府：

为积极应对新型冠状病毒肺炎疫情，贯彻落实农业农村部工作部署和市委、市政府关于“落实各区属地责任，抓好蔬菜等生活必需品保供稳价”的要求，切实做好疫情期间蔬菜及主要畜禽产品供应，确保蔬菜及主要畜禽产品生产稳定不下滑，现就做好当前工作提出如下建议。

一、提高政治站位，强化责任落实

各区要切实履行属地责任，站在为打赢疫情防控阻击战提供物质保障的高度，严密组织蔬菜、畜禽生产和供应保障，特别是要确保近两个月时间内，首都农产品市场稳定。加强对辖区内生产主体的引导，在确保满足自给的同时提供应急保障，真正做到产得出、调得动、供得上。切实落实好“菜篮子”区长负责制年度任务，明确任务指标，优化调整产业结构和品种，推进蔬菜、畜禽产业发展，提升产业效益。

二、解决用工困难，稳住农产品生产

各区要组织摸底调查，全面掌握本区蔬菜生产情况，重点摸清在田蔬菜生产面积、品种、生产量、供应量和冬储蔬菜种类、数量，摸清生猪、蛋鸡、奶牛等主要畜种的存栏、产能、供应能力，摸清企业的开复工情况以及用工需求、产销情况、实际困难等。认真落实陈吉宁市长提出的满足疫情防控和尽早复工的要求，按照“一企一策、一事一议”思路，研究提出解决方案，安排专门人员与重点生产主体建立定点联系，突出帮助一批重点生产主体解决实际困难。在摸清目前生产主体用工情况的前提下，积极组织本地富余劳动力就近就业，解决短期用工紧缺问题；对返京外地劳动力相对集中且非疫情重点区的，在落实严格隔离措施的前提下，采取集中接送、集中住宿等方式组织复工生产，确保蔬菜、畜禽产品生产不减量，稳定市场供应。

三、加强技术指导，确保农产品供应与质量安全

各区要通过多种形式，加强田间管理和技术指导，增加蔬菜和主要畜禽产品生产供应，确保农产品质量安全。要根据疫情防控需要和立足长期应对的准备，提前指导生产主体合理安排生产茬口，结合冬春蔬菜生产特点，依据市场需求适当增加叶菜和速生蔬菜生产，适度扩大种植规模，做到应种尽种，保障蔬菜均衡供应；因受疫情防控影响而造成种苗供应不畅的，要及时调整种植品种，采取自行播种育苗等方式，确保蔬菜生产不断档、不脱销。饲料生产和屠宰企业在做好疫情防控的基础上，要加快生产恢复、满足畜禽养殖饲料需求；强化非洲猪瘟等重大动物疫病防控，认真落实生猪产业优化提升的一系列政策措施，统筹抓好肉、蛋、奶产业发展，加强畜牧产业发展技术指导和服务，千方百计增加畜产品有效供给。强化对农药、兽药、肥料、饲料等投入品的监管力度，指导农户实施标准化安全生产、规范生产记录，加强农产品质量安全监测，确保上市农产品的质量安全。

四、畅通绿色通道，加强产销对接

各区要认真落实农业农村部、交通运输部、公安部《关于确保“菜篮子”产品和农业生产资料正常流通秩序的紧急通知》（农办牧〔2020〕7 号）要求，畅通“绿色通道”，指导经营主体提前做好调运计划。及时解决因疫情防控出现配送和运输车辆进不了村、入不了户，从而影响产品销售的问题。各区要密切关注产销信息、供求变化和市场波动，按照“一事一报”方式及时报送生产主体、产品种类、产量等信息，避免出现因信息不畅，造成产品滞销和市场短缺问题。

五、加强宣传指导，确保生产安全

各区要加强对生产主体疫情防控知识的宣传教育，指导生产主体严格落实防控措施，确保生产队伍稳定、人员身体健康。帮助生产主体协调解决口罩、消毒液、体温计等疫情防控物资短缺问题。

特此致函。

北京市农业农村局　北京市财政局
北京市规划和自然资源委员会
北京市城市管理委员会　北京市水务局
关于开展 2020 年农村人居环境整治考核验收的函

（2020 年 5 月 18 日）

各相关区人民政府：

为深入贯彻落实《中共中央办公厅　国务院办公厅关于印发〈农村人居环境整治三年行动方案〉的通知》（中办发〔2018〕5 号）、《中共北京市委办公厅、北京市人民政府办公厅关于印发〈实施乡村振兴战略扎实推进美丽乡村建设专项行动计划（2018—2020 年）〉的通知》（京办发〔2018〕5 号）等文件精神，改善农村人居环境，推进美丽乡村建设，补齐全面小康“三农”领域突出短板，以疫情防控为切入点，在防控常态化背景下，结合爱国卫生运动，按时保质完成农村人居环境整治三年行动各项目标任务，就开展 2020 年农村人居环境整治考核验收，统筹推进美丽乡村建设有关事宜函告如下。

一、考核验收的目的、范围及内容

2020年是农村人居环境整治三年行动和美丽乡村建设三年行动计划的收官之年。本年度考核验收工作以村庄清洁行动为主要内容，以农村生活垃圾治理、厕所革命、生活污水治理、村容村貌提升等为主攻方向，以城乡结合部农村地区村庄为重点，以美丽乡村建设引导资金使用为重要内容，对全市所有村庄环境整治开展考核验收，做到“以考核促整治”，确保2020年9月30日前，全市农村地区所有村庄普遍达到干净整洁有序。

二、考核方式及时间安排

自5月起，按照《北京市农村人居环境整治考核验收评分标准（修订）》，采取“区级自查、市级第三方核查”相结合的方式进行，核查结果进行通报。下半年适时对资金使用情况进行检查。具体时间安排如下：

2020年5—9月。各区在全面开展环境整治的基础上，以2019年国务院农村人居环境整治大检查发现问题、城乡结合部农村地区村庄环境整治工作、“12345”市民服务热线和上级部门反馈的问题、美丽乡村引导资金使用情况等为重点，深入开展农村人居环境整治。市农业农村局组织第三方，每月对各区整治进展情况进行核查。

2020年9—10月。组织开展第三批村庄考核验收。9月15日前，各区将第三批千村整治村庄自查报告及各村评分材料报市农业农村局备案，市农业农村局组织第三方适时组织对各区第三批村庄整治情况进行考核验收。对资金使用情况进行检查。组织开展农村人居环境整治三年行动任务目标完成情况考核验收。各区要对标中央和北京市农村人居环境整治三年行动方案明确的工作目标，开展区级自查验收，9月15日形成自查报告，报市农业农村局备案。市委农办将适时组织市各相关单位，以区为单位对三年行动方案任务目标落实等情况进行考核验收，考核结果向市委、市政府报告。

2020年11—12月。市农业农村局组织第三方每月对各区农村人居环境整治长效管护情况进行回头看核查。

三、工作要求

农村人居环境整治工作是党中央、国务院和市委、市政府的重大决策部署，既是民生工程，更是政治任务。各区要提高政治站位，从增强“四个意识”、坚定“四个自信”、做到“两个维护”的高度，强化责任感、使命感、紧迫感，聚焦突出问题，加大工作力度，抓紧抓实抓好，确保农村人居环境整治和美丽乡村建设三年行动计划圆满收官。

（一）提高认识，加强组织领导

农村人居环境整治纳入党政领导班子和领导干部推进乡村振兴战略实绩考核。各区要按照五级书记抓乡村振兴的要求，提高政治站位，把农村人居环境整治作为“一把手”工程推进，认真做好工作推进的自查自评工作。对于农村人居环境整治和美丽乡村建设过程中发现的问题，要及时整改纠正，确保高标准完成工作任务。

（二）加强统筹，有序推进美丽乡村建设

各区是美丽乡村建设的责任主体，对美丽乡村建设效果负责。各区要科学合理地制定美丽乡村建设实施方案，明确建设项目、实施内容、具体数量，避免过高预期；要完善实施方案的区级审核机制，强化审核把关，做好项目统筹，防止建设工程“拉拉链”“翻烧饼”；要强化组织实施，农村基础设施建设前，要组织开展实地踏勘，对项目必要性进行评估，避免重复建设和资金浪费；建设中要加强监管，从严从紧控制成本，严格落实验收程序，确保建设质量；建成投入使用后要加强长效管护，确保基础设施得到长期有效使用。农村基础设施建设，如农村街坊路、公共厕所、太阳能浴室、农村供水设施等，要加强论证、科学选址、优化功能，注重建管并重，防止重复建设，严禁超标建设，杜绝“晒太阳”。

（三）加强资金监管，健全长效机制

各区要落实属地责任，加强资金使用情况监管，统计核实农村基础设施建设数量，明确本区农村基础设施运维管护标准，统计管护资金安排拨付管护单位以及拨付到村级的管护资金的执行使用情况，统计数据细化至村级，确保资金投入产出效率和使用安全。各区要逐年逐镇逐村开展资金使用自查检查，如实准确填写《市级农村基础设施长效管

护资金申报情况》《区级农村基础设施长效管护资金拨付使用情况》《镇村级农村基础设施长效管护资金拨付使用情况》《2018、2019 年农村基础设施实际建设情况统计表》《2020 年及以后农村基础设施实际建设需求统计表》，形成自查报告（自查报告包含且不限于以下内容：①基础设施建设方面，对 2018 年以来农村基础设施建设数量、资金使用等进行汇总，对下一步建设工作和资金需求进行估算。②基础设施管护方面，对 2018 年以来“有制度、有标准、有队伍、有经费、有督查”等“五有”管护机制建立情况、执行情况、农村基础设施管护台账、管护资金使用情况等进行说明。③对美丽乡村引导资金使用绩效情况进行总结。④自查报告一式十份，2020 年 8 月 15 日前以区政府名义报市农业农村局、市财政局。）市相关部门将按照《北京市美丽乡村建设引导资金管理办法》，在此次考核验收中对美丽乡村建设引导资金使用情况进行抽查，将检查结果纳入各区考核总成绩。

（四）注重宣传引导，营造良好发展氛围

各区要将农村人居环境整治纳入村规民约，引导环境整治由村内公共区域向村边延伸、向村民庭院延伸；要强化健康生活理念知识的宣传教育培训，积极推广好经验好做法；要组织开展美丽庭院等群众喜闻乐见的评比活动，动员广大农民群众积极主动参与农村人居环境整治，形成广泛参与、集中整治的局面。

特此函达。

附件 1　北京市农村人居环境整治考核验收评分标准（修订）（略）

附件 2　市级农村基础设施长效管护资金申报情况（略）

附件 3　区级农村基础设施长效管护资金拨付使用情况（略）

附件 4　镇村级农村基础设施长效管护资金拨付使用情况（略）

附件 5　2018、2019 年农村基础设施实际建设情况统计表（略）

附件 6　2020 年度以后农村基础设施实际建设需求统计表（略）

北京市农业农村局　北京市财政局
关于印发《2020 年北京市耕地地力保护补贴的实施方案》的函

（2020 年 5 月 27 日）

各涉农区人民政府，北京首农食品集团有限公司：

现将《2020 年北京市耕地地力保护补贴的实施方案》印发给你们，请认真组织实施。

2020 年北京市耕地地力
保护补贴的实施方案

根据《财政部　农业部关于全面推开农业“三项补贴”改革工作的通知》（财农〔2016〕26 号）、《农业农村部　财政部关于做好 2020 年农业生产发展等项目实施工作的通知》（农计财发〔2020〕3 号），为支持耕地地力保护，促进农业发展和农民增收，结合本市实际，制定本实施方案。

一、补贴对象

补贴对象为本市拥有耕地承包权的种植农户（含村集体土地承包户）和国有农场（含首农食品集团双河农场）种植职工。对承包集体土地或经营流转土地的，按合同约定发放补贴资金。享受补贴的农户和种植职工，应以绿色生态为导向，采取节水、节肥、节药等有效措施保护耕地和提升耕地地力。

二、补贴范围

本市种植粮食、经济作物以及露地蔬菜的耕地面积。对当年有以下情况的耕地不给予补贴。

1. 退耕还林的、与果（林）间作的、已种植经济林和生态林的。

2. 非农业征（占）用耕地等已改变用途的。

3. 设施园艺（包括连栋温室、日光温室、塑料大棚、小拱棚）占用的。

4. 已作为畜牧养殖场使用的。

5. 种植农产品发生质量安全事故的。

6. 违反农作物秸秆禁烧规定的。

7. 种植草坪等破坏耕作层的。

8. 闲置撂荒的。

9. 存在违法建设的。

10. 占补平衡中“补”的面积和质量达不到耕种条件的。

三、补贴标准

市级补贴标准为每亩 300 元。同一块耕地，一年只能享受一次市级耕地地力保护补贴。各区可根据本区财力给予适当补贴。首农食品集团双河农场按照黑龙江省相关标准给予补贴。

四、工作要求

（一）制定实施方案

各区和首农食品集团结合实际制定实施方案，明确补贴对象、补贴范围和补贴标准等内容，统筹使用市级拨付资金和本区结余资金，探索将补贴发放与耕地保护责任挂钩的机制，引导农户和种植职工自觉保护耕地和提升耕地地力。2020 年 6 月底前，各区和首农食品集团将实施方案报送市农业农村局备案。

（二）按时发放补贴

各区和首农食品集团在 10 月 31 日前，将补贴资金及时发放到补贴对象的一卡（折）通或银行账户中。当年结余的补贴资金可结转至下一年安排使用。

（三）及时报送总结

2020 年 11 月 15 日前，各区和首农食品集团将本年耕地地力保护补贴资金发放情况报送市农业农村局。

五、工作保障

（一）加强组织领导

市农业农村局、市财政局指导开展耕地地力保护补贴工作。各区和首农食品集团作为责任主体，要高度重视，强化领导，建立健全工作机制，明确责任分工，压实粮食安全区长责任制，切实落实耕地地力保护补贴政策。

（二）规范补贴程序

耕地地力保护补贴坚持公平、公正、公开的原则，严格执行“补贴对象自愿申请、村委会公示确认、镇（乡）政府审核、区政府批准、市级部门备案”的工作程序，不得减免环节、违规操作。凡是有纠纷的土地，暂时不列入补贴范围，待明确土地权属后再予以追补。

（三）严格资金管理

补贴资金实行专户管理，直接发放到补贴对象的“一卡（折）通”或银行账户中，严禁现金发放。坚决杜绝骗取、套取、贪污、挤占、挪用补贴资金的行为。

（四）加强监督检查

市农业农村局对各区及首农食品集团耕地地力保护补贴政策实施情况，开展年中抽查、年底全面检查工作。各区及首农食品集团应不定期进行自查，及时纠正补贴政策实施过程中出现的各种问题。

（五）加大政策宣传

各区应利用各种媒体广泛宣传耕地地力保护政策，做好对广大种植农户、基层干部的政策解释工作。加强补贴发放结果公开，主动接受广大群众、媒体和社会各界的监督。

六、政策施行

本实施意见自印发之日起施行。《北京市基本菜田补贴实施办法（试行）》（京政农函〔2016〕22 号）同时废止。

附件 1　北京市耕地地力保护补贴资金发放管理办法（略）

附件 2　北京首农食品集团有限公司双河农场耕地地力保护补贴资金发放管理办法（略）

北京市农业农村局　北京市财政局
关于印发《低收入产业帮扶项目评估检查反馈意见》的函

（2020 年 9 月 2 日）

各相关区人民政府：

2020 年，是决战脱贫攻坚和决胜全面建成小康社会的收官之年。按照低收入农户帮扶评估检查工作总体安排，7 月 6 日至 17 日，市农业农村局、市财政局联合开展了低收入产业帮扶项目评估检查工作，共实地抽查 143 个项目，围绕项目合规性、成效、利益联结机制等方面，发现典型经验，查找突出问题。现将评估检查反馈意见印发各区，请认真研究，举一反三，充分挖掘、总结、宣传产业发展典型经验，及时整改评估检查发现的突出问题。请各区于 9 月 30 日（星期三）前，将整改进展情况加盖公章报送市农业农村局，电子版同时发送至邮箱。

附件 1　低收入产业帮扶项目评估检查反馈意见

附件 2　评估检查发现的部分产业发展典型清单（略）

附件 3　评估检查发现的主要问题清单（略）

附件 1

低收入产业帮扶项目评估检查反馈意见

产业帮扶是“六个一批”精准帮扶措施的重要内容、是建立长效帮扶机制的关键举措。按照低收入农户帮扶评估检查工作总体安排，7 月 6 日至 17 日，市农业农村局、市财政局围绕项目合规性、成效、利益联结机制等方面，联合开展了 2016—2020 年低收入产业帮扶项目评估检查工作，共实地抽查检查 10 个区的 143 个项目（占项目总数的 15%），其中，区级统筹项目 6 个、乡镇统筹项目 43 个、村级统筹项目 94 个。近期，市级还将围绕“六个一批”帮扶措施落实情况和目标任务完成情况，持续开展评估检查。现将产业帮扶项目评估检查意见反馈如下。

一、评估检查总体结论

（一）产业项目带动低收入农户增收效果明显

2016—2020 年，市级共投入 12.1 亿元帮扶资金转移支付至各区，专项扶持低收入村户产业发展，截至 2020 年 6 月底，各区共安排 917 个产业项目，帮扶成效明显。一是发展了一批可持续的特色优势产业。评估检查的项目中，80%以上可持续，形成了一批能够带动低收入农户稳定增收、具备较强造血机能的优势产业，并涌现出了很多可复制、可推广的典型产业发展模式。如门头沟区的高山芦笋和林下五味子种植产业，延庆区的大榛子种植和乡村民宿精品产业，平谷区的光伏发电产业，怀柔区的中药材种植产业，密云区的林下木耳种植和蜜蜂养殖产业等。二是产业项目总体效益较高。本次评估检查的 143 个项目中，除 15 个 2020 年项目正在实施外，其他 128 个项目已基本完工。128 个项目投入财政帮扶资金 2.6 亿元，通过项目建设和管护用工、产业收益分红等形式，带动5 464户低收入农户实现脱低；共吸纳低收入劳动力用工3 916人次，发放工资 1 991 万元；其中 77 个项目已见收益，目前产业本身收益累计达到4 091万元；预计，项目后期管护还将长期安置1 000余人就业，产业本身年总收益可达3 000万元以上。

（二）部分产业项目存在问题

产业帮扶经历了从探索期到成熟期的过程，产业项目的问题在不同阶段体现不同特征。

1. 2018 年以前项目。本市低收入村户在 2016 年 6 月完成认定，市级低收入产业帮扶资金于 2016 年年底将 2016 年和 2017 年两年资金转移支付至各区，实际产业帮扶项目自 2017 年开始安排。2018 年以前是项目探索期，主要问题体现在一些项目不可持续或效益较低：一是一些项目研究论证或管护服务不到位，造成项目效益较低，难以为继；二是一些项目是简单发放生产资料的一次性项目，或是与低收入农户关联度低的基础设施类项目；三是一些项目设置了终止期限，不可持续。

2. 2018年以后项目。2018年以后，各区总结了前期的经验教训，产业项目的造血机能和可持续性明显提升，主要问题体现在部分项目利益联结机制不健全：一是部分项目资产归属不清晰，部分镇村统筹项目的资产没有明确镇或村持有；二是部分项目未制定收益分配方案；三是部分项目收益分配方案不规范，部分方案仅为框架草案，没有分配细则，缺乏可操作性，且未通过村民代表大会形成盖章、公示的正式方案；四是部分项目收益分配未体现向低收入农户倾斜。此外，2020年安排的产业项目，各区普遍思路清晰，项目选择和设计较好，预期效益较高，主要问题是受疫情影响，项目资金落实进度较慢。

二、评估检查发现的部分产业发展典型

评估检查过程中，发现了很多具备特色优势的典型产业项目，这些项目普遍市场竞争力强、效益好、可持续、带动低收入农户效果突出。从各个产业类型中选取部分已见收益、有代表性的发展典型，供各区交流借鉴。

（一）特色种植类

主要发展模式是依托当地资源实际，经充分研究论证，选择最适宜本地种植的、有市场竞争力的特色农林产品，形成区域优势产业，通过收益分红、管护用工等形式帮扶低收入农户。如门头沟区清水镇梁家庄村，2018年投入334.2万元产业帮扶资金，发展90亩高山芦笋，产品主要出口至日本、韩国，当前已进入量产期，亩产800斤，预计1～2年内亩产量会逐步达到3 000斤，亩产值可达2万元以上。延庆区大庄科乡，2018—2019年投入357万元产业帮扶资金，由镇级统筹发展香草种植产业。目前产业已初具规模，形成了育苗、种植、精油提取、手工皂制作等完整的产业链，创立了自主品牌，2019年收入150万元，带动低收入劳动力就业30人，年人均工资2.5万元。

（二）特色养殖类

主要发展模式是政府购买服务，通过专业合作社带动，精准扶持到户，发展绿色养殖产业，强化合作社技术服务，扶持低收入农户劳动致富。如密云区高岭镇，2018年以来，投入产业帮扶资金，依托奥金达养蜂专业合作社扶持78户低收入农户养蜂，合作社实行“统一技术培训、统一专人指导、统一专家验蜂把关、统一生产资料统购统分、统一产品检测、统一产品回收”的六统一管理，所扶持的低收入农户全部实现脱低。

（三）乡村民宿精品类

主要发展模式是盘活闲置农宅，建设乡村民宿精品，通过经营收益分红、吸纳就业、带动农产品销售等形式帮扶低收入农户。如延庆区刘斌堡乡下虎叫村，以财政产业帮扶资金带动社会资本投入，盘活闲置农宅，发展乡村民宿精品，打造“山楂小院”民宿品牌。目前，全村民宿已达15户，年收益500余万元，带动低收入户11人就业，年人均工资达3.6万元。

（四）休闲旅游类

主要发展模式是依托旅游资源，发展休闲旅游产业，通过经营收益分红、吸纳就业、带动农产品销售等形式帮扶低收入农户。如怀柔区宝山镇道德坑村，依托村内红色旅游资源，投入产业帮扶资金发展红色教育体验产业，并建设百草园和有机菜园，推动农业旅游相结合，提升产业综合效益。目前，已累计接待游客2万余人，直接收入150万元。房山区十渡镇西太平村，以产业帮扶资金为主体，整合小流域治理、一事一议等其他资金，开发建设“太平天池”和“猕猴谷”景区，目前已完成建设，年内开放，预计景区年客流量可达10万人，票价40元，并通过浅水广场、猕猴表演等，实现二次消费，年总收入可达500万元，同时可直接安置50人就业。

（五）林下经济类

主要发展模式是在林下发展食用菌、中草药等特色林下经济，通过收益分红、管护用工等形式帮扶低收入农户。如大兴区长子营镇小黑垡村，村集体充分利用平原造林的林下资源，投入产业帮扶资金75万元，建成林菌种植棚97个，年收益达30余万元，带动就业50余人，月平均工资2 000元以上。密云区大城子镇苍术会村，在村内的栗子树下，投入产业帮扶资金发展林下木耳种植，精准扶持93户低收入农户。当前，木耳种植面积达到150亩，累计销售额已达88.4万元，低收入农户

户均增收3万余元。

（六）资产收益类

主要发展模式是投入产业帮扶资金形成经营性资产，长期稳定获得资产经营收益，帮扶低收入农户。如平谷区王辛庄镇，投入产业帮扶资金在107户低收入农户屋顶发展分布式光伏，每户投资约3.5万元，年可发电7 000千瓦时，年卖电收益达6 000余元，收益可持续20年。

三、评估检查发现的主要问题

（一）2020年项目资金落实进度慢

截至6月底，各区2020年共安排新产业项目118个，除昌平区外，其他各区2020年资金均已安排至项目，但受疫情影响，开工项目仅有67个，开工率56.8%，完工项目仅有1个，普遍进度较慢。其中，通州区、顺义区、昌平区项目均未开工。实地抽查的15个2020年项目，绝大部分均在设计论证或审批阶段，尚未开工。

（二）部分项目管理不到位

一是部分项目明细台账填报不认真。各区向市级定期报送备案的产业项目明细台账中，部分项目填报不认真，部分乡镇对项目情况掌握不清、填报不实不细，区审核把关不严，部分项目台账存在内容和运行机制表述不清、效果收益测算不明、带动低收入农户数统计不准、利益联结机制描述不清等问题。二是部分项目档案管理不到位。部分项目档案管理不精细，不经整理简单归档，部分项目档案资料缺失。如大兴区长子营镇2017年民俗旅游林下经济蘑菇种植项目（219万元），该项目2019年将其中144万元变更为呀路古热带植物园帮扶项目，但变更项目的实施过程相关材料缺失。三是部分项目验收不及时、监管不到位。如昌平区流村镇，实地检查的禾子涧村、老峪沟村等8个产业项目，均已完工但未验收，最早项目2017年完工，至今已3年仍未验收；且镇级监管缺位，未见镇级项目检查记录。四是部分项目结余资金滞留。如，通州区西集镇2017年车屯村设施大棚项目（85万元），建设大棚实际花费40万元，结余45万元，目前仍在村账上未使用也未退回。

（三）部分项目效益较低或不可持续

一是部分项目研究论证不充分。如昌平区流村镇2018年禾子涧村食用百合种植项目（180万元），前期研究论证不充分，选择种植地块土层薄，不适合百合生长，仅产生20万元收益，目前该项目已废弃。房山区南窖乡2017年南窖村中草药种植园项目（304.3万元），前期研究论证不充分，项目内容为种植板栗、百合、射干、爬藤月季等多种产品，但实际因土层较薄不适宜生长，加之管护不到位、灌溉不及时，成活率低，目前改种部分菊花，预期效益较低。二是部分项目管护和技术服务不到位。如昌平区流村镇2018年老峪沟村地环种植项目（54.9万元），预计亩产2 000斤，每斤5元，实际由于管护和技术服务不到位产量较低，造成采收成本高于售卖成本，发展50亩地环总共收1 200斤（收益6 000元），目前项目已废弃。三是部分项目为简单一次性项目或与产业不直接相关的基础设施项目。如密云区不老屯镇2019年北香峪村等5个低收入村板栗生产有机肥配备项目（共192万元），均为简单发放生产资料的一次性项目，未产生明显效益。昌平区南口镇2018年五彩水峪果园主路两侧护栏项目（150万元），项目内容为修建道路两侧果园护栏，未产生明显效益，与低收入农户关联度低。四是部分项目设定终止期限。如延庆区四海镇2018年动态脱低帮扶基金项目（100万元），项目资金投入四海种植合作社购买设备，资产归合作社所有，约定合作社10年内返还150万元，10年后项目终止。平谷区东高村镇2017年北京华东乐器有限公司扶贫计划项目（58.5万元），项目内容为带动33户低收入农户制作小提琴，实际仅带动两户，项目约定3年返利，返还额不低于项目本金，3年后项目终止。

（四）部分项目利益联结机制不健全

一是部分项目资产归属不清晰。如大兴区采育镇2018年高效密植果树蔬菜建设项目（85万元），为镇级统筹项目，财政资金投入所形成资产应为镇级所有，长期取得资产经营收益。但该项目资金投入合作社，资产归合作社所有，仅约定金额长期返利，未量化资产以股份等形式由镇级持有。平谷区南独乐河镇2018年南独乐河镇光伏发电产业增收项目（186万元），为镇级统筹项目，未明确资产镇级持有。二是部分项目未制定收益分配方案。如门头沟区雁翅镇大村村2017—2019年的精品果园（219.91万元）等3个项目，仅有简单收益分配说明，无分配细则，无村民代表大会研究记录，未见收益分配方案。三是部分项目收益分配方案不规范。如房山区佛子庄乡、南窖乡、张坊镇、十渡镇实地检查的10余个村级产业项目，分配方案基本都是套用区级指导意见框架，宽泛笼统，没有分配细则，缺乏可操作性，且方案为草案，未通过村民代表大会形成盖章、公示的正式方案。怀柔区怀柔镇2018年对5个非市级低收入村实施光伏发电项目（共322万元），项目收益分配方案设定了一定比例全体村民共享，不符合政策规定，非市级低收入村项目收益应全部用于帮扶低收入农户。四是部分项目收益分配未向低收入农户倾斜。如门头沟区雁翅镇2019年太子墓村低收入精准帮扶苹果园提升改造项目（115.32万元），收益100%分配给村民，未向低收入农户倾斜。密云区太师屯镇2019年后八家庄村产业巩固提升项目（484.5万元），项目由村级统筹实施，但项目地块为各户承包地，收益归承包户所有，扶持对象包括部分非低收入农户，与低收入农户同等扶持，未体现向低收入农户倾斜。五是个别区低收入农户退出较多，部分产业项目缺少受益低收入农户。如房山区2019年很多低收入户自愿退出，全区低收入农户从2018年的9 000余户减少至4 000余户，部分乡镇大部分低收入农户已退出，导致产业项目缺少受益低收入农户。区内佛子庄乡2018年低收入农户939户，目前全乡仅一个村还剩余42户，其他各村均已无低收入农户（包括8个低收入村）。乡内佛子庄村已无低收入农户，2017—2019年累计投入产业项目资金800余万元，目前产业项目无受益低收入农户。

四、意见建议

（一）进一步提高政治站位

2020年，是决战脱贫攻坚和决胜全面建成小康社会的收官之年，各区要进一步提高政治站位，认真贯彻落实习近平总书记关于扶贫工作的重要论述，落实市委、市政府关于本市低收入农户帮扶工作的系列决策部署，把低收入农户帮扶工作作为重大政治任务抓实、抓好。各区要深刻认识产业帮扶在帮扶工作中的重要作用，高度重视本次评估检查反馈意见，认真研究，举一反三，充分挖掘、总结和宣传产业发展典型经验，及时整改评估检查发现的突出问题，着力完善长效产业帮扶机制，确保如期高质量打赢低收入农户帮扶攻坚战。

（二）加快推进落实2020年产业项目

各区要深入贯彻落实市委十二届十四次全会精神，统筹推进疫情防控和经济社会发展，做好本市低收入村、农户帮扶，按照市委农办《2020年低收入农户帮扶工作方案》部署，切实把产业帮扶作为做好低收入村户帮扶的重要内容和建立长效帮扶机制的关键举措，加快推进项目进度，争取早实施、早见效。各区要对当前未开工的项目逐一进行梳理，找准进度慢的原因，加强协调、调度，加快推进论证、审批、招投标等项目程序，着力加快实施进度。到2020年年底前，各区要确保“十三五”时期产业帮扶资金全部安排至项目，力争所有项目100%开工，完工率达到80%以上。

（三）进一步加强产业项目管理

一是加强项目档案管理。各区要全面梳理项目设计、申报、论证、评审、批复、招投标、验收检查、收益分配等全过程档案资料，查漏补缺，规范归档。二是加强项目验收和监管。各区要规范项目验收程序，不能自建自验，村级项目需镇级验收，镇级项目需区级验收；要及时验收完工项目，及时管控项目质量，及时拨付项目尾款；要以项目验收为重要监管手段，并加强项目全过程监管，建立常态化监督检查机制。三是加强项目结余资金管理。各区要全面梳理项目资金使用拨付情况，及时掌握项目资金是否有结余，对结余资金抓紧安排至其他项目。

（四）进一步提升产业可持续发展能力

一是认真总结经验教训。各区要对效益较低或不可持续项目，认真分析原因，总结经验教训，加强对其他项目的分析、研判和管理，特别是2020年新安排的产业项目，对发现有同类问题的，要及时给予指导。二是着力做好产业项目的整体提升。各区目前大部分产业帮扶项目为农林产业，见效慢、周期长，很多产业目前仍处于培育期，未挂果或未到盛果期，其中很多项目在设计上缺乏长远考虑，重建设、轻管护、轻市场问题突出。各区2020年要重点做好农林产业项目的整体提升，加强管护和技术服务等方面的支持，巩固发展成果，并提早研究未来产品规模化产出后的品牌建设和市场销售问题，确保产业长效可持续。

（五）进一步完善利益联结机制

实施产业项目的根本目的是通过产业发展带动低收入农户长期稳定增收。各区要对产业项目逐一梳理，全面建立科学有效、长期稳定的利益联结机制。一是明确资产归属。对财政帮扶资金投入所形成的资产，各区要通过量化股份等形式单独核算，明确由乡镇或村集体等持有，防止资产流失，确保长期取得资产收益。二是全面科学制定收益分配方案。对已取得或预期可取得收益的产业项目，各区要全面制定科学有效、长期机制化的收益分配方案，保障低收入农户利益最大化。收益分配要以鼓励勤劳致富和向特殊困难户倾斜为基本原则，避免简单化补助，鼓励利用部分收益开发公益性就业岗位，定向安置低收入劳动力就业，鼓励利用部分收益建立救助基金，对有老、病、残、学等特殊困难的低收入农户给予救助。对镇级统筹项目和非市级低收入村村级项目的收益分配，要明确只能用于帮扶镇内或村内低收入农户。三是完善收入监测预警机制。各区对已退出，特别是自愿退出的低收入农户，区级仍要开展监测，定期摸排，对其中收入较低或家庭困难的及时给予帮扶，防止返低。同时，对低收入农户之外的其他农户，各区也要关注，动态了解掌握其收入情况，对 2020 年收入可能达不到低收入标准线的农户，区级要及时给予帮扶，确保所有农户 2020 年收入超线。

北京市农业农村局　北京市规划和自然资源委员会
北京市住房和城乡建设委员会
关于进一步加强和规范农村宅基地及建房审批管理的通知

（2020 年 9 月 23 日）

各相关区人民政府：

为贯彻落实《农业农村部　自然资源部关于规范农村宅基地审批管理的通知》（农经发〔2019〕6 号）和《北京市人民政府关于落实户有所居加强农村宅基地及房屋建设管理的指导意见》（京政发〔2020〕15 号，以下简称《指导意见》），因地制宜采取多种方式落实户有所居，进一步加强和规范农村宅基地及建房审批管理，现就有关事项通知如下。

一、规范农村宅基地申请审批程序

（一）村民申请

依据村庄规划村内有供地空间且符合《指导意见》中规定的宅基地申请条件的农村村民（以下简称村民），应当持下列材料以户为单位向村委会提出申请。

1. 申请人户口簿、身份证及家庭成员的有效身份证件复印件。

2.《农村宅基地和建房（规划许可）申请表》（附件 1）。

3.《农村宅基地使用承诺书》（附件 2）。

4. 法律、法规规定应提交的其他材料。

（二）村委会审核

1. 核实审议。村委会接到村民申请后，要及时核实情况并召开村民会议或村民代表会议进行审议。

2. 公开公示。审议通过后，要及时将申请宅基地村民的共同居住家庭成员人数、申请理由、拟用地位置和面积、拟用地建房是否符合村庄规划等情况在本村张榜公示，征询本村村民意见，公示期不少于 7 天。

3. 签署意见。张榜公示期间，村民对公示有异议的，由村委会进行调查，经调查异议成立的，撤销或修改宅基地分配方案，对修改后的分配方案需再次予以公示；村民对公示无异议或经调查异议不成立的，村委会应当在《农村宅基地和建房（规划许可）申请表》中签署意见。

4. 上报乡镇政府。村委会要及时将签署意见的《农村宅基地和建房（规划许可）申请表》及其他申请材料报送所在乡镇政府。

（三）乡镇政府审批

1. 到场核实。乡镇政府要会同村委会实地审查申请人是否符合条件、拟用地是否符合村庄规划和用途管制要求等。

2. 签署意见。根据到场核实情况并严格依据村庄规划及有关规定，在《农村宅基地和建房（规划许可）审批表》（附件 3）中签署意见。审批表至少一式两份，由乡镇政府、村委会各存档一份。

3. 制作并发放审批文书。对符合审批条件的，制作《农村宅基地批准书》（附件 4）并加盖骑缝章；对不符合审批条件的，制作《农村宅基地和建房不予批准通知书》（附件 5）并加盖骑缝章。由村委会将审批结果张榜公示后，及时将审批文书发放给村民，审批文书存根由乡镇政府留存。

4. 到场钉桩放线。批准用地后，乡镇政府要会同村委会到现场实地钉桩放线，丈量批放宅基地，确定新建房屋的位置和基底高度。

二、规范村民建房申请审批程序

（一）村民申请

依法、合理取得宅基地的村民申请在宅基地上新建、改建、扩建、翻建房屋（以下简称“村民建房”，包括住房和附属用房），应当征询相邻土地使用权人意见，并持下列材料向村委会提出申请。

1. 依法取得的宅基地批准文件（权属证书）或村委会出具的权属证明材料。

2. 申请人户口簿、身份证及家庭成员的有效身份证件复印件。

3.《农村宅基地和建房（规划许可）申请表》。

4.《农村宅基地使用承诺书》。

5. 选定的通用标准图集中相应户型图或满足基本质量标准且具有基本结构设计的施工图。

6. 法律、法规规定应提交的其他材料。

（二）村委会审核

1. 核实审议。村委会接到申请后，要及时入户核实情况并召开村委会会议进行审议，其中，相邻土地使用权人意见不一致的，由村委会会议形成是否同意其建房的决议并在《农村宅基地和建房（规划许可）申请表》中相应位置注明。

2. 公开公示。审议通过后，要及时将申请建房村民的家庭成员人数、建房位置、宅基地和房屋占地面积及建设方案等情况在本村张榜公示，征询本村村民意见，公示期不少于 7 天。

3. 签署意见。张榜公示期间，村民对公示有异议的，由村委会进行调查，经调查异议成立的，撤销或修改建房方案，对修改后的建房方案需再次予以公示；村民对公示无异议或经调查异议不成立的，村委会应当在《农村宅基地和建房（规划许可）申请表》中签署意见。

4. 上报乡镇政府。村委会要及时将签署意见的《农村宅基地和建房（规划许可）申请表》及其他申请材料报送所在乡镇政府。

（三）乡镇政府审批

1. 到场核实。乡镇政府要会同村委会实地审查申请人是否符合条件、现有宅基地及房屋情况、是否征询四邻意见等，现场确定建房位置和基底高度。

2. 签署意见。根据到场核实情况并严格依据村庄规划及有关规定，在《农村宅基地和建房（规划许可）审批表》中签署意见。审批表至少一式两份，由乡镇政府、村委会各存档一份。

3. 制作并发放审批文书。对符合审批条件的，制作《农村宅基地建房批准书》（附件 6）并加盖骑缝章；对不符合审批条件的，制作《农村宅基地和建房不予批准通知书》并加盖骑缝章。由村委会将审批结果张榜公示后，及时将审批文书发放给村民，审批文书存根由乡镇政府留存。

（四）乡镇政府验收

1. 到场验收。村民经批准建房完工后，乡镇政府要组织村委会、村民、设计、施工等各方人员到现场进行验收，实地检查村民是否按照批准面积、四至、基底高度等要求使用宅基地，是否按照批准和规划要求建设房屋等情况。

2. 制作并发放验收文书。依据验收情况，填写《农村宅基地和建房（规划许可）验收意见表》（附件 7）。验收意见表至少一式三份，其中，一份发放给村民，另外两份分别由乡镇政府、村委会存档。通过验收后，村民可持《农村宅基地和建房（规划许可）验收意见表》及其他规定的材料，向区规划和自然资源部门申请办理确权登记手续。

三、建立健全审批管理机制

（一）明确职责和审查重点

各相关区政府要结合实际，对乡镇农业农村、规划建设等部门在宅基地及建房申请材料审核、现场勘查等各环节的工作职责和办理期限作出明确规定，并要求乡镇重点对申请人是否符合申请条件、拟用地是否符合宅基地布局要求和面积标准、申请是否经过村级审核公示、用地建房是否符合村庄规划和用途管制要求以及是否落实抗震设防和绿色发展措施等进行审查。

（二）创新审批管理机制

乡镇政府要探索建立一个窗口对外受理、多部门内部联动运行的宅基地及建房联审联办工作机制，实行“一站式服务”，充分发挥综合便民服务作用。要加快信息化建设，逐步实现宅基地和建房审批数字化管理。村民新申请宅基地建房的，乡镇政府和村委会应创新机制，尽量将宅基地和建房的申请、审核、审批等手续协同办理，同步发放宅基地和建房审批文书。

（三）加强档案和审批结果备案管理

乡镇、村要建立健全宅基地和建房审批管理台账，对有关资料及时进行归档留存。乡镇政府要及时汇总村民宅基地审批结果，填写《农村宅基地审批结果备案表》（附件 8），按季度分别报送区农业农村、规划和自然资源部门备案。同时每半年对村民建房验收结果进行汇总，填写《农村宅基地建房验收结果统计表》（附件 9），于每年 6 月底和 12 月底前报送区住房和城乡建设部门。

（四）依法办理村民建房占用农用地相关手续

村民建房不得占用永久基本农田，并尽量使用原有的宅基地和村内空闲建设用地，确需占用农用地的，在依照法定程序办理农用地转为建设用地审批手续后，由区规划和自然资源部门核发《乡村建设规划许可证》（附件 10）。

四、加强村民用地建房全过程监管

（一）依法规范“一户多宅”建房审批

依据“一户一宅”的法律规定，村民一户只能新建、改建、扩建或者翻建一处住宅，对于一户拥有多处住宅的，各区要结合实际严格规范管理，原则上，超出“一户一宅”规定的住宅不应改建、扩建或者翻建。对于因继承、赠与或购买房屋形成“一户多宅”的村民，应鼓励和引导其自愿有偿退出闲置宅基地。

（二）易地建房严格执行“建新拆旧”

凡是经过批准进行易地建房的村民，应当在新房竣工后 3 个月内自行拆除原宅基地上的建筑物、构筑物和其他附着物，并将原宅基地退还村集体，否则由村委会依法收回交还村集体。乡镇、村要探索建立退还宅基地台账，切实加强管理。

（三）依法处置违法违规建设

村民存在超出宅基地四至范围或者未经批准、骗取批准非法占用土地建设住宅等违法违规行为，未进行整改或者未承诺结合翻建房屋进行整改的，村委会不得受理其建房申请。对村民未经批准使用宅基地进行住宅建设、符合村庄规划的，由乡镇政府责令补办审批手续；对村民未经批准使用宅基地进行住宅建设、不符合村庄规划以及骗取批准、非法占用土地进行住宅建设的，由区农业农村部门责令退还非法占用的土地，由乡镇政府责令限期拆除在非法占用土地上新建的房屋。

（四）强化建房过程管理

乡镇政府要会同村委会依法开展宅基地建房动态巡查，及时发现和处置宅基地使用和建房过程中存在的各类违法违规行为。对村民未按批准要求等建设住宅的，由乡镇政府责令限期进行整改；对拒不整改的，乡镇政府不予通过验收并对违法违规建设依法进行查处，区规划和自然资源部门不予办理确权登记及变更手续。

五、加强组织保障

（一）切实履行部门职责

各级农业农村、规划和自然资源、住房和城乡建设部门要增强责任意识和服务意识，按照部门职能和“放管服”改革要求，在党委政府的统一领导下，切实履行各自职责。农业农村部门负责指导宅基地分配、使用及责令退还村民建住宅非法占用的土地等工作，组织开展宅基地现状和需求情况统计调查，及时将村民建房新增建设用地需求通报同级规划和自然资源部门。规划和自然资源部门负责村庄规划、土地利用计划、规划许可、标准建筑图集编制发放以及确权登记颁证等工作，在村庄规划中统筹安排宅基地用地规模和布局，满足合理的宅基地用地需求，依法办理农用地转用审批和规划许可等相关手续。住房和城乡建设部门负责宅基地上房屋建设的指导和技术服务等工作。各级农业农村、规划和自然资源、住房和城乡建设部门要建立部门协调机制，逐步实现各级各部门之间数据信息共享，推进管理重心下沉，共同做好宅基地及建房审批管理工作。

（二）压实各级责任

各相关区政府要加强组织领导，统筹协调相关部门、乡镇政府、村级组织依法履行职责，并结合实际明确审批管理的具体程序和工作要求。乡镇政府要充实力量、健全机构，切实履行属地责任，细化优化审批流程，提高审批效率，加强事中事后监管，组织做好宅基地及建房审批有关工作，为村民提供便捷高效的服务。村委会要建立健全宅基地及建房申请审核有关制度并纳入村规民约，确保宅基地分配使用公开、公平、公正；村集体经济组织负责配合村委会做好集体经济组织成员资格认定等工作，撤村建居后仍涉及宅基地及建房审批管理的，可由村集体经济组织代行原村委会的相关职责。

附件1　农村宅基地和建房（规划许可）申请表（样式）（略）

附件2　农村宅基地使用承诺书（样式）（略）

附件3　农村宅基地和建房（规划许可）审批表（样式）（略）

附件4　农村宅基地批准书（样式）（略）

附件5　农村宅基地和建房不予批准通知书（样式）（略）

附件6　农村宅基地建房批准书（样式）（略）

附件7　农村宅基地和建房（规划许可）验收意见表（样式）（略）

附件8　农村宅基地审批结果备案表（略）

附件9　农村宅基地建房验收结果统计表（略）

附件10　乡村建设规划许可证（略）

北京市农业农村局　北京市城市管理委员会关于组织开展农村地区村庄“煤改气”和洁净型煤燃用安全风险排查治理工作的函

（2020年10月22日）

各有关区政府：

为深入贯彻习近平总书记关于安全生产重要指示批示精神，全面落实市委、市政府关于安全生产专项整治三年行动的决策部署，市农业农村局会同市城市管理委联合开展“煤改气”、洁净型煤燃用过程中安全风险排查治理专项行动，现将有关事项通知如下：

一、工作目标

深入学习贯彻习近平总书记关于安全生产重要论述，牢固树立安全发展理念，强化底线思维和红线意识，坚持问题导向、目标导向和结果导向，深化源头治理、系统治理和综合治理。按照住房和城乡建设部《关于印发贯彻落实全国安全生产专项整治三年行动计划实施方案的通知》（建质函〔2020〕80号）、《北京市安全生产委员会关于印发〈北京市安全生产专项整治三年行动计划〉的通知》（京安发〔2020〕3号）、《北京市安全生产委员会办公室关于印发〈安全生产专项整治三年行动目标任务清单（2020版）〉的通知》（京安办通〔2020〕44号）和《北京市城市管理委员会落实〈北京市安全生产专项整治三年行动计划〉工作方案》（京管办发〔2020〕197号）等文件要求，通过组织开展“煤改气”、洁净型煤燃用过程中安全风险排查治理专项行动，指导、督促企业落实安全生产主体责任，强化安全责任主体对安全风险管控、安全隐患排查治理等工作，有效防范各类安全生产事故发生，切实保障农村地区村庄住户冬季正常取暖。

二、主要任务

（一）“煤改气”安全风险排查治理

各有关区专项整治责任部门要按照《北京市燃气管理条例》和其他有关法律、法规等相关规定，配合、协调行业管理部门和燃气供应企业，组织开展本区“煤改气”安全风险排查治理工作，对区内燃气供应企业、燃气设施和用气单位的安全生产状况进行全面排查，编制隐患排查台账，建立动态更新完善机制，明确关键安全风险隐患点位。对排查中发现的安全隐患，要纳入安全隐患排查台账，同时责令有关单位、企业或个人限期整改，同时做好复查工作。

各有关区“煤改气”工作负责部门应组织燃气供应企业和取暖设备中标企业为农村地区“煤改气”用户开展燃气、取暖设备安全使用宣传培训工作，通过村内广播、村民活动场所等关键地位张贴、手机短信提示、组织村内有关会议宣传等多种方式，宣传本区“煤改气”相关服务热线电话。加大对农村住户正确科学使用燃气和取暖设备等方面的宣传培训力度，强调农户在后期使用中的义务和责任，教育培训农户按照操作规范使用各类清洁取暖设备，避免发生因操作不当造成的各类安全事故，并在宣传培训中配合行业主管部门做好户内燃气安全防护装置的推广应用。同时要督促相关企业加强安全生产管理工作，强化对燃气设施、清洁取暖设备等关键安全风险点的安全巡检工作。

各有关燃气供应企业要对目前掌握的安全隐患风险点和在燃气设施运行、维护和抢修过程中，根据生产运行状况，对燃气设施安全生产状况进行评估，将新发现的安全隐患及时上报，配合专项工作责任部门完善隐患台账。同时加强对员工的安全培训和对企业自身各类安全保障应急预案进行自查自纠，完善各项应急措施。

（二）洁净型煤燃用安全风险排查治理

各有关区要加强洁净型煤燃用过程中安全风险排查治理。对使用洁净型煤取暖的村庄住户和设施农业企业，要加大宣传教育培训力度，提高使用主体的安全意识；组织相关部门做好洁净型煤和炉具的质量监管。按照区预防煤气中毒工作小组的部署和分工，积极推广使用一氧化碳浓度报警等安全装置，进村入户排查洁净型煤炉具密封不严、积灰堵塞、排气不畅、私自加盖密封盖等问题隐患。

三、进度安排

按照市安全生产专项整治三年行动工作统一部署，此专项整治工作从 2020 年 9 月至 2022 年 12 月，分四个阶段进行。

（一）动员部署（2020 年 10 月底）

请各区结合本区实际，制定“煤改气”、洁净型煤燃用安全风险排查治理专项工作实施计划，并于 11 月 15 日前报送市农业农村局和市城市管理委。在专项工作实施计划中，各区要建立安全隐患排查台账，明确关键安全风险点及安全隐患排查计划，建立时间表、路线图，全面部署“煤改气”、洁净型煤燃用专项整治三年行动工作。

（二）排查整治（2020 年 11 月至 2021 年 3 月底）

对照排查整治方案中的各项工作进行细致摸排，坚持边查边改、立查立改，推动隐患治理取得成效。要完善安全隐患排查台账，全面摸底排查本区相关情况，掌握数量、性质、负责人等基本信息。各区于 2020 年 10 月底前，将“煤改气”和洁净型煤燃用专项整治工作开展情况，报市农业农村局和市城市管理委，并每两个月动态更新一次。

（三）集中攻坚（2021 年 4 月至 2022 年 3 月底）

要动态更新安全隐患排查台账，针对重点、难点问题，实施专项攻坚，强力推进问题整改，确保重点工作任务取得明显成效。

（四）巩固提升（至 2022 年年底）

要深入分析此次专项整治的共性问题和突出隐患，深挖背后的深层次矛盾和原因，补充完善具体制度措施，逐项推动落实。要全面梳理专项整治开展情况，系统总结经验做法，健全完善有关规章制度，建立健全长效机制。

四、工作要求

（一）建立健全工作机制

市农业农村局将会同市城市管理委建立定期会商通报机制，对各有关区“煤改气”、洁净型煤燃用过程中安全风险排查治理专项工作进展进行指导、督查。各有关区要按照“管行业必须管安全，管业务必须管安全，管生产经营必须管安全”的原则，依据部门职能职责，明确本区专项整治责任部门，指定专项整治工作联络员。责任部门要强化责任担当，认真研究解决重点、难点问题，积极推动工作落实，定期报送工作进展情况。

（二）按期完成工作任务

各有关区专项整治责任部门要建立目标任务清单和问题隐患清单，明确安全生产专项整治的重点任务、年度目标、治理责任、工作措施，有序开展相关工作，确保按期完成工作任务。

（三）强化组织保障能力

各有关区专项整治责任部门要完善支持安全风险排查治理工作的工作体系，紧紧围绕目标任务，从政策、人员和经费等方面加大对安全风险排查治理基础建设工作的支持力度。

（四）严格监督问责

各区专项整治责任部门要强化监管跟踪，深入开展“四不两直”明察暗访，对重点问题、重大隐患盯住不放、一抓到底，督促彻底解决。要督促相关企业开展隐患排查和自查自纠。建立和落实与纪检监察机关安全生产违法违纪问题线索移交查办工作机制，对专项整治工作不到位、分工责任落实不力、未按期完成工作任务的，要依法依规予以问责。

涉农文件目录

2020年涉农文件目录

北京市农业农村局关于印发《北京市休闲农业“十百千万”畅游行动实施意见》的通知

北京市农业农村局关于印发《北京市休闲农业“十百千万”畅游行动建设成效评价办法（试行）》的通知

关于公布第六次北京市农业产业化重点龙头企业名单的函

北京市农业农村局　北京市财政局关于印发《北京市生猪产业优化提升发展项目实施意见》的通知

北京市农业农村局关于印发《2020年北京市屠宰环节质量安全风险监测方案的通知》

北京市农业农村局关于印发《开展厨余垃圾饲养畜禽督导检查和专项执法行动方案》的通知

北京市农业农村局　北京市生态环境局关于开展大型规模养殖场粪污资源化利用情况检查的通知

北京市农业农村局关于印发《“北京渔政亮剑2020”系列专项执法行动方案》的通知

北京市农业农村局关于印发《北京市水产苗种产地检疫实施方案》的通知

北京市农业农村局关于开展生猪屠宰环节非洲猪瘟自检和官方兽医派驻制度“回头查”和飞行检查工作的通知

北京市农业农村局关于加强生猪收购贩运管理的通知

北京市农业农村局　北京市生态环境局关于印发《关于进一步推进畜禽粪污资源化利用依法加强养殖污染治理的指导意见》的通知

北京市农业农村局关于印发《北京市2020年水生生物增殖放流实施方案》的通知

关于印发《2020年北京市开展农村人居环境整治推进美丽乡村建设工作方案》的通知

北京市农业农村局　北京市园林绿化局　北京市财政局　北京市妇女联合会　首都精神文明建设委员会办公室关于开展美丽庭院创建工作的指导意见

北京市农业农村局　北京市卫生健康委　北京市城市管理委　北京市市场监管局关于切实做好农村“厕所革命”专项行动（2018—2020年）收尾工作的通知

北京市农业农村局关于实施中国传统村落挂牌保护工作的通知

北京市农业农村局　北京市财政局　北京市规划和自然资源委员会　北京市城市管理委员会　北京市水务局关于开展2020年农村人居环境整治考核验收的函

北京市农业农村局　北京市财政局关于开展第三批北京市级现代农业产业园创建工作的通知

北京市农业农村局关于印发《北京市动物诊疗许可证核发告知承诺书文本》《北京市生鲜乳准运证明核发告知承诺书文本》《北京市兽药经营许可证核发（非生物制品类）告知承诺书文本》的通知

北京市农业农村局关于印发《北京市农业农村系统行政审批服务事项通用办理标准（试行）》的通知

北京市农业农村局关于调整农业农村系统政务服务事项目录的通知

北京市农业农村局关于做好农村集体资产年度清查的通知

北京市农业农村局关于开展2019年村级公益事业专项补助资金管理使用情况年度审计的通知

北京市农业农村局关于开展村级债务摸底调查的通知

北京市农业农村局　北京市财政局印发《关于进一

步加强本市农村产权流转交易市场建设的实施意见》的通知
关于开展村级组织负责人经济责任审计工作的通知
北京市农业农村局关于开展2020年财政支农专项转移支付资金项目监督检查工作的通知
北京市农业农村局 北京市人力资源和社会保障局关于2017—2019年度北京市农业技术推广奖表彰奖励的决定
北京市农业农村局关于印发《2020年北京市农业主推技术推荐目录》的通知
北京市农业农村局关于公布现代农业产业技术体系北京市创新团队2019年度考评结果的通知
北京市农业农村局关于公布现代农业产业技术体系北京市创新团队2020年岗位人员聘任名单的通知
关于印发《2020年北京市农村地区村庄冬季清洁取暖工作实施方案》的通知
北京市农业农村局关于印发《北京市农机购置补贴机具投档和核验工作规范（试行）》的通知
北京市农业农村局关于印发《北京市农机购置补贴“三合一”试点方案》的通知
北京市农业农村局 北京市财政局关于印发《北京市贷款购置农业机械贴息试点工作方案》《北京市农业机械报废更新补贴试点方案》《2019—2020年度北京市农机新产品购置补贴试点实施方案》的通知
北京市农业农村局关于印发《北京市季节性裸露农田扬尘抑制关键保护性耕作技术推广应用作业补贴实施方案》的通知
北京市农业农村局关于印发《北京市电动卷帘机安全操作规程（试行）》的通知
北京市农业农村局关于做好2020年度拖拉机和联合收割机污染物排放控制装置加装工作的通知
北京市农业农村局关于发布北京市2019—2020年度第二批农机购置补贴产品归档信息表的通告
北京市农业农村局关于发布《北京市农业机械试验鉴定办法》的通告
北京市农业农村局 北京市财政局关于进一步做好北京市农业机械报废更新补贴工作的补充通知
北京市农业农村局关于印发《北京市创建2020年秸秆综合利用重点区项目实施方案》的通知
北京市农业农村局关于发布北京市2019—2020年度第三批农机购置补贴产品归档信息的通告
北京市农业农村局关于发布2019—2020年北京市农机购置补贴中央资金补贴额一览表（2020年度第一批调整）的通告
北京市农业农村局关于开展北京市2020年度第一批农机购置补贴产品投档工作的通知
北京市农业农村局关于全面做好2020年度在册农业机械催检和注销工作的通知
北京市农业农村局关于发布北京市2019—2020年度第四批农机购置补贴产品归档信息的通告
北京市农业农村局关于发布2020年北京市农业机械专项鉴定大纲的公告
北京市农业农村局关于对台州市轩信机械有限公司等4家企业农机购置补贴违规投档行为处理的通知
北京市农业农村局 北京市财政局关于印发《北京市2020年度农机新产品购置补贴试点实施方案》的通知
北京市农业农村局关于发布北京市2019—2020年度第五批农机购置补贴产品归档信息的通告
北京市农业农村局关于发布2019—2020年度北京市农机购置补贴市级资金补贴额一览表（2020年度调整）的通告
北京市农业农村局关于开展北京市2019—2020年度市级农机购置补贴产品投档工作的通知
北京市农业农村局关于印发《2018年北京市耕地质量监测报告》的通知
北京市农业农村局关于加强耕地质量建设与管理工作的通知
北京市农业农村局关于调整2020年高标准农田建设任务的通知
北京市人才工作局 中共北京市委农村工作委员会关于开展2020年北京市农村实用人才优秀创业项目评选资助活动暨第四届北京市农村创业创新大赛的通知
北京市农业农村局 北京市人力资源和社会保障局 北京市财政局关于印发《北京市农民职业素质提升培训实施办法》的通知
北京市农业农村局 北京市人力资源和社会保障局 北京市园林绿化局 北京市残疾人联合会关于印发《低收入农户就业帮扶评估检查反馈意见》的函
北京市农业农村局 北京市财政局关于印发《低收入产业帮扶项目评估检查反馈意见》的函

北京市农业农村局关于确认 2020 年山区农民搬迁计划的函
北京市农业农村局关于印发《2020 年北京山区农民搬迁工作方案》的函
北京市农业农村局　北京市生态环境局关于做好耕地分类管理工作的通知
北京市农业农村局关于做好 2020 年农村地区村庄住户冬季清洁取暖工作的通知
北京市农业农村局关于印发《2020 年北京市农业农村绿色发展工作指导意见》的通知
北京市农业农村局　北京市生态环境局关于进一步做好耕地土壤环境质量类别分类清单调整更新工作的通知
北京市农业农村局关于印发《北京市农业领域生态环境损害赔偿制度改革工作实施方案（试行）》的通知
北京市农业农村局　北京市城市管理委员会关于组织开展农村地区村庄“煤改气”和洁净型煤燃用安全风险排查治理工作的函
北京市农业农村局　北京市交通委员会　北京市公安局公安交通管理局关于确保“菜篮子”产品和农业生产必需品正常流通秩序的紧急通知
北京市农业农村局　北京市商务局关于加强新冠肺炎疫情防控期间本地农产品销售工作的紧急通知
北京市农业农村局印发《关于全面推进信息进村入户工程的实施意见》的通知
北京市农业农村局　北京市商务局　北京市园林绿化局关于印发《关于建立京郊农林产品产销对接联动工作机制的实施方案》的通知
北京市农业农村局关于印发《北京市 2020 年中国农民丰收节庆祝活动工作方案》的通知
北京市农业农村局　北京市财政局关于印发《2020 年度动物疫病强制免疫“先打后补”工作实施方案》的通知
北京市农业农村局关于印发《2020 年北京市动物疫病监测与流行病学调查计划》的通知
北京市农业农村局关于开展日巡查报告工作的紧急通知
北京市农业农村局关于印发《北京市 2020 年兽药管理工作要点》的通知
北京市农业农村局关于做好畜禽疫情监测等相关防控工作的通知
北京市农业农村局关于进一步加强动物疫情防控工作的通知
北京市农业农村局关于开展动物饲养场等场所选址风险评估工作的通知
关于印发《2020 年北京市动物疫病强制免疫实施方案》的通知
北京市农业农村局关于做好 2020 年狂犬病防控工作的通知
北京市农业农村局关于公布 2019 年度奶牛布鲁氏菌病净化场（群）名单的通知
北京市农业农村局关于进一步加强生猪调运监管等动物防疫工作的紧急通知
北京市农业农村局关于印发《违法违规调运生猪专项整治行动方案》的通知
北京市农业农村局关于印发《外埠调入种猪、仔猪调运闭环监管制度》的通知
北京市农业农村局关于印发《应急保供场生物安全评估标准》的通知
北京市农业农村局关于做好药物饲料添加剂退出相关工作的通知
北京市农业农村局关于切实加强兽用生物制品生物安全风险防范工作的通知
北京市农业农村局关于开展 2020 年度北京市动物病原微生物实验室生物安全专项检查的通知
北京市农业农村局关于加强病死猪无害化处理环节非洲猪瘟风险管控的紧急通知
北京市农业农村局　北京市交通委员会　北京市公安局关于开展北京市违法违规调运生猪百日专项打击行动的通知
北京市农业农村局关于做好 2020 年执业兽医资格考试工作的通知
北京市农业农村局关于进一步加强布鲁氏菌病防控工作的通知
北京市农业农村局关于进一步加强犬只防疫管理工作的通知
北京市农业农村局关于开展 2020 年兽药追溯实施情况检查活动的通知
北京市农业农村局关于 2020 年兽医实验室检测能力比对结果的通报
北京市农业农村局关于在生猪调出大县实施乡镇动物防疫特聘计划的通知
北京市农业农村局关于开展打击“炒猪”行为的工作通知
北京市农业农村局关于印发《2020 年北京市兽药

质量监督抽检计划》《2020 年北京市动物及动物产品兽药残留监控计划》《2020 年北京市动物源细菌耐药性监测计划》的通知
北京市农业农村局关于 2021 年度狂犬病免疫标识样式及制作标准的通知
关于印发《第 31 届北京农民艺术节总体方案》的函
北京市农业农村局　北京市财政局印发《关于促进设施农业绿色高效发展的指导意见》的通知
中共北京市委农村工作委员会　北京市农业农村局关于印发《2020 年北京市农业安全生产工作要点》的通知
北京市农业农村局关于印发《2020 年北京市农业防汛工作方案》的通知
北京市农业农村局关于进一步加强非洲猪瘟等重大动物疫情举报核查工作的通知
北京市农业农村局关于印发《北京市农业行业安全生产专项整治三年行动实施方案》的通知
北京市农业农村局　北京市财政局关于印发《北京市非洲猪瘟疫情有奖举报暂行办法》的通知
北京市农业农村局关于公布 2020 年 5 月至 2021 年 2 月强制扑杀动物补偿基准指导价格的通知
中共北京市委农村工作委员会　北京市农业农村局关于进一步加强农村宅基地管理体系建设的通知
北京市农业农村局　北京市规划和自然资源委员会　北京市住房和城乡建设委员会关于进一步加强和规范农村宅基地及建房审批管理的通知
北京市农业农村局　北京市园林绿化局关于印发《北京市 2020 年试行食用农林产品合格证制度实施方案》的通知
北京市农业农村局关于印发《2020 年北京市农产品质量安全统一监测计划》的通知
北京市农业农村局关于印发《2020 年北京市农产品质量安全异地监督抽查实施方案》的通知
北京市农业农村局关于印发《2020 年北京市农产品质量安全工作意见》的通知
北京市农业农村局　北京市公安局　北京市市场监督管理局关于印发《2020 年北京市农资打假专项治理行动实施方案》的通知
北京市农业农村局关于印发《2020 年北京市农产品质量安全专项整治“利剑”行动方案》的通知
北京市农业农村局关于成立北京冬奥会和冬残奥会食用农产品供应保障工作领导小组的通知
北京市农业农村局关于公布北京市第 36 批主要农作物审定品种名录的通告
北京市农业农村局　北京市发展和改革委员会　北京市科学技术委员会　北京市财政局　北京市园林绿化局关于印发《北京现代种业发展三年行动计划（2020—2022 年）》的通知
北京市农业农村局关于印发《北京市 2020 年种业市场监管工作方案》的通知
北京市农业农村局关于公布北京市第 37 批主要农作物审定品种名录的通告
北京市农业农村局关于做好《国家畜禽遗传资源目录》贯彻实施工作的通知
北京市农业农村局　北京市财政局关于印发《北京“千村万户”良种更新工程（2020—2022 年）实施方案》的通知
北京市农业农村局　北京市财政局关于印发《2020 年北京市冬小麦良种更新工作实施细则》的通知
北京市农业农村局关于印发《2020 年北京市冬小麦良种更新推荐品种名录》的通知
北京市农业农村局关于开展农业种质资源保护单位确定和农业种质资源登记工作的通知
北京市农业农村局关于印发《积极应对新冠肺炎疫情抓好“菜篮子”稳产保供和春耕备耕工作的指导意见》的通知
北京市农业农村局关于印发《北京市 2020 年农业领域留白增绿工作方案》的通知
北京市农业农村局关于印发《2020 年各涉农区粮食和蔬菜生产目标》的通知
北京市农业农村局关于印发《北京市 2020 年化肥减量增效工作方案》的通知
北京市农业农村局关于印发《北京市 2020 年农业投入品废弃物回收处置工作方案》的通知
北京市农业农村局关于印发《2020 年北京市集体经济薄弱村林下经济试点工作方案》的通知
北京市农业农村局关于印发《北京市 2020 年农药减量控害工作方案》的通知
北京市农业农村局关于做好浅山区违法占地违法建设农业项目后续相关工作的通知
北京市农业农村局关于积极应对新型冠状病毒肺炎疫情抓好当前农产品生产保障市场供应的函
北京市农业农村局　北京市财政局关于印发《2020 年北京市耕地地力保护补贴的实施方案》的函

总　述

2020 年北京市农业农村经济社会发展总述

2020 年，北京市坚持以习近平新时代中国特色社会主义思想为指导，深入贯彻习近平总书记对北京重要讲话精神，统筹做好新冠肺炎疫情防控和农村改革发展稳定各项工作，科学有序实施乡村振兴战略，扎实推进补短板、强弱项重点任务，确保高质量全面小康目标如期实现。

全面打赢低收入帮扶攻坚战。全市低收入农户全部实现脱低，低收入村全部消除。2020 年低收入农户人均可支配收入达到 17 588 元，是 2016 年的 1.96 倍。安排产业帮扶，培育了一批特色优势产业项目。为未就业低收入农户劳动力提供“一站式”精准就业服务，就业率达到 96.5%。筑牢“三保障”政策，低收入农户医保参保率达 99.5%，全面落实低收入农户各项教育补助，纳入危房改造的低收入农户全部实现安全居住。推进低收入农户社会救助“应保尽保”，1.3 万户低收入农户纳入城乡低保。加强社会力量统筹协调，社会帮扶金额累计达到 4.4 亿元。

扎实推进农村人居环境整治。累计编制 2 915 个村庄规划，基本实现“应编尽编”。统筹推进生活垃圾治理、污水治理、“厕所革命”等工程，162 处非正规垃圾填埋点得到整治，行政村生活垃圾处理率达到 99%，完成 300 个村农村生活污水治理任务，累计实施公厕改造 5 615 座、卫生户厕改造 15.1 万户，无害化卫生户厕覆盖率 99.3%，开展 125 个农村大集整治工作，396 个城乡接合部村庄完成环境整治，农村基本实现干净整洁有序。

圆满完成农业各项生产任务。完善农业支持保护政策，制定耕地地力保护补贴、设施农业绿色高效发展、生猪产业优化提升发展和保障猪肉市场稳定供应等扶持措施，出台高效设施农业用地试点方案。压实“米袋子”“菜篮子”责任制，农业生产逆势上涨。推进 11 家新建、6 家改扩建规模化生猪养殖场，做好非洲猪瘟等重大动物疫病防控。

推动农业高质量发展。扎实推进“国家农产品质量安全市”整市创建，农产品质量安全合格率保持在 98%以上。提高耕地质量，发展节水农业，建成高标准农田 4.2 万亩，农业用水量同比减少 10.3%。加强农业科技支撑，制定平谷区农业科技创新及产业提升三年行动计划，推动京瓦农业科技创新中心建设。启动实施现代种业三年行动计划。加强农业装备支撑，主要农作物耕种收综合机械化水平达 90.85%。深入开展休闲农业“十百千万”畅游行动，推动休闲农业和乡村旅游提档升级。

深化农村领域各项改革。扎实推进规划和自然资源领域专项治理和专项巡视整改工作。研究提出提高土地出让收入用于农业农村比例的措施。制定建立健全“村地区管”机制的指导意见，出台加强农村宅基地及房屋建设管理的指导意见。承包地确权证书发放完成国家要求任务。开展林下经济试点，打造新型农林复合体。开展扶持壮大村级集体经济试点，2020 年年底实现 93 个集体经济薄弱村年经营性收入超过 10 万元的试点目标。开展农民专业合作社规范提升行动，实践家族农场培育计划。出台农民培训指导意见、创新创业扶持政策，引导人才下乡创业，开展农民职业素质提升培训。加强农业农村法治建设，持续推进行政审批精简事项。

加强党对农村工作领导。制定北京市贯彻《中国共产党农村工作条例》实施办法，市委农办每月对“三农”重点工作开展调度。出台《北京市关于加强和改进乡村治理的工作方案》。指导各区进一步规范“四议一审两公开”制度运行，以乡镇为单位完善村级重大事项决策清单，总结推广“村规民约”协同治理经验。继续选派第一书记，做好软弱涣散村党组织转化提升工作。扎实“街乡吹哨、部门报到”和“接诉即办”工作，据市统计局调查，农村居民社会治理满意度达到94.4%，农村基层民主建设满意度达到95.5%。

（万敏波）

大　事　记

2020年北京市农业农村大事记

1月3日　本市1个镇11个村入选全国乡村治理示范村镇。中央农办、农业农村部、中央宣传部、民政部、司法部联合通知，公布99个全国乡村治理示范乡镇及998个全国乡村治理示范村名单。本市平谷区刘家店镇及海淀区温泉镇白家疃村、门头沟区清水镇洪水口村、房山区周口店镇黄山店村、通州区于家务回族乡仇庄村、顺义区高丽营镇一村、昌平区十三陵镇仙人洞村、大兴区礼贤镇龙头村、平谷区刘家店镇寅洞村、怀柔区桥梓镇北宅村、密云区溪翁庄镇东智北村、延庆区八达岭镇里炮村等11个村入选，下一步将进一步加强对乡村治理示范村镇的指导和监管，深入总结示范村镇的好做法好经验，广泛组织学习交流活动，加大宣传推介力度，充分发挥示范村镇辐射带动作用，以点带面推进乡村治理体系建设。

1月6日　本市落实核查约谈机制，持续推进农村人居环境整治。一是约谈2019年12月农村人居环境整治核查中整治效果较差的9个乡镇负责人员和23个村党支部书记，通报核查结果，分析存在主要问题。二是压实主体责任，将农村人居环境整治工作列入镇、村重点工作，乡镇党政一把手主抓，层层传导工作压力，推进工作的责任落实，抓紧抓实抓出成效。三是建立长效机制，巩固整治效果。四是加强督察考核，加快解决问题短板。

1月14日　2019年全市"大棚房"问题专项清理整治工作总结会召开。市"大棚房"工作专班通报了2019年全市"大棚房"问题专项清理整治工作整体情况，13个涉农区汇报了各区"大棚房"整治工作开展情况。北京市于2019年3月底向党中央、国务院报告的3 396个"大棚房"问题，已全部整改到位。同时，将持续开展市、区、镇（乡）、村四级巡查制度，严防"大棚房"问题反弹。目前为止尚未发现新增"大棚房"问题和"大棚房"反弹现象。

1月　市农业农村局推动农村金融合作发展工作。一是落实全市农村工作会议和吉宁同志批示精神，对接中国农业银行北京分行和中国农业发展银行北京分行，全面达成共促首都"三农"工作发展、推进乡村振兴战略实施的合作共识。二是加强整体谋划，抓准金融服务切入点，探索在城乡接合部环境整治、集体经济薄弱村试点、乡村振兴示范村、恢复生猪产业、高效农业设施发展、农产品质量安全、统筹涉农资金整合等事项的合作方式与具体举措。三是成立工作专班，将与金融机构对接与合作纳入市委农村领导小组办公室重点工作内容，构建双方长效联络机制。

猪瘟和新城疫病毒核酸标准物质正式获批。市农业农村局动物疫病预防控制中心通过病毒培养、低温冻干、核酸定值等系列研究制成的猪瘟病毒（CSFV C株）和新城疫病毒（NDV Lasota株）核酸标准物质具有良好的稳定性、均匀性和可溯源性，正式获得国家市场监督管理总局批准并颁发国家标准物质定级证书，填补了我国在猪瘟病毒和新城疫病毒核酸标准物质领域的空白，同时对我国动物疫病监测诊断标准化建设起到积极推动作用。

市委农工委发挥第一书记作用推进农村新冠肺炎疫情防控工作。一是迅速组织动员。印发《关于组织第一书记做好新型冠状病毒感染的肺炎疫情防控工作的紧急通知》，345名第一书记于1月29日到岗到村，充实基层工作力量。二是加强联防联控。第一书记冲在一线，干在实处，与村"两委"干部一起分片包干包户，开展摸底排查，落实出入登记、体温测量、环境消毒、居家观察等各项防控举措，协调派出单位和社会力量帮助解决防疫物资紧张问题，坚决做到严防死守、群防群治。三是强化宣传引导。第一书记加强疫情防护知识宣传教育，通过编印宣传资料、印发倡议书公开信、编写宣传歌等方式，向群众及时宣传疫情现状、防护知识和措施，引导群众正确对待疫情，克服恐慌心理，增强自我防范意识和防病能力。

2月9日 市农业农村局发布疫情防控期间农产品供求信息。通过研发上线的"北京市农产品供求信息填报平台"，采集来自各生产企业、合作社、协会、联合社、联盟、超市、电商、供销社、农资经营企业等单位自行填报的供求数据，经市农业农村局官网对外发布，包括农产品供应、需求和物资需求信息三大类，为保障疫情防控期间农产品有效供给和精准销售提供服务和支撑，最大程度地解决农产品供需矛盾。

2月10日 市农业农村局多措并举全力保障蔬菜生产稳定。一是明确生产底数。全市蔬菜在田面积约4.8万亩，其中设施农业4.5万亩，包括30余个品种，日产量约2 100吨。二是加强技术指导服务。印发《关于加强疫情防控期间种植业技术服务的工作方案》，明确抓好集约化育苗技术服务、粮食作物春管和春耕备耕、蔬菜贮运和产销服务等9项重点任务；发布《五项措施缓解降雪对设施蔬菜生产的影响》，对降雪天气对蔬菜生产影响进行技术指导；制定《疫情期间防控蔬菜病虫害应急技术指导与服务方案》，通过三级植物医院体系和农药减量系统，持续为蔬菜安全生产病虫防治提供指导和服务；加强对17家持证种苗企业的服务监管，可生产种苗8 881万株，包括草莓种苗185万株、马铃薯种苗175万株、蔬菜种苗8 521万株。三是建立蔬菜稳产保供问题台账，帮助各涉农区的相关生产企业与合作社解决实际问题。全市共收集重点生产主体关于蔬菜加工环节消毒、种子采购与物流配送难等问题81个，正在挂账办理中。

2月11日 市委农工委召开工委委员会议，传达学习习近平总书记在北京市调研指导新型冠状病毒肺炎疫情防控工作时的讲话精神和市委常委会扩大会议精神。一是提高政治站位，认真学习、深入贯彻习近平总书记重要讲话精神、市委、市政府和市新冠肺炎疫情防控工作领导小组相关会议精神，坚决打赢疫情防控的人民战争、总体战、阻击战。二是加强中共北京市委农村工作委员会、北京市农业农村局领导对接涉农区的指导，坚持问题导向，采用"四不两直"形式，不给基层增加负担，帮助涉农企业与合作社解决实际困难。三是抓紧研究、提前谋划"两会"期间农产品供应保障工作。四是研究落实市委农工委、市农业农村局系统人员管控分层分类措施，指导做好日常监测和健康日报告工作。加强对所属单位值班值守，以及食堂、宿舍和自管社区的监督检查，严格落实各项管控措施。

2月18日 副市长卢彦调度农村地区新冠肺炎疫情防控和农业生产工作。一是切实抓好农业农村系统疫情防控各项工作。将各项防控措施落实落细；发挥好农村基层党组织作用，特别是村"两委"作用和联防联控机制；确保进村测温和返京居家隔离等防控措施百分百到位；持续加强农村人居环境整治，切实做好疫情发生村的水质检测和粪污处理工作；加强行为文明引导管理；以"四不两直"的方式加强到基层和现场督导，帮助查找漏洞、补齐短板。二是全面抓好农业生产各项工作。切实履行"菜篮子"区长负责制，确保全市蔬菜播种面积达到54万亩以上，产量达到130万吨以上。每个涉农区要力争完成5万$米^2$设施大棚的建设任务。市农业农村局等部门要切实维护好"菜篮子"产品和农资正常流通秩序。抓好生猪恢复生产，加强督导，确保年底前31万头存栏。抓好非洲猪瘟等重大动植物疫病防控，加强草地贪夜蛾疫情形势研判，确保高致病性禽流感强制免疫率100%。坚决守住农产品质量安全底线。

2月19日 市农业农村局保障疫情期间农产品运输渠道畅通。一是构建"绿色通道"，解决"菜篮子"产品和农资跨省运输不畅问题。会同市商务局和市交通委，优化简化鲜活农产品运输车辆通行手续，为23家企业发放应急物资调拨（转运）证明函和通行证94份，共计运输蔬菜类811吨、饲料类265吨、兽药类184吨和其他应急物资119吨。二是组织生产主体对接本市114家应急运输服务物流企业，及时解决产品进城问题。三是持续推进产销衔接，帮助解决卖难问题。截至2月，北京市农产品供求信息平台累计采集信息685条，其中农产品供应信息639条、农产品需求信息3条、农业物资需求信息43条。

2月21日 对接金融机构推动涉农企业稳定生产。一是对接银行解决贷款需求。全面梳理"菜篮子”产业、种业生产等涉农企业贷款需求，第一时间与农发行北京分行、农行北京分行等银行对接，已推送42家企业需求信息，农行北京分行存量授信7家企业授信总额63.46亿元，支持贷款余额20.68亿元，其中向首农食品集团授信40亿元、发放10亿元贷款。二是对接担保机构发挥政策性担保作用。市农业融资担保公司制定出台优惠政策，为疫情期间所有涉农主体提供担保融资的担保费率下调0.5～1个百分点，其中，对于提供蔬菜、禽蛋肉等生活资料的重大和直接保障民生的经营主体担保费率不超过1%。截至2月，已完成项目11个，共降低担保费36万元，实现担保金额6 125万元。

2月22日　市委农工委、市农业农村局学习贯彻市委十二届十二次全会精神。市委农工委、市农业农村局高度重视，第一时间传达学习了全会决议和蔡奇同志的重要讲话精神，明确下一步工作方向与举措。一是提高政治站位，深化认识。把学习宣传贯彻好全会精神作为重要的政治任务，严格落实“四方责任”，全力抓好疫情防控工作和农业生产各项工作，高标准落实好首都功能核心区控制性详细规划（街乡层面）。二是密切结合实际，全面贯彻落实。把党中央、市委、市政府关于疫情防控工作的各项部署要求落实到位，层层压实责任，确保中共北京市委农村工作委员会、北京市农业农村局零感染。同时，抓好农业农村系统疫情防控工作的指导监督，做好“菜篮子”稳产保供、生猪恢复生产，高致病性禽流感、非洲猪瘟等重大动植物疫情防控和农产品质量安全监管等重点工作。三是一手抓防控，一手抓复工复产，继续深入各涉农区帮助生产主体解决生产、销售难题，力争完成全年各项经济任务。

2月26日　市农业农村局多措并举助力涉农生产企业复工复产。一是通过组织本地劳动力就近就业、有序引导企业用工人员返京并加强健康监测、优化生产流程等方式，帮助涉农生产企业解决用工难问题。二是积极帮助基层一线加强防疫物资保障。三是进一步优化农产品进京“绿色通道”机制，为符合要求的涉农企业办理调拨（转运）证明和企业资质证明。

3月9日　市农业农村局多措并举推进春季农业生产工作。一是组织召开全市春耕备耕生产调度会议，全力组织春耕生产，确保不误农时。二是落实“米袋子”“菜篮子”负责制，综合运用农业保险、耕地地力保护补贴、休耕轮作、有机肥和绿色防控产品补贴等政策支持农业生产，调动农民种粮、种菜积极性，加快恢复生猪生产。三是支持涉农企业加快复工复产，畅通运输渠道，做好应急调运投放准备，努力减轻疫情对春季农业生产的影响。四是抓好春季田间生产管理。做好11.9万亩冬小麦的镇压、施肥、浇水、病虫害防治等工作，推广包括作物秸秆覆盖还田、少免耕播种和农机深松整地在内的保护性耕作技术，强化集约化育苗，依据市场需求适当增加叶菜和速生蔬菜生产；密切关注天气变化，抓好重大病虫害监测防控，充分利用好广播电视、网络微信、接诉即办平台等手段，加强农业技术指导服务，保障农机作业质量和进度。五是严控耕地撂荒现象，构建遏制撂荒长效机制，减少耕地撂荒和设施闲置。六是强化设施农业管理，做好设施农业二维码加挂与关联，积极稳妥推进现代高效设施农业试点。

3月18日　副市长卢彦调度畜禽养殖业稳产保供和设施农业扶持政策工作。一是加快推进生猪养殖建设项目开工复工，同时制定应急备用方案，确保完成年底生猪存栏出栏目标。二是多措并举解决因疫情导致的畜禽产品滞销问题。市农业农村局会同市商务局主动对接驻京机关、各大企业食堂和团餐企业，促进直接采购。市商务局牵头研究禽产品收储政策。市财政局牵头研究一次性生产救助补贴政策。市农业农村局要加快研究鲟鱼等水产苗种保护和相关养殖企业转型方案。三是调整设施农业健康有序发展的扶持政策和高效设施农业用地试点工作总体思路，加强“保蔬菜面积、保城市供应、保国内竞争力”的市级导向力度，与国有企业的农业用地相结合、与生产主体相结合、与低收入农户和集体经济薄弱村帮扶相结合、与现有物流市场相结合，通过政策集成，充分发挥属地积极性，加大对农业主体的直补力度，促进本市设施农业“成规模、降成本、成景观、促就业”的目标达成。

3月21日　副市长卢彦研究调度生猪生产恢复工作。强调：一是提高政治站位，认真学习贯彻胡春华副总理在全国畜牧业工作会上的讲话精神，树立底线思维，坚决完成本市恢复生猪生产目标任务。二是加快推进新建改（扩）建场开工复工。各相关涉农区要结合实际制定切实可行的工作方案，严禁采取违规操作。新建场要通过组织更多本地工人、落实封闭化管理等措施，统筹推进复产复工进程。有条件的复养场要严格依据生物安全标准进行改造升级，按照非洲猪瘟防控要求尽快恢复生猪生产。三是妥善处理和疏导散养户养殖需求，指导按照规模和标准条件开展生猪养殖活动。四是建立月调度机制。市农业农村局要按计划制定工作清单和倒排时间表，有序推进各项工作取得成效。

3月27日 副市长卢彦调度农村人居环境和低收入农户帮扶等工作。强调：一是认真学习胡春华同志调研北京农业科技企业时的讲话精神。重点发展现代种业和设施农业，加快推进京瓦中心建设，对标对表本市粮食、蔬菜和生猪三大任务目标，加强农业科技创新，促进农业现代化。二是统筹抓好疫情防控和农业农村各项工作。各区、各部门要积极有序开展复工复产，尽可能将疫情影响降到最低。三是深入抓好农村人居环境整治工作。加快推进396个城乡接合部重点村整治、152个“百村示范”村创建、125个“京郊大集”环境整治、“两气、两水、两厕、一室”长效机制建设工作。四是全力抓好低收入农户帮扶工作。通过加强滚动评估、研究长效机制、分析疫情影响、落实对接政策等措施，加强与土地流转、退耕还林、林下经济和就近就业等政策融合力度，切实防止返低。五是针对本市中央1号文件贯彻落实情况督查报告反馈情况，做好三问题和三建议的整改工作。

4月1日起 2020年度禁渔工作拉开序幕。密云水库等41处水库湖泊以及永定河、潮白河与河北省交界段，将陆续进入禁渔期。市、区两级渔政执法机构严格落实“中国渔政亮剑2020”系列专项执法行动要求，以加强重点水域禁渔管理、清理整治违规渔具渔法为重点，深化渔政、水政、公安等部门协作，进一步推进京津冀渔政协同执法和“两法衔接”，加大渔业资源保护力度，做到防疫和执法两不误，为首都生态文明建设提供有力保障。

4月14日 市农村工作会议召开，总结部署全市“三农”工作。陈吉宁同志强调：一是深刻认识做好“三农”工作的重大意义。深入学习贯彻习近平总书记关于“三农”工作的新理念新思想新战略和中央农村工作会议精神，认真落实市委农村工作领导小组会议要求，切实把思想和行动统一到党中央决策和市委要求上来，进一步提高政治站位，全力以赴抓好农村工作，稳住农业基本盘，高标准完成“三农”领域各项任务。二是突出抓好“三农”领域重点工作。集中力量全面完成脱贫脱低任务，加快补上“三农”领域短板，加强和改进乡村治理，突出抓好规自领域问题整改。三是着力推动农业高质量发展。当前首要是抓好“菜篮子”工程，确保蔬菜种植面积和产量恢复到2018年水平（播种面积54万亩、产量130万吨）。加快生猪产能恢复，年底生猪存栏恢复到31万头。长远来说，根本是提高农业生产效率，突出抓好机制、科技和人才三个方面。四是切实加强对“三农”工作的组织领导。加强党对“三农”工作的全面领导，切实扛起责任，加强工作统筹。要在疫情防控常态化下统筹推进生产生活秩序全面恢复，做到两手抓、两手都要硬，坚决打好打赢疫情防控的人民战争、总体战、阻击战。

4月20日 农业农村、气象部门联手推进本市农业气象防灾减灾工作。双方成立联合工作组，建立联席会议制度等工作机制。一是强化会商，共同分析研判气候变化影响，提出防御对策，降低灾害损失。二是深化信息共享，气象部门加强灾害性天气、作物关键生育期气象信息等专项预报服务。三是加强预警，充分利用双方公众号、App、气象影视和广播等平台发布农业生产预警。四是开展特色服务，全面推广海淀“菜篮子”保障气象服务经验，推进特色作物气候品质认证工作，研发生态涵养功能区气候生态舒适度评估指标，挖掘京郊地区生态型粮田生态功能价值。五是跨部门科研合作，深化农业气象指数保险研发，联合建立农业气象监测点，开展农业气象灾害风险普查等。

4月22日 副市长卢彦调研海淀区城乡接合部地区农村人居环境整治和美丽乡村建设工作。卢彦一行先后调研了西北旺镇永丰屯村和“百村示范”创建村上庄镇罗家坟村，重点调研了人居环境整治的工作情况，查看了滨河公园、党群活动服务中心、复工复产和村庄建设情况，并现场观摩了村庄消防应急演练。卢彦强调，一是继续抓好疫情防控工作，建立外来人员管控长效机制，统筹推进复工复产各项工作。二是高水平推进美丽乡村建设，尽快补齐村庄基础设施和公共服务短板，不断提升农民群众获得感、幸福感、安全感。三是围绕乡村振兴战略20字方针，高标准实施“百村示范”村建设，打造美丽乡村风景线。四是增强工作主动性和自觉性，激发村民内生动力，建立长效管护机制，持之以恒抓好农村人居环境整治工作。

4 月 24 日　市委农工委、市农业农村局扎实推进生活垃圾分类工作。一是坚决落实推进大会会议精神，将生活垃圾分类工作作为一项政治任务来抓，全面做好单位内部强制分类工作，协调做好农业农村领域相关垃圾分类处理工作。二是成立由主要领导任组长的工作小组，制定印发实施方案，全面启动机关和所属单位强制分类，探索开展厨余垃圾集中堆肥实验。三是指导各区稳妥推进农村生活垃圾分类工作，将农村生活垃圾治理纳入美丽乡村建设和农村人居环境整治，要求各级农业农村部门协助做好农产品批发市场、农贸市场垃圾分类，蔬菜尾菜集中处理等工作。

4 月 29 日　副市长卢彦调度农村人居环境、低收入农户帮扶和农业生产等工作。强调指出：一是各涉农区、相关部门要认真贯彻落实蔡奇同志在市委农村工作领导小组会议上的讲话和本市农村工作会议精神，充分认识当前抓好农业农村工作的特殊重要性。二是低收入农户帮扶、粮食、蔬菜和生猪生产是中央挂账的重点工作任务，农村人居环境整治、涉地农村集体经济合同规范管理是年度重要工作，各涉农区要紧盯进度，确保年底交账。尤其是进展缓慢的相关涉农区要采取有力措施，全面完成工作任务。

5 月 22 日　市农业农村局强化“五个零”目标管理，确保“两会”服务保障。一是督促供应单位深化落实创建“无疫”单位的闭环管理系列措施，确保服务保障人员“零感染”。二是强化监管人员巡查时防护措施，全程佩戴口罩、发网、手套、脚套等防护装备，确保对供应产品的“零接触”。三是现场核查专库“三人三锁”、视频监控、驻点监管、签字放行等措施，梳理排除隐患，确保农产品质量安全“零风险”。四是配备精干人员，检查车辆安全、优化配送路线，及时足额送达指定地点，确保服务“零投诉”。五是组织供应单位开展疫情防控和农产品质量安全两个主题应急演练，确保供应“零事故”。

5 月 26 日　中央农办来京开展完善耕地保护制度调研。农业农村部党组成员、中央农办秘书局局长吴宏耀一行实地查看了大兴区西红门 B 地块及庞各庄镇福上村耕地保护、宏福农业及北京兴农天力种植合作社耕地高效利用、顺义区北小营镇北府村大棚房整治后耕地恢复等情况，并围绕研究解决耕地保护工作中面临的突出问题召开了专题座谈会。市委农办副主任、市政府副秘书长陈蓓，市委农办副主任、市委农工委书记、市农业农村局局长李志军及相关部门、区政府有关人员陪同调研。

5 月 26 日　实施“十百千万”畅游行动，全面推动休闲农业发展。市农业农村局、市财政局联合印发《北京市休闲农业“十百千万”畅游行动实施意见》，打造十余条精品线路、创建百余个美丽休闲乡村、提升千余个休闲农业园区、改造近万家民俗接待户，全面构建覆盖各区、乡村、园区与农户的全要素配套、全方位布局、多层次提升的休闲农业产业体系。到 2025 年，实现休闲农业和乡村旅游年接待能力 4 000 万人次，经营收入达到 50 亿元。同时配发《建设成效评价办法（试行）》，市级财政将依据综合评价结果，统筹农业农村改革发展资金对各区给予奖补。

5 月 28 日　副市长卢彦调度农村人居环境和农业生产工作。强调：一是抓好农村人居环境整治。认真做好国务院大检查反馈问题的整改，核心是构建长效管护机制，重点解决暴露出的“三重三不重”（即重市级检查考核结果不重日常整治过程、重突击整治不重长效保持、重被动整改问题不重主动查找问题）问题和不达标村庄整改，严肃约谈效果不明显村镇，确保问题点位全部销账。聚焦补齐“短板”，深入开展“美丽庭院”创建活动。扎实推进规划编制审批、污水治理、厕所改造、安全饮水、危房改造、农村大集整治等重点工作，全面加快农村基础设施建设，推进 152 个“百村示范”村创建工作。二是抓好粮食、蔬菜和生猪生产工作。要压实粮食安全区长责任制和“菜篮子”区长负责制，一季接着一季去抓，一亩接着一亩去抠。生猪生产要加快推进新建、改扩建养殖场施工进度，及时有效解决恢复生产中遇到的问题。各涉农区要严肃对待、脚踏实地落实各项指标任务，实现“一亩不差、一头不少”，确保年底交账。

5 月 29 日　副市长卢彦调度农村人居环境、农业生产和低收入农户帮扶工作。强调：一是紧抓问题不放。梳理销账农村人居环境 5 月留下的 1 200个问题，建立完善“四不两直”、立行立改机制，切实解决“边整治、边反弹，边销账、边新增，边管控、边放松”的怪圈。二是深入田间地头。各区各部门要深入生猪养殖场、青贮玉米、粮食和蔬菜等田间地头，现场发现问题、解决问题。借鉴学习陕西省咸阳市袁家村在发展休闲农业、创意农业方面的经验做法，加快推进在本市的项目落地。三是工作到点到位。通过精准施策，确保低收入帮扶到村到户，玉米品种选择等工作到点到位。四是加快谋划推进下半年工作。各区各部门按照“时间过半、任务过半”的要求，突出问题导向，加强下半年工作谋划，狠抓落实，确保年度工作任务全面完成。

6月29日 副市长卢彦主持召开市委农办主任综合调度会（视频），推进农村人居环境整治、农业生产和低收入农户帮扶工作。会议观看了全市农村人居环境整治第三方核查视频，听取了市农业农村局关于农村人居环境整治、农业生产、低收入农户帮扶工作情况汇报。各市级部门就相关工作进行了交流发言；各涉农区汇报了工作中存在的问题和下一步工作部署。卢彦要求，一是要抓住问题不放。市农业农村局要对人居环境整治中存在的问题梳理到区、到村，督促整改；各区对于当前未能整改的违建等问题，要拿出整改时间表，并建立村干部日常巡查、发现问题、及时整改的工作机制。二是坚持深入田间地头。各区、各部门要到生猪养殖设施的建设现场和粮食、蔬菜、青贮玉米的种植现场去找办法，去探索解决问题的路径、完成目标的方法，加快对集体经济、种植养殖、民俗旅游、农民增收等问题的统筹研究。三是工作要到点到位。要一个问题一个问题研究解决，在粮食、蔬菜种植和生猪恢复生产工作中，也要做到到点到位。卢彦强调，各区、各部门要认真梳理上半年的工作，对照任务目标检查是否实现了“时间过半、任务过半”。存在差距的，要深刻反思存在的问题，认真谋划下半年的工作，确保完成年度工作目标。

7月8日 晋柏同志赴平谷调研农业生产和农产品销售工作情况。现场参观了北京市京同源特菜种植基地、西寺渠农贸市场、北京绿谷汇德果品产销专业合作社。强调：一是要加强农贸市场管控，开展全方位、无死角的环境卫生整治及消杀作业，严格落实进入人员测温、查证、验码、登记防疫措施，全力保障市场人员和食品安全。二是要推进农贸市场规范化管理，进一步探索市场“批、零”分开模式，合理分散市场人流，实施一级、二级、三级批发商实名登记制，为商户提供免费核酸检测等优惠服务，推动农贸市场升级改造。三是要拓展农产品销售渠道，创新农产品销售组织方式，拓宽农产品流通渠道，搭建网上销售平台，与京东、阿里等电商紧密配合，通过直播带货等新兴消费形式，切实解决农产品滞销问题。四是加强蔬果产量销量监测，建立完善农产品生产及线上销售标准，对农产品进行分类分级，保障蔬果供应品质和价格。五是要重构农产品生产、供应到销售全产业链发展，研究制定设施农业用地及配套设施建设、农业人才引进、销售末端扶持等相关政策，支持农业企业、农民合作社规模化生产，打造优质农产品品牌。

7月10日 副市长卢彦部署本市扩大农业农村有效投资工作。强调指出，一是要认真学习胡春华副总理在全国扩大农业农村有效投资电视电话会议上的讲话精神，高度重视当前抓好农业农村有效投资工作的重要性和紧迫性，为进一步统筹抓好疫情防控和复工复产，确保粮食、蔬菜和生猪生产任务全面完成，保障基本民生和持续推进农村人居环境整治工作奠定坚实的基础。二是通过采取政府支持、社会投资和政策引导等有效措施，积极创造有效机会，尽快堵上当前农业农村发展存在的漏洞。三是围绕现代农业基础设施、现代农村基础设施和公共服务体系建设，以及国家文件部署的农业农村领域补短板11项重大工作项目建设内容，各涉农区和相关部门要结合实际，研究方法，狠抓落实，进一步促进乡村振兴战略实施，促进城乡融合发展，建设国际一流的和谐宜居之都。市农业农村局发挥好统筹调度作用，加快高效设施农业和产业园区等项目的落实落地。市农业农村局、市规划和自然委要研究闲置大棚房等农业设施的处理意见。市委农办督促各区和市、区统计局落实好家庭农场和农民合作社统计工作。

7月10—12日 2020年中国北京鲜食玉米大会暨北京鲜食玉米节在通州区举行。一是以“上云端、尝新鲜、购营养、更健康”为主题，采取“线上为主、线下为辅”模式召开，内容涵盖鲜食玉米新优品种推介、科普知识传播和线上论坛讲座等。二是示范基地种植了200多个鲜食玉米新优品种。专家组评选出全国十大糯玉米、甜加糯玉米和甜玉米品种。三是通过对鲜食玉米主栽品种、种植基地、销售产品和销售方式的跟踪调查和筛选评比，重点向市民推介本市鲜食玉米优质品种和生产基地、优新产品、优势销售方式。四是创新开发云端系统和基地VR全景展示平台，推出小程序“鲜食玉米大会e+”，开设云地展和云展厅，详细记录200多个展示品种在各生长期的特征。五是设置云观品鉴与科普、线上品尝、中国北京鲜食玉米云论坛等活动，专题报告演示鲜食玉米育种和发展现状、营养特点、烹饪方法，邀请育种家、流通商、加工企业代表探讨鲜食玉米产业发展策略。六是宣传推介方式多元化、多渠道。据统计，全程通过抖音等四大平台直播，观看量超 45 万，一直播网红对科普和品鉴直播观看量超过 230 万，科普短视频观看量约 14 万，中央电视台、光明日报等多家媒体对大会进行了报道。对于引导市民消费新鲜、营养、健康的鲜食玉米，促进本市农产品生产与消费起到了积极作用。

7 月 15 日　副市长卢彦赴通州区调研农业产业工作。强调：一是要在调查研究上下功夫，解决投资多元化问题。7 月底前完成国家和市级产业园区生产运营情况、资金投入产出和存在困难的全面梳理，通过产业园项目完善资金投入机制、项目运维机制和利益联结机制。二是要在农业规划上下功夫，实现项目化和园区化。市农业农村局要会同市规划和自然资源委研究项目管理工作机制，年底前要完成“十四五”乡村振兴战略规划制定，将农业产业园建设作为重要内容之一。三是要在政策集成上下功夫，解决规划园区化促进项目规模化，降低农业投资成本，有效发挥引导作用。四是要在农业投资职能落地上下功夫，做到投入单元化。市发展改革委、市财政局和市农业农村局共同研究，按照国家最新投资要求构建投入机制，加强农业投资，10 月底前完成。通州、昌平、大兴 3 个区先行试点，做好示范。

7 月 27 日　全国人大、农业农村部来京开展动物防疫工作调研。全国人大常委会宪法法律委、法工委和农业农村部畜牧兽医局一行实地走访了北京德青源农业科技股份有限公司、北京奶牛中心延庆基地，听取了北京市动物防疫工作情况汇报，并就北京市动物疫病防控、《中华人民共和国动物防疫法》修订等问题开展座谈。市人大、市农业农村局、延庆区相关负责人员，顺义区部分基层代表、涉农企业代表共 40 余人参加调研和座谈。

7 月 30 日　副市长卢彦主持召开市委农办主任综合调度会（视频），推进全市农村人居环境整治、农业生产、低收入帮扶、闲置农宅盘活利用、乡村民宿发展等工作。会前，卢彦带领市级相关部门实地查看了房山区乡村民宿发展、农业生产和丰台区王佐镇庄户村人居环境整治工作现状。会议传达了胡春华副总理的讲话精神，观看了全市农村人居环境整治工作日常巡查视频，听取了市农业农村局关于五项工作的进展情况汇报。市卫生健康委、市水务局、市城市管理委、市文化和旅游局就相关工作分别进行了汇报发言；各涉农区就工作中存在的困难问题和下一步工作进行了汇报发言。卢彦要求，一是对标对表，全面完成农村人居环境整治三年行动任务。切实抓好“千村整治”“厕所革命”、农村大集整治、农村生活垃圾和污水治理、城乡接合部村庄环境整治等工作，对照目标组织开展检查验收。二是毫不松懈，抓好全市农业生产工作。要压实责任，加强粮食、蔬菜、生猪生产的调度，确保生产指标的落实。三是不落一户，精准、高质量完成低收入农户脱低任务。四是推动闲置农宅盘活利用、乡村民宿发展，带动农民创业增收。

8 月 13 日、20 日、21 日　副市长卢彦分区专题调度美丽乡村建设工作。卢彦分别对中心城区、多点地区、生态涵养区美丽乡村建设工作进行专题调度。强调：一是要有交账意识。以农民满意为目标，2018 年度各项任务要坚决完成，2019 年度各项任务要完成相当比例，资金应支尽支。二是要有统筹意识。充分考虑时间、任务、资金、效果和群众满意度等指标之间的关系，统筹设置年度考核细则。三是要有战时意识。抓好“村庄规划编制完成率、村庄规划审批率、建设项目开工率、竣工项目验收率和市级资金支出率”五个率。四是各区要落实属地责任，对标对表，压实目标任务，尤其是生态涵养区要先行一步践行“两山”理念。

8 月 14 日　副市长卢彦调度市委农工委、市农业农村局规自领域专项巡视整改工作。强调：一是提高政治站位，坚定从严治党的决心。班子成员要坚持把自己摆进去查找问题，逐项整改，举一反三，建立长效机制。二是按照时间进度坚决整改，坚定整改工作的信心。要结合农业农村实际，透彻理解《北京城市总体规划（2016—2035 年）》要求，攻坚克难。三是深化整改成果，坚定长效治理的恒心。要紧盯剩余 8 个问题的整改，按时完成任务。进入司法程序的还要加快推进诉讼进度，要加强与法院的沟通和联动。整改工作贵在坚持，要坚持制度，完善机制，把巡视整改工作当成重要的政治任务抓紧抓实，切实保障各项整改任务落实到位。

8 月 23 日　密云区确认发现 5 头草地贪夜蛾。

经农业农村部及市植物保护站专家确认为草地贪夜蛾，发现地点为河南寨镇两河、沙坞、平头三个村，其中，沙坞、两河村各诱到1头，平头村诱到3头，累计虫量5头。截至8月24日，本市顺义、密云共2个区确认发现草地贪夜蛾成虫，累计虫量6头，其中顺义区1头、密云区5头，田间未发现草地贪夜蛾卵、幼虫及为害症状。此次草地贪夜蛾成虫迁入本市和黑格比台风存在密切关系。受该台风影响，本市东部地区迁入风险高。当前，全市夏玉米正处于抽雄期，受降雨偏多影响，夏玉米长势好、叶片嫩、花丝新鲜，短期内适于草地贪夜蛾幼虫取食。若草地贪夜蛾大规模迁入，可能会在局部特别是晚播玉米田造成一定危害。

8月26日　市委农工委书记、市农业农村局局长李志军同志带队先后赴密云区、顺义区实地察看草地贪夜蛾田间防控布控和虫情监测情况，指导防控工作。自8月19日北京市本年度首次发现草地贪夜蛾成虫以来，中共北京市委农村工作委员会、北京市农业农村局印发紧急通知，要求各区进一步加强虫情监测和田间普查力度，力争早发现、早预警、早防控；要认真做好防控处置，减少迁入虫源，“治早治小、全力扑杀”；要加快推进布设“长城防线”；要落实联防联控机制，互通相关信息，形成防控合力；要加强市区工作联动，下沉一线，强化督导检查和技术保障。

8月26日　市委农工委召开全市区委农工委书记抓农村基层党建工作视频座谈会，市委农工委书记、市农业农村局局长李志军同志在听取了13个涉农区委农工委书记抓农村基层党建工作情况的汇报后指出，要巩固来之不易的新冠疫情防控成果，坚持疫情防控和“三农”工作两手抓，切实抓好农村基层党建工作。强调指出，要加强农村基层组织建设，协调推进乡村治理体系建设；要以党建为引领抓好“三农”领域的重点工作，谋划好新一轮美丽乡村建设，加强“菜篮子”生产能力建设，扎实推进党建引领集体经济发展工作；要深化农业农村改革创新，做好“十四五”时期乡村振兴战略实施规划的编制工作。

8月31日　副市长卢彦召开市委农办综合月调度会。强调：一是要认真梳理任务、做好任务分类，并依据不同类型、按照不同方法抓落实。美丽乡村建设和人居环境整治是持续性、长期性任务，必须统筹规划、统筹项目、统筹压茬建设，需要久久为功、坚持不懈。粮食、蔬菜及生猪生产要从讲政治的高度抓好各项工作的落实，毫不动摇地完成年底各项生产任务。低收入农户帮扶工作是战略性任务，必须毫不含糊、一个不落、高质量完成。二是要发扬钉钉子精神，盯住数据、盯住任务进度、盯住考核结果。要盯住多次不合格的村，盯住多次落后的乡镇，盯住一个月无进展或进展缓慢的区，盯住离完成任务差距较大的项目，及时研判，精细督导，杜绝平均主义，采取过硬措施，充分运用约谈后进、纳入软弱涣散村组织帮扶等方法，切实推动各项任务高标准落实。三是要确保工作效果。要以能否解决问题、能否完成任务、群众能否满意为抓工作的根本着眼和衡量工作的基本标准，充分考量工作统筹、建设实施、验收考核等关键环节，切实以解决百姓问题、完成既定任务、群众认可满意为目标，向党和人民交上一份满意的答卷。四是要抓好工作组织，建好工作平台。要充分运用组织力量和工作平台，使各项重点工作统筹起来、联系起来、联动起来，美丽乡村建设可以为低收入农户帮扶提供用工抓手，农业生产可以促进集体经济组织、合作社壮大成长。海淀区市政服务平台的作用发挥、通州区50万元以下小微项目审批权下放等措施，充分体现了组织平台的作用，值得借鉴推广。

9月3日　市委农工委、市农业农村局组织学习贯彻习近平总书记回信。在工委会和办公会上分别传达学习《习近平给建设和守护密云水库乡亲们的回信》和市委常委会会议精神，结合工作实际开展热烈的学习讨论，决定做好以下几项工作：一是大力发展密云特色农业，积极推进密云生态涵养区的绿色发展。积极推进种植业结构调整，通过对密云水库上游大力开展休耕轮作和减肥减药等措施，实现种植业高质高效发展。二是深入推进密云美丽乡村建设，加大力度推进村庄环境整治、村容村貌提升等工作。三是加快生态农业建设，有序实施山区搬迁工程，加大生态沟域建设力度，全力推进密云山区住户的煤改电工作，进一步提升生态涵养区空气质量。四是加大密云库区低收入农户帮扶力度，强化产业和就业帮扶，确保农户稳步增收。

9月4日　北京市四个村入选2020年中国美丽休闲乡村。根据《农业农村部办公厅关于开展中国美丽休闲乡村推介活动的通知》要求，经地方推荐和专家审核，门头沟区清水镇梁家庄村、房山区霞云岭乡堂上村、怀柔区桥梓镇口头村、通州区张家湾镇西永和屯村入选 2020 年中国美丽休闲乡村。

9 月 4 日　市委农工委书记、市农业农村局局长李志军陪同农业农村部原副部长余欣荣、中国农业科学院原党组书记陈萌山、北京市委原常委牛有成一行赴平谷区调研现代农业及现代种业发展工作。考察参观了峪口禽业大数据中心，听取了平谷区国家现代农业（畜禽种业）产业园建设及农业科技创新示范区建设情况汇报和峪口禽业公司“一园带多园”蛋鸡产业模式构建汇报，高度肯定了平谷区在运用农业科技促进现代农业发展方面所做的努力，并给予了具体指导。李志军表示，要认真抓好落实，以建设国家（北京）种业智库为契机，推动北京现代种业走在全国前列，创造一个可复制可推广的模式，为全国现代种业高质量发展做出积极贡献。

9 月 11 日　机关纪委组织中共北京市委农村工作委员会、北京市农业农村局机关各支部和所属各单位党组织的纪检委员开展集中学习交流活动，学习传达习近平总书记在十九届中央纪委四次全会上的重要讲话和会议精神，以及蔡奇同志在市纪委十二届五次全会上的讲话和会议精神，并组织观看了《中国共产党纪律处分条例》解读视频，讨论了《市委农工委市农业农村局党支部（总支）纪检委员工作职责（讨论稿）》，为提高中共北京市委农村工作委员会、北京市农业农村局各级党组织纪检委员履职能力、更好发挥“探头”作用提供了有力支撑。

9 月 11 日　完成第三批国家农产品质量安全县创建遴选暨国家农产品质量安全市创建核查工作。8 月 31 日至 9 月 11 日，市农业农村局副局长单炜力带队，由农产品质量安全处组织专家组对正式提出质量安全县（市）创建申请的 9 个区进行了现场遴选考核验收。专家组通过听取汇报、材料核查、专家质询和现场检查等方式，对照《国家农产品质量安全县考核办法》8 个方面 50 条考核指标要求，逐条逐项对各区创建情况进行考评，并从专业角度指明了各区创建工作中存在的薄弱环节和下一步创建提升方向。经验收，延庆、通州、怀柔等 9 个区均达到了国家农产品质量安全县考核指标要求。

9 月 16—18 日　市委组织部、市委农工委共同举办了新任村党组织书记和第一书记培训班。本次培训着眼于提升新任村干部和驻村干部政治素质及履职能力，围绕学习贯彻习近平总书记关于加强基层党建的重要指示精神，聚焦实施乡村振兴战略和党建引领乡村治理与发展，邀请各层面专家和领导干部上台授课，并安排优秀村书记、第一书记代表传授经验。培训班采用“线上＋线下”相结合的方式进行，以 181 个乡镇为学习单位，通过“云授课”的形式突破空间限制，增强了培训效果，全市 1 500 余名村党组织书记和第一书记参加培训。

9 月 17 日　全国休闲农业和乡村旅游大会在京召开。农业农村部副部长刘焕鑫、副市长卢彦、市农业农村局局长李志军共同出席大会，为获得“2020 年中国美丽休闲乡村”荣誉称号的村书记颁奖，会后考察了顺义区龙湾屯镇柳庄户村休闲农业驿站、分享收获农场、葫芦艺术庄园。房山区霞云岭镇堂上村、怀柔区桥梓镇口头村、门头沟区清水镇梁家庄村、通州区张家湾镇西永和屯村四个村庄获得“2020 年中国美丽休闲乡村”荣誉称号。卢彦提出，北京市要继续认真落实习近平总书记“两山”理念，做好乡村振兴与乡村旅游、休闲农业文章，具体目标就是要推进休闲农业和乡村旅游“十百千万”畅游行动，通过打好乡村生态本底，弘扬好乡村的乡土文化，将旅游休闲与乡村振兴更好结合，实现乡村的文化、旅游、休闲融合发展之路。农业农村部部长韩长赋、文化和旅游部副部长张旭在全国农业展览馆出席全国视频会并讲话。

9 月 18 日　中荷设施农业路演活动在京举办。由市委农工委、市农业农村局、荷兰王国驻华大使馆和平谷区人民政府联合举办的中荷设施农业路演活动在平谷区隆重举行，活动以线下会场和线上直播同步的方式进行，旨在持续搭建直接流畅的交流合作平台，学习引进荷兰先进农业技术、装备和经验，促进北京市设施农业产业高质量发展，推动提高首都蔬菜自给率、丰富城市“菜篮子”供应、促进农民持续增收。市农业农村局副局长马荣才、荷兰王国驻华大使贺伟民和平谷区委副书记、代区长吴小杰参加活动并致辞，北京市和来自荷兰的相关领导、企业负责人、专家学者以及新闻媒体记者等共 100 余人参会。

9 月 22 日　北京市举办丰富多彩的活动庆祝 2020 年中国农民丰收节。①丰收节系列庆祝活动。各涉农区以基层组织为载体开展丰收节庆祝活动开幕式、群众文艺汇演、趣味运动会、推荐农业休闲线路等庆祝活动。②“庆丰收、迎小康”成果展示。集中展示人居环境整治和美丽乡村建设、低收入帮扶及对外扶贫协作农业领域发生的典型事迹。③直播带货。活动现场安排三个直播间介绍农产品生产、美食制作和农产品、民宿、休闲路线等直播带货。④“京郊最佳”评选活动。揭晓“京郊最具影响力农产品电商”“京郊最受欢迎农产品品牌”“京郊农产品最红带货人”。⑤“北京农产品品牌”网络宣传推介活动。制作宣传视频通过“北京优农”“北京美丽乡村”等网站，“北京农业”等公众号，抖音、快手等新媒体向大众推广。⑥“京郊农产品”电商消费季活动。充分利用丰收节庆效应和国庆节、中秋节消费旺季，启动丰收节金秋电商消费季活动。⑦新农人创新创业技能培训。围绕农产品网络销售、微店经营等内容，从策划、拍摄、包装等方面为生产经营主体主播人员进行培训。

9月26日 副市长卢彦赴昌平区、平谷区调研农业产业发展工作情况。现场参观了金六环农业园、天安农业、北京槐香现代农业科技有限公司种植基地等蔬菜种植情况，并强调：一是要健全完善体制机制，构建政府、科研机构、企业合作模式，围绕市场需求，依托科技创新，解决技术瓶颈问题，促进科技成果转化落地，提升产出水平。二是要坚持农业产业品牌化、优质化、标准化，优化升级有机农业全产业链，打造区域农业品牌，明确农产品技术、生产、品质标准，并通过定期抽检、发布黑名单等方式，维护农业品牌市场信誉，实现社会效益和经济效益双赢，推动农业产业高质量、可持续发展。三是要搭建服务平台，针对企业需求、面临困难，精准制定设施农业用地、农业人才培养等配套政策，并抓好政策落实落地，优化农业产业链服务，支持农业企业、农民合作社发展。

9月27—29日 举办2020年第一期农村宅基地管理专题培训班。市委农工委、市农业农村局一级巡视员苏卫东作了开班动员讲话，市委农工委、市农业农村局二级巡视员侯书江围绕农村宅基地管理与矛盾调处做了专题辅导，宅基地管理处相关人员就市级宅基地政策进行了解读。培训班还邀请农业农村部合作经济指导司宅基地管理处负责人介绍了农村宅基地管理工作实务，邀请中国农业大学相关专家讲解了《土地管理法》，各区农业农村局主管领导及业务骨干共50余人参加培训。

9月28日 副市长卢彦主持召开9月市委农办主任综合调度会。会前，实地考察了房山区大石窝镇辛庄村玉树种植合作社蔬菜生产、林下经济发展及庭院经济建设情况，以及良乡镇现代农业产业园设施农业发展情况。会议观看了全市农村人居环境整治日常巡查视频片，听取了市农业农村局关于农村人居环境整治、农业生产和低收入帮扶，市水务局关于污水治理等工作情况的汇报，房山区大石窝镇政府、辛庄村关于农业农村发展以及林下经济发展工作的介绍，市、区相关单位进行了交流发言。卢彦要求，一是关键期要有特别的政治站位。美丽乡村、农业生产、农村改革等相关任务进入到收官期、攻坚期、关键期，必须提高政治站位，确立交账意识。二是有序有力，扎实推进工作。要统筹安排各项重点工作，排好时间表，坚决完成任务；把年度定下的任务和事项，按时限、按要求，力争往前赶；要继续巩固人居环境整治验收成果，继续坚持“六部门会商机制”，抓好污水治理工作；做好林下经济的分级分类工作，结合集体经济薄弱村的扶持，谋划试点经验总结和推广工作；高度重视农村土地承包经营权确权登记颁证工作，各区要瞄准10月底完成颁证的目标，确保完成好颁证工作。三是抓住关键要素，为“十四五”再出发创造条件。农村基础设施是基础，只有设施到位，才有未来。继续发挥结对帮扶机制的作用，做好“两家指标、一并考核”工作；稳定农业生产规模，把各级指标分解好，定下目标、定下指标；培育农林复合体，各部门、各区要拓展创新产业发展模式、村庄发展模式，结合民宿旅游，形成综合体，建立健全联动转化机制；培育高效设施农业，各区要选择适合自身发展的模式路径。

10月15日 北京市召开乡村民宿发展推进会。会议由副市长王红主持，副市长卢彦参加并作重要讲话。会议观看了乡村民宿宣传片，传达了全国乡村旅游和民宿工作现场会、全国休闲农业和乡村旅游大会会议精神，宣布了北京市入选第二批全国乡村旅游重点村和第十批、第十一批中国美丽休闲乡村名单，并为北京市23个入选第二批全国乡村旅游重点村颁牌。门头沟区、怀柔区、延庆区等相关负责人员作了典型发言，市文旅局对下一步工作进行了部署。

10月15日 中共北京市委农村工作委员会、北京市农业农村局召开全市非洲猪瘟防控和生猪生产恢复工作现场推进会。会议强调，各区要做到存量和增量两手抓，确保新建、改扩建场和现有场均不发生非洲猪瘟疫情，保质保量完成生猪恢复生产目标任务。会议要求，各区要第一时间向主管区长汇报会议情况，倒排工期，制定详细计划，报市生猪恢复生产工作专班。各企业要充分考虑到天气和疫情等因素的影响，以11月25日作为生猪调运完成的最后期限，加快推进项目建设进程，提前规划生猪调运方案，做到生猪调运全过程闭环管理，确保进场生猪安全。市委农工委委员、市农业农村局副局长马丽英主持了会议，中共北京市委农村工作委员会、北京市农业农村局畜牧兽医系统相关单位、各区农业农村局负责人员及新建、改扩建项目负责人参加会议。

10月16日 中共北京市委农村工作委员会、北京市农业农村局牵头组织召开市生活垃圾分类推进工作指挥部农林水务组工作例会。会议重点审核了2020年第一批北京市生活垃圾分类示范村现场核验结果，讨论了厨余垃圾资源化产品抽样检测结果、厨余垃圾资源化利用处置方案制定情况以及农村地区厨余垃圾和农林废弃物就近就地协同处理工作思路，明确了农林水务组近期工作重点。市农业农村局、市水务局、市园林绿化局、市生态环境局、市财政局、市规划和自然资源委、市城市管理委、市城管执法局等全体成员单位参加会议。

10月21日 国家（北京）种业智库成立大会在京举行。会议由农业农村部种业管理司司长张延秋主持，市委农工委书记、市农业农村局局长李志军出席大会并致辞。种业智库由国科农研院联合北京通州区国际种业科技园区等单位承建，聚焦粮食作物、畜禽和水产等领域种业发展关键问题，以产业发展为导向，汇聚国际国内种业的优势资源，开展政策研究、行业交流、国际合作等工作。来自国内知名高校和科研机构、农业领军企业、行业组织等百余名嘉宾代表参加了会议。

10月22日 副市长卢彦视察第27届杨凌农高会北京馆。卢彦前往第二十七届中国杨凌农业高新科技成果博览会北京馆进行视察调研，详细了解了北京馆展出的各项技术成果，询问了绿色防控技术在农业生产方面的应用情况，在充分肯定北京馆展出内容和形式的同时，指出要充分利用北京市农业科研院所在农业信息化领域的优势，围绕农业优质高效和生态安全，开展绿色安全生产等技术支撑，提升北京市和全国的农业发展水平。

10月22日 北京市举办“美丽乡村·筑梦有我”大型新闻公益行动精准帮扶低收入农户“脱低”增收专场活动。由市委农工委、市农业农村局和首都文明办、北京广播电视台共同主办的2020年“美丽乡村·筑梦有我”大型新闻公益行动精准帮扶低收入农户“脱低”增收专场活动在密云区大城子镇下栅子村举办。乡村观察员在现场多角度讲述了精准帮扶“脱低”、助力乡村振兴的生动故事，客观呈现了全市“六个一批”帮扶低收入农户“脱低”增收的丰富成果，展现了乡村居民的获得感、幸福感，展示了首都“三农”领域高质量实现全面小康进程中的丰富实践。

10月26日 中共北京市委农村工作委员会、北京市农业农村局与柬埔寨驻华使馆座谈规划农业合作。市委农工委书记、市农业农村局局长李志军与柬埔寨驻华使馆公使衔商务参赞、商务部顾问铁弓（副部级）一行座谈规划农业合作。会议听取了首农食品集团情况介绍，沟通交流了计划在柬埔寨开展项目的进展情况、存在问题及下一步工作设想。李志军对今后首农和柬方的合作提出了建议，希望双方面向未来，务实合作，不断拓宽合作领域，中共北京市委农村工作委员会、北京市农业农村局将积极着眼于产业发展，关注政策的研究制定，为双方合作做好服务，进一步带动北京农业产业的发展。市农业农村局副局长马荣才、首农食品集团董事长王国丰和市农林科学院有关专家参加了座谈。

10月26—28日 中共北京市委农村工作委员会、北京市农业农村局组织开展2020年北京市乡镇级农经统计人员培训班。培训班邀请了农业农村部市场与信息化司监测统计处、北京市统计局法规处、首都经济贸易大学统计学院相关专家，分别围绕农业农村统计工作政策要求、依法统计及防范统计造假和常用统计方法技巧等内容进行了讲解，并就如何做好农业农村经济形势分析、集体收益分配、农户和劳动力报表业务要求及注意事项等内容进行了培训。各区经管站及乡镇农经统计业务负责人员共200余人参加了培训。

10月28日 副市长卢彦主持召开10月市委农办主任综合调度会（视频），调度北京市农村人居环境整治、农业生产、低收入帮扶和土地确权颁证工作。会议观看了农村人居环境整治工作视频片，市农业农村局汇报了工作进展情况，市水务局、市卫生健康委、市城市管理委、市发展改革委、市规划和自然资源委、市财政局就相关任务的完成情况分别发言。各区和有关部门汇报了相关工作。卢彦要求，一是抓好农村人居环境整治三年行动任务收官；二是着眼长远，抓好生猪和粮食、蔬菜生产；三是一鼓作气打赢脱低攻坚战；四是积极稳妥推进土地确权颁证工作。会后，卢彦和顺义区、昌平区主管负责人员约谈了在农村人居环境整治三次检查中排名靠后的顺义区后沙峪镇和昌平区阳坊镇、沙河镇的党委书记、镇长，要求抓好人居环境整治检查发现问题的整改。

10 月 28—29 日　中共北京市委农村工作委员会、北京市农业农村局举办 2020 年北京市农村固定观察点培训班。由中央政策研究室、农业农村部农村固定观察点办公室负责人员和市场与信息化处业务骨干，分别就观察点调查与农户记账业务、农户调查表指标解释和审核要求进行了讲解。现场还组织展示了优秀记账本，并交流了经验。来自延庆、房山、密云三个区的 80 余名基层干部、辅导员和村级记账户参加培训。

11 月 6 日　市政务服务管理局调研抽查中共北京市委农村工作委员会、北京市农业农村局“接诉即办”工作。市政务服务管理局调研组来中共北京市委农村工作委员会、北京市农业农村局调研抽查《关于优化提升市民服务热线反映问题“接诉即办”工作的实施方案》落实情况，实地调研了市农业综合执法总队渔业领域市民诉求举报办理情况，参观了“12345”市民服务热线市委农工委、市农业农村局分中心，查看了市委农工委、市农业农村局“接诉即办”相关制度文件，听取了市委农工委、市农业农村局行业牵头办理、未诉先办等亮点工作典型报告，并围绕“接诉即办”工作当前的难点、痛点和下一步工作方向进行了深入交流和探讨。市委农工委书记、市农业农村局局长李志军出席交流座谈，并希望市民热线服务中心向市委农工委、市农业农村局开放共享农业农村行业诉求数据，同时要求热线市委农工委、市农业农村局分中心加强诉求数据分析，更好地指导和督促相关业务处室和单位做好行业诉求的牵头督办工作。

11 月 7 日　副市长卢彦就农村地区冬季清洁取暖、人居环境建设、垃圾分类等工作到大兴区调研。实地走访魏各庄村、小黄垡村，对大兴区“煤改清洁能源”长效管护工作给予高度评价。强调：一是守护农村传统风貌，建立健全人居环境长效管护机制，在落实好村庄环境及“门前三包”的同时，将人居环境建设延伸到家家户户，通过开展庭院卫生评比等活动，激发群众参与农村人居环境整治的积极性，培养群众良好的生活习惯，有序推动农村人居环境整治工作。二是继续巩固做好“煤改气”“煤改电”售后服务保障工作，做好相关设备的测试、维护、维修等服务工作，落实好补贴政策，引入使用先进技术，不断总结推广创新工作方法，提升服务水平，确保群众温暖过冬。三是将美丽乡村建设工作与农民增收相结合，充分发挥村规民约作用，做好村庄规划建设工作，不断完善村内基础设施建设、生态环境建设、人文环境建设，丰富美丽乡村建设内涵，切实提升群众获得感、幸福感、安全感。

11 月 12 日　副市长卢彦召开会议部署北京市高标准农田建设和农村承包地确权登记颁证工作。就高标准农田建设工作，要求：一是要提高站位，充分认识北京市农田建设工作的重要性和农田保护管理的艰巨性。二是要科学规划，合理布局北京市永久基本农田，围绕重点区域与重点产业，加大建设力度。三是要持强化部门协作，农业农村与水务部门要摸清现状农田灌溉情况底数并制定建设计划；农业农村部门与规划和自然资源部门要确保划定的永久基本农田不含林地、坑塘和坡度大于 25°的地块；要统筹协调各区落实好全市 166 万亩耕地保有量和 200 万亩耕地保护空间的任务分解和落图落地。就农村承包地确权登记颁证工作，要求：一是要扎实推进，做好农村承包地确权登记颁证的后续工作。按照“积极稳妥、平稳有序”要求，完成确权登记颁证剩余任务，做到依法合规，尊重农民意愿。妥善处理好暂不开展确权颁证的问题。二是要提前谋划布局，研究二轮土地承包到期后延包相关政策。三是要持续推进矛盾纠纷化解，进一步做好农村土地纠纷调解和仲裁工作，顺利完成中央考核任务，不断健全纠纷调解仲裁体系，同时做好经费和专业设备等保障工作。

11 月 18 日　市委农工委书记、市农业农村局局长李志军赴北京农投公司调研农村产权交易和金融服务等工作。李志军围绕农村产权交易和金融服务等，赴北京农投公司开展实地调研，并听取北京农村产权流转交易市场建设十周年成果展筹办工作进展汇报。在肯定北京农投公司工作成效的同时，强调要充分发挥公益性和市场引导性相结合的作用，不断探索政府功能延伸的有效途径，继续为助力乡村治理、壮大集体经济、维护农民权益服务。一级巡视员苏卫东以及办公室、农村合作经济指导处、计划财务处等有关负责人员参加调研。

11 月 20 日 副市长卢彦调研城乡接合部地区农村人居环境整治和百村示范创建工作。卢彦走街串巷，实地查看农村厕所、道路等基础设施建设管护情况，检查农村生活垃圾分类工作开展情况，了解农村产业发展情况，并进村入户与村民交谈，征求群众对农村人居环境整治和美丽乡村建设工作的满意度。卢彦要求：一是抓紧任务收官，按照“一村一策”要求切实做好 396 个城乡接合部村庄环境整治，全面完成农村人居环境整治三年行动目标任务，抓好自查验收；二是完善长效机制，持之以恒抓好农村人居环境整治工作，持续巩固干净整洁有序的村庄环境，不断增强广大农民群众的获得感、幸福感；三是加强谋划推进，稳步开展乡村建设，努力发挥百村示范作用，引领带动乡村振兴取得新突破。

11 月 20 日 北京市研发的“京农科 728”等系列早熟宜机收玉米新品种入选 2020 中国农业农村十项重大新产品。在农业农村部组织举办的 2020 中国农业农村科技发展高峰论坛暨中国现代农业发展论坛上，北京市研究成果“京农科 728”等系列早熟宜机收玉米新品种入选 2020 中国农业农村十项重大新产品。该品种已累计推广 3 000 多万亩，引领了我国夏玉米籽粒机收玉米新品种发展的新方向。

11 月 25 日 北京市农林科学院赵春江院士科研成果入选“2020 世界智能制造十大科技进展”。赵春江院士主持完成的“基于北斗的农机自动导航与作业精准测控关键技术”入选由国际智能制造联盟和中国科协在 2020 世界智能制造大会上联合发布的“2020 世界智能制造十大科技进展”，该成果是评选创办以来首个入选的农机领域成果。

11 月 26 日 贯彻党的十九届五中全会精神宣讲团报告会召开。市委宣讲团成员、市委农工委书记、市农业农村局局长李志军从“深刻认识党的十九届五中全会的历史地位和重大意义”“全面把握 2035 年的远景目标、‘十四五’时期经济社会发展指导方针、主要目标和重点任务”“准确把握《建议》的核心要义”“切实扛起加快农业农村现代化的政治责任”“坚持党的全面领导，动员各方面力量为实现‘十四五’规划和 2035 年远景目标而团结奋斗”等五个方面，对党的十九届五中全会精神进行了全面、深入、细致地解读。中共北京市委农村工作委员会、北京市农业农村局领导班子成员和北京农业职业学院、市农林科学院、市农村经济研究中心领导班子成员以及中共北京市委农村工作委员会、北京市农业农村局机关全体干部约 280 人在主会场参加报告会，所属各单位、系统各单位及离退休党支部书记培训班等设分会场，约 1 500 名干部职工同步收看，约 3.4 万名党员群众通过北京日报 App、宣讲家网同步收看直播。

11 月 27 日 平谷区荣获“2020 年全国县域农业农村发展先进县”称号。农业农村部信息中心组织开展了全国县域数字农业农村发展水平评价工作，从发展环境、基础支撑、生产信息化、经营信息化、乡村治理信息化、服务信息化等 6 个维度、39 个指标，对全国 2 440 个县（市、区）评选了 100 个先进县。平谷区被评为 2020 全国县域农业农村发展先进县，平谷区已连续两年获评此称号。

11 月 30 日 副市长卢彦调查农村人居环境、低收入农户帮扶和农业生产等工作。强调：一是认真学习贯彻落实党的十九届五中全会精神、北京市委十二届十五次全会精神，统一思想，提高站位，确保 2020 年的各项工作任务顺利收官。二是持续抓好农村人居环境整治，全面完成美丽乡村基础设施建设各项任务。总结检查验收农村人居环境整治三年行动的成绩与问题，着力做好 396 个城乡接合部村庄和 125 个农村集市环境整治工作，加快推进美丽乡村建设，完成基础设施建设任务。三是切实扛起农业生产的政治责任，严格落实粮食安全区长责任制，着眼长远抓好粮食生产。充分利用设施农业扶持资金提高蔬菜自给率，目标导向安排好蔬菜生产。抓好生猪养殖场建设和生猪调运工作，不折不扣完成生猪存栏任务目标。四是一鼓作气打赢低收入农户帮扶攻坚战，切实增强脱低攻坚的责任感和紧迫感，抓好收入调查和低收入农户应届毕业生就业，加快产业项目的实施进度，做实做细“三保障”工作，巩固拓展脱低成果同乡村振兴有效衔接。

11 月 30 日 北京展团亮相第十八届中国国际农产品交易会。为期 4 天的第十八届中国国际农产品交易会在重庆国际博览中心圆满闭幕，北京展团以“品牌引领、绿色发展、创新驱动、乡村振兴”为主题的“北京优农”品牌形象亮相品牌展区。北京展团参展企业达45家，参展产品近500种，涵盖果蔬、畜禽、休闲食品、创意工艺品、农业信息化方案、智能化生产等领域，并通过网络直播进行现场推介带货，成交总额达2.93亿元。

12月1日 市委农工委、市农业农村局全面学习贯彻市委十二届十五次全会精神。市委农工委、市农业农村局在全会之后第一时间召开会议传达学习市委全会精神，特别是蔡奇同志在《规划建议（审议稿）》的说明和在第二次全体会议上的讲话精神，同时组织中共北京市委农村工作委员会、北京市农业农村局系统全体党员全面学习领会全会精神。中共北京市委农村工作委员会、北京市农业农村局上下统一思想，凝聚共识，将围绕全面落实“六个更加突出”重要任务，高质量编制落实好本市“十四五”时期乡村振兴战略实施规划，走出一条具有首都特色的乡村振兴之路。重点做好以下几方面工作：一是加快制定北京率先基本实现农业农村现代化行动方案。二是全面提高农业质量效益和竞争力，做好重要农产品稳产保供，强化科技在农业发展的核心地位，大力发展现代种业，深化农业供给侧结构性改革，大力发展休闲农业和乡村旅游，推动乡村产业融合发展。三是实施乡村建设行动，完善基础设施建设，改善农村人居环境，保护传统村落和乡村风貌，推动乡村人才振兴。四是深化农村改革，提升集体经济发展水平，提高农民合作社发展质量，加快培育家族农场，深化农村集体产权制度改革，完善农村金融服务。五是实现巩固拓展脱贫攻坚成果同乡村振兴有效衔接，进一步健全监测和帮扶机制，巩固拓展脱低成果。

12月2日 中共北京市委副书记张延昆、副市长卢彦到市委农工委、市农业农村局调研指导工作。与班子成员和市农林科学院、北京农业职业学院、北京农学院、市农村经济研究中心负责人员座谈，强调：一是要深入学习贯彻十九届五中全会精神，落实市委十二届十五次全会部署，编制好“十四五”规划。市委高度重视“三农”工作，“十三五”时期北京市通过低收入帮扶、农村人居环境整治任务等一系列重点任务，农业农村各项工作开展得有声有色，农村面貌发生了可喜的变化，但城乡发展不均衡仍然是“三农”发展的最大短板，要抓紧研究制定《北京市“十四五”时期乡村振兴战略实施规划》和《北京率先基本实现农业农村现代化行动方案》，规划要能操作能落地，方案要在2021年春季的全市农村工作会上正式出台。二是要深入学习领会习近平总书记重要论述，扎实做好实施乡村振兴战略各项工作。要把握好“城”与“乡”的发展，建设留得住乡愁的美丽乡村；加快农村的基础设施和公共服务建设，提高农民居住、医疗和教育水平，让农民在“城市化”过程中真正富起来，提升农民群众“获得感”。三是要不断提高党的建设质量和水平，牢固树立政治机关的意识，始终把党的政治建设摆在首要位置，要紧紧抓住主体责任的“牛鼻子”，把党建工作落实落细到系统各级党组织。四是要加强各区各部门的统筹协调，发挥好市委农办统筹协调、督促指导的作用，统筹起全市“三农”各领域各环节，加大政策协调和工作督导力度，群策群力推进乡村振兴。卢彦强调：延昆同志分管“三农”工作后第一时间到市委农工委、市农业农村局调研指导，体现了市委对“三农”工作的高度重视。北京市“三农”工作要在市委、市政府的坚强领导下，守住农业基本盘，不断缩小城乡差距，不断提高农民收入，科学谋划好“十四五”规划和率先实现农业农村现代化行动方案，确保2021年实现“十四五”良好开局。

12月11日 副市长卢彦就乡村集体经济发展、科技小院等工作到大兴区调研。实地察看小黑垡村林下养殖产业、科技小院、多村联营发展设施农业种植等，了解集体经济发展、农村土地利用等情况。强调：一是用好用活科技小院。建立稳定科技小院支持机制，充分发挥科研院所科技力量，与农业、农村发展需求紧密对接，开展课题研究、支农助农等工作，助力乡村集体经济发展。二是激活集体经济内生动力。管好用好平原造林资源，成立集体林场，通过开展林下特色种植、分区域养殖、民俗旅游发展等，创新林下经济发展模式，增加农产品附加值。做好宣传策划和市场开发，培育市场经济意识，持续做好低收入群体和集体经济薄弱村帮扶，避免形成等靠要思想。三是有效盘活闲置农地。严格落实《土地管理法》规定，压实种植面积、销售渠道，建立以销定产合作模式，优化农业产业结构。鼓励有条件的集体经济组织、有能力的集体经济带头人回收、流转闲置低效土地，尤其是老弱病残等无劳动能力人员的土地，整合、盘活集体经济收入。

12 月 15 日　北京乡村振兴学院揭牌成立。北京乡村振兴学院作为北京第一个乡村振兴学院，是以北京农业职业学院为依托，以北京市农业广播电视学校为龙头，以京郊职业学校、农广校分校为骨干，以乡村成人学校、田间学校为基础，其他教育培训机构和农业科研、农业推广等部门为补充的农村职业教育和培训的协调平台。其目的是：一是打造高素质农民职业能力提升工程、乡村干部治理能力提升工程、高素质农民学历提升工程、农技推广队伍建设提升工程、乡村文明整体提升工程五大培训服务品牌工程。二是创新“农教融合、半农半读、线上线下结合”的教学模式，探索移动教室、培训大篷车等送教下乡、教师进村入户的服务方式，就地就近就需培养农业农村人才，让手机成为农民的“新农具”。三是每年开展一次京津冀农民职业技能比赛，集中展现高素质农民的风采。

12 月 19 日　市委农工委书记、市农业农村局局长李志军主持召开中共北京市委农村工作委员会、北京市农业农村局新冠肺炎疫情防控工作领导小组会议。及时传达市防控工作领导小组会议和市社区防控组例会精神，通报北京新增 2 例境外输入确诊病例关联病例相关情况，听取了市委农工委、市农业农村局防控工作领导小组各工作机构和相关牵头处室开展工作情况的汇报，研究部署了市委农工委、市农业农村局疫情防控工作。会议要求，市委农工委、市农业农村局上下要高度重视，深刻认识本市出现境外输入病例引发本土关联病例的严峻防控形势，认真贯彻落实会议精神，落实落细各项防控措施。

12 月 20 日　北京市首家乡村社会创新中心揭牌暨集体经济赋能行动启动仪式在杨宋镇花园村举行。该乡村社会创新中心由市农业农村局、市民政局、市社工服务机构第一联合党委、怀柔区联合成立。中心成立后，将发动市级社会组织党组织结对帮扶花园村，开展乡村社会创新中心试点建设，围绕产业发展赋能、美丽乡村建设、“三风”提升、公益慈善惠民等方面，整合各方资源力量，发挥专业优势、培育社会力量、创新乡村治理，持续壮大集体经济，推动城乡经济社会协调发展，以组织振兴促进乡村振兴。

12 月 31 日　副市长卢彦召开市委农办综合月调度会。传达了中央农村工作会精神，重点传达了习近平总书记的重要指示精神，强调：一是要贯彻中央农村工作会精神，特别是深入学习贯彻落实习近平总书记重要讲话精神和市委全会工作部署，为全面推进乡村振兴奠定思想基础、明确行动指南。二是要认真谋划、启动乡村建设行动，抓好农村人居环境整治，重点抓好改厕和污水、垃圾处理、城乡接合部重点村环境整治、基础设施提档升级、乡村风貌管控等方面工作。三是坚决扛起农业生产的政治责任，要以防止耕地“非粮化”、稳定粮食生产和促进设施农业绿色高效发展为重点，坚持不懈抓好粮食、蔬菜生产。要继续抓好生猪生产恢复，精准规划生猪存栏结构，完成年度存栏和出栏任务。四是做好巩固拓展脱低攻坚成果同乡村振兴有效衔接，加快研究低收入农户脱低后的常态化帮扶机制，保持各类社会帮扶力量的总体稳定，将帮扶重点由实现脱低转向巩固脱低成果和助力乡村振兴战略的实施。五是加强组织领导，坚持五级书记抓乡村振兴，各区各乡镇要把主要精力放在“三农”工作上，不断发展壮大村级集体经济，要利用 2～3 年时间，采取“五个一批”的措施加快消除集体经济薄弱村。

12 月 31 日　中共北京市委农村工作委员会、北京市农业农村局召开工委扩大会，迅速学习传达中央农村工作会议、全国农业农村厅局长会议以及市委常委扩大会议精神。会议强调，要深入学习贯彻落实习近平总书记在中央农村工作会议上的重要讲话精神，充分认识新阶段做好“三农”工作的重要性和紧迫性，坚持把解决好“三农”问题作为全市重要工作，立足大京郊的市情，加快农业农村现代化，促进京郊农业高质高效、乡村宜居宜业、农民富裕富足。会议要求，要紧紧围绕党中央和市委、市政府决策部署，理清思路、明确目标、抓好重点，以有力举措全面推动乡村振兴在京郊大地落地见效。

12 月　农业农村部开展第十批全国“一村一品”示范村镇认定和全国“一村一品”示范村镇监测工作。房山区窦店镇窦店村和平谷区峪口镇西凡各庄村获评为 2020 年全国乡村特色产业亿元村；房山区大石窝镇辛庄村（杏鲍菇）、通州区于家务回族乡果村（芹菜）、平谷区夏各庄镇贤王庄村（红薯）、密云区巨各庄镇蔡家洼村（月季）四个村获评为第十批全国“一村一品”示范村镇。

12 月　门头沟区、平谷区获评“2020 年全国县域农业农村发展先进县”。农业农村部从发展环境、基础支撑、生产信息化、经营信息化、乡村治理信息化、服务信息化等6个维度39个指标，在全国2 440个县（市、区）中评选出100个先进县，门头沟区、平谷区获评2020全国县域农业农村发展先进县。

实施乡村振兴战略

综　　述

年内，全面启动了实施乡村振兴战略，按照全市规划编制工作部署，完成了全市乡村振兴前期研究，形成规划征求意见稿，取得阶段性成果；梳理确定了年度乡村振兴重点任务21项。扎实推进美丽乡村建设专项行动计划（2018—2020年），全面开展“清脏、治乱、增绿、控污”，完成了1 081个村庄的人居环境整治任务；继续扎实推进农村地区冬季清洁取暖工作，新完成450个村“煤改清洁能源”，惠及约111万户村民，平原地区基本实现了“无煤化”。

（万敏波）

乡村振兴工作

【“十四五”规划编制取得阶段性成果】按照全市规划编制工作部署，市农业农村局负责牵头编制市级重点专项规划——北京市“十四五”时期乡村振兴战略实施规划。市农业农村局高度重视规划编制工作，制定了规划编制工作方案，成立工作专班，聘请权威专家组建专家咨询委员会。主动对接农业农村部相关司局、市级各相关委办局和各涉农区，了解“十四五”期间涉农工作发展目标和任务。规划深入贯彻习近平总书记关于“三农”工作的重要论述和对北京重要讲话精神，牢牢把握首都城市战略定位，紧紧围绕乡村振兴20字要求谋划目标任务。截至2020年年底，已形成规划征求意见稿，规划编制取得阶段性成果。

（发展规划处）

【“十四五”规划前期课题研究圆满完成】为做好北京市“十四五”时期乡村振兴战略实施规划的编制工作，市农业农村局开展了“十四五”规划前期课题研究。课题总结了“十三五”时期乡村振兴战略实施进展情况，分析“十四五”时期“三农”工作面临的形势和问题，剖析问题存在的深层次原因，明确“十四五”时期乡村振兴战略实施的指导思想和关键路径，围绕形势和问题布局重点任务，为北京市“十四五”时期乡村振兴战略实施规划的编制提供支撑。

（发展规划处）

【编发“十四五”规划动态参考】“十四五”规划编制期间，工作领导小组办公室主动了解各区农业农村发展规划重点、工作动态，关注其他省（区、市）“三农”政策文件，收集各级领导讲话、文件精神，及时编制工作动态和参考资料。截至2020年年底，已编发“十四五”规划动态参考22期，为规划写作专班提供信息支持。

（发展规划处）

【农职院北京乡村振兴学院揭牌】12月15日，北京农业职业学院北京乡村振兴学院揭牌。乡村振兴学院是农职院内设机构，主要职能是围绕北京市乡村振兴急需的各级各类人才开展学历提升和教育培训，为首都乡村振兴提供技术支持和智力服务，围绕北京乡村振兴开展调查研究、为上级有关部门决策提供政策咨询和研究支撑，面向京津冀及北京对外援助地区提供人才和智力支持。

（孙田田）

【京津冀农林高校协同创新联盟交流推进会】 12月19日，京津冀农林高校协同创新联盟2020年交流推进会在北京农业职业学院举行。各成员单位围绕“总结‘十三五’、布局‘十四五’，服务京津冀全面乡村振兴”主题，分别总结“十三五”期间各自发展及京津冀协同创新情况，展望“十四五”时期工作，并就联盟高校如何发挥联盟的独特作用，为京津冀经济社会发展及乡村振兴作出更大贡献等议题提出建设性建议。各成员单位就如何开展教学工作、人员交流、科技研发等双多边合作事宜开展交流。中国农业大学、北京林业大学、北京农学院、天津农学院、河北农业大学、河北工程大学、河北北方学院、河北科技师范学院、农职院9所京津冀农林高校及天津市农业广播电视学校、河北省农业电视广播学校的主要领导及相关人员参加会议。

（孙田田）

美丽乡村建设

年内，按照实施乡村振兴战略的决策部署，全域推进农村人居环境整治，扎实开展美丽乡村建设。全市13个涉农区农村人居环境整治三年行动任务圆满完成，村庄环境普遍达到干净整洁有序的要求，美丽乡村建设取得重要进展。

（王玉珏）

【村庄规划编制】 落实《北京城市总体规划（2016—2035年）》，推进多规合一的村庄规划编制工作。全市应编制村庄规划的2 915个村庄已全部完成村庄规划编制工作，其中2 893个通过区政府审批，全市村庄规划基本实现应编尽编。

（连旭）

【农村“厕所革命”三年行动任务基本完成】 累计完成农村卫生户厕改造15.2万户、三类以上公厕改造2 526座。全市农村卫生户厕覆盖率达99.3%，三类以上公厕覆盖率达95%，农村改厕群众满意率达98.6%。全市农村“厕所革命”三年行动明确的任务目标基本实现。

（徐兴华）

【抗震节能农宅建设】 根据《北京市抗震节能农宅建设工作方案（2018—2020年）》（京建发〔2018〕421号）和建设部农房抗震改造试点工作要求，引导农户建设符合当地设防标准和节能标准的住房。按照农户自愿的原则，深入推进抗震节能农宅建设工作，中央下达的1 900户抗震试点任务全部完成。

（万敏波）

【“百村示范”村支部书记培训】 全市152个“百村示范”村党支部书记和所在47个乡镇、13个区农业农村局主管领导共235人参加了培训。昌平区兴寿镇辛庄村、顺义区赵全营镇北郎中村、通州区永乐店镇老槐庄村等8个优秀“百村示范”村作了乡村振兴示范成果展示。

（徐兴华）

【中央环保督察和国务院农村人居环境大检查】 年内，针对全市城乡接合部396个村庄，以垃圾污水整治、公厕户厕建设维护为重点，持续加大农村基础设施建设和人居环境整治力度，有效推进城乡接合部农村地区村庄整体环境的提升。

（赵锦一）

【召开协同资源化利用技术交流会】 年内，召开北京市农村厨余垃圾及农林废弃物协同资源化利用技术交流会。会上，印发了《农村厨余垃圾与农林废弃物协同处理利用技术汇编》，展示了从全国30余家企业征集的5种类型19种技术模式，并针对偏远山区村、民宿旅游村、农林废弃物资源丰富的村、城乡接合部地区的村等多种不同类型的村庄，推荐了与其相匹配的技术模式。

（王玉珏）

【协同资源化利用试点】 在总结房山区大石窝镇辛庄村一体化处理、门头沟区妙峰山镇陈家庄村蚯蚓养殖、延庆区香营乡新庄堡村种植—畜禽—厨余混合发酵处理等一批协同资源化利用模式的基础上，初步筛选5个协同资源化利用试点启动创建工作。

（王玉珏）

【农村能源设施安全检查】年内，对全市4个区16个气站，分8次进行全覆盖燃气抽样安全检测，完成160个气体样品采集，28个沼渣样品采集。对在用沼气工程进行安全生产检查，完成全年三次检查，确保在用沼气工程安全稳定运行。对70座在用太阳能公共浴室进行安全生产检查，确保在用太阳能浴室工程安全稳定运行。

（刘莹）

【农村能源设施安全宣传】年内，为16个运行沼气站配备消防器材，统一制作安全警示标牌，向密云、顺义、房山、延庆等拥有沼气工程的行政区发放安全警示标牌64块，35千克灭火器32个，8千克灭火器60个。向拥有太阳能公共浴室数量较多的行政区发放专用消毒车72台、浴室防滑地垫120卷，统一制作安全警示标牌2 013块。安全用品切实保障了北京市“两气”工程的安全稳定运行。

（刘莹）

【村庄清洁行动】年内，深入开展“三清一改”村庄清洁行动，累计动员农民群众投工投劳100余万人次，清理农村生活垃圾80余万吨，清理农业生产废弃物9万余吨，清理乱堆乱放乱贴乱挂60余万处，拆除私搭乱建150余万米^2，纳入农村人居环境整治范围的3 200多个村庄全部通过市级考核验收，396个城乡接合部村庄完成环境整治，125个农村大集纳入规范管理，村庄环境普遍达到干净整洁有序的要求。

（郑桐富）

【农村人居环境整治考核验收】印发《关于开展2020年农村人居环境整治考核验收的函》（京政农函〔2020〕25号），明确考核验收评分标准，聘请第三方采取全面核查、定期抽查、日常督查相结合的方式，对村庄环境整治效果进行考核，对各区整治效果实行月检查、月考核、月排名。2020年以来，对全市3 200个村进行了全面检查和抽查，累计组织检查10次、核查1.8万余村次，以市委农办名义约谈村庄环境整治较差的乡镇主要负责人员。通过持续保持高压态势，巩固整治成效。

（郑桐富）

【全市美丽乡村建设取得重要进展】制定《关于印发〈北京市美丽乡村建设考核验收及乡村振兴示范村创建评估工作方案〉的通知》（京农组办发〔2020〕15号），依据考核验收标准，在区级自查、部门抽查、第三方核查的基础上，验收美丽乡村1 118个，美丽乡村建设取得重要进展。

（郑桐富）

【人居环境整治三年行动通过考核验收】制定《关于印发〈北京市农村人居环境整治三年行动检查验收工作方案〉的通知》（京农组办发〔2020〕16号），对13个涉农区农村人居环境整治三年行动任务目标完成情况进行了全面检查验收。13个区全面完成既定的任务目标，全部通过市级审核验收。

（郑桐富）

【农村人居环境整治工作成效明显】门头沟区、通州区被评为2019年全国村庄清洁行动先进县；门头沟区获得2019年国务院农村人居环境整治激励县督查奖励；朝阳区高井村、门头沟区炭厂村、大兴区龙头村、密云区蔡家洼村等30个镇村通过开展农村人居环境整治带动村镇治理水平提升，获评第六届全国文明村镇称号。

（郑桐富）

【推进美丽乡村绿化美化】出台《乡村绿化美化设计方案编制指导意见》；村庄绿化美化完成5 582亩，超额完成4 200亩年度建设任务；完成了20处“村头一片林”建设；创建首都森林城镇6个和首都绿色村庄50个。

（万敏波）

【完善“四好农村路”规划体系和标准体系】完成《北京市农村公路新改建专项规划》《北京市农村地区客运场站布局规划》和《北京市“四好农村路”规划设计指南》等规划编制，逐步建立“四好农村路”建设规划和标准体系。

（万敏波）

【示范引领推进“四好农村路”建设】深化城乡交通运输一体化示范创建，开展城乡交通运输一体化发展水平评价，13个参评涉农区全部被评为5A级，总分在全国名列前茅。怀柔区圆满完成了第一批城乡交通运输一体化示范县验收工作。

（万敏波）

【“美丽乡村路”创建】制定并印发《北京市美丽乡村路建设实施方案（2020—2022年）》，开展“美丽乡村路”创建，全市共创建200千米美丽乡村路，同时评选出了15条全市“最美乡村路”。

（万敏波）

都市型现代农业

综　述

年内，坚持疫情防控和农业生产“两手抓、两不误”，全市农业生产取得积极成效，粮食和蔬菜生产止跌回升，生猪恢复生产扎实有序推进，各项年度任务目标全面完成。扎实推进“国家农产品质量安全市”整市创建，“三品”认证覆盖率达到81.7%。推进平谷区国家农业科技创新示范区和京瓦农业科技创新中心建设。大力发展民宿等新业态，促进一二三产业融合发展。

（万敏波）

种 植 业

【粮食生产情况】 全市粮食播种面积73.3万亩，同比增幅5.1%；产量30.5万吨，同比增幅6.2%，圆满完成中央下达的粮食生产任务。其中，夏粮12.7万亩，秋粮60.6万亩。

（赵朔）

【蔬菜生产情况】 全市蔬菜播种面积57.22万亩，同比增幅22.36%。其中，露地蔬菜播种面积20.30万亩，同比增幅54.63%；设施蔬菜播种面积为36.92万亩，同比增幅9.76%。全市蔬菜总产量为137.89万吨，同比增幅23.72%。据遥感监测显示，全市菜田面积39.29万亩，其中设施菜田面积为27.51万亩，露地面积11.47万亩，水生蔬菜面积0.31万亩。

（赵朔）

【草莓西甜瓜生产情况】 全市西甜瓜种植面积为4.69万亩，减幅为3.93%；产量13.88万吨，减幅3.04%。全市草莓种植面积为1.25万亩，产量1.79万吨，与2019年相比基本持平。

（赵朔）

【粮经作物高质高效创建】 在密云区实施粮经作物高质高效行动，打造核心示范区1.5万亩，辐射带动12万亩，重点推广绿色高效技术，构建社会化服务体系，促进产业融合，推进北京市种植业高质量发展。

（潘望）

【农作物重大病虫害防控】 严密组织草地贪夜蛾、草地螟等重大迁飞性害虫防控工作。制定印发《北京市2020年草地贪夜蛾防控预案》，定期分析研判虫情。开展技术培训37期、1 221人次，发放技术资料2.6万份。

（孟祥乐）

【种植业生态建设】 加大资金补贴扶持，市本级投入2.7亿元，用于推广有机肥替代、绿色防控产品使用、农业投入品废弃物回收处置和土地休耕轮作，实现有机肥料配送25.6万吨、绿色防控产品覆盖面积81.22万亩次、回收农膜和农药包装废弃物近2 000吨，化肥、农药利用率分别达到

40.85%、45.02%，测土配方施肥技术推广覆盖率提高到98%，均位于全国前列。印发《关于开展耕地休耕试点工作的指导意见》《北京市2020年耕地休耕轮作试点工作考核办法》，在9个区实施休耕试点4万亩，加强休耕试点区技术服务，休耕试点地块较种植小麦地块亩节水61.2%、节肥节药100%。

（孟祥乐）

【小麦生产技术服务】建立小麦监测示范点20个12 000亩，示范播种质量提升技术、因苗因墒管理技术等5项技术，主推农大211、轮选987等6个品种，示范点平均亩产421.6千克，较上年亩增产3.3%，辐射带动全市12.6万亩小麦，平均亩产366.9千克，监测点较全市亩增产14.9%。

（周继华）

【玉米生产技术推广】建立鲜食玉米新品种、新技术示范点5个1 100亩，确定全市籽粒玉米、鲜食玉米主导品种9个，主推技术模式2套，集成“抢早延后”等高效技术，示范田平均亩产1 132千克，带动鲜食玉米种植面积3.5万亩，平均亩效益1 427元，较上年增加11%；建立玉米农情监测点31个。全市玉米收获面积55万亩，较上年增加10%，春、夏玉米单产较上年增长0.14%和1.5%，效益提高13.9%～18.3%。

（周继华）

【甘薯生产技术服务】建立甘薯示范点5个780亩，示范推广病虫害绿色综合防控、机械化适时收获等4项高产高效技术，推广应用3个系列5个优质鲜食甘薯新种，示范点平均亩产2 369.3千克，与上年基本持平，辐射带动全市2.0万亩甘薯，平均亩产2 013千克，示范点较全市亩增产17.7%。

（周继华）

【南果北种稳定发展】年内，全市南果种植面积约867亩，其中以火龙果、猕猴桃、柑橘类为主，面积占53.3%。建立设施南果高产高效示范点10个，示范种植火龙果、柑橘、猕猴桃等7大类26个品种。

（宗静）

【加强农作物用水监测】建立262个设施蔬菜定位监测点，覆盖主要设施类型、主栽蔬菜品种；新建远程传输智能计量设备50套，构建了基于4项传输技术的北京市农业用水监测平台，实现了用水数据的及时采集、汇聚、存储、分析和展示。全市农业用水3.23亿米^3，农业用水占2020年全市用水总量比例为8.0%，灌溉水利用系数为0.75，较上年提高了34.2%，粮食生产落实测墒节灌35.8万亩次，亩节水28.2米^3，总节水1 009万米^3。

（孟范玉）

【举办第二届京津冀鲜食番茄擂台赛】5月29日，举办第二届京津冀鲜食番茄擂台赛，参赛园区达到71个，参赛样品170个，22个园区24个品种分别获得擂主奖和一、二、三等奖，抖音等直播平台关注热度达到42万以上。

（李新旭）

【发展景观农业】年内，打造林下景观模式示范点17个258亩，形成林苗、林产、林游等景观休闲模式；建立平原大田、山区田园、设施园区三类农田生态景观示范点9个；建立油蔬两用油菜示范基地22亩；引进5个鲜食大豆品种，建立鲜食大豆、鲜食花生新品种示范田12亩。

（李琳）

【育苗产业发展】年内，全市集约化播种3.02亿株（包含西甜瓜、草莓），主要作物为生菜、芹菜、番茄、花椰菜、茄子、辣椒、普通白菜等，播种总量基本与上年持平，集约化育苗率为24.2%。

（曹玲玲）

【发展农产品贮藏加工】年内，建立农产品贮藏加工技术示范基地15个，示范鲜活农产品产地商品化处理、电商高效配送保鲜、蓄冷保鲜等10项主推技术，示范规模8 600吨，损耗率减少8.7%，附加值增加13.3%，每吨增效1 065元。示范推广生鲜农产品配送保鲜技术，生鲜农产品电商销售量占生鲜农产品销售总量的百分比提高到11.2%。全市净菜上市量占蔬菜供应总量的比例由1.2%提高到6.5%。

（韦强）

【建成蔬菜病虫害绿色防控基地105家】年内，全市建成蔬菜病虫害全程绿色防控示范基地105家，覆盖面积3.4万亩，超额完成全年建设100家的预期任务。

（曹金娟）

【昌平区入选全国“绿色防控示范县”】昌平区入选全国农技中心组织开展的第二批全国农作物病虫害“绿色防控示范县”。目前全国共创建示范县203个，本市房山区、密云区和昌平区三个区入选。

（曹金娟）

【天敌应用技术行业标准实施】农业行业标准《释放捕食螨防治害虫（螨）技术规程—设施蔬菜》NY/T 3635—2020于11月1日正式实施。

（尹哲）

【开展绿色防控产品补贴】年内，全市推广应用绿色防控补贴工作完成补贴资金7 677.78万元，覆盖补贴对象7 830个，补贴面积93.08万亩次，植物医生开具处方79 905个，保障了绿控产品补贴工作的顺利实施。

（乔岩）

【完成“十三五”全市农药减量任务】印发《北京市2020年农药减量控害工作方案》（京政农发〔2020〕59号），推广应用绿色防控产品，推进农作物病虫害专业化统防统治服务。年内，全市农药使用量（折百）339.81吨，比2015年减少40%以上；农药利用率45.02%，比2015年提升5个百分点；统防统治覆盖率51.88%，比2015年提升25个百分点；13个涉农区共回收、处置农药包装废弃物134.46吨，均已完成“十三五”制定的考核目标。

（董杰）

【推进“北京优农”区域公用品牌建设】年内，以100个“北京农业好品牌”为基础，围绕“北京优农”品牌引领各区实施农业品牌建设，研究制定北京农业品牌建设发展规划、“北京优农”品牌认定管理办法，建立品牌创建标准规范，提高品牌基础信用水平，树立优质农业品牌形象，不断提升北京市农业品牌影响力。

（马凤生）

【农业标准化基地更新备案信息1 220条】年内，共受理新备案申请56份，梳理更新信息1 220条。11月23日至12月7日，共组织15名专家，对9个区的40家区推优基地、49家到期需复查基地进行了现场评定。

（肖帅）

【国家农业绿色发展先行区建设】指导顺义区、大兴区制定了《国家农业绿色发展先行先试支撑体系建设方案（2020—2022年）》，2020年重点围绕绿色防控、农业废弃物综合利用、农作物新优品种引进示范与推广等开展了相关试验和观测。

（田亦平）

【农业领域生态损害赔偿制度改革】印发《北京市农业领域生态环境损害赔偿制度改革工作实施方案（试行）》（京政农发〔2020〕111号），各区按照方案要求，及时推进本区农业领域生态环境损害赔偿改革工作。年内，全市农业领域已启动生态环境损害赔偿案例4件，结案3件。

（田亦平）

【有机肥推广应用】继续在全市范围内推广应用商品有机肥25.6万吨，覆盖面积25.6万亩，处理农业废弃物64万米^3。建立市级有机肥应用效果监测点45个，其中56.2%的监测点化肥用量降低；作物方面，番茄等茄果作物化肥减量比例在5%以上，作物产量增加6.1%以上；春玉米化肥减量22.2%左右，产量提升17.4%。对补贴有机肥抽检样品84个，覆盖全部补贴肥料生产厂家，合格率100%。

（何威明）

【农业废弃物基质化应用】在顺义、房山、昌平、平谷等区建立园区内循环处理废弃物示范点5个，处理1 000多亩约4 000多米^{3}的蔬菜秸秆废弃物。利用蔬菜秸秆、畜禽粪便、加工废料、菇渣等8类废弃物无害化处理后的产品，筛选了蚯蚓粪、有机肥复配蚯蚓粪、有机肥复配菇渣3种基质配方，在番茄、草莓、芽苗菜等作物上开展示范应用。以芽苗菜为例，利用废弃物有机基质和堆肥茶有机肥液体肥，周年可生产14茬芽苗菜，每亩每年可生产4.2万千克高品质有机蔬菜。

（何威明）

【有序开展化肥减量工作】发布《2020年北京市主要农作物测土配方施肥技术指南》，涉及16种主栽作物、10个肥料大配方，布置主要农作物肥料利用率田间试验36个，确定施肥调查点400个。在昌平、房山等7区的19个生态园区开展化肥减量技术示范，集成示范推广有机肥替代化肥、水肥一体化、氮磷损失阻控、废弃物处理、缓释肥应用等技术，促进构建绿色、低碳、循环生态园区，辐射推广16万亩。

（何威明）

【新认定全国“一村一品”示范村镇4个】年内，房山区大石窝镇辛庄村（杏鲍菇）、通州区于家务回族乡果村（芹菜）、平谷区夏各庄镇贤王庄村（红薯）、密云区巨各庄镇蔡家洼村（月季）等4个村被认定为第十批全国“一村一品”示范村镇，全市全国“一村一品”示范村镇总数达到84个。新认定房山区石楼镇梨园店村（水果洋葱）、延庆区刘家堡乡姚官岭村（民宿集群）等北京市特色专业示范村4个，北京市特色专业示范村总数达到27个。

（傅海鹏）

【成功申报建设1个优势特色产业集群】 年内，北京设施蔬菜产业集群获得农业农村部、财政部批准开展建设。以集约化育苗场、专业镇村、加工仓储流通能力、生产管理系统及产销对接服务建设为切入点，着力解决产业关联度松散、产业融合不深、农业效益不高、利益联结不紧等突出问题，补齐设施蔬菜产业发展的短板。依托中央财政资金，整合北京市财政资金，带动社会资本投入，引导涉农企业、合作社、支农金融资金等积极参与。力争通过三年建设，使全市设施蔬菜产业集群全产业链总产值达到100亿元。

（傅海鹏）

畜 牧 业

【畜牧业发展情况】 年内，全市肉类总产量3.53万吨，鸡蛋产量9.56万吨，生鲜乳产量24.24万吨。生猪、牛、羊、家禽出栏量分别为17.55、2.49、13.08、936.44万头（只）；全年生猪、牛、羊、家禽存栏量分别为32.18、8.24、16.38、832.2万只（表1）。全年饲料总产量166.4万吨，其中配合料产量94.4万吨，浓缩料27.4万吨，添加剂预混料40.9万吨，其他3.7万吨，总产值97.1亿元。

表　主要畜禽品种数量

区　域	生猪（出栏万头）	肉禽（出栏万只）	蛋鸡（存栏万只）	奶牛（存栏头）
全　市	17.55	936.44	802.56	57 912
平谷区	0.21	324.21	513.86	255
怀柔区	0.19	1.58	3.53	49
密云区	2.07	44.62	88.72	11 310
延庆区	1.05	131.69	57.18	9 321
门头沟区	0	0.84	0.81	8
小　计	3.52	502.94	664.1	20 943
顺义区	12.79	84.69	43.45	12 185
房山区	0	203.66	42.01	6 363
通州区	0.10	106.98	0.82	9 018
大兴区	0	18.89	29.26	4 369
昌平区	1.04	19.07	22.92	4 510
小　计	13.93	433.29	138.46	36 445
朝阳区	0	0	0	328
丰台区	0	0	0	0
海淀区	0.10	0.20	0	196
小　计	0.10	0.20	0	524

（张保延）

【生猪恢复生产】完成生猪存栏 31.3 万头的任务目标。制定下发《北京市农业农村局关于进一步完善生猪产业优化提升发展项目验收程序的通知》，组建养殖技术验收指导组，8 个区完成 14 家新建、改扩建生猪养殖场的养殖技术验收工作。

（张保延）

【畜禽粪污资源化利用】开展畜禽粪污资源化利用专项评估，核查各区 2019 年度规模养殖场粪污处理设施装备配套和粪污综合利用情况，全部完成年度任务；开展大型规模养殖场粪污资源化利用情况检查。组织对全市 145 家大型规模养殖场畜禽粪污资源化利用情况进行监督检查，强化畜禽养殖污染防治和资源化利用工作指导。全市规模养殖场粪污处理设施装备配套率已达到 100%，畜禽粪污综合利用率已达到 95.03%。

（张保延）

【饲料质量安全监管】在饲料生产、经营和使用三个环节有重点地组织全市开展专项行动，共派出执法人员 4 171 人次，检查监管对象 1 832 个次，抽检饲料样品 900 余份，“瘦肉精”现场快速检测 11 000余样品，开展宣传培训 63 次，累计培训 900 余人次，发放宣传材料 3 000 余份。加强宠物饲料行业监督管理，制定下发《关于推进宠物饲料监管工作的通知》，指导全市开展宠物饲料监督执法，通过摸底调查，掌握数据，建立监管对象信息库，严厉打击违法行为，全年全市共排查宠物饲料经营主体 973 家，查处宠物饲料相关案件 9 起，罚没款 16.5 万余元，没收饲料 1.4 吨。

（张保延）

【生鲜乳质量安全监管】严格核查养殖场奶牛数量与产奶量，产奶量与销售量、不合格奶的处理情况，强化奶畜养殖场的兽药、饲料等投入品使用监管，严厉打击销售不符合乳品质量安全国家标准的生鲜乳和违法添加等行为。全市共出动执法人员 821 人次，出动执法车辆 304 辆次，检查奶畜养殖场、生鲜乳收购站、生鲜乳运输车等监管对象 384 个次，查办农业农村部交办的未取得生鲜乳收购许可证收购生鲜乳投诉案件 1 起。

（张保延）

【饲料质量安全监测】全年饲料监督抽检 676 批次，包括顺义、大兴、通州、平谷、昌平、怀柔、房山、延庆、密云共 9 个区，涉及生产企业 120 家次、养殖场 55 家次。检测项目有营养指标、微量元素、维生素、重金属、微生物、霉菌毒素、违禁添加物等 46 个参数。共有 9 个饲料样品不合格，样品合格率为 98.66%。

（张保延）

【生鲜乳质量安全监测】全年生鲜乳样品抽检 453 个，抽检对象为生鲜乳收购环节、运输环节和奶牛养殖环节，范围涉及顺义、大兴、通州、昌平、怀柔、密云、房山、丰台 8 个区，检测项目包括三聚氰胺、β-内酰胺酶、碱类物质、黄曲霉毒素 M_1、皮革水解蛋白、硫氰酸钠、冰点等参数，经检测，样品合格率为 100%。

（张保延）

【畜禽养殖场生态环境监测】年内，持续开展畜禽养殖场常规监测、畜产品质量安全风险监测、生态农业环境质量监测等，全年采集各类样本 500 余个，涉及 8 个区 75 家养殖场，覆盖畜禽产品产地、舍内环境质量、粪污排放、环境残留等方面，为完善养殖业生态环境监测网络，促进环境质量预警预测，指导畜禽养殖业环境管理提供数据支撑。

（王倩）

【草种质量监督抽检】年内，完成本市 25 家经营企业的草种质量监督抽样工作，共抽取 50 个批次样品，草种抽样范围覆盖《草种管理办法》规定的主要草种，包含苜蓿、鸭茅、披碱草等 10 余个种类，涉及检验参数 200 项，并对企业草种包装标签、经营台账及库房安全设施等进行了全面检查指导。

（支树立）

【完成粪污资源化利用考核目标】推进京郊规模养殖场粪污治理提升工程，建立技术示范点 10 余个，形成了粪便集中处理利用模式、污水适度处理灌溉利用模式等资源化利用工艺模式。全市规模养殖场粪污处理设施装备配套率达到 100%，粪污综合利用率达到 95%以上，提前完成了农业农村部对北京市粪污资源化利用工作的考核目标。

（张卓毅）

【推进畜禽养殖场臭气治理 30 余家】全年累计示范推广养殖场 30 余家，覆盖畜禽养殖规模 200 多万头（羽），其中全市 17 家新建（改扩建）猪场 100%配备了除臭设施，为生猪养殖业的稳产保供提供了技术支撑，提升了全市畜禽养殖场臭气污染防治水平。

（黄镇）

【节水减排促畜牧业绿色发展】强化畜牧业节水减排与环境管理技术的研究示范和推广应用。建立奶牛智能喷淋和牛粪垫料再生利用试点，通过多普勒雷达运动侦测、粪污智能控制系统等现代技术，实现节水减排和增产提效，每千头奶牛年节本增效20余万元。建立家禽节水减排示范基地，通过应用净化节水、二流体消毒等技术，改善养殖环境，覆盖京郊家禽存栏20多万只（羽）。

（罗一鸣）

【动物疫病强制免疫】年内组织对高致病性禽流感、口蹄疫、小反刍兽疫、羊布病、狂犬病5个病种实施强制免疫，构筑有效免疫屏障。全市共强制免疫家禽高致病性禽流感1 985.05万羽次、口蹄疫47.59万头次、羊布病9.04万头只、小反刍兽疫11.93万头只、狂犬病16.35万条，做到应免尽免。对监测中发现的122个免疫保护率偏低场户，组织有关区及时实施补免，切实提高免疫保护力。

（张佳艳）

【动物疫病监测】年内组织开展免疫效果监测132 821份次，病原学监测135 795份次。监测结果显示，强制免疫病种免疫抗体合格率均高于农业农村部规定的70%标准，动物群体具有较好的免疫屏障；病原学监测显示未发生非洲猪瘟、高致病性禽流感、口蹄疫等重大动物疫病，鸡白痢、禽白血病、猪蓝耳病等常发传染病处于散发、可控水平。

（张佳艳）

水产业

【开展渔业增殖放流】全年共投入增殖放流资金1 877万元（含中央、市级、区级）。在全市32个水域的35.8万亩自然水面，放流鱼苗1 129.5万尾。举办2020年“全国放鱼日”北京同步放流活动，放流北京市二级保护鱼类瓦氏雅罗鱼、细鳞鱼5万尾。

（李珊珊）

【开展国家产地水产品兽药残留监控】全年共抽检45个样品，包括草鱼、鲤鱼、罗非鱼、鲟鱼、虹鳟等，检测项目为氯霉素、孔雀石绿、硝基呋喃类代谢物等9种，合格率为100%。

（李珊珊）

【完成水产苗种产地检疫】印发《北京市水产苗种产地检疫实施方案》，全面加强水产苗种产地检疫和监督执法，实现水产苗种产地检疫全覆盖。

（李珊珊）

【开展全市水生动物新冠肺炎病毒调查】年内对本市的自然水域和水产养殖场进行抽样检测，跨越6个区，完成了5个自然水域和10个养殖场共470个样本的抽检工作，包括水生动物鳃、体表黏液、口腔、肛门拭子取样450份，水样20份，检查结果均为阴性。

（梁骁）

【举办宫廷金鱼特展】9月16—25日，举办“匠心独具——北京市劳动人民文化宫2020年宫廷金鱼特展”，来自全国12个省市、30多家养殖场的70个品种、1 200多尾金鱼先后亮相。本次展览特设了武汉金鱼展专区，10个木海展出了武汉特有的猫狮品种及极具武汉本地特色的珍珠品种。

（梁骁）

【水生动物疫病监测】年内，全面完成农业农村部下达的水生动物疫病专项监测任务，包括鲤春病毒血症（SVC）、传染性造血器官坏死病（IHN）、锦鲤疱疹病毒病（KHVD）、鲫造血器官坏死病（GFHN）、鲤浮肿病（CEVD）、草鱼出血病（GCRV）、传染性胰脏坏死病（IPN），全年共完成监测任务7项，监测样品111份。

（梁骁）

林 产 业

【林业生产情况】2020 年，北京市果树种植面积 13.56 万公顷，其中鲜果 6.88 万公顷，干果 6.44 万公顷，其他果树 0.24 万公顷。2020 年，全市春季发展果树 607.53 公顷、67.783 1 万株。其中鲜果 547 公顷、59.571 5 万株，干果 60.53 公顷、8.211 6 万株；新植果树 166.2 公顷、24.6 万株，更新 423.13 公顷、41.4 万株，高接换优 18.2 公顷、1.8 万株。果品总产量为 5.1 亿千克，同比下降 27.1%，其中受春季低温冻害和 8 月大风、冰雹天气影响，鲜果较上年减产 29%，干果增产 8.9%；实现果品收入 36.1 亿元，同比下降 10.3%。全市 28 万户果农户均果品收入 1.28 万元，其中 16 万户鲜果果农户均果品收入 1.9 万元。

【做好疫情防控期间果树产业恢复】年内，制定印发《关于疫情防控与产业发展两不误协调做好林业产业发展工作的通知》，指导和督促各区做好疫情防控和复工复产有关工作。积极搭建平台，对接资源。结合各产业受疫情影响面临的问题，积极协调有关销售渠道，搭建产销对接平台。在了解平谷区镇罗营镇 90 万千克果品滞销后，积极对接中国邮政、果树产业基金合作企业等，助力果品销售。同时，积极了解国家林业重点龙头企业疫情期间经济林产品疫情影响情况，协助搭建平台，对接阿里巴巴“农产品滞销卖难信息反馈通道”。

【开展果园有机肥替代化肥试点工作】年内，继续开展果园有机肥替代化肥试点工作，在经营面积 100 亩以上且已取得无公害认证面积 100 亩以上的企业、合作社、种植大户、家庭农场等经营主体的果园进行试点，覆盖全市 5 万亩鲜果园，施入有机肥 10 万吨。

【2022 年冬奥会和冬残奥会第一批水果干果供应基地遴选】年内，按照《北京 2022 年冬奥会和冬残奥会餐饮原材料备选供应基地遴选工作方案》要求，组织开展第一批北京 2022 年冬奥会和冬残奥会餐饮原材料水果干果供应基地遴选工作，按照《北京冬奥组运动服务部专题会议纪要》的要求，在各区推荐和市级考核的基础上，于 2020 年 10 月 9 日组织专家对备选基地进行遴选评审，结合北京市公安局安全风险排查意见，综合考虑备选基地资质条件、生产基地管理、产品质量和认证及仓储能力等方面，推荐北京三仁梨园有机农产品有限责任公司等 3 家基地为第一批水果干果备选供应基地。

【推进食用林产品“合格证”试点】年内，为深入贯彻落实习近平总书记关于农产品质量和食品安全“四个最严”指示精神，落实国家要求，创新完善食用林产品质量安全制度体系，督促生产者落实主体责任、提高质量安全意识，探索构建以合格证管理为核心的质量安全监管新模式。2020 年 2 月，联合市农业农村局印发《北京市 2020 年试行食用农林产品合格证制度实施方案》，组织开展培训，指导顺义、延庆、密云三个区启动试点工作。

【“全国采摘果园一张图”北京试点】年内，配合国家林草局开展“全国采摘果园一张图”北京试点工作，遴选首批安全认证的 130 家果园入驻“高德地图 App”，形成果园免费上图、信息发布的标准流程，消费者可实现“一键直达”。上线 2 个月，北京市 3 000 家采摘果园总访问量达到 200 万次。

【启动花果观光采摘季促消费活动】年内，结合“北京消费季”“市属公园与郊区公园结对帮扶”等系列活动，开展“平谷瑞桃·祝福京城”主题活动，联合北京市公园管理中心、平谷区人民政府举办“北京果品花卉休闲观光采摘季”系列活动启动仪式及首场主题活动“平谷大桃进北海”，带动京郊果品、蜂产品、花卉产品销售。展出优质大桃品种 20 余种，加工产品 10 余件，同时进行线上销售。大兴、房山、延庆等区也结合本区特色，启动果品观光采摘、葡萄酒品鉴等消费活动，全市近千个各具特色的观光果园持续推出梨、苹果等观光采摘，进一步释放消费潜力，促进农民增收。

【果树技术培训】年内，结合果树生长物候期，围绕果树保险、夏季修剪、科学施肥、土壤改良和修复等技术问题，组织专家赴平谷、延庆、房山、通州等 10 个区开展培训，深入到田间地头指导实际生产；充分利用网络直播的形式，组织果农收看“北京春季樱桃管理技术”“团体标准概况和制定”等专题讲座。市级层面直接举办线上、线下技术培训班 10 次，培训果农、种植大户、合作社、农业企业经营者 400 余人次，深入农户 70 余户，现场指导 600 余人次；全市各级果树产业部门组织各类果树技术培训 5 万人次。

【种苗产业】截至2020年年底，全市苗圃达到1 361个，苗圃面积1.76万公顷。2020年，规模化苗圃实行精细化管理，富民效果明显，全市共验收合格133个、7 673.33公顷规模化苗圃。2020年全市规模化苗圃吸纳2 113人绿岗就业，其中本地劳动力1 633人，占比77%，带动本地低收入户9人就业增收。

【落实绿岗就业助力脱贫攻坚】年内，制订印发了《关于按季度报送林业建设管护项目就业台账的通知》，要求各区针对新一轮百万亩造林、平原造林管护、规模化苗圃、山区营林、山区生态林管护等5类重点营造林项目，坚持就业台账报送制度，促进了农民就业增收，加强了对农民参与就业的监督管理。据统计，以上5类项目总用工13万余人，其中本地农民8万余人，含低收入农户5 000余人。同时平原生态林养护总用工48 112人，本地农民34 725人，占比72%；规模化苗圃总用工2 028人，本地农民1 554人，占比77%；山区森林经营总用工1 004人，本地农民819人，占比82%，均达到平原生态林管护、规模化苗圃、山区营林招收本市农村劳动力分别不低于60%、50%、80%的要求。

【大力开展种苗技术培训】年内以“线上＋线下”多种培训形式，组织开展林木品种审定、苗木栽培、新优品种选育技术、开发利用、产业高质量发展等方向培训6次，培训规模3 300余人次。

【造林绿化工程检查】9月9—24日，对造林绿化工程使用林木种苗、施工设计图、“两证一签”、购苗合同、苗木来源、电子标签、监理一批一检、本地苗使用比例、苗木信息统计、林木良种使用、苗木质量、生产经营企业生产经营情况等进行检查。抽查了14个区的28个造林绿化工程施工标段，发出现场意见书28份，抽查树种（品种）30余种88个苗批，苗批合格率为95.4%，造林作业设计、供苗单位的林木种子生产经营许可证、植物检疫证、林木种苗标签拥有率100%。

蜂 产 业

【概述】截至2020年年底，全市蜜蜂饲养量达28万群，蜂产品产量922万千克，养蜂总产值2.1亿元，产品加工产值超过12亿元。2020年积极推动首都蜂产业复工复产，制订《北京市新型冠状病毒感染肺炎抗疫期养蜂生产指导意见》，开展线上技术培训，组织5家蜂业龙头企业和养蜂协会向抗疫一线捐赠价值80多万元的蜂产品。蜂群繁殖生产率达100%，蜂业企业复工复产率达100%。在昌平、密云、怀柔等区实施蜂业气象指数保险，参保蜂群20 564群，投保金额87.292万元，实现风险保障419万元。精准帮扶，助农养蜂就业增收，帮扶20户低收入从事蜜蜂养殖，对密云区23个低收入散户蜂场进行标准化改造。大力开展技术培训，采取“线上培训”和“线下指导”相结合的方式，组织开展蜜蜂养殖、蜂产品加工、蜜蜂病虫害防治、市场营销等方面的培训25期，现场培训近1 000人次，线上培训近11万人次。

【启动“世界蜜蜂日”庆祝活动】5月20日，北京市启动“世界蜜蜂日”系列庆祝活动。将密云区作为全国主会场承办中国养蜂学会2020年“5·20世界蜜蜂日”主题活动。活动以“蜂宇同舟，中国力量”为主题，以线上直播方式开展，旨在向广大市民传播蜜蜂文化、弘扬蜜蜂精神。共3 000人同时在线参加此次庆祝活动。同时，在顺义区蜜蜂授粉基地举办“‘5·20世界蜜蜂日’庆祝活动暨中国蜜蜂授粉博物馆运营启动仪式”；在昌平区举办“5·20世界蜜蜂日”庆祝活动。

【编制《北京市蜂产业“十四五”发展规划》】年内，市蚕业蜂业管理站认真总结全市蜂产业“十三五”时期工作完成情况，在深入调研、专家论证和广泛征求意见基础上，编制《北京市蜂产业“十四五”发展规划》，明确首都蜂产业在“十四五”时期总体目标和发展思路。

【精准帮扶低收入农户】年内，北京市在密云区、平谷区和昌平区三个养蜂重点区选择20个低收入户，为每户免费发放蜂群30群，扶持发展蜂产业；对密云区23个低收入散户蜂场进行标准化改造。为全市低收入养蜂户及郊区蜂农免费发放购置优质种蜂王1 320只、新蜂箱2万套、蜂机具5 000套、蜂饲料2.5万千克。对低收入户销售的蜂产品，各区合作社以高于市场15%的价格进行收购。在密云区、昌平区和怀柔区开展蜂业气象指数保险运行工作，78户蜂农、20 564群蜂群参保，投保金额87.292万元，实现风险保障419万元。

【蜜蜂授粉】年内，北京市继续实施“京津冀现代化蜂授粉服务区建设工程”，组织10支蜜蜂授粉专业队开展授粉服务。投入授粉示范蜜蜂1.2万群，熊蜂3万箱以上，为京津冀蓝莓、草莓、西甜瓜、樱桃、梨、番茄等设施农业和大田果蔬授粉总面超过33 333.33公顷，总增产值5亿多元。

【规模化蜂场建设】年内，北京市建成规模化蜂场2个，其中密云区1个，蜂群规模1 000群，昌平区1个，蜂群规模6 000群。蜂场推广特型高品质巢蜜、自流蜜、无公害蜂产品等生产技术与生产模式，推进养蜂机械化、自动化，降低养蜂劳动强度，提高养蜂效率和规模化程度。

【推广多箱体饲养技术】年内，在北京市推广多箱体蜜蜂饲养技术，生产高浓度成熟蜂蜜。在密云区、平谷区、房山区、怀柔区、昌平区建成5个多箱体蜜蜂养殖业和高浓度成熟蜂蜜生产示范区，示范蜂群1万群，蜂群单产提高50%以上。

【中国地图特型巢蜜生产技术获得国际专利】年内，由北京市蜂业公司牵头申报的“一种巢蜜生产方法”获得国际发明专利，这是中国在巢蜜生产技术方面获得的首个国际专利。

花卉业

【概述】全市花卉种植面积4 266.67公顷，产值13.1亿元，花卉企业220家，花农600余家，花卉消费额超过200亿元。2020年，编制完成《北京市“十四五”花卉产业发展规划》。重点开展全市花卉产业研发、生产、经营、消费等6项调研；筹备2021年第十届花卉博览会北京参展工作；跟踪调查并指导花卉企业应对疫情影响；梳理全市花卉育种研发科技成果，继续开展自主产权花卉研发与示范推广。

【编制《北京市“十四五”花卉产业发展规划》】年内，市园林绿化局重点开展全市花卉产业研发、生产、经营、消费等调研，从科技创新、高效生产、文化推介、重大活动筹办和花卉新业态培育等方面，对“十三五”期间全市花卉产业工作、存在问题及原因进行全面分析和总结，根据十九届四中全会精神和北京市城市功能定位，提出未来五年全市花卉产业发展的思路、方向和目标任务，形成《北京市“十四五”花卉产业发展规划》。

【举办2020年北京迎春年宵花展】年宵花展于1月11日在北京花乡花卉嘉年华艺术中心拉开序幕。活动以“组合盛世福祉·盆栽佳节芬芳”为主题，全市23家花卉市场及相关单位参与。同日举行第十届组合盆栽大赛和插花花艺展赛颁奖仪式。参赛作品130件，设置10组、每组不小于20米^{2}的情景展示区域，引领家居花卉应用展示新浪潮。年宵花展活动2月底结束。

【举办北京月季文化节】2020年北京月季文化节于5月18日开幕，6月18日结束，历时一个月。北京纳波湾园艺有限公司、世界花卉大观园、蔡家洼玫瑰情园、北京国际鲜花港、北京园博园、世界月季主题园等六大展区联合承办。活动期间各展区月季景观面积170多万米^2，种植数量50多万株，参观人数35万人次。

【举办北京菊花文化节】2020年北京菊花文化节于9月12日开幕，11月底结束。在北京国际鲜花港、北海公园、天坛公园、北京植物园、北京花乡世界花卉大观园和世界葡萄博览园六大展区同时举办。在历时两个多月展期内，集中展示1 000余个品种、40余万株（盆）菊花，总面积12万米^2。其间各展区举办各种科普宣传、休闲体验、健身活动和文艺表演等活动，深受北京市民喜爱。

【挖掘梳理北京花卉传统文化】年内，市园林绿化局按照北京市领导在《北京信息》第144期《激活古都文化，发掘与展示并重》上批示要求，结合专家建议和相关标准，调查梳理中国传统插花之宫廷插花、颐和园桂花、北海公园菊花、丰台花乡花卉种植、市场、民俗综合系统、门头沟玫瑰栽培系统等5项北京花卉传统文化遗产，初步确定列入北京市重要农业文化遗产目录。

【花卉文化宣传】年内，市园林绿化局围绕花卉研发、绿色生产、市场消费、花卉文化等方面全方位宣传北京花卉产业，在《中国花卉园艺》杂志刊发以市花月季、菊花育种研发与产业发展为主题的两期宣传报道；组织相关单位参加第二十二届中国国际花卉园艺展览会，宣传“十三五”全市花卉产业科技成果；编写《北京花讯》22期，在局官网、官方微博等媒体刊登转载，宣传北京花卉、即时花讯及相关花卉知识。

【启动北京花卉现代化交易服务体系平台建设】年内，市园林绿化局结合北京首都功能定位和北京花卉交易流通环节存在的突出问题，通过技术集成和研发，启动建设以花卉供应链质量管理、服务体系标准化、产业大数据平台为核心的场景化花卉交易示范平台；结合现有全市花卉产销统计数据基础，根据市“领导驾驶舱”建设需要，研究全市花卉综合数据平台数据模块方案，纳入交易平台，拟构建全市花卉产业服务体系。

【加强花卉行业规范管理】年内，市园林绿化局开展花卉从业人员培训，加强技能人才培养，服务花卉企业。联合北京花协组织召开2次“北京花卉产业创新发展论坛”，全市300余人参加现场交流，5 000余人在线同步学习；结合产业发展实际，加强花卉标准化技术开发与推广应用，修订地方标准3项，研究并提出制定地方标准2项。

农 机 业

【启动农机补贴专班】2020年2月10日，市农机鉴定推广站启动农机补贴专班工作，拟定开展五方面工作，一是分档及补贴额测算，二是黑名单和违规数据库维护，三是形式审核和初评，四是补贴系统运行维护，五是农机购置补贴信息公开专栏检查。

（徐岚俊）

【建立北京市消协农机产品质量监督站各区分站】2020年3月，北京市消协农机产品质量监督站各区分站成立，包括顺义、怀柔、平谷、大兴、房山、延庆、密云7个区，协同市站共同做好农机投诉的调解。设立的农机投诉交流群可发挥地域优势，就近回应郊区消费者投诉，方便解决农民群众农机质量纠纷。

（刘旺）

【推广扬尘抑制关键保护性耕作技术】3月11日，印发《北京市季节性裸露农田扬尘抑制关键保护性耕作技术推广应用作业补贴实施方案》，全年累计推广农机深松整地作业面积15万亩，秸秆覆盖还田免耕播种作业面积20万亩，建立抑制扬尘实施效果监测点30个。

（宫少俊）

【推进老旧农业机械管理】3月24日，印发《北京市农业农村局关于做好2020年度拖拉机和联合收割机污染物排放控制装置加装工作的通知》（京政农发〔2020〕32号）开展拖拉机和联合收割机污染物排放控制装置加装工作，全市累计加装2 179台，通过DPF监测综合评估，可以降低颗粒物排放80%以上。加快老旧农业机械检验和牌证注销工作，2020年度注销老旧拖拉机和联合收割机共计1 001台。

（刘贺）

【开展蔬菜机械化技术装备及应用网络直播培训】3月24日，市农机鉴定推广站开展蔬菜机械化技术装备及应用网络直播培训。技术人员从京郊春耕蔬菜生产类型、技术装备和实际应用中的基本经验三个方面，详细介绍了近几年引进、试验、示范及推广应用的耕整地、撒施肥、播种移栽及叶菜收获机械化技术装备，并结合生产实际提出了针对具体机具种类的技术要求和操作注意事项，推荐了适宜春耕蔬菜生产使用的具体机型，介绍了如何享受到购机补贴政策等。此次培训在线观众达2 000余人次，达到了预期效果。

（李治国）

【建成覆盖主要裸露农田区域的扬尘监测体系】3月，为做好全市季节性裸露农田扬尘抑制关键保护性耕作技术推广应用，市农机鉴定推广站全面建成覆盖主要裸露农田区域的扬尘监测体系。目前，房山、平谷、怀柔、延庆已经安装深松作业质量监测终端60台，大兴、密云正抓紧组织实施。2020年春季累计监测的深松作业面积6 842.79亩，线上核算补贴面积6 786.43亩。

（徐岚俊）

【三项农机化技术获主推】4月10日，市农业农村局发布了《2020年北京市农业主推技术推荐目录》，市农机鉴定推广站申报的鲜食甘薯优质高效种植技术集成、塑料大棚蔬菜高效生产机械化技术、生物生态水质综合调控与节水技术三项农机化技术位列其中。

（张武斌）

【推出"北京农机零距离"网上直播】4月30日，市农机鉴定推广站推出"北京农机零距离"网上现场会。第一期网络现场会以"农机深松作业政策与技术分享"为主题，围绕春季生产中的深松这项重要保护性耕作技术，从北京市深松补贴政策解读、深松及深松质量监测技术、典型经验及北京农机调度中心平台介绍四方面进行分享。来自全市及各区的农机管理部门、农机技术推广部门、农机服务组织、农机企业等310人次参加。

（张莉）

【发布《北京市农业机械试验鉴定办法》】5月12日，发布《北京市农业机械试验鉴定办法》的通告，对原《北京市农业机械试验鉴定办法》进行修订。9月28日，发布《2020年北京市农业机械专项鉴定大纲〈农用挂车〉〈燃烧式二氧化碳发生器〉》的公告。

（宫少俊）

【完善农机报废更新补贴政策】5月19日，印发《关于进一步做好北京市农业机械报废更新补贴工作的补充通知》，对全市农机报废更新补贴政策进行完善。

（宫少俊）

【创建秸秆综合利用重点区】5月20日，印发《北京市创建2020年秸秆综合利用重点区项目实施方案》，在全市范围内组织开展"全国秸秆综合利用重点区创建"工作，年内共创建房山、密云、平谷、昌平4个全国秸秆综合利用重点区，其中昌平区被列为全国首批秸秆全量化利用示范区。

（宫少俊）

【农机新产品购置补贴试点实施方案通过评审】8月3日，市农机鉴定推广站完成生猪饲养成套设备、畜牧用车辆消毒（清洁）设备、废弃物处理成套设备三个品目、1 208个参数设置、分档技术要求等工作；并一次性通过农业农村部组织的生猪规模养殖场机械装备购置补贴专家评审，受到农机化司相关领导好评。为推进本市生猪养殖和粪污资源化利用农机装备现代化转型升级，促进稳产保供提供了技术装备支撑。

（禹振军）

【强化专刊报道和广播宣传】2月28日、6月30日及9月29日，在《北京日报》刊登《守住北京市民的蓝天幸福感》《培训促意识提升　监管守平安底线》和《筑牢三秋安全线　夺取粮食好收成》内容，对农机安全进行专版宣传报道。9月24—30日及11月30日至12月6日，分别在"三秋"和冬季农机安全生产的重点时期，与北京交通广播合作，宣传法律法规和安全常识，累计14天投放56次农机安全宣传广播，累计听众达617.14万人次。

（王科程）

【执法机构成立】9月25日，北京市农业综合执法总队挂牌成立，为市委农工委、市农业农村局管理的正处级行政执法机构，下设农业机械监督执法支队，主要负责全市农机执法、普法和农机事故处理等工作。

（王科程）

【实施农机新产品购置补贴试点政策】11月11日，印发《北京市2020年度农机新产品购置补贴试点实施方案》，推进全市生猪规模养殖场粪污资源化利用、防疫和养殖机械化工作。

（宫少俊）

【遴选推荐农机使用一线"土专家"】组织开展全国农机使用一线"土专家"遴选推荐工作，全市8名科技人员成为全国农机使用一线"土专家"名录第一批入选人员。

（宫少俊）

【推进农业机械减排】印发《北京市农业农村局关于做好2020年度拖拉机和联合收割机污染物排放控制装置加装工作的通知》，为1 178台拖拉机和联合收割机免费加装污染物减排装置。

（宫少俊）

【举办市级事故演练观摩会】11月20日，组织开展市级规模的农机事故应急处理演练观摩会活动，演练以在田间运粮的两辆拖拉机相撞导致侧翻，造成一人受伤一人死亡的农机事故为原型，重点演练农机部门联合医疗、消防、公安等部门协调开展应急处置能力，检验了事故预案的有效性，规范了全市农机事故处理水平，提升了各部门间的配合协调和应急救援能力。

（王科程）

【举办农业普法趣味赛】12月8日，在第三个"宪法宣传周"到来之际，以"弘扬宪法精神　促进依法兴农"为主题，以农机安全为切入点，组织开展了"宪法进农村"暨农业普法趣味赛主题活动。

（王科程）

【推进农业机械减排】印发《北京市农业农村局关于做好2020年度拖拉机和联合收割机污染物排放

控制装置加装工作的通知》，为1 178台拖拉机和联合收割机免费加装污染物减排装置。

（宫少俊）

【创建主要农作物生产全程机械化示范区】组织开展全国主要农作物生产全程机械化示范区推荐工作，昌平区成为全国第五批率先基本实现主要农作物生产全程机械化示范区。

（宫少俊）

【开展全市“平安农机”创建】组织开展全市“平安农机”创建工作，4名农机监理人员被评为全国“平安农机”安全监理示范岗位标兵。

（宫少俊）

【开展蔬菜生产农机化技术保供】印发《北京市近期日光温室蔬菜机械化生产技术指导意见》《塑料大棚蔬菜生产全程机械化技术指导意见》《塑料大棚叶菜生产全程机械化技术指导意见》《塑料大棚果菜生产关键环节机械化技术指导意见》，指导菜农科学应对复杂多变的天气情况，及时解决生产中遇到的机械化技术难题，稳定“菜篮子”生产供应。

（李治国）

【开展蔬菜机械化生产无人作业示范】为促进蔬菜农机农艺融合发展，在小汤山国家精准农业研究示范基地，建立了“甘蓝全程机械化生产无人、智能化作业示范基地”，探索形成甘蓝全程机械化生产无人、智能化作业的可推广创新应用模式，为我国大宗蔬菜生产向机械化、智能化发展迈出了第一步。

农产品质量安全

【圆满完成重大活动供应服务保障】面对新冠疫情，创新供应模式，实施点对点闭环管理、“十二专”全程管控措施，圆满完成全国“两会”和市“两会”保障任务，安全供给5大类50余万千克农产品，监测样本约2万项次，确保供应产品100%合格，实现了“五个零”（零感染、零接触、零事故、零差错、零投诉）保障目标。同时，圆满完成冬奥会服务保障年度任务，制定了10项规范，遴选了9家一级供应备选企业，成立了农业农村系统工作领导小组，启动了专班运行。

（葛建军、王全红）

【基本完成“国家农产品质量安全市”创建】年内，推进“国家农产品质量安全市”整市创建6大方面16项重点工作落实，组织专家对延庆、通州、怀柔等9个区进行实地考核验收，均达到“国家农产品质量安全县”考核指标，并正式向农业农村部进行推荐。按照考评情况排名，其中延庆、通州、怀柔3个区被农业农村部确认为第三批“国家农产品质量安全县”。至此，全市13个涉农区全部完成“国家农产品质量安全县”创建工作，其中7个区分三批次已完成挂牌，其余6个区达到创建标准，待下一批次进行命名，全市创建任务基本完成。

（甘朝亮）

【农产品质量安全监督抽查】年内，开展农产品质量安全监督抽查（蔬菜产品）及农产品质量安全监督抽查（农药）相关抽样和检测工作，共计完成1 200个蔬菜产品检测，合格率99.6%，完成300个农药产品检测，合格率99.3%。

（罗雪婷）

【全面试行食用农产品合格证制度】全面启动试行食用农产品合格证制度。开发“北京市食用农产品合格证公共服务平台”，将合格证开具与农产品质量安全追溯系统对接；编制《北京市试行食用农产品合格证制度工作手册》，指导生产主体规范开具和使用合格证。建立80个试点，分类探索合格证开具模式。为全市13个涉农区的637家主体开具了合格证，共开出200.2万张合格证，附带合格证上市的农产品9.88万吨。

（刘永霞）

【农产品质量安全认证取得新进展】年内，全市“三品”认证覆盖率达到81.7%，比“十二五”末提高了39个百分点；其中，“菜篮子”产品绿色、有机认证覆盖率达到12.5%，比“十二五”接近翻番。同时，推进地标产品登记，“北京油鸡”和“上方山香椿”2个特色农产品在农业农村部完成地理标志农产品登记。开展地理标志产品品牌建设，制定《2020年北京市地理标志农产品品牌建设实施方案》，围绕“上方山香椿”和“北京鸭”

开展品牌宣传推介活动，设置宣传展示标牌，实施“上方山香椿”古椿园保护，策划“北京鸭”体验活动。

（刘永霞、阚睿斌）

【农业转基因生物安全监管】对全市行政区域范围内的农业转基因生物研发、生产、加工、经营和进口等活动进行全链条监管。做到关口前移、重心下移、全面覆盖、突出重点、分类管理，实现了全区域、全环节、全项目监管；制定并印发《2020年北京市农业转基因生物安全监管工作方案》（京农基安办字〔2020〕1号）等5个工作方案；压实主体责任，与34家农业转基因生物研发单位、近200家种子企业、种子经营门店签订承诺书；对501项安全评价项目进行全面监管，项目覆盖率100%，未出现违法违规现象；为5家饲料企业办理了农业转基因生物加工许可证。转基因生物安全监管得到了农业农村部的表扬。

（范子文）

【开展农业生产资料产品监督抽查】2020年，北京市市场监管局对植保机械、微型耕耘机、背负式喷雾器、化肥、农用薄膜5类农业生产资料产品组织开展了监督抽查。累计抽查本市生产、流通领域58家经营主体122组批产品，其中生产企业2家2组批、销售单位56家120组批。经法定检验机构检验，2组批水溶肥料的包装标识项目，1组批缓释掺混肥产品缓释养分量、缓释养分28天的累积养分释放率项目不符合相关标准要求，检验结果为不合格。属地市场监管部门已监督不合格产品生产者、销售者整改并依法予以处理。

（市场监管局）

动物疫情防治

【动物疫病强制免疫】组织对高致病性禽流感、口蹄疫、小反刍兽疫、羊布病和狂犬病5个病种实施强制免疫，构筑有效免疫屏障。全市共强制免疫家禽高致病性禽流感1 985.05万羽次、口蹄疫47.59万头次、羊布病9.04万头只、小反刍兽疫11.93万头只、狂犬病16.35万条，做到应免尽免。对监测中发现的122个免疫保护率偏低场户，组织有关区及时实施补免，切实提高免疫保护力。

（张佳艳）

【动物疫病监测】组织开展免疫效果监测132 821份次，病原学监测135 795份次。监测结果显示强制免疫病种免疫抗体合格率均高于农业农村部规定的70%标准，动物群体形成较好的免疫屏障；病原学监测显示未发生非洲猪瘟、高致病性禽流感、口蹄疫等重大动物疫病，鸡白痢、禽白血病、猪蓝耳病等常发传染病处于散发、可控水平。

（张佳艳）

【非洲猪瘟专项督导】推进落实非洲猪瘟防控“七项强化”，制发《关于进一步加强非洲猪瘟等重大动物疫情举报核查工作的通知》和《北京市非洲猪瘟疫情有奖举报暂行办法》。组织公安、城市管理、交通、商务、市场监督管理、北京海关等成员单位开展非洲猪瘟联防联控。完成日报、周报编辑上报工作，全年累计编辑日报194期、周报50期，督促完成350条舆情的核查反馈。

（张佳艳）

【严格生猪养殖场所安全评估】制定生猪养殖场所生物安全评估办法，出台涵盖生猪养殖各关键点位的评估标准81项和阶段性保供猪场建设指引，全程指导各区新建、改扩建生猪养殖场项目评估与验收，推动全市生猪复养顺利、规范建设。

（张佳艳）

【开展猪瘟防控专项整治】联合市公安局等开展百日专项打击行动，织密以省市边界、重要枢纽、高速路口、进京道口为重点的监管网络。检查调运生猪19 865头，生猪产品91 829吨，查处违法违规3起；对“炒猪”团伙或“炒猪”行为进行拉网式排查，严格病死猪收集、暂存、转运、处理和台账管理；组织开展生猪屠宰环节非洲猪瘟自检和官方兽医派驻制度“回头查”和飞行检查；强化监测预警，实行非洲猪瘟全链条监测，做到“应检尽检、批批检测”，全年检测样本16.49万份，未发现异常。

（张佳艳）

【继续强化狂犬病防控工作】制定下发《北京市农业农村局关于进一步加强犬只防疫管理工作的通知》，从犬只免疫注射、疫苗效果评价、免疫点监管指导、行业监督执法、疫情及时报告等方面，强化犬只狂犬病强制免疫等相关工作，开展专题宣传日活动，保护首都市民健康。

（张佳艳）

【认真做好新冠疫情防控工作】严格组织对进京动物及动物产品运输车辆开展查证验物和清洗消毒，并开展对海鲜河鲜运输车辆的消毒工作；为兽药生产经营企业办理民生保供及应急物资调拨审批 55 项，涉及应急物资 489.4 吨；优化批准文号办理事项 90 批次。

（张佳艳）

【顺利开展执业兽医考试】全市共设 7 个考点，82 个考场，1 907 人参加考试。

（张佳艳）

【强化兽医实验室生物安全管理】组织开展兽医系统实验室比对工作，组织非洲猪瘟检测实验室专项检查，构建实验室生物安全监管月报分析、执法项目清单机制，本市管理经验在全国兽医实验室生物安全监管工作会作了典型发言介绍。

（张佳艳）

【完成冬奥会兽医定点服务机构推荐保障工作】推荐中国农业大学动物医院等 7 家动物诊疗机构作为冬奥定点兽医服务机构备选单位。

（张佳艳）

【规范实施全市病死动物无害化处理工作】完善全市病死动物无害化处理收集暂存体系设置和运行体系，组织实施病死猪无害化处理环节非洲猪瘟风险管控，对收运和无害化处理情况进行实时监控，每月对处理量、结算清单、动物防疫条件、处理情况等进行现场审查。全年共处理 3 555.36 吨病死动物及病害动物产品，全部实现无害化处理和资源化利用。

（张佳艳）

产业融合发展

综　述

北京市以习近平新时代中国特色社会主义思想为指导，立足首都城市战略定位和“大城市小农业、大京郊小城区”市情农情，深入推进乡村产业供给侧结构性改革，壮大新产业新业态，拓展农业产业链价值链，促进农村一二三产业融合发展。

一是充分依托北京特色资源禀赋，大力推进绿色化、品牌化、融合化发展，打造“一村一品”示范村、农业产业强镇、特色农产品优势区和地理标志农产品，做强乡村特色产业。创建了海淀区上庄镇西马坊村（京西稻）、门头沟区军庄镇孟悟村（孟悟京白梨）等 84 个全国“一村一品”示范村镇，培育了平谷区峪口镇、房山区窦店镇和长阳镇 3 个农业产业强镇，发展了延庆国光苹果、安定桑椹、昌平草莓等 30 余个地理标志农产品。

二是以农业产业化龙头企业为引领，鼓励企业技术创新、产品创新和管理创新，提升科技创新能力；挖掘企业行业带动、增收带动、品牌带动潜力，提升产业带动能力；发挥企业应急保障、低收入保障和市委、市政府其他重大决策的保障作用，提升服务保障能力。全市市级以上农业产业化龙头企业达到 140 家，营业收入超 7 000 亿元；规模以上农产品加工企业数量 263 家，营业总收入超过 1 200亿元，利润总额超过 68 亿元。

三是实施休闲农业“十百千万”畅游行动，融合生态环境、“一村一品”、农业文化遗产等资源禀赋，致力于精心设计吸引人、精细服务留住人、精致感受打动人，给市民提供“简奢”“静奢”“野奢”的美好感受。培育了怀柔、密云等 7 个全国休闲农业与乡村旅游示范县，重点打造 3 条市级重点休闲农业精品线路，10 条区级精品线路，提升 34 个美丽休闲乡村，升级 160 个休闲园区，改造 235 户民俗接待户，推动休闲农业提质增效、提档升级。

产业园区

【现代农业产业园形成“3＋7”协同推进格局】 2020 年，北京市申报创建 3 家国家级现代农业产业园，批准创建 7 家市级现代农业产业园。10 家产业园涵盖 5 区 17 镇（乡），涵盖功能蔬菜、畜禽种业、肉牛等 11 个主导产业，创建工作整体进展有序，主导产业发展水平不断提升。

（发展规划处）

【国家级现代农业产业园完成年度创建任务】 2020 年，市农业农村局加快推进密云区、平谷区国家现代农业产业园创建工作。印发了《关于加快推进密云区现代农业产业园创建工作的函》，督促密云区切实提高站位，细化分工、倒排工期。局领导带队多次赴密云、平谷项目现场调研指导相关工作，督促加快推进项目建设进度。2020 年，密云区和平谷区国家现代农业产业园监测得分 93 分和 80 分，整合地方财政投入分别达到 3.9 亿元和 2.7 亿元，投产项目分别达到 33 个和 13 个，各项工作得到快速推进。

（发展规划处）

【开展标准化基地建设和评定】 组织建设 1 家国家级农业标准化示范区和 7 家农业全程特优标准化基地，完成标准化基地等级评定工作，全市农业标准化基地达到 1 220 家，标准化基地覆盖率 61.8%，较上年提高 1.8 个百分点；加强标准宣贯培训，全年累计培训 2 700 余人次，发放标准手册、卡片 4 000余份。

（刘永霞）

【市级现代农业产业园年度监测平均得分 77.22 分】 2020 年，市农业农村局积极指导各市级现代农业产业园发展主导产业、提高建设推进水平、完善组织保障能力，针对新冠疫情影响开展专项调研，积极推进第三批市级产业园创建遴选工作，多次现场调度、督导市级产业园创建工作。2020 年，7 家市级产业园监测评价平均达到 77.22 分，主导产业发展水平经测算较上年增长 8.94%。

（发展规划处）

【平谷区获批创建国家现代农业产业园】 经平谷区人民政府申请，市农业农村局、市财政局择优遴选，2020 年 8 月，农业农村部、财政部印发《关于公布 2020 年国家现代农业产业园创建名单的通知》（农规发〔2019〕20 号），批准平谷区现代农业产业园备案、创建。平谷区现代农业产业园围绕畜禽种业体系建设，借助“平谷农业科技创新示范区”，为打造京西“农业中关村”提供有力支撑。

（发展规划处）

【农业农村部发展规划司调研国家现代农业产业园建设】 2020 年 9 月 15 日，为推进国家现代农业产业园创建工作，调研北京现代农业产业园工作现状，农业农村部发展规划司领导来京开展调研，先后走访了密云区河南寨镇金沟村、东邵渠镇汇源生态农业有限公司、巨各庄镇蔡家洼村、平谷区峪口镇。

（发展规划处）

【组织参加全国现代农业产业园建设培训班】 2020 年 10 月 27 日，为总结“十三五”以来现代农业产业园建设成效，交流各地推进产业园建设经验做法，农业农村部在浙江省慈溪市召开全国现代农业产业园建设培训班。市农业农村局组织房山、密云、平谷现代农业产业园负责人员参加培训交流，学习其他省份的先进经验和做法。

（发展规划处）

【市农业农村局组织召开现代农业产业园工作现场会】 2020 年 11 月 24 日，市农业农村局组织召开了现代农业产业园工作现场会，各相关区农业农村局、各现代农业产业园及有关乡镇参加了此次会议，市农业农村局、房山区有关领导出席会议并作重要讲话。会上，市农业农村局传达了全国现代农业产业园建设培训班会议精神，产业园创建工作进展及下一步部署。房山区国家现代农业产业园和窦店、庞各庄、长子营市级现代农业产业园作了典型交流发言。

（发展规划处）

【农业农村部发展规划司调研北京农业硅谷建设】 2020 年 12 月 15 日，为落实农业农村部刘焕鑫副部长批示精神，农业农村部发展规划司有关领导来京考察平谷区和通州区建设现代农业硅谷、打造农业现代化样板区有关情况。他们先后考察了平谷京瓦中心、通州国际种业科技园区等项目建设现状，并对北京打造中国农业科技创新中心有关构想提出工作要求。

（发展规划处）

农产品加工业

全市共有规模以上农产品加工企业 263 家。2020 年，全市农副食品加工企业 107 家，占比为 40.7%；食品制造企业 118 家，占比为 44.9%；饮料制造企业 38 家，占比为 14.4%。同 2019 年相比，企业数量减少 12 家，主要为农副食品加工企业和食品制造企业数量的减少。

全市规模以上农产品加工企业总产值 782.3 亿元。2020 年，全市农副食品加工业产值 277.2 亿元，占比为35.4%；食品制造业产值294.1亿元，占比为37.6%；酒、饮料和精制茶制造业产值211亿元，占比为27.0%。同2019年相比，总产值下降0.4%，农副食品加工业产值同比增长13.5%；食品制造业产值同比下降7.4%；酒、饮料和精制茶制造业产值同比下降5.6%。

全市规模以上农产品加工企业销售产值793.4亿元。2020年，全市农产品加工企业销售产值同比增长0.3%；资产总额1 528.4亿元，同比增长10.4%。

全市规模以上农产品加工企业营业总收入为1 216.6亿元。2020年，全市农副食品加工业的营业收入为438.6亿元，占全部农产品加工业总营业收入的36.1%；食品制造业的营业收入为525.6亿元，占全部农产品加工业总营业收入的43.2%；酒、饮料和精制茶制造业的营业收入为252.4亿元，占全部农产品加工业总营业收入的20.7%。

全市规模以上农产品加工企业利润总额68.2亿元。2020年，全市规模以上农产品加工企业利润总额同比下降16.4%。其中农副食品加工业利润总额13.7亿元，同比增长21%；食品制造业利润总额35.4亿元，同比下降32.7%；酒、饮料和精制茶制造业利润总额19.1亿元，同比增长8.1%。

全市规模以上农产品加工企业平均用工人数76 967人。2020年，全市规模以上农产品加工企业平均用工人数同比下降5.3%。其中农副食品加工业用工人数17 976人，同比下降6.6%；食品制造业用工人数35 390人，同比下降6.9%；酒、饮料和精制茶制造业用工人数23 601人，同比下降1.8%。

农业产业化龙头企业

【龙头企业效益与规模】2020年，全市农业产业化重点龙头企业资产总额为10 439.1亿元，同比增长10%；固定资产净值总额为1 359.9亿元，同比下降0.1%。2020年，全市农业产业化重点龙头企业涉农营业收入总额为7 118.1亿元，同比增长10.2%；净利润为185.9亿元，同比增长53.9%；上缴税金275.6亿元，同比增长5.8%。

【龙头企业行业类型】从行业类别看，全市有种植及加工龙头企业60家，占比为44.4%，涉及粮食、蔬菜、水果、茶叶等的生产加工；养殖及加工龙头企业36家，占比为26.7%，涉及肉、蛋、奶的生产加工；林业及加工龙头企业有1家，占比为0.7%；水产养殖及加工龙头企业有4家，占比为3.0%，涉及淡水及海水养殖产品；其他类型龙头企业34家，占比为25.2%。

【龙头企业科研成果】2020年，全市重点龙头企业科技研发投入33.9亿元，其中自主研发投入20.3亿元，占比为60.0%。龙头企业共获得省级以上科技奖励343个；累计获得的当前有效专利数量4 308个，其中发明专利2 380个，占比为55.2%；实用新型专利1 928个，占比为44.8%。累计获得的当前有效植物新品种保护专利数量766个。

【龙头企业联农带农作用凸显】2020年，全市农业产业化重点龙头企业带动农户数量为430.8万户，占全部产业化组织带动农户总数的97.3%；其中带动本市农户数量为19.5万户，占比为4.5%，同比增长1.4个百分点。带动家庭农场5 359个，其中带动本市家庭农场2 893个，占比为54.0%。带动农民专业合作社7 558个，同比增长64.7%；其中带动本市农民专业合作社385个，占比为5.1%。农户从龙头企业获得的收入总额为141.4亿元，占农户从事产业化经营增收总额的91.1%。

【开展产业扶贫】2020年，北京市重点龙头企业明确负责的建档立卡贫困户总数为15.3万户，带动本市建档立卡贫困户1 628户；建档立卡贫困户户均从企业获得收入约2万元，约为上年的3.3倍。

【龙头企业产业链条不断延伸】2020年，全市135家农业龙头企业中，涉及两种以上产业形态的有64家企业，占比为47.4%。其中，涉及乡村休闲旅游业的企业25家，涉及电商平台的企业18家，涉及农业生产资料制造及销售的企业34家，涉及农林牧渔服务业的企业32家，涉及仓储业的企业18家，涉及运输业的企业23家。

【生产加工能力提高】2020年，全市重点龙头企业累计生产粮食、蔬菜、水果共25万吨；生猪出栏32.5万头，牛出栏1.3万头，家禽出栏2.6亿只；

奶产量 101.9 万吨，禽蛋 8 万吨。从主要农产品加工量看，累计加工粮食、蔬菜、水果共3 000余万吨；加工生猪 140.4 万头，加工活牛 1.9 万头，加工活羊 5.3 万头，加工活禽 2.6 亿只；加工猪肉 84.2 万吨，加工牛肉 2.1 万吨，加工羊肉 0.7 万吨，加工禽肉 10.1 万吨，加工原料奶 829.5 万吨。

【依托网络信息技术创新经营服务】部分龙头企业借助先进的网络信息技术，通过“产品＋服务”“市场＋政策”等多种方式创新经营模式，推动了产业转型升级。目前，已有 33 家企业运用智慧农业方式开展相关农业生产和社会化服务，取得良好成效。企业利用智慧平台、空中课堂等载体，通过线上方式进行农民业务素质培训，在满足疫情防控要求的同时，引导小农户与大市场有效对接，提升小农户抵御市场风险的能力。

农产品流通业

【开展第十次春节蔬菜保供联合行动】年内，为全力做好 2020 年春节和全国“两会”期间首都蔬菜等生活必需品供应保障，确保首都市场蔬菜货源充足、供应稳定，市商务局会同市农业农村局、中国蔬菜流通协会与天津、河北、山东、山西、广东等供京蔬菜主产区政府开展了第十次春节蔬菜保供联合行动，保障了首都蔬菜市场供应稳定。

（陈泽）

【疫情新形势下连锁超市表现亮眼】年内，北京连锁超市积极发挥自身优势，利用直采直供渠道，大幅增加蔬菜等生活必需品采购量，“保安全、保供应、保质量、稳物价”。一是惠民生稳价，承诺“10 种菜品一个月不涨价”。本市 18 家重点连锁超市 700 余家门店相继在蔬菜售卖区通过公示牌、易拉宝海报及电子屏等形式，向消费者承诺与百姓日常生活联系紧密的“10 种菜品一个月不涨价”。二是开展“大手拉小手”帮扶共渡难关。多家超市发挥产地优势，为机关单位、学校食堂、餐饮单位等提供产地直采、质优价廉的蔬菜水果。首航承诺疫情期间，所有生鲜类商品批发供应零加价、零利润。三是送便利到家。连锁超市采取给封闭小区隔墙递货、开展线上交易减少人员接触、开展顾客朋友圈预订货等多种形式，主动为因疫情被封闭的社区居民送货。四是保安全环境。连锁超市认真落实《疫情防控期间商业服务业重点人群健康监测管理的通知》，将重点人群健康监测管理纳入常态化管理机制。

（魏新宇、丁颖）

【全力做好疫情防控和粮油保供工作】年内，紧急增储 10 万吨临时储备成品粮、5 万吨临时储备食用油，并将市外存放的 5.64 万吨市级储备成品粮调运回京。紧急组织 11 家骨干企业复工复产。强化粮油市场监测预警，及时投放市级临时储备成品粮，通过新闻发布会回应社会关切，及时稳定市场预期，平息本市超市粮油销量激增态势。把握储备轮换方式和节奏，为企业正常生产提供了原料支撑。发挥应急物资支援保障作用，紧急调运各类储备物资 5 万多件，支援湖北及本市各区基层抗击疫情。代发医疗防护物资 18 万件、医疗设备 12 台。东城、朝阳、石景山、顺义等区共调运区级救灾物资 2 万多件，用于本区各街道乡镇疫情防控工作。

（惠春光、杨春彦）

【完成流通领域现代供应链体系建设试点】年内，继续深化推动农产品、快消品等流通领域供应链物流标准化、信息协同化建设。截至 2020 年，试点共完成 16 条供应链 37 个项目建设。试点供应链综合成本平均降低 20%以上，平均库存周转率同比提高 10%以上，单元化物流占比提升 10%以上，本市流通领域现代供应链体系建设试点圆满完成。

（卓海静）

【改革完善粮食和物资储备体制机制】年内，出台改革完善体制机制，加强粮食储备安全管理的工作措施。全市首次形成常态化的重要商品和应急物资统计管理机制，为动态掌握本市重要商品和应急物资储备底数提供了抓手。成功召开市级重要商品储备部门联席会议第一次会议，并制定进一步加强市级重要商品收储、轮换和投放管理工作意见，为推进市级重要商品储备体系建设奠定坚实基础。

（蔡奇敏、杨春彦）

【加强粮食流通监管】开展政策性粮食大清查“回头看”和问题整改“回头看”专项行动，全市 419 个问题全部整改完成，全面提升政策性粮食管理水平。开展“双随机一公开”粮食流通行政执法检查，全年市、区两级共执法检查721家次，实现地方储备粮承储企业和纳统涉粮企业全覆盖。加快推进全市粮食行业信用监管体系建设，指导各区粮食行政管理部门开展全市粮食企业经营活动守法诚信评价工作，共将230家纳统企业评价结果在网络予以公示和公告。强化粮食安全责任制，完善考核方案和指标体系，引入第三方开展数据核验，确保结果更加公平、公正。北京市在2019年度粮食安全省长责任制考核中被评为“优秀”。

（孔令文）

【蔬菜上市总量减少】年内，监测的7家批发市场蔬菜上市量达724.68万吨，日均1.98万吨，同比减少15%。

（刘璇）

【生猪市场货源稳定】年内，7家主要批发市场生猪交易总量11 554.1万千克，日均交易量32.1万千克。

（刘璇）

【牛羊肉交易量减少】年内，监测的7家批发市场牛肉交易总量1 949.7万千克，日均交易量5.4万千克，同比减少15.7%。羊肉交易总量2 706.6万千克，日均交易量7.5万千克，同比减少1.2%。

（刘璇）

【鸡蛋交易量略有减少】年内，监测的7家批发市场鸡蛋交易总量14 018.6万千克，日均交易量38.9万千克，同比减少5.3%。

（刘璇）

【全市粮油供需总体平衡】年内，本市粮食直接消费量455.1万吨，比上年增加3.6万吨，增幅0.8%。其中，城乡居民口粮消费342.2万吨，比上年增加1.8万吨，增幅0.5%；饲料用粮91.8万吨，比上年增加10.3万吨，增幅12.6%；工业用粮21.1万吨，比上年减少7.7万吨，减幅26.7%；食用油消费量46.9万吨，比上年减少8.2万吨，减幅14.9%。全年粮食供给535.3万吨，食用油供给52.9万吨。2020年，本市粮油供给充分，消费量稳中有升，粮油库存保持平稳，社会粮油供需总体平衡。

（惠春光）

【切实增强粮食保障能力】年内，累计轮出市储备粮油57万吨，轮入市储备粮油57万吨。严格落实粮食收购政策，将延庆、密云2.4万吨玉米转为市储备粮，拓展农民售粮渠道。做好退耕还林补助粮供应收官工作，全年累计供应粮食0.36万吨，涉及7个区、75个乡镇、757个村、43 906户退耕农户。组织企业参加第三届中国粮食交易大会以及山东、黑龙江等省举办的产销合作会，与黑龙江等8省签署了产销合作战略协议，进一步深化产销合作。

（惠春光）

【推进粮食产业高质量发展】年内，成功举办2020年粮食现代供应链发展及投资国际论坛，以“加强危机防控合作，守护国际粮食安全”为主题，采取线上线下相结合的方式，在产销合作、区域协同、对口扶贫、服务贸易方面取得显著成果。积极推进北京市2020年度中央企业“优质粮食工程”奖励资金项目建设工作。委托北京市粮食行业协会开展“好粮油”产品遴选，选出8个品类的“北京好粮油”产品。印发《关于推进北京市粮油品牌建设的指导性意见》，提升本市粮食产业经济发展水平。

（蔡奇敏、王红伍）

【举办2020年粮食现代供应链发展及投资国际论坛】年内，成功举办2020年粮食现代供应链发展及投资国际论坛，以“加强危机防控合作，守护国际粮食安全”为主题，采取线上线下相结合的方式，在产销合作、区域协同、对口扶贫、服务贸易方面取得显著成果。

（蔡奇敏、王红伍）

【电商消费扶贫助力打赢脱贫攻坚战】鼓励企业通过设立线上扶贫特产馆或中华特色馆等方式，拓展农产品线上销售渠道。2020年，京东、美菜网、每日优鲜、苏宁易购、京海联等5家电商企业全国实现消费扶贫金额共计约230亿元，其中，在北京市对口区域实现消费扶贫金额约166亿元，对河北帮扶金额103.8亿元、内蒙古31.5亿元。

（王瑞、宋志雷）

【乡村社会消费品零售总额略有下降】年内，全市实现社会消费品零售总额13 716.4亿元，同比下降8.9%，其中，乡村实现社会消费品零售总额662.4亿元，占全市比重4.8%，同比下降6%，高于全市2.9个百分点。

（薛辛培）

【开展农业生产资料产品监督抽查】2020年，北京市市场监管局对植保机械、微型耕耘机、背负式喷雾器、化肥、农用薄膜5类农业生产资料产品组织开展了监督抽查。累计抽查本市生产、流通领域58家经营主体122组批产品，其中生产企业2家2组批、销售单位56家120组批。经法定检验机构检验，2组批水溶肥料的包装标识项目，1组批缓释掺混肥产品缓释养分量、缓释养分28天的累积养分释放率项目不符合相关标准要求，检验结果为不合格。属地市场监管部门已监督不合格产品生产者、销售者整改并依法予以处理。

（北京市市场监管局）

乡村旅游业

【休闲农业】 2020年，在市委、市政府的正确领导下，克服新冠肺炎疫情带来的巨大影响，休闲农业发展呈现良好态势，整个行业在调整中不断优化产品、提升品质。2020年全市观光园和乡村旅游的总接待人次为1 877.5万人，恢复至上年同期的54.3%；总收入为25亿元，恢复至上年同期的66.4%；人均消费为133元，同比增长22.2%。

一、加强顶层设计，制定《“十四五”时期北京市休闲农业发展规划》

起草编制《“十四五”时期北京市休闲农业发展规划》，规划立足新发展阶段，贯彻新发展理念，构建新发展格局，提出了以“京华乡韵”引领全市休闲农业高质量发展思路，明确了“三带、五环、多组团”总体布局和“4512”发展目标，即到2025年休闲农业年接待游客量达4 000万人次，经营收入达50亿元，创建100个以休闲农业为支柱产业的市级美丽休闲乡村，培育200个北京休闲农业品牌目的地；安排部署京华风貌、乡韵风俗、乡韵风味、京华风情、京华风尚五大重点工程。

二、聚焦提质增效，出台《北京市休闲农业“十百千万”畅游行动实施意见》

4月30日，市农业农村局和市财政局联合印发《北京市休闲农业“十百千万”畅游行动实施意见》（京政农发〔2020〕53号），明确未来五年重点打造十余条休闲农业精品线路、创建百余家中国美丽休闲乡村、提升千余家休闲农业园区、改造万余户民俗接待户；并配套制定出台《北京市休闲农业“十百千万”畅游行动建设成效评价办法（试行）》（京政农发〔2020〕54号），建立了休闲农业督导评价工作机制，加快构建生态优先、产业高效、业态丰富、产品精致、服务一流的休闲农业产业体系。

三、注重全国引领，承办2020年全国休闲农业和乡村旅游大会

9月17日，全国休闲农业和乡村旅游大会在北京市顺义区龙湾屯镇柳庄户村召开，农业农村部和北京市相关领导出席本次活动，和参会领导一起为获得“2020年中国美丽休闲乡村”荣誉称号的代表颁奖，并参观顺义区龙湾屯镇柳庄户村休闲农业驿站、分享收获农场、葫芦艺术庄园。

四、突出宣传推荐，召开了全市乡村民宿发展推进会

10月15日，召开2020年乡村民宿发展推进会，贯彻落实乡村振兴战略，总结全市乡村民宿发展的经验做法、分析形势任务、部署落实《关于促进乡村民宿发展的指导意见》，并为23个村颁发第二批“全国乡村旅游重点村”标牌，公布13个村新入选“中国美丽休闲乡村”。

五、工作扎实推进，开展规模较大的线上培训工作

从2月起，每周一、四晚连续开展了25期抗击新冠肺炎疫情乡村休闲旅游线上培训微课堂，累计培训1.3万人次，内容涉及休闲农业如何应对疫情、开通抖音等平台直播带货等，受到广大园区经营者的好评。

（产业发展处）

【制定《新冠肺炎流行期间北京市乡村旅游经营单位（户）防控指引》】 2月，市文化和旅游局制定

《新冠肺炎流行期间北京市乡村旅游经营单位（户）防控指引》，明确预约管理、限量管理、现场管理和客流聚集管理等要求，指导乡村旅游企业（户）加强疫情防控。市文化和旅游局根据防控指引要求加强日常监管，并在重点节假日期间加强乡村旅游安全生产检查，稳步推进北京市乡村旅游复市复游。

【出台“十百千万”畅游行动实施意见】4月30日，市农业农村局和市财政局联合印发《北京市休闲农业“十百千万”畅游行动实施意见》（京政农发〔2020〕53号），明确未来五年重点打造十余条休闲农业精品线路、创建百余家中国美丽休闲乡村、提升千余家休闲农业园区、改造万余户民俗接待户；并配套制定出台《北京市休闲农业“十百千万”畅游行动建设成效评价办法（试行）》（京政农发〔2020〕54号），建立了休闲农业督导评价工作机制，加快构建生态优先、产业高效、业态丰富、产品精致、服务一流的休闲农业产业体系。

【北京市23个村入选第二批全国乡村旅游重点村名录】7月9日，由文化和旅游部、国家发展改革委确定的第二批全国乡村旅游重点村名录公布，全国共有680个乡村入选，其中北京门头沟区斋堂镇爨底下村、延庆区八达岭镇石峡村、怀柔区渤海镇六渡河村等23个村入选。截至2020年，北京市共有32个乡村入选全国乡村旅游重点村名录。

【举办“畅游京郊·北京乡村旅游季”系列推广活动】8月18日，市文化和旅游局在怀柔区芦庄村启动“畅游京郊·北京乡村旅游季”系列推广活动，以乡村民宿精品为核心，以新线路、新玩法、新体验为突破，发布四大主题40条乡村旅游精品线路，推出《我的桃花源》大型文化旅游体验节目、乡村民宿展览活动、首届乡村民宿大会等系列主题活动，活动从8月持续到12月，充分满足市民多样化、多层次的旅游消费需求，进一步释放乡村旅游消费潜力。

【制定《乡村民宿服务要求及评定》】9月15日，由市文化和旅游局制定的《乡村民宿服务要求及评定》地方标准批准发布。该标准主要用于规范乡村民宿的服务与管理要求，重点强调乡村民宿在文化传承、创意设计等方面要求及食品、卫生、治安、消防等安全要求，并针对疫情常态化增加分餐制、重大传染性疾病应急预案等内容。

【全市乡村民宿发展推进会召开】10月15日，北京市乡村民宿发展推进会召开。会议旨在贯彻落实全国乡村旅游与民宿工作现场会、全国休闲农业和乡村旅游大会要求及北京市委、市政府决策部署，推动乡村旅游和民宿经济发展。会议宣布了北京市入选第二批全国乡村旅游重点村和第十、十一批中国美丽休闲乡村名单，并为其颁牌。北京市副市长卢彦出席会议并讲话，副市长王红主持会议。

【推进乡村旅游金融服务保障工作】为积极应对新冠肺炎疫情对北京市乡村旅游的影响，市文化和旅游局推出一系列帮扶政策举措，京郊旅游融资担保平台针对性出台了“民宿应急保”产品，共批准项目12笔，担保金额共计593万元。京郊旅游政策性保险服务平台将乡村民宿纳入保险范围，承保乡村民宿301户，保险金额为3.61亿元。

（万敏波）

【培育乡村旅游重点村】7月9日，由文化和旅游部、国家发展改革委确定的第二批680个全国乡村旅游重点村名录乡村名单公布，其中北京市门头沟区斋堂镇爨底下村、延庆区刘斌堡乡小观头村等23个乡村入选。

（万敏波）

生态环境与基础设施建设

综　述

2020年，北京市全力以赴克服新冠肺炎疫情影响，坚持大城市带动大京郊、大京郊服务大城市，以建设宜居宜业美丽乡村为导向，加快农村生态环境与基础设施建设，全面提升农村人居环境质量。市农业农村局起草出台了农业生态环境相关政策加速推进农业农村绿色发展；大力推进农村人居环境整治，完成110个村庄、约2.5万户的“煤改电”工作，农村地区自来水普及率达到99%以上，供水保证率持续稳定在95%以上，农村生活污水处理设施覆盖率达到50%以上；全市新增造林绿化1.47万公顷，森林覆盖率达到44.40%，平原地区森林覆盖率达到30.4%，新增和恢复湿地2 223公顷；完成了4万亩高标准农田建设任务，建立耕地质量长期定位监测点；农村公路建设持续开展，农村客运服务水平和人民群众满意度高。

农村生态环境建设

【出台农业生态环境相关政策】年内，市农业农村局牵头起草出台了《北京市农业农村局生态环境保护工作职责分工》，进一步健全了内部职责分工；起草出台了《2020年北京市农业农村绿色发展工作指导意见》，推行绿色发展理念，加速推进农业农村绿色发展。

（田亦平）

【推动国家农业绿色发展先行区建设】指导顺义区、大兴区制定了《国家农业绿色发展先行先试支撑体系建设方案（2020—2022年）》，2020年重点围绕绿色防控、农业废弃物综合利用、农作物新优品种引进示范与推广等工作开展了相关试验和观测。

（田亦平）

【推进农业领域生态损害赔偿制度改革工作】印发《北京市农业领域生态环境损害赔偿制度改革工作实施方案（试行）》（京政农发〔2020〕111号），指导各区按照方案要求，及时推进了本区农业领域生态环境损害赔偿改革工作。2020年全市农业领域已启动生态环境损害赔偿案例4件结案3件。

（田亦平）

【完成“十三五”时期农业生态环境保护工作】年内，统筹协调畜牧渔业处、种植业处、农机处、农田处等处室工作进展，140个农村环境综合整治、畜禽粪污综合利用率、化肥利用率、农药利用率、农膜综合回收率各项考核指标都圆满完成。

（田亦平）

【全面排查农村沼气安全隐患】全面完成本市152座停用气站的拆除和安全隐患排查治理工作，对在用的沼气站进行了逐个巡检，对安全隐患问题及时进行了整改。

（田亦平）

【推动京津风沙源治理工程建设】组织相关区实施

京津风沙源治理二期工程 2020 年度易地搬迁项目，配合市发展改革委完成了 2017 年度项目的市级联合检查验收工作；积极开展易地搬迁村庄后续监测和产业发展研究工作；组织相关区研究确定了 2021 和 2022 两个年度的工作任务，完成了工作计划编制和报审工作。

（田亦平）

清洁能源改造

【农村冬季清洁取暖】 年内，圆满完成 110 个村庄、约 2.5 万户的“煤改电”工作；有效开展了 2 663 个村庄 108 万户的长效管护工作。开发推广“农村取暖工单处理助手”App 实现“12345”热线实时转派工单，提高了热线诉求的处理速度，指导督促 3 100人的售后维修队伍和约 1 700 人的应急服务队伍全面落实长效管护责任。年内清洁取暖工作经受了近 50 多年来最低气温的考验（局部瞬时气温低至－31.2℃），各类设备能够正常运转。

【停用气站拆除和安全隐患排查】 全面完成本市 152 座停用气站的拆除和安全隐患排查治理工作，对在用的沼气站进行了逐个巡检，对安全隐患问题及时进行整改。

（田亦平）

绿化建设与管理

【概况】 2020 年是中国全面建成小康社会和“十三五”规划收官之年。北京市园林绿化系统圆满完成了市委、市政府和首都绿化委员会部署的各项任务。全市新增造林绿化 1.47 万公顷、城市绿地 1 158公顷、新增和恢复湿地 2 223 公顷。全市森林覆盖率达到 44.40％，平原地区森林覆盖率达到 30.4％；城市绿化覆盖率达到 48.90％，人均公共绿地面积达到 16.50 米^2，全面完成“十三五”规划确定的各项指标任务。全市完成新增造林 21 万亩。累计完成新一轮百万亩造林 70 万亩。持续推进冬奥会和冬残奥会生态保障，实施市郊铁路怀密线绿化建设面积 1.35 万亩。推进“绿色项链”建设新增绿化面积 6 800 余亩，改造提升 1 166 亩。重点推进五福堂公园、京城梨园二期等 4 个公园建设，实现了一绿地区城市公园环百园闭合；利用边角地、农村沟路河渠村周边挖潜增绿，实施乡村绿化美化 4 200 亩。

【党和国家领导人参加义务植树活动】 4 月 3 日，党和国家领导人习近平、李克强、栗战书、汪洋、王沪宁、赵乐际、韩正、王岐山等在北京市、国家林业和草原局主要领导陪同下，到北京市大兴区旧宫镇参加首都义务植树活动。栽种了油松、国槐、杏梅、元宝枫、西府海棠、金银木、红瑞木等树木。

【全国政协领导参加义务植树活动】 4 月 9 日，全国政协副主席张庆黎、刘奇葆、万钢、卢展工、王正伟、马飚、杨传堂、李斌、巴特尔、汪永清、苏辉、刘新成、何维、邵鸿、高云龙和全国政协机关干部职工 100 余人，来到北京市海淀区西山国家森林公园参加义务植树活动。共栽下白皮松、栾树、稠李、山桃、连翘等乔灌木 400 余株。

【中央军委领导参加义务植树活动】 4 月 10 日，中共中央政治局委员、中央军委副主席许其亮、张又侠，中央军委委员魏凤和、李作成、苗华、张升民以及驻京大单位、军委机关各部门和北京市主要领导陪同下。到丰台区丽泽金融商务区植树地块，参加义务植树活动。这是中央军委和驻京大单位领导连续第 38 年集体参加首都义务植树活动。长期以来，驻京部队先后参加二环至六环路、机场高速路、京津城际铁路、奥林匹克中心区、怀柔 APEC 主会场等 260 多个重点地区绿化及天坛公园、明城墙遗址公园、丰台园博园等 60 多个大型公园和 320 多处休闲林地建设。经过一个多小时的劳动，共栽种白皮松、栾树、榆叶梅、玉兰、海棠、银杏等 800 余株。

【共和国部长参加义务植树活动】 4 月 11 日，2020 年共和国部长义务植树活动在北京市通州区北京副中心城市绿心地块举行。来自中共中央直属机关、中央国家机关各部门和北京市的128名部级领导干部参加义务植树活动，共栽下油松、法桐、银杏、国槐、八棱海棠等树木2 050株。

【全国人大常委会领导参加义务植树活动】4月15日，全国人大常委会副委员长张春贤、沈跃跃、吉炳轩、艾力更·依明巴海、陈竺、王东明、白玛赤林、蔡达峰、武维华，全国人大常委会秘书长，副秘书长、机关党组成员，各专门委员会、工作委员会负责人，在北京市常委会领导的陪同下，来到北京市丰台区青龙湖植树场地参加义务植树活动。2019年起，全国人大义务植树场地选定在丰台区青龙湖植树场地，该场地位于丰台区与房山区交界处，规划面积575亩共栽种百余株油松、银杏、元宝枫等树苗，为首都的春天增添新绿。

【新一轮百万亩造林绿化工程】年内，全市计划完成新增造林1.13万公顷，实际完成造林绿化1.47万公顷，其中完成当年任务1.30万公顷、完成2019年扫尾任务0.17万公顷。

【2022年北京冬季奥运会绿化建设】年内，北京冬奥会绿化任务，主要涉及五条重要通道、四条市政道路及场馆周边区域绿化建设。2020年启动了京张高铁通道绿化建设，涉及昌平、延庆2区和市十三陵林场，总任务625.75公顷，其中新增造林525.53公顷、改造提升100.22公顷，累计栽植乔木26万株，全力保障通车两侧景观效果。2020年在延庆冬奥赛区周边浅山台地、平缓地重点区域，实施大尺度造林绿化454公顷，栽植各类苗木35.3万株。2020年在延庆冬奥赛区周边继续实施平原重点区域及道路两侧0.97万公顷生态林养护工程已全部完工，继续实施森林健康经营0.70万公顷，国家公益林管护抚育工程1 933.33公顷，依托2020年新一轮百万亩造林京张高铁昌平段绿色通道建设工程实施，山体创面面积38公顷。

【疏解整治“留白增绿”】年内，北京市园林绿化局落实《北京城市总体规划（2016—2035年）》，全市2020年围绕“一核一主一副、两轴多点一区”的城市布局，共实施“留白增绿”950公顷，其中涉及园林绿化任务866公顷。以大力推动建设多种形态的城市森林、小微绿地和城市公园为抓手，通过“留白增绿”工程在核心区、中心城区、城市副中心、平原新城及生态涵养区，打通景观节点进一步扩大绿色生态空间，将任务分解为76个项目，涉及14个区，其中与新一轮百万亩统筹实施的49个项目，单独立项实施的27个项目。截至年底，全市“留白增绿”园林绿化部分完成率达101%。

【打响污染防治攻坚战】年内，按照市政府制订的《北京市污染防治攻坚战2020年行动计划》任务分工。2020年，蓝天保卫战主要开展工作如下。①印发《北京市园林绿化行业蓝天保卫战2020年行动计划工作落实方案》和《关于报送2020年新一轮百万亩造林绿化项目安装远程监控系统计划表的通知》等一系列文件，严格落实园林绿化行业扬尘污染防治各项措施。②碧水保卫战。完成新增水源涵养林1 473.33公顷，涉及怀柔、密云、延庆、房山区的平原造林、库滨带、京津风沙源、太行山绿化任务。③净土保卫战。会同市生态环境局指导平谷、通州等各相关区建立、完善区级果园用地土壤分类清单。完成11个受污染果园土壤、果品重金属含量协同监测；继续推进全市13个区3 333.33公顷果园用地有机肥替代化肥试点工作，累计施用有机肥10万吨。

【全力推进建立林长制】年内，落实最严格的生态保护制度，建立健全森林资源管理体系，压实各级党委保护发展森林资源责任，开展了推进林长制改革工作研究，学习借鉴相关省份实施林长制的主要做法经验，深入区、乡镇开展专题调研，制订《关于推进林长制全面建立的工作方案》，起草完成《北京市关于全面建立林长制的实施意见》。

【永定河综合治理与生态修复】从2016年工程项目启动到2020年年底，北京市园林绿化局负责8项任务已经全部完成。正在滚动施工建设的5项（门头沟区永定河和清水河水源涵养林工程0.94万公顷，门头沟区永定河河岸景观林建设工程0.14万公顷，门头沟区永定河森林质量精准提升工程1.37万公顷，门头沟区清水河森林质量精准提升工程0.94万公顷石景山首钢遗址公园绿化和水系建设工程200公顷）。累计完成新增造林1.14万公顷、森林质量精准提升2.09万公顷。建设湿地公园1处，新增湿地80公顷。完成丰台北天堂滨水郊野森林公园和门头沟永定河滨水森林公园绿化建设。

【完成京津风沙源治理二期工程】年内，通过对宜林荒山荒地进行植树造林和生态修复，增强生态功能，提升生态景观；对不适于开展造林地采取封山育林措施，利用人工手段促进天然更新，提升质量效益。完成京津风沙源治理二期工程困难地造林666.67公顷，封山育林2.67万公顷，人工种草1 066.67公顷。工程涉及门头沟、房山、昌平、怀柔、密云、延庆六区和京西林场。

【太行山绿化工程三期完成情况良好】年内，三期工程完成情况（2011—2020年）良好。国家下达北京市太行山绿化工程营造林任务1.57万公顷，人工造林0.63万公顷，封山育林0.94万公顷。太行山地区实际完成营造林任务18.02万公顷，超额完成国家下达计划任务。

【湿地修复建设】2020年，结合新一轮百万亩造林绿化行动计划，以温榆河公园、南苑森林湿地公园、新西风渠湿地公园建设为重点，加大湿地恢复与建设力度，全年恢复建设湿地2 223公顷。

【实施美丽乡村绿化美化】年内，制订了《北京市园林绿化局贯彻乡村振兴战略推进美丽乡村建设2020年度任务分工方案》《乡村绿化美化设计方案编制指导意见》，指导相关区做好村庄绿化美化设计方案的编制工作；村庄绿化美化完成372.13公顷，超额完成280公顷年度建设任务；结合年度造林绿化工作，完成了20处“村头一片林”建设；创建首都森林城镇6个和首都绿色村庄50个。

【国家森林城市创建】年内，制订了《关于全面实施〈北京森林城市发展规划（2018—2035年）〉的指导意见》，对各区科学把握森林城市创建进度和建设要求，实现全市森林城市发展建设的总体目标，完成国家森林城市建设任务提出了具体要求。指导通州、怀柔、密云3个区依据本区国家森林城市建设总体规划，全面完成年度任务目标，3个区的创森指标均已达到国家森林城市指标要求。指导海淀区全面启动创森工作，6月完成了在国家林草局的创森备案工作，实现全市有条件的14个区全部完成创森备案的目标。指导大兴区、朝阳区、丰台区完成了本区国家森林城市建设总体规划的编制工作。指导门头沟、石景山、房山、昌平4个区按照本区国家森林城市建设总体规划和实施方案，细化任务分工，推动各项创森年度任务顺利完成。

【首都森林城镇创建】年内，制订了《首都森林城镇创建评比办法（试行）》，明确了创建申请、材料报送、评比审查、称号批准等内容，对创建程序进行了规范。研究出台了《首都森林城镇评价指标》。通过民主推荐，专家审核，社会公示，门头沟区雁翅镇、房山区张坊镇、顺义区张镇、大兴区庞各庄镇、平谷区夏各庄镇、怀柔区渤海镇6个单位被评为“首都森林城镇”，全市10个区的50个村被评为“首都绿色村庄”。

【古树名木保护】年内，据最新普查统计，全市共有古树名木41 865株，其中古树40 527株，占全市古树名木总株数的96.8%。2020年，组织开展全市名木资源调查，并完成《北京市古树名木保护规划（2020—2035年）》（修改稿）编制工作。制订《进一步加强首都古树名木保护管理意见》《首都古树名木检查考核方案》，按照“四级管理、常态检查、量化考核、奖优罚劣”的目标和涵盖内业、外业两大部分24项具体指标的检查考核标准，在各区、各单位自查考核的基础上进行抽查、复查，全面推进古树名木责任制的深入落实，初步实现株株有档案、棵棵有人管。

【新型集体林场试点建设】全市在门头沟、房山、通州、顺义、大兴、昌平、怀柔、密云和延庆9个区建成42个新型集体林场试点，经营管理范围涉及9个区、49个乡镇、765个村，面积达到3.03万公顷。探索当地农民就业增收新途径，为当地创造8 108个就业岗位，聘用当地农民6 491人，占就业岗位的80.1%。

【彩色树种造林工程】年内，完成营造彩叶景观林完成栽植726.67公顷。主要围绕全市风景名胜区、生态旅游区、民俗旅游区等重点区域周边，增加黄栌、元宝枫等彩色树种，丰富森林景观色调，提升生态旅游环境质量。涉及密云、怀柔等7个区，工程建设资金由各区在市级转移支付资金中安排。

【森林健康经营】年内，全市山区森林经营工作任务面积4.67万公顷，包括山区森林健康经营项目3.87万公顷、国家级公益林管护抚育项目0.80万公顷，任务共涉及全市10个山区及半山区。截至2020年年底，两项目共开展森林经营林木抚育作业4.68万公顷，建设森林质量精准提升示范区18处，实现“十三五”森林经营林木抚育的总体任务目标。

【公路河道绿化工程】年内，实施公路河道绿化栽植150千米。主要在区、乡镇和村级道路两侧增加景观树种，提升生态防护功能和绿色廊道景观效果。涉及丰台、房山、密云等6个区，资金由各区在市级转移支付资金中安排。

【退耕还林后续政策研究】北京市退耕还林工程于2000年开始试点，到2004年，北京市退耕还林工程累计完成造林7万公顷，其中：退耕地造林3.67万公顷，配套荒山荒地造林3.33万公顷，涉及7个区、95个乡镇、1 426个村、18.23万农户。2019年年底，国家补助政策全部到期。北京市制订《北京市关于完善退耕还林后续政策的意见》，主要内容包括：将水库周边等部分生态区位重要的退耕还林调整为生态公益林，调整后，由乡镇政府统一经营管理，市级财政按照每年每亩1 000元的土地流转费和每年每平方米1元的林木养护费给予补助；对部分继续由农户经营管护的生态与经济兼用林，市级财政按照每年每亩500元的标准给予补贴；统筹农村扶持政策，扶持退耕农户发展林果产业；创新退耕农户发展模式，提升退耕农户经营管理水平，促进退耕还林适度规模经营，拓宽退耕农户就业增收渠道。根据市级抽查结果，2020年核定纳入退耕还林后续政策的退耕还林面积共2.01万公顷，包括调整为生态公益林5 786.67公顷、生态经济兼用林1.43万公顷。按照退耕还林后续政策核算，2020年共安排市级补助资金1.94亿元，其中土地流转补助资金0.87亿元、生态经济兼用林管护补助资金1.07亿元。

【自然保护地管理】 全市自然保护地实际覆盖面积3 680.40千米^2，占市域面积22.43%。不含风景名胜区的自然保护地包括4类、68处。按类型分：自然保护区21处、森林公园31处、湿地公园10处、地质公园6处，2020年，编制《北京市自然保护地整合优化预案》；全市自然保护地整合优化后总面积为2 755.48千米^2，占市域面积的16.8%。制订《北京市关于建立以国家公园为主体的自然保护地体系的实施意见》。

【生态环境损害赔偿】 年内，按照《北京市生态环境损害赔偿制度改革工作实施方案》《北京市生态环境损害赔偿制度改革领导小组关于印发〈生态环境损害赔偿八项配套制度〉的通知》规定，按照职责分工，开展生态环境损害赔偿工作。4月，组织领导小组办公室会议，9月、10月，召开生态环境损害赔偿典型案件调研座谈会、生态环境损害赔偿案件研讨会，针对怀柔徐平南擅自改变林地用途案和北京玉盛祥石材有限责任公司无证开采毁坏大片林地警示案例进行专题研究。为做好园林绿化领域生态环境损害调查，编制《园林绿化生态环境损害调查报告》《园林绿化生态环境损害调查工作规定(试行)》，并要求结合森林督查、自然保护地大检查等资源普查检查、园林绿化用地土壤污染状况详查和资源监测，查明园林绿化领域内生态环境损害情况，本着“谁破坏谁修复和先易后难”的原则，编制《生态环境损害调查报告》。

【森林防火】 年内，共发生森林火情9起，同比上一年度森林防火期减少50%，未发生重特大森林火灾，未发生人员伤亡事故。结合机构改革成立森林防火处，12月22日森林公安机关管理体制调整工作基本完成。完善林区森林防火预防体系建设。目前全市已建成森林防火视频监控系统527套，林区覆盖率达到62.3%；开设防火隔离带4 753.4千米、防火道路4 939.82千米；全市建有森林防火瞭望塔212座、临时性森林防火检查站527座，并配备生态林管护员和护林员5万余名、巡查队197支2 000余人。

【林业有害生物防控】 年内，林业有害生物发生面积3.13万公顷，其中常发性林业有害生物发生面积2.85万公顷，检疫性、危险性林业有害生物为美国白蛾、红脂大小蠹、白蜡窄吉丁等发生面积2 813.33公顷。北京市16个区及北京经济技术开发区共有林业有害生物防控国家级中心测报点10个，市级监测测报点555个，区级监测测报点3 486个，专门用于春尺蠖、国槐尺蠖、杨扇舟蛾等40余种常发性林业有害生物的日常监测。完成“四率”指标任务，未出现美国白蛾等林业有害生物吃光吃花现象。开展以美国白蛾为主的林业有害生物预防、除治工作，防治作业面积共计26.15万公顷次。

【健康步道建设】 年内，完善绿道功能布局，建设完成通州区重要生态游憩带、延庆蔡家河绿道94.5千米，构建多功能多层次的绿道系统，为市民提供多样化的绿色休闲空间。

【首都绿化美化评比表彰】 年内，对2019年度评选出的500名首都绿化美化先进个人和400个首都绿化美化先进集体进行了表彰奖励。以北京市人民政府、首都绿化委员会名义向103位中央部级、驻京部队军职领导致感谢信。门头沟区永定镇、房山区张坊镇、顺义区张镇、大兴区庞各庄镇、平谷区夏各庄镇、怀柔区渤海镇6个镇被评为“首都森林城镇”，全市10个区的50个村被评为“首都绿色村庄”。

【加强松材线虫病防控】 1月9日，北京市园林绿化局（首都绿化办）党组会对松材线虫病防控工作进行了部署。北京园林绿化局就松材线虫病的危害、北京市松树资源、面临形势及防控措施等情况向市政府提交书面报告。组织开展2020年松材线虫病春秋两季普查工作，按照“监测全覆盖，普查无盲区、疑似尽排查”的工作要求，组织全市做好2020年春秋两季松材线虫病普查工作，累计在密云、怀柔、平谷、昌平、房山、门头沟等6个区完成了19架次的监测作业飞行任务，监测面积达1.71万公顷。

【野生动物保护管理】 2020年，根据全国人大常委会《关于全面禁止非法野生动物交易、革除滥食野生动物陋习、切实保障人民群众生命健康安全的决定》，制订并印发了贯彻落实该决定的工作方案，明确了13项具体任务。会同市公安、农业农村、市场监督、城管执法等部门印发了《北京市野生动物保护专项执法行动工作方案》。深入开展春季和秋冬季野生动植物保护和疫源疫病监测防控督导检查工作。及时出台《北京市野生动物保护条例》。市人大常委会于4月24日审议通过《北京市野生动物保护管理条例》，6月1日起施行。制订《北京市园林绿化局关于稳妥做好禁食野生动物后续专项工作方案》，确定了补偿对象和全市统一的补偿标准，指导各相关区具体落实与养殖户进行沟通协调，根据不同养殖户的情况，制订“一户一策”处置补偿方案。全面开展野保专题宣传教育活动，提升全社会保护意识。充分利用“世界野生动植物日”“保护野生动物宣传月”“《北京市野生动物保护条例》实施日”等关键节点加大宣传力度。自2020年1月以来，全市共组织开展野生动物保护专题宣传活动60余次，设置宣传展板、横幅等2万件，发放各类宣传材料210余万份，宣传教育公众204万余人次。

【野生动物疫源疫病日常监测】 年内，全市16个区园林绿化局野生动物监测主管部门和10个国家级、34个市级陆生野生动物疫源疫病监测站，按要求每天完成野生动物疫源疫病监测巡查工作。截至2020年10月中旬，共接收到各监测站上报监测记录73 448条，监测到野生鸟类322.53万只。

【林木病虫害监测】 年内，在完善国家级、市级、区级三级测报监测预报网络体系的基础上，应用先进技术，以语音报送、测报App、自动测控物联网、远程监控、无人机监测等多种技术手段实现精准测报。其中通过“林业有害生物测报预警App”共上报数据34 775条；“社会虫情上报”平台关注用户共2 789人，共上报虫情条数1 845条。全年完成飞防作业986架次。针对近年浅山区突发的栎纷舟蛾、黄连木尺蠖、鹅耳枥缀叶丛螟等虫害，加大新产品示范推广，通过卵期释放赤眼蜂寄生、幼虫期释放蠋蝽捕食和成虫期采取高压汞灯诱杀成虫等综合绿色防控方法进行防治。

【推进林木病虫害京津冀协同防控】 年内，组织召开京津冀联席会商会，对冬奥会赛场及周边松材线虫病等重大林业有害生物防控检疫工作进行联合调研会商，组织完成“2020年京冀林业有害生物防控区域合作项目”实施任务，结合河北省实际和需求，支援河北环北京周边25个县市高射程车载风送式喷雾机、太阳能诱虫灯和多种诱捕器等防治、监测设备和药剂等基础设施。将雄安新区划入京津冀林业有害生物协同防控联动京南片区，并将雄安新区纳入“京冀林业有害生物跨区域合作项目”实施范围，向雄安新区规划建设局移交了价值55.6万元的林业生物灾害监测和防治用品，同时北京市通州区和雄安新区“新两翼”建立合作意向。

耕地保护与高标准农田建设

【高标准农田建设】 年内，完成了国家4万亩高标准农田建设任务，建设内容主要包括土地平整、土壤改良、灌溉与排水、田间道路工程、农田防护与生态环境保持、农田输配电、高标准农田综合效果监测等。

（王朗）

【耕地土壤环境质量分类管理】 印发《关于做好耕地分类管理工作的通知》（京政农发〔2020〕20号），开展耕地分类管理工作，在全国率先建立耕地土壤环境质量类别分类清单调整更新机制，完成了2020年度调整更新工作，类别划分成果报农业农村部和生态环境部，全市受污染耕地安全利用率达到100%。

（田亦平）

【耕地质量长期定位监测】 布置170个长期耕地质量定位监测点，基本覆盖全市的土壤类型、主要种植乡镇、主要种植作物及特色果蔬，完成158个样品采集与调查，编写了《2019年度北京市耕地肥力质量长期定位监测报告》。

（何威明）

【耕地质量评价】完成 300 个市级耕地质量等级评价点位的采样调查。更新全市 2019 年度耕地质量数据库建设，累计审核 300 个市级耕地质量评价点位的基础设施、农事管理、理化性状等属性数据 2.7 万项次，积极协调收集 2019 年全市土地利用现状图、“三调”图和行政区划图等空间数据。完成 2018 年度全市耕地质量评价工作，形成《2018 年度北京市耕地质量评价报告》，并完成自然资源负债表编制上报。

（何威明）

水利建设与管理

【农村供水情况】全市 182 个乡镇 3 920 个行政村共建有农村供水工程 3 269 处。按照水利部评价标准，农村地区自来水普及率达到 99%以上，供水保证率持续稳定在 95%以上，两项指标均位居全国前列。

（万敏波）

【农村污水治理】年内，新增 300 个村完成生活污水治理任务，全市农村生活污水处理设施覆盖的村庄总数达到 1 806 个，农村生活污水处理设施覆盖率达到 50%以上。在大兴、昌平、通州等区积极推广小型一体化粪污处理设施试点应用进万户，积极探索符合农村实际的改水改厕技术模式。

（赵锦一）

【开展农村饮用水监测】印发《2020 年北京市生活饮用水卫生监测工作方案》，在 13 个涉农区开展农村生活饮用水监测，掌握生活饮用水卫生安全状况及其变化，及时发现饮水卫生安全隐患，为政府决策和保障生活饮用水卫生安全提供技术支撑。

（万敏波）

【保证供水安全】印发《北京市进一步加强农村供水规范化管理 2020 年行动方案》，组织开展供水工程消毒设施安装配备行动，3 269 处农村供水工程全部安装消毒设施，安装率 100%。

（万敏波）

【提升农村地区集中供水工程规范化管理能力】2020 年 6 月，北京市水务局印发《北京市乡镇集中供水厂规范化管理评估工作方案》（京水务供〔2020〕14 号），组织对全市 100 座乡镇集中供水厂开展评估评测、整改提升工作，按照 A、B、C、D 四个级别评定乡镇集中供水厂规范化管理水平，针对现状农村地区供水设施存在的运行管理水平偏低、专业技术水平薄弱等情况，“一厂一策”分类提出改进要求，提供市级层面技术和人员支持，带动北京市农村供水规范化管理水平整体提升。

（张祎）

【推进农村集中供水精准计量工作】截至 2020 年 12 月，全市农村集中供水设施全部安装供水总表，计量率已达 100%，较年初提高了 22 个百分点，农村地区实现了集中供水设施总表计量全覆盖。通过供水精准计量，用水合理收费，农村地区居民用水习惯得到根本转变，节水意识显著增强。

（张祎）

公路建设与运输

【乡镇和建制村通客车质量评估】7 月，在交通运输部组织的乡镇和建制村通客车质量第三方评估检查中，北京市综合评分全国领先，农村客运可持续稳定发展机制较为完善，农村客运服务水平和人民群众满意度高，评估等级为“好”。

（印良智）

【“最美乡村路”评选】10 月，市交通委组织开展“最美乡村路”创建活动。全市 10 个区共对 66 条总长 226 千米的乡村公路开展创建示范。最终评出 15 条共计 60 千米的最美乡村路，其中通州、顺义、大兴、房山、延庆区各 2 条，怀柔、密云、平谷、门头沟、昌平区各 1 条。分别为：通州区西集镇北运河大堤路、于家务乡新张南路，顺义区大孙各庄孙四路、马坡镇综合路，怀柔区喇叭沟门乡喇碾路，密云区太师屯镇久黄路，平谷区镇罗营镇东寺峪路，大兴区青云店镇西孝营路、魏善庄镇镇区北路，房山区张坊镇采摘观光大道、十渡镇东太平路，门头沟区斋堂镇火村路，昌平区北七家镇郑回路，延庆区大庄科乡莲花山路、张山营镇西西路。

（印良智、刘静、毕保磊）

【郊区公交行业管理】 年内，全市郊区客运行业新增、更新新能源公交车辆64辆，新开及优化调整郊区公交线路28条。

（陈杰）

【城乡交通运输一体化发展水平评价】 年内，交通运输部组织开展城乡交通运输一体化发展水平评价。从城乡交通运输一体化发展环境、基础设施一体化发展水平、客运服务一体化发展水平以及货运物流服务一体化发展水平等4个方面，包括农村公路等级路率、优良中等路率、建制村通客车率等20项指标进行考核评分，北京市总体评价为最高等级5A级，得分在全国名列前茅，13个参评涉农区全部被评为最高等级5A级。

（印良智、许国华、徐婧芸）

气候概况与气候评价

【概况】 2020年北京地区平均气温较常年（1981—2010年平均值，下同）略偏高。冬季气温偏高，春、夏季气温略偏高，秋季气温接近常年同期。平均年降水量接近常年。冬、春季降水偏多，夏、秋季降水接近常年。其中，2月降水量为1961年以来同期最多。平均日照时数接近常年。2020年北京地区（以观象台为代表站）高温日数、大风日数、沙尘日数和雾日数均偏少。高影响天气主要有暴雨、大风、寒潮、高温、沙尘等。气候条件对冬小麦和春、夏玉米的生长发育及产量总体比较有利；气候条件有利于水库蓄水；夏季高温及寒潮对北京电力负荷产生较大影响。2020年大风和暴雨等天气对北京地区造成了不同程度的交通中断和气象灾害。

【气温】 年平均气温略偏高。2020年北京地区平均气温为12.1℃，比常年（11.5℃）偏高0.6℃，比2019年（12.5℃）偏低0.4℃。空间分布上，西部和北部山区气温为6～11℃，其他大部地区气温介于12～15℃。与常年相比，朝阳、丰台和延庆3站气温偏高1℃以上，其他各站气温接近常年或略偏高。

高温日数偏少。2020年北京观象台（北京地区代表站）高温日数（日最高气温≥35℃，下同）为8天，比常年（12.3天）偏少。观象台极端最高气温为37.8℃，出现在8月4日；观象台极端最低气温为－12.8℃，出现在12月30日。年内，7月、10月和12月平均气温偏低，其中12月气温偏低1.5℃，为近十年同期第二低值；4月、5月气温接近常年同期；其余各月气温偏高，其中3月气温偏高2.2℃，为近十年同期第三高值；6月气温偏高1.7℃，为1961年以来同期第四高值。

年内，7月、10月和12月平均气温偏低，其中12月气温偏低1.5℃，为近十年同期第二低值；4月、5月气温接近常年同期；其余各月气温偏高，其中3月气温偏高2.2℃，为近十年同期第三高值；6月气温偏高1.7℃，为1961年以来同期第四高值。

冬季气温偏高，春季和夏季气温略偏高，秋季气温接近常年同期，具体如下：冬季（2019年12月至2020年2月）平均气温为－1.9℃，比常年同期（－3.1℃）偏高1.2℃；春季（3—5月）平均气温为13.8℃，比常年同期（13℃）偏高0.8℃；夏季（6—8月）平均气温为25.1℃，比常年同期（24.5℃）偏高0.6℃；秋季（9—11月）平均气温为11.8℃，比常年同期（11.4℃）偏高0.4℃。

【降水】 年降水量接近常年。2020年北京地区平均降水量为568.0毫米，接近常年（540.7毫米），比2019年（512.1毫米）偏多10.9%。空间分布上，大部分气象站降水量在400～750毫米，佛爷顶站降水量最多，为734.0毫米；通州站降水量最少，为437.7毫米。与常年相比，海淀、石景山、昌平、汤河口、佛爷顶和延庆等站降水偏多二成至四成，平谷站降水偏少二成至三成，其他站降水接近常年。

年降水日数接近常年。观象台降水日数为68天，接近常年（66.3天）。观象台最大日降水量为

61.4毫米，出现在8月24日。年内2月、5月、8月、11月降水量偏多，6月、7月、10月降水量偏少，其余各月降水量接近常年同期。其中，2月降水量（27.8毫米）为1961年以来同期最多。

冬、春季降水偏多，夏、秋季降水接近常年同期，具体如下：冬季（2019年12月至2020年2月）北京地区平均降水量为38.3毫米，比常年同期（8.3毫米）偏多近4倍；春季（3—5月）为83.7毫米，比常年同期（73.3毫米）偏多一成；夏季（6—8月）为366.8毫米，接近常年同期（373.1毫米）；秋季（9—11月）为85.2毫米，接近常年同期（85.9毫米）。

【日照】 2020年北京地区平均日照时数为2 322.4小时，接近常年同期（2 491.4小时）。其中，3月、4月和12月日照时数较常年同期略偏多，5—9月日照时数略偏少，其他各月接近常年同期。

【大风、沙尘、雾和霾】 2020年观象台大风日数为4天，比常年（9.6天）偏少。沙尘日数为2天，比常年（8.4天）偏少。雾和霾日数为7天，比常年（13.4天）偏少。

【2020年高影响天气气候事件】

1. 强降水。2月最大日降水量超历史同期极值。2月13—14日，北京地区出现2019—2020年冬季最明显降水过程，平均降水量为22.2毫米，20个国家级气象站中有14个站的日降水量超过冬季单日降水量的历史极值。

8月12—13日，北京大部分地区出现暴雨过程，平均降水量为79.2毫米，其中，20个国家级气象站中有6个站雨量达到大暴雨量级，10个站雨量达到暴雨量级，是北京地区2020年最强降雨过程。其中，石景山、海淀、丰台、昌平、怀柔、汤河口6个国家级气象站日降水量超过建站以来8月中旬历史极值，石景山站日降水量超过建站以来8月历史极值。

11月17日夜间至18日，北京出现明显降雨天气过程，大部分地区为中雨，北部和东部的局地为大雨，高海拔山区出现雨夹雪或雪。11月18日平均降水量为22毫米，20个国家级气象站中有11个站日降水量突破11月中旬日降水量历史极值，其中斋堂站和上甸子站日降水量突破11月日降水量历史极值。

2. 高温。4月30日，延庆站和佛爷顶站极端最高气温突破4月下旬历史同期极值，斋堂站与历史同期持平；其中，延庆站极端最高气温达到35.7℃，为1959年建站以来的最早高温日。

6月观象台高温日数为5天，接近常年同期（4.7天）。其中，6月6—7日和6月15—16日分别出现连续2天的高温天气过程，20个国家级气象站中最高气温达到38.3℃（昌平站）。

3. 沙尘。受上游沙尘输送和强冷空气的共同影响，5月11日傍晚开始，北京自西北向东南先后出现沙尘天气，PM10浓度逐渐升高。入夜后瞬时风力加大到7、8级，局地9级，沙尘天气明显加重，能见度显著下降，21时前后大部分地区能见度降至2～6千米（17时能见度为10～30千米）。

4. 寒潮。受来自西伯利亚的强冷空气影响，从12月29日开始北京地区气温明显下降，20个国家级气象站日最低气温均降至－12℃以下，山区部分气象站日最低气温降至－20℃以下，其中佛爷顶站极端最低气温创建站以来12月历史新低，达－26.4℃。11个国家级气象站日最低气温24小时内降温幅度超过8℃或48小时内降温幅度超过10℃，达到寒潮标准。其中，5个气象站日最低气温24小时内降温幅度超过10℃，达到强寒潮标准。

5. 大风。4月19—25日，北京观象台出现连续7天阵风6级及以上（日极大风速≥10.8米/秒）的大风天气过程，这是2020年持续时间最长的一次大风天气过程。

8月2日，部分地区出现强对流天气，并伴有瞬时风速7级以上大风。其中，朝阳和通州有6个站瞬时风速超过30米/秒，最大瞬时风速为通顺马场站的37.1米/秒（13级），为该站建站以来历史最大。20个国家级气象站中，昌平站极大风速达29.4米/秒（11级），为建站以来8月历史同期最大。

【气候影响评价】

2020年北京降水接近常年、气温略偏高、日照时数接近常年。气候条件对冬小麦和春、夏玉米的生长发育及产量总体比较有利；气候条件有利于水库蓄水；夏季高温及寒潮对北京电力负荷产生较大影响。2020年大风和暴雨等天气对北京地区造成了不同程度的交通中断和气象灾害。

1. 气候与农业

气候与冬小麦。北京地区2019—2020年冬小麦生长期间总体气候条件比较有利。播种—苗期气温偏高、降水偏多，对冬小麦出苗和苗期生长比较有利；冬前积温和抗寒锻炼充足，冬前苗情好于2019年；冬季气温基本适宜，总体气象条件利于冬小麦安全越冬；返青—起身期气温偏高，光照充足，有利于冬小麦返青期生长；起身—拔节期气温偏高，墒情适宜，利于小麦生长；拔节—抽穗期出现全市性降水天气，为小麦生长提供了较为充足的水分，奠定了良好的丰产基础；冬小麦生长后期降水偏少，对于小麦后期灌浆略有不利影响。

气候与春、夏玉米。2020年气象条件对玉米生产基本有利：春玉米播期与常年相比略有推迟，适播期内部分地块墒情不足，但春玉米大部分采用等雨播种技术，基本实现适墒播种。5月下旬山区春玉米处于苗期，山区降雨量较常年偏多，有利于苗期生长。6月下旬至7月上旬，北京地区降水量分布不均，大部地区降水偏少，出现了不同程度的旱象，天气条件对春夏玉米生长略有不利影响。7月上、中旬北京地区大部分地区降水量偏多，前期旱情得到了有效改善，有利于春玉米大喇叭口期生长。8月上中旬北京地区降水偏多，气温略偏高，气象条件对玉米后期营养生长比较有利。

2. 气候与水库蓄水。2020年北京延庆站降水量为595.8毫米，比常年（441.6毫米）偏多三至四成，有利于水库蓄水。2020年官厅水库水体面积为112.31千米^2，1986—2020年官厅水库水体面积平均为71.95千米^2，2020年较2019年面积增加26.21千米^2，达到历史最大值。

2020年北京密云站降水量为589.3毫米，接近常年同期（628.0毫米）。2020年密云水库水体面积为170.67千米^2，达到1999年以来（历史最大值为1997年的161.1千米^2）最大面积，高于1984—2019年平均值66.4千米^2，较2019年增加22.0千米^2，达到历史最大值。

3. 气候与供电。6月观象台高温日数为5天，其中6月6—7日和6月15—16日分别出现连续2天日最高气温超过35℃。连续出现的高温天气，使得城区用电处于高位运行状态。

12月末受寒潮天气影响，29日北京电网用电负荷达到2 288万千瓦，创冬季历史新高。北京西城、东城、丰台和昌平地区用电负荷首创新高。电网负荷高峰时段采暖负荷占比达到44.5%，突破2018年同期42.66%的历史极值。

4. 气候与交通。1月5—6日北京以及周边地区出现明显降雪天气过程，北京共有10条高速、1条环线，采取封闭措施。8月12日大雨过程造成首都机场取消航班183架次。

5. 气象灾情。3月18日北京出现大风天气，局地瞬时最大风速达11级，伴有扬沙，大兴、丰台、房山均出现大风灾害天气，部分树木、车辆、建筑外墙和农业设施受损。由于18日风势较大，傍晚到夜间先后发生三起山火，分别为延庆区永宁镇四司村东山、平谷区山东庄镇鱼子山村、房山区吕峪沟森林火灾。

7月6日傍晚，丰台、大兴等地出现暴雨冰雹天气，丰台区大红门地区京中汽雷日汽车有限公司，受损车辆约500多辆，估计损失1 000万元。

8月2日北京出现强对流天气，此次强对流造成的大风天气给朝阳部分地区造成较大损失，其中倒树292棵，金盏、崔各庄、孙河3个工地临时工棚和1个岗亭倾倒，80余间房屋不同程度受损。

8月12日北京大部分地区出现暴雨过程，是2020年入汛以来最强降雨过程。朝阳区三里屯大树倾倒，金泰桥、清苑路出现道路积水，造成短时断路的情况；丰台区部分地区车辆被淹，直接经济损失达22.3万元。

8月27日下午至前半夜房山区出现强对流天气，局地短时雨强较大，并伴有短时大风和冰雹，造成拱辰街道、青龙湖果各庄一些树木倒伏。

9月23日受冷涡云系影响，丰台区出现降水量22.5毫米的中雨过程，其中卢沟新桥站出现大雨天气（27.1毫米），造成直接经济损失11万元。

（张轶斐）

山 区 建 设

【生态沟域建设】 市级安排生态沟域指导性政策资金1亿元，推进栗花沟、潭柘寺禅意悦心等13条沟域建设，涉及门头沟、怀柔、密云、延庆、房山、昌平6个山区和顺义区龙湾屯、木林镇等30个乡镇、312个行政村、60.8万户。各相关区统筹使用沟域资金1.15亿元，整合部门政策资金及社会资金10多亿元，推进生态环境整治、生态建设和特色产业培育工程，整合农村资源要素，拓展农耕文化，引进现代管理，进行布点、连线、成片，建设生态沟域发展带。

（田亦平）

【完成大石窝镇林下经济试点建设】 打造出了辛庄等3个村的林下低密度油鸡养殖，广润庄等2个村的林下食用菌种植，南尚乐等3个村的林下中药材种植，北尚乐等3个村的林下花卉种植，王家磨等7个村的林下种草等林下经济建设，全镇林下经济面积达到4 000亩。

（万敏波）

【打造北京特色花田】 第十二届北京市月季文化节，展出1 000余个月季品种，100余万株（盆），举办了月季主题花园网络设计大赛及造园大赛、月季美图品鉴、月季主题摄影大赛，以及电商平台助农“带货”等活动；第十二届北京菊花文化节组织了形式多样的菊花文化活动，展示了北京市菊花名优新品种、新技术及应用。

【山区农民搬迁】 完成2019年山区搬迁建设，启动2020年山区搬迁工程。2019年启动的2 400户5 300人的搬迁工程达到入住条件。全市2020年度启动搬迁200户、800人，安置农宅的主体工程已基本完工，完成了年度工作任务。

（田亦平）

农业科技

综　述

年内，围绕农业“调转节”、现代种业发展、平谷农业科技创新示范区建设和数字乡村战略实施等，北京市深化农业供给侧结构性改革，强化农业科技创新与推广。通过实施精耕细作农艺模式、规范规模化畜禽养殖场养殖投入品使用、高效节水灌溉工程、水肥一体化和精准施肥技术、生物防治技术等多种途径，全市农业高效节水灌溉基本实现全覆盖，灌溉水有效利用系数提高到 0.75 以上，农业年用新水控制在 4.5 亿米^3 左右，化肥利用率提高到 40％以上，农药利用率提高到 45％以上，化肥、农药使用量比 2015 年分别下降 28％、15％。实施北京现代种业发展三年行动计划，形成集研发、展示、示范、交易、服务于一体的全产业链。制订实施平谷区农业科技创新三年行动计划，探索“政府＋科研院所高等学校＋企业”的合作模式，打造产学研深度融合平台，建设北京平谷国家农业科技园区和北京京瓦农业科技创新中心。实施数字乡村战略，加强数字农业农村系统建设，推进农产品全产业链大数据应用。

科技推广与科技成果

【农业转基因生物安全监管】制定印发《北京市 2020 年农业转基因生物安全监管方案》（京农基安办字〔2020〕1 号）等 5 个工作方案；与 34 家在京从事转基因安全评价项目的试验单位签订承诺书；对 501 项安全评价项目进行全面监管，项目覆盖率 100％，未出现违法违规现象；针对品种审定环节，严格落实相关要求，未获得农业转基因生物生产应用安全证书的品种一律不得进入区域试验和品种审定，并委托农业农村部种子监督检验测试中心（北京）在播种前对所有参试种 103 份进行转基因成分检测；针对种子生产经营环节，与近 200 家种子企业、销售商及门店签订了种子经营承诺书，并对大田种植、制种田和生产经营单位开展转基因成分检测工作，共抽取样品 217 份，涉及亩数 3 630亩，检查企业、门店总数 62 家，检测样品总数 103 份；针对进口加工转基因加工申请环节，对 3 家进口单位申报进口转基因原料存在的问题进行了监督整改，并组织相关专家对申请转基因生产许可证的 2 家企业进行现场核查。2020 年，北京市转基因生物安全监管工作受到了农业农村部的通报表扬。

（范子文）

【推动平谷区农业科技创新中心建设】编制《平谷区农业科技创新及产业提升三年行动计划（2020—2022 年）》，对平谷区农业科技创新示范区建设定位、重点任务分工进行了明确，正式启动平谷区农业科技创新示范区建设。

（初蔚琳）

【发布《2020 年北京市农业主推技术推荐目录》】

为加快农业先进适用技术的推广应用，围绕“绿色发展、营养安全、优质高效、智慧农业”四个方面，发布了《2020 年北京市农业主推技术推荐目录》，含农业主推技术 31 项。

（初蔚琳）

【建设农业科技示范展示基地】根据农业农村部办公厅有关文件要求，全市上报并获批国家现代农业科技示范展示基地（小汤山）、国家现代农业科技示范展示基地（昌平）、国家现代农业科技示范展示基地（通州）3 个；制定《2020 年北京市农业科技示范基地项目实施方案》，研究管理细化管理措施。

（初蔚琳）

【现代农业北京市创新团队建设】继续围绕果类蔬菜、叶类蔬菜、家禽等 10 个全优势主导产业，全市继续建设 10 个现代农业产业技术体系北京市创新团队，聘任专家与技术人员 322 人，设置 10 个市级研发中心，47 个综合试验站，100 个农民田间学校工作站。着眼生产实际，组织需求调研 820 次，建立示范点 400 余个，示范推广品种 352 个、产品 192 项、适用技术 560 项；开展农民活动日、观摩、培训等活动 2 000 余次；种植行业示范区面积总计超过 1 万亩，养殖行业示范推广家禽超过 200 万只，奶牛约 13 万头次，生猪京内基本全覆盖，水产行业示范推广近 4 000 亩。

（刘自飞）

【基层农技推广体系建设指导意见发布】年内，出台《2020 年北京市基层农技推广体系改革与建设补助项目实施指导意见》，重点在大兴区、延庆区、平谷区、房山区、昌平区、顺义区等 6 个区，建设示范基地 12 个，培训农技人员 650 名，培育农业科技示范主体共计 700 人，辐射带动全市基层农校推广体系建设工作，逐步提升市、区和乡镇 340 个推广机构和 3 000 余名农技推广人员的服务能力。

（王东春）

2020 年度获奖成果名录

序号	成果名称	主要完成单位	主要完成人	奖项类别及等级	备注
1	高产优质、多抗广适玉米品种京科 968 的培育与应用	北京市农林科学院	赵久然、王元东、邢锦丰、王荣焕、刘春阁、宋伟、张华生、杨国航、陈传永、徐田军	国家科技进步奖二等奖	
2	优势天敌昆虫控制蔬菜重大害虫的关键技术及应用	浙江大学、北京市农林科学院、中国农业科学院植物保护研究所、全国农业技术推广服务中心、华南农业大学、浙江省国有农场管理总站（浙江省农产品质量安全中心）	陈学新、张帆、王甦、郭晓军	国家科技进步奖二等奖	
3	基于北斗的农业机械自动导航作业关键技术及应用	华南农业大学、北京农业智能装备技术研究中心、北京农业信息技术研究中心、雷沃重工股份有限公司、首都师范大学	罗锡文、赵春江、孟志军、陈立平、付卫强	国家科技进步奖二等奖	
4	猪圆环病毒病的免疫预防关键技术研究及应用	浙江大学、中国农业科学院哈尔滨兽医研究所、中国农业大学、北京市农林科学院、南京农业大学、天津瑞普生物技术股份有限公司、华派生物工程集团有限公司	周继勇、刘长明、刘爵、杨汉春、金玉兰、顾金燕、粟硕、李守军、邢刚、邱文英	国家科技进步奖二等奖	
5	南瓜优异种质创新和强优新品种的选育与推广	北京市农林科学院蔬菜研究中心、京研益农（北京）种业科技有限公司、北京京研益农科技发展中心	李海真、张国裕、张帆、贾长才、田佳星、张涛、谢水、张丽英、刘杰、张瑞芬、丁海凤、耿丽华、曹占山	北京市科技进步奖二等奖	

（续）

序号	成果名称	主要完成单位	主要完成人	奖项类别及等级	备注
6	设施蔬菜重要害虫配备式天敌增效控害技术研究与应用	北京市农林科学院、中国农业科学院蔬菜花卉研究所、天津市植物保护研究所、北京市大兴区植保植检站、北京市密云区植保植检站、河北省农林科学院植物保护研究所、山东省寿光蔬菜产业集团有限公司、潍坊学院	王甦、王少丽、郭晓军、李姝、肖达、刘佰明、张桂娟、张宁、张帆、李建成、国家进、赵静、邸宁、谢文	北京市科技进步奖二等奖（社会公益）	
7	京津冀大宗果品质量安全风险评估体系创建及应用	天津市农业质量标准与检测技术研究所、中国农业科学院果树研究所、北京农业质量标准与检测技术研究中心、河北省农林科学院农产品质量安全研究中心、青岛农业大学	陈秋生、聂继云、郭永泽、张强、李安、钱训、李娜、邵辉	2020年度天津市科技进步奖二等奖	参与完成
8	西瓜抗病、耐低温、耐储运种质创制与新品种选育及应用	河北省农林科学院经济作物研究所、北京市农林科学院、河北双星种业股份有限公司	武彦荣、许勇、党继革、潘秀清、任毅、高秀瑞、李冰、张敬敬、史宇凡、赵新芳	2019年度河北省科学技术奖一等奖	
9	果林信息精准智能咨询服务关键技术及多渠道平台研究应用	北京市农林科学院、北京林业大学、北京智农天地网络技术有限公司、北京环球森林科技有限公司	孙素芬、魏清凤、罗长寿、邱梓轩、郑亚明	2020年度梁希科学技术奖三等奖	
10	图—谱传感技术在农业智能装备中的研究与应用	郑州轻工业大学、北京农业智能装备技术研究中心	刁智华、李江波、黄文倩、毋媛媛、张驰、王庆艳、段丹丹、樊书祥、刁春迎、罗雅雯、田喜	2019年度河南省教育厅科技成果奖二等奖	
11	基于A5平台的物联网系统开发及应用	北京农业质量标准与检测技术研究中心	贾文珅、郑守国、陶军辉、陈早艳、邓玉琴	河北省科学技术进步奖三等奖	
12	生物质能源植物柳枝稷引种试验示范研究	宁夏大学、中国科学院水利部水土保持研究所、北京草业与环境研究发展中心、甘肃茂森生态环境建设有限责任公司、宁夏回族自治区国营前进农场	孙兆军、刘吉利、何俊、王芳、秦萍、马永清、范希峰	宁夏回族自治区科学技术进步奖三等奖	
13	农田信息空天地协同感知与精准管理技术及应用	浙江大学、北京农业信息技术研究中心、仲恺农业工程学院、浙江农业科学院、富士特有限公司、北方天途航空技术发展（北京）有限公司、零度智控（北京）智能科技有限公司、上海五铃光电科技有限公司	何勇、杨贵军、刘飞、岑海燕、聂鹏程、杨小冬、唐宇、吕晓男、何立文、陈建康、杨苡、杨建军、邓勋飞、乔维明、李振海	2019年度教育部高等学校科学研究优秀成果奖一等奖	
14	设施园艺环境智能监测及调控关键技术研究与集成应用	天津市气候中心、北京农业信息技术研究中心、天津农学院	黎贞发、李明、王铁、宫志宏、陈思宁、董朝阳、刘同海、李春	2019年度天津市科学技术进步奖二等奖	
15	果园数字化关键技术及智能装备创新与应用	四川省农业科学院农业信息与农村经济研究所、北京农业信息技术研究中心、中国农业科学院农业信息研究所、北京农业智能装备技术研究中心、四川省农业科学院、北京派得伟业科技发展有限公司	何鹏、周国民、郭新宇、高文波、刘强、王明飞、夏雪、张馨、李晓、柴秀娟、吴文彪、胡旭、郭秀明、吴升、于景鑫	2019年度四川省科学技术进步奖二等奖	

（续）

序号	成果名称	主要完成单位	主要完成人	奖项类别及等级	备注
16	农业智能装备中的图—谱传感信息获取关键技术及控制	郑州轻工业大学、北京农业智能装备技术研究中心、北京派得伟业科技发展有限公司	刁智华、黄文倩、李江波、毋媛媛、李清波、张驰、王子成、田喜、段丹丹、罗雅雯	2019年度河南省科技进步奖	
17	基于智能绿色品控的农产品电商大数据技术研发与应用	安徽农业大学、中邮（安徽）网络技术有限公司、北京农业智能装备技术研究中心、安徽大学	辜丽川、杜杨、李斌、王超、张以文、胡泽林	2019年度安徽省科学技术奖三等奖	
18	黄淮海集约农区氮磷面源污染防控关键技术与应用	山东省农业科学院农业资源与环境研究所、农业农村部环境保护科研监测所、河南省农业科学院植物营养与资源环境研究所、北京市农林科学院植物营养与资源研究所、山东黎昊源生物工程有限公司	李彦、张英鹏、安志装、王风、王艳芹、寇长林、刘兆辉、井永苹、李鹏	2019年度山东省科技进步奖一等奖	合作
19	赣紫山药1号选育及山药高产高效生产关键技术研究与应用	江西省宜春市农业科学研究所、江西农业大学、北京市农林科学院、万载县辉明有机农业科技开发有限公司	陈晓蓉、晏文武、朱业斌、周庆红、宋曙辉、高春生、魏建美、刘小辉、陈健萍、卢坚雯	2019年度江西省科学技术进步奖二等奖	参与
20	温室生境信息检测与环境控制技术及装备	北京农业智能装备技术研究中心	郑文刚、张馨	教育部高等学校科学研究优秀成果奖一等奖	

【《北京都市型现代农业产业发展报告（2020）》出版】为展示北京都市型现代农业发展成果和北京市创新团队对产业发展的技术支撑作用，由北京市农业农村局组织，现代农业产业技术体系北京市创新团队和有关专家学者编撰的《北京都市型现代农业产业发展报告（2020）》出版。该书共分两篇，其中第一篇为总论，对2019年北京都市型现代农业的发展概况、生产体系、产业体系、经营体系、支持与保障体系新动能与趋势等进行了论述，在此基础上，研究提出了未来农业发展趋势与展望。第二篇为分论，对果类蔬菜、叶类蔬菜、食用菌、粮经作物、西甜瓜、生猪、家禽、奶牛、观赏鱼和鲟鱼鲑鳟鱼等10个行业的年度发展状况进行了述评，突出展示了10个创新团队的作用与贡献，解剖了典型案例。全书共65.5万字，由中国财政经济出版社出版。

（范子文）

【组织实施农业科技项目45项】为提高北京市农业科技水平，2020年市农业农村局组织实施农业科技项目45项，项目资金共计1 900万元。项目实施单位包括市农科院、北京农学院、北京农职院以及市农业农村局所属的推广单位等17个，内容涵盖了新品种或特色品种试验示范与推广、绿色发展技术示范推广、营养安全技术示范推广、优质高效技术示范推广、智慧农业技术示范推广等。项目共建立示范点100余个，筛选示范的新品种20个，研发示范推广的新技术30余项、新产品10余项，集成推广新模式近20项，开展现场技术指导300余次，线上咨询指导2 000余次，指导合作社或企业等生产经营主体超过300次，指导农户超过1 000人。

（郑丽静）

【北京农学院获市农业技术推广奖5项】北京市农业农村局、北京市人力资源和社会保障局发布《关于2017—2019年度北京市农业技术推广奖表彰奖励的决定》，北京农学院作为第一完成单位获得农业技术推广奖5项。其中，“奶牛绿色无抗养殖关键技术研究与示范推广”项目获一等奖，“中兽药防治畜禽细菌性疾病关键技术集成与示范推广”项目获二等奖，“成龄低产果园提质增效技术研究与推广”“燕山板栗早熟品种和丰产优质生产关键技术示范与推广”“放养蛋鸡养殖与鸡蛋储运规范化配套技术示范推广”获三等奖。

（王磊）

【共建科技小院签约】 年内，北京农学会、北京农业职业学院、房山区科协共建科技小院签约仪式在房山区琉璃河镇周庄村（慧田蔬菜种植合作社科技小院）举行。三方签署《支持北京科技小院建设对接意向书》。活动由市科协倡导，在市委统战部牵头的北京科技小院“10＋2联盟”工作机制框架下，积极落实《北京市科协支持北京科技小院建设工作方案》，依托农学会科技和人才优势，与农职院开展合作共建北京科技小院，助力精准帮扶和乡村振兴。

（穆希维）

【启动与毛里求斯合作技术培训项目】 由市友协、市商务局、市科协、京促会等单位在2020年中国国际服务贸易交易会主会场共同举办“一带一路”国际青年创新创业论坛。农职院与北京农学会、毛里求斯社会服务理事会、毛里求斯福尔肯公民联盟、毛里求斯大学农学院共同开展的“丝路一家亲”食用菌种植技术培训项目合作在本次论坛上宣布启动。

（武晋）

【新品种通过国家林草局专家实质审查】 受国家林业和草原局植物新品种保护办公室的委托，黑龙江省林科所对农职院选育的“金星”新疆杨（Populus alba var. pyramidalis ‘Jinxing’）进行了现场实质审查。经现场实地DUS测试，专家组认为“金星”新疆杨具备植物新品种“特异性、一致性、稳定性”，符合植物新品种条件，同意通过实质审查。

（刘宪东、石进朝）

现代种业

【实施现代种业发展三年行动计划】 3月13日，印发《北京现代种业发展三年行动计划（2020—2022年）》，围绕农作物、畜禽、水产、林果4大种业，重点推进甘蓝等蔬菜、特色玉米、节水小麦、马铃薯、蛋鸡、生猪、奶牛、北京鸭、鲟鱼等冷水鱼、宫廷金鱼等观赏鱼、桃、乡土树种12个物种产业创新高质量发展，组织开展科技引领、产业提升、创新成果转化、发展环境优化四大行动，组织实施12项重点工程，做强创新链，做精产业链，提升价值链，优化服务链，有力支撑北京种业创新高质量发展。

（任辉霞）

【完成《北京市种子条例》立项论证工作】 9月2日，北京市农业农村局、北京市园林绿化局向北京市司法局报送《关于报送制定〈北京市种子条例〉立项论证报告的函》（京政农函〔2020〕56号）。11月12日，北京市司法局向市人大常委会农村办公室报送关于对修订《北京市实施〈中华人民共和国种子法〉办法》立项论证申请的审查意见的函（京司函〔2020〕358号），同意市农业农村局、市园林绿化局关于修订《实施办法》的立项论证申请。12月3日，市十五届人大常委会第六十九次主任会议听取了农村办公室关于制定《北京市种子条例》的立项论证报告，会议通过立项申请，同意采取废旧立新的方式，制定《北京市种子条例》。

（赵旻）

【启动“千村万户”良种更新工程】 印发《北京‘千村万户’良种更新工程（2020—2022年）实施方案》（京政农发〔2020〕110号），2020—2022年在全市启动实施“千村万户”良种更新工程，向京郊农民专业合作社和种养大户推广100个农作物、畜禽、水产特色品种。年内，率先实施冬小麦良种更新工作，制定了《2020年北京市冬小麦良种更新工作实施细则》，确定了每亩最高补贴120元的补贴标准。

（任辉霞）

【成功申报国家现代农业（畜禽种业）产业园】 4月27日，平谷区正式获得国家级现代农业（畜禽种业）产业园的创建资格。平谷区创建国家现代农业（畜禽种业）产业园是本市第一个以种业为主导产业的国家现代农业产业园，也是国家布局的第二个畜禽种业产业园。

（任辉霞）

【国家（北京）种业智库落地北京】 由国科现代农业产业科技创新研究院联合北京通州区国际种业科技园区等组建国家（北京）种业智库，10月21日正式挂牌成立。

（任辉霞）

【依法推进品种审定和品种登记工作】 4月28日，召开全市农作物品种审定委员会主任委员会第一次会议，共24个主要农作物品种公国审定，其中小麦2个、玉米19个、大豆3个。全年共受理非主要农作物审查品种登记395个；完成登记品种568个，涉及马铃薯、甘薯、谷子、高粱、豌豆、向日葵、甜菜、油菜、大白菜、结球甘蓝、黄瓜、番茄、辣椒、西瓜、甜瓜、葡萄共计16种作物。

（任辉霞）

【举办第二十八届北京种业大会座谈会】 10月18日，在丰台区举办了第二十八届北京种业大会座谈会，将北京种子大会升级为北京种业大会，从原来的蔬菜种子扩展到玉米、畜禽、水产种业。

（任辉霞）

【举办中国北京鲜食玉米大会】 7月10—12日，中国北京鲜食玉米大会暨北京鲜食玉米节在通州区举行。主会场在通州国际种业科技园区，设置房山、密云、海淀、昌平4个分会场。采取“线上为主、线下为辅”模式召开，内容涵盖鲜食玉米新优品种推介、科普知识传播、线上论坛讲座等。

（任辉霞）

【农业种质资源保护利用】 印发《关于开展农业种质资源保护单位确定和农业种质资源登记工作的通知》，对种质资源保护工作进行了部署安排，扎实组织做好农业种质资源保护单位确定工作，稳步推进农业种质资源登记工作，严格落实农业种质资源保护主体责任。制订农作物种质资源库（圃）、畜禽遗传资源保种场和基因库、水产原良种场和保种场管理规范等相关配套管理制度。

（任辉霞）

【第三次全国农作物种质资源普查与征集】 全年组织普查和征集行动44次，征集种质资源332份，其中怀柔区162份、房山区27份、门头沟区20份、平谷区43份、密云区35份、延庆区31份、昌平区10份、大兴区4份。延庆八棱脆海棠入选全国2019年度十大优异种质资源。

（窦欣欣）

【农作物品种审定】 年内，全市共16个主要农作物品种通过审定，其中小麦1个、玉米14个、大豆1个。审定品种中绿色优质和特殊类型品种13个，占审定品种的比例为81.3%，较上年提高6.3%。

（叶翠玉）

【实施冬小麦良种更新】 8月12日，印发《2020年北京市冬小麦良种更新工作实施细则》，年内全市良种更新面积18.08万亩，包括房山、通州、顺义、昌平、大兴、怀柔、平谷、密云等8个涉农区，补贴品种12个，累计供种350.28万千克，补贴资金2 160.75万元。近五年审定的优新品种种植面积占全部补贴面积的64.1%，优新品种覆盖率较上年同期提高56.8%。

（叶翠玉）

【农作物种子质量监督】 全年共开展4次农作物种子质量监督抽查工作，包括冬季企业监督抽查、春季市场监督抽查、秋季市场监督抽查和救灾备荒种子质量监督抽查。共计抽取样品318份，涉及玉米、小麦、大豆、各类蔬菜等多种作物，经检测，样品合格率为98.7%。

（宋歌）

【农作物种子企业情况】 全市共有持证种子经营企业299家，较2019年增加28家，其中部级发证33家，市级发证46家，区县发证220家。

（郭慧杰）

【南繁育种情况】 全市共有44家种子科研机构开展南繁生产科研，实际生产科研总面积为4 055.87亩，占全市南繁现有总面积的86.11%。南繁单位制种生产总面积1 549.43亩，制种总产量197 171千克。44家南繁单位种植科研育种组合共计325 522个，比上年育种组合数增加61 545个，增幅达23.31%。

（袁涛）

【启动应急救灾机制】 6月25日，大兴区遭遇冰雹、强降雨和大风等农业气象灾害，蔬菜作物受灾面积2 301.5亩，小麦、玉米等粮食作物受灾3 265.11亩。北京市农业农村局立即启动农作物种子储备工作机制，调度全市种子市场大田作物、蔬菜作物等种子供应，形成种子救灾工作方案，组织种子储备企业将救灾种子送到受灾地区，对救灾种子按照市场价格的50%进行补贴。

（赵旻）

信息化建设

【不断探索数字农业农村发展】①继续开展北京市数字农业农村发展水平评价工作。6月，北京市积极组织落实《农业农村部信息中心关于开展2020全国县域数字农业农村发展水平评价工作的通知》（农信息〔2020〕11号），13个涉农区全部参与了数据采集填报工作。开展了培训、数据采集、填报、审核、汇总、评分、上报等，累计审核处理数据3万多条，排名计算70多次。11月，在第十八届中国国际农产品交易会数字乡村发展论坛上，农业农村部发布《2020全国县域数字农业农村发展水平评价报告》。北京市城乡经济信息中心荣获优秀组织奖。②农业农村大数据建设取得新突破。全市乡村振兴大数据平台建设项目申报工作通过市经信局前置评审、市财政局事前绩效评估评审。按照总体目标和建设原则，平台将实现市、区、乡、村（生产主体）四级用户统一平台协同工作，资源共建、共享，即实现数据一仓库、管理一平台、决策一乡图、应用一掌通（京农通）。

【加强北京市涉农资源平台建设与应用】年内，实现全市概况、农村、农业、农经四大类历史数据图标静态展示，六大类外部数据共享至涉农资源平台。村情、统计年鉴、休闲农业三个专题数据进行了完善和应用场景拓展；与北京现代农业物联网应用服务平台重新对接，搭建农情专题应用；与智慧乡村综合服务平台对接，搭建展示智慧乡村建设成果的新专题。

【开展农产品市场信息监测预警】年内，针对新冠肺炎疫情，从大年初二开始启动“菜篮子”产品市场应急监测，全力服务“菜篮子”稳产保供大局，全年共完成日报250多期，周报50期，月度、季度市场行情分析报告12期；为农业农村部提供生猪全链条监测分析报告54期，为“菜篮子”稳产保供政策实施提供了数据支撑和决策参考。

【推进数字菜田建设】按照市农业农村局发布《关于印发〈2019年北京市数字菜田建设实施方案〉的通知》要求，通州、顺义、大兴、昌平、怀柔等区积极推进实施项目建设，实现菜田信息化应用覆盖率≥30%，推进面积11万亩。

【强化北京现代农业物联网应用服务】年内，北京现代农业物联网应用服务平台接入农场数量618个，占地面积47.3万亩，设施数量1.6万个，设施面积2万亩，农作物品种数量283种，传感器数量1 581个，摄像头数量928个。通过订单管理系统，将农产品在线上商城进行销售，平台用户产生种植过程数据5 690条，线上销售订单10 923笔。开展园区系统应用培训、重点产品溯源营销服务、农脉圈服务、电话回访等1 433余次。整理了292家农业园区信息为各区选择建设园区及服务商参考。

【智慧乡村建设应用良好】2020年，京郊在建与新建智慧乡村17个，累计建设233个，超额完成“十三五”全市建设200个智慧乡村任务。新建及已建的91个智慧乡村建设应用运行监测结果显示，优秀及良好率达到68.92%，乡村治理型建设比重和关注度逐年提升。

【延庆区成功申报农产品出村进城试点区】按照农业农村部部署，延庆区成功申报全国“互联网+”农产品出村进城试点区。与中国邮政集团北京市延庆区分公司、中益农公司、绿富隆公司共同整合资源、发挥优势，建设、打造区域公用品牌“妫水农耕”，推动产业发展。试点农产品品种为有机蔬菜、有机鲜果、有机花卉。

【全面推进信息进村入户工程】年内，按照部署和要求，除撤村建居、拆迁上楼等509个不具备条件的行政村，全市13个涉农区建设益农信息社3 301个，完成了建设任务指标。2020年，村级益农信息社提供公益服务6.34万次，电子商务交易额达2 270.18万元。

农 村 改 革

综 述

年内，继续深化农村改革，在建立健全“村地区管”机制，农村土地承包经营权证书发放，扶持壮大村级集体经济试点，实施农民合作社规范提升行动，开展家庭农场培训计划，宅基地改革，农业综合执法以及深化“放管服”改革等方面取得积极进展。

（万敏波）

农村土地承包与管理

【农村土地承包经营权证书发放率达98.5%】 全市纳入承包地确权登记颁证范围的10个涉农区共124个乡镇、2 582个村，涉及承包土地281万亩，基本完成了权属调查、审核公示、农户签字和数据入库的颁证任务，已发放农村土地承包经营权证51.4万本，颁证率98.5%。

（刘瑶）

【农地流转价格监测】 年内，全市49个监测乡镇共发生农地流转79 007亩，平均流转价格1 457元/(亩·年)，同比下降7.5%。从土地流转用途看，全年监测点土地流转后，64 445亩土地用于发展林业，占监测点流转土地面积的81.6%，均价1 423元/亩；5 753亩土地用于发展种植业，占7.3%，均价1 581元/亩。从土地接转主体看，对外租赁给工商企业或个人的土地面积为8 509亩，占监测点流转面积的10.8%；对内流转的土地为50 462亩，占监测点流转面积的63.9%。

（刘瑶）

【农村土地承包经营纠纷调处率达98.7%】 年内，全市共发生农村土地承包经营纠纷917件，其中，土地承包纠纷646件，占70.4%；土地流转纠纷227件，占24.8%；其他纠纷44件，占4.8%。经调处解决905件，调处率98.7%，其中，乡村调解解决709件，占调处纠纷的98.3%；仲裁委受理纠纷196件，占21.7%。

（刘瑶）

【完成家庭涉农承包合同自查整改】 年内，市农业农村局组织13个涉农区对1998—2004年开展二轮土地承包确权、但未开展2015—2018年土地确权登记颁证的区、乡镇、村，村集体经济组织与农户签订的家庭承包合同进行清理整改，整改率超过99%。

（刘瑶）

【抓好“大棚房”问题合同清查整改工作】 为贯彻落实市委、市政府关于设施农业清理整治的工作部署，根据《市农委关于全市设施农业开展集中清理整治工作的通知》（京政农发〔2018〕17号）要求，从2018年6月开始设施农业（包括“大棚房”第Ⅱ类问题1 727栋、第Ⅲ类问题880栋）用地承包及流转合同清理工作。2018年12月，按照市“大棚房”工作专班要求，将“大棚房”第Ⅰ类问题58个项目（后增至128个）纳入合同清理整改范围。2019年3月基本完成，剩余的18份“大棚房”问题合同列入分类处置计划。2019 年 10 月，纳入规划和自然资源领域专项治理任务。截至 12 月 30 日，共收集审查涉及此次专项清理整治范围的“大棚房”问题项目合同 716 份，经审查发现问题合同 139 份，已整改 139 份，整改比例达 100%。

（虞贞桢）

【推进浅山区四荒地问题合同清查整改工作】为贯彻落实《中共北京市纪委关于落实中央纪委党风政风监督室有关整改意见的函》（京纪函〔2017〕69 号）的要求和市领导关于“村地乡管”的指示精神，2017 年 6 月开展全市浅山区四荒地合同清查工作。按照市政府关于研究浅山区违法占地违法建设专项治理工作的会议纪要（市政府会议纪要第 280 号）要求，2017 年 9 月纳入全市浅山区违法治理工作范畴，统筹推进。2019 年 7 月基本完成，剩余的 494 份问题合同列入分类处置计划。2019 年 10 月，纳入规划和自然资源领域专项治理任务。截至 12 月 30 日，共收齐浅山区四荒地合同 14 177 份，经审查发现问题合同 1 937 份，已整改 1 930 份，整改比例达 99.6%。

（虞贞桢）

【开展农村土地承包经营纠纷调解仲裁考核评价工作】为贯彻落实农业农村部政策与改革司《关于做好 2020 年农村土地承包经营纠纷调解仲裁考评工作的通知》（农政改综函〔2021〕1 号）和本市年度综治考评工作相关要求，市农业农村局下发了《关于做好 2020 年度全市农村土地承包经营纠纷调解仲裁考核评价工作的通知》，以区级自查、市级抽查的方式，重点对各区仲裁队伍建设、仲裁经费保障、仲裁宣传培训、案件调处、工作制度创新和区域农户信访情况进行了考评。全市涉农区共计 13 个，已全部建立了由主管区长为主任的区土地承包仲裁委员会，均在农业农村或经管部门设立了办公室，全部有正式批文，均纳入财政预算，聘用仲裁员达 20 人以上。

（虞贞桢）

【组织推荐全国确权工作先进典型地区和个人】市农业农村局结合近 5 年全市确权登记颁证的工作实际，推荐房山区为全国农村承包地确权登记颁证工作典型地区，顺义区经管站张建国、门头沟区雁翅镇经管站李红梅 2 人为全国农村承包地确权登记颁证工作先进个人。

（刘瑶）

【举办全市农村土地承包经营纠纷仲裁培训班】年内，在昌平举办了全市农村土地承包经营纠纷仲裁培训班，各区负责此项工作的主管领导、科室负责人、业务人员及仲裁员约 80 人参加。邀请农业农村部管理干部学院仲裁员职业技能等级培训讲师团知名专家学者与大家交流分享《农村土地承包法》、仲裁机制、庭审技巧等方面的认识、适用及实践经验，进一步提升了全市仲裁员队伍的职业素养和专业能力。

（虞贞桢）

【开展土地延包政策研究】根据中共北京市委农村工作委员会、北京市农业农村局《今明两年重点工作和硬任务责任分工》确定的“研究第二轮承包到期后延包的具体办法，确保政策衔接平稳过渡”的工作任务，研究了现有政策法规相关规定，全面梳理了本市二轮承包及确权情况。按照山区、半山区、平原三类地区，确地、确股、确地+确股三种不同确权方式选定 3 个研究试点村，围绕确权农户人地矛盾突出、无地农户、整户转非、嫁入嫁出、成员身份确认等不同情况展开调研。其间，多次向农业农村部政改司了解全国土地延包试点情况，探讨相关政策。在此基础上，归纳分析了本市下轮延包面临的各种情形和需要研究解决的问题，分类提出了延包的具体办法，形成了《北京市农村土地延包政策研究》报告。

（虞贞桢）

农民专业合作组织

【农民专业合作社规范提升行动】制定实施《关于开展农民专业合作社规范提升行动的实施方案》，积极推进平谷、顺义两个区农民专业合作社质量提升整区推进试点工作，修改完善本市农民专业合作社市级示范社评定办法，在全市范围内组织开展农民专业合作社市级示范社培育创建工作和国家级示范社推荐工作。

（韩生）

【实施家庭农场培育计划】制定实施《关于家庭农场培育计划的实施意见》《北京市家庭农场名录管

理暂行办法》《北京市市级示范家庭农场评定及动态管理暂行办法》和《北京市家庭农场示范区创建暂行办法》等相关文件，在全市范围内组织开展了“全国家庭农场名录系统”信息录入工作。截至年底，全市录入“全国家庭农场名录系统”的家庭农场共 3 867 家。

（韩生）

集体经济发展与管理

【农村集体经济资产总额达 8 759.3 亿元】据农村集体经济收益分配统计，年内，全市农村集体经济资产总额达 8 759.3 亿元，同比增加 410 亿元，增长 4.9%，涨幅较上年回落 2.1%。其中，乡镇级集体资产 3 121.6 亿元，同比减少 2.4%，所占比重为 35.6%；村级集体资产5 637.37亿元，同比增长 9.5%，所占比重为 64.4%。农村集体经济总收入 679.8 亿元，同比增加 6 亿元，同比增长 0.9%。农村集体经济总收入中主营业务收入 375.5 亿元、其他业务收入 187.3 亿元、投资收益 30.7 亿元、营业外收入 86.3 亿元，其他业务收入同比增加 58.7 亿元，同比增长 45.7%，成为总收入增长的重要支撑。

（石慧）

【扶持壮大村级集体经济试点】93 个扶持壮大村级集体经济试点村全面完成试点任务，进一步健全了村集体法人治理机制、经营运行机制、收益分配机制和监督管理机制，增强了自我保障和服务群众能力，提升了农村基层党组织的组织力和凝聚力，为农村集体经济薄弱村发展探索了路径模式。

（韩生）

【建立健全“村地区管”机制】印发《关于进一步加强农村集体土地管理加快建立健全“村地区管”机制的指导意见》，强化了区级政府管规划、管用途、管合同、管程序、管监督、管查处的权责，进一步规范了涉地经济合同管理和农村产权交易，形成了长效管理机制。

（韩生）

【涉地农村集体经济合同自查自纠】市农业农村局联合市规划和自然资源委开展涉地集体经济合同自查自纠工作，进一步核实了底数，分类整改问题合同，完善合同管理电子台账，保障农村集体和农民的权益。全市共梳理涉地农村集体经济合同 14.25 万份，其中问题合同 2.88 万份，已完成整改 2.87 万份，完成整改任务的 99.69%。

（韩生）

农村集体产权制度改革

【深化农村集体产权制度改革】截至年底，全市 3 927个村完成产权制度改革，完成比例达 98.6%；30 个乡镇完成改革。有 1 433 个村集体经济组织实现股份分红，占改制村集体经济组织的 36.5%。股份分红总金额 55.3 亿元，131 万农民股东获得红利，人均分红 4 208 元。

（韩生）

【强化农村集体经济审计监督】强化集体经济审计监督，全市各级共审计 1.2 万个单位，审计金额 9 744 亿元。市级统一组织开展村级公益事业专项补助资金管理使用情况年度审计、村级组织负责人经济责任审计，指导各区采取引入社会专业部门审计与农经审计相结合的方式开展专项审计，抓好审计问题整改落实。

（韩生）

农村宅基地改革

【出台宅基地及建房管理指导意见】 出台《关于落实户有所居加强农村宅基地及房屋建设管理的指导意见》（京政发〔2020〕15号），各区可通过纳入本区居民住房保障体系、集中建设村民公寓和村民住宅小区、引导在原有宅基地上适当增加建筑面积、按照申请条件审批宅基地等四种途径落实村民“户有所居”。

（周颖）

【出台宅基地及建房管理审批文件】 出台《关于进一步加强和规范农村宅基地及建房审批管理的通知》（京政农函〔2020〕59号），进一步加强和规范农村宅基地及建房审批管理。

（周颖）

【开展农村宅基地制度改革试点】 确定本市昌平区为新一轮宅基地制度改革试点区，大兴区继续承担改革试点任务，指导两个试点区制定了宅基地制度改革实施方案。

（周颖）

【盘活利用闲置农宅】 加强闲置农宅盘活利用，开办闲置农宅与民宿发展论坛。除朝阳区、海淀区、丰台区外，10个涉农区盘活闲置农宅院落5 960处、闲置房屋32 098间，在发展集体经济、促进产业融合、增加农民收入等方面发挥了积极作用。挖掘推广了“门头沟小院”“延庆长城人家”等品牌成功经验。

（周颖）

【加强宅基地管理培训宣传】 坚持市级培训到乡、区级培训到村，举办了两期市级宅基地管理专题培训班，指导各区普遍开展了培训，提高了各级干部履职能力。依托相关新闻媒体、公众号、微信群等载体，扩大了政策文件宣传覆盖面和群众知晓度。

（周颖）

农村金融创新

【参与内蒙古、河北地区产业就业扶贫】 年内，北京农商银行向河北省保定市涞水县、涞源县和望都县定向捐赠300万元，分别用于支持马繁育基地扶贫项目、食品公司带贫项目和扶贫车间产业发展项目等。为大学生提供实习岗位和就业指导，对接140余名蒙冀两地建档立卡贫困家庭高校毕业生；贷款支持客户开发扶贫项目落地，间接带动贫困地区136户、357人就业；通过食堂、工会及下属管辖支行采购扶贫产品带动受援地1 400人就业。

【现金运营水平全面提升】 年内，北京农商银行初步建立“一点对接人行、多点分转辐射”的自主经营现金运营集约化体系，借助现有遍布城乡的服务网络，有效提升全市尤其是农村地区流通人民币整洁度水平；配合人行营业管理部在北京农商银行大华山网点支行设立“现金惠民服务站暨反假货币监测点”，联合多部门开展“人民币知识宣传进社区”，多地走访调研现金使用情况，围绕老百姓关注的问题，持续优化现金服务。

【推进网点智能化改造，加强便利店精细化管理】 北京农商银行推动普惠金融服务持续下沉，乡村振兴服务能力有效提升。一是从布局分区、设备配置、标识配备、柜台配置、人员服务等维度对智能网点建设及运营提出规范指引，并组织智能网点负责人及业务骨干近700人开展智能网点服务与营销转型系列培训，做到建设运营有章可循、有据可依。二是完成便利店点钞机等业务机具配备、无线4G网络更新等服务硬件提升，加装公交卡延期PSAM卡，使农村老人“足不出村”就可办理公交卡延期业务。同时完成三级管理模式构建、适度提高辅导员劳务费并增加专项奖励、为辅导员配发马甲及名牌并配备意外保险等管理及软件保障提升，全面升级服务形象、稳定人员队伍、增强渠道风险防控能力。截至年末，在建及运营智能网点总数超300家，乡村、社区便利店新增363家、合计1 483家，圆满完成679个“金融服务空白村”支付环境建设任务。

【新产品新模式扶农助农】 采取“银行＋政府＋担保公司＋民俗旅游户”批量化拓展模式，为昌平区首批10户旅游户提供300余万元信贷支持，助推旅游业复苏；总支联动立足PPP项目融资基础法律关系，专项研究《民法典》下应收账款质押效力和政府购买服务合规底线，超6亿元支持房山、大兴区4个污水处理项目，助力首都农村污水治理；开发推出“惠农快贷”产品，解决涉农个人经营贷款融资问题，填补传统农业生产及新产业、新业态经营活动融资产品空白；借助凤凰乡村游特色支农平台，将金融服务、摄影艺术、民俗旅游融为一体，举办“凤凰乡村游摄影活动启动仪式暨怀柔民俗过大年首场活动”，以大“金融＋”模式积极助力文旅产业发展；因地制宜发挥金融行业特色优势，以乡村民宿精品扶贫模式推广为着力点，深度介入门头沟区清水镇梁家庄乡村民宿精品旅游项目，推动特色“门头沟小院”建设；利用“生猪贷”“生猪养殖贷款”等特色产品，积极支持高效设施农业、生猪养殖等新产业新业态，解决企业燃眉之急，全力保供稳产、保障民生。

【上线全市首个农民专业合作社信用评价系统】北京农民专业合作社信用评价系统由北京农商银行联合北京市农业农村局、云华农汇网，经过2年研究开发成功上线。该系统已通过农业农村部政府购买服务金融支农创新试点项目验收。该系统可有效破解农民专业合作社因信息不对称造成的融资难和银行放款难的双重困境。评价标准更加契合农民专业合作社的组织形式和经营特点，通过科学量化的信用评价指标，有效解决融资难问题；设置一系列专门指标，引导农民专业合作社规范经营管理行为、注重积累信用数据，进而拓宽融资渠道；有效填补农村信用体系建设空白，进一步改善农村信用环境，有助于政府部门及时了解掌握农民专业合作社发展情况并进行统筹管理和规范。

【北京农商银行通州分行揭牌成立】6月10日，北京农商银行通州分行正式揭牌。通州分行共设立营业网点35家，金融便利店、服务点146个，布放自助机具600台，金融服务覆盖全区100多个行政村，为百万客户提供优质金融服务，成为全区网点数量最多、金融服务覆盖面最广的金融机构。

【与北京农村产权交易所签署战略合作协议】年内，北京农商银行与北京农村产权交易所签署了战略合作协议。双方在银行网点选址信息推介、资产交易服务等方面达成合作共识，并建立不定期会晤与沟通机制，进一步搭建便捷高效的交易平台，拓宽北京农商银行在农村地区的网点选址渠道，持续优化农村地区金融供给渠道、改善京郊支付服务环境的同时，有效盘活农村集体资源资产，促进农民增收致富。

【与市农业农村局签署战略合作协议】年内，北京农商银行与北京市农业农村局签署战略合作协议，共同支持北京市乡村振兴战略深入实施。此次签约开启了双方深化合作的新篇章，北京农商银行500亿元意向性授信额度持续支持北京市“三农”重点领域及重点项目，着力推动“三农”领域金融服务纵深发展，更好地满足乡村振兴多样化、多层次的金融需求。

【50亿元再助力首都“菜篮子”】北京农商银行全力支持保障首都“菜篮子”工程，支持农产品保供稳价。向北京市农业融资担保公司提供50亿元意向性授信，更好地满足“菜篮子”稳产保供相关各类经营主体金融需求，为首都“菜篮子”再次贡献金融力量，推动更多的金融资源配置到首都“三农”领域，共同探索系统化合作模式，不断提高服务质效。

【农业保险保费收入情况】①从产业结构看，种植业保险保费收入出现较快增长。2020年，由于一系列创新试点险种纳入统颁条款管理，同时生猪产业恢复发展，本市农业保险保费规模出现明显增长。其中，种植业保险保费收入1.7亿元，同比增长24.6％，主要是桃种植保险附加产量损失保险、桃价格保险、瓜果及蔬菜育苗保险等创新险种及密植果品保险业务增长带动。养殖业保险保费收入1.8亿元，占全市总保费收入比重最大，同比增长10.8％，主要是由于生猪产业恢复发展，猪类保险业务增长；财产类保险保费收入1.3亿元，同比增长21.9％，主要是由于密植园树体保险纳入统颁条款，险种业务出现了较大增长；价格保险保费收入8 552.8万元，同比增长2.9％，主要是由于大豆期货价格保险、玉米期货价格保险业务的增长。②从区域结构看，首农食品集团保费收入规模最大。从保费收入规模看，前三位的分别为首农食品集团（保费收入2亿元，占总收入的35％）、平谷区（保费收入8 611.2万元，占总收入的15.1％）、顺义区（保费收入6 384.6万元，占总收入的11.2％）；从保费收入变化看，怀柔区、通州区、大兴区增长较快，分别增长了122.6％、66.9％、51.4％，延庆区、朝阳区、海淀区出现了下降，分别下降了31.9％、18.3％、4.3％。③从市场结构看，平安保险业务增长幅度最大。2020年参与本市政策性农业保险的7家保险公司中平安公司增长幅度最大，保费收入2 067.8万元，同比增长58.3%，主要是该公司奶牛保险业务的增长，以及在平谷区开展了桃价格保险创新试点业务。人保公司保费收入2.6亿元，同比增长16%，在全市保险份额最大，占全市总保费收入的45.7%。

【农业保险赔付情况】受保费增长的影响，2020年保险赔付支出虽与2019年基本持平，但简单赔付率与2019年同期相比却减少了15个百分点。其中，豆类、种公牛、葡萄、樱桃、枣、苹果、密植园果品、杏、桃、奶牛、梨、李子、蛋鸡产业链13个险种简单赔付率超过100%，保费收入1.5亿元，累计获得赔付2.2亿元。从产业看，除养殖业外，其他产业赔付额均出现增长。养殖业赔付1.4亿元，同比减少34%，主要是猪类保险（包括能繁母猪、育肥猪、种猪、仔猪）赔付减少，累计赔付4 157.3万元，同比减少61.1%。种植业赔付2亿元，同比增长18.9%，简单赔付率为116.1%。农业财产类赔付6 521.2万元，同比增长17.1%，简单赔付率50.1%。价格保险赔付6 689万元，同比增长36.2%，简单赔付率78.2%。从区域看，大兴区、顺义区、通州区简单赔付率超过100%，保费投入共计1.1亿元，累计获得赔付1.2亿元。首农食品集团获得赔付最高，达1.6亿元，简单赔付率为80.3%，其次是顺义区、平谷区，赔付金额分别为7 151.1万元、6 694.5万元，简单赔付率分别是112%、77.7%。从公司看，华农保险公司赔付率最高，简单赔付率达142.3%，主要是由于该公司承保的果树业务出现较大赔付，且有关养殖业保险业务下滑造成。平安、国寿财、太保、人保、中华联合、安华的赔付率分别为97.5%、97.6%、94.9%、76.2%、75.6%、54.3%。

【申报金融支农创新试点】按照农业农村部有关要求，通过组织专家评审，在对国寿财优势特色农产品产业链综合金融服务创新试点方案（以北京市“怀柔板栗”为例）、市农担公司“E”农保担保创新产品绩效自评报告、2020年试点项目实施方案等相关材料进行审核的基础上，推荐申报农业农村部金融支农创新试点。最终国寿财、市农担公司项目均获评农业农村部2020年度金融支农创新试点。

【完善保险条款】修订印发《2020年政策性农业保险统颁条款》，增加了露地蔬菜种植保险轮种投保选项，删除了部分种植业保险关于主张残余价值的表述，规范了生猪价格指数保险标的要求，并纳入条件成熟的创新试点险种，为全年农业保险工作顺利开展提供保障。

【支持险种创新，提高保险保障程度】继续鼓励保险险种创新工作，根据辖区意愿支持险种创新，2020年在平谷区开展“桃种植保险附加产量损失保险”和“桃价格保险”2个特色险种试点，由保成本向保产量、保价格延伸，进一步提高桃产品保障水平，受到了果农的欢迎和平谷区政府的肯定。

【加强灾情应对，发挥保险保障作用】年内，为应对汛期灾情，向各保险公司下发了《关于做好2020年汛期政策性农业保险工作的通知》，加强保险灾情统计调度，督促保险公司加强组织领导，按照“快查勘、快定损、快理赔”的要求做好理赔服务工作，切实保障农户利益。

农　村　民　生

综　　述

2020年，全市低收入农户全部实现脱低，低收入村全部消除。筑牢“三保障”政策，低收入农户医保参保率达99.5%，全面落实低收入农户各项教育补助，纳入危房改造的低收入农户全部实现安全居住。推进低收入农户社会救助“应保尽保”，1.3万户低收入农户纳入城乡低保。继续引导优质医疗资源向生态涵养区下沉，着力提高农村教育基础设施和农村饮用水安全水平。

（万敏波）

低收入帮扶

【低收入农户全部脱低】 年内，全市低收入农户人均可支配收入达到17 588元，同比增长16.8%，所有低收入农户家庭人均收入全部超过标准线，低收入村全部消除。

（刘景月）

【产业帮扶】 安排2.5亿元专项资金扶持低收入村户产业发展，安排产业帮扶项目129个，涉及特色种植、特色养殖、休闲旅游、乡村民宿精品、分布式光伏、异地物业等方面。同时，着力拓宽农产品销路，搭建平台，通过直播带货、村企对接、农超对接等多种方式，帮助低收入村销售特色产品。组织低收入村乡村民宿精品推介会，现场推介低收入村乡村民宿精品项目。

（刘景月）

【就业帮扶】 印发《关于进一步开展低收入农户劳动力就业帮扶有关工作的通知》，为所有未就业低收入农户劳动力逐一发放就业服务卡，提供精准就业服务。低收入劳动力就业率由2016年的59.4%提高至2020年的97%，提高37.6个百分点。

（刘景月）

【搬迁帮扶】 持续开展山区地质灾害易发区、受洪水威胁地区及饮水困难、居住分散、交通不便等生存条件恶劣地区的低收入村、户搬迁工作。“十三五”期间，共搬迁低收入农户2 574户、5 342人，涉及低收入村45个，基本实现符合搬迁标准、有搬迁意愿、搬迁条件成熟的低收入村、户全部搬迁。

（刘景月）

【生态建设帮扶】 落实生态补偿政策，山区3.5万户低收入农户直接受益；在生态建设和管护等生态就业岗位优先吸纳低收入劳动力，共选聘4 730名低收入劳动力成为生态林管护员。

（刘景月）

【社保兜底帮扶】 对低保标准线以下的低收入农户开展摸排，推进符合条件的社会救助“应保尽保”，全市低收入农户中有1.31万户低保户和2 386户特困户依靠社保兜底实现脱低。落实教育帮扶政策，保障低收入农户中没有一个适龄学生因贫失学辍学。落实医保免缴政策，实现符合参保条件的低收入人口全部享受医疗保险待遇。“十三五”期间累计摸排鉴定低收入农户C、D级危房4 553户，实施改造2 886户全部竣工，1 667户通过其他方式解决安全住所。将年满60周岁、未享受基本养老保险待遇的低收入人员纳入城乡居民养老保险体系，“十三五”期间累计帮助1 601名无养老保障低收入老年人享受城乡养老保险待遇。

（刘景月）

【社会力量帮扶】开展“第一书记”、中心城区、市管国企、市属高校、科研院所、民营企业、统战力量等“七个对接”帮扶活动。“十三五”期间，全市共有1 300余家党政机关、企事业单位和3 500余名党员干部、社会爱心人士参与低收入帮扶，实现234个低收入村结对帮扶全覆盖，帮扶2.6万低收入农户，通过党建、产业、就业、科技、消费、慈善等多种帮扶方式，累计帮扶金额超过4.4亿元。

（刘景月）

【加强低收入农户帮扶典型案例宣传】在《北京日报》主要版面连续刊发了15篇专题文章。以“在那里”为主题成功举办了低收入村特色农产品、农民专业合作社和低收入村乡村民宿精品三场推介会，数十家媒体通过公众号、报纸、网络、户外屏幕等平台进行了广泛报道。联合北京电视台录制了《小康路上一个能不少》节目，会同市统计局与北京电视台财经频道共同录制了《精准帮扶 共赴小康》专题节目，全面宣传了低收入农户帮扶成果。2020年12月，门头沟区清水镇脱低经验在中央农村工作领导小组办公室《农村要情》上以《北京市清水镇打赢低收入帮扶攻坚战》为题进行了刊载。

（薄立维）

【北京高校引智帮扶低收入村总结交流会召开】市委教育工委、市教委、市农业农村局在北京联合大学召开北京高校“引智帮扶”低收入村2019年工作总结交流会。会议通报北京高校“引智帮扶”低收入村工作实施进展情况并提出下一步工作思路。部分帮扶高校、驻村第一书记和脱低村代表作交流发言，市农业农村局代表介绍北京市低收入村帮扶工作的形势并对高校帮扶工作提出指导建议。会议肯定北京高校“引智帮扶”低收入村取得的阶段性成效，指出高校要从提高政治站位、精准帮扶措施、强化组织保障等方面继续发挥人才优势、科技优势、智力优势和社会资源优势，继续做好“引智帮扶”工作，深度落实乡村振兴战略。市委教育工委、市教委、市农业农村局分管领导及相关处室，23所市属高校领导及部门负责人，2所部属高校部门负责人，与市属高校结对的34个低收入村负责人、驻村干部以及所在区农业农村局负责人参加会议。

（项明、李鹏）

农村劳动力就业

【农村劳动力就业人数达182万人】据农村集体经济收益分配统计，年内，全市农村参加分配的劳动力达182万人，较上年同期减少0.4万人。其中，已就业劳动力169.7万人，就业率93.2%，就业率与上年基本持平。

（白朝红）

【农村劳动力就业结构】据农村集体经济收益分配统计，农村就业劳动力中从事第一产业的劳动力31.5万人，从事第二产业的劳动力39.5万人，从事第三产业的劳动力为98.7万人。就业劳动力中从事一二三产业的劳动力所占比重为18.5∶23.3∶58.2，其中从事三产的劳动力比重较上年同期增长0.8个百分点，就业岗位向第三产业转移。

（白朝红）

【农村劳动力就业类型】据农村集体经济收益分配统计，从劳动力就业类型来看，全市农村参与分配的劳动力中，从事家庭经营人数达42.4万人，占总就业劳动力的25%；当地务工劳动力人数达73.2万人，占总就业劳动力的43.1%；外出务工劳动力人数达54.1万人，占总就业劳动力的31.9%。

（白朝红）

【促进农村劳动力就地就近就业】制定印发《北京市农业农村局促进农村劳动力就近就地就业重点任务及分工方案》，不断挖掘农业农村领域岗位资源，积极推动农村劳动力就近就地就业。通过大力推进农业生产稳定一产就业，创新农村业态，大力发展休闲农业、农村电商等增加就业机会，以实施农村人居环境整治和美丽乡村建设为抓手，发挥农民主体作用，充分吸纳农民参与村庄道路、农村绿化、农田水利等工程项目建设。2020 年以来，累计组织动员 70 余万人次投工投劳参与农村人居环境整治和美丽乡村建设，全市 3 200 个村优先安排本村劳动力参与农村基础设施运维管护、村庄保洁等工作，安排农民就业 4 万余人，全年预计带动农民增收 9 亿元。

（赵琨）

农村居民收入

2020 年全市低收入农户人均可支配收入、收入结构如表 1、表 2 所示。

表 1　2020 年北京市低收入农户人均可支配收入情况

单位：元

	2020 年	2019 年	同比增速（%）		2020 年	2019 年	同比增速（%）
全　市	17 588	15 057	16.8	大兴区	17 784	15 384	15.6
门头沟区	18 015	15 278	17.9	怀柔区	18 338	15 842	15.8
房山区	17 012	14 730	15.5	平谷区	17 177	14 675	17.0
通州区	16 932	14 685	15.3	密云区	17 736	14 897	19.1
顺义区	18 345	16 018	14.5	延庆区	16 775	14 492	15.8
昌平区	18 004	15 657	15.0				

表 2　2020 年北京市低收入农户收入结构情况

单位：元

项目	2020 年		2019 年		增速（%）
	绝对值	构成（%）	绝对值	构成（%）	
人均可支配收入	17 588	100	15 057	100	16.8
1. 工资性收入	6 209	35.3	5 583	37.1	11.2
2. 经营净收入	542	3.1	502	3.3	8.0
3. 财产净收入	1 073	6.1	913	6.1	17.5
4. 转移净收入	9 764	55.5	8 059	53.5	21.2

（刘景月）

【积极推动农民增收工作】统筹协调各部门、各区加强增收政策落实，完成 2020 年本市农村居民家庭人均可支配收入增速快于城镇居民的任务目标。积极协调统计部门，将煤改清洁能源补贴计入农民收入，推进“应统尽统”。全面加强农民增收调研，对“十三五”期间农村居民收入情况开展数据分析，研究工作措施。2020 年，本市农村居民人均可支配收入为 30 126 元，同比增长 4.1%，增速高于城镇居民 1.6 个百分点。

（赵琨）

农村消费

【乡村社会消费品零售总额略有下降】年内，全市实现社会消费品零售总额13 716.4亿元，同比下降8.9%，其中，乡村实现社会消费品零售总额662.4亿元，占全市比重为4.8%，同比下降6%，高于全市2.9个百分点。

（薛辛培）

农村社会保障

【调整发布城乡居民养老保障相关标准】年内，本市城乡居民基本养老保险最低缴费标准为年缴费1 000元，最高缴费标准为年缴费9 000元。调整2020年城乡居民基本养老保险基础养老金和老年保障福利养老金标准。2019年12月31日前领取城乡居民基本养老保险基础养老金及享受老年保障福利养老金人员，自2020年1月1日起调整城乡居民养老保障待遇标准，每人每月增加20元。2020年1月1日起符合按月领取城乡居民基本养老保险基础养老金待遇的人员，基础养老金标准为每人每月820元；申请老年保障的人员福利养老金标准为每人每月735元。

（冯晓晴）

【完成城乡居民基本养老保险基金市级统筹准备工作】年内，本市完成城乡居民基本养老保险基金市级统筹准备工作，自2021年1月1日正式实施。顺利完成“十三五”规划确定的目标任务。

（冯晓晴）

【出台实施临时生活补助政策】2020年6月24日，北京市人力社保局、北京市财政局联合印发《关于做好阶段性失业补助金和临时生活补助申领发放工作的通知》（京人社就字〔2020〕70号），将参保缴费不足1年的失业农民工纳入失业保障范围。参保不满1年的失业农民工，可以申领最长3个月的临时生活补助，临时生活补助标准为880元/月。

（王福刚）

【调整发布失业保险待遇相关标准】2020年7月2日，北京市人力社保局印发《关于调整失业保险金发放标准的通告》（京人社发〔2020〕8号），农民合同制工人一次性生活补助费标准由1 542元调整到1 652元。

（关萌）

【研究制定养老服务专项规划】年内，组织编制《北京市养老服务专项规划（2018—2035年）》，强化区域养老服务资源统筹管理，打造街乡镇养老服务联合体、城郊养老服务协作体、京津冀养老服务协同体，综合平衡养老服务供需不匹配的现状。重新界定养老床位，明确养老床位包含长期集中养老床位、短期托养床位以及家庭照护床位等“三张床”，积极推进“七有”“五性”监测评价指标体系，引导区、街乡镇持续填补养老照料中心和社区养老服务驿站的建设以及能力空白点，将养老服务送到老年人的身边、床边、周边。通过面向街乡镇实际失能老年人的适老化环境和人文环境营造，满足绝大多数失能老年人就近获取长期照护服务需求。

【完善养老服务政策体系】年内，印发《关于加快推进养老服务发展的实施方案》（京政办发〔2020〕17号），从构建多层次基本养老服务体系、构建完善的居家社区养老服务体系等5个方面提出了30项重点任务。完善分类保障，明确基本养老服务对象，包括城乡特困老年人等托底保障群体；低保或低收入家庭失能、失智、高龄老年人等困境保障群体；失能、失智、重度残疾、计划生育特殊家庭老年人等重点保障群体。坚持就近精准，补齐农村养老服务短板，完善“以院统站带点”农村养老服务模式。推进农村幸福晚年驿站建设。制定农村邻里互助养老服务点建设规范。

【完善困境家庭服务对象入住养老机构制度】年内，会同北京市财政局、北京市卫生健康委员会、北京市医疗保障局、北京市残疾人联合会印发《北京市困境家庭服务对象入住养老机构补助实施办法》（京民养老发〔2020〕132号），首次将城乡特困中的老年人、重度残疾人纳入补助对象，为他们能够享受到集中专业照护服务提供保障。《实施办法》

着眼构建人人享有的基本养老服务体系，对城乡特困、低保、低收入、失独、重度残疾人等5类服务对象给予每月1 200～3 600元的入住机构补助，确保有意愿入住机构的基本养老服务对象都能住得起、住得上养老机构。

【织密农村养老服务网络】2020年密云区作为试点创新开展邻里互助居家养老服务模式。密云区以不老屯镇、高岭镇、东邵渠镇为重点建设完成100个邻里互助点，为1 000名独居、高龄、失能等老年人开展入户探访服务1.1万次，电话问候2.3万次，打扫卫生、代买代缴等居家养老服务2.3万次，对超出能力范围的服务需求及时向养老服务机构进行了转介。

【完善居家养老服务体系】年内，新建成运营社区养老服务驿站100家，累计建成运营社区养老服务驿站1 005家，基本形成了市级指导、区级统筹、街乡（镇）落实、社区实施为责任主体的“三边四级”就近精准养老服务体系。研究制定《关于开展家庭照护床位建设指导意见》，下发《关于全面推进养老服务机构助餐服务工作的通知》《关于加强养老服务食品安全工作的通知》，解决老年人吃饭难问题。

【启动养老服务机构质量提升“三大工程”】年内，出台《北京市养老服务机构分类推进设施改造达标工程实施方案》（京民养老发〔2020〕48号），启动“基层公办养老机构设施改造提升、民办养老服务机构消防安全达标、农村地区民办养老机构环保改造”三大工程，重点提升街乡镇敬老院专业照护能力，使照护型床位占比达到80%以上，确保每个街道（乡镇）至少拥有1所专业照护供养机构，完善城乡养老服务兜底保障网络。

【规范社区养老服务驿站管理】年内，会同北京市财政局、北京市卫生健康委员会、北京市市场监管局、北京市消防救援总队印发《北京市社区养老服务驿站管理办法》（京民养老发〔2020〕171号），进一步规范驿站服务内容、建设支持、运营管理、安全管理等制度，建立驿站管理负面清单制度、准入退出机制，促进驿站规范化建设。《管理办法》中指出对于无驿站的城乡社区，街道（乡镇）应通过租赁、置换等方式获取土地或设施建设驿站，或通过给予租金补贴的方式吸引和鼓励社会力量建设运营驿站。租金补贴标准参照当地市场行情，等于或者超过300米^{2}的，按照300米^{2}建筑面积给予补贴，小于300米^{2}的按实际建筑面积给予补贴，所需经费由涉及区自定政策及资金渠道给予保障。

【加大养老服务运营扶持力度】年内，印发《关于进一步做好养老服务机构运营补贴工作的通知》（京民养老发〔2020〕16号），明确细化养老机构补贴对象范围、发放标准、申请拨付程序等，建立养老机构运营补贴负面清单制度。2020年累计为350家养老机构发放补贴1.6亿元，其中，符合发放条件的乡镇养老机构全部取得相应补贴。落实《北京市社区养老服务驿站运营扶持办法》，从服务流量补贴、托养流量补贴、连锁运营补贴、运维支持等方面加大驿站运营扶持力度，2020年拨付补贴资金6 000余万元，其中，符合条件的农村幸福晚年驿站全部取得相应补贴。

【加强养老服务人才队伍建设】年内，会同北京市教育委员会、北京市财政局、北京市人力资源和社会保障局、北京市卫生健康委员会印发《北京市养老服务人才培养培训实施办法》（京民养老发〔2020〕140号），建立养老护理岗位津贴制度、毕业生入职奖励制度，健全养老服务机构分级分层培训体系，该项政策不受地域、户籍、年龄等条件限制，包括城镇、农村在内的养老服务机构内符合条件的养老护理员，均可参加职业技能培训。印发《北京市养老护理员职业技能培训实施方案》，开展养老服务护理员职业技能提升行动，全年完成养老护理员职业技能培训5 600余名，补贴资金511.5万元。组织市、区养老服务人才技能提升市级示范培训，全年培训养老服务人才18 300余名。圆满完成加快长期护理保障制度建设工作的议案办理工作。

【重点开展养老服务质量建设】年内，印发《关于做好2020年养老机构服务质量建设专项行动工作的通知》（京民养老发〔2020〕82号），重点从做好常态化疫情防控工作、紧盯隐患整改、对标等级评定、加强综合监管、实施分类改造、加大培训力度、加强信息化建设7个方面提升服务质量。在实施分类改造方面，要对农村地区的养老服务机构进行摸底调查，开展农村地区养老服务机构环保改造工程；在加强信息化建设方面，要求及时、准确统计农村留守老年人相关服务数据。

【推进养老服务标准化建设及养老服务机构星级评定工作】年内，全年编制9项居家养老、机构养老的地方性标准，完善驿站服务标准、监管标准，开展养老服务标准宣贯及居家养老服务标准试点工作。截至2020年年底，全市农村地区有星级养老机构313家，其中五星级7家，四星级17家，三星级17家，二星级207家，一星级65家。

【完善老年人津贴补贴制度】年内，实施《北京市老年人养老服务补贴津贴管理实施办法》，对享受低保待遇、低收入家庭待遇及计划生育特殊家庭的城乡老年人分别给予每月100～300元的困难老年人养老服务补贴；对经评估为重度失能老年人和持相应等级残疾证老年人根据不同等级分别给予每月200～600元的护理补贴；对80周岁及以上的老年人分别给予100、500、800元不等的高龄津贴。2020年发放养老服务补贴津贴约21亿元，75万多名城乡老年人将直接受益。

【规范老年人能力综合评估工作】年内，下发《北京市老年人能力综合评估工作指引》（京民养老发〔2020〕17号），明确评估与服务分开，建立全市统一的评估收费政府指导价，对涉及处于医疗诊治过程中的四类老年人评估工作给予具体指导。发布《北京市老年人能力综合评估规范》地方标准。全市106家机构获评估资质，培训评估员642人、督导员246人、审核员106人，共计为全市城乡近10万老年人进行了能力综合评估。

【实现养老服务机构新冠肺炎疫情“零感染”】年内，北京市民政局连续制定20多项政策措施，建立动态防控机制，实现了全市1 500多家养老服务机构、近5万名入住服务对象、近2万名工作人员“零感染”。

【保障疫情期间养老服务机构健康持续发展】年内，经北京新冠疫情防控领导小组批准，印发《关于应对疫情影响促进养老服务机构持续健康发展的通知》，从提高社会办养老机构运营补贴标准、给予社区养老服务驿站（农村幸福晚年驿站）运营补贴等八个方面加大支持政策，累计发放疫情补贴9 992万元。

【推行社会救助综合改革】年内，在积极推行社会救助综合改革试点的基础上，印发《北京市社会救助审批权限委托乡镇人民政府、街道办事处实施工作方案》。2020年9月1日在全市层面将基本生活救助、教育救助、采暖救助和临时救助审核确认权限委托街道（乡镇）实施，推动基层社会救助综合改革稳步开展。

【调整社会救助保障认定标准】年内，按照本市上年度城镇居民人均消费支出的一定比例确定、低收入家庭认定标准与最低工资标准挂钩。2020年7月起，全市城乡低保标准从家庭月人均1 100元调整为1 170元；特困人员基本生活标准由1 650元调整为1 755元；城乡低收入家庭认定标准为2 200元。

【救助奖励渐退政策落实】年内，对实现就业的低保申请人和低保对象，根据收入水平分档核减计算，将部分困难的就业家庭纳入保障范围。对实现就业且主动申报的低保对象，家庭月人均收入高于最低生活保障标准的，享受6个月渐退期；前三个月按照原享受低保金100%发放、后三个月按照50%发放。

【困难群众救助服务体系建设】年内，成立市、区困难群众救助服务指导中心，通过政府购买服务方式由专业社工机构承建街道（乡镇）困难群众救助服务所，全市已成立街道（乡镇）困难群众救助服务所330个，实现救助工作全覆盖。整合全市社救对象、困境老人、困境儿童及困难残疾人摸底调查数据，形成困难群众基础台账32.46万份。

【畅通慈善力量参与精准救助的渠道】年内，动员慈善组织帮扶低收入困难群众，全市慈善机构救助困难群众32.9万人次，救助金额2.6亿元。建立市区慈善力量对接机制，引导市级慈善资源、慈善力量向远郊区、慈善薄弱地区流动，重点从助医帮困、扶老助残、儿童脱困等方面在各区开展针对性慈善项目或直接服务基层群众。

【落实低收入农户帮扶与社会救助政策衔接】年内，会同市农业农村局联合印发《关于进一步推进低收入农户帮扶工作的通知》，建立沟通机制、强化数据比对，持续跟踪帮扶等工作措施，对符合救助条件无法通过产业、就业等渠道脱低的低收入农户及时纳入社会救助保障范围。

农村社会事业

综　　述

推进农村社区综合服务设施建设，引导服务管理向农村基层延伸，为农民提供“一门式办理”“一站式服务”，建立健全线上线下相结合的乡村便民服务体系。

宣传工作及精神文明建设工作

【突出重点宣传】围绕脱低增收、人居环境整治、“菜篮子”稳产保供、农村地区疫情防控、农产品流通、春种春耕、夏粮生产、垃圾分类、野生动物保护等工作，协调中央和市级电视、广播、报纸以及新媒体开展广泛宣传，形成新闻报道500余篇，在市农业农村局政务网站开设了3个专栏，并在微博、微信以及头条号、网易号等新媒体设置了“防疫大喇叭”“人人为人人”“实战看实招”等6个专题，编发推送信息3 200余条。

（王楠）

【组织集体采访】配合市委宣传部，做好中宣部新闻局“走向我们的小康生活”主题采访活动的接待服务工作。向中央和市级主流媒体提供新闻宣传素材汇编，推动形成重点报道50余篇，其中与中央广播电视台联合策划的《北京小黑垡村：打造林下经济“聚宝盆”》在中央电视台《新闻联播》播出。

（王楠）

【策划专题宣传】协调并配合《北京日报》开设“致富奔小康·京郊走一线”专栏；丰收节期间，突出“北京农业品牌故事”“北京农业科技故事”，在《北京日报》进行了专版宣传。与《北京晚报》合作推出“走向我们的小康生活”特别报道，宣传了21位优秀第一书记典型。指导北京广播电视台举行了“京鄂交响曲”大型公益直播活动等。

（王楠）

【加强舆情监测引导】年内，工作日每天上下午各编发1期《乡村振兴要闻》；持续对“非洲猪瘟”“大棚房”“农村人居环境整治”“农村煤改清洁能源”“农作物转基因”“北京野生动物保护管理条例”“食用农产品合格证制度”“草地贪夜蛾”等加强舆情监测，协调做好宣传引导。结合政策出台，围绕“农村宅基地管理工作”等社会关注的热点，进行专题监测和分析，撰写了舆情报告11期。

（王楠）

【全力服务疫情防控】年内监测涉农舆情累计19 459条，编发报送防控涉农舆情早晚报264期，撰写农村疫情防控舆情分析123期、“菜篮子”保供稳价问题110期、经验做法159期（梳理经验做法691条）、防控涉农舆情周报23期。总结撰写理论文章《不断筑牢筑实四个“基石”，确保党旗在“三农”抗疫斗争中高高飘扬》获市委组织部《北京组工通讯》采用刊发。围绕“菜篮子”保供稳价、农村地区疫情防控、春种春耕、夏粮生产等工作，在主要媒体形成180余篇报道，通过政务网站和微博微信等推送信息2 900余条。

（王楠）

【举办“听党话、感党恩、跟党走”宣讲活动】协调指导各涉农区，在全市范围内开展宣讲413场，直接吸引2万余人参加。向中央农办报送优秀宣讲视频8个，推荐优秀宣讲稿件5篇。

（马一为）

【举办“美丽乡村·筑梦有我”公益行动】围绕“全面小康、‘京’彩乡村”的主题，组织“庆丰收、迎小康”“全面小康路、一个不少”（低收入帮扶）、“全面小康、幸福生活”3场专场活动，录制并制作成3集专题节目，在北京电视台首播并进行全网播出。拍摄6集宣传片，每集5分钟，在北京广播电视台旗下的媒介渠道及合作平台上滚动播出。

（梁井林）

【开展“北京乡村振兴故事”征集展播活动】年内推出特别节目48期，探索在抖音、快手等新媒体平台发布短视频宣传推广，65条短视频总播放量超过130万次。

（王楠）

农村文化工作

2020年，全市充分发挥市、区、街乡、社区村四级公共文化设施主阵地作用，全面加强公共文化体系建设，助推乡村文化振兴，以“我们的节日”为主题，依托“歌唱北京”“舞动北京”“戏聚北京”“艺韵北京”“影像北京”“阅读北京”六大板块，四级联动，贯穿全年，覆盖全市，全年共开展各类文化活动2.2万场。

【健全公共文化政策体系，提升基层公共文化服务质量】按照北京市委、市政府的工作部署，紧紧围绕首都城市战略定位，全面落实北京市“1+3”公共文化政策文件要求，按照“一二三四五”发展思路，坚持保基本、促公平、提效能，聚焦基层、均衡城乡，以加快构建现代公共文化服务体系为总目标，促进基层公共文化设施网络的标准化、均等化，完善15分钟服务圈，全市四级公共文化服务网络已经形成，基层文化设施达到6 844个，全市四级设施平均覆盖率达到98%以上。全市建有首都图书馆和北京文化艺术活动中心（北京群众艺术馆）两座市级公共文化设施。建有区级文化馆19个、区级图书馆（少年儿童图书馆）22个，街道综合文化中心152个，乡镇综合文化中心182个，社村综合文化室共6 467个，其中社区综合文化室3 098个，行政村综合文化室3 369个。

【创建公共文化服务示范区，推动基层农村公共文化设施建设】印发《北京市公共文化服务体系示范区建设中长期规划（2019—2035年）》。推动第四批国家公共文化服务体系示范区（项目）验收工作，对石景山区创建第四批国家公共文化服务体系示范区，门头沟区、西城区创建示范项目进行实地验收；加强朝阳区、东城区、海淀区国家示范区后续建设，吸纳第四批国家公共文化服务体系示范区（东部）标准、北京城市总体规划、推进全国文化中心建设中长期规划和北京市公共文化服务体系示范区建设中长期规划相关指标，修订形成《北京市公共文化服务体系示范区建设标准》。

【歌唱北京】“歌唱北京”全市群众音乐展示活动分为群众器乐大赛、群众合唱大赛和京津冀歌手大赛，参与团队600余支，140支团队进入决赛，参与人数累计3万余人。完成京津冀歌手大赛颁奖演出和器乐大赛、合唱大赛的专家大讲堂活动，成功举办了“歌唱北京”颁奖音乐会和惠民演出。

【舞动北京】“舞动北京”群众舞蹈大赛共计直接参与人数达1万余人，总决赛平均每场网络直播在线观众达39万人次，共评出金奖8个、银奖7个、铜奖6个，最佳创作奖4个以及组织奖若干，组织6场线上专家研讨会，完成10支原创广场舞创作并向全市普及，举办了获奖作品展演及颁奖活动。

【戏聚北京】“戏聚北京”全市群众戏剧展示活动分为戏曲小票友大赛和群众戏剧、短剧大赛。戏曲小票友大赛共有70多名小选手参加，共评出一等奖10名，二等奖12名，三等奖25名，新苗奖10名。群众戏剧、短剧大赛共有40余部作品入围，最终产生一等奖5个，二等奖8个，三等奖9个。成功举办大赛优秀作品展演及颁奖仪式。

【艺韵北京】“艺韵北京”全市群众曲艺大赛共计17个初赛区1 200余名选手参加，267件作品参加初选，36件作品进入复赛，12个作品入围决赛。成功举办大赛优秀作品展演及颁奖活动。

【影像北京】“影像北京”全市书法美术摄影大赛暨“诗意的爱给远方”——最美北京援助地优秀风光摄影和微视频大赛，结合国家脱贫攻坚奔小康主题，从线上启动，面向北京市群文干部及北京对口援助的8省（自治区、兵团）90个县（市、旗、团、场）展开，历时7个月，从2 000多幅北京市选送、1 100多幅受援地选送的书法、美术、摄影及微视频作品中，经初评、复评、终评及网络投票，遴选出400余幅精品力作，评出一等奖15名、二等奖30名、三等奖45名，最美受援优秀摄影作品50幅，优秀最美风光微视频作品10部。在首都图书馆成功举办了优秀作品展。

【阅读北京】“阅读北京——2020年度首都市民阅读系列文化活动”，以“为爱发声”为主题，通过举办全市诵读大赛、“阅读伴我成长”主题活动、第五届“十佳优读空间——百姓身边的基层图书室”推优活动，以及第五届“最美书评”征集评选活动，发挥北京市公共图书馆在文化传播中的重要职能作用，推广全民阅读。活动覆盖各年龄层人群，具有互动性、参与性、分享性，吸引了上千万市民参与。

【推进全市街道（乡镇）图书馆“一卡通”专项工作】积极推进北京市公共图书馆“一卡通”建设，在疫情期间，街道（乡镇）图书馆“一卡通”专项工作小组找准时机、克服困难召开会议，交流疫情防控、线上服务、资源建设等方面的经验。截至年底，全市“一卡通”图书馆达420家，覆盖333个街道（乡镇），建有率达到100%。

【赴回天地区开展服务报到工作】为贯彻落实蔡奇书记做好回天地区工作的指示精神，依托各级各类公共文化设施，全年共开展各类公益演出142场，开展各类阅读服务、展览展示、文化志愿服务、培养培训、法律讲座等工作，持续提升回天地区公共文化服务能力和水平。指导昌平区文化和旅游局完成2020年回天春晚活动。

【开展2020年“我的书屋·我的梦”农村少年儿童阅读实践活动】为发挥农家书屋作用，丰富农村中小学生暑期文化生活，全市依托北京市红领巾读书活动，开展了2020年“我的书屋·我的梦”农村少年儿童阅读实践活动。本次“我的书屋·我的梦”主题活动，共收到通州、大兴、平谷、昌平、怀柔、海淀、房山、顺义、延庆9个区报送的98篇作品，其中小学组征集作品82份，中学组征集作品16份。最终评选出北京市优秀作品60篇，其中一等奖10篇，二等奖20篇，三等奖30篇，优秀指导教师27名。

【为基层公共文化设施配备图书资料】为了提升市民群众基层公共文化设施知晓率，鼓励公众参与监督，增强公共文化服务效能，继2019年的《基层公共文化设施宣传手册（第一册，区、街乡部分）》之后，印制并发放《基层公共文化设施宣传手册（第二册，社区村部分）》和分布地图，各1万册，并向全市所有基层公共文化服务设施发放。贯彻落实中宣部、农业农村部的通知要求，会同首都图书馆，启动向全市基层图书室免费配发《农民文摘——农村防控新冠肺炎疫情专刊》工作，合计配发4 600册。根据市委宣传部《关于开展2020“新时代乡村阅读季”活动的通知》要求，积极筹划“新时代乡村阅读季”活动，完成全市农家书屋数字化建设信息报送工作。

【积极推进文化领域重点改革任务】根据文化和旅游部公共服务司通知要求，积极推进全市文化领域重点改革任务，向文化和旅游部公共服务司制定上报《北京市文化和旅游局关于落实公共文化领域重点改革任务总结的报告》，稳步推进全市公共文化领域各项重点改革任务。目前，全市已建成文化馆总馆18个，分馆310个，图书馆总馆18个，分馆330个。全市15个区级以上的公共图书馆、14个区级以上的公共文化馆，已建立以理事会为主要形式的法人治理结构。

【开展军民融合文化建设试点工作】按照文化和旅游部关于军民融合文化建设工作的部署要求，北京市农业农村局积极与北京市武警总队进行沟通合作，印发《关于深入推进军民融合文化建设的指导意见》，2020年在朝阳、昌平、顺义、大兴4个区进行融合试点，打造文化亮点，为全市全面推进军民融合工作提供借鉴经验。

【开展基层农村公共文化队伍培训工作】根据文化和旅游部《2020年全国基层文化和旅游公共服务队伍培训工作计划》，统筹安排好社文科长培训班、文化馆师资培训班、图书馆师资培训班等线上培训，全年共培训200余人次。对全市16个区文化管理干部队伍、基层文化队伍、社村文化带头人、基层公共文化大家、群众文艺团队和文化志愿者情况进行统计，建立完善公共文化人才队伍数据库。

【做好各类公共文化设施疫情防控工作】根据市委、市政府要求，积极落实疫情防控工作，及时关闭全市四级公共文化设施。起草了新冠肺炎流行期间北京市公共图书馆、文化馆防控指引，免除疫情期间读者外借文献的逾期费，定期统计全市四级公共文化设施开放情况。印发《关于试点延长文化馆开放时间的通知》，鼓励本市具备条件的文化馆或街乡综合文化中心延长开放，制定全馆或馆内部分区域延长开放时间的工作方案。印发《关于加强抗疫题材群众文艺创作的通知》，号召全市以众志成城共同防疫为主题，采用音乐、曲艺、诗歌、朗诵、书画、舞蹈等多种群众喜闻乐见的艺术形式进行创作，共征集作品700余篇。

【推荐农村项目进入市级非遗代表性项目名录】2020年北京市文化和旅游局组织开展第五批市级非物质文化遗产代表性项目推荐申报工作，全市16个区推荐的67个项目中，郊区推荐31个。包括马卷村五虎棍、北辛庄村高跷秧歌、北京沙燕吉祥鸟制作技艺、李家务音乐会、京西黄芩茶制作技艺等在内的农村非遗项目，进入第五批市级非物质文化遗产代表性项目名录推荐项目名单。

【积极推进北京市农村文艺演出星火工程】为更好地推动北京市基层公益性演出活动的开展，市文化和旅游局组织开展了基层公益性演出活动团队补充遴选工作，对演出团体、演出剧（节）目的材料进行严格把关，共有21家团队增补入库，均可开展农村“文艺演出星火工程”演出，其中4家可开展“百姓周末大舞台”“周末场演出计划”。随着疫情防控进入“常态化”，8月，北京市文化和旅游局下发《北京市文化和旅游局关于开展2020年北京市基层公益性演出活动工作的通知》，有序推动各类公益演出活动重启。全年“北京市农村文艺演出星火工程”共组织演出1 599场。拓展了各区文化活动的平台，激活并培育演出市场，满足了农村群众日益增长的精神文化需求。

【举办第31届北京农民艺术节】印发《第31届北京农民艺术节总体方案》，以“放歌全面小康、聚力乡村振兴”为主题，组织开展四大系列8项龙头活动。其中，13个涉农区分别举办“乡村大舞台”专场展演，精编视频春节期间在北京电视台播出；“好戏连台”——北京乡村小戏网络大赛，作品展示获网络点赞62万余票；“诗画北京美丽乡村”联展在中华世纪坛举办，展出300余幅（件）优秀作品；完善网络版“北京乡村大舞台”，实现“乡村文化一网通览”；指导密云区溪翁庄镇尖岩村、顺义区高丽营镇一村、昌平区流村镇古将村开展“特色文化示范村”试点建设。

（王楠）

【举办好戏连台——北京乡村小戏网络大赛】以满足京郊乡村群众对传统“京平梆”的喜爱为出发点，积极鼓励乡村基层业余小剧团参加，剧种不限。共收到各涉农区推荐小戏作品25个。网上展示深受群众欢迎，获得点赞621 036票。经专家评选与网络投票综合评定，评选出金奖5个、银奖8个、铜奖11个和最佳人气奖1个。

（王楠）

【开展“特色文化示范村”试点建设】本着“传承优秀乡村文化、助力美丽乡村建设”的目的，通过村庄自荐、各区推荐、市级评选及公示公开，确定密云区溪翁庄镇尖岩村、顺义区高丽营镇一村、昌平区流村镇古将村3个行政村作为2020年度市级“特色文化示范村”建设试点。选派文化志愿者进村指导，结合各村特点及乡村传统节庆活动，助力提升文化活动水平，充分发挥示范作用。

（王楠）

【举办“聚焦美丽乡村”主题摄影大赛】共征集作品2 000幅（件），评选出手机拍和相机拍两种拍摄方式入围作品各100幅（组）。优秀的手机摄影作品被推荐参加全国“小康美景”手机拍活动，并面向全国展示。

（王楠）

【举办“诗画北京美丽乡村”艺术作品联展】展览于2020年12月27日至2021年1月3日在中华世纪坛举办，共展示300余幅（件）优秀作品。作品由“三农”题材诗词楹联、乡村手工艺作品、摄影大赛三部分优秀作品组成，艺术化地讲述北京乡村振兴的故事，由衷抒发了作者对乡村的热爱、对美丽乡村美好生活的向往。

（王楠）

农村人才培养

【全市农民培训指导意见实施】实施《关于印发〈关于加强和改进农民培训工作的指导意见〉和〈加强和改进农民培训工作实施方案〉的通知》（京农组办发〔2020〕7号），对统筹全市农民培训工作，提高全市农民培训工作的质量起到了重要作用。

（李晟龙）

【农民职业技能提升培训实施方案实施】印发实施《北京市农民职业素质提升培训实施办法》（京政农发〔2020〕141号）。文件对培训目标、培训类型、学员范围、培训方式、培训学时等技能提升的工作内容进行了明确，同时对实施职业技能提升培训的补贴标准、实施过程、申请补贴流程进行了重点细化和规范。

（李晟龙）

【研究农业系列职称改革实施办法】印发《北京市深化农业技术人员职称制度改革实施办法》（京人社事业发〔2020〕26号），为农业系列技术人才科学评价提供了政策保障。支持农业技术人员将论文写在京郊大地上、把成果用在“三农”建设中。共完成农业系列、农业工程系列初级622人、中级4 866人、副高级687人、正高级172人的职称评审工作，圆满完成全市农业系列职称评审工作。

（李晟龙）

【开展优秀创业项目评选资助活动】印发实施《关于开展2020年农村实用人才优秀创业项目评选资助活动暨第四届北京市农村创业创新大赛的通知》。全市评选出10个优秀农村创业项目，并予以表彰和资助，推荐其中的4个项目参加全国农村创业创新大赛，其中房山“京一根网红味觉中心”获得中国农业银行3 000万元授信支持，密云“密水农家电商项目”获得“最佳网络人气奖”称号。

（李晟龙）

【开展青马工程学员选拔推荐】按照团中央和农业农村部《关于协助开展2020年全国青年马克思主义者培养工程农村班学员选拔工作的通知》，推荐平谷区青年返乡创业人才张海龙成为2020年青年马克思主义者培养工程农村班学员，这也是北京市农村人才首次参加团中央全国青年马克思主义者培养工程，有力加强了党对农村青年人才的政治吸纳。

（李晟龙）

【组织专家参加智力支援活动】按照《关于选派专家参加2020年“北京院士专家十堰行”的通知》要求，从全市农业科技人才中选拔6名专业技术过硬的专家，于10月26—30日赴湖北十堰市开展对口智力支援活动，受到了十堰市基层群众的欢迎。

（李晟龙）

【开展“农村人才拉萨行”活动】选调4名农村产业发展、合作社财务运营、农产品电商营销和奶牛疫病防治方面的专家和人才赴拉萨开展智力支援，在5天的知识传授和现场指导过程中，培训拉萨各区县农牧民200余人，指导帮助合作社和农业企业12家，北京农村人才为拉萨地区的农业产业发展和脱贫攻坚做出了应有的贡献。

（李晟龙）

【提升农村教育基础设施】将乡村小规模学校和乡镇寄宿制学校建设纳入《北京市教育设施专项规划（2018—2035年）》，合理规划乡村教育设施，优化两类学校布局，提高农村教育基础设施保障水平。

（万敏波）

【308人被聘特岗计划乡村教师】市教委发布《2020年北京市特岗计划乡村教师招聘公告》，为10个远郊区乡村中小学校招聘中小学音乐、体育、美术、历史、地理、生物等紧缺学科教师。招聘面向列入国家统一招生计划，培养方式为非定向的2020年应届毕业生，包括北京地区普通高等学校的本科及以上学历毕业生，京外省级师范类普通高等学校的本科学历师范专业毕业生及硕士研究生以上学历毕业生。非北京生源毕业生须符合北京市进京落户条件。中小学教师招聘岗位350个，经过报名、资格审查、线上综合测试等程序，招聘教师308人。

（房卫青）

【建立乡村教师专项基金】市教委与北京银行联合建立北京市乡村教师专项基金。基金对优秀乡村教师给予奖励，每年从在乡村学校任教满30年的乡村教师中奖励100人、从在乡村学校任教满20年的乡村教师中奖励200人。

（杨馨珠）

【3人入选教育部乡村优秀青年教师】北京3名乡

村青年教师入选2020年教育部乡村优秀青年教师。分别是怀柔区汤河口中学的建新、延庆区康庄中心小学的张欢和平谷区南独乐河中心小学的于海芹。乡村优秀青年教师培养奖励计划起始于2018年，由教育部教师工作司、中国教师发展基金共同发起、实施，重点资助那些偏远地区的乡村青年骨干教师，以表彰其在贫困地区教育中所做出的贡献。2020年教育部加大对52个未摘帽贫困县支持帮扶，经省级教育行政部门推荐、专家审核和遴选等环节，全国入选教师311人。

（曾婷）

【高素质农民精准培育班开班】 11月2日，平谷区高素质农民精准培育班开班。培训由区农业农村局主办，区农广校承办，同期开设果树种植和休闲农业两个培训班。培训120学时，授课内容包括休闲农业与美丽乡村建设、直播带货、果树病虫绿色防控技术、农家菜制作和乡村民宿精品接待礼仪技巧等课程，并安排相关现场实地教学。聘请北京农业职业学院教授讲授乡村振兴背景下都市型农业与二三产业融合发展。区农业农村局科技与信息化科、区教委职成科相关负责人参加开班仪式，平谷区18个乡镇80名果树种植和休闲农业产业人员参加培训。

（王玉芹）

【农职院荣获北京市“互联网＋”大学生创新创业大赛一等奖】 9月，农职院刘欣老师指导的“妙峰咯吱”特色农业项目荣获第六届中国国际“互联网＋”大学生创新创业大赛（职教赛道）北京赛区一等奖。

（李明琦）

【农职院教师在职业院校教学能力比赛中获佳绩】 10月21日，北京市教育委员会发布《关于公布2020年北京市职业院校教学能力比赛获奖结果的通知》，农职院7个参赛教师团队全部获奖，荣获一等奖4项、二等奖3项。

（孙田田）

【农职院高照全老师入选北京市百千万人才工程】 9月，农职院高照全老师入选北京市百千万人才工程，这是农职院教师首次入选该人才工程。北京市百千万人才工程是围绕首都重点学科和产业发展需要，面向北京市高层次中青年领军人才的选拔培养工程。

（孙田田）

【获2020年全国职业院校技能大赛改革试点赛园艺赛项团体二等奖】 11月6—10日，2020年全国职业院校技能大赛改革试点赛高职组园艺赛项在山东潍坊举行，共有28所院校28支队伍的56名参赛选手同台竞技。农职院获得团体二等奖。

（陈博）

【举办“中荷食品安全暨人才培养论坛”】 11月17日，中国都市农业职教集团和荷兰朗蒂斯教育集团共同主办的“中荷食品安全暨人才培养论坛”在农职院举行。论坛采取线上线下同时进行的模式，60多个成员单位近300人参加了论坛。深入分析当今食品安全领域人才培养的现状与趋势，思考当前背景下该领域发展面临的机遇和挑战，共同探讨人才培养路径和方式方法，分享交流了各自的实践经验，共同描绘食品安全人才培养高质量发展的美好蓝图。

（孙田田）

【获全国高职院校食品营养与安全检测行业大赛二等奖】 11月12—14日，由全国食品工业职业教育教学指导委员会主办的第五届全国高职院校食品营养与安全检测大赛在广东轻工职业技术学院南海校区举行。农职院荣获二等奖。来自全国23个省（区、市）的76所高职院校，226名参赛选手参赛。

（柳青）

【获第四届中国小动物临床骨科技能大赛特等奖和一等奖】 11月24日、25日，在江苏无锡举办的第四届中国小动物临床技能大赛骨科专赛决赛中共有来自全国的57名参赛选手参赛。农职院获得骨科大赛特等奖1名、一等奖1名、三等奖1名。2位老师获得大赛优秀指导教师称号。

（胡平）

【全国智慧农业虚拟仿真创新设计大赛获奖】 11月1日，农职院在“2020年第一届全国智慧农业虚拟仿真创新设计大赛——农业物联网项目规划与实施”比赛中分别获得二等奖和三等奖。大赛由中国现代农业职业教育集团主办、江苏农林职业技术学院和南京柯姆威科技有限公司承办，共计50所院校、997名学生参与此次比赛。大赛通过B站全网视频直播，并在钉钉群同步进行文字直播，线下线上数千人参与。

（解菁、刘斌）

农村卫生、新型农村合作医疗

【开展“京医老专家支援生态涵养区基层医疗卫生服务”试点项目】目的是进一步引导优质医疗资源下沉农村基层，提升生态涵养区乡村医疗卫生服务能力。2020年北京市农业农村局开展“京医老专家支援生态涵养区基层卫生服务”试点项目，组织市属医院医德好、技术高、经验丰、有情怀的退休医学专家每周固定到乡镇卫生院，以出诊、巡诊、带教、讲座等形式提供医疗卫生服务，一方面使农村居民就近享受到高水平的医疗服务，另一方面带动偏远地区乡镇医务人员能力提升。目前已面向门头沟区、密云区和怀柔区3所乡镇卫生院开展试点工作。

【推进“同心村卫生室”能力建设】在前期与市委统战部开展低收入村“同心村卫生室”硬件建设的基础上，2020年面向105个“同心村卫生室”加强能力建设。一是充分发挥乡镇社区卫生服务中心作用，加强对“同心村卫生室”业务管理与技术指导，结合绩效管理进行定期指导与考核；二是加强乡村医生业务知识与技能培训，结合乡村医生年龄及身体条件等状况，开展灵活多样的培训；三是创造条件吸引乡村医生岗位定向培养毕业生到“同心村卫生室”提供服务。

【强化村卫生室考核与管理】按照市卫生健康委《关于加强村卫生室绩效考核的指导意见》，结合基层减负和精减考核指标的要求，年初，组织专家对原有考核指标进行优化和精减。重点减少现场考核指标，利用信息系统和第三方调查结果进行直接核分，现场考核指标不高于总体指标的30%。3月5—8日，结合社区卫生绩效考核组织8名农村卫生工作专家深入涉农区现场考核，经过专家测评和直接核分，昌平区、大兴区、怀柔区位列前三名。

【强化低收入村和偏远山村巡诊】10个远郊区面向辖区低收入村及人口较少且不适宜建设医疗机构的偏远山村开展每周一次巡诊服务。巡诊共覆盖300余个行政村，近10万人次农村群众受益。

（万敏波）

【乡村医生培养】委托首都医科大学面向农村青年开展乡村医生岗位订单定向免费培养，共招生150名。

（万敏波）

少数民族乡村工作

【民族乡村经济发展继续保持良好态势】2019年，全市民族村集体经济资产总计105.3亿元，净资产47.2亿元，分别较上年增长18.4%和6.8%。集体经济总收入26.4亿元，其中主营业务收入21.5亿元，在整体经济下行压力加大的背景下，当年净利润1.5亿元，实现逆势上行。全市民族村农民人均收入达2.8万元，同比增长6.2%，91.1%的民族村农民人均收入高于所在区或全市平均水平。民族村低收入农户人均可支配收入超过2.1万元，同比增长15.7%，全部越线达标。

（李灵犀）

【助力全国民族特需商品定点生产企业健康发展】“十三五”期间，一是做好市级资金衔接，确保企业享受优惠利率贷款不断档、不空窗。截至2019年12月，为企业办理优惠利率贷款共计19.069亿元。二是制定下发实施细则和管理办法，加强和规范资金管理，鼓励金融机构信贷支持。通过联席会议、审核批复和季度对账等机制，把好优惠政策的审核关和监管关。三是指导企业强化财务规范管理，制定优惠贷款使用制度，建立专门台账，确保资金绩效和资金安全。

（刘刚）

【新增2个“中国少数民族特色村寨”】怀柔区汤河口镇小梁前村和密云区古北口镇河西村被评为第三批“中国少数民族特色村寨”。截至2020年，北京市获国家民委命名的“中国少数民族特色村寨”已增至13个。

（刘刚）

【召开2020年民族经济重点工作部署会】会议围绕“十三五”规划目标实现和民族经济高质量发展，就加快促进民族乡村振兴、打造民族特色行业精品和强化行业规范管理等工作进行部署。

（沙海涛）

【推动怀柔区创建全国民族乡村振兴试点工作】 7月20日，本市召开工作对接会。会议强调，一是要建立市级相关部门和怀柔区共同参加的定期协调会商机制，及时研究推动试点工作。二是以促进"产业兴旺"为重点，充分发挥怀柔区资源禀赋和产业特色优势，切实推动试点区域经济社会发展。三是加强统筹，形成市区两个合力，强化政策集成和资金聚焦，加大对试点工作的支持力度。四是指导怀柔区做好专项规划编制，推动重点项目落实落地，利用3年时间打造北京市民族乡村振兴的样板。市民族宗教委、市农业农村局等单位相关负责人参会。

（沙海涛）

【民族乡村"扶农助农"直播首战告捷】 8月9日，北京市民族乡村"扶农助农"直播项目首站"桃你所爱"主题平谷大桃专场，在平谷区东辛撞民族村开播。东辛撞村村支书、桃农以及主播，与网友积极互动，介绍不同品种大桃的特性、营养价值，以及选购技巧等，吸引近7万人在线观看。

（沙海涛）

【制定《关于推动怀柔区创建全国民族乡村振兴试点的实施方案（2020—2022年）》】 年内，市民族宗教委制定《关于推动怀柔区创建全国民族乡村振兴试点的实施方案（2020—2022年）》。一是坚持绿色发展道路。充分挖掘区域内农耕文化、少数民族文化等特色内涵，打造乡村旅游精品路线，乡村旅游星级民俗村6个，星级民俗接待户260个，乡村民宿精品30家；优化整合白桦林等重点旅游资源，努力将生态优势转化为绿色发展优势。二是持续推进美丽乡村专项计划。因地制宜、分类有序编制村庄规划，实现一村一品、一村一韵、一村一景；建立健全长效管护机制，开展"清脏、治乱、增绿、控污"工作，实现农村公共卫生厕所达到三类以上标准，99%的户厕达到卫生厕所要求，污水处理设施基本覆盖。三是推动传承保护优秀民族文化。加强民族文化基地、民族传统体育推广普及基地等文化载体建设，传承和发展二魁摔跤、蹴球等市级非遗项目，积极培育冰蹴球等民族传统体育项目，不断扩大区域品牌文化活动影响力。四是深入推进民族团结进步创建。支持把民族团结内容纳入村规民约和文明家庭、文明村民评选标准，增强维护民族团结的自觉性、主动性；注重中小学民族团结教育，开设民族团结特色课程，建成3个民族文化宣传展示基地、2个民族传统体育训练推广基地。五是加快缩小城乡居民生活差距。积极推动资源变资产、资金变股金、农民变股东，不断完善利益分配机制；因村、因户、因人精准施策，做好低收入村和低收入农户帮扶工作；实施"后备箱工程"，通过线上线下多种渠道推销特色产品，持续促进农民增收，实现民族村农民人均收入达到30 000元，超过本区平均水平。

（刘刚）

【"中国健康好乡村项目"落地长哨营满族乡】 12月26日，"中国健康好乡村项目"启动仪式在怀柔区长哨营满族乡举办。启动仪式上，中国健康好乡村组委会与长哨营乡签订《合作框架协议书》，市民族宗教委主任为"中国健康好乡村长哨营项目"揭牌。该项目采取"政府主导、企业运作、农民参与、合作共赢"的市场化运作方式，为长哨营满族乡提供规划、建设、运营等一揽子方案，着力打造"生态环境优美、生活健康幸福、生产有序发展"的中国健康好乡村。下一步，双方将共同做好产业规划设计，全面推进中医药传统文化传承和民族乡村建设，努力实现民族乡村高质量发展。

（刘刚）

农村社会管理

综　　述

2020年，市农业农村局在落实新冠肺炎疫情防控“四方责任”工作基础上，以防风险、保安全为工作主线，加强学习、廉洁施政、积极履职、担当作为，积极落实平安北京建设任务，统筹协调，有效防范中共北京市委农村工作委员会、市农业农村局系统内部各类安全风险；强化安全管理，以安全生产隐患治理为抓手，强化生产单位主体责任落实，加强督导检查，全年未发生生产安全事故；以“两节”“两会”信访维稳服务保障为重点，坚持主动做好人民内部矛盾纠纷排查，确保中共北京市委农村工作委员会、北京市农业农村局系统、所属单位以及郊区农村社会和谐稳定。

维护稳定

【制发《2020年中共北京市委农村工作委员会、北京市农业农村局平安北京建设重点工作及分工》】 部署机关各处室、所属各单位、系统各单位从十个方面推进20项平安北京建设重点工作，细化责任分工，完善督查检查机制，形成“一单位一台账、一隐患一治理”的动态管理模式，确保中共北京市委农村工作委员会、北京市农业农村局安全稳定。

【做好重点时期安全维稳工作】 先后召开3次中共北京市委农村工作委员会、北京市农业农村局安全维稳工作部署会，制发《关于开展生产安全事故隐患排查治理切实加强岁末年初安全生产工作的通知》《“两节”“两会”安全维稳工作要点》，从疫情防控、消防安全等方面做好安全维稳各项工作，加强应急值守和信息报送，确保全国“两会”、国庆等重点时期中共北京市委农村工作委员会、北京市农业农村局安全平稳。

【组织开展安全维稳工作检查】 先后开展针对危化品、有限空间作业、液化石油气、实验室安全管理的“四不两直”专项检查，全面排查风险，消除安全隐患。组织开展重点时期安全维稳工作检查，采用自查、互查、抽查、督查的“四查”形式，做到多角度全面覆盖、不留盲区死角。同时，配合相关处室完成了《关于抓好“三农”领域重点任务确保如期高质量实现全面小康的行动方案》等4个重大政策和重大项目的风险评估工作。

信访工作

【制定《中共北京市委农村工作委员会、北京市农业农村局信访工作规范》】全年接待到中共北京市委农村工作委员会、北京市农业农村局直接来访共22批28人次信访，办理政风行风热线群众来信49封，均按程序办理完毕。

【进一步做好人民内部矛盾纠纷排查】对重点群体进行3次细致摸排，2次专项排查。

【做好退役军人矛盾纠纷排查】在中共北京市委农村工作委员会、北京市农业农村局系统和局属单位开展了2次退役军人矛盾纠纷排查调处，建立完善工作台账，梳理重点问题和矛盾隐患，做到底数清、情况明。

安全生产

【生产主体基本情况和安全生产隐患排查】制发《中共北京市委农村工作委员会、北京市农业农村局2020年北京市农业安全生产工作要点》《北京市农业行业安全生产专项整治三年行动实施方案》，对农机、种植业等行业生产主体基本情况和安全生产隐患进行全面排查。同时，配合完成国务院安委会对2019年度北京市安全生产和消防工作现场考核巡查。

【加强复工复产期间安全生产管理】制发《关于做好疫情防控期间安全生产工作的通知》，实地检查库房、宿舍、配电室等关键部位，切实抓好复工复产期间安全工作。按照市领导批示精神和市安委办部署，组织开展了实验室危化品专项检查和农业行业生化安全检查。

【做好城乡接合部安全隐患综合整治工作】会同村镇建设处、组织处、宅基地管理处，做好城乡接合部安全隐患综合整治工作。累计报送月度工作进展情况10篇、阶段性工作进展2篇。

农村法治建设

综　述

2020年，市农业农村局认真学习贯彻党的十九大、十九届二中、三中、四中、五中全会精神以及习近平总书记重要讲话精神，以全面贯彻落实中共中央、国务院《法治政府建设实施纲要（2015—2020年）》，市委、市政府《法治中国首善之区建设重要举措实施规划（2015—2020年）》和《北京市法治政府建设实施方案（2015—2020年）》为主线，紧紧围绕全市中心工作，结合市农业农村局实际，采取各项措施，全面推进和落实法治政府建设各项任务。

依法行政工作

【完成《北京市种子条例》立项论证】按时起草完成《北京市种子条例》立项论证报告。市十五届人大常委会第六十九次主任会议对《北京市种子条例》立项论证报告进行审议。会议同意立项，采取废旧立新方式，废止《北京市实施〈中华人民共和国种子法〉办法》，制定《北京市种子条例》。

【完成《北京市野生动物保护管理条例》立法】市农业农村局与市园林绿化局共同完成《北京市野生动物保护管理条例（草案送审稿）》的起草与报送，配合完成审议阶段各项工作。该《条例》经市十五届人大常委会第二十一次会议审议通过，于2020年6月1日起正式施行。

【推进《北京市人民政府关于加强农村村民建房用地管理若干规定》废止】按照法制统一原则组织提出《关于建议废止〈北京市人民政府关于加强农村村民建房用地管理若干规定〉的函》，该《规定》的废止经2020年7月21日市人民政府第77次常务会议审议通过。

【完成市级农业综合执法改革】9月25日，市农业综合执法总队正式挂牌成立。总队为市农业农村局管理的正处级行政执法机构，负责集中行使法律、法规、规章规定应由省级农业农村部门行使的行政处罚权以及与之相关的行政检查、行政强制权；负责相关领域重大疑难复杂案件和跨区域案件的查处工作；承担东城区、西城区、石景山区除兽医兽药以外的农业执法工作；负责监督、指导、组织、协调各区农业综合执法工作等。

【强化行政执法监督】开展综合执法《指导目录》制定，形成全市《农业综合行政执法事项指导目录》初稿。落实行政执法“三项制度”。在局门户网站开设行政执法公示专栏，组织落实行政执法全过程记录制度。开展处罚案卷评查。市区两级农业农村部门自查自评639卷，抽选52卷进行集中评查，选送案卷参加农业农村部、市司法局评查，2卷获得全国农业行政处罚优秀案卷。

【促进行政执法规范】结合《农作物病虫害防治条例》等新法颁布、实施主体调整等情况，共梳理并动态调整职权事项152项。组织起草《北京市农业农村局“双随机、一公开”监管工作规范（暂行）》

和随机抽查工作指引，提升工作的规范性和透明度。推进部门联合双随机。组织梳理种子等8个检查事项列入第一批北京市部门联合抽查事项，完成第一轮抽查任务。

【强化依法行政理念】举办两期农业综合执法能力提升培训班，从农业综合执法改革、行政处罚程序规定、行政执法“三项制度”等方面，对市区两级农业综合执法人员开展为期3天的集中脱产培训，共计培训148人次。遵循“谁制定、谁审查、谁负责”的原则，推动落实公平竞争审查制度，着力营造公平和谐的营商环境。

【做好复议应诉工作】15起复议案件按照法定程序作出复议决定或提交答复意见。做好14件诉讼应诉工作，法院均裁定驳回当事人起诉，无一败诉。

【做好行政规范性文件等合法性审核（查）工作】2020年共组织完成对213件行政规范性文件、经济合同以及局重大决策事项的合法性审核（查），确保政策措施的合法有效。

【集中开展行政审批服务】全年共办理市政务服务大厅受理的行政审批服务事项申请4 229件。未进驻市政务服务大厅的“非主要农作物品种登记初审”办理545件、“动物及动物产品检疫合格证核发”办理17.03万件。

（胡皓）

【梳理农业农村系统行政审批事项】完成本市农业农村系统行政审批服务事项梳理。截至年底，全市农业农村系统共有行政审批服务事项大项97个、办事项243个，其中行政许可大项73个、办事项213个；行政确认大项5个、办事项6个；其他行政权力大项19个、办事项24个。

（张猛）

【精简行政审批服务事项申报材料、压缩办理时限】年内，完成了全市农业农村系统94个行政审批服务事项申请材料和办理时限进一步精简工作，在2019年基础上，申请材料再度压减26.7%，办理时限再度压减36.9%。

（艾龙强）

【推出本市第一批告知承诺制审批事项】8月7日，印发了《北京市农业农村局关于印发〈北京市动物诊疗许可证核发告知承诺书文本〉〈北京市生鲜乳准运证明核发告知承诺书文本〉〈北京市兽药经营许可证核发（非生物制品类）告知承诺书文本〉的通知》（京政农发〔2020〕108号），确定“动物诊疗许可证核发”“生鲜乳准运证明核发”“兽药经营许可证核发”3个事项作为市农业农村局第一批告知承诺事项，为申请人提供告知承诺办理方式和一般办理方式。

（张猛）

【制定市农业农村系统行政审批服务事项通用办理标准】8月24日，印发了《北京市农业农村局关于印发〈北京市农业农村系统行政审批服务事项通用办理标准（试行）〉的通知》（京政农发〔2020〕119号），明确了行政审批服务事项办理过程中应当遵循的基本要求和运行规范，对业务受理、材料流转、事项办理、决定作出、结果运用、档案归档等各个环节的工作标准和具体格式都作出了明确规定，为进一步推进全局系统审批工作的规范化奠定了坚实的基础。

（艾龙强）

【优化新冠肺炎疫情期间审批服务工作方式】2月27日，发布了《北京市农业农村局关于新冠肺炎疫情防控期间优化审批服务的通告》，优化了新冠肺炎疫情防控期间审批服务工作方式，因疫情影响无法开展现场评审的，临时延后现场评审，予以按时审批；引导申请人疫情防控期间利用网上申报、材料邮寄、电话咨询、结果寄送等方式，减少人员流动，降低疫情扩散风险。

（张猛）

【贯彻落实国务院精神，取消下放一批行政许可事项】11月2日发布了《北京市农业农村局关于贯彻落实〈国务院关于取消和下放一批行政许可事项的决定〉的公告》“肥料登记初审事项”不再受理五类肥料（含大量元素水溶肥料、中量元素水溶肥料、微量元素水溶肥料、农用氯化钾镁、农用硫酸钾镁）登记初审申请（含新申请、续展、变更）；取消二类肥料（复混肥料、掺混肥料）肥料登记证审批事项（包含新申请、续展、变更、注销）。取消各区“乡村兽医登记许可”事项，改为备案。承接农业农村部下放的“出口国家重点保护的农业野生植物或进出口中国参加的国际公约限制进出口的农业野生植物审批”事项，设置2个办事项，分别为“出口国家重点保护的农业野生植物审批”“进出口中国参加的国际公约限制进出口的农业野生植物审批”。

（张猛）

农村法制宣传

【制定年度普法计划】 结合全市“三农”工作面临的新形势、新任务、新要求，制定出台《2020年普法依法治理工作计划》，部署安排年度普法依法治理工作。

【开展多形式普法活动】 落实局办公会会前学法，提升中共北京市委农村工作委员会、北京市农业农村局干部依法行政能力；落实“谁执法谁普法”普法责任制，协调站所组建“以案释法”普法宣传服务队，开展主题宣传活动；强化《民法典》宣传，通过统一购买发放学习资料、门户网站视频播放《民法典为实施乡村振兴战略保驾护航》宣传片等形式，营造良好法治氛围。

【突出疫情防控】 通过政务网站、微信、微博等终端，发布“全国普法办疫情防控工作法律规定23问”“《市人大常委会依法防控决定》涉及法律条款10问”“疫情防控中的‘罪’与‘罚’”等一系列普法知识，引导农民群众依法支持配合疫情防控工作。

人大建议、提案办理

【承办建议、提案97件】 2020年，中共北京市委农村工作委员会、北京市农业农村局共承办建议、提案97件（主办单办44件、会办53件）。其中，人大代表建议39件（主办单办17件、会办22件），政协提案58件（主办单办27件、会办31件）。按照件件有回音、事事有着落的总体要求。主动与代表委员沟通协调，认真答复办理，做到建议提案按时办复率100%，代表、委员满意率100%。

基层组织建设与乡村治理

综　述

年内，围绕建立健全党组织领导的自治、法治、德治相结合的领导体制和工作机制，推进乡村治理能力建设。落实抓乡促村工作机制，完善乡村治理体系，全面开展村“两委”换届“回头看”，加强农村基层干部和后备人才队伍的培养。推进新时代文明实践中心建设，海淀区被确认为全国新时代文明实践中心建设重点联系县（市、区）。

（万敏波）

基层组织建设

【市村民委员会概况】 截至年底，全市共有村民委员会3 788个，其中，朝阳区144个，海淀区55个，丰台区57个，门头沟区178个，房山区459个，通州区470个，顺义区426个，昌平区301个，大兴区436个，平谷区273，怀柔区283个，密云区330个，延庆区376个。

（民政局）

【乡村治理领域专项整治工作】 年内，落实扫黑除恶专项斗争领导小组相关部署，市委社会工委、市民政局印发《乡村治理领域专项整治方案》，围绕乡村治理领域存在的问题和不足，开展专项整治，建立健全农村基层乡村治理体制机制，有效解决乡村治理中存在的薄弱环节，提升城乡基层社会治理能力和基层社区文明水平。

（民政局）

【撤村建居工作】 12月25日，市社会建设工作领导小组办公室、市委社会工委、市民政局印发了《关于开展撤村建居工作的指导意见》《社区居民委员会设立标准》，严格界定撤村条件，严格规范撤村流程、统一规范建居标准，为撤村建居工作扎实开展打牢了坚实基础。

（民政局）

【村民小组、自然村村民自治试点工作】 年内，在密云区穆家峪镇辛安庄村、延庆区千家店镇千家店村开展村民自治试点工作。试点工作以加强制度建设和规范化建设为重点，结合试点村实际情况，探索和完善村党组织领导下的村民自治有效实现形式。

（民政局）

乡村治理

【抓好村（社区）疫情防控】市委农工委、市农业农村局加强对农村疫情防控工作的督导检查，成立检查组对人口倒挂村、“七小”门店、中高风险地区村等开展多轮集中督导，累计检查 1 810 村次，490 个商超，确保防控责任、措施落实到位。编发农村防控工作动态 202 期，发放工作提示和防控指南 91 个，指导全市农村地区疫情防控工作。

（王芳）

【乡村治理体系建设】出台《关于加强和改进乡村治理的指导意见》，明确了 5 个方面 18 条工作措施，对加强和改进乡村治理工作作出安排部署，推动乡村治理体系建设各项重点任务落实落地。有序推进平谷、海淀 2 个乡村治理体系建设试点区和 11 个示范村镇建设。总结乡村治理的好经验、好做法。

（王芳）

【落实抓乡促村工作机制】坚持“书记抓、抓书记”，分类制定乡镇党委、班子成员、包村干部抓农村党建职责任务清单，完善乡镇干部包村工作机制，研究制定包村干部参加会议活动、重大事项把关等工作制度，推动包村干部真正深入班子、深入群众，着力解决“腰乏力”“中梗阻”问题，确保抓乡促村工作机制落实到位。

（万敏波）

【全面开展村“两委”换届“回头看”】组织 13 个涉农区对 3 876 个村集中开展了一次“回头看”，采取乡镇自查、区级复查、市级抽查相结合的方式，全面检视农村基层党组织在疫情防控、组织建设、基层治理等方面的实际情况，全市共排查确定 123 个示范村、133 个重点提升村和 109 个软弱涣散村。

（万敏波）

【软弱涣散村整顿】对新确定的 109 个市级软弱涣散村党组织进行集中整顿，督促各区落实“五个一”工作机制和“一村一策”整顿方案。

（王芳）

【加强农村后备人才队伍建设】提出采取“考录、遴选、选派、培育”等“四个一批”模式，为每个村选拔 1～2 名优秀后备人才，并通过理论培训、挂职锻炼、拜师学艺方式，加强培养锻炼。通过招录党建助理员、乡村振兴协理员等多种方式，努力破解农村发展后继乏力问题。拓宽农村党员发展渠道，进一步加大从返乡务工青年、大学生、退役军人等群体中发展党员的力度，严格发展标准，规范发展程序，提升农村党员队伍整体质量。

（万敏波）

【培训农村基层干部 1 561 名】以“线上＋线下”相结合的方式，培训新任村党组织书记和第一书记 1 561 名。继续招录“村务管理专业”学生 583 名，推进“双班主任”管理机制落实。面向高校毕业生招聘 432 名乡村振兴协理员。

（王芳）

【第一书记驻村帮扶】持续开展第一书记选派工作。向扶持壮大集体经济试点村、党组织软弱涣散村选派 217 名第一书记。组织动员 493 名在岗第一书记在疫情防控中主动担当作为，助力打赢农村疫情防控阻击战。加强第一书记典型宣传，在《北京晚报》报道了 66 名第一书记典型事迹，展现第一书记的良好精神风貌和担当作为的形象。

（王芳）

【新时代文明实践中心建设】推出 50 个新时代文明实践基地；海淀区被确认为全国 10 个新时代文明实践中心建设重点联系县（市、区）之一。

（万敏波）

【拓展村庄网格化服务管理】推动互联网、大数据、人工智能等技术在乡村治理中的应用，推广村级基础台账电子化，搭建集成电脑客户端、手机 App、微信公众号等多种媒介为一体的“智慧村庄”综合服务管理平台，提升乡村服务管理的水平和效率。

（万敏波）

【农村社会工作专业人才队伍建设】举办万名“乡土社工”培养计划示范培训班，将村“两委”工作人员及农村地区面向人民群众提供直接服务的人员纳入培训范畴，提升社会工作专业服务水平。

（万敏波）

市委农工委、市农业农村局机关建设

机关党建

中共北京市委农村工作委员会、北京市农业农村局坚持把政治建设摆在首位，严肃党内政治生活，坚持党建引领机构改革，提升党员干部做好“三农”工作的主动性、自觉性。认真落实市委各项工作部署与重点任务，立足首都“三农”工作实际，压紧压实全面从严治党主体责任与党风廉政主体责任，以深化“五大建设”为党建抓手，以落实落细疫情防控为政治担当，以创建模范机关为努力方向，不断推动机关党建高质量发展，坚定不移推动全面从严治党向基层延伸、向纵深发展。

【坚持把政治建设摆在首位】 深入贯彻《中共中央关于加强党的政治建设的意见》，教育引导党员干部增强“四个意识”，坚定“四个自信”，做到“两个维护”，坚决贯彻落实中央决策部署和习近平总书记重要指示批示精神。严肃党内政治生活，坚决执行重大事项请示报告制度。坚持党建引领机构改革。持续巩固深化“不忘初心、牢记使命”主题教育成果，提升党员干部做好“三农”工作的主动性、自觉性。

【强化思想理论学习】 年内，理论学习中心组组织学习33次，集体研讨交流4次，整理汇编《学习参考资料》79期、500余篇文章；主要领导作党的十九届五中全会精神主题宣讲；举办两期“学习宣传党的十九届四中全会精神专题培训班”，组织机关及所属单位局、处级领导干部180余名参加“全市领导干部学习贯彻党的十九届四中全会精神专题研讨班”；组织近600名党务干部参加“云课堂”培训班；为党员干部发放《习近平谈治国理政》（第三卷）、《党的十九届五中全会学习辅导百问》等学习书籍3 000余册。

【落实全面从严治党主体责任】 组织召开2020年全面从严治党（党建）工作会。制定《2020年落实全面从严治党主体责任清单》，明确17项工作任务，定期专题听取班子成员落实“一岗双责”情况汇报，阶段性评估落实情况。制定《2020年度中共北京市委农村工作委员会、北京市农业农村局机关落实全面从严治党主体责任调研走访工作方案》，调研走访党支部与党组织书记履行、落实全面从严治党主体责任情况；同时，会同市纪委、市委老干部局等单位对系统单位从严开展主体责任落实情况动态抽查。根据市反腐倡廉建设领导小组办公室《关于对市委农工委、市农业农村局2019年全面从严治党（党建）工作考核结果暨政治生态分析研判问题清单的反馈意见》，制定《关于2019年全面从严治党（党建）工作考核结果暨政治生态分析研判问题清单的整改工作分工方案》，将反馈意见分解细化为12个问题，制定针对性强的整改措施，逐项压实整改责任，持续推进整改，并巩固拓展整改成效。

【认真做好疫情防控工作】 成立新冠肺炎疫情防控工作领导小组，下设6个具体工作小组，制定印发《中共北京市委农村工作委员会关于加强党的领导为打赢疫情防控阻击战提供坚强政治保证的通知》，制定《新型冠状病毒感染的肺炎疫情防控工作方案》，召开45次疫情防控工作会议，进一步落实“四方责任”，坚持“三防”“四早”“九严格”，统筹抓好“三农”重点工作，压紧压实机关和所属单位主体责任、细化防控措施。发挥党组织战斗堡垒作用，选派 20 名党员干部下沉到昌平、大兴一线，成立 2 个防控一线临时党支部，全力以赴配合村、社区做好疫情防控工作，在全市抗击新冠肺炎疫情表彰大会上，5 个先进个人、2 个先进党支部获得表彰。

【机关第一次党员代表大会胜利召开】 7 月 29—30 日召开了中共北京市委农工委、市农业农村局机关第一次代表大会，选举产生了中共北京市委农工委、市农业农村局第一届机关委员会和第一届机关纪律检查委员会委员，为实施乡村振兴战略、推进全市“三农”事业发展提供组织保障。

【引导党员发挥先锋模范作用】 引导党员干部积极投身到全国“两会”等重大活动农产品质量安全服务保障任务中。完善党建引领“吹哨报到”和“接诉即办”工作机制，年内，共受理“12345”市民热线派单 615 件，响应率达 100%、解决率达 97.1%、满意率达 98.1%。党员干部积极参与工作生活街道社区守桶、护桶等垃圾分类相关工作 2 000余人次。

【持续推进作风建设】 加强会议统筹管控，削减 21 场次会议计划；公文数量精简 50%以上；优化考核评价体系，督查项目比上年减幅近 37%。制定监督检查工作方案，对系统和所属单位落实“四方责任”和防控措施等进行近 15 轮次的监督检查；成立 2019 年规划和自然资源领域专项巡视问题整改和规划和自然资源领域问题专项整治工作专班，督促整改任务按时保质完成；以“四不两直”形式对所属单位的廉政教育、“吃喝风”、疫情防控、节日福利发放、公车停驶等工作进行 40 余次检查；加大对选人用人工作监督，全年共出具党风廉政意见 108 人次，突出对干部选升、招聘中计票、面试等环节的监督。制定领导班子权责清单，修改完善机关处室权责清单，进一步厘清权责边界，确定权责范围。

【压紧压实党风廉政建设主体责任】 按照“谁主管、谁负责”原则，层层压实责任，以“关键少数”带动“绝大多数”，领导干部带头执行党章党规，发挥示范带头作用。召开中共北京市委农村工作委员会、北京市农业农村局系统全面从严治党（党建）暨党风廉政建设大会和“以案为鉴、以案促改”警示教育大会。积极配合派驻纪检监察组开展监督执纪问责，运用“四种形态”，全年批评、教育、帮助、处理 50 人次，其中第一种形态 46 人次，第二种形态 4 人次，不断增强监督执纪实效。

领导班子和干部队伍建设

【加强干部教育管理，提升队伍整体素质】 不断加大干部政策的宣讲力度，强化教育培训，引导干部践行忠诚、干净、担当。把学习贯彻习近平新时代中国特色社会主义思想作为头等大事，组织部分副处级以上领导干部学习习近平总书记在中央政治局第二十一次集体学习时的重要讲话精神，通过率达 100%；采取“云课堂”形式，组织中共北京市委农村工作委员会、北京市农业农村局机关及所属单位 590 余人学习领会《习近平谈治国理政》（第三卷）等内容，不断提升干部政治素质。抓好党的十九届四中全会精神学习培训，组织中共北京市委农村工作委员会、北京市农业农村局 180 名局处职领导干部参加了全市领导干部学习贯彻党的十九届四中全会精神专题研讨班，组织 9 个小组学员研讨交流，进一步坚定理想信念，把牢政治方向。

【开展干部选任】 结合职务职级并行制度实施，全年共晋升 8 名处级干部至二级巡视员、15 名科级干部至四级调研员，完成 2 名援藏干部的职级晋升工作，提拔使用 6 名处长、25 名副处长，选任 3 名总师。处长平均年龄由年初的 50.4 岁变为 48.4 岁，降低 2 岁；副处长平均年龄由年初的 43.1 岁变为 38.6 岁，降低 4.5 岁，机关干部队伍年龄结构得到了优化。同时，统筹开展所属参公单位职务职级并行工作，先后晋升所属单位 7 人至一级调研员，9 人至二级调研员，4 人至三级调研员。完成了执法总队班子干部的职级套转工作。

【做好日常监督】 全年采取随机抽查和重点抽查相结合的方式共抽查 61 人，其中 58 人如实报告，1 人漏报情节较轻，1 人漏报情节较重，1 人隐瞒不报。对于漏报情节较轻的人员，及时进行批评教育，对漏报情节较重和隐瞒不报的人员，分别给予了诫勉，并按照专项整治要求，对全部涉及的人员进行了提醒谈话，进一步强化了有关事项报告在从严治吏方面的作用。

【从实开展考核】 结合实际组织开展了中共北京市委农村工作委员会、北京市农业农村局机关年度考核工作，经过干部述职、测评打分、民主推荐等，评选出机关公务员优秀三等功 16 名、优秀嘉奖 27 名、称职嘉奖 28 名。加强结果运用，切实发挥考核指挥棒作用，对在年度考核测评中不称职率超过10%的 3 名干部进行了提醒谈话，对优秀和称职得票率达不到三分之二的 2 名干部予以诫勉，以考核倒逼干部担当作为。

【做好干部选派、招录】 选派 1 名机关干部到乌鲁木齐市挂职锻炼，接收 2 名干部到机关挂职。认真开展公务员公招、补录、遴选和军转干部接收等工作，严格履行各项程序，共招录 3 人、补录 2 人、遴选 2 人，接收团职干部 1 人。

党风廉政建设

【概述】 2020 年，中共北京市委农村工作委员会、北京市农业农村局党风廉政建设工作坚持以习近平新时代中国特色社会主义思想为指导，认真贯彻落实十九届五中全会、十九届中央纪委四次全会和市纪委十二届五次会议精神，增强“四个意识”，坚定“四个自信”，做到“两个维护”，坚持稳中求进总基调，坚持和完善各项制度体系，加强对制度执行的监督，强化对权力运行的制约，一体推进不敢腐、不能腐、不想腐，为推动首都乡村振兴战略和“三农”工作创新发展提供坚强保障。

【选举成立机关纪律检查委员会】 选举成立中共北京市委农村工作委员会、北京市农业农村局机关纪律检查委员会。7 月 30 日，经市直机关工委批准，中共北京市委农村工作委员会、北京市农业农村局机关召开了第一次党员代表大会，选举了中共北京市委农村工作委员会、北京市农业农村局机关纪律检查委员会。召开了中共北京市委农村工作委员会、北京市农业农村局机关纪律检查委员会第一次委员会，选举了书记，明确了分工。

【制发《2020 年党风廉政建设工作要点》】 年内，制定下发《2020 年党风廉政建设工作要点》。从牢记初心使命，提高政治站位；压实主体责任，强化责任落实；加强廉政教育，筑牢思想防线；深化作风建设，巩固建设成效；聚焦关键监督，强化执纪问责；加强自身建设，完善工作机制 6 个方面进行了工作部署。

【召开 2020 年党建及全面从严治党工作部署会】 4 月 16 日，中共北京市委农村工作委员会、北京市农业农村局召开了 2020 年党建及全面从严治党工作部署会。中共北京市委农村工作委员会、北京市农业农村局领导班子成员、系统单位党政组织主要负责人、机关支部书记、所属单位党组织主要负责人 60 余人参加了会议。会议学习传达了全市党建工作领导小组会会议精神，学习传达了习近平总书记在十九届中央纪委四次全会上的重要讲话和会议精神以及蔡奇书记在市纪委十二届五次全会上的讲话和会议精神。中共北京市委农村工作委员会、北京市农业农村局领导班子成员与分管处室、局属单位代表签署了党风廉政建设责任书。

【组织开展“以案为鉴、以案促改”警示教育】 12 月 18 日，中共北京市委农村工作委员会、北京市农业农村局组织召开了全系统“以案为鉴、以案促改”警示教育大会，市委第七巡视组、市纪委监委第一监督检查室相关人员出席了会议。中共北京市委农村工作委员会、北京市农业农村局班子成员，系统单位班子成员，驻中共北京市委农村工作委员会、北京市农业农村局纪检监察组、机关副处级以上（含）领导，所属单位班子成员近 200 人参加会议。会议组织集体观看了涉农区的警示教育片《背离初心的代价》和《辛家堡村等四起典型案件警示录》。会议要求按照以全市警示教育大会为镜鉴，主动举一反三、自查自纠、抓好整改。对照问题和反面案例，将“严”的要求贯穿管党治党全过程各方面，推动全面从严治党不断取得新成效。同时要求中共北京市委农村工作委员会、北京市农业农村局系统全体广大党员干部必须以更大决心、下更大的力气，以刀刃向内的勇气、自我革命的精神，推进党风廉政建设和反腐败斗争向纵深发展。

【组织开展系列反腐倡廉教育】 结合学习《习近平谈治国理政》（第三卷），选取了习近平总书记关于全面从严治党、党风廉政建设和反腐败斗争相关论述，制作成宣传专栏，在南北办公区进行宣传；紧盯节假日关键时期开展“八项规定”、纠治“四风”提醒教育；开展学习宣传月活动，9—10 月在各党组织中集中开展廉政学习、宣传，观看反腐倡廉教育警示宣传片。通过系列教育，营造了风清气正的“三农”发展氛围。

【开展监督工作】①强化政治监督。持续做好新冠肺炎疫情防控工作的监督检查。成立监督检查组，制定了监督检查工作方案，对系统单位和所属单位落实“四方责任”和防控措施等进行了全面监督检查。以“四不两直”“夜访”、电话等多种方式，对系统单位和所属单位的防控工作进行了近 15 轮次的监督检查，全力保障了“零感染”机关的创建。加大对低收入农户帮扶工作的监督力度。通过参加会议、查阅相关材料、保持与处室负责人沟通，及时了解任务进度、掌握工作动态，发挥督促作用。②突出问题监督。2019 年规划和自然资源领域专项巡视问题整改、规划和自然资源领域问题专项整治工作是 2020 年中共北京市委农村工作委员会、北京市农业农村局的一项重要政治任务，主要监督是否有不作为、慢作为、推诿扯皮等现象，督促整改任务保质按时完成。③注重日常监督。将日常监督检查工作纳入常态化。全年元旦、春节、清明、五一、国庆、中秋等假期，机关纪委会同驻中共北京市委农村工作委员会、北京市农业农村局纪检监察组以“四不两直”形式对所属单位的廉政教育、有无“吃喝风”、餐饮浪费、疫情防控、值班值守、离京请示报备、节日福利发放、公车停驶等进行了检查，共检查 40 余次。同时加大对选人用人工作的监督，全年共出具党风廉政意见 120 人次，突出对干部选升、招聘中计票、面试等环节的监督。在日常工作中，注重从细小处发现问题和不足，及时提醒相关部门和单位纠改。

【建章立制，强化对权力运行制约】修改完善中共北京市委农村工作委员会、北京市农业农村局权责清单。认真梳理中共北京市委农村工作委员会、北京市农业农村局的行政职权事项和“三定”职责，按照权责法定、权责透明、权责统一的原则，厘清权责边界，确定权责范围，精简权责事项，统一格式标准，进一步完善了中共北京市委农村工作委员会、北京市农业农村局处室的权责清单。同时，制订了中共北京市委农村工作委员会、北京市农业农村局班子的权责清单，经工委会研究通过，在一定范围内进行了公开。制定了《市委农工委关于办理党员处分事项的工作流程（试行）》，并经工委会讨论通过。拟制了《市委农工委　市农业农村局党支部（总支）纪检委员工作职责》，已开始试行。建章立制为理顺工作流程，规范工作程序打下了良好的基础。

（机关纪委）

老干部工作

【概述】截至 12 月底，市委农工委系统及直属单位的离退休干部总数 1 667 人，党员 1 096 人，离退休干部党支部 33 个。离休干部 37 人，其中局级离休干部 9 人、处级及以下离休干部 28 人。退休干部总数为1 630人，其中局级干部 30 人，处级及以下干部 1 600 人。2020 年，在市委、市政府正确领导下，坚持以习近平新时代中国特色社会主义思想为指导，深入贯彻落实党的十九大和十九届历次全会精神，发挥老干部工作制度优势，坚持让市委放心、让老干部满意的工作标准，加强离退休干部政治建设、思想建设和党组织建设，提升离退休干部服务管理质量，组织引导离退休干部发挥优势作用，为推进首都治理能力现代化进程、助力实施首都乡村振兴战略作出新贡献。

（李艳青）

【抓好离退休干部学习宣传】系统各单位通过组织离退休干部参加市委老干部局和本单位组织的报告会、老干部宣讲、读书座谈、参观走访等活动，利用市委老干部局和基层单位的网站、信息平台、老干部微信群、单位内网、老干部宣讲团等平台载体和活动，组织老干部学习。组织全体离退休干部添加并学习、浏览中组部老干部局微信公众号“离退休干部工作”和市委老干部局微信公众号“北京老干部”。分别于 6 月和 9 月组织系统单位老干部参加北京市离退休党支部书记培训班线上培训和秋季线上理论学习班，并组织 30 多名党支部书记分别参加了主会场和分会场开班典礼、集中听课和讨论。

（李艳青）

【抓好离退休干部三项建设】 在政治建设方面，始终把政治建设摆在首位，树牢“四个意识”、坚定“四个自信”、做到“两个维护”“三个一”“四个决不允许”。坚持阅读文件、情况通报、参加重要会议、参观考察、走访慰问等工作制度。年内组织部分离退休干部和工作人员参加了北京市离退休干部庆祝中国共产党成立99周年座谈会暨“双先”表彰会分会场活动。在思想建设方面，通过情况通报、专题辅导、支部学习、调研座谈、实地参观、网络学习等形式，组织老干部深入学习、常悟常进。年内组织系统离退休干部积极参加中组部组织的“我看脱贫攻坚新成就”调研，多名老干部提交了调研报告和体会。在组织建设方面，认真贯彻落实《中国共产党支部工作条例（试行）》和《中国共产党纪律处分条例》。按方便老干部学习活动的原则设置党支部，认真组织党支部换届和改选工作。7月组织选举产生的3名离退休党员干部代表参加市委农工委机关党委换届选举工作。继续做好离退休干部党员工作补贴发放工作。充分发挥网络和支部微信群的作用，党支部活动由实体向网络延伸。按月向担任党支部书记、副书记和委员的离退休干部发放工作补贴。

（李艳青）

【为老干部办实事】 办好市委、市政府为离休干部办实事项目，全面落实各项生活待遇。为每位离休干部都填了信息表、工作台账、信息档案，独立建档。对高龄、重病等有特殊困难老干部加大帮扶力度。新冠肺炎疫情期间克服各种困难，为离退休干部联系住院、转院、陪护等事宜，并到医院看望和经常电话、微信问候。在老干部去世后，协助家属办理丧事。系统各单位普遍建立了退休干部困难帮扶机制。在传统节日期间、建党、建国等重大时间节点，广泛开展走访慰问离退休干部活动，看望参加抗美援朝的老干部，主动倾听老干部心声，切实把党和政府的温暖送到老干部身边。

（李艳青）

【老干部积极参与“助力北京”】 一是助力抗疫。中共北京市委农工委系统离退休老干部在疫情发生后积极捐款支持抗击疫情和恢复生产，发挥正能量，助力打好防控疫情阻击战。有的老干部以文章、诗歌的形式表达了对打赢疫情防控阻击战的信心和决心，有的老干部参加了社区巡逻、路口值勤等工作。二是参与生活垃圾分类，助力社区管理。农工委系统引导离退休干部深刻认识垃圾分类工作的重要意义，认真学习垃圾分类方法，宣传垃圾分类的重要意义。通过向老干部微信群转发北京市老党员先锋队关于积极参与生活垃圾分类和物业管理工作的倡议书、垃圾分类小视频、图片等内容进行广泛宣传，增强老干部对生活垃圾分类正确投放的知晓度、认同度和参与度，并鼓励老干部在做好日常生活垃圾分类，身体条件允许的情况下，积极参与社区垃圾分类志愿工作，很多老干部担任社区生活垃圾分类指导员和志愿者。离退休干部踊跃参加市委老干部局组织的以“促进垃圾分类、共建美好家园”为主题的网络摄影比赛活动，农工委系统共收集到47位老干部的101张参赛照片，并在老干部微信群中展示宣传。三是助力脱贫攻坚。根据市委老干部局关于开展“我看脱贫攻坚新成就”专题调研活动的要求，市委农工委积极行动，通过下发调研活动通知、带头组织老干部调研等形式，在全系统离退休干部中开展了此专题调研活动。通过此次调研，老干部对脱贫攻坚有更全面、更深刻、更具体的认识。他们在感受着脱贫成果带来的喜悦时，也表达了自己参与到社会建设中来的满腔热血和信心。

（李艳青）

【引领老干部工作向基层延伸试点】 年内向西城区介绍了本系统离退休干部的整体情况，提供了离退休干部名单和详细信息。介绍了需要重点关注的老干部群体，即高龄、空巢、重病、鳏寡孤独、特困等离退休老干部情况。推荐党建经验丰富、有个人特长和参加老党员先锋队、宣讲团等发挥优势作用明显的老干部情况。并根据实际情况推荐经验丰富、业务熟练的老干部工作人员作为老干部工作联络员，支持街道、社区工作。目前已有居住地的老干部到社区报到，并在社区日常管理、疫情防控常态化工作和垃圾分类工作中积极主动发挥作用。

（李艳青）

工会工作

2020年，市委农工委、市农业农村局直属机关工会认真履行工会职能职责，带领各级工会积极践行社会主义核心价值观，全面服务机关和所属单位全体职工，助推乡村振兴大发展，为首都高质量发展做贡献。

【抓好工会组织建设】7月30日召开市委农工委、市农业农村局机关及所属单位会员代表大会，选举产生市委农工委、市农业农村局工会第一届委员会及第一届经费审查委员会，并在市委农工委、市农业农村局工会第一届委员会第一次会议上协商产生了女职工委员会。指导农业综合执法总队完成工会组建工作，指导水产技术推广站完成工会换届工作。

【开展先进推荐工作】组织开展2020年北京市劳动模范、先进工作者和模范集体评选表彰工作。北京市农业环境监测站职工欧阳喜辉获得市委、市政府2020年12月颁发的“北京市先进工作者”荣誉称号。积极响应市总工会和市直机关工会的号召，组织开展2020年度生活垃圾分类先进集体和“最美职工”宣传推选活动。机关村镇处职工王玉珏获得“最美职工”、北京市畜牧总站获得先进集体的荣誉称号。

【做好防控新冠疫情工作】全年共计采购发放口罩、酒精棉片、手套、湿巾、洗手液等物品10万余件，为单位安装配送柜10余个。

【引领垃圾分类生活新时尚】市委农工委、市农业农村局工会配合市委农工委、市农业农村局垃圾分类领导小组，组织开展了丰富多彩的垃圾分类专题活动。一是邀请生态资源科技方面的专家现场指导并讲授垃圾分类知识。二是为夯实垃圾分类知识，工会还组织了知识有奖答题。三是利用各种方式发放了宣传手册600余册。

【全面服务机关和下属单位职工】庆祝三八·妇女节，组织机关女职工开展线上多肉植物栽培技术培训。关心关爱劳模。在元旦春节前夕，完成全国劳模、市级劳模3.6万元春节慰问金的统计与发放。为退休市级劳模殷守仁申报特困帮扶金近6万元。组织7位劳模参加市总体检。落实机关职工生日慰问政策，在十一、春节前为职工购买发放节日慰问品近30万元，完成工会扶贫任务。积极为生病职工送温暖。慰问机关生病住院、困难职工18人次、落实住院慰问金1.5万元、落实困难补助金1.6万元。为机关及基层单位7名职工申请市直机关工会困难职工帮扶基金6.9万元。

【组织开展特色文体活动】一是羽毛球比赛。组织机关及直属单位15个代表队以实际行动落实全民健身运动，从9月15日开始，组织预赛、决赛30多场比赛，参与活动人员达300人次。二是乒乓球比赛。组织开展“和谐杯”乒乓球比赛预赛、决赛等20多场，参与人员近200人次。三是滑冰公益体验课。组织50多名干部职工分期分批赴朝阳大悦城冠军滑冰场参加第六届北京市民快乐冰雪季滑冰公益体验课，以实际行动“助力冬奥”。四是“科学健身方法进机关”健身项目推广，组织开展了时尚健身操、瑜伽、养生八段锦等四项示范项目。五是单身联谊活动。组织基层单位职工近30名参加北京职工婚姻家庭建设协会组织的“燕缘际会 云之恋歌”单身职工线上交友联谊活动，为单身职工在网上创造相识、相知、相恋的机会。

（机关纪委）

郊区农情

朝阳区

概述

朝阳区总面积470.8千米^2，农村地区面积350.5千米^2，占全区总面积的3/4，下辖19个乡（地区办事处），144个行政村，249个社区，现有农业人口8.4万人，常住人口177万人。2000年以来，朝阳区始终围绕落实首都城市战略定位和区域功能定位，紧抓绿隔建设、土地储备、重点工程建设、棚户区改造等契机，坚持搬迁上楼、产业发展、绿化建设、社会保障、体制改革、社会管理“六位一体”推进城市化建设，累计完成107个村拆迁腾退，18万人搬迁上楼，16.8万人实现转非安置，形成了以“一绿”一批城市化建设试点为率先突破，2～4批试点梯次推进的城市化发展格局。2020年，在区委区政府的领导下，朝阳农村地区始终坚持以习近平新时代中国特色社会主义思想为指引，深入实施乡村振兴战略，围绕“文化、国际化、大尺度绿化”主攻方向，统筹推动疫情防控和经济社会发展，扎实做好“六稳”工作、落实“六保”任务，2020年农村集体经济总收入135.4亿元、人均所得39 049元，分别同比增长2.3%和2.0%，“十三五”时期各项任务圆满完成，农村经济社会建设迈上新台阶。

实施乡村振兴战略

【概况】 朝阳区坚持把贯彻落实中央和北京市关于乡村振兴战略的部署要求作为首要政治任务，围绕“产业兴旺、生态宜居、乡风文明、治理有效、生活富裕”总要求，全面加强区委对“三农”工作的领导，充分发挥区委农村工作领导小组牵头抓总、统筹协调作用，进一步完善工作格局、加强监督考核，推动乡村振兴战略在朝阳落地生根。

【区委农村工作领导小组第一次会议】 7月10日，区委书记、区委农村工作领导小组组长王灏同志主持召开2020年区委农村工作领导小组第一次会议，区委农村工作领导小组副组长文献、王旭、杨建海，以及区委农村工作领导小组成员，19个乡党政正职参加了会议。会议审议通过了《关于切实推进“村地区管”工作的意见（试行）》《关于加强农村地区项目建设管理的指导意见（试行）》《中共北京市朝阳区委农村工作领导小组成员名单》《中共北京市朝阳区委农村工作领导小组2020年工作要点》《2020年北京市朝阳区乡级党政领导班子和领导干部推进乡村振兴战略实绩考核评分表》《朝阳区关于加强和改进乡村治理的工作方案》《关于农村人居环境整治工作情况的汇报》《中共北京市朝阳区委农村工作领导小组2019年工作总结》等事项，决定《关于切实推进“村地区管”工作的意见（试行）》《关于加强农村地区项目建设管理的指导意见（试行）》《中共北京市朝阳区委农村工作领导小组成员名单》《中共北京市朝阳区委农村工作领导小组2020年工作要点》《2020年北京市朝阳区乡级党政领导班子和领导干部推进乡村振兴战略实绩考核评分表》《朝阳区关于加强和改进乡村治理的工作方案》6项文件按程序报请审批后以区委农村工作领导小组名义印发实施。

【区委农村工作领导小组第二次会议】 12月23日，区委农村工作领导小组副组长，区委副书记、区长文献主持召开2020年区委农村工作领导小组第二次（扩大）会议。王旭、杨建海，以及区委农村工作领导小组成员，区经管站、产业用地区级统筹专班领导，19个乡党政正职参加了会议。会议审议通过了《关于加强农村集体资产监督管理的意见（试行）》，通报了朝阳区产业用地区级统筹平台公司成立相关事宜，并决定以区委农村工作领导小组名义印发《关于加强农村集体资产监督管理的意见（试行）》。

【乡村振兴实绩考核】年内，把乡村振兴战略重点任务落实情况作为农村系统领导班子和领导干部综合考核内容，将农村人居环境整治、垃圾分类、农产品质量安全、老旧小区整治等10余项指标纳入综合考核指标体系，占考核评分的30%，进一步压实各乡责任，确保乡村振兴战略各项工作部署落地见效。

农村城市化建设

【概况】朝阳区坚持规划引领，牢牢把握农村城市化主线，以减量发展倒逼城市化发展转型，统筹推进城乡接合部改造、非首都功能疏解、项目手续办理、村地区管等工作，重点问题加快攻坚突破，农村城市化进程持续深入。

【农村城市化建设】2020年，深入实施城乡接合部改造，完成拆迁腾退150万米^2、绿化233公顷。创新探索形成“王四营模式”城市化新路径，为全市城市化实现减量发展提供经验和借鉴。成立朝阳区农村地区安置房及上市地块遗留问题腾退专班，高效有序推动安置房及上市地块遗留问题腾退，7个乡上市地块和安置房用地涉及的95万米^{2}非宅、352户住宅全部拆除。出台《关于加强农村地区项目建设管理的指导意见（试行）》，全面加强农民安置房、产业项目建设全过程管理。继续发挥农村地区区级建设项目审批手续统筹协调专班作用，统筹推动上市地块、产业项目、安置房和房产证补办等相关手续办理，6个安置房、3个产业项目开工建设，3个上市项目达到入市条件，557户产权证开始印发。

【非首都功能疏解】年内，拆除各类建筑296.52万米^2，实现“场清地净”296.52万米^2。腾退34家出租大院（出租公寓）和2家商品交易市场，集体土地上区域性物流基地及再生资源回收场站实现动态清零。持续推进基本无违建乡创建。统筹利用疏解腾退空间，10.69公顷农业领域“留白增绿”任务全部完成。

【村地区管】年内，落实北京市关于加强农村集体土地管理的要求，出台《关于切实推进“村地区管”工作的意见（试行）》，健全产业用地、基本农田、宅基地和集体经营性用房土地用途管控、分级管理、逐级负责的管理体系，坚决遏制集体土地失管失控。

【产业用地区级统筹】年内，出台朝阳区产业用地区级统筹实施方案，组建集体产业用地区级统筹工作专班，完善工作机制，成立北京朝阳新经济发展有限公司作为区级平台公司，统筹开发建设、管理运营农村集体产业用地，严格准入标准及工作流程，试点推动项目开发建设。

都市现代农业

【概况】朝阳区紧紧围绕首都城市功能定位，充分体现大区担当，守好“三农”基础，严格耕地保护利用，抓好“菜篮子”工程，作为超大城市中心城区的农业稳产保供能力持续显现。坚持以都市现代农业为发展方向，充分利用现有农业资源和农业景观，以设施化、园区化、绿色化、标准化为支撑，加快促进一二三产业融合发展，农业生产效益持续提高，区域生态环境更加优化，城市居民高质量生活需求得到更好满足。

【农业生产】年内，严格落实“菜篮子”责任制，完成蔬菜播种面积2 213.4亩，超额完成全年任务的36.56%，蔬菜产量3 059.3吨，超额完成全年任务的33.07%。

【农业服务“六进工程”】4月，在蟹岛西区安排统一育苗5万余株，包含50余个品种。5月上旬蔬菜种苗全部发放到社区、机关、学校、公园等“六进工程”（六进工程：进街乡、进机关、进公园、进社区、进学校、进家庭）示范合作单位，蔬菜生长期间技术人员到示范合作单位进行技术指导。在京城梨园、朝阳公园、蓝调庄园、中国水谷等10余个公园及单位推广种植30种五谷作物和10余种老北京特色传统蔬菜，指导京城梨园管理林下兼作景观作物20公顷。

【老北京特色蔬菜推广】年内，引进强丰番茄、七叶茄、一串铃冬瓜、大核桃纹白菜等老北京特色蔬菜品种10个，种植6.37公顷。

【标准化基地建设】年内，对标准化基地信息进行更新，对已拆迁或无种植的大运河翰林、永顺华、柏华阳光、京朝花园、方圆平安基地进行撤销备案，对荣硕基地、圣露庄园进行新增备案。朝阳区现有标准化基地12家，全年开展督导检查39次。

【“三品”认证管理】年内，对蟹岛、都市农汇、水科园等6家无公害复查换证的企业进行现场检查，对生产企业的质量管理、产地环境、生产过程、产后管理、产品质量共五大方面20小项进行逐项检查，并使用“绿办管家”微信小程序现场在线填报检查记录。通过现场检查，6家企业均符合复查换证要求。

【渔业统计】年内，开展全区水产基本情况调研，截至2020年12月31日，朝阳区水产养殖面积941亩，养殖企业（户）36个，其中食用鱼养殖户4个，面积375亩；观赏鱼养殖20户，面积244亩；休闲垂钓12户，面积322亩。完成渔业统计工作。

【增殖放流活动】年内，分别在萧太后河马家湾湿地公园段、清洋河、亮马河、温榆河湿地公园、重兴寺公园5处水域放流鲢鱼、鳙鱼、草鱼等6个品种，共计放流10 712千克（约10万尾）。全年在已放流水域采集水样9次，提供水质检测数据500余个。

【水生野生动物救护中心挂牌】10月15日，朝阳区水生野生动物救护中心挂牌成立，是北京市首家区级水生野生动物救护中心，也是北京市唯一一家官方承认的海洋珍贵水生野生动物专业救治机构。

【政策性农业保险】年内，区种养中心协助朝来农艺园、方圆平安、京北大地、圣露庄园和都市农汇5家农业企业投保政策性农业保险，保费271 510元，其中市财政补贴135 755元，企业自缴54 302元，区财政补贴81 453元。

【绿色防控技术推广】年内，通过“北京市农药减量使用管理系统”核定15家蔬菜生产园区为补贴对象，面积278.33公顷。各园区根据蔬菜种植情况，购买生物农药、理化诱控产品和瓢虫、小绥螨等生物天敌2 000余万头，使用补贴资金351 391.91元。区植保站与北京市植保站、金天茂、蓝美莓、京朝花园签订了三方合作的“北京市蔬菜病虫全程绿色防控技术示范基地建设”责任书，推广应用理化诱控、生物防控、生物农药等绿色防控技术，推广使用地布8 000米^2，黄板16 250张，防虫网9 000米^2，杀虫灯116盏，高效节能静电喷雾器52台。

【科技精准扶贫】7月29日，区种养中心与区科信局联合组织对河北康保、阳原、唐县、内蒙古卓资、新疆和田地区墨玉县和新疆生产建设兵团47团6个对口帮扶地区的线上培训。根据不同地区的差异需求确定技术培训内容，邀请8位专家在线上讲解种植、养殖知识，对口帮扶的农牧民500余人参加培训。

【农残检测】年内，区植保站检测农贸市场、基地及配送企业、超市的蔬菜水果样品15 737个（蔬菜12 359个，水果3 378个），合格率100%。完成市农业农村局蔬菜农药残留区县互检任务。10月12日前，抽检顺义区北京美田阳光农场、北京世外苑农场等21个基地，完成4批次241个样品5 543个参数的检测，合格率100%。

【农产品质量安全检查】年内，在元旦、春节、五一、中秋、国庆节前等重要时间节点，对中农春雨、水科园、大洋路市场等21家企业开展检查50余次，对生产基地的生产记录、投入品库房及棚内种植情况、检测室的检测开展情况及检测数据原始记录开展检查，指导督促企业规范生产经营活动，科学使用农业投入品，严格落实安全间隔期（休药期）制度。

【国家农产品质量安全区创建】年内，按照朝阳区国家农产品质量安全区创建实施方案要求，组织开展创建宣传、群众满意度调查、材料档案梳理和现场验收等工作。累计印制发放创建宣传方巾6 800个、彩色宣传袋（帆布）5 000个，制作3部创建宣传视频。从农产品生产者、经营者、消费者不同角度，选择不同年龄、不同学历的从业者展开随机问卷调查，群众满意度达到93.39%。对完成的50项创建任务指标进行档案梳理。组织完成考核组检查验收工作（现场汇报、现场核查生产企业），顺利通过市级专家组考核验收。

【检疫性有害生物监测除治】4月7日，区植保站技术人员发现朝来农艺园技术员上传的2张番茄病害照片符合我国进境检疫性有害生物番茄斑萎病毒病特征，经田间试纸条快速检测“番茄斑萎病毒病”呈阳性。4月8日将样品送中国检验检疫科学研究院植物检疫研究所，4月15日出具鉴定报告，确认送检样本是番茄斑萎病毒病，为北京市首次发现番茄斑萎病毒病疫情。区植保站依据《植物检疫条例》第十四条，制定《朝来农艺园番茄斑萎病毒除治技术方案》，指导农艺园对园区内番茄、大椒进行拔除消毒深埋，对园区蚜虫、粉虱、蓟马等媒介害虫进行防治。4 月 28 日市植保站专家组到朝来农艺园现场检查疫情除治情况，对除治给予肯定。现场检查未发现园区种植蔬菜上有蚜虫、粉虱、蓟马等媒介害虫为害情况，经专家组评估，朝来农艺园疫情除治通过验收。

【植物疫情监测普查】年内，在王四营、黑庄户、金盏、崔各庄乡设立 4 个植物疫情监测点，配备虫情测报灯、孢子捕捉仪、小气候采集系统 3 种仪器设备，监测点内灯下可监测美国白蛾、草地螟、蝗虫、黏虫、甜菜夜蛾、玉米螟、小地老虎等 7 种害虫，采用性诱剂可监测苹果蠹蛾、橘小实蝇、番茄潜麦蛾、草地贪夜蛾等 4 种害虫。每个监测点 4—10 月完成灯下监测 29 次，监测到美国白蛾 5 头、小地老虎 383 头、甜菜夜蛾 3 251 头、黏虫 654 头、玉米螟 1 238 头、橘小实蝇 889 头，未监测到苹果蠹蛾、番茄潜麦蛾、草地贪夜蛾成虫。年内完成 4 个监测点周围 2 千米^{2}10 种外来有害生物普查 28 次，直接普查面积 104.66 公顷。

【狂犬病免疫】5—7 月，对辖区内犬只进行 1 次狂犬病集中免疫注射。年内，朝阳区共有 60 490 只犬注射狂犬病疫苗并佩戴免疫标识。

【动物检疫净化】年内，检疫牛布病、牛结核病 35 头次，检疫马属动物马鼻疽、马传染性贫血 673 匹次，检疫结果全部为阴性。

【动物及动物产品检疫】年内，检疫各类动物 2 164 头（只），动物产品换证 2.5 万吨。完成了 17 个冷库贮藏分销商和 27 家直接分销动物产品厂家登记备案工作，签订责任书 44 份，冷库换证单位现场指导 34 次。

【动物疫病防控】年内，免疫高致病性禽流感2 346 只次，牛 OA 型口蹄疫 313 只次，羊 O 型口蹄疫 455 只次，其他偶蹄动物 O 型口蹄疫 173 只次，羊小反刍兽疫 125 头次，应免免疫密度均为 100%。全年清圈消毒面积 223 万米^2。发放各类消毒药品 12.44 吨，防护服、手套、口罩等各类防护用品合计 5 万件（套）。

【动物疫病检测】年内，开展病原学检测 404 项次，包括口蹄疫、高致病性禽流感、布病、鲤春病毒和锦鲤疱疹病毒，检测结果全部阴性。开展血清学检测 6 815 项次，包括牛、羊、马、犬猫及禽血清，检测结果显示符合农业农村部颁布标准。开展动物源性产品兽药残留检测共计 10 280 项次，包括克伦特罗、莱克多巴胺、沙丁胺醇、呋喃唑酮、磺胺类、己烯雌酚、氯霉素、孔雀石绿等，检测合格率 99.9%。

【农机事故应急演练】9 月 16 日，在平房乡京城梨园内开展 2020 年朝阳区农机规范化管理观摩交流及割灌机伤人事故应急演练活动。区农业执法大队、各乡农机监管人员、农机具使用单位负责人、农机驾驶操作人员代表 60 余人参加现场观摩。现场演练事故报案及受理，启动预案、应急抢救，现场勘查、制作文书，事故汇报等科目。通过开展事故演练，进一步完善预案、锻炼队伍、磨合机制、提高风险防范意识。

生态环境与基础设施建设

【概况】将大尺度绿化作为贯彻落实习近平生态文明思想的重要抓手，深入践行绿色发展理念，统筹生产、生活、生态空间，大尺度建绿增绿，大力实施人居环境综合整治，围绕农村生活垃圾、污水治理和基础设施集中发力，注重特色内涵挖掘，高标准建设美丽乡村，农村生态环境和宜居品质得到持续提升。

【农村人居环境整治】年内，实施“一村一策”环境整治，2 276 个点位 11 万米^2 私搭乱建全部拆除。持续推进“厕所革命”，实施改造公共旱厕 785 座和 12 户户厕，挂账任务全部消除。第二批 5 个环境提升乡 23 个项目建成，打造一批农村环境亮点。人居环境整治三年行动任务市级验收排名为中心城区第一。出台人居环境长效管护实施意见，持续开展周末卫生大扫除等专项行动，人居环境长效管护指数系统正式上线运行。

【美丽乡村建设】年内，按照“产业兴旺、生态宜居、乡风文明、治理有效、生活富裕”的总要求，金盏东村、东窑村、半壁店村、高碑店村、郎辛庄村、郎各庄、么铺村、何各庄村、马泉营村、白家楼等首批 10 个美丽乡村全面建成并通过市级验收。打造白家楼村、么铺村成为朝阳乡村振兴样板，其中，白家楼村充分发挥党建引领作用，充分调动群众参与积极性，打造庭院绿化美景；么铺村收回并进行改造升级村内出租大院等低级次产业，打造北京电影小镇，推动实现产业兴旺。奶东村、老君堂村、小郊亭（自然）村、方家（自然）村、黎各庄村、金盏西村、万子营西村、万子营东村、小鲁店村、大鲁店三村等第二批 10 个美丽乡村建设扎实有序推进。

【垃圾分类】年内，深入落实《北京市生活垃圾管理条例》，成立农村地区生活垃圾分类及物业管理工作专班，出台《农村地区农民回迁小区（村）生活垃圾分类标准化设置要求》，围绕宣传动员、桶站设置、桶站看守、垃圾运输等方面重点发力，积极营造分类投放氛围，推广“提绳开盖”等举措，19个乡厨余垃圾分出率全部达到考核标准，探索出“厨余量积分兑换制”等特色经验。

【农村生态环境建设】年内，大尺度绿化加快实施，扎实推进2020年新一轮百万亩造林绿化项目，新增造林绿化5 566亩、城市绿地69公顷，新建广渠路郭家场村南侧绿地、豆各庄城市公园东园等10处公园绿地。扎实做好168.31公顷“留白增绿”和30.8公顷“战略留白”临时绿化。温榆河公园朝阳示范区开园，实现京城最大“绿肺”初期成果惠及市民。朝来森林公园等数十个大型公园坐落农村，连绿成廊、连绿成带的大生态格局逐步形成。

【耕地保护与利用】年内，建立年度永久基本农田现状、2020年集体永久基本农田综合利用、2020年撂荒地块、年度留白增绿“四本账”，全面摸清永久基本农田底数，进一步克服涉农物资匮乏、灌溉水源短缺、人员紧缺等困难，集体土地上永久基本农田实现应用尽用、应种尽种。

【农村基础设施建设】年内，持续完善农村东部和东南部骨干路网，逐步推进城乡基础设施共建共享、互联互通。加快朝阳医院常营院区、安贞东方医院建设，推动一批优质医疗资源落地农村。强化医养结合，实现养老机构均与社区卫生服务中心100%完成对接。以村为单位设置心理咨询室或社会工作室，做好社会特殊群体的心理呵护和人文关怀。

农村改革

【概况】持续加强集体“三资”管理创新探索，以问题整改为导向，以规范提升为目标，举一反三、标本兼治，不断完善制度建设，强化监管举措，加强队伍建设，提升管理效能，全面推进农村集体经济提质增效。立足农民生活富裕，持续深化农村改革，激发集体经济内生活力，使广大农民享受更多改革成果。

【农村集体“三资”管理制度建设】年内，制定出台《关于加强集体资产监督管理的意见（试行）》，健全完善“1+6”集体“三资”管理制度，进一步规范乡级集体资产监督管理委员会、农村集体经济合同联预审、农村集体经济合同签订、农村集体经营性用房管理、农村集体经济组织印章管理、农村集体资产监督管理考核等6项工作实施细则。

【集体资金预算管理】年内，加强村级预算管理，结合市级“四议一审两公开”要求，各乡做好村级预算编制、执行和财务公开工作，17个乡150个村村级预算总收入74.28亿元，预算总支出金额73.51亿元，预算结余0.77亿元。

【北京市产权交易十周年成果展筹备】年内，积极筹备北京市产权交易十周年成果展，通过视频、展台、图册等形式，全方位展示朝阳各乡农村经济发展成果，宣传典型亮点，展示效果突出，得到农业农村部、市农业农村局相关领导肯定。

【集体资产清查】年内，按照农业农村部、北京市农业农村局通知要求，开展2018年度、2019年度农村集体资产清查工作。完成全区农村2018年685个清查单位，2019年679个清查单位的资产清查和数据上报任务，做好年度清查数据与农经统计年报数据衔接，保持数据的连续性和稳定性。

【农村集体经济审计】年内，组织开展农村集体经济审计工作。截至12月31日全区共审计364家乡村集体经济组织及其所属企业单位，审计金额1 774.4亿元，提出审计建议1 406条。

【村级组织负责人经责审计】年内，按照市、区村级组织负责人的相关文件要求，指导各乡开展经济责任审计工作，本次共审计了19个乡157个村级组织的298名负责人。

【集体经济组织资产年检】年内，组织开展“北京市农村集体资产产权登记证”年检工作，全区174个集体经济组织完成年检，其中乡级集体经济组织19个，村级集体经济组织155个，年检率100%。年检结果显示，截至2019年12月31日，朝阳区集体资产总额1 894.6亿元，其中乡级资产总额1 437.2亿元，村级资产总额457.4亿元。

【规范集体经济组织管理】年内，完成246个农村集体经济组织换届备案工作，完成269个“集体经济组织登记证”颁证事项办理工作。围绕规范集体经济组织经营管理开展专项调研，形成《朝阳区农村集体经济组织调研报告》在北京市农村经济研究中心《调查研究报告》上刊发。

【农村集体经济合同管理】年内，全区农村新签经济合同1 123份，履行联预审程序，年租金总额达5.53亿元，集体收益水平明显提高。

【农民负担检查】年内，开展朝阳区农民负担执法检查工作。全区公益事业补助资金1 687.5万元全部拨付到位，正常发放到村。各村按照村级公益事业补助资金使用要求，坚持专款专用。落实各项减负惠农政策，无农民负担问题发生。

【农村集体产权制度改革】年内，村级产权制度改革取得积极进展，小红门乡4个村、南磨房乡4个村、东风乡六里屯村、高碑店乡八里庄村完成劳龄统计三榜公示，清产核资形成报告初稿。十八里店8个村和东风乡剩余3个村完成劳龄统计三榜公示，清产核资同步推进。乡级产权制度改革试点有序推进，将台乡基本形成乡级改革方案。

基层组织建设与乡村治理

【概况】把基层党组织建设摆在突出位置，坚持以抓党建促乡村振兴，充分发挥党组织战斗堡垒作用，压紧压实基层管党治党主体责任，切实把基层组织优势转化为乡村社会治理效能，提升乡村善治水平。

【抗击新冠肺炎疫情】年内，面对突如其来的新冠肺炎疫情，农村地区迅速完善领导组织体系，制定《区委农工委、区农业农村局新型冠状病毒肺炎疫情防控工作机构及职责》《农村地区新型冠状病毒感染的肺炎疫情防控工作方案》。筑牢社区疫情防线，对照市级标准，制定《朝阳区农村地区社区、村庄防控工作指南》，对88个“两无一开”小区实现兜底管理，实现农村地区981个防控单元应封尽封。全面开展“敲门行动”，共计排查人员540.7万人次，累计排查出19万人进京，全部实行14天居家或集中观察。完成11 818名在鄂返京人员转运安置。高效有序做好新国展朝阳转运点境外入京人员转运安置。全力应对新发地批发市场疫情、十八里店农贸市场突发情况，全面排查、隔离管控相关人员。集中组织4次大规模核酸检测，累计完成检测91万余人次。坚持联防联控，基层全员动员，农工委、农业农村局机关内部、直属单位抽调33名精干力量助力一线防控，机关50余名干部轮流下沉到东坝乡社区（村），累计发动2.3万名各级党员干部下沉一线，构筑起群防群控的铜墙铁壁。深入开展“1+1手拉手行动”，组织农村广大党员干部积极投身防控一线，涌现出了朝阳区“战‘疫’先进集体”60个，“战‘疫’先锋岗”301个，“防疫排头兵”663名，形成黑庄户乡“四个统得住”、东坝乡东泽园“三强三实”等防控典型经验。

【乡级机构改革】年内，按照“七室、一委、一队、五中心”架构［综合保障办公室、党群工作办公室、平安建设办公室、城乡管理办公室、民生保障办公室、社区建设办公室、经济发展办公室；纪（工）委（监察办公室）；综合行政执法队；便民服务中心、市民活动中心、市民诉求中心、农业综合服务中心、农村经济发展服务中心］，指导各乡制定机构改革方案，全面完成乡级机构改革，乡级部门职能及人员配置更加合理完善。

【夯实基层基础】年内，制定农村地区基层党建重点任务，强化基层支部“三会一课”等制度规范落实，提升党员干部凝聚力、战斗力。突出政治功能、政务功能、社会服务功能，高标准推进农村地区党群服务中心建设，14个乡建成党群服务中心，形成“将心汇”“红店”“红映坊”等特色品牌。推动各乡建立党建工作协调委员会，将疫情防控、物业管理、垃圾分类等工作纳入会议议题，完善党建共商、资源共享、难题共解的工作机制。

【农村系统“以案为鉴、以案促改”警示教育活动】年内，开展农村系统“以案为鉴、以案促改”扎实推进同级同类警示教育工作，农口各单位做好“八个一”规定动作（研究制定一个警示教育工作方案、召开一次系统警示教育启动大会、举办一系列警示教育展板集中宣讲、开展一次处级干部理论中心组学习会、召开一次党支部专题学习交流会、撰写一篇学习心得体会、形成一份自查整改报告、梳理完善一本制度汇编），分批组织3 562名乡、村（社区）、科队站所、直属企业等关键岗位党员干部现场接受警示教育，推动农村地区每一名党员干部受警醒、明底线、知敬畏。

【农村社区治理】年内，新建25个社区，完成14个5 000户以上超大社区拆分重组，建设19个社区协商议事厅示范点。实施“三社一体化”领航计划和社区成长伙伴计划，开展4个社区建设试点。

【接诉即办】年内，进一步健全完善“接诉即办”工作机制，强化主动治理、未诉先办，农村地区累计受理市民服务热线诉求18.2万件，解决率、满意率相比上年分别提高34.58个、17.41个百分点。

【党建引领物业管理】年内，深入落实《北京市物业管理条例》，加强党建引领物业管理，推动物业管理纳入社区治理框架，农村地区物业管理覆盖率达到 99.5%、业委会（物管会）组建率达到 85.7%、党组织覆盖率达到 89.6%，实现全年“三率”目标。

【农村文化文明建设】年内，充分利用现有乡村文化资源，创新推出线上“云游”朝阳乡情村史陈列室系列展播活动，举办第 31 届北京农民艺术节“乡村大舞台”朝阳专场文艺汇演，培育优秀文体队伍，锻造朝阳文化品牌，圆满完成全国文明城区迎检工作。

【社会安全稳定】年内，积极回应群众诉求，坚持源头化解，“原高安屯村村民集体访”等一批区级重点矛盾得到妥善处置。深化扫黑除恶专项行动，坚决防止滋生黑恶势力，圆满完成北京市扫黑除恶特派督导组巡视督导。

朝阳区领导名录

区委书记	王　灏
副书记	文　献　王　旭
常委	王　灏　文　献　王　旭 迟行刚　席成坡　暴　剑 黄晓伟（女）　崔小浩 李国红（女）　王维民
区人大常委会主任	陈宏志
副主任	胡良森　牟燕东　张克斌 赵红伟　叶　青
区长	文　献
常务副区长	崔小浩
副区长	暴　剑　王志勉　杨建海 王冬斌　朱　晟　岳　立
区政协主席	陈　涛
副主席	王文远　张士华　赵年生 连玉明　张兴凯 战春燕（女，满族）
区委农工委副书记、区农业农村局副局长	连文胜（主持工作）

朝阳区各地区（乡）党政正职领导

	党（工）委书记	办事处主任、乡长
来广营地区（乡）	王　刚	张继明
太阳宫地区（乡）	李　华	郝宝刚
崔各庄地区（乡）	吴选辉	殷伟涛
孙河地区（乡）	张晓宁（女）	李兴泉
金盏地区（乡）	陈　杰	陆闻宇
将台地区（乡）	宋少伟	李　勃
东风地区（乡）	郭　君	谷昆鹏
东坝地区（乡）	李　钧	于淑杰（女）
平房地区（乡）	蒋东燕（女）	张　昕
常营地区（乡）	刘大庆	方　泽
高碑店地区（乡）	顾洪涛	杜　磊
三间房地区（乡）	王立新	袁裕中
管庄地区（乡）	万小兵	汪宝成
王四营地区（乡）	张　奎	苏云华
豆各庄地区（乡）	张军茹（女）	戴昌军
黑庄户地区（乡）	秦　涛	赵歌帆
南磨房地区（乡）	易湘林	张金鑫
十八里店地区（乡）	张宏明	刘　涛
小红门地区（乡）	王小红（女）	闫　博

（朝阳区农业农村局　张伟楠）

海　淀　区

概　　述

海淀区总面积 430.77 千米^2，农村地区面积 261.11 千米^2，占全区总面积的 60.6%。辖 7 个镇（地区办事处）、63 个行政村和原玉渊潭乡等撤制单位。2020 年，区委农工委、区农业农村局在区委、区政府的正确领导下，深入贯彻中央、市、区关于推进乡村振兴的战略部署，积极统筹疫情防控和“三农”事业，全面完成镇村两级集体产权制度改革，圆满收官农村人居环境整治三年行动任务，全区农转非政策覆盖率达到 100%，美丽乡村建设、基层党建等方面取得良好成效，“十三五”时期多项任务圆满收官，“十四五”时期农村城市化规划编制稳步推进。

农业与农村经济

【概况】 2020 年，全区农田面积 48 821.8 万亩，其中水田 1 932.4 亩，水浇地 3 399.1 亩，旱地 5 209.3亩，设施农用地 5 484.3 亩，果园 24 600.9 亩，苗圃 7 781.4 亩，其他 414.4 亩；蔬菜产量 1 846.4万千克、产值 7 444.23 万元，分别同比增长 23.40%、44.80%；果树产量 359.9 万千克、产值 5 060.28 万元，分别同比增长 1.9%、32.7%。农村集体经济总额为 2 133.6 亿元，首次突破两千亿元大关，对比 2014 年实现翻一番，“十三五”期间年均增速 12.6%。农村集体经济所有者权益 728 亿元，农民人均所得 43 784 元，“十三五”期间年均增速分别为 9.4%、13.3%，农民群众的获得感、幸福感稳步增强。

【新冠肺炎疫情防控工作】 新冠肺炎疫情防控工作中，区农业农村局承担的主要职责是：协调督导农村地区落实好社区（村）疫情防控工作，做好动物疫病防控工作和指导农业生产保产保供。制定下发《关于成立农村社区（村）疫情防控工作组的通知》，建立“1＋6＋7”工作体制，成立领导小组，由中共北京市委农工委、市农业农村局主要领导任组长，设立综合协调、疫情防控、指导联络等 6 个工作组，组建以中共北京市委农工委、市农业农村局班子成员为组长的 7 个巡回督导队，深入 278 个社区（村、小区），以及商超、出租大院（公寓）等检查农村地区疫情防控情况。为涉农企业协调解决口罩等防疫物资采购难题，积极推动企业有序复工复产。指导农业园区做好春耕播种，确保粮蔬生产总量。加强统筹协调全面开展重大动物疫病防控工作。先后抽调 27 名党员干部参加机场入境人员接转、湖北返京人员转运、密接人员数据管理、核酸检查点评估、永定路街道封闭管理等任务。机关党总支下属 7 个党支部 156 名党员干部下沉社区报到，参与一线值守任务。推动农村集体产权房产减免租金工作，共为 4 409 家企业减免租金约 3.52 亿元。

【超额完成蔬菜粮食生产任务】 市级下达海淀区 2020 年粮食、蔬菜生产任务为：粮食种植面积不低于 6 500 亩，粮食产量不低于 2 200 吨；蔬菜种植面积不低于 8 608.2 亩，蔬菜产量不低于 14 707 吨。实际完成粮食播种面积 6 574.5 亩，完成任务量的 101.1%；产量 2 299.1 吨，完成任务量的 104.5%。实际完成蔬菜播种面积 9 421 亩，完成任务量的 109.4%；产量 18 464 吨，完成任务量的 125.5%。

【筹建农业科技产业创新联盟】 年内，组织中国农业科学院、市农林科学院等院所及中化、拜尔中国、华为、阿里、大北农等 300 余家单位加入产业创新联盟，包括科研机构、高新企业、金融机构、传媒等，涵盖了育种、生产、管理、营销等农业全产业链。组织开展成员单位的互访交流活动。

【推进院区合作】 10 月 19 日，海淀区政府和中国农业科学院在“智汇海淀”人才主题周开幕式上，正式签订了《中国农业科学院、海淀区人民政府农业科技服务合作协议》。院区双方在战略咨询、现代农业示范园区建设、人才交流培养、科普教育等多个合作领域取得积极成效。

【科技农业】 年内，与中国农业科学院、市农林科学院、农业科技产业创新联盟企业合作，有效推进新技术和智能设备在农业领域的示范运用。在四季青农业集团、西郊农场、百旺种植园、弗莱农庄等单位和重点园区打造现代农业示范园区，帮助各单位和园区梳理产业发展思路、提供技术指导，推动 5G 智能温室、智慧果园、鱼菜共生、药食同源园等重点项目加快建设。成功申请中央财政资金，在四季青墨蔬苑、西郊农场·翠湖农业创新工场重点打造国家数字设施农业创新基地，推进设施农业转型升级。

【农业科技成果】 年内，优化辣椒、茄子单倍体育种技术，通过建立一步成苗法，简化了单倍体诱导程序，诱导效率提高近 20%。优化秋水仙碱染色体加倍方法，关键技术“一种辣椒或茄子单倍体植株的染色体加倍方法”申报了国家发明专利（申请号：202010353750.2）并于 7 月进入实审阶段。利用单倍体育种技术与常规育种技术相结合，进行种质资源的创新和新品种的选育，选育出 3 个辣椒新品种和 2 个茄子新品种。9 个辣椒品种获得非主要农作物品种登记证书。7 月，编写《海花海丰系列辣椒、茄子品种及设施栽培技术》图册，重点推介选育出的适合设施栽培的辣椒品种（组合）40 个、茄子品种（组合）10 个，并介绍相关的设施栽培技术。

研究完善东北羊角芹、半夏、小苹果等 10 多种珍稀难繁植物的组培快繁技术；研究建立甘薯、草莓脱毒和脱毒苗生产技术，关键技术“一种有效脱除甘薯SPFMV和SPLCV病毒的方法”申报国家发明专利（申请号：202011557028.7）。生产的12万株甘薯脱毒苗应用于北京百旺农业种植园等15个农业园区。

开展乡土植物荆条和多花胡枝子的耐旱性研究。在苏家坨镇弗莱农庄开展乡土植物特色种植示范，示范种植适合美丽乡村建设的乡土植物60种，面积6 000米^2。

【休闲农业】年内，开展辖区内9家北京市休闲农业星级园区复核工作。其中四星级2家、三星级6家、二星级1家，打造“三山五园”线路建设，推进四季青镇西山观光采摘园、柳林村弗莱农庄进行园区提升改造。

【建立作物科普教育基地】9月20日，在北京市海淀区皂君庙路中国农业科学院作物科学研究所东圃场试验基地，区农业农村局与农科院作科所联合挂牌共建作物科普教育基地。

【服务企业】年内，组织北京大伟嘉生物技术股份有限公司、北京北农大动物科技有限责任公司、北京联创种业股份有限公司、北京大北农科技集团股份有限公司、北京德青源农业科技股份有限公司、北京金色农华种业科技有限公司、北京旗舰食品有限公司、北京屯玉种业有限责任公司共8家公司进行第九次农业产业化重点龙头企业动态监测工作，并全部通过。组织审计公司对2018年7月1日至2019年6月30日期间贷款贴息申请材料进行审计核算，北京九州大地生物技术集团股份有限公司、北京京鹏环球科技股份有限公司、北京嘉博文生物科技有限公司、北京大伟嘉生物技术股份有限公司、北京农信互联科技集团有限公司、万丰大地（北京）蔬菜有限公司、北京挑战生物技术有限公司、北京挑战牧业科技股份有限公司、北京乾景园林股份有限公司、北京博农利生物科技有限公司共10家企业，28项贷款贴息申请和3项担保费补贴申请符合要求。贴息和担保费补贴合计914.305 8万元。

【政策性农业保险】年内，海淀区政策性农业保险总保费为175.99万元，区级保费补贴70.39万元。2020年承保面积5 673.51亩、参保260户次；受灾面积4 229.02亩次、305户次，赔款金额290.28万元。

【设施农业管理】年内，依据《海淀区建立完善严防“大棚房”问题反弹长效监管机制工作方案》，开展设施农业区级巡查工作，并督促各镇村开展日常检查，建立台账。制定实施《海淀区“大棚房”清理整治工作奖励方案》，巩固“大棚房”清理整治成果，共发放“大棚房”清理整治工作奖励资金8 319.27万元。完成214栋设施农业销账工作，全区现有设施农业4 069栋，开展季度巡查，对存在堆物堆料、撂荒、弃管等现象的责令整改。

【高标准农田建设】年内，完成700亩高标准农田的勘察设计、市级批复、区级评审等环节，并取得开工令。建设项目分为两个片区：片区一位于苏家坨镇柳林村，建设面积65亩，主要建设内容为田间灌溉主管道铺设和水肥一体化设备安装；片区二位于上庄镇前章村，建设面积635亩，主要建设内容为田间灌溉主管道铺设、田间道路和农电配套工程。项目实施后土地权属不变，项目区耕地全部整理为高质量水浇地，土壤地力等级和抵御旱涝等自然灾害的能力将显著提升。

【土地污染防治】年内，开展海淀区化肥减量示范推进工程，对70多个园区开展测土配方施肥，推广面积1.6万亩，出具优化施肥配方12份；耕地增施有机肥4 594吨，果园增施有机肥2 000吨，示范有机肥机械化施肥210亩；推广水溶有机肥料12吨，高效无机水溶肥15吨。全年配送有机肥4 594吨，肥料利用率达到42.5%。完成1 723亩京西稻、500亩玉米和800亩蔬菜的统防统治，农药利用率达到45%。建设4个无土栽培示范点和2个果树水肥一体化示范点，栽培模式上做到化肥减量增效，有效降低了土壤面源污染。回收农膜等农业投入品废弃物122.1吨，农膜回收率达到89.2%。回收农药包装废弃物240 934个，总重量5.884 7吨，农药包装回收实现全覆盖。农业农药用量折百量6.72吨，单位耕地农药用量折百量147.56克/亩，农药利用率45%，统防统治覆盖率达45%，绿色防控覆盖率达60%。

【耕地质量监测与评价】年内，实施耕地、园地分类管理，更新《耕地土壤环境质量类别清单》，涉及耕地2 338个地块、2 062.87公顷，涉及园地1 686块、9 349.3公顷。与区生态环境局共同开展农用地土壤环境监测，监测点位200个，分析指标20项，检测值均低于《农用地标准》中相应的土壤污染风险筛选值，土壤均为优先保护类（未受污染），不存在安全利用类和严格管控类。开展耕地地力评价，市级耕地质量长期定点监测点位19个，区级150个，2019年海淀区耕地质量等级为4.32，比2015年提高0.26等级。

【举办海淀区第20届樱桃文化节】5月23日，在凤凰岭公园和凤凰岭樱桃生态园举办以“只樱有你·甜蜜来袭”为主题的海淀区第20届樱桃文化节，通过“最美樱桃”评选、线上直播带货、经典休闲游采摘线路推介、商场展卖等方式加大宣传和推广力度，缓解因疫情导致的农产品滞销压力，活动当天共有72万人次观看现场直播。通过媒体途径多方发布了海淀休闲农业和观光采摘的经典路线，向市民朋友推介优质果品和农业园区。

【举办海淀区“中国农民丰收节”暨海淀区第31届农民艺术节】9月26日，在上庄镇西马坊村京西稻保护区基地举办了2020年海淀区“中国农民丰收节”暨海淀区第31届农民艺术节开幕仪式，通过文艺演出、农事体验、传统文化展示、科技农业场景展示等，打造线上与线下融合的活动内容。区四套班子、人大代表、政协委员、农业科技企业领导、区有关单位领导出席了开幕式。

【农产品质量安全风险监测】年内，农产品质量安全风险监测定量检测样品150份，覆盖检测项目36项，涵盖全区40余家生产园区。完成2020年度区级综合质检站等级评定工作，被评为三星级质检站，较2019年度提升一星级。

【圆满通过“创建国家农产品质量安全区”考核验收】9月2日，“创建国家农产品质量安全区”验收组对海淀区创建工作进行验收，海淀区以94.56分的成绩顺利通过“创建国家农产品质量安全区”考核验收。

【海淀区首个农产品质量安全行政处罚案件】9月16日，北京市海淀区农业农村局对某公司生产的彩椒进行监督抽检。经检测彩椒样品“吡虫啉”农药残留不符合国家规定的农产品质量安全标准，对该公司进行行政处罚，没收违法所得60元，处2 100元罚款，此案件是海淀区首次针对农产品质量安全违法行为进行行政处罚。

【农业转基因生物安全监管】年内，全区农业转基因生物试验项目共128项，开展试验102项，取消试验26项，试验单位有中国农业大学、北京科技大学、中国农业科学院作物科学研究所等8家科研单位和高等院校，项目涵盖玉米、水稻、小麦、棉花、大豆、苜蓿、柳枝稷、奶牛、鸡、鸭、鸽子、小鼠。组织执法检查315家次，出动执法人员486人次。农作物转基因成分抽查200余亩，检测叶片500份，检测结果均为阴性。12月举办农业转基因种子安全监管培训会，参会人数共49人，发放宣传品500份。

【植物检疫】年内，全区共调入植物、植物产品90批次，涉及品种211个，重量290吨；开具调运检疫植物检疫证书122份，发放检疫要求书213份，涉及92个调运单位，21种作物，调运数量21.8吨。对调入海淀区应施检疫的植物及植物产品进行复检145批次，对瓜类和番茄种子复检率达100%。全年开具产地检疫合格证书29份，涉及15种作物，102个品种，种植面积105.7亩。

【参加“京津冀鲜食番茄擂台赛”】5月29日，参加“京津冀鲜食番茄擂台赛”，其中绿色果品观光采摘园获樱桃番茄二等奖、大果型番茄二等奖；一品盛园农场园获樱桃番茄三等奖；北京百旺农业种植园获中果型番茄三等奖；北京百旺田园农业科技有限公司获樱桃番茄三等奖、中果型番茄三等奖。

【农业投入品废弃物回收】年内，构建首个北京市农业投入品废弃物回收利用体系，完成回收试点工作。首次将果袋、肥料袋、育苗盘、遮阳网等废弃物纳入回收范围。全年共回收农业投入品废弃物122.1吨，涉及种植园区58个；回收农药包装废弃物240 934个，共计5.884 7吨，做到全回收，超额完成市下达的回收任务。

【畜禽养殖业】全区畜禽存栏：猪1户，存栏745头；奶牛4户，存栏215头；羊5户，存栏53头；鸡11户，存栏259只；鸭5户，存栏46只；鹅9户，存栏164只。

【动物卫生监督】全年共检疫各类动物10 017头（只、箱）；驻场官方兽医监督换证动物产品8 017吨；检查被监管单位1 499个次，排查外埠运输动物产品车辆进京2 480个次、检疫出证644张；处理群众举报85起；行政立案54起，罚没款总计216 140.12元，没收不合格饲料876千克；监督无害化处理病死动物5 270千克；开展宣传活动8次，发放宣传材料8 000余份；签订“四方责任承诺书”187份；向市、区相关业务部门上报各类信息137篇，采用65篇。

【动物免疫】全区畜禽重大动物疫病累计免疫7 917头（只）次，其中禽类禽流感三价累计免疫1 595只次，偶蹄动物口蹄疫疫苗累计免疫3 733头次，猪高致病性蓝耳病累计免疫 874 头次，猪瘟累计免疫 1 547 头次，羊布病累计免疫 81 只次，小反刍兽疫累计免疫 87 只次，应免率达到 100%。

【渔业】全区水产养殖水面为 369 亩，养殖户数 27 户，养殖模式以垂钓为主。送检养殖水产品 12 个鱼样，委托水产品质量安全风险监测 100 个鱼样，渔业环境监测 100 个水样，检测快速检测 50 个鱼样，检测结果均符合国家规定标准。

【开展增殖放流活动】10 月 30 日，开展以“海淀区渔业增殖放流活动”为主题的宣传活动，向南沙河水域投放鲤鱼、鲫鱼等鱼苗总计 12 600 余千克，共计 20 000 余尾。现场宣传 200 余人次，发放各类宣传材料 500 余份。

【首次采用无人机进行渔政执法】12 月 6 日，区农业执法大队渔政执法人员联合海淀公安分局治安支队环食药旅中队出动 15 人，首次利用高科技装备无人机对清河下清河闸水域展开立体式巡查，发现可疑人员使用地笼捕捞后火速出击围堵，查获了 2 起 3 人涉嫌在禁渔区、禁渔期使用禁用渔具地笼实施捕捞的案件。

【加强行刑衔接工作，建立协作联动机制】为有效推进渔政、种子、农药等领域违法犯罪案件查办和行刑衔接工作，区农业农村局与区检察院、公安加强协作联动、案件移交，建立协作联动机制。截至 2020 年 12 月，已向公安机关移送涉渔违法案件 5 起，刑事拘留 5 人。

【农村人居环境整治】年内，印发《海淀区 2020 年农村人居环境整治和美丽乡村建设工作方案》和《海淀区农村人居环境整治工作奖励资金方案》，建立健全每日调度、双重检查、常态约谈、定期简报、跟踪督办等一系列机制，第三批村庄全部通过市级考核验收，圆满完成三年行动任务。全年完成 62 座公厕和 107 座“一户多厕”户厕改造、25 条小微水体治理任务，拆除 1 356 处、6.3 万米^2 侵街占道私搭乱建。

【美丽乡村建设】年内，罗家坟村美丽乡村工程建设基本完工；东马坊、屯佃、西小营 3 个村美丽乡村建设方案通过区政府审批，已基本完成固定资产投资立项评审；马坊、永丰屯、白家疃、温泉、后沙涧 5 个村美丽乡村建设方案已报区政府，待专题会议研究。七王坟、罗家坟 2 个百村示范村在基础设施建设、产业发展等方面均发挥了一定的示范带头作用，美丽乡村建设取得新进展。

【准物业化工作】年内，印发《海淀区村庄准物业化管理考核暂行办法》，确保各镇、村及物业公司高标准、高质量开展工作。继续在罗家坟、柳林、西小营、七王坟、温泉、白家疃 6 个村实施准物业化管理，建立区、镇、村共同投入机制，确定年度资金标准，落实考核暂行办法，村庄基础设施和公共服务设施实现了专业养护，治安和消防事件得到了有效控制，村庄环境干净整洁有序。

【农村基础设施管理】年内，完善并落实长效管理机制，组织开展季度检查，核实设施数量，查看设施运行管理情况，及时拨付区级管护资金，保障农村基础设施运行正常。立足城乡融合发展，公厕和街坊路绿化的管护资金标准分别由 51 000 元/(座·年)、4 元/(米^2·年)，提高到 128 000 元/(座·年)、6 元/(米^2·年)，率先实现城乡一体化。开展农村基础设施安全隐患治理，共拆除生物质气化站 2 座、沼气站 2 座、太阳能浴室 14 座。

【开展农村地区垃圾分类工作】年内，制定《海淀区生活垃圾分类农村地区工作组方案》，确定工作专班的工作架构，落实定期会商、信息报送、督查检查等三项工作机制。组建两支巡回督导组，制定督导方案，及时跟进督导整改。在农村系统党组织中开展垃圾分类知识答题线上活动，引导农村系统全体党员尽快掌握垃圾分类知识。集中推进“我分类·我承诺”活动，各村（社区）通过“敲门行动”等方式逐户签订承诺书。

【信息进村入户工作】年内，按照北京市农业农村局《印发〈关于全面推进信息进村入户工程的实施意见〉的通知》（京政农发〔2020〕98 号）的要求，2020 年海淀区推进信息进村入户工程工作，建设益农信息社 35 个。

【疏解整治促提升工作】年内，开展集体土地上出租大院（公寓）关停整治工作，完成出租房间关停比例和疏解人口比例达到双 50%的工作目标。截至 2020 年年底，全区出租房屋关停 10 410 间，出租房屋关停比例 77.83%，疏解人数 14 874 人，疏解人数比例 71.68%。

【老旧防空洞治理】年内，采取汛前通知、实地检查、定期会商、专题调研等措施，确保温泉镇白家疃村和西北旺镇韩家川村 142 户老旧防空洞上危险房屋安全度汛。拨付西北旺镇韩家川村防空洞勘查和防空洞上危房鉴定费用共计 27.408 万元，拨付白家疃村防空洞治理资金 25.897 万元。

【第一轮中央环保督察第48项整改工作】2017—2020年，区相关部门和各镇，围绕生活污水治理、生活垃圾治理、公厕改造、“散乱污”企业整治、“待拆”村庄管理等重点工作任务，开展城乡接合部地区环境综合整治。截至2020年年底，基本解决村庄生活污水直排问题，村庄污水处理率达到98%；各品类垃圾收运能力100%全覆盖；原有旱厕227座，已拆除90座，完成改造137座，实现了公共旱厕清零的目标；清理整治“散乱污”企业980家，实现了“动态清零”；“待拆”村庄没有不管情况。2020年12月，第一轮中央环保督察第48项整改工作顺利通过区级验收。

【整建制农转非实现历史性突破】海淀区历时八个月完成区级政策体系设计，破解村集体整建制农转非超转资金缺口难题。全区整建制农转非方案获市政府批准，区镇村三级高效率推动政策落地实施，参与此次整建制农转非的西北旺镇、苏家坨镇、上庄镇、海淀镇共38个村2.8万农民完成户籍变更。农民办理相关转非手续后，将享受城镇职工同等社保待遇，城乡社保二元差距将基本消除，全区城市化整体进程迈上新台阶。

【村和社区“两委”换届选举工作】10—12月，配合区村和社区“两委”换届工作专班，指导各镇做好村和社区“两委”换届前期准备工作，梳理重难点村台账，研究制定工作方案，累计完成13批7 000余人次的“两委”候选人资格联审。

【培训村级干部】11月，开办基层党组织书记“头雁领航”工程培训班、后备干部“素质提升”工程培训班、农村基层党务干部培训班、农村系统“两新”组织党建指导员培训班共4个农村基层干部培训班，共培训农村基层干部548人次。年内，梳理选拔115名后备干部纳入后备人才库。

【农村基层组织建设】年内，结合农村疫情防控，强化农村基层党组织在村级各类组织中的核心领导作用。根据农村基层党建工作实际，加强分类指导，选择5个不同类型的村，开展党支部工作法试点；常态化推进软弱涣散村党组织整顿，西北旺镇皇后店村完成转化提升。

【村干部监督管理工作】年内，贯彻落实《海淀区村干部管理监督实施细则》《村党组织书记区级备案》等制度，完成7名村党组织书记区级备案。协调推进村级“四议一审两公开”“三务公开”工作，指导各镇逐村制定大额资金审批界定标准和公开程序。扎实推进扫黑除恶专项斗争，开展农村小微权力腐败专项整治。上线运行海淀区村干部数字化管理平台。

【资格联审】年内，落实区级联审长效机制，完成海淀区部分街镇业委会（物管会）相关人选、拟发展党员等各类资格联审，累计43批约9 000余人次。

【协调保障区委巡察】6—12月，迎接区委第六巡察组巡察，根据反馈意见研究制定整改方案，撰写整改工作报告，按期完成了集中巡察阶段各项工作任务。

【机关党组织换届】12月24日，区委农工委、区农业农村局机关党总支召开党员大会，选举产生新一届委员会。会后，召开党总支委员会第一次会议，选举张春明为新一届机关党总支书记，吴进途为新一届机关党总支副书记。机关党总支下属6个党支部全部完成换届选举，新组建的区农业技术综合服务中心党支部选举产生第一届支部委员会。

【举办2020年海淀农经论坛暨创新发展人才峰会】10月20日，在“智汇海淀”人才主题周活动中，区委农工委、区农业农村局、区农经站联合举办以“聚焦中关村科学城共促集体经济发展”为主题的2020年海淀农经论坛暨创新发展人才峰会。

【印发《海淀区“村地区管”实施办法》】12月15日，海淀区政府正式印发《海淀区“村地区管”实施办法》，明确区镇村三级管理机制。

【乡村治理】12月23日，区委农村工作领导小组全体会议审议通过《海淀区加强和改进乡村治理工作方案》，对全区开展全国乡村治理体系建设试点各项工作进行部署，涉及建立健全适应城乡深度融合的基层组织治理体系、强化党对农村集体经济领导、完善腾退回迁安置社区治理体系等方面内容。

【农村宅基地管理工作】年内，区农业农村局在前期宅基地调研的基础上，深入开展调研，进一步梳理相关法律、法规、政策、文件，汇总全区农村宅基地的现状情况，走访相关部门和街镇，形成了《关于海淀区宅基地房屋建设管理情况调研报告》；会同规自海淀分局、区住建委等部门研究制定了《海淀区农村村民宅基地及房屋建设管理办法（试行）（审议稿）》。

【海淀区种子管理站注销】7月23日，北京市海淀区事业单位登记管理局下达注销事业单位登记行政许可决定书，准予北京市海淀区种子管理站注销。

【政务服务改革】3 月，海淀区农业农村局首次通过全程网办颁发了第一个“农药经营许可证”，这也是海淀区 21 个委办局的许可事项委托给区政务服务中心后，首次通过网上办理的第一个行政许可事项。

海淀区领导名录

区委书记　于　军
副书记　王合生　张　强
常委　鲍　雷　李俊杰　张劲林
任武军　田敬军　吴计亮
梁　爽　张若冰
区人大常委会主任　刘长利
副主任　杨　莉（女）　白建平
陈国启（满族）吴琢如（女）
邓佑玲（女）
区长　王合生（代区长）
副区长　李俊杰　梁　爽　谭　权
沙海江　林剑华
邱慧清（女）林　航（女）
区政协主席　刘　勇
副主席　丁志明　陈　双（女）
胡淑彦（女）　杨剑飞
王玉梅（女）　徐凤芹（女）
区委农工委书记、区农业农村局局长　张春明

海淀区各镇党政正职领导

	党委书记	镇长
四季青镇	陈爱清	薛飞飞
东升镇	武　凯	刘　件
海淀镇	苏建华（女）	朱海斌
西北旺镇	赵小云（女）	尹　刚
温泉镇	方海强	张国斌
苏家坨镇	张文涛	刘培宝
上庄镇	刘　涵（女）	周　波

（海淀区农业农村局　潘高峰）

丰台区

综　述

丰台农村地区辖三乡两镇一地区、57 个行政村、70 个集体经济组织。其中，卢沟桥、花乡、南苑三乡及下属 38 个行政村位于河东地区，长辛店、王佐两镇和宛平城地区及下属 19 个行政村位于河西地区。全区集体土地面积 133.27 千米^2，占总面积（305.56 千米^2）的 43.62%，其中农用地 77.87 千米^2，农用地中：耕地保护空间 9 600 亩（含基本农田 6 003 亩），基本菜田最低保有量 800 亩。

城乡融合发展

【概况】年内，丰台区以绿隔建设、重点村城市化、重点功能区和重大项目建设、棚户区改造、城市化统筹试点等为路径，促进城乡一体化发展。

【推进一道绿隔建设】本区“一绿”地区涉及卢沟桥乡、花乡、南苑乡 38 个行政村，农村地区总面积 166.15 千米^2，其中集体土地 43.89 千米^2。近年通过旧村改造新村建设、重点村城市化、棚户区改造及城市化建设统筹试点等一系列政策和路径，加快“一绿”地区城市化建设进程。截至 2020 年年底，完成宅基地腾退 758.27 万米^2，占宅基地总建筑规模的 88.67%；实现土地入市建筑规模 1 276.99万米^2，占规划入市规模的 56.1%；按规划实现产业 175.25 万米^2，占规划产业规模的 23.22%；实现回迁房竣工 783.37 万米^2，占回迁房规划面积的 68.23%；回迁安置人口 12.67 万人，40 个村基本完成回迁上楼任务，占比 78%。实施绿化 22.21 千米^2，占应实施绿化面积的 62.07%。完成 23 个村 3.5 万人整建制农转居，其中 13 个村实施撤村建（并）社区。农业户籍人口 5.3 万人。

【推进二道绿隔建设】本区“二绿”农村地区涉及长辛店镇、王佐镇、宛平城地区办事处 19 个行政村，总面积 139.4 千米^2，其中集体土地 89.38 千米^2。长辛店镇 9 个行政村中，除赵辛店、长辛店、大灰厂村 3 村外，其余 6 个村已列入棚户区改造项目（5 个村棚改项目在途实施，太子峪项目于 2021 年启动）。王佐镇 8 个行政村中，南宫、佃起、西

王佐、庄户 4 个村依靠村集体经济发展实施旧村改造；魏各庄、怪村、西庄店、沙锅村 4 个村已纳入青龙湖地区棚户区改造和环境整治项目。

截至 2020 年年底，回迁安置房已竣工 132.16 万米²，完成 30.49%，安置上楼 2.86 万人；累计腾退宅基地建筑面积 166.3 万米²，完成 32.06%，累计腾退集体企业建筑面积 295.82 万米²，完成 42.38%；已入市土地建筑面积 345.9 万米²，完成 50.62%；已建设规划产业建筑面积 52.79 万米²，完成 25.77%。实施绿化 29.94 千米²，完成 60.7%，已实现转居 0.39 万人，剩余农业户籍人口 3.1 万人。

【推进长辛店统筹利用集体产业用地试点建设】 2020 年 4 月，长辛店镇统筹利用集体产业用地项目成为全市首个通过市级部门联审并正式上报市政府的项目。2020 年 12 月，市政府已原则同意该试点方案，正在按照市级要求继续细化落地方案。已成立镇级联营公司并进行工商注册，全部试点村以集体土地使用权入股，完成《长辛店镇镇级联营公司设立方案》编制工作，已履行完成民主程序。

农村经济发展

【概况】 农村产业发展逐步实现由瓦片经济向楼宇经济，由土地房屋租赁向资本运营，由传统农业向都市现代农业转变，农村经济发展实力显著增强。

【农业生产情况】 全区蔬菜产量 2 015.8 吨，比上年增长 23.6%。全区有 9 家无公害认证企业，认证面积 96.93 公顷，认证产品 74 个；有 9 家农业标准化备案基地，其中 6 家为市优级标准化蔬菜生产基地。

【全年农业产值】 全区实现农林牧渔业总产值 1.6 亿元，比上年下降 18.1%。其中，林业产值 1.2 亿元，下降 21.2%；农业产值 4 564.2 万元，下降 4.1%。

【农业观光园经营情况】 全区 12 个农业观光园全年共接待游客 123.7 万人次，比上年下降 31.8%；实现总收入 1.1 亿元，下降 36.8%。

【开展农产品质量安全统一监测】 制定实施《丰台区 2019 年农产品质量安全统一监测计划》，开展全区本年度农产品质量安全监测工作。全区共开展农产品质量安全检测 4 144 样品，其中定性检测4 036 个，合格率 100%；定量检测 108 个，合格率 100%。

【国家农产品质量安全县创建】 按照市农业农村局工作总体部署，根据市级创建方案及创建考核指标，研拟丰台区创建实施方案，启动“国家农产品质量安全区创建”工作。从落实生产主体责任，加强农业投入品监管，加强农产品质量安全执法，健全农产品质量安全检测体系多方面入手，抓好农业生产、农产品上市各个环节，全面提升丰台区农产品质量安全水平。于 9 月 9 日通过了市级考评组现场核查验收。

【推进食用农产品合格证制度进展】 制定印发《北京市丰台区 2020 年试行食用农产品合格证制度实施方案》，组织各乡镇开展食用农产品主体信息动态更新工作，结合全区农业生产实际确定实行主体范围以及研究合格证开具方式，开展合格证制度试行宣传及培训，全面推进丰台区食用农产品合格证制度有序实行。

【开展农产品“三品一标”认证及农业标准化工作】 按照市级部门工作部署，开展本年度农产品“三品一标”认证工作，在严格遵守新冠肺炎疫情防控要求的同时，灵活采用微信、视频等多种方式，持续作好内检员培训、主体申请、现场检查、产地环境和产品检测、证后监管及复查换证等各项工作，为认证企业提供服务指导，稳定全区“三品一标”覆盖率。依据《丰台区农产品“三品一标”认证工作实施方案》，为全区完成无公害复查换证或有机年检的 4 家种植业园区落实奖励，共计 12 万元。开展农业标准化备案基地动态管理工作，加强对认证主体及标准化基地的证后监管。

【农产品质量安全执法检查】 严格落实监管责任，开展农产品质量安全执法检查，共出动执法人员 1 130人次，检查农产品生产主体、农业投入品生产经营主体等监管对象 411 个次。

【农村产业项目投资发展】 为推进农村产业项目发展，带动区域固定资产投资，将樊家村劳动力安置用地项目、花乡高立庄科技商务办公区项目、长辛店镇张郭庄村集体土地租赁住房项目等 14 个农村产业项目纳入 2020 年区重点工程计划，涉及高品质生活性服务业、科技服务业和集体土地租赁住房三个领域，并积极开展项目调度，推进项目实施。其中，樊家村劳动力安置用地项目按计划于年内实现开工，花乡高立庄科技商务办公区项目、长辛店镇张郭庄村集体土地租赁住房项目全年完成固定资产投资 1.3 亿元。

【推进休闲农业产业发展】 促进区域资源整合，开展休闲农业线路建设、园区升级改造、举办丰收节等基层节庆活动、星级休闲农业园区复核创星和宣传推介等各项工作，开拓如"互联网＋""文化遗产＋""农景艺术＋"休闲农业等多种经营模式，推动农村文化建设，促进农业观光及农业科普教育发展，丰富农民精神文化生活，提升农村产业收益，促进农民增收。

【加强农村集体土地和房屋管理】建立农村集体资产监管联席会议制度，乡镇、村集体经济组织利用农村集体土地和房屋进行租赁、转让、项目建设、对外合作、抵押担保等的处置事项均按照"村提议、乡镇审核、区审议"的流程推进。建立农村集体经济组织经营性房产台账。年内联席会议共审议34个项目，实施乡镇审核区级备案管理的52处（1 015间房屋），推动6宗集体资产项目经产权交易平台公开挂牌交易，成交合同总金额1.25亿元。

【召开第二十八届北京种业大会座谈会】2020年，为更好地组织开展现代种业创新成果转化行动，建设种业交流交易平台，北京种子大会升级为北京种业大会。受新冠疫情影响，第二十八届种业大会调整为座谈会的形式召开。

村镇建设

【概况】近年，丰台立足区域优势，深入推进美丽乡村建设，走出一条绿色发展之路，国家级产城融合示范区、花园式旅游小镇、南囿秋风，一张张城市名片，标注着丰台绿色发展的成果。

【美丽乡村工作进展情况】在全面开展农村地区人居环境整治的基础上，将庄户、西庄店等35个村纳入全市"千村整治"任务，重点实施村庄人居环境整治，着力解决环境问题，将南宫村纳入全市"百村示范"任务，重点培育"乡村振兴示范村"。全年累计清理农村生活垃圾3 825.7吨，拆除私搭乱建117处、3 656米^2，清理乱堆乱放乱贴乱挂乱画1 932处，清理村域河塘沟渠及生活污水直排溢流51处。建立农村地区基础设施台账，农村公厕、绿化等7项基础设施纳入财政保障，投入经费1.5亿余元，建立"五有"（即有制度、有标准、有人员、有经费、有考核）长效管护机制；启动城乡接合部农村人居环境整治实施方案编制。

【农村地区疏解情况】2020年，全区农村地区疏解整治促提升任务圆满完成。拆除违法建设111.15万米^2，"留白增绿"已完成绿化土地面积52.41公顷，城乡接合部拆迁腾退面积59.05万米^2，城乡接合部绿化面积44.1公顷，疏解一般制造业企业3家，治理散乱污企业1家。

【做好农村地区"无煤化"工作】一是制定《丰台区农村地区冬季清洁取暖长效管护工作方案》，督促乡镇、企业开展农村地区"煤改电"设备巡查工作。建立"煤改电"长效管护机制、组织架构，明确主管领导、责任科室与相关责任人；建立乡镇、村及企业各级24小时紧急联络机制，确保24小时有人值守、随时解决问题，保障农户冬季清洁取暖。二是制定乡镇领导包村、村干部包户划片制度。部署属地更新完善村委会及非经营性公共服务场所、农村地区出租大院和经营性场所"无煤化"台账，农村地区棚改和滞留户台账，逐户逐场所明确取暖措施和管控责任人。三是聘请第三方机构，对各乡镇、村煤改电设备长效维护机制建立、维修电话公示、设备调试、企业应急响应机制落实情况进行监督检查，并对丰台区所有涉及"无煤化"村庄是否存在用煤、存煤情况进行检查。

【深入推进设施农业集中清理整治工作】认真落实对全市"大棚房"问题开展深入清理整治工作的部署，启动对占用耕地建设非农设施的排查清理工作。成立"大棚房"问题专项清理整治工作专班和督导组，全面落实相关工作。组织乡镇对2009年二调现状耕地38 060亩开展了全方位排查核实。对发现的问题进行分类处置，并于4月上旬，开展了"大棚房"专项行动"回头看"工作，确保排查工作无死角、无遗漏。开展了设施农业台账建立及合同清理工作，农业设施二维码加挂率、关联率均实现100%。印发了《丰台区设施农业项目和农业园区长效监管实施办法》，真正发挥区级部门指导、督促和查处责任，强化乡镇政府对设施农业项目和农业园区建设与用地的监管主体责任，落实好区、镇、村三级巡查制度，完善区、乡镇、村协调联动的监管工作体系。

农村改革

【概况】从1993年开始，丰台区在全市率先开展农村产权制度改革工作，2013年完成村级改制；2018年完成5个乡镇的乡镇级改制工作。完成改制的集体经济组织全部在市场监督管理部门注册登记为独立法人，建立了股东代表会议、董事会、监事会、经营管理层的"三会一层"法人治理结构。

经济班子与村委会在村党组织领导下，由“三套班子”共同对村集体重大事项进行决策。2019 年，首次组织全区统一的村级集体经济组织换届选举工作。

【圆满完成农村集体资产清产核资工作】由区农业农村局、区经管站共同牵头，负责组织开展资产清查工作业务培训、督导、数据复核汇总等工作，并印发做好农村集体资产年度清查的通知。全区共计 592 家乡镇、村两级经济组织及其下属一级全资企业纳入资产清查范围，圆满完成了市农业农村局的检查验收。

【积极开展农村集体涉地合同清理整改工作】出台《丰台区关于开展涉地农村集体经济合同自查自纠的工作方案》。成立以主管副区长任组长的工作专班，工作专班下设办公室。积极推进违建别墅合同清理整改工作以及涉地经济合同自查自纠工作，于 2020 年 7 月 31 日按要求完成相关工作。全年，录入市级台账平台经济合同共计 6 554 份，其中，问题合同 190 份，已完成整改 188 份，整改率为 98.9%；未完成整改的问题合同全部为历史遗留问题合同。加强合同监督管理，制定印发了《丰台区农村集体涉地经济合同管理办法》。

农村民生

【概况】逐步扩大社区化管理服务的覆盖面，农村公共服务水平显著提升。城乡教育资源布局逐步优化，城乡公共服务水平差距逐渐缩小，完善农村居民就业培训体系，开展经济薄弱村帮扶，民生进一步改善。

【公共服务体系不断优化】建立河西农村地区就业补贴制度，发放补贴 15.9 万元，开通转移就业班车，发放运营补贴 48 万元。打造“智慧家医”品牌，农村地区家庭医生服务签约 14.42 万人。新建养老照料中心 1 家，新增养老床位 200 张，“喘息服务”惠及 5 600 余人次。实施 6 项文物保护工程，组织 200 余场农村惠民活动。完成 2 户危房改造工作。

【农业人口就业情况】截至 2020 年年底，农村地区登记失业人口 2 537 人，实现就业 1 873 人，其中农村地区就业困难人员 867 人，农村地区困难人员实现就业 355 人，城市化建设地区登记失业率 1.54%，同比增加 0.53 个百分点。

【农村社会保障情况】2020 年年末参加城乡居民养老保险的农村居民为 8.92 万人（不含无保障），比上年末增加 401 人。

【推进经济薄弱村精准帮扶】按照《关于开展经济薄弱村精准帮扶工作的实施方案》要求，督促河西两镇制定年度工作计划，细化任务分解。落实经济薄弱村公益事业补贴 600 万元。指导经济薄弱村开展项目申报和财政评审工作，共涉及支农项目 5 个。

【加强新型农民培养工作】共开展新型农民培养 2 163人，其中职业技能培训 721 人，特种作业和特种设备培训 889 人，农村中层管理人员培训 553 人。

【严格落实动物防疫责任制】辖区内无规模化畜禽养殖场，散养畜禽已完成清退。截至 2020 年年底，辖区共有 2 家实验动物养殖单位、8 家观赏动物园、29 家马属动物养殖户。全年在做好重大动物疫病风险监测的同时，全力做好狂犬病免疫工作，共登记免疫犬只 26 300 只，全年未发生犬狂犬病及人感染病例。

【加强动物卫生监督工作】目前辖区内动物诊疗机构 62 家、兽医实验室 1 家、生鲜乳收购企业 1 家、兽药经营企业 7 家。年内，以专项整治和专项活动为依托，做好行业日常监管，开展养殖、兽药、生鲜乳、种子、肥料、农药、渔政、农机等农业执法检查 7 734 次，开展市区、多部门联合执法 27 次，妥善处理群众举报 61 起，投诉、举报的案件处理及答复率 100%。全年查办各类案件 90 件，其中简易案件 57 件，一般案件 33 件。

【秸秆禁烧及综合利用工作】对乡镇 2018 年度秸秆禁烧工作进行考核，并根据考核结果制定《秸秆综合利用促进禁烧奖励资金分配方案》，对乡镇进行奖励，同时促进 2019 年度农作物秸秆综合利用促进禁烧工作的开展。制定《2019 年农作物秸秆综合利用工作方案》，明确工作目标、制定工作措施，进一步强化各乡镇政府的主体责任。分别于春节前、春耕、秋收等重要时间节点印发加强秸秆禁烧工作的通知，圆满完成重点时节工作任务。督促乡镇加强宣传引导，提升农户农作物秸秆综合利用意愿。确保全区农作物秸秆综合利用率达到 98%以上。

【农药化肥减量】全区继续推进化学农药、化肥减量工作。开展蔬菜病虫害绿色防控及专业化统防统治推广，绿色防控技术推广，推行生物物理防治病虫害技术，促进农药减量增效。推广测土配方施肥，合理引导高效施肥，减少化肥用量，促进化肥利用率的提高。

【农产品产地环境监测】 按照市级部门工作部署，完成农产品产地环境监测、基本农田环境质量长期定位监测、土壤养分长期定位监测、耕地质量等级调查评价等监测点位的取样工作。

【农业废弃物回收利用】 全区开展废弃农药包装、废旧农膜回收工作，制定工作方案并落实相关资金。

【政策性农业保险】 严格落实《北京市2018年政策性工业保险统颁条款》和《北京市政策性农业保险承保理赔优化操作细则》等相关文件，区农业农村局与保险公司就条款的变化及针对全区实际农业生产现状的适用性进行研究，督促乡镇组织召开政策性农业保险动员会，积极宣传相关政策，鼓励农民入保。2020年度共有23家种植企业及个人参保，其中：企业8家，个人种植户15户。

【落实耕地地力保护补贴】 按照北京市关于耕地地力保护补贴相关工作要求，制定《2019年丰台区耕地地力保护补贴政策实施方案》，安排落实耕地地力保护补贴资金2.04万元。

基层组织与民主政治建设

【概况】 严格落实区委关于深入推进全面从严治党的实施办法，专题研究分析农村地区和农业农村局系统党建工作，坚持把党建工作与中心工作同谋划、同部署、同落实。坚持选优配强村“两委”班子，圆满完成村党组织换届工作，不断加强农村基层干部队伍教育和监管力度，进一步提高农村基层党建工作整体水平。

【基层党组织和干部队伍情况】 截至2020年年底，丰台区农村地区有党员1.41万人。建制村党组织55个，其中，村党委5个，村党总支47个，村党支部3个，党员7 611人，女党员3 045人，占40%。按年龄分：35岁以下647人；36～55岁3 079人；56岁以上3 885人。按学历分：大专以上3 140人；中专505人；高中、中技1 193人；初中及以下2 773人。2020年农村地区新发展党员103人。截至年底，55个村共有村“两委”成员498人，其中党组织成员341人，村委会成员291人，其中在村党组织、村委会交叉任职的134人。

【农村基层组织建设工作】 持续开展软弱涣散村党组织整顿，坚持“一村一策”精准整顿，充分发挥“五个一”机制作用，6个软弱涣散村全部实现转化提升。举办村党组织书记、村党组织专职副书记、村级中青年人才培训班，培训村干部200余人。对村“两委”和村集体经济组织及各级全资、控股企业主要负责人454人进行了个人重大事项报告，并按照一定比例对报告内容进行抽查核实。落实村干部资格联审制度，全年对906名村干部进行联审。健全完善村级中青年人才选、育、管、用机制，全年55个村共储备中青年人才131人。深入推进“四议一审两公开”和“三务公开”制度，强化街乡镇党（工）委审核把关职能，规范村级组织重大决策事项清单和重大资金支出额度标准。

【党风廉政建设】 制定2020年农工委农委全面从严治党主体责任清单，组织局系统领导干部签订2020年全面从严治党个人责任清单；定期召开党风廉政建设形势季度分析会；按照工作实施方案和检查考评方案，制定2020年党建工作综合检查考评指标，并对基层单位开展综合检查。

【西山永定河文化带建设工作（丰台区）】 以北京市“2020年全国文化中心建设重点任务清单”为基础，形成《西山永定河文化带建设组2020年重点任务清单》。按时完成金中都城遗迹保护工程考古发掘（二期）、《长辛店红色文化旅游资源开发规划及三年行动计划》编制、举办“卢沟晓月”中秋文化活动等3项市折子工程的年度工作目标。

【金中都城遗迹考古发掘工作】 完成金中都西城墙、南城墙及周边两年的考古发掘工作，共计发掘面积2 900米^2。这是首次对金中都外城城墙开展考古发掘工作，基本厘清了外城城墙保存状况、形制结构，及其与城外护城河、城内道路的关系；首次正式确认了护城河、城墙的宽度及营建方式；首次完整揭露了1处马面遗迹；叠压在南城墙下的唐、辽墓葬，为金中都城在唐幽州、辽南京城基础上改、扩建的史实提供了直接的考古学证据。

【完成人大建议、政协提案办理工作】 年内，区农业农村局共承办市区政协人大议案提案4项，全部按时办结，人大代表和政协委员对办理结果满意率达100%。

丰台区领导名录

区委书记　徐贱云
副书记　初军威（3月任）
　　　　高　峰
常委　梁家峰　吴继东　李正斌

	李　岚（女）　葛海斌
	李树元　周新春
	张　鑫（5月任）
区人大常委会主任	张巨明
副主任	王建斌　王振华　李　屹
	王百玲（女）
	刘　颖（女，不驻会）
区长	初军威（12月任）
副区长	周新春　张　鑫　王新元
	张　婕（女）　李春滨
	周宇清（6月免）
	刘永宗
	刘怀生（11月任）
	苏　扬（挂职，4月任）
区政协主席	刘　宇
副主席	连　宇　冯晓光
	段德珍（女）
	张兆旗（回族，不驻会）
	张振军（不驻会）
	徐朝辉（不驻会）
区委农工委书记、区农业农村局局长	肖文燕（女，6月免） 陈　阳（6月任）

丰台区乡镇党政正职领导

	党委书记	乡（镇）长
卢沟桥乡	李春生	郭新占
花乡	王　华（6月免） 王世义（6月任）	卢英博
南苑乡	刘怀生（11月免）	张晓光
长辛店镇	穆志军	张晓东（4月免） 夏远峰（9月任）
王佐镇	陈　阳（6月免） 高文娟（女，6月任）	杨国强
宛平城地区	薄　澜（女）	杨　勇

（丰台区农业农村局　李雅荣）

门头沟区

综　述

门头沟区辖区总面积1 447.8千米^2，其中山区面积占98.5%，平原面积占1.5%。辖区共有9个镇、178个行政村、4个街道办事处。截至2020年年末，全区户籍人口总户数123 080户，总人数254 737人，其中非农业人口213 314人，农业人口41 423人。

2020年，门头沟区深入贯彻落实党中央、北京市委、市政府各项决策部署，统筹推进新冠肺炎疫情防控和经济社会发展各项工作，立足区域功能定位和绿色高质量发展目标，全区经济社会发展实现全面恢复，经济发展质量稳步提升。初步核算，2020年全区实现地区生产总值（GDP）251亿元，按不变价计算比上年增长0.2%。全区城乡居民人均可支配收入为55 102元，比上年增长2.5%。2020年，全区实现农林牧渔业总产值4.8亿元，比上年下降29.9%。休闲农业与乡村旅游实现总收入4 834.4万元，比上年下降18.7%。全区低收入农户人均可支配收入18 015元，同比增长17.9%，高于全市平均增速1.1个百分点，全市排名第二。全区低收入农户4 414户、7 848人，45个市级标准低收入村、29个区级标准低收入村全部脱低摘帽。全区深入践行“两山”理念，成功创建国家生态文明建设示范区，全力推进国家森林城市创建工作，绿色基底不断夯实，环境品质持续提升。2020年全年完成人工造林面积885公顷，林木绿化率达到72.8%，比上年提高0.1个百分点。森林覆盖率达到48.1%，比上年提高0.3个百分点。绿化覆盖率达到50.7%，比上年提高3.4个百分点。扎实开展“清管行动”，疏通淤堵管线17.34千米，污水处理率达到90.88%。获评全国农村生活污水治理示范区。完成210千米^{2}流域治理，永定河山峡段40年来首次实现长流水，黑河沟被评为市级优美河湖。

城乡发展一体化

【概况】 在疫情和经济下行压力双重影响下，全区上下齐心协力、攻坚克难、苦干实干、砥砺前行，保持了经济社会平稳有序发展。初步核算，2020年全区实现地区生产总值（GDP）251亿元，按不变价计算比上年增长0.2%。其中，第一产业实现增加值2.2亿元，比上年下降27.6%；第二产业实现增加值66.8亿元，比上年下降1.1%；第三产业实现增加值182亿元，比上年增长1.1%。三次产业结构为0.9∶26.6∶72.5。

【财政收支】全区完成公共财政预算收入32.1亿元，比上年下降4.7%。税收收入完成24亿元，比上年增长11%。其中，增值税8.7亿元，比上年下降12.7%，企业所得税3亿元，比上年下降40.9%。非税收入完成8.1亿元，比上年下降33%。全区区级政府性基金预算收入完成41.9亿元，比上年增长382.9%。

全区完成公共财政预算支出106.9亿元，比上年下降3.6%。其中，一般公共服务支出13.7亿元，比上年增长11.9%；社会保障和就业支出13.7亿元，比上年降低24.3%；教育支出18.8亿元，比上年降低5.5%；城乡社区支出13.9亿元，比上年下降22.3%；文化旅游体育与传媒支出4.2亿元，比上年降低8.2%。

【城乡居民收支】2020年，全区城乡居民人均可支配收入为55 102元，比上年增长2.5%；人均消费支出31 889元，比上年下降11.6%。按常住地分，城镇居民人均可支配收入59 360元，比上年增长2.5%；人均消费支出33 785元，比上年下降11.3%，恩格尔系数为23.2%。

【居民人均可支配收入】居民人均实现可支配收入55 102元，同比增加1 359元，增长2.5%，增速同比下降6.5个百分点。其中，居民人均工资性收入31 999元，同比增长0.8%，拉动可支配收入增长0.5个百分点；居民经营净收入373元，同比下降44.6%；居民人均转移净收入15 012元，同比增长9.7%；居民人均财产净收入同比增长1.1%。

【精准帮扶中小微企业】出台《应对新冠肺炎疫情影响减免中小微企业房租成本若干措施》和《门头沟区落实〈进一步支持中小微企业应对疫情影响保持平稳发展若干措施〉实施细则》，协调区内4类经营主体为719家企业减免房租3 100余万元，落实财政补贴870余万元。

【投资】全区完成全社会固定资产投资（不含农户）比上年增长11.7%。城镇投资比上年增长11.2%，其中，房地产开发投资比上年增长3.3%。

【工业】2020年，全区规模以上工业企业实现产值54亿元，比上年下降1.3%。都市型工业实现产值1.6亿元，比上年下降10.6%。现代制造业实现产值42.3亿元，比上年增长3.2%。资源型工业实现产值3 910.4万元，比上年下降19.7%。高新技术产业实现产值44.9亿元，比上年增长2.5%。规模以上工业企业实现现价销售产值55.1亿元，比上年增长9.2%。

【能源消耗】2020年全区能源消费总量控制在57.9万吨标准煤，较“十三五”初始2016年的65.93万吨减少8.03万吨标煤，超额完成市级下达的全年68万吨标煤控制目标。全区万元GDP能耗下降5.68%，超额完成下降1%的年度市级任务，“十三五”期间万元GDP能耗累计降幅达到27.4%。

【建筑业】2020年，全区有资质的建筑业企业实现建筑业总产值133.5亿元，比上年下降11.4%。其中，建筑工程产值130.2亿元，比上年下降11.7%；安装工程产值3.3亿元，比上年增长2.9%。房屋建筑施工面积311.1万米^2，比上年增长19.0%，房屋建筑竣工面积34.5万米^2，比上年增长54.3%。

【房地产开发业】全区完成房地产开发投资额90.7亿元，比上年增长3.3%。房屋施工面积393.1万米^2，比上年增长13.8%，其中新开工面积152.1万米^2，比上年增长177.2%。房屋竣工面积79.7万米^2，比上年下降4%。商品房销售面积33.2万米^2，比上年增长6%，其中住宅销售面积23.5万米^2，比上年增长20.5%。

【商业】全区实现社会消费品零售额（产业在地口径）101.2亿元，比上年下降7.6%。按限额标准分，限额以上企业及个体实现零售额61.5亿元，比上年增长1.2%；限额以下企业及个体实现零售额39.7亿元，比上年下降18.6%。按行业分，批发业实现零售额6.6亿元，比上年下降2.5%；零售业实现零售额90.1亿元，比上年下降6.5%；住宿业实现零售额3 869.5万元，比上年下降50.4%；餐饮业实现零售额4.1亿元，比上年下降26.6%。

【交通运输业】2020年，全区运输企业拥有货运车辆590辆，全年货运量139万吨，货运周转量9 939万千米；客运车辆1 087辆，公交线路91条，公交运营车辆1 007辆。

【邮电业】 截至 2020 年年末，全区共有邮政局所 18 处，其中，局 1 处，支局 3 处，所 14 处。全年邮政业务总量 12 822 万元，通信业务总量 14 707 万元，出口函件 66 万件，包件 2 万件，汇票 1 万张，订销报纸累计份数 889 万份，杂志 27 万份，特快专递 1 万件，快递包裹 163 万件。

农村经济发展

【概况】 2020 年，全区实现农林牧渔业总产值 47 729.2万元，比上年下降 29.9%。其中，农业实现产值 6 058.9 万元，比上年增长 26.3%；林业实现产值 39 821.6 万元，比上年下降 34.9%；畜牧业实现产值 511.5 万元，比上年增长 5.6%；农林牧渔专业及辅助性活动实现产值 1 337.2 万元，比上年下降 18.9%。休闲农业与乡村旅游实现总收入 4 834.4 万元，比上年下降 18.7%，其中，观光园实现收入 923.1 万元，比上年下降 24.3%；乡村旅游实现收入 3 911.3 万元，比上年下降 17.3%。年内，全区粮食播种面积 6 531.9 亩，粮食产量 89.88 万千克；蔬菜播种面积 3 261.1 亩，蔬菜产量 1 183.1 吨。完成 6 块撂荒耕地恢复种植工作，种植面积 100.19 亩。

【农林牧渔业总产值】 全区实现农林牧渔业总产值 47 729.2 万元，同比下降 29.9%。其中，受樱桃、京白梨、奇异莓等优质水果产量恢复性增长带动，农业产值实现 6 058.9 万元，同比增长 26.3%；受造林工程缩减影响，林业产值实现 39 821.6 万元，同比下降 34.9%；受养蜂等生态友好型产业稳步发展带动，牧业产值实现 511.5 万元，同比增长 5.6%。

【休闲农业与乡村旅游】 共接待游客 33 万人次，同比下降 47.7%；实现收入 4 834.4 万元，同比下降 18.7%。其中，纳入统计监测范围的 36 家民宿共接待游客 2.8 万人次，实现收入 1 736 万元，占全区休闲农业与乡村旅游总收入的比重为 35.9%，人均消费达到 620 元/人次。

【蔬菜播种面积和产量实现增长】 全区蔬菜播种面积为 3 261.1 亩，同比增加 690.9 亩，增长 26.9%。产量为 1 183.1 吨，同比增加 342.8 吨，增长 40.8%。从播种面积来看，其他蔬菜类、白菜类和根茎类共占总面积的 84.4%。从产量来看，以白菜类、根茎类和瓜菜类为主。其中，白菜类产量为 583.3 吨，占总产量的 49.3%，全部为大白菜；根茎类产量为 168 吨，占总产量的 14.2%，主要为土豆、萝卜等；瓜菜类产量为 113.6 吨，占总产量的 9.6%，主要为黄瓜、南瓜。

【乡村民宿精品稳步发展】 “门头沟小院＋”项目覆盖范围增至 41 个村，地区乡村民宿精品迅速拓展至 57 家，其中 21 家在全市率先完成“一照两证一系统”手续，4 家民宿达到旅游民宿国家级“五星”标准。

【出台乡村民宿精品 2.0 版本】 对乡村民宿精品 1.0 版本政策已集成的 6 个部门 23 项政策进行更新、增补，梳理、汇总现有 6 家金融机构的民宿金融产品，在保证政策稳定、持续的前提下，通过“新增奖补机制、创新贷款模式、跟进市级新政、外展支持范围”四种方式对支持政策进行优化升级，对《门头沟区乡村振兴绿色产业发展专项资金管理暂行办法》《门头沟区乡村振兴绿色产业发展专项资金贷款利息及担保费补贴实施细则》2 个文件 9 个条款进行修订，推出《精品民宿发展服务手册》2.0 版本。

【农村农业保险情况】 年内，全区开设政策性农业保险、蜂业气象指数保险、农村房屋保险、乡村干部责任保险等 4 大类 36 个险种。试行的核桃保险、密植园果树树体保险、陆地花卉保险正式纳入北京市政策性农业保险统颁条款。全年农业保费收入不降反增，保额首次突破亿元大关，完成投保金额 12 401.13 万元，比上年增长 30.44%，连续五年增长超 30%；投保农户 1 099 户，比上年增加 134 户；保费收入 825.43 万元，比上年增长 31.53%。主要投保险种包括苹果 2 637 亩、梨 2 106 亩、樱桃 1 668 亩、杏 1 559 亩、核桃 1 045 亩，果树树体 5 501 亩、露地花卉 5 093 亩、密植果树树体 1 019亩、密植园果品种植险 1 309 亩。年末，赔付农户数 806 户次，赔付金额 776.03 万元。农村房屋保险投保 6 093 户，保费 61.5 万元；乡村干部责任保险投保 1 101 人，保费 17.62 万元。

【农产品质量安全检测】 年内，完成 1 万份定性检测及 320 份定量检测任务，合格率 100%。

【禁养区重新划定】 年内，制定《门头沟区畜禽禁养区划定方案》，重新划定禁养区范围。

村镇建设

【概况】 2020 年，全区深入贯彻落实乡村振兴战略，扎实抓好美丽乡村建设，创新机制推进农村人居环境整治，获评“2019年全国村庄清洁行动先进县”“2019年度农村人居环境整治成效明显的激励县”。加强生态环境建设，完成2020年新一轮百万亩造林工程任务0.99万亩。编制完成新一轮《城乡水环境治理工作三年行动方案》，强化溯源治污，扎实开展“清管行动”，疏通淤堵管线17.34千米，污水处理率达到90.88%。获评全国农村生活污水治理示范区。

【美丽乡村建设】坚持“村址不变、宅基地不变、胡同肌理不变、文物树木不变、一户一宅不变、老宅院不变”的“六不变”原则，在全市率先完成138个美丽乡村村庄规划（村庄规划简本）及实施方案编制工作。其中133个美丽乡村规划已完成批复，138个美丽乡村创建村实施方案除永定镇卧龙岗村、斋堂镇吕家村外，136个村的实施方案已通过区政府审批。分类实施农村地区“厕所革命”，累计改造完成农村公厕486座，基本实现公厕达标改造全覆盖。累计改造农村户厕4 465户，基本消除旱厕，2020年农村户厕改造任务386户，已全部完工。第一批58个村全部通过市级美丽乡村建设考核验收，其中15个示范村均通过“百村示范”村创建评定考核。

【农村人居环境整治】年内，门头沟区在138个村继续推进村庄清洁行动，创新文明农村人居环境整治综合考评机制，强化考核奖励。大力推广“垃圾不落地”收运模式，131个村实现定时定点上门收集。2019—2020年，门头沟区138个村在市级6次农村人居环境全面核查中，验收通过率100%，综合排名全市第一，全面完成农村人居环境整治三年行动任务，获评“2019年全国村庄清洁行动先进县”“2019年度农村人居环境整治成效明显的激励县”。

【煤改清洁能源】年内，王平镇西石古岩村、色树坟村、河北村，斋堂镇张家村，清水镇江水河村、黄安坨村、八亩堰村，龙泉镇大峪村坡头地区完成冬季煤改清洁能源工作。

【重大动植物疫病防控】年内，开展禽流感、口蹄疫、小反刍兽疫和鸡新城疫共16次集中免疫，累计发放疫苗69.44万羽（只、头）。开展口蹄疫、高致病性禽流感、鸡新城疫的抗体监测工作，共采集动物血液等样品2 302份，累计开展实验室血清学和病原学快速检测等共6 464份次，与村级防疫员共开展流调1 125次。强化注册犬狂犬病免疫工作联动机制，加大犬狂犬病免疫宣传力度，发放狂犬病疫苗9 450头份，犬免疫标识9 450个。年内，强化疫情监控及督导工作，疫控中心出勤586人次，累计现场出诊11车次、41人次，累计排查疑似动物疫情6起。

【水资源】全年供水（用水）总量4 887万米^3，比上年下降3%，其中新水用量4 134万米^3，再生水用量753万米^3。其中，农业用水300.1万米^3，比上年下降14.2%；工业用水191.7万米^3，比上年下降16.7%；生活用水2 534.3万米^3，比上年增长0.7%；生态环境用水1 861万米^3，比上年增长4.2%。

【供水管理】门城水厂主体工程完工，通过实施村镇供水保障工程（一期），提升8个镇的农村供水能力，千吨以上水厂全部收费，138个村的供水消毒设施实现全配备、全运行。

【水处理设施】共有区级再生水厂1座，镇级再生水厂9座，村级污水处理站160座，在线污水处理设施150座。

【管线建设和养护管理】完成2020年“清管行动”，管线清掏率达90%以上，超标管线全部疏通，新建污水管线2.3千米。

【节水型单位创建】全年创建节水型单位50家，节水型社区2个，节水型村居2个，累计换装节水器具4 922套（件）。

【开展用水户信息调查】全区现有用水户640家，其中，机关、企事业单位313家，社区、村庄278家，学校及幼儿园49家。

【河长制工作】开发市民亲水空间，打造特色水环境景观格局，完成门头沟区“三位一体”城市景观提升水环境保障工程（一期）建设。黑河沟评为市级优美河湖。加强河长制工作，完成水环境问题整治2 000余个。河湖管护中心被评为本年度“北京市水务工作先进集体”。

【海绵城市建设】建成区21.4%以上面积实现70%降雨消纳和利用。

【水土保持】继续实施国家水土保持重点建设工程、京津风沙源、清洁小流域三大项目，完成210千米^{2}流域治理。全面完成永定河生态修复土地腾退工作。通过永定河生态补水呈现四季不断流的美景，永定河山峡段40年来首次实现长流水。

【水环境治理与水生态建设】编制完成新一轮《城乡水环境治理工作三年行动方案》，强化溯源治污。

扎实开展“清管行动”，疏通淤堵管线17.34千米，对新城地区雨水篦、井彻底清理。不断完善基础设施建设，实施卧龙岗村雨污合流改造工程，超额完成污水管线建设。污水处理率达到90.88%。获评全国农村生活污水治理示范区。

【生态环境】 2020年全年完成人工造林面积885公顷，林木绿化率达到72.8%，比上年提高0.1个百分点。森林覆盖率达到48.1%，比上年提高0.3个百分点。绿化覆盖率达到50.7%，比上年提高3.4个百分点。公园绿地500米服务半径覆盖率达到89.6%，比上年下降1.3个百分点。人均公园绿地面积30米^2/人。成功创建国家生态文明建设示范区，全力推进国家森林城市创建工作，绿色基底不断夯实，环境品质持续提升。

【空气质量】 2020年，全区细颗粒物（PM2.5）年均浓度为32微克/米^3，比2016年下降52.9%；可吸入颗粒物（PM10）、二氧化硫、二氧化氮年均浓度分别为55微克/米^3、3微克/米^3、24微克/米^3。与“十三五”初期（2016年）相比分别下降15.4%、25%、20%。全年优良天数279天，占比76.2%，比2016年增加73天；重污染日7天，占比1.9%，比2016年减少26天。

【秋冬季污染防治攻坚战】 1月，制定《门头沟区污染防治攻坚战2020年行动计划》，加强对重型柴油车、排污企业等各类污染源头的监管，累计出动执法人员1 108人次，检查固定源点位305家次，检查重型柴油车2 713辆，处罚违法行为85起。

【绿化造林】 完成义务植树20.5万株。完成2020年新一轮百万亩造林工程任务0.99万亩，实施2020年“留白增绿”项目任务82.17亩。完成2020年京津风沙源治理二期工程。困难立地造林1 500亩、封山育林151 000亩。完成门头沟区2020年森林健康经营林木抚育项目任务8.7万亩。完成2020年度国家级公益林管护项目建设任务1.6万亩。

【森林防火】 发送防火短信150万条。组织人员下沉指导各镇、有林单位森林防火工作32次、84人次。清理防火隔离带7.8万米^2，清理可燃物845公顷，林下可燃物40亩。开展防火巡查956次，出动警力2 160人次，处理违法用火案件4起，处理违法人员4人，林业行政罚款1 500元。

【林业执法】 共出动警力459人次，出动车辆216台次，开展执法联动11次，进行法制宣传61次，检查经营场所73次，巡护、检查野生动物集中分布区域286次，检查运输通道、集散地、快递点等5次。侦办涉野生动物刑事案件2起。

【果蜂产业】 2020年举办果蜂各类培训班4次，培训果农、蜂农、技术人员300余人次。开展果品和蜂产品抽样检测，经市级检测，门头沟区送检的10个产品共计105批次样品均合格，合格率100%。

【区领导参加义务植树】 4月10日，区四大部门领导在永定镇何各庄代征绿地地块参加了以“创建国家森林城市·履行义务植树责任”为主题的全民义务植树活动，共栽植银红槭、白皮松、榆叶梅、白蜡等树木100余株。

【文明游园宣传】 6月11日，区园林绿化局、区委宣传部、区公安分局、区文化和旅游局、区城管执法局联合举办文明游园宣传活动。此次宣传活动参与人员40余人，其中党员35人，现场发放宣传彩页2 000余张，小扇子、手提袋等各种宣传品1 000余份，接受群众咨询并解答群众各类问题10人次。

【创建工作】 年内，完成创建首都绿色村庄4个、花园式单位3个、花园式社区2个、首都森林城镇1个。

【森林病虫害测报治理工作】 年内，优化完善市区级测报人员229名，市区级测报点470个，测报虫种27种，监测面积164.77万亩。对全区44个苗圃进行产地检疫，签发产地检疫合格证9份，产地检疫率100%；签发植物检疫要求书850份，对调入苗木进行抽检，签发植物检疫证书（出省）1份。

【古树保护】 现有古树1 687株。年内，完成复壮古树共489株。

农村改革与管理

【概况】 年内，加强农村集体土地管理，制定“村地区管”实施意见，积极稳妥推进农村土地承包经营权确权登记颁证工作，累计完成4个镇83个村确权登记颁证。扎实开展农村集体资产清查工作。稳步推进农村产权交易工作。

【村地区管】 制定《门头沟区关于进一步加强农村集体土地“村地区管”机制的实施意见》，建立健全区统筹、镇管理、村收益、农民增收的“村地区管”机制，完成83个村农村土地承包经营权确权登记颁证，涉及妙峰山镇、雁翅镇、斋堂镇、清水镇4个镇。

【农村产权交易工作】年内，共6个项目通过农村产权交易领导小组专题会审议，涵盖王平镇、清水镇、雁翅镇、妙峰山镇4个镇5个村，涉及房屋面积7 091米^2。项目类别全部为资产类（闲置农宅流转），流转用途全部为乡村民宿精品。制定《门头沟区农村产权交易项目资产租赁价格评估管理制度》《门头沟区农村产权交易项目土地测绘管理制度》《门头沟区房屋租赁价格评估收费标准》《门头沟区民宿项目产权交易简易流程》，修订《门头沟区农村产权交易管理办法》，保障全区农村产权交易依法依规进行。

【农村集体资产清查】开展2018、2019年度资产清查工作。经清查，2018年度清查核实资产总额135.4亿元，负债总额67.4亿元，所有者权益总额68亿元，比2017年分别增加19亿元、15.6亿元和3.4亿元，增长16.3%、30%和5.3%。2019年度清查核实资产总额142.2亿元，负债总额62.9亿元，所有者权益总额79.3亿元，比2017年分别增加25.8亿元、11.1亿元和14.7亿元，增长22%、21.4%和22.7%。

【壮大集体经济】8个市级扶持壮大集体经济试点村全部完成增收任务，2个林下经济试点村完成种植任务。

【行政执法权下放】完成各镇街综合行政执法队伍调整组建，向镇街下放431项行政执法职权。

【大力优化营商环境】推动政务服务“一网一门一次”改革，实现千余事项“不见面办理”，推进告知承诺制、备查制审批制度落地。

【协管员队伍下沉】开展协管员队伍管理体制改革，完成16支城市协管员队伍下沉。

农村民生

【概况】年内，受疫情影响，农村集体经济收入有所下降；得益于各项惠农政策的稳步实施，全区农民人均所得实现稳步增长。围绕坚决打赢低收入帮扶攻坚战目标，精准施策，多措并举，45个低收入村全部实现脱低摘帽。全区低收入农户人均可支配收入18 015元，增速在全市排名第二。

【农村集体经济收入】2020年全区农村集体经济总收入10.8亿元，同比减少12.1%。农村集体经济总资产147亿元，同比持平。2020年，全区农民人均所得25 143元，同比增长4.3%。其中，报酬性收入实现9 826元，同比增长6.1%，占比39.1%；财产性收入实现5 698元，同比增长3.5%，占比22.7%；转移性净收入实现5 093元，同比增长13.1%，占比20.2%；家庭经营净收入4 526元，同比减少6.2%，占比18%。

【低收入农户分布】年内，全区持续监测的市级标准低收入村45个，区级标准低收入村29个，低收入农户4 414户、7 848人，分布在8个镇，115个村。其中，深山区清水、斋堂、雁翅3镇3 582户，占比81.15%；浅山区潭柘寺、军庄、妙峰山、王平4镇818户，占比18.53%；门城地区龙泉镇14户，占比0.32%。永定镇无低收入农户。

【低收入村分布】年内，全区共有市级标准低收入村45个，其中，潭柘寺镇2个村、雁翅镇13个村、斋堂镇10个村、清水镇20个村，深山区低收入村占比95.56%。区级标准低入村29个，其中，清水镇9个村、斋堂镇10个村、雁翅镇1个村、妙峰山镇4个村、军庄镇3个村、王平镇1个村、潭柘寺镇1个村，深山区低收入村占比68.97%。

【低收入产业帮扶】年内，安排低收入产业帮扶资金2 940万元，推进实施低收入产业项目52个，全部完工。2016—2020年，累计投入产业帮扶资金1.77亿元，实施完成低收入产业项目199个，60%的产业项目初见成效。

【低收入农户收入】2020年全区低收入农户人均可支配收入18 015元，超过人均可支配收入11 160元标准线38.58%。人均可支配收入增长17.9%，高于全市平均增速1.1个百分点，全市排名第二。

【低收入劳动力就业】年内，全区共有低收入劳动力2 670人，2 592人就业，就业率97.1%。

【低收入帮扶基金救助】年内，低收入帮扶基金通过助医、助学、体检、保险、特殊案例“一事一议”等5个项目对低收入农户开展救助，累计救助金额819.47万元，1.71万人次。

【气象科普日系列活动】3月16—23日，开展为期一周的“3·23”世界气象日科普宣传系列活动，通过气象新媒体等方式，开展气象知识和防灾减灾科普活动，累计受众2 000余人。

【深化精细预警发布机制】年内共发布暴雨预警11次；开展山洪气象灾害防御工作，联系周边区域气象部门，打通全区沟域联防站网数据共享通道，实现131个站点的数据融合；整理完成全区重点山洪沟道信息，建立12条山洪沟上下游地理特征、土地使用等信息数据库。

【年度气候评价】年内，全区平均气温 13.5℃，比历年平均值（12.5℃）偏高 1.0℃。年极端最高气温为 37.1℃，出现在 6 月 8 日；年极端最低气温为 −13.1℃，出现在 12 月 30 日。年内降水总量为 522.2 毫米，比常年降水量（568.0 毫米）偏少 45.8 毫米，降水主要集中在 7—9 月，降水量为 380.2 毫米，一日最大降水量为 81.9 毫米，出现在 8 月 13 日。年日照时数为 2 480.0 小时，比常年（2 274.8 小时）偏多 205.2 小时。年内，出现大风 24 次、扬沙 3 天、浮尘 2 天、大雾 7 天。时间分布特点为：7 月、12 月平均气温较常年偏低，10 月平均气温与常年持平，其余各月平均气温较常年值均有不同程度的偏高。其中偏高最多的是 3 月，平均气温高于常年值 2.5℃。年降水总量比常年偏少约 8%，主汛期（6—8 月）的降水量为 378.8 毫米，比常年（408.6 毫米）偏少 7.3%。故本年度气候综合评价为：气温偏高，降水偏少，日照时数偏多。

【科学技术】2020 年，全区组织各级科技项目 20 个，其中，区级科技计划项目 20 项。完成技术合同登记 124 项，技术合同成交金额 31.2 亿元，认定高新技术企业 160 家，申请专利 1 779 项，授予专利 1 247 项。全区科技经费筹集总额 5 216.6 万元，科技经费支出总额 4 641.6 万元。

【教育】截至 2020 年年末，全区共有幼儿园 42 所，班数 345 个，全年入园（班）人 4 220 人，在园（班）幼儿 9 624 人，离园（班）2 206 人，教职工 1 589 人，其中专任教师 989 人。小学学校 23 所，班数 430 个，毕业生 1 900 人，招生数 2 739 人，在校学生数 13 841 人，教职工 1 224 人，其中专任教师 1 008 人。初中阶段学校 11 所，毕业生数 1 440人，招生数 1 723 人，在校学生数 4 732 人，教职工 668 人，其中专任教师 502 人。高中阶段学校 7 所，其中普通高中 6 所，毕业生数 800 人，招生数 950 人，在校学生数 2 642 人，教职工 608 人，其中专任教师 477 人；职业高中 1 所，毕业生数 18 人，招生数 8 人，在校学生数 70 人。全区高中升学率 96.86%，初中升学率 95.68%，初中毕业及格率 94.94%，初中毕业优秀率 49.50%。全年专科毕业 179 人，本科毕业 101 人。全年参加岗位培训 550 人次、参加技术培训 1 287 人次。

【文化】2020 年，全区共开展不同形式演出 313 场，观众 70 万人次。其中，艺术演出 154 场，观众 19.5 万人次。下乡下基层辅导演出 596 场，送电影下乡 9 103 场。截至年底，全区现有 255 个村居文化室。图书馆馆藏总量达到 129.5 万册，当年新购入图书 91 435 册，办理借阅证件 614 个，流通读者 1.6 万人次。全区共有重点文物保护单位 84 个，其中，国家级 5 个，市级 8 个，区级 71 个。

【卫生】截至 2020 年年末，全区共有医疗卫生机构 266 个，其中医院 12 个。医疗卫生机构实有床位 2 989张，其中医院 2 494 张。全区卫生技术人员达到 3 835 人，其中，执业（助理）医师 1 389 人，注册护士 1 608 人，药师（士）253 人，技师（士）236 人。全区卫生医疗机构总诊疗量 340.4 万人次，出院人数 43 944 人。

【体育事业】截至 2020 年年末，全区有各类体育健身场地 41 个，其中体育馆 1 个，游泳场馆 5 个，各种训练房 35 个。全区有等级裁判员 4 124 人，其中一级 80 人，二级 653 人。全年参加市级比赛 23 项，组织区级比赛 14 项，参赛人数 8 160 人次；共获金牌 23 枚、银牌 26 枚、铜牌 42 枚；向上一级体校输送优秀运动员 6 人。

【人口状况】截至 2020 年年末，全区户籍人口总户数 123 080 户，总人数 254 737 人，其中非农业人口 213 314 人，农业人口 41 423 人。户籍人口中，全年出生人口 1 933 人，死亡人口 3 653 人，人口出生率 7.6‰，死亡率 14.4‰，自然增长率−6.8‰。

【劳动和社会保障】截至 2020 年年末，城镇登记失业率为 3.23%；年末实有城镇登记失业人员 2 601 人。全区养老、失业、医疗和生育保险参保人数分别比上年增长 3.7%、2.7%、11.1%和 31.7%，工伤保险参保人数比上年降低 4.7%。城乡最低生活保障应保尽保，城市、农村居民最低生活保障人数分别达到 4 996 人、1 872 人，城乡特困人数为 457 人。

基层组织与民主政治建设

【概况】年内，扎实抓好农村基层党组织建设，加强第一书记考核管理，做好基层党建述职评议考核工作，继续招录农村党建工作助理员。充分发挥基层党组织战斗堡垒作用和党员先锋模范作用，坚决打赢疫情防控阻击战。开展村（社区）“两委”换届“回头看”、党支部“体检”等各项活动，不断夯实基层党建工作基础。

【发动党员群众争当抗疫“红色先锋”】1 月 29 日，制定下发《中共北京市门头沟区委关于在新型冠状病毒感染的肺炎疫情防控阻击战中进一步发挥党组织和党员作用 带领广大群众争当“红色先锋”的通知》，充分发挥基层党组织战斗堡垒作用和党员先锋模范作用，全力抓好新型冠状病毒感染的肺炎疫情防控工作。

【部署第五批市派第一书记驻村工作】1月3日，召开全区第一书记工作会，总结市派第三批第一书记工作，部署12名市派第五批第一书记到相关镇驻村工作。

【总结推广党建引领基层治理经验】4月26日，区疫情防控领导小组社区（村）防控工作组召开适应疫情防控常态化进一步加强党建引领基层社会治理经验交流座谈会，总结推广了潭柘寺镇、永定镇、龙泉镇、军庄镇、大峪街道、城子街道、东辛房街道、大台街道8个镇（街）的治理经验。

【做好2019年度基层党建述职评议考核工作】4月28日，召开2019年度门头沟区镇（街道）、系统党（工）委书记抓基层党建述职评议会。按照疫情防控要求，采取视频会议形式召开述职评议会，设置1个主会场和19个分会场，潭柘寺镇、永定镇、城子街道、区直机关工委、区委卫生健康工委、区国资委等6名党（工）委书记进行了现场述职，龙泉镇、雁翅镇、清水镇、大峪街道工委、区委农工委等5名党（工）委书记进行了书面述职。5月，全面开展农村、社区、机关、企事业单位、“两新”组织等基层党组织书记述职评议工作。全区600余名基层党组织书记向各党（工）委进行了述职，700余名党支部书记向上级党组织进行了述职。

【招录新一轮农村党建工作助理员】5月1日，完成新一轮46名农村党建工作助理员招录工作。

【推进党建引领物业管理工作】制定《以红色门头沟党建为引领全面贯彻落实〈北京市物业管理条例〉的实施意见》和《门头沟区贯彻实施北京市物业管理条例（2020—2022）三年行动计划》，明确35项具体工作任务。

【部署推进全区基层党建重点任务】6月2日，召开全区2020年基层党建工作重点任务推进会。会上播放2019年度党建暗访专题片，4家基层党组织作经验介绍，区委组织部对基层党建工作重点任务进行部署。

【开展村（社区）“两委”换届“回头看”】4—6月，开展村（社区）“两委”换届“回头看”，分类梳理出6个示范村、7个重点提升村、9个软弱涣散村，7个先进社区、4个提升社区、5个后进社区。

【组织开展建党99周年系列纪念活动】7月，指导各级党组织围绕庆祝中国共产党成立99周年，广泛开展“党课开讲啦”、主题党日、志愿服务、走访慰问、共产党员献爱心捐款、点赞身边榜样等“七个一”系列活动，动员全区各级党组织观看《京西战“疫”党旗红》党员电教片。

【开展党支部“体检”】9—10月，对全区21家党（工）委1 248个党组织开展党支部“体检”，从基本组织、基本队伍、基本制度、基本活动、基本保障5个方面共查摆出161个问题，推进党支部全面进步、全面过硬。

【开展生活垃圾分类“三个益百践承诺”主题活动】9月17日，印发《关于开展垃圾分类“党建引领新时尚·三个益百践承诺”主题活动的通知》，利用100天左右时间进行集中动员发动，选树100名左右垃圾分类先进人物，总结100个左右社区垃圾分类小妙招，动员发动全区党员干部职工共同参与垃圾分类工作，着力破解社区垃圾分类社会动员难题。

【成立换届工作领导小组】10月9日，经区委常委会研究审议，门头沟区镇领导班子和村（社区）“两委”换届工作领导小组及工作机构正式成立，正式启动换届选举筹备工作。

【开展“不忘初心、牢记使命”主题教育整改落实情况“回头看”工作】10月23日，召开“不忘初心、牢记使命”主题教育整改落实情况“回头看”工作调度会，组织各单位开展自查整改。

【举办2020年党员发展对象培训班】11月17—19日，举办门头沟区2020年党员发展对象培训班，采用线上线下相结合的方式，全区300余名党员发展对象参加培训。

【启动村和社区“两委”换届选举工作】12月25日，召开全区村和社区“两委”换届工作培训会，对各镇街党工委副书记、组织委员、选办工作人员及村（社区）党组织书记、村（居）委会主任、第一书记、党建助理员进行换届工作培训，全区村和社区“两委”换届选举正式开始。

【实现镇、街、园区党群服务中心全覆盖】总结中关村科技园门头沟园党群服务中心建设经验，统筹推进全区各镇、街道、园区党群服务中心建设，截至12月下旬，全区投入使用的党群服务中心（站点）达到80个，实现全区各镇、街、园区党群服务中心全覆盖。

【做好国有企业退休人员组织接转工作】按照全市国有企业退休人员组织关系接转工作推进会精神，指导、协调各镇（街）党（工）委持续做好国有企业退休人员党员组织关系接转工作，共接收国有企业退休人员组织关系 590 人。

【发展党员工作】全年严格落实 2020 年发展党员指导性计划，坚持把政治标准放在首位，严格规范发展程序，按期完成北京市下达的 473 名计划数，其中火线入党 21 名。

【完成 2020 年党内统计工作】12 月，开展 2020 年度党内统计工作，截至 2020 年 12 月 31 日全区共有党员 37 575 名，基层党组织 1 421 个，其中党委 101 个、党总支 71 个、党支部 1 249 个。

【做好表彰推荐工作】全区获评全国抗击新冠肺炎疫情先进个人 2 名、北京市抗击新冠肺炎疫情先进个人 30 名（含优秀共产党员 3 名）、北京市抗击新冠肺炎疫情先进集体 9 个（含先进基层党组织3 个）。

区、乡（镇）“三农”工作部署和实施

【乡村大舞台获金奖】1 月 8 日，门头沟区选送的非遗舞蹈《亘鼓》获评第 30 届北京农民艺术节“乡村大舞台”决赛暨汇报演出金奖。

【农村工作会召开】5 月 15 日，门头沟区深入推进文明农村人居环境、文明社区建设和“疏解整治促提升”专项行动暨 2020 年农村工作会议召开。会议提出，要统筹做好新冠肺炎疫情防控和农村改革发展，坚决打赢低收入帮扶攻坚战，高质量完成美丽乡村建设三年行动计划，坚持“四个着力”（着力发展壮大农村集体经济、着力推动民宿发展、着力加大农村土地统筹规划和利用、着力打造精品农业），推动民富村兴，夯实农业农村发展基础，切实加强党对“三农”工作的领导。

【市领导调研门头沟区基层党建工作】8 月 11 日，市委常委、组织部部长魏小东同志到门头沟区调研高精尖企业复工达产、非公党建工作，城市社区党建引领疫情防控、垃圾分类、物业条例落实工作，以及山区农村党建引领乡村民宿精品产业发展和低收入农户脱低增收工作。区委书记张力兵，区委常委、组织部部长王建华等区领导陪同调研。

【举办乡村大舞台展演活动】9 月 29 日，由市委农工委宣教中心、北京文化艺术活动中心、门头沟区委宣传部、门头沟区委农工委、区农业农村局、区文化和旅游局主办，雁翅镇党委、雁翅镇政府、门头沟区文化馆承办的第三届中国农民丰收节暨第 31 届北京农民艺术节“梦圆小康礼赞丰收”乡村大舞台门头沟区专场展演活动在雁翅镇大村村举办，主办单位以及全区相关部门、18 家企业（合作社）和部分村民代表共计 300 余人参加。

【举办村“两委”负责人培训班】10 月 28 日至 11 月 11 日，举办为期 10 天的门头沟区 2020 年村“两委”负责人培训班暨村“两委”后备干部示范培训班。培训班结合疫情防控形势，采用“线上＋线下分段教学”的方式，围绕“思想政治建设”“基层党组织建设”“城乡社会治理”及“发展绿色经济能力提升”等四个方面内容进行专题培训，共有 450 余人参加。区委书记作开班动员讲话，区长进行结业讲话。

【举办高素质农民培训班】11 月 30 日，门头沟区 2020 年高素质农民培训班开班。培训班分 3 期 15 天，分别开展“门头沟小院＋”美丽主人、“门头沟小院＋”金牌厨娘和“门头沟小院＋”绿领管家三类民宿实用技术培训。来自创艺乡居、百花山社、灵山木屋、隐北半山、诗雨麗舍等民宿的 60 名学员参加培训。

【建议提案办理】累计办理人大建议 75 件、政协提案 95 件，办复率 100％。

【政务公开】推动政务信息公开全清单管理，累计梳理业务事项 1 774 类，公开信息 1.6 万余条。

【推进扶贫协作和支援合作工作】年内，召开区委常委会、区长办公会、专题推进会等 13 次重要会议研究部署扶贫支援工作。区主要领导带队赴河北、内蒙古、西藏等受援地区实地调研对接 4 次，与结对旗县主要领导通过视频连线对接 3 次，受援地区党政代表团来访 8 次，双方共同研究推动携手奔小康工作。制定实施《2020 年门头沟区扶贫协作和支援合作工作要点》《2020 年门头沟区扶贫协作和支援合作项目资金管理办法》《门头沟区助力决战决胜脱贫攻坚整改方案》《门头沟区 2020 年消费扶贫行动方案》，与 4 个受援地区签署《携手奔小康结对帮扶协议》。领导小组各成员单位、挂职干部密切配合，高位推动、高效落实年度任务，共向河北涿鹿县、内蒙古武川县和察右后旗、西藏堆龙德庆区、湖北神农架林区援助区级财政资金 1 305万元，动员社会力量捐赠款物 1 651 万元，选派挂职干部 15 人、专业技术人才 71 人，动员社会各界购买受援地扶贫产品 1.28 亿元，推动 9 镇 4

街、17个村社区、24所学校、7所医院、16家企业、19家社会组织与受援地区36个乡镇（苏木）、37个贫困村、24所学校、14所医院务实开展结对帮扶，各项帮扶措施共惠及6.4万名建档立卡贫困群众，助力受援地区圆满完成脱贫攻坚任务。

门头沟区领导名录

区委书记　张力兵
副书记　付兆庚
彭利锋（7月免）
刘贵明（7月任）
常委　张力兵　付兆庚
彭利锋（7月免）
刘贵明（7月任）
张维刚（11月任）
陆晓光
张金玲（9月免）
范永红　王建华　金秀斌
张翠萍（7月任）
李耀光（11月免）
李森林（11月任）
庆兆珅
区人大常委会主任　陈国才
副主任　许　彪　何　渊　李　伟
陈　波　张　焱（不驻会）
区长　付兆庚
副区长　陆晓光　庆兆珅　孙鸿博
赵北亭
张翠萍（11月免）
王　涛
李晓峰（4月任）
曹子扬（11月任）
区政协主席　张　永
副主席　张满仓　高连发　杜斌英
顾慈阳（不驻会）
郑华军（不驻会）
孙建新（不驻会）
区委农工委书记、区农业农村局局长　耿新民（4月免）
贾卫东（4月任）

门头沟区乡镇党政正职领导

	党（工）委书记	镇长（主任）
潭柘寺镇	娄相峰	李岿然
永定镇（地区办事处）	周　杨	黄　景
龙泉镇（地区办事处）	亓建军	刘　学
军庄镇	高建光	王　垚
妙峰山镇	丁章春（2月免）	姜春山（8月免）
	姜春山（2月任）	陈连军（8月任）
王平镇（地区办事处）	刘甫通	冯　涛
雁翅镇	孙东宇	张雅利（9月免）
		白晓芳（9月任）
斋堂镇	李文凯（11月任）	谢晓东（8月免）
		晋卫华（8月任）
清水镇	贾卫东（4月免）	崔兴珠（7月免）
	崔兴珠（4月任）	杨雪飞（7月任）

（门头沟区农业农村局　符乃清）

房　山　区

综　述

房山区地处北京西南，辖区总面积2 019千米^2，平原、丘陵、山区各占三分之一，下辖28个乡镇（街道）、459个行政村、199个社区居委会。全区常住人口为131.3万人，比上年末增加6.5万人。其中，常住外来人口44万人，占常住人口的比重为33.5%。常住人口中，城镇人口102.5万人，占常住人口的比重为78.1%。全区户籍人口84.5万人，比上年末增加0.4万人，增长0.5%。其中，非农业户籍人口53.3万人。2020年，全区实现地区生产总值（GDP）759.9亿元，剔除价格因素影响，比上年下降5.7%。其中第一产业增加值14亿元，下降1.6%；第二产业增加值285.3亿元，下降16.6%；第三产业增加值460.6亿元，增长3%。全区财政收入完成162.6亿元，比上年增长 26.5%。其中，一般公共预算收入完成 75 亿元，增长 7.1%；政府性基金预算收入完成 87.1 亿元，增长 49.9%。财政支出完成 291.9 亿元，比上年下降 13.2%，其中，一般公共预算支出 254 亿元，增长 1.8%。区域税收完成 201.9 亿元，比上年下降 14.2%。固定资产投资（不含农户），比上年下降 19.5%。社会消费品零售总额 341.3 亿元，比上年下降 9.1%。居民人均可支配收入达到 44 078 元，比上年增长 2.9%。其中，城镇居民人均可支配收入达到 52 288 元，比上年增长 3.2%。城镇登记失业人员实现就业 10 161 人，促进 5 882 名农村劳动力转移就业。截至 2020 年年底，全区低收入农户人均可支配收入均超过标准线，实现全部脱低。

城乡融合发展

【房山区核发房山区西潞街道 FS00－LX21－0001、0002 等地块“多规合一”初审意见】1 月 9 日，为确保西潞街道国家新型城镇化综合改革试点工作顺利实施，切实解决西潞北三村村民回迁安置任务，房山区快速核发西潞街道 FS00－LX21－0001、0002 等地块（詹庄村、安庄村、固村三村安置房项目）“多规合一”初审意见。该项目位于房山区西潞街道安庄村，建设单位为北京市房山区西潞街道合作经济联合社，根据市政府同意的《房山区西潞街道“北三村组团”村民安置用地规划及建筑设计方案》，该项目规划总用地面积约 15.06 公顷，规划总建筑规模约 36.55 万米^2。其中，规划安置住宅用地约 14.46 公顷，容积率 2.5，规划建筑规模约 36.15 万米^2（地上住宅建筑规模约 31.46 万米^2，公共服务设施规模约 4.69 万米^2），建筑高度 60 米；规划托幼用地约 0.4 公顷，容积率 0.8，规划建筑规模约 0.32 万米^2，建筑高度 12 米；规划交通设施用地约 0.2 公顷，容积率 0.4，规划建筑规模约 0.08 万米^2，绿地率 30%。

【农村乱占耕地建房问题摸底排查工作方案通过区委常委会审议】9 月 28 日，房山区召开区委常委会，研究部署本区农村乱占耕地建房问题摸底排查工作等事项，区委书记陈清主持会议。会议审议通过《房山区农村乱占耕地建房问题摸底排查工作方案》。会议强调，此次乱占耕地建房摸底排查工作时间紧、任务重，区工作专班各成员单位思想上要高度重视，坚决贯彻习近平总书记重要批示指示精神，响应党中央、国务院决策工作部署；工作推进过程中，区农业农村局、区规自分局、各街乡镇要切实履行职责，全力以赴摸清底数；其余各成员单位要集中抽调人员，驻点办公，实体化运作，按照方案要求责任落实到位。

【完成 2020 年太行山绿化三期工程】房山区 2020 年太行山绿化三期工程 2 000 亩。截至 5 月，完成全部工程建设，共栽植苗木 14.8 万株。

【2020 年新一轮百万亩造林绿化工程顺利完工】房山区 2020 年新一轮百万亩造林绿化工程共计 18 344.5亩，其中，平原造林 3 600 亩，浅山台地 4 400 亩，浅山荒山 10 190 亩，小微绿地 154.5 亩。截至 10 月，已全部完成栽植任务，栽植各类苗木 126 万余株。

农村经济发展

【概况】2020 年，房山区农林牧渔业总产值实现 33.3 亿元，与上年持平。其中，农业产值实现 10.7 亿元，增长 4.5%；林业产值实现 17.2 亿元，下降 6%；牧业产值实现 4.6 亿元，增长 14.1%；渔业产值实现 2 320.6 万元，下降 12%；农林牧渔专业及辅助性活动实现 5 415.8 万元，增长 21.4%。粮食播种面积 0.6 万公顷，粮食产量 3.5 万吨，粮食亩产 368.1 千克，下降 0.2%。房山国家现代农业产业园通过验收，长阳镇入选全国农业产业强镇创建名单，窦店农业产业强镇项目建设完成。大石窝和窦店市级农业产业园建设有序推进。农业产业化国家重点龙头企业 3 家，北京市农业产业化重点龙头企业 22 家，全国“一村一品”示范村镇 9 个，北京市都市型现代农业示范镇 9 个，北京市农业好品牌 13 件。新发展林下经济 1.6 万余亩，开展大石窝镇集体林场林下经济试点工作。促进乡村旅游提质升级，大力发展乡村民宿，形成“姥姥家”“森林乡居”等乡村民宿品牌 24 个，十渡镇平峪村、张坊镇穆家口村被评为第二批全国乡村旅游重点村。完成三乡联动发展规划编制，将三乡镇打造为红绿融合实践地、乡村振兴示范地。举办“北京市 2020 年中国农民丰收节庆祝活动暨房山区秋收节系列活动”。“上方山香椿”成功申报地理标志。

【区农业综合行政执法大队获“全国农业综合行政执法示范窗口”称号】3 月 5 日，农业农村部公布第一批 70 个全国农业综合行政执法示范窗口和 45

个全国农业综合行政执法示范单位名单。经择优申报、初评推荐、实地核查、专家审核复评、网上公示等环节，房山区农业综合行政执法大队成为北京市唯一一家获该称号的单位。

【2020年春季农资打假专项执法行动】 3月15日开始，区农业综合执法大队一手抓疫情防控，一手抓春耕生产，在全区范围内开展为期2个月的农资打假专项执法行动。执法人员分4个组，针对产粮大镇（乡）、农资生产经营门店、田间地头重点区域，围绕种子、农药、肥料、兽药、饲料和饲料添加剂、农机等重点农资，重点打击未经许可经营农资、生产经营假劣农资、未按规定建立生产经营档案、未按规定维修操作农机4大类违法行为。截至年底，检查各类场所43家次，出动执法人员89人，查处各类问题27件，办结农资案件20起。

【房山区第二家规模化生猪养殖基地开工建设】 4月30日，在大石窝镇辛庄村投资建设的牧原生猪养殖基地开工建设，投资规模2.63亿元，占地242亩，建设3栋（三层）楼房建筑等附属设施76 645.1米^2，是房山区第二家规模化生猪养殖基地。

【长阳镇入选2020年农业产业强镇建设名单】 5月26日，经县级人民政府申请、省级农业农村和财政部门推荐、农业农村部和财政部审核，农业农村部官网公布2020年农业产业强镇建设名单，全国有259个镇（乡）入选。房山区长阳镇为北京市唯一一家入选乡镇。

【区农业环境和生产监测站获评全市唯一的“四星级”质检站】 6月9日，北京市农业农村局通报2019年北京市区级农产品质量安全综合质检站等级评定结果。经各区农业农村主管部门组织区级质检站自评与申报、整改提升、市级专家现场评定等形式，对全市13家区级质检站进行等级评定和动态管理，评选“一星级”质检站1家，“二星级”质检站3家，“三星级”质检站7家，“四星级”质检站1家，未参评1家。房山区农业环境和生产监测站获评全市唯一的“四星级”质检站。

【2020年小麦收割完成】 6月24日，房山区全部完成2.38万亩小麦收割，总产940.1万千克，平均亩产395千克，较2019年同比分别增长19%、14.2%、0.5%。

【房山区智慧农业视频监管系统建设】 7月1日，区农服中心组织区农业农村局财务审计科、设计单位、监理单位等相关单位，对房山区智慧农业视频监管系统建设进行验收。房山区智慧农业视频监管系统，是对31家农业企业装配的可视化远程信息管理系统（远程监控覆盖物料出入、疫情防控及环境管理等关键环节）。

【“西河稻谷”入选全国名特优新农产品名录】 9月18日，农业农村部农产品质量安全中心发布6号公告，根据《全国名特优新农产品名录收集登录规范》要求，经地市级、省级农业农村部门农产品质量安全（优质农产品）工作机构审核，农业农村部农产品质量安全中心组织专家技术评审确认，并在中国农产品质量安全网公示，北京市房山区农业农村局等单位申请的“西河稻谷”等291个产品符合全国名特优新农产品名录收集登录要求，正式纳入全国名特优新农产品名录，并核发全国名特优新农产品证书。

【房山秋收节】 9月22日，北京市2020年中国农民丰收节庆祝活动暨房山秋收节系列活动开幕式在长阳镇莱恩堡国际酒庄举行。区内种植、养殖、水产等有代表性的23家企业参加（其中6家企业现场直播带货）活动，宣传房山区重点园区农副产品、农耕文化、美丽乡村建设等，同时还有对口支援地区和北京市各区农产品展示展销区，现场展销农产品100多个。组织8家企业参加“2020年中国农民丰收节房山秋收节系列活动暨金秋消费季”，现场对北京油鸡蛋、首诚无菌水培菜、富硒菱枣等进行销售，现场销售农产品200余件，销售额为7 000余元。2020年中国农民丰收节以“庆丰收、迎小康”为主题，推出“房山之旅”线上活动，组织摄制组对“休闲农业线路”“绿色田园生态线路”进行实地探访并做线上推介，选出十家比较有代表性的园区，分别进行网上宣传，以线上促销形式，展示农业丰收、促进农民增收。活动持续到10月30日。房山秋收节系列活动期间，举办“开幕式”“丰收田园行”“高庄水稻收割节”等系列活动，活动期间有30余家知名企业、100多个园区、1万余名群众参加活动，线上总观看量达到14万人次。活动分为主舞台区、农产品展示展销区、收割体验区、直播带货区、大石窝镇特色农产品展示区、稻田拍照区及稻作文化科普展示区等7个区域。

【“三秋”工作】 2020年“三秋”收获任务10万亩，播种冬小麦面积2.89万亩。全区储备秋播小麦良种50万千克，各种化肥900吨，杀菌剂、杀虫剂等拌种农药 1.2 吨，全区计划投入玉米联合收获机、大中型拖拉机、小麦播种机及其他各类配套农机具 775 台套，全力保证“三秋”生产需要。

【突发植物重大有害生物应急演练桌面推演】 11 月 5 日，区农业农村局动植物重大疫情办公室、区农服中心植物疫病预防控制中心联合开展突发植物重大有害生物应急演练桌面推演活动。演练包括灾情报告与先期处置、应急响应与应急处置、应急响应终止与善后处置三大科目。通过演练增强参与演练人员应对突发重大有害生物的应急意识，熟悉应急流程，提高全体参与人员应对突发事件的处置能力。

【2020 年北京市药用植物重点物种保存圃收种工作完成】 11 月，区农服中心完成 2020 年北京市药用植物重点物种保存圃收种工作。房山区重要药用植物重点物种保存圃位于石楼镇襄驸马庄村，是北京市唯一一家药用植物重点物种保存圃。年内，区种植业技术推广站为保证药源圃资源种类数量逐年增加，扩大药源圃药材的繁种面积，对药源圃中非多年生药材进行冬季种子收集工作，收集 25 种药材种子，药源圃累计收集药材 80 余种。

【北京市现代农业产业园工作现场会召开】 11 月 24 日，北京市现代农业产业园工作现场会在房山区召开。市农业农村局副局长、区政府副区长、区委农工委书记、区农业农村局局长和全市 7 个市级以上现代农业产业园所在区农业农村局主管领导、所在乡镇的主要和主管领导、相关工作人员近 50 人参加会议。参会人员到窦店镇市级现代农业产业园，参观考察泰华芦村、恒升牧业、航天恒丰和凯达恒业产业发展情况。在韩村河山庄会议中心召开全体会议。会议对房山区现代农业产业园发展建设和取得成效给予肯定，良乡镇国家现代农业产业园、窦店镇市级现代农业产业园作典型发言。

【京郊耕地长期定位监测点全年监测工作】 12 月，区农服中心种植业推广站完成 2020 年房山区 20 个京郊长期定位监测点的监测工作，包括监测点的生产调查、数据录入、土壤样品采集和送检等工作。京郊耕地长期定位监测工作从 1987 年开始，连续坚持开展 30 多年，主要对土壤的养分（氮、磷、钾和有机质）状况进行监测，通过长期定位监测可以有效反映房山区耕地质量的状况。

【2020 年京西稻作文化遗产保护项目完成前期调研工作】 年内，结合房山区实际情况，开展 2020 年京西稻作文化遗产保护项目。前期实地调研工作完成，进入可研编制阶段。项目内容包括稻作文化长廊建设、稻作文化展馆修缮、水稻籽种更新、水稻加工机械购置、稻作系列产品开发等。京西稻作文化遗产保护项目有助于打造休闲景观农业品牌，提升房山区水稻生产的经济效益，促进农民就业增收。

【“菜篮子”供应保障】 年内，区农服中心下发《三夏意见》《关于加强新冠肺炎疫情防控期间房山区农产品销售通知》《关于加强在田蔬菜管理做好保供稳价工作的指导措施》等稳产保供措施，确保“菜篮子”产品产得出、运得走、供得上。指导各乡镇全面调查区域蔬菜种植户产销情况，重点针对本镇域内外来种菜散户蔬菜产销情况跟踪摸底，建立 10 个重点园区监测点，了解农产品生产情况和销售途径，做好农产品销售工作。加强田间管理，稳定蔬菜生产。指导各乡镇落地落实各项惠农政策，确保菜田当季压茬种满种严；针对“三夏”期间日光温室高温闷棚的倒茬期，春秋棚果菜类上市集中期，露地果菜类挂果的田间管理期，各技术部门开展田间技术服务，指导闲置设施恢复生产。琉璃河、长阳、窦店等乡镇利用闲置棚室及棚室间空地，宜菜则菜，有效开展农业生产；露地蔬菜灵活采用不同间作套种栽培模式，增加复种指数，提高耕地利用率和产出率；根据生产需求，各园区、基地及时储备物资，包括蔬菜种苗、绿色防控产品、各种肥料、棚膜、保温棉等，保障正常生产；外地种菜散户通过“老乡帮老乡”的方式，实现菜地“棚棚”有人管，“地地”有人种。通过华冠连锁超市、点点连锁超市及小型生活超市等对接销售蔬菜产品 50 余万千克；通过北京第零农业科技有限公司全市配送蔬菜 228.2 万千克，其中销售本区蔬菜 83.14 万千克；线上通过“上房山·上京西”“优农佳品”等电子商务平台销售占比 29.5%；线下通过良乡南关、阎村绿海农贸市场等中小型批发市场、机关单位、社区团购等销售占比 70.5%。

【现代农业建设】 年内，长阳镇被农业农村部、财政部列入 2020 年全国农业产业强镇创建名单，窦店镇农业产业强镇建设有序推进。窦店镇市级现代农业产业园核心区肉牛养殖示范基地光伏发电、生物有机肥加工厂等 13 个项目完成建设。大石窝镇市级现代农业产业园即食生鲜蔬果加工与冷链即食生产线扩建项目和蔬菜生产专用农机装备推广应用补贴项目完成建设。培育农业产业化龙头企业，新增市级龙头企业6家，完成2家国家级龙头企业和9家市级龙头企业动态监测工作。推动乡村旅游健康发展，开展北京市休闲农业星级园区（企业）复核，组织各类经营主体参加休闲农业典型监测及休闲农业经营主体线上培训27期，编制推荐源味体验乐享房山——房山区休闲农业和乡村旅游春夏、秋冬游线路。实施休闲农业“十百千万”畅游行动，做好建设成效评价验收工作。举办北京市2020年中国农民丰收节庆祝活动暨房山区秋收节系列活动。霞云岭乡堂上村被农业农村部评为中国美丽休闲乡村。

【生态园区建设】10月，区农服中心对区内2020年的生态园区开展验收工作。涉及大石窝、张坊、石楼等13个乡镇的37家生态园区。重点检查项目内容的完成情况；各项制度、总结及相关记录等。验收结果显示，多数园区材料齐备。2020年是房山区生态园区建设的收官之年。通过5年的生态园区建设，房山区生态园区的建设成效显著。2016—2020年，共创建127个生态农业园区（其中59个市级生态农业园区）。

【农民田间学校建设】年内，全区有田间学校56所（新建5所、续建51所），培训内容主要围绕房山区优势主导产业和特色产业发展，开展针对土壤消毒与养护、蔬菜常见病虫害防治、棚室消毒技术、食用菌菌棒制作等内容的培训。56所学校开展培训活动300余次，惠及农户5 800余人次。推广蔬菜、食用菌、大田作物、西甜瓜、小西瓜等新品种15个，推广越夏番茄栽培技术、设施蔬菜秸秆粉碎联合石灰氮土壤消毒等技术12项，推广全自动脉冲弥雾机、电动喷雾器等新装备3项，向学员免费发放蔬菜、食用菌、草莓等各种技术资料及示范推广的农资。

【农业废弃物回收利用工作】年内，区农业农村局开展农业废弃物回收利用工作。全年建立143个农业废弃物资源化利用回收点，涉及16个乡镇。废弃菌棒集中收储肥料化利用5万米^3，资源化利用玉米秸秆、景观作物秸秆、蔬菜尾菜等3.9万吨，利用麦田秸秆生物工程技术处理麦田秸秆4 000亩。开展地膜回收及农药包装废弃物回收处置工作。建立废弃地膜回收点120个，农药包装回收点68个，安装回收装置178套，已回收废旧地膜1万亩次、废弃农药包装袋（瓶）203万个。推广使用0.014毫米以上的标准地膜，初步建立地膜及农药包装废弃物回收处理机制，地膜和肥料包装袋的回收率达到90%，农药废弃包装物回收率达到90%，农膜回收率达到87%，并全部进行无害化处理。

【秸秆禁烧工作】年内，区农服中心制定《房山区秸秆禁烧宣传、巡查工作实施方案》，购买秸秆禁烧宣传物品和灭火设备，并发放至全区23个乡镇及各基层站所。开展宣传和“四进”活动，让“秸秆禁烧”成为广大农民群众的习惯意识。配合市级部门、区环保、区城管、林业等部门开展联合执法检查。全区“三夏”期间未发生焚烧秸秆现象。“三夏”期间，区农服中心组织相关人员到各乡镇、各村采取横幅、广播、发放秸秆禁烧宣传品及防火物资等形式对秸秆禁烧进行广泛宣传，发放灭火器500个、割灌机60台、铁锹400把、水管30盘、禁烧条幅200条、袖标200个、宣传T恤400件、宣传马甲300件、宣传水杯395个、宣传帽300顶。

【农产品质量安全工作】年内，农产品质量安全监管力度持续加大。签订《2020年房山区农产品质量安全行政监管责任书》，制定《房山区2020年试行食用农产品合格证制度实施方案》，压实属地责任及农产品生产者主体责任，23个乡镇（街道）均签订责任书，300家企业、种养户开具合格证2.5万张，附带合格证上市的农产品1 000吨。全面推进农业“三品一标”认证和标准化基地建设，区农服中心开展食用产品合格证制度试行工作。通过建立完善生产主体名录数据库、开展合格证制度宣传指导、探索建立三种合格证推进模式和实施网格化精准监管，发挥合格证制度的作用，督促种植养殖生产者落实农产品质量安全主体责任，探索出具有房山特色的合格证使用新模式。完成“三品”初次认证32家，其中无公害20家、绿色10家、有机2家，“三品”认证率达到75.7%；完成无公害便捷式复查换证118家；完成农产品地理标志登记1家。全区“菜篮子”产品“三品”认证覆盖率达到75.7%。支持15家企业开展GAP认证，提升农产品质量安全源头控制能力。完成认证检测、例行监测、风险监测和名特优新检测，累计抽检产品117个，监测合格率100%。完成8家全国农产品全程质量控制技术体系试点（CAQS-GAP）试点申报；完成6家全国生态环保优质农业投入品（肥料）应用试点申报并获得证书；完成2家全国农产品包装标识百佳典范试点申报；完成 2 个中国农业品牌目录农产品品牌申报；完成 2 个全国名特优新农产品名录收集登录并获得证书；开展农产品质量安全与营养健康科普体系建设，完成 2 个科普试验站和 8 个科普生产经营主体试点申报。开展农产品质量安全监测工作，检测农产品 3.4 万个，检测合格率 99%以上，从源头上保障群众“舌尖上的安全”。成功申报“上方山香椿”地理标志；新建市优级标准化基地 10 家，复查评优 16 家，新建全程特优标准化基地 1 家，标准化覆盖率从 39% 提高至 78.18%。严格农业转基因安全监管，杜绝转基因作物非法种植。

【农业综合执法工作】年内，区农业综合执法大队开展动物防疫检疫、兽医医政药政、农药、种子、渔政、肥料、农机、农产品质量安全监督执法检查，检查监管对象 6 765 家次，出动执法人员 15 383人次，立案 353 起（行刑衔接案件 6 起），其中简易程序 242 起，一般程序 111 起，办结案件 347 起，罚没金额 34 万元。

【动物及动物产品监督检查】年内，区农业综合执法大队共产地检疫动物 993.8 万头（只）；屠宰检疫畜禽 115 万头（只、羽），检疫动物产品 2.1 万吨。公路动物防疫监督检查站监督检查外埠进京运输动物及动物产品车辆 64 598 车次，动物 242.39 万头（只），动物产品 14.34 万吨。保障重大动植物疫情防控安全，开展动物强制免疫 814.8 万头（只、羽），指导性动物免疫 424.7 万头（只、羽）次，高致病性禽流感、口蹄疫等动物疫病监测 16.2 万份，流行病学调查涉及 4 306 个养殖场，完成流行病学调查报告 1 872 份；强化病死动物无害化处理监管，清运病死动物 6 198 头（只）、牛胎衣 226 个；开展非洲猪瘟防控工作，杜绝非洲猪瘟疫情死灰复燃。

【农药经营实现电子信息化监管】年内，区农业综合执法大队开展农药经营电子信息化监管系统建设项目，将区内 25 个农药经营门店纳入电子信息化监管平台，该项目采用电子数据或物联网技术全面支撑农药采购、库存、销售全链条执法监管。截至年底，全区 25 个门店设备全部安装到位并投入使用。房山区农药监管工作做到“生产有记录、信息可查询、流向可追踪、质量可追溯”，提高了农业执法信息化应用水平。

【兽药产品追溯管理工作获好评】年内，房山区兽药产品追溯管理工作获北京市农业农村局通报表扬。区农业综合执法大队规范兽药生产、经营企业追溯数据管理，对兽药生产、经营活动全面加强追溯管理工作力度。截至年底，辖区 14 家兽药生产和经营企业全部获得自己独有的 32 位 ID 码，实现二维码追溯系统安装、数据上传的全覆盖。

【增殖放流工作】年内，区农业综合执法大队完成全区 2020 年度增殖放流工作。房山区 2020 年度增殖放流水域为崇青水库、龙泉湖湿地 2 处水域，投放优质鲢鱼、鳙鱼、草鱼、青鱼、鲤鱼、鲫鱼苗种 2.15 万千克，成活率达到 99%以上。区农业综合执法大队负责放流苗种的检查、验收，确保放流苗种质量，对放流全程进行监督。

【制作安装非指定路口禁运动物及动物产品提示牌】年内，区农业综合执法大队在全区范围内，制作并安装 49 块非指定路口禁运动物及动物产品提示牌。根据房山区非指定路口分布情况以及发生违法现象高风险地点，49 块提示牌分散安装在 7 个乡镇，分别为韩村河镇 6 块、琉璃河镇 19 块、长沟镇 8 块、张坊镇 3 块、大石窝镇 11 块、十渡镇 1 块、蒲洼乡 1 块。

村镇建设

【概况】人居环境整治三年行动任务如期完成。围绕“清脏治乱增绿控污”，推动人居环境整治向“五边”延伸（村边、房边、路边、水边、田边），向农户庭院拓展，农村环境普遍达到干净、整洁、有序的要求，各项长效管护机制基本建立。第一批美丽乡村创建村全部开工，市级试点村大峪沟村成为北京市首个标准化“美丽乡村”、黄山店村被评为全国乡村治理示范村；第二批创建村按计划推进；第三批创建村规划全部通过区政府联审。实施“百村示范、千村整治”工程，清脏治乱增绿控污，农村地区无害化卫生户厕覆盖率达到 99.3%，665 座在账农村公厕全部完成品质提升改造。84 个非正规垃圾堆放点全部整治完成。实施 96 个村污水治理工程，新改建污水处理站 38 座，新建集中收集管线 252 千米，污水集中收集处理村庄覆盖率达到 50%以上。农村地区冬季取暖保障到位，完成 244 个村庄 12.9 万户农村“煤改清洁能源”改造，在未实施“煤改清洁能源”地区供应优质型煤。创建 11 个北京最美的乡村。堂上村被评为中国美丽休闲乡村，周口店镇黄山店村被评为中国最美休闲乡村，莲花庵村、堂上村被农业农村部评为中国美丽休闲乡村。

【美丽乡村公厕建设项目验收】6 月 10 日，区农业农村局与区财政局、区市政管理委、监理单位对房山区 2019—2020 年度美丽乡村公厕建设项目进行项目验收工作，实地查看青龙湖、阎村、城关、长阳、窦店、周口店 6 个乡镇 15 座公厕。被抽查的 15 座厕所，均符合卫生厕所标准。

【《房山区农村地区“煤改清洁能源”基础设施及取暖设备长效管护服务工作实施方案（试行）》印发】7 月 3 日，经区政府常务会审议通过并印发《房山区农村地区“煤改清洁能源”基础设施及取暖设备长效管护服务工作实施方案（试行）》，进一步明确区、镇、村、设备企业、用户在“煤改清洁能源”售后服务方面的职责，通过区级委托第三方服务机构，强化区级统筹协调服务职能；乡镇（街道）建立镇级长效管护工作机制，落实镇级主体服务责任；村委会设立村级协调管护员，建立村级管护队伍，进一步完善“煤改清洁能源”长效管护机制，形成区、镇、村三级联动的服务体系。

【2020 年农村地区冬季清洁取暖工作】8 月 26 日，房山区 2020 年农村地区冬季清洁取暖工作启动，区农业农村局制定《房山区 2020 年农村地区村庄冬季清洁取暖工作实施方案》，继续推进“煤改电”项目，继续实施优质型煤配送工作，并完善“煤改清洁能源”长效管护服务机制，全力推动农村地区清洁取暖工作。12 月 31 日，2020 年“煤改电”工程和优质型煤配送工作均完成。“煤改电”工程实施良乡镇、韩村河镇 6 个村 2 826 户，其中安装热水型空气源热泵 2 774 户、热风型空气源热泵 52 户，全部完成设备安装调试，设备正常使用。在未实施“煤改清洁能源”地区供应优质型煤，优质型煤配送工作涉及 17 个乡镇 158 个村和社区，配送优质型煤 3.75 万吨，均完成配送到户任务。

【堂上村入选 2020 年中国美丽休闲乡村】8 月 28 日，农业农村部乡村产业发展司发布 2020 年中国美丽休闲乡村名单。名单经地方推荐和专家审核，最终确定北京市门头沟区清水镇梁家庄村、北京市房山区霞云岭乡堂上村等 248 个村落为 2020 年中国美丽休闲乡村。

【房山区入选国家数字乡村试点地区名单】9 月 18 日，中央网信办信息化发展局发布《关于国家数字乡村试点地区名单的公示》通知。根据《关于开展国家数字乡村试点工作的通知》要求，中央网信办会同农业农村部、国家发展改革委、工业和信息化部、科技部、市场监管总局、国务院扶贫办等部门组织开展国家数字乡村试点工作。经组织推荐、专家评审及复核、七部门确定，房山区入选试点地区名单。

【2020 年美丽乡村创建村人居环境整治验收】9 月，市农业农村局组织第三方公司对 72 个房山区 2020 年美丽乡村创建村及 32 个城乡接合部地区的村进行人居环境整治验收，房山区涉及村庄全部通过验收。

【农村地区煤改清洁能源基础设施及取暖设备长效管护村级管护员培训】11 月 12 日，区农业农村局举办“房山区农村地区煤改清洁能源基础设施及取暖设备长效管护村级管护员培训班”，全区涉及煤改清洁能源的 18 个乡镇（街道）负责人、342 名村级协调管护员、区级第三方服务平台、各中标企业维修负责人共 400 余人参加培训。培训根据取暖设备的分类，分别开设“煤改电”和“煤改气”2 个专题培训班。通过培训，有效地提高了村级管护员业务水平以及在工作中分析、判断、处理取暖设备故障和解决小故障问题的能力，确保管护工作有效开展。

【人居环境整治三年行动收官验收】11 月，由市农业农村局组织第三方公司对房山区 2018—2020 年美丽乡村创建村的 383 个村进行人居环境整治三年行动收官验收。房山区涉及村庄全部通过验收，并在全市排名第九，年终绩效考核全市排名第六。

【传统村落挂牌保护工作】12 月 20 日和 28 日，房山区佛子庄乡黑龙关村，南窖乡水峪村、南窖村，蒲洼乡宝水村完成中国传统村落挂牌保护工作。

【农村人居环境整治】年内，坚持疫情防控和环境整治两手抓，推动人居环境整治范围向村外周边延伸，向农户庭院延伸。人居环境整治工作专班及区级第三方公司，采取日常检查和定期抽查的方式，对全区 383 个村进行巡查督导。区农业农村局与区商务局、区市场监督管理局研究，将全区 8 个农村大集纳入全区农村人居环境整治、检查考核范围，参照市级农村人居环境整治考核验收标准，制定大集环境整治方案，确保市场周边环境秩序整洁有序。完善农村人居环境整治长效管护机制。针对长效管护机制落实不到位问题，将管护机制落实情况纳入乡村振兴考核范围，考核结果与拨付管护经费挂钩，对管护效果不好的核减管护经费，指导镇村制定可操作、易实施的长效管护机制细则。同时指导镇村将垃圾分类、人居环境整治等内容纳入村规民约，约束村民的行为，培养村民良好习惯。开展“美丽庭院示范户”创建活动，截至年底，完成创建 4 200 户。

【美丽乡村基础设施管护】年内，区新农村办根据美丽乡村基础设施管护台账数据，完成对 2018 年度全区 23 个乡镇美丽乡村基础设施运维管护资金的清算，拨付清算资金 8 936.88 万元。同时核算并预拨 2020 年度一至三季度美丽乡村基础设施运维管护资金 21 056.56 万元。按照《房山区农村基础设施长效管护办法》，完成 2019 年度美丽乡村基础设施行业考核工作。完成 2019 年度财政绩效评价工作，实地抽查 150 余个村庄的基础设施管护工作开展情况，得分为 73.28 分，成绩为合格。组织开展并完成 2020 年上半年美丽乡村基础设施行业考核工作。

【美丽乡村建设】年内，区农业农村局继续推进美丽乡村建设。2018 年度美丽乡村创建村中，120 个村庄开工建设，19 个乡镇施工进度过半，21 个村庄建设完成，其中市级试点村大峪沟村成为北京市首个标准化美丽乡村、黄山店村被评为全国乡村治理示范村。2019 年度 151 个创建村实施方案初稿全部编制完成，110 个村实施方案通过部门联审，通过率 72.8%。2020 年度 68 个美丽乡村，除涉及 7 个棚改和拆迁村外，其余全部完成规划编制初稿。大石窝镇、周口店镇 2 个示范片区内 2018 年度创建村有 7 个启动项目建设，1 个建设完成（黄山店），6 个村庄工程进度过半；2019 年度 7 个创建村挂网招标。出台《房山区城乡接合部地区村庄整治实施方案》，制定一村一策，分类施策，32 个城乡接合部地区村庄有 6 个村庄全部完成整治任务。协调推进“厕所革命”，农村户厕改造完成 6 563户（任务数 3 178 户），农村地区无害化卫生户厕覆盖率达到 99.3%；全区在账农村公厕，全部完成品质提升改造。加强农村基础设施管护，完成 2020 年上半年美丽乡村基础设施行业考核。加快推进“两气一室”设施拆除，48 座“两气”工程和 60 座太阳能浴室集热器设施全部拆除。完善《水峪村保护修缮方案》，做好水峪村传统村落保护修缮试点开工前准备工作，促进项目落地。

农村经营管理

【概况】2020 年，以加强农村集体资金、资产、资源管理为重点，全面提升农村经营管理工作水平。编印《房山区农村土地承包经营权确权登记颁证工作政策解答》，完成农村土地承包经营权证书发放工作，涉及 366 个村 34.38 万亩土地，发证书 8.83 万户，发证率 99.9%，获国家级表彰。规范农村集体经济合同文本。指导 23 个乡镇（街道）开展农村集体经济合同清查，清查农村集体经济合同 13 954 份。同时，加强对石楼镇石楼村猪场、城关街道红酒小镇等区内重大项目合同指导，保证重大项目的推进。全面实施“村地区管”，印发《关于进一步规范村级集体土地经营管理工作的试行办法》，落实联席会议工作职责，收到 8 个乡镇（街道）21 个村出租申请 101 份，对 96 份进行审核，审核通过 66 份，5 份正在征求意见。研究制定《房山区农村宅基地及房屋建设管理办法（试行）》，加强农村宅基地及房屋建设管理。完成 1.2 万户 1 610.7公顷农村土地家庭承包合同和 1.6 万份农村集体经济合同清查整改。探索乡镇级集体产权制度改革经验，指导长阳镇完成乡镇级产权制度改革推演试点工作。指导 12 个试点村通过发展产业、培育经济增长点、规范经营实体等举措，集体经营性收入均超过 10 万元。开展集体经济薄弱村摸底调查，并确定 40 个消除集体经济薄弱村名单。培育创建市级、区级农民专业合作社示范社，指导示范社及时进行盈余返还。农村固定观察点获全国“县级优秀主管部门”。完成村“两委”主要负责人、农村集体经济组织主要负责人经济责任审计和村级公益事业专项补助资金专项审计，未发现违规使用资金现象。

【2019 年全国农村固定观察点专项调查】1 月 15 日，区经管站对 40 户记账户情况及村基本情况进行全年专项调查，涉及报表 600 多张，对采集数据进行审核并录入到农业农村部固定观察点系统中。

【全面实施“村地区管”】4 月 13 日，抓好规自领域问题整改，全面实施“村地区管”，以房山区委农村工作领导小组办公室的名义下发《关于进一步规范村级集体土地经营管理工作的试行办法》，全面实施“村地区管”。全区农村集体农用地、经营性建设用地和房屋资产，按照不同权限分别由乡镇和区级进行审批审核。通过审核关口前移，强化村级集体土地经营管理，规范村级资产经营行为，有效避免农村集体土地上的违法建设和违规经营行为，保证农村经济健康发展环境，保护农民和村集体的合法权益。

【“三资”监管检查】 4月14日，区经管站成立4个检查组，利用两周时间对23个乡镇（街道）和70个村的“三资”监管有关问题整改落实情况进行实地检查。通过实地检查、查阅资料等方式，全面核实相关乡镇（街道）的整改落实情况。在检查整改问题的同时，督促相关乡镇（街道）举一反三、查找根源、健全制度、堵塞漏洞。完成农村集体资产年度清查，制发《房山区农村集体经济组织投资管理办法》，强化农村集体经济组织对所属企业的管理。

【三层及以上农宅治理完成】 5月31日，区经管站完成全区农村三层及以上农宅整治工作和农村新建、改建、扩建住宅情况调查统计。涉及7个乡镇29个村381处三层及以上农宅。

【农村土地家庭承包合同清理整改】 6月4日，区经管站开展农村土地家庭承包合同清理整改工作，重点对1998—2004年开展二轮土地承包确权、但未开展2015—2018年土地确权登记颁证的乡镇（街道）、村，村集体经济组织与农户签订的家庭承包合同进行清理整改，涉及14个乡镇77个村1.2万户承包的1 610.7公顷土地。

【规范农村集体经济合同文本】 6月24日，区经管站起草、完善涉农10套经济合同示范文本，包括农村家庭土地承包经营合同、农村土地经营权流转合同、农村土地经营权确权确利合同、农村土地承包（租赁）经营合同、农村果园承包（租赁）经营合同、农村荒山承包（租赁）经营合同、农村养殖承包（租赁）合同、农村集体资产租赁经营合同、农村集体建设用地租赁合同和农宅租赁合同。要求在全区范围内凡乡、村两级集体经济组织发包土地或出租集体资产的，一律使用规范合同文本，进一步强化农村集体土地及涉地资产的经济合同管理。

【《房山区农村集体经济组织投资管理办法》通过区委常委会审议】 7月16日，八届区委第192次常委会审议通过《房山区农村集体经济组织投资管理办法》，进一步加强农村集体企业备案，强化农村集体经济组织对所属企业的管理。《办法》共六章二十八条，内容包括总则、投资经营实体的决策程序、投资经营实体的经营管理、投资经营实体的集体资产监管、工作责任及附则。

【健全农村集体企业备案制度】 8月5日，为加强农村集体经济组织对所属企业的管理，在排查摸底并逐一备案农村集体企业工作的基础上，区经管站制发《关于进一步加强农村集体企业备案工作的通知》。要求各乡镇（街道）加大排查力度，组织各村集体经济组织进一步摸清集体企业情况，按月上报集体企业备案登记情况。针对正常经营、关停、项目变更、新增或减少的企业，要求分别补充章程、合同或协议、变更和注销证明材料等内容。扩充企业类型、经营方式等内容，确保备案信息登记指标口径一致。

【扶持壮大村级集体经济扶持资金使用情况验收工作】 9月17—25日，区经管站对2020年扶持壮大村级集体经济的20个村进行扶持资金使用情况验收。9月30日，区经管站组织召开扶持壮大村级集体经济扶持资金使用情况验收工作总结会。相关乡镇负责扶持壮大村级集体经济工作的科长及监管服务中心主任参会。会议主要通报验收结果，对验收工作提出进一步要求。

【周庄合作社跻身全国500强】 9月26日，《农民日报》发布2020年全国农民合作社500强排行榜。房山区周庄蔬菜种植专业合作社榜上有名。该次活动有26个省区市参加评选，综合采用合作社2017、2018、2019年相关数据，按照新型农业经营主体评价体系进行加权计算得到，最终北京有14家合作社上榜，周庄蔬菜种植专业合作社是房山区唯一一家上榜合作社。

【农村土地承包经营权确权颁证工作获国家级表彰】 10月19日，中央农村工作领导小组办公室、农业农村部通报表彰全国农村承包地确权登记颁证工作典型地区，房山区获全市唯一一家全国农村承包地确权登记颁证工作典型地区。

【家庭农场名录初步创立】 11月27日，经统计全区有家庭农场178家，家庭农场名录初步创立。

【第十八届中国国际农产品交易会参展工作】 11月27—30日，由农业农村部、重庆市人民政府共同主办的第十八届中国国际农产品交易会在重庆国际博览中心举办。房山区参展的4个品牌50余款特色农产品，包括非物质文化遗产“京一根”无明矾老手艺粉条、国家地理标志保护产品“上方山香椿”等。

【大石窝镇辛庄村入选第十批全国“一村一品”示范村镇名单】 12月1日，农业农村部发布《第十批全国“一村一品”示范村镇名单》，全国有 423 个村镇入选，大石窝镇辛庄村名列其中。截至年底，全区有 10 个全国“一村一品”示范村镇。

【获评“全国农村固定观察点县级优秀主管部门”】 12 月 2 日，中央政策研究室、农业农村部全国农村固定观察点办公室下发《关于表扬全国农村固定观察点优秀主管部门、先进观察点村、模范调查员等的通知》，因房山区工作措施完善、成绩突出，房山区农业农村局被全国农村固定观察点办公室评为“县级优秀主管部门”，是北京市唯一一家获奖单位。

【《房山区农村宅基地及房屋建设管理办法（试行）》通过区政府常务会审议】 12 月 17 日，八届区政府第 92 次常务会议审议通过《房山区农村宅基地及房屋建设管理办法（试行）》。该办法有九章三十五条，主要内容包括：总则、规划管控、宅基地申请资格和条件、宅基地申请审批流程、农村住宅建设管理、建立宅基地有偿流转机制、加强闲置宅基地及住宅盘活利用、组织保障、附则等内容。

【农业农村大数据项目战略合作签订框架协议】 12 月 22 日，区农业农村局与北京中农信达信息技术有限公司签订农业农村大数据战略合作协议，整合全区各类涉农信息化系统，建设房山区农业农村大数据平台，加速实现房山农村、农业要素数字化，构建现代化的乡村治理、农业社会化服务、农村科技金融服务和农业农村数据运营服务新体系。

【农村集体经济合同清查整改完成】 12 月 22 日，23 个乡镇 458 个村的农村集体经济合同清查整改工作完成。清查集体经济经济合同 1.4 万份，并对清查发现的问题进行整改，问题合同整改比例达到 99%以上，整改比例超过市农业农村局 95%的要求。

【扶持壮大村级集体经济试点工作目标任务完成】 年底，房山区扶持壮大村级集体经济试点工作目标任务完成。12 个试点村集体经营性收入均超过 10 万元。2019 年 6 月，全区选取 9 个乡镇 12 个试点村开展扶持壮大集体经济试点工作。通过深入调研发现问题、指导解决问题、完善内部管理机制、规范收益分配程序等工作措施，理顺村集体与企业之间的关系，明确资产产权归属，完善会计核算体系，增加集体经营性收入。

【农村集体土地和资产管理工作】 年内，按照村级申报、乡镇审核、征求相关部门意见、区政府专题会审核，履行“三资”监管程序及办理相关手续的工作程序，区经管站收到 8 个乡镇（街道）21 个村出租申请 101 份，对 96 份进行审核，审核通过 66 份，5 份正在征求意见，进一步强化农村集体土地和资产管理。

农村民生

【概况】 2020 年，全区所有低收入农户（涉及4 306 户 8 775 人）人均可支配收入实现 17 012 元，增速达 15.5%，均超过 11 160 元标准线，且均高于 13 000元。其中 13 000 元（含）至 14 000 元的有 302 户，占 7%；14 000 元（含）至 15 000 元的有 275 户，占比 6.4%；15 000 元（含）以上的有 3 729户，占 86.6%。房山区低收入农户实现全部脱低，低收入村全部消除。实施 2020 年低收入产业帮扶项目 13 个，开工率 100%，2 个完工，主要建设内容包括民宿改造、种植巩固提升和后期管护。通过产业扶持，打造一批种植、观光、休闲产业基地，增加低收入村的收入。促进低收入农户就业增收，综合岗累计安置低收入农户 6 286 人上岗，城市公共服务岗累计安置低收入农户劳动力 188 人。有 1 451 户低收入农户纳入社会救助范围。完成 1 079 户低收入农户危房改造。对 7 705 名低收入农户城乡基本医疗保险个人出资部分进行全额补贴。启动第三批“首都新阶层 · 千人助学计划”和“大学新生帮扶计划”，帮扶低收入农户学生 134 名。针对 35 个低收入村，建立“五个一”（一个区领导、一个区直单位、一个帮扶企业、一个包村干部、一个第一书记）联合帮扶机制，既帮村又帮户。同时，与丰台区、市管国企、市属高校进行帮扶对接，帮扶单位、帮扶企业累计到村 794 次，帮扶学生 270 名，慰问农户 7 125 户，提供就业岗位 769 个。

【2019 年低收入农户动态监测完成】 1—3 月，区经管站聘请第三方公司对 2019 年全区低收入农户的收入、人员变动等情况进行走访入户调查，涉及 4 415户 9 105 人。

【低收入农户排查】 4 月 23 日，区经管站开展低收入农户排查工作。组织各乡镇（街道）对 4 415 户低收入农户进行摸排，针对 532 户标准线边缘户、返低风险户建立台账，制定一户一策帮扶措施，及时给予精准帮扶。

【低收入帮扶评估检查】 5 月 10 日，区经管站开展低收入帮扶评估检查工作。评估检查重点为：2019年低收入农户家庭人均可支配收入；2016—2020年低收入产业帮扶项目以及就业帮扶、生态建设帮扶、社保兜底帮扶、社会力量帮扶等工作。

【2020年农民负担执法检查】 7—10月，区经管站开展农民负担执法检查工作。经查，全区总体情况良好，未发现违纪违法的现象，房山区农民负担管理工作步入规范化轨道，达到机构、措施、制度落实到位。

【2020年低收入农户动态监测入户调查】 11月9日，区经管站聘请第三方公司开展低收入农户动态监测入户调查。通过入户走访、实地调查、问卷调查等方式，对低收入农户的家庭基本信息和2020年家庭收入情况进行核查，确保数据的真实性和严谨性。

基层组织与民主政治建设

【提高党支部标准化规范化建设水平】 7月13日，印发《关于进一步抓好党支部工作条例落实的通知》，分领域推动各级党委（党组）书记和班子成员建立基层党支部联系点398个，基本覆盖各个领域。7月28日，印发《关于开展党支部工作法试点工作的通知》《关于开展党支部工作法试点工作的方案》，选取各领域21个基层党组织推荐作为市级试点，进行重点指导推进。

【做实党建工作协调委员会】 9月4日，印发《关于集中召开1次党建工作协调委员会会议的通知》，指导推动28个街乡、620个社区村分别召开党建工作协调委员会会议。

【农村发展党员违规违纪问题排查整顿工作】 8月起，以石楼镇党委为试点，开展排查整顿农村发展党员违规违纪问题工作。共排查260人，其中5人予以警告处分，1人重新履行入党程序，12名相关责任人给予批评教育，2人给予谈话提醒。

【摸排统计全区党群服务中心（站点）情况】 10月，对全区已建成的党群服务中心、党群服务站点情况进行摸排统计。截至2020年12月底，全区建成党群服务中心22个，其中，区级1个、街乡20个、园区1个；建成党群服务站点341个，其中，商务楼宇5个（含中心）、村（社区）287个、企业49个。

【村“两委”主要负责人经济责任审计完成】 12月29日，23个乡镇（街道）459个行政村完成村“两委”主要负责人任期经济责任审计。对现任村“两委”主要负责人、农村集体经济组织主要负责人，任期内的财务收支、债权债务情况等9项内容进行审计。审计中未发现重大经济问题。

【加强干部实践锻炼】 年内，坚决落实脱贫攻坚选派干部人才帮扶工作要求，有计划培养锻炼干部，共选派6名年轻干部参与对口帮扶工作，7名干部到丰台区跟岗锻炼。

【举办京保扶贫协作涞水县扶贫干部培训班】 9月25—29日，举办京保扶贫协作涞水县扶贫干部培训班，共培训涞水县正副科级年轻干部50人。

【实施“基层干部素质提升行动计划”】 在全区23个乡镇街道开展“基层干部素质提升行动计划”。指导各乡镇结合实际制定学习计划，通过分组研讨、课题调研、在线学习、个人自学等多种形式提升乡镇干部素质能力，形成了大规模、多层次、多渠道、覆盖广的干部教育培训工作新格局。

“三农”工作部署和实施

【概况】 房山区切实发挥区委农村工作领导小组牵头把总、统筹协调、推动落实作用，履行领导“三农”工作、谋划“三农”发展、推进乡村振兴重大责任。区委农办落实明责、督促、考核职能，不断完善体制机制，印发了《房山区关于抓好“三农”领域重点任务确保如期高质量实现全面小康的工作措施》《房山区关于加强和改进乡村治理的实施意见》《房山区2020年乡镇（街道）党政领导班子和领导干部推进乡村振兴战略实绩考核评分表》等系列文件，为确保如期实现全面小康目标提供方向指引和目标遵循。同时，对各乡镇（街道）2019年推进乡村振兴战略情况进行了年度考核，督促激励各乡镇（街道）在2020年推进乡村振兴战略的过程中再接再厉、奋勇争先。

【区委农村工作领导小组召开2020年第一次全体会议】 4月3日，区委农村工作领导小组召开2020年第一次全体会议，传达了市委农村工作领导小组2020年第一次会议精神，听取了区委农村工作领导小组2019年工作完成情况汇报，审议了《区委农村工作领导小组2020年工作要点》《关于调整区委农村工作领导小组组成人员的建议》《关于进一步规范村级集体土地经营管理工作的试行办法》，讨论了《房山区乡镇级集体产权制度改革工作方案》。

【贯彻落实全市农村工作会议精神】 4月15日，召开了全市农村工作电视电话会议，房山区设立了分会场。会后，房山区由区委副书记、区长郭延红主持会议，在区政府426会议室组织调度相关单位和乡镇，并采取设立4个分会场的形式，对市农村工作会会议精神进行传达贯彻，结合房山区面临的发展形势，就统筹抓好新冠肺炎疫情防控和推进乡村振兴战略、加快农业农村发展，做出再动员、再部署。

【召开房山区推进乡村振兴战略实绩考核工作协调会】 12月18日，区委农村工作领导小组办公室召开房山区推进乡村振兴战略实绩考核工作协调会，安排做好2020年市对涉农区党政领导班子和领导干部推进乡村振兴战略实绩考核工作，以及房山区对乡镇（街道）党政领导班子和领导干部推进乡村振兴战略实绩考核工作。

房山区领导名录

区委书记	陈　清
副书记	郭延红（女） 刘学亮（5月任）
常委	刘学亮（5月任）　唐海蛟 郝恭平（5月免）　李　威 魏广勋（11月免）　吕晨飞 王明哲　李祥成（5月任）
区人大常委会主任	孙　强
副主任	赵　军　郭志族　任正宽 孔庆远　周　蕾（女）
区政协主席	张祝华（1月免） 刘　兵（1月任）
常务副主席	吕守军
副主席	赵永祥　于英虎（1月任） 谢宝元　刘　琼（女） 王　擎（女）
区长	郭延红（女）
副区长	吕晨飞　李宝虎 齐文东（1月免） 于吉顺（8月免） 王永年　高武军 李光明（8月任） 王　丰（4月任，挂职） 周同伟（11月任）
区委农工委书记、区农业农村局局长	方玉祥（满族）

房山区乡镇（街道）党政正职领导人

	党（工）委书记	乡（镇）长、主任
燕山办事处	李光明	李光明
城关街道办事处	王　耕	苗　松
西潞街道办事处	李　军	钟棉棉(女,畲族)
拱辰街道办事处	杨海峰	米忠诚(回族)
新镇街道办事处	王广健(5月免)	王广健(5月免)
良乡地区办事处、良乡镇	黄　莹(女)	刘海雨(1月任)
周口店地区办事处、周口店镇	张福利	毕　胜
琉璃河地区办事处琉璃河镇	韩继华	高晓坤(4月免) 苏震宇(4月任)
窦店镇	李冠华	李立奎
石楼镇	焦迎彦(女)	仉立民
长沟镇	刘金辉	高运华(8月免) 王大宝(8月任)
张坊镇	樊宗军(10月免) 王文路(12月任)	王文路
十渡镇	游向荣(女,12月免) 梁义国(12月任)	梁义国(12月免) 于云飞(12月任)
河北镇	王春年(4月免) 刘学军(4月任)	刘学军(9月免) 吕言飞(9月任)
大石窝镇	曹燕杰	朱华俊
阎村镇	张　杰(12月免) 栗鹏程(12月任)	栗鹏程
韩村河镇	薛满德(7月免) 高运华(7月任)	邵志杰(满族,1月免) 杨　勇(1月任)
青龙湖镇	刘松华	邱　刚
长阳镇	王永民	张　博
佛子庄乡	隗合庆	曹立全
大安山乡	余　涛(回族)	石宝军(女)
南窖乡	王化占	张喜利
史家营乡	汤连成	陈峰岩
霞云岭乡	杨叶辉	卢晓利
蒲洼乡	刘　芳(女)	倪　旺

（房山区农业农村局　赵兴涛）

通州区

综述

通州区位于北京市东南部，京杭大运河北端。东西宽36.5千米，南北长48千米，面积905.95千米^2。西邻朝阳区、大兴区，北与顺义区接壤，东隔潮白河与河北省三河市、大厂回族自治县、香河县相连，南和天津市武清区、河北省廊坊市安次区交界。全区地处永定河、潮白河洪冲积平原，地势平坦，平均海拔高程20米，分布13条河流，总长245.3千米，主要河流有北运河、潮白河、凉水河、凤港减河。气候属暖温带大陆性半湿润季风气候区，年平均气温12.7℃、降水437.5毫米。辖10个镇、1个回族乡、11个街道（2020年新成立文景、杨庄、九棵树、潞邑、临河里5个街道）。截至年底，全区常住人口167.5万人，其中常住外来人口64.6万人。常住人口中，城镇人口118万人。全区户籍人口82万人，比上年增长1.5%。其中农业人口25.7万人，占户籍总数31.3%；非农业人口56.3万人，占户籍总数68.7%。户籍人口出生率9.05‰、死亡率6.65‰。

2020年，地区生产总值1 103亿元，比上年增长3.4%。其中一二三产业增加值分别为13亿元、410.5亿元和679.5亿元，分别比上年增长2.3%、−3.1%和7.8%。三次产业结构为1.2∶37.2∶61.6。一般公共预算收入78.7亿元，比上年下降11.3%；税收总额278.2亿元，比上年下降7.4%。全社会固定资产投资（不含农户）比上年增长8.7%。实现社会消费品零售总额529.3亿元，比上年下降10.4%。全区居民人均可支配收入45 845元，比上年增长3.7%。金融机构人民币各项存款余额5 711.3亿元，比上年增加2 072.9亿元。

【北京城市副中心建设】 强化副中心控规的引领作用，拓展区规划和12个组团深化方案形成成果，文化旅游区、张家湾古镇、南大街规划综合实施方案编制完成，在全市率先实现区、镇、村三级规划体系全覆盖。充分利用副中心党工委管委会体制机制优势，388项重点工程建设按期推进。城市绿心森林公园正式开园迎客，广渠路东延地下道路建成通车，环球主题公园（一期）基本完工。持续加强与雄安新区沟通对接，在规划编制、产业发展、人才交流等方面的合作更加紧密。深入落实“四统一”要求，扎实推进与廊坊北三县联动发展。加强生态环境共保联治，潮白河森林生态景观带建设完成。围绕功能互补、产业协同，养老、教育等项目进一步向北三县延伸。

充分发挥市区两级产业提升工作专班作用，持续深化合作对接机制，新引进高精尖企业207家，新设立亿元以上企业186家，新设市场主体1.7万余家，增长量居全市第三，注册资金额增速居全市第一。三峡集团下属15家二三级子公司、首旅集团、华夏理财等一批央企、市属国企迁入副中心。全国首家外商独资货币经纪公司上田八木、首家公募基金管理公司汇泉基金等一批市场化金融机构实现落户。中国（北京）自由贸易示范区国际商务服务片区正式挂牌，运河商务区、张家湾设计小镇10.87千米^{2}纳入片区发展，绿色金融、财富管理、总部企业加速集聚运河商务区，北京国际设计周永久会址落户张家湾设计小镇。国家服务业扩大开放综合示范区形成政银合作“企业登记直通车”等9项制度创新，其中新建楼宇项目住所证明新方式入选商务部最佳实践案例，向全国复制推广。文化旅游区智慧园区建设加快推进，外企服务集团等一批头部专业机构进驻人力资源服务产业园，国家网络安全产业园（通州园）正式开园。“政策通”企业服务平台正式上线，“城市会客厅”选址世界侨商中心。制定包容审慎执法清单2.0版，加快建设有序宽松的市场环境。深入落实纾困惠企政策，协助企业办理各类贷款1 046亿元，减免商业房租1.7亿元。在全市营商环境评价中，企业满意度居全市第一。

全年拆除违法建设479万米^2，腾退土地695公顷，均居全市第一。实施“留白增绿”351公顷，占道经营整治160个，疏解一般制造业、棚户区改造等工作超额完成年度任务。开墙打洞、群租房等专项整治保持动态清零。新建提升各类生活性服务业网点147个，城市社区网点覆盖率达到100%。扎实推进老城双修，南大街历史片区启动入户登记，第一个社区级家园中心（中仓）实现主体结构竣工。32 条背街小巷完成整治提升，15 个老旧小区改造加快实施，首个引入社会资本参与老旧小区建设项目投入运营，“三庙一塔”等重点区域周边环境整治全面完成。

“城市大脑”平台完成环境卫生、交通违法等 14 个子系统的全面接入，人工智能管理中枢作用逐步显现。城市副中心“数字孪生城市”系统投入使用，在全市率先实现地上城市部件、地下管线“一张图”管理。全区信号灯完成升级改造，副中心主要道路通行能力持续提升。完成 162 条道路路灯智能化改造，5G 基站建设实现重要区域全覆盖。推动垃圾分类与垃圾消纳、资源化处理有机衔接，厨余垃圾分出率、生活垃圾减量率、分类设施达标率、桶站值守率显著提升。建立覆盖全区的 463 个物业管理单元，业委会（物管会）组建率、物业服务覆盖率、党组织工作覆盖率持续提升，提前完成全年任务。深入推进 141 个“七有”“五性”提升行动计划重点项目，全面实施 203 个“小微项目惠民生”工程，切实推动“接诉即办”向“未诉先办”转变。

国家安全发展示范城市 113 项创建任务基本完成。47 名挂职干部、专业技术人才、医护人员、教师奔赴一线扶贫，126 个援助项目全部开工，6 645名贫困人口实现就业。持续巩固脱贫成果，实现脱贫摘帽“三不减、四不摘”。大气四项主要污染物浓度创历史新低，PM2.5 累计浓度 37 微克/米^3，改善率居全市第一。空气优良天数 232 天，同比增加 29 天。全区 9 个国市控出境考核断面水质均达Ⅴ类及以上，27 个乡镇跨界断面水质持续改善。海绵城市建设 24 项工程完工，城市雨洪韧性进一步增强。

首师大附中、景山学校通州校区主体结构完工。北京学校小学部、北京五幼副中心园等一批学校开学招生，新增学位 8 360 个。全力打造大运河国家 5A 级文化旅游景区，举办城市绿心森林公园半程马拉松。全面开启大运河灯光秀，东郎电影创意产业园成为北京市首批十大深夜食堂特色餐饮街区。建设筹集各类政策性住房 8 590 套，全区低保、低收入家庭，大病、重残家庭住房保障率居全市第一。完成一批乡镇养老院改造提升和养老驿站建设。建成 13 处精品示范景观区，张家湾公园（三期）等 22 项重点工程加快实施，环城绿色休闲游憩环逐渐闭环。建成凉水河、小中河等绿道 100 余千米，“四廊六环”绿道网络体系更加完善。

城乡融合发展

【概况】 2020 年，集中开展整秩序、优环境、强服务等系列工作，强化科技支撑，整治农村人居环境，为疫情防控保驾护航，做到疫情防控、环境整治双推进、双见效。年底，通过农村人居环境整治三年行动收官验收，近百个美丽乡村创建通过市级验收，乡村振兴示范村创建通过全市阶段性评估，城乡环境更加整洁美丽，居民生活更加舒适便捷。

【疏解整治促提升工作】 2020 年，坚持疏解整治与优化提升同步发力，“疏整促”专项行动顺利收官。拆除违法建设 479 万米^2，腾退土地 695 公顷，均居全市第一。实施“留白增绿”351 公顷，占道经营整治 160 个，疏解一般制造业、棚户区改造等工作超额完成年度任务。开墙打洞、群租房等专项整治保持动态清零。以增强群众获得感为着力点，新建提升各类生活性服务业网点 147 个，城市社区网点覆盖率达到 100%。

【美丽乡村建设工作】 2020 年，影响农村环境多年的顽疾实现彻底治理，农村几十年来累积形成的脏乱差面貌得到极大改观，百姓的生活习惯也发生转变。完成全区 344 个村庄的规划编制工作，同步完成一批村庄的建设实施方案编制工作。启动一批村庄的基础设施建设工作，在统筹推进村庄“补短板”基础设施工程的基础上，结合地区发展实际和百姓需求，在全市首创“一事一议”项目及“小微工程”项目分类管理、分类实施，“一揽子”解决百姓身边的难题。针对美丽乡村建设项目面积大、项目散、推进慢等特点，创新项目管理“四统一”模式，对手续办理、造价咨询、质量把控、资金安全等工作全方位把控。按照市里提出的鼓励创新、长远考虑、集中打造的原则，在于家务、西集、永乐店 3 个乡镇中确定 16 个市级示范村庄，划分 3 个示范创建片区，各片区正在以产业兴旺、生态宜居、乡风文明、治理有效、生活富裕为创建目标，结合实际、因地制宜、分类实施、集中连片地打造培育示范典型，部分村庄在环境建设、村容村貌提升、乡风文明、基础设施配套、产业发展等方面初步形成示范效果，为全区其他村庄提供可推广、可借鉴的示范样本。

【城乡环境综合治理】2020年，围绕占道经营、无照经营、非法运营、非法小广告、无障碍环境建设、大气污染防治等问题开展专项执法，切实提升环境综合治理水平。160处占道经营市级挂账重点点位按时完成销账，2018—2020年全区582处市级占道经营重点点位全部完成销账，并实现动态清零。处罚影响街面环境秩序问题2 407起，罚款96.67万元；处罚违规运输车辆2 593起，罚款319.81万元；处罚违规施工问题1 178起，罚款2 116.11万元。

农村经济发展

【概况】2020年，全区上下坚持以乡村振兴战略落实为抓手，对标对表市农业农村局对“三农”领域提出的各项工作要求，扎实推进各项工作的落实。保障“菜篮子”有效供给。加快恢复农业产能，实现“菜篮子”稳产保供目标。农产品质量安全持续向好。完成国家农产品质量安全县创建迎检验收工作。发展富民农业产业，融合发展迈上新台阶。高定位推动农业产业转型升级。2020年全区农村集体经济总收入18.81亿元；镇村两级集体资产总额为550.36亿元，所有者权益总额为216.72亿元。全区实现农林牧渔业现价总产值30.8亿元，比上年增长1.8%。其中农业产值13.1亿元，比上年增长31.7%；林业产值14.6亿元，比上年增长5.4%；牧业产值2.1亿元，比上年下降57.5%；渔业产值0.9亿元，比上年下降28%。设施农业收入8亿元，比上年增长27.5%。设施农业实际利用面积1 658.5公顷，比上年增长16.1%。其中温室占地面积919.8公顷，比上年增长1.3%；大棚占地面积696.4公顷，比上年增长45.9%；中小棚占地面积42.3公顷，比上年下降1.4%。

【完善“三资”监管信息系统】不断完善“三资”监管信息系统，实现对农村集体“三资”的全方位管理。2020年，信息系统监管村级大额资金使用16 917笔，金额201.84亿元，否决不合理资金使用760笔，金额20.67亿元；监管资产处置226笔，否决不合理资产处置16笔；监管资产购置944笔，否决不合理资产购置63笔；监管经济合同签订2 771份，否决不合理经济合同89份；监管土地流转申请241次，否决不合理土地流转合同20份，涉及耕地面积1 763.8亩。

【“三夏三秋”工作】2020年，制定“三夏三秋”工作意见，对“三夏三秋”工作进行安排和部署，成立“三夏三秋”工作协调小组，制定并下发冬小麦、夏玉米生产技术规程和植保工作意见。做好收、种、管情况调查及各项技术服务工作，建立“三夏三秋”工作情况通报制度和各种自然灾害调查统计上报工作机制，及时沟通情况，解决“三夏三秋”期间各种技术问题，完成“三夏三秋”各项工作。全区秋播冬小麦面积1 0137.6亩。

【粮食及其他作物种植】2020年，全年粮食种植面积40 041.9亩，比上年增加1 213.3亩，总产17 048.7吨，比上年增加819.5吨。其中夏粮种植面积10 137.6亩，比上年减少822.6亩；总产3 855.3吨，比上年减少193.4吨。秋粮种植面积29 904.3亩，比上年增加2 035.9亩；总产13 193.4吨，比上年增加1 012.9吨；其中玉米种植面积28 285.6亩，比上年增加1 326.9亩；总产12 524.7吨，比上年增加617.6吨。大豆种植面积557.3亩，总产99.7吨。薯类种植面积1 054.4亩，总产568.1吨。小麦、玉米种植面积、总产量与上年相比均有较大幅度变化。

【扶持壮大村级集体经济试点工作】2020年，在继续扶持8个试点村的基础上，从2018—2019年集体经营性收入低于10万元的村中遴选15个作为经济发展村开展扶持工作。拨付中央、区级财政扶持资金350万元，指导各项目村因地制宜、政策集成，利用各类资金资产资源，探索多种发展路径，以发展林下经济、设施农业、光伏发电、乡村旅游等产业项目发展集体经济。2020年23个项目村集体经营性收入稳步增长，总经营性收入为1 317.17万元，同比增长116.67%，增收任务顺利完成。

【新型农机技术推广】2020年，逐步加大新型农机的推广，进一步优化农机装备结构，为设施农业建设提供保障。深入了解农民对农机服务的需求，引进适应农业生产的农机新技术、新机具。逐步增加中小型机械、高科技含量机械、复合作业机械，逐步淘汰不适应农业需要的机具，引导农民购买使用效益较好的高端复式作业机具，降低农民的劳动强度，提高农业生产效率。区农机中心联合农机学校，坚持服务大局、服务“三农”的宗旨，采取主动送教下乡的方式对全区农机驾驶操作人员进行系统的培训和考试，培训内容包括农机生产法律法规、农机驾驶操作知识、农机使用维护和保养、安全作业常识等。

【**都市现代农业**】2020 年，推广应用测土配方施肥技术，为农户提供施肥建议卡 800 份，全区推广施用配方肥 2 200 吨，缓释肥 400 吨，建立 6 个测土配方施肥示范基地，示范面积 600 亩。示范推广高效施肥技术，示范推广以滴灌、微灌施肥为核心的水肥一体化技术，示范面积 100 亩；开展复合肥微生物菌剂试验示范 3 项。开展耕地质量长期定位监测。持续通过 20 个监测点进行监测，监测类型为粮田、蔬菜、果树，监测点位面积 3 000 亩。组织科技培训 1 次，为农民提供田间技术指导服务 38 次，发放宣传 500 份，科技书籍 50 册。

【**产业发展**】2020 年，围绕服务北京城市副中心建设和京津冀一体化协同发展的工作目标，依托“通州大樱桃”“张家湾葡萄”两个国家级地理标志，打造通州产业品牌。果树生产总面积约 4 万亩，产量约 3 000 万千克，产值约 3 亿元；登记在册苗圃总面积 5.2 万余亩，其中规模化苗圃 38 个，面积 2.9 万余亩；其他在册苗圃 140 个，面积 2.3 万余亩，实现 1 000 余人就业；花卉种植面积 2 744 亩，产值 5 530 余万元，大中型花卉企业达 4 个；养蜂户 23 户，养蜂专业合作社 2 个，蜂群 1 038 群。

【**农业机械动力**】2020 年，全区拥有农机总动力 11.6 万千瓦。小麦联合收割机 55 台，玉米联合收获机 59 台，拖拉机 488 台，其中大中型拖拉机 395 台，小型拖拉机 93 台。拖拉机配套农具 1 068 台（件、套），其中大中型配套农具 814 台（件），小型配套农具 254 台（件）。收获机械 128 台，植保机械 249 台，农副产品加工机械 75 台，渔业机械 4 671台，畜牧业机械 173 台，青贮收货机 14 台，全区卷帘机 5 616 台，微耕机 1 319 台，农用排灌机械 5 199 台。

村镇建设

【**概况**】2020 年，坚持新老融合、城乡统筹改善人居环境，城乡居民生活品质持续提高。扎实推进老城双修，南大街历史片区启动入户登记，第一个社区级家园中心（中仓）实现主体结构竣工。32 条背街小巷完成整治提升，15 个老旧小区改造加快实施，首个引入社会资本参与老旧小区建设项目投入运营，“三庙一塔”等重点区域周边环境整治全面完成。美丽乡村建设扎实推进，在市级人居环境考核检查中排名前列。

【**小城镇建设**】2020 年，运河商务区、张家湾设计小镇挂牌中国（北京）自由贸易试验区国际商务服务片区。张家湾设计小镇探索形成 5 种存量资源盘活路径，创新政策高效完成梁各庄棚改。台湖演艺小镇规划体系进一步完善，存量盘活稳步推进。宋庄艺术小镇启动“两点一线”改造提升项目，中国艺术品交易中心开工建设。国家网络安全产业园启动，区规划综合实施方案完成审查、备案，土地入市步伐加快。深入实施乡村振兴战略，国务院和北京市农村人居环境整治三年专项行动收官。完成 112 个村庄的美丽乡村建设，村容村貌明显提升。开展于家务乡果村、西集镇沙古堆村、漷县镇柏庄村等市级“一村一品＋”试点建设。全区低收入村、低收入农户全部实现脱低。

【**城镇绿化美化**】2020 年，大力推进村庄绿化美化工作，建成国家森林乡村 38 个，首都森林城镇 2 个，首都绿色村庄 105 个，有 299 个村建有“村头一片林”，占村庄总量的 81.47%。2020 年，建成通怀路、壁富路、六环西辅路等风景林荫路 20 条；完成京榆旧线、京津公路等 20 条路的月季和部分地被的栽植工作；建设北运河绿道、运潮减河等绿道 100 余千米，完成潮白河绿道、北运河绿道互联互通 400 千米。

【**新型农村社区建设**】2020 年，制定《关于加强街乡镇社区社会组织联合会和社会组织服务孵化基地（中心）建设的工作方案》，完善街乡镇级枢纽型社会组织工作体系，进一步明确工作目标、任务、保障措施。激发内生动力，搭建统筹管理社区社会组织枢纽平台。核拨专项资金 255 万元，规范指导 17 个街乡镇以购买项目形式成立街乡镇社区社会组织联合会。在全区实现社区社会组织联合会全覆盖，社区社会组织服务全覆盖，社区社会组织规范指导全覆盖。促进联合会和孵化基地充分发挥作用。17 家社区社会组织联合会构建 17 个孵化基地，通过公益创投等形式孵化引导社区居民自发成立各类社区社会组织并在网上完成备案，链接 5 917个社区社会组织资源，服务领域主要包括垃圾分类、文体科教、志愿服务、治安巡防等，为群众建立方便快捷、合法合规的服务平台，凝聚社会组织服务基层治理的强大合力。

【**农村环卫设施建设**】2020 年，结合“美丽乡村”相关工作要求，编制《通州农村地区生活垃圾、粪便、餐厨收运及处理设施规划建设实施方案》及《通州区农村地区生活垃圾收集及转运处理实施指南》，明确751个地区环卫基础设施建设任务和目标，推进各乡镇环卫设施建设进程。其中，永乐店镇转运站完成选址、规划、设计及方案编制等相关工作，其余乡镇正在进行选址、对接规划方案等工作。

【基础设施建设】 2020年，完成1 190千米的地下管线数据核实和修补测普查更新，完成城市部件的更新采集11.6万处，完善数据精准度。将多重巡查和24小时不间断巡查相结合，全年巡查发现解决设施丢失、故障等各类问题近2万件。完成204座公交站厅的无障碍改造，完成252条市政道路约598万米^2、21座跨河桥、9座过街天桥和1座跨铁路桥的维护养护，完成181条道路、49个无物业小区及街巷路灯、8座桥梁和55座楼体夜景照明设施的维护管理工作。

【环境建设】 2020年，通州区坚持高标准、高起点，以问题为导向，以脏乱点整治为抓手，开展环境拉练67次，近1.4万处台账任务全部办结；建立生活垃圾分类联席会议制度，搭建生活垃圾分类移动端“潞晓分”，垃圾分类居民参与率和正确投放率分别达到91.5%、79.38%；完成“三庙一塔”周边环境整治提升，完成32条背街小巷的整治提升，梨园中街一巷、潞河中学北街被评为2020年十大“北京最美街巷”；持续加大50个城乡接合部重点村环境问题整改，全区城乡环境总成绩、城市环境总体满意度连续两年位列五个发展新区第一。

农村改革

【概况】 2020年，以实施乡村振兴战略为总抓手，以维护农民合法权益和促进农民增收为目标，践行新发展理念，深入推进农村“三资”监管改革、农村集体产权制度改革、农村土地制度改革，加强农民专业合作社规范管理、农村社会事务管理。深入开展农村“三块地”改革，《通州区集体产业用地统筹利用土地资源整理方案》获市政府批复。

【农民专业合作社】 推进国家和市区级农民专业合作社示范社建设，对国家级示范社实施动态监测和运行分析，实现优胜劣汰。2020年，全区有94家合作社正常经营，其中，国家级示范社8家、市级示范社11家、区级示范社16家。北京专平林下农业专业合作社、振龙园农民合作社等6家合作社完成高效设施蔬菜产业集群建设项目申报工作，计划从设施提档升级、加工冷藏及运销平台等方面推进合作社特色产业集群建设。

【建立健全“村地区管”机制】 2020年，按照市级要求，在多轮征求各有关部门及乡镇意见，并经区委、区政府相关会议审议的基础上，制发《北京市通州区人民政府关于“村地区管”的实施意见》（通政字〔2020〕9号）。建立农村土地经营权流转联席会会议审议制度，并纳入“四议一审两公开”管理范围，涉地经济合同严格做到“六必审”。健全农村产权流转交易服务体系，与合同联预审机制做好衔接，农用地对流转规模达到20亩（含20亩）以上的，进入农村产权流转交易市场公开交易，进一步规范农村集体土地管理。

【农村宅基地管理和改革工作】 2020年，按照农村宅基地管理和改革工作职能划转的有关要求，在新农村建设服务中心设立宅基地指导科（事业科室），负责通州区宅基地管理和改革的相关工作。在广泛征求各有关部门意见的基础上牵头制定《通州区农村宅基地及房屋建设管理的若干规定（试行）》，对区域内11个乡镇，符合填报要求的376个村开展宅基地管理与利用年报统计工作。

【农村土地承包经营权确权登记颁证工作】 在完善土地承包信息数据库的基础上，部署启动土地承包经营权证发放工作。截至2020年年底，全区有9个乡镇335个村开展土地承包经营权证书发放工作，累计颁证8万余本，颁证率98%。

【农村土地经营权有序流转】 依据土地流转相关法律法规和政策，对基层组织土地流转工作进行指导和规范，助力平原造林工作。督促乡镇、村认真履行主体责任，加强对土地承包和流转工作的监督管理。2020年，全区累计流转土地面积34.9万亩，占确权土地总面积的76%。

农村民生

【概况】 2020年，社会救助工作以维护困难群众的基本生活权益为出发点和落脚点，建立健全各项保障制度。开展“精准救助”服务，为困难群众提供系统、全面、规范的救助服务。持续推进社会救助领域专项整治工作，有效防范各类违规违纪问题。各项社会救助政策得到落实，城乡低保标准和特困供养水平进一步提高，各类专项救助及临时救助足额发放。56项为民办实事工程基本完成。与廊坊“北三县”联合培训养老护理员1 383名，新建养老驿站20家，升级改造7家乡镇养老院，台湖养老照料中心建设完成。街乡儿童成长驿站、社区村儿童之家实现全覆盖。实施副中心无障碍环境建设三年行动计划，完成7 031个点位改造。全区农户所得总额117亿元，汇总分配人口37.51万人，人均所得31 194元，同比增长2.6%。

【低收入工作】截至2020年年底，全区3个低收入村（西集镇耿楼村、车屯村、吕家湾村）实现摘帽，876户、2 004人实现脱低。低收入农户人均可支配收入16 932元，超过11 160元标准线。增幅15.3%。印发《通州区2020年“精准帮扶”促进低收入农户增收工作方案》，针对全区低收入农户人均收入情况开展有针对性帮扶，确保全部低收入农户年底收入稳定达标。做好有劳动能力农户就业帮扶工作，按照全市《关于进一步开展低收入农户劳动力就业帮扶有关工作的通知》要求，对全区低收入农户三类重点人群中未就业劳动力进行排查，按照市级提供的名单，通州区不涉及三类重点人群中劳动力未就业情况。

【农村社会事业】2020年，新开北京五幼、北海幼儿园副中心园等幼儿园20所，扩充学前学位6 200个。新审批民办幼儿园（点）171个，转化学前学位3.6万个，关停无证园131所，全区无证园基本消除。民办非普惠园转普惠园120所（点），全区学前教育普惠率升至92%，超额完成第三期学前教育行动计划任务指标。通运小学、北京学校小学部投入使用，增加义务教育学位2 880个。首师大附中、景山学校通州校区主体结构完工；杨庄小学教学楼主体结构封顶；物资学院附属中小学等项目加快前期工作。推动潞城全民健身中心建设，截至年底，该项目取得前期工作函、设计方案审查意见函和施工准备函（该项目主责单位为市体育局）。征求各相关属地体育场地建设需求，涉及9个乡镇、15个行政村的195件全民健身路径和2块足球场体育设施，所有建设项目年底建设完毕，并投入使用。于家务回族乡被评为北京市体育特色乡镇。全区村卫生室据医疗机构注册联网系统统计在册346家（均为村办），覆盖率73.62%，可达到一刻钟卫生服务圈。全年诊疗量305 386人次。乡村医生数451人，岗位培训5 061人次。根据通州区乡村医生培训工作要求，对全体乡村医生开展线下培训，组织60岁以下的乡村医生参加社区卫生服务中心的实习工作。

【农民社会保障】2020年，全区各项社会保险参保单位达5.2万家，养老、工伤和失业保险参保规模分别达92.27万人、46.69万人和50.26万人，各项基金收支规模达161.57亿元，完成梨园、台湖、潞城等6个乡镇21个村1 453名农转非劳动力社会保险费用补缴工作。城乡低保标准提高至每月人均1 170元，全区有城市低保对象1 001户、1 509人，年保障资金2 085.44万元；农村低保对象2 204户、3 565人，年保障资金4 497.94万元。依据现行政策做好城乡低保（低收入）受理审核、入户调查、公示上墙、审批发放、复审检查等环节的工作，确保实现动态管理下的应保尽保。全年新审批328户、679人享受城乡低保待遇，并对城乡低保对象采取半年复审、不定期抽查和社会监督等方式，进一步加大动态管理力度。全年因城乡低保对象去世或收入超标，停发享受304户、413人；因城乡低保标准调整或家庭情况变化，调整1 693户。全年为低收入家庭中在校学生及重病人员发放生活补贴11.63万元。

【精准救助】2020年，推进通州区精准救助工作，投入福彩公益金276万元购买专业社会服务，对困难群体进行入户调查、需求评估和个案帮扶等事务性工作。22个街乡镇全部建立困难群众救助服务所，全区确定个案帮扶对象200户，在救助申请、身心健康、生活关怀、能力提升等方面提供帮助，助力他们摆脱生活困境。建立新申请社会救助对象帮扶台账，定期入户抽查低保、低收入和特困家庭经济状况3 955户。结合政策调整，主动发现困难线索，对成年无业重度残疾人、低收入家庭16周岁以下未成年人、符合政策的困境老人等开展入户回访、政策宣传、需求评估，完善救助帮扶台账，增加救助服务有效供给，织密织牢民生兜底保障安全网。

基层组织与民主政治建设

【概况】2020年，依法有序推进城市副中心行政区划变更。3月，区政府取得《北京市民政局关于通州区变更部分行政区划的批复》，同意通州区设立文景、九棵树、临河里、杨庄、潞邑5个街道办事处，调整北苑、玉桥街道办事处和永顺、梨园、宋庄、潞城镇、张家湾、台湖镇行政区域范围，撤销永顺、梨园地区办事处。优化小型和大型社区管辖规模，充实社区工作者队伍，加大社工工资待遇、社区活动经费等资金保障力度，改善社区办公条件，提升基层社区工作保障水平。

【民主政治建设与组织建设】2020年7月，在全区范围内组织开展村级“民主日”活动，集中召开社区居民会议，调动居民群众参政议政的积极性，提高城乡基层干部的决策水平和解决实际问题的能力，密切党群干群关系。按照区委区政府要求，分三批次落实社区规模调整工作，经第65次、第68次和第78次区政府常务会审议，新批准设立社区居委会24个、撤销社区居委会7个，对8个规模超5 000户社区和20个规模超3 000户社区实施拆分和优化调整，并对1个1 000户社区管辖规模进行优化整合，直接覆盖社区居民17万余户。10月15日，召开通州区村和社区“两委”换届选举筹备工作会。12月16日，印发《关于做好全区村和社区“两委”换届工作的实施意见》。12月18日，召开全区村和社区“两委”换届工作领导小组第一次会议。

【基层干部队伍建设】7月13日，印发《通州区村“两委”班子及村“两委”干部考核指导意见（试行)》。11月16—20日，组织全区村党组织书记、村委会主任开展为期一周的专题培训。11月30日至12月4日，组织全区社区党组织书记、居委会主任开展为期一周的专题培训。全年完成33名社区党组织书记和16名村党组织书记区级备案工作。

【党的建设】2020年，牢固树立抓好党建是最大政绩理念，压紧压实管党治党主体责任，推动全面从严治党走向深入。坚持加强党对一切工作的领导，坚决贯彻“看北京首先从政治上看”的要求，教育引导全区党员干部严守政治纪律和政治规矩，自觉在思想上、政治上、行动上同以习近平同志为核心的党中央保持高度一致，不折不扣贯彻落实党中央和市委各项决策部署。加强党对改革工作的领导，推动35项重点改革任务落地见效。严格落实人大、政府、政协、法院、检察院党组定期向常委会汇报工作的制度。支持保障区人大、区政协依法履职，在疫情防控、“十四五”规划编制等领域发挥显著作用。统战工作持续加强，民主党派、工商联、无党派人士积极作为。连续三届荣获全国双拥模范城称号。

全面加强干部人才队伍和基层党组织建设，党员干部干事创业热情显著增强。注重在疫情防控“实战大考”中发现、培养、使用干部，累计选拔、调整干部568人。深入开展“不忘初心、牢记使命”主题教育整改落实情况“回头看”，围绕“接诉即办”、棚改拆迁等重点工作开展“贴近式”监督，督促党员干部进一步锤炼作风、担当作为。强化人才政策集成创新，靶向引进高端人才。统筹开展党支部工作条例落实与软弱涣散村、后进社区整顿，扎实推进“两新”组织建设，各领域党组织政治功能和组织力持续提升。

严格落实全面从严治党主体责任，不敢腐、不能腐、不想腐的体制机制一体推进。建立完善覆盖全区的全面从严治党主体责任考评细则，管党治党政治责任进一步压实。开展各类监督检查4万余次，实现处级单位党组织及村（社区）巡察全覆盖。始终保持惩治腐败高压态势，全区共处置问题线索1 162件，立案审查调查262件，监委立案44件，留置7人，给予党纪政务处分156人。查处违反中央八项规定精神问题51起，给予纪律处分41人，通报曝光典型案例16起，风清气正的政治生态建设持续向好发展。

区、乡（镇）“三农”工作部署和实施

【概况】2020年，强化副中心控规的引领作用，拓展区规划和12个组团深化方案形成成果，文化旅游区、张家湾古镇、南大街规划综合实施方案编制完成，在全市率先实现区、镇、村三级规划体系全覆盖。注重“输血”与“造血”相结合，不断提高脱贫质量。深入实施智力支持、产业帮扶、消费扶贫，47名挂职干部、专业技术人才、医护人员、教师奔赴一线扶贫，126个援助项目全部开工，6 645名贫困人口实现就业。持续巩固脱贫成果，实现脱贫摘帽“三不减、四不摘”。推动精准帮扶与乡村振兴有效衔接，实现稳固脱低、持续增收。

【惠民、惠农政策落实】推进乡镇级农村产权交易服务站建设，加强与北京农交所合作机制，为促进农村集体资产增值保值、增加农民收入搭建平台。2020年，全区完成农村产权招投标事项19宗，预案价6 577.6万元，成交价6 623.87万元，合同期内为村集体增收节资约46.27万元。

有序推进2020年政策性农业保险工作，截至2020年11月30日，全区小麦参保面积为3 922亩；全区玉米参保面积为5 273.21亩；温室大棚参保面积（纯设施面积）为6 056.2亩；露地蔬菜参保面积298亩；苹果、桃、梨、葡萄等果品参保18 662.96亩，果树树体参保面积18 100.06亩；密植园果品参

保面积4 079亩；密植园树体参保面积 4 079 亩。签单保费总计 2 053.9 万元，保险金额 3.88 亿元，参保农户 3 800 户，理赔金额1 819.64万元，理赔户数 1 400户。对种植业因遭受自然灾害和意外事故造成的经济损失给予赔偿，通过财政手段与市场机制的对接，创新政府救灾方式，提高财政资金使用效益。

【区人大代表建议、政协提案及时办理】区人大倾情助推乡村振兴，区人大常委会聚焦乡村振兴战略，多层面推动乡村人居环境改善、产业提升、农民增收。督促政府要高标准、高质量编制、实施镇域规划、村庄规划。推动生态环境建设，听取和审议年度环境状况和环境保护目标完成情况的报告，持续推动环境改善，以大气污染移动源防治为重点，开展专项执法检查。聚焦民生需求，布局优质资源，专题听取和审议创建公共文化服务体系示范区的工作报告，提出要打造特色文化产品，以重点项目推动创建成功。要推进公共文化服务标准化、均等化进程，满足群众需求。针对通州区精神卫生服务体系建设滞后于全市的现状，区人大常委会明确提出要尽快开工改扩建现有医院，加大人才引进力度，调整布局，形成政府主导、上下联动、各方参与的高效服务体系。推动优质教育资源布局，检查中小学、幼儿园重点工程建设进展情况。不断加快进度，超前谋划教育储备项目，推动教育新老融合、城乡均衡。将为民办实事项目纳入区政府应报告的重大事项，审议决定将“农村地区饮用水改造”“老旧小区加装电梯”等 33 项纳入民生实事，推动实事项目更符合实际，更符合民心。

2020 年，收到六届四次会议提案 238 件，审查立案 219 件。其中，党派提案 15 件，界别提案 9 件，委员提案 195 件。立案提案全部办复完毕，办复率 100%。通过副中心讲堂、委员讲堂、委员工作站（室）活动、征集印发提案线索等多种形式，搭建学习交流平台，助力委员知情明政。加强提案信息化管理平台建设，增加手机客户端功能，委员获取提案信息的途径更加便捷。严格提案审查，认真开展提案分析，遴选出 15 件优秀党派界别提案、39 件优秀委员提案并进行表彰。加强制度建设，制定区政协提案工作规则，研究出台提案质量和办理质量“双评议、双提升”办法，建立健全提案公开机制。组织驻会主席督办提案工作，促进 4 件提案落实。拓展协商形式，精选 10 件提案与承办单位进行“扩面协商”，建言水平和协商质量不断提高。刊发《重要提案摘报》10 期，精选主要内容呈送区委、区政府领导参考。加强提案宣传，组织委员参与通州电视台《对话副中心》栏目录制，讲述提案故事，展现委员风采。

【社会力量参与】2020 年，中国建设银行股份有限公司北京通州分行“裕农通”服务点实现 100%全覆盖，服务农村市场的“窗口”和“触角”布局完成。脱贫攻坚持续有力，“扶贫爱心卡”发卡已经覆盖了全区 17 个乡镇、街道办事处、28 家委办局，累计发卡 46 748 张。潞城镇“安寓”项目累计收房 913 套。

中国农业银行股份有限公司北京城市副中心分行聚焦副中心战略规划，全力支持建设融资、民生工程项目、民营和小微企业发展。联合上级行为副中心量身定制资源整理贷款，用于张家湾设计小镇、宋庄艺术小镇等多个重点建设项目的资源整合。面对突如其来的新冠疫情，城市副中心分行积极响应国家号召，大力发展普惠金融业务，支持企业复工复产金融需求，在基层网点成立普惠金融服务突击队，为辖内小微企业、农户提供高效的金融服务。2020 年累计发放防疫贷款 2 亿元，为近 300 户小微企业发放线上贷款，金额近 6 亿元，为 30 余户涉农企业及农户发放农村生产经营贷款，金额 8 000 余万元。

中国农业发展银行北京市通州区支行通过精准投放贷款，有效保障 12 万吨粮食、0.2 万吨肉类等重要生活物资及时供应疫情严重地区和首都市场，进一步缓解地区疫情防控压力，助力企业复工复产，确保首都重要物资供应和价格稳定。为粮棉油龙头企业提供政策性金融服务，全年累计投放粮棉市场化收购贷款 22 亿元，支持企业收购粮棉 64 万吨，助力企业提升产能、扩大规模、增强保供稳价能力。进一步加大对生猪产业链和农业小微企业的金融支持，服务首都“肉案子”“菜篮子”工程，全年累计投放生猪产业链贷款和小微企业贷款 1.03 亿元，切实保障了肉类和蔬菜等重要农产品的有效供给。在聚焦主业的同时，不断加大对农村农业重点领域的金融支持，全年累计投放农业农村基础设施贷款 23.8 亿元，进一步推进首都棚户区改造，全力服务乡村振兴，巩固拓展脱贫攻坚成果。

北京银行股份有限公司通州支行支持通州区经济开发区西区南扩区三、五、六期棚户区改造项目

（简称梁各庄棚改）。支行以高效、便捷、全面的服务做好棚改项目金融服务工作，项目涉及616户的资金发放。

北京农村商业银行通州分行持续加大对基础设施、涉农、中小微企业、民生等重点领域资源投入力度，全力支持潞城地区拆迁工作，积极介入区域内水务、园林、基础建设等重点项目，为行政办公区、城市绿心、北京学校等项目提供全方位的金融服务。金融便利店数量由年初139家增加到184家，其中新增8家社区便利店，覆盖180个行政村，受益百姓26万多人。代理发放农村地区各项政策性资金，包括农村地区无保障人员养老金、城乡居民养老保险、民政部门各项低保金、抚恤金等30余项政策性资金，每年发放金额超过15亿元。

中国人民财产保险股份有限公司北京市通州支公司持续加强对永乐店镇、漷县镇农户的承保理赔服务。2020年为700户次农企、农户提供风险保障9 579.4万元，涉及大棚、果树、小麦、玉米等14个险种，支付赔款546万元。面对冻灾等严重自然灾害，及时赶赴现场进行损失情况鉴定，做好理赔及后续服务，确保第一时间将赔款支付给受损农户，践行了“人民保险服务人民”的初心使命。

通州区领导名录

区委书记	曾赞荣
副书记	赵　磊
	初军威（10月免）
	刘东伟（10月任）
常委	洪　波（2月免）
	王岩石（2月任）
	郑　宇　陈江华
	刘贵明（8月免）
	阳　波（8月任）
	汤一原　张宏韬　张德启
区人大常委会主任	李玉君
副主任	刘　卉（女）　尚祖国
	薄立军　张绍武
	金文岭（不驻会）
区长	赵　磊
常务副区长	刘贵明（8月免）
	阳　波（8月任）
副区长	王岩石
	郑　皓（女，8月任）
	朱益军　董明慧（女）
	苏国斌　倪德才
区政协主席	赵玉影
副主席	石宝玉
	朱志高（1月任）
	禹学河（1月任）
	王子江（不驻会）
	田春华（女，不驻会）
	吴　涛（不驻会）
区委农工委书记、区农业农村局局长	王德松

通州区乡镇（街道）党政正职领导

	党（工）委书记	镇（乡）长、主任
潞源街道	苏　昊	刘　鑫（6月免）
通运街道	曾祥正	陈新全（5月免）
		刘学军（11月任）
中仓街道	宗　飞	张　华
新华街道	滕永新（7月免）	张民平
	林正航（8月任）	
北苑街道	李彦明	华　飞（女，6月免）
		成前锋（11月任）
玉桥街道	孔钢城	孙雪松（女，11月免）
		陈世忠（11月任）
文景街道	杨　磊（5月任）	王立夫（6月任）
杨庄街道	刘　鑫（5月任）	李永海（6月任）
九棵树街道	杜德耕（5月任）	杨　希（6月任）
潞邑街道	陈新全（5月任）	郭春杰（6月任）
临河里街道	华　飞（5月任）	童　露（6月任）
永顺镇	邓忠义	邓小民（8月免）
梨园镇	王翔宇	刘永忠（10月免）
		王志佳（11月任）
宋庄镇	柳德利	王　艳（女，4月免）
		魏　欣（女，9月任）
张家湾镇	聂玉泉（12月免）	张　硕（11月免）
		邹海涛（11月任）
漷县镇	范亮亮	邹海涛（10月免）
马驹桥镇	卢庆雷（1月任）	何志达
西集镇	张全启	陈洪波（4月免）
		马清文（4月任）
潞城镇	吴孔安	张旭辉
台湖镇	曹东波	卢庆雷（2月免）
		王　鑫（2月任）

永乐店镇	魏　国（4月免）	林正航（9月免）
	王　艳（女，4月任）	郭　枫（9月任）
于家务回族乡	古　剑（回族）	古　剑（回族，4月免） 李亚军（回族，4月任）

（中共通州区委党史工作办公室、通州区地方志办公室　张亚昆）

顺　义　区

综　述

顺义区地处北京市东北部，面积1 021千米^2。北接怀柔、密云，南接通州，东部与平谷接壤，西部与昌平、朝阳相连。全区下辖北石槽镇、北务镇、北小营镇、大孙各庄镇、高丽营镇、后沙峪镇、李桥镇、李遂镇、龙湾屯镇、马坡镇、木林镇、南彩镇、南法信镇、牛栏山镇、仁和镇、天竺镇、杨镇、张镇、赵全营镇12个镇、7个地区办事处（加挂镇牌）和光明街道、空港街道、胜利街道、石园街道、双丰街道、旺泉街道6个街道办事处，共426个村民委员会、152个居民委员会。截至年底，有常住人口1 208 018人，比上年增加41 413人，增长3.55%；有户籍人口662 075人，比上年增加6 769人，增长1.02%；有流动人口545 943人，比上年增加34 644人，增长6.78%。

2020年，顺义区始终坚持以人民为中心的发展思想，统筹推进疫情防控和经济社会发展，主动服务首都"四个中心"功能建设，着力提高"四个服务"水平，认真抓好"三件大事"，坚决打赢"三大攻坚战"，全力以赴稳定经济增长，完成区五届人大六次会议确定的目标任务。

一般公共预算收入实际完成171亿元，同比增长3.2%，完成增长3%左右的收入目标，实现"十三五"期间一般公共预算收入年均增速7%左右的目标任务；规模以上工业总产值完成1 400亿元，降幅持续收窄；社会消费品零售总额完成560亿元，同比下降12%；固定资产投资完成465亿元，同比增长1%，建安投资完成213亿元，同比略有增长；前三季度居民人均可支配收入同比增长4.5%，增速排名全市第一。

疫情防控

2020年，顺义区坚持人民至上、生命至上，疫情防控取得战略成果。区委、区政府密集调度，各属地、部门和国企通力协作，全面织密织牢疫情防控安全网。医护人员白衣擐甲，公安干警逆行出征，社区工作者恪尽职守，新闻工作者以笔为枪，志愿者们无私奉献，1 000余名国企职工主动请战，35 000余名党员干部冲锋在前，日夜坚守疫情防控一线，形成联防联控、群防群控的强大合力。

常态化防控精准科学。参与新国展集散点服务保障，做好港澳台及第三地抵京、外国航空公司机组、入境进京人员集中观察等重要任务，严格中高风险地区来顺人员管控。坚决防范新发地疫情传播风险，实现石门市场去零售业务和规范管理，加强冷链食品监管，确保关联病例"零发生"。从零构建物资保障防线，7天内实现口罩生产从无到有、日产量最高达到200万个。在全市最早实行民用口罩统一配发、配售，率先推行线上预约服务，累计发放口罩超过1 000万个、消毒液400吨以上。实施"点对点"监测补货机制，严厉打击哄抬物价等违法行为。下达疫情防控资金3.7亿元，持续开展捐赠款物专项审计。中国国际货运航空有限公司、北京康仁堂药业有限公司等20家企业被列入疫情防控重点保障企业市级名单。构建首都国际机场防疫物资"绿色通道"，确保防疫物资通关"零延时"。安德医智科技有限公司"新型冠状病毒感染肺炎CT影像人工智能快速辅助诊断"产品应用到全国130余家新冠肺炎定点收治医院。

局部聚集性疫情处置高效。年底境外输入引发顺义区局部聚集性疫情后，全区立即进入紧急状态，采取最严措施，果断处置，第一时间对重点区域实施封控管理，全面进行环境消杀；迅速开展"人""物"两线同查，追踪排查2 000余名密接者，较短时间内锁定源头；大规模开展核酸筛查和重点人群复测，3天内完成全域全员检测，累计检测超过200万人次；迅速启用42家酒店7 000余间房，服务保障集中观察人员。有序推进疫苗接种工作。全面升级社会面防控措施，从严执行一级响应下的社区（村）防控指引，持续加强医院、学校、工地、公园景区、商场超市等重点场所管理，倡导从业人员、学生留顺过节，暂停举办各类聚集性活动，坚决阻断疫情传播链条。

3—6月，抽调52名骨干力量，成立接转工作专班，联合10余家职能部门，组建综合协调、信息采集、车辆调度（16个车组）3个工作组，采取全市唯一的“点对点、手递手”，由西站直达居住社区的转运模式，7×24小时连续工作，累计接转180列专车、4架航班，转运3 569名在鄂返顺人员安全到家，转运里程超过60 000千米。

重要会议和活动

【农机合作社公益活动】9月4日，赵全营镇北京兴农天力农机服务专业合作社向内蒙古自治区通辽市科左中旗敖包苏木五家子嘎查村捐赠农机具5台，价值15万元。捐赠的农机具包括“雷沃谷神”收割机1台、“黄海金马—300”拖拉机2台、播种机1台、旋耕机1台。10月，赵全营镇北京兴农天力农机服务专业合作社被国家粮食和物资储备局、农业农村部、教育部、科技部、全国妇联五部门联合确定为“全国粮食安全宣传教育基地”。

【农民丰收节】9月22日（秋分）至10月18日，顺义区第三届农民丰收节在“兴农天力农业园”举办。活动由赵全营镇北京兴农天力农机服务专业合作社主办，北京兰泊湾农业发展有限公司、北京欧菲堡国际酒庄、北京箭杆河边农业科技发展专业合作社、北京鲜花港投资发展中心协办，主题为“庆丰收，迎小康”。活动内容包括成果展示、农产品产销对接、对口帮扶、农业科普体验和娱乐活动等。活动主要分为南北两大区域，南区主要是向日葵花海，并搭配农作物景观，重点营造“葵花朵朵向太阳，全国人民心向党”主题；北区侧重丰收成果和顺义区非遗文化特色展示。

【森林防灭火应急演练】11月20日，顺义区森林防火指挥部在北大沟林场组织开展森林防灭火应急演练。采取区镇联动、周边支援的方式，模拟龙湾屯镇龙爬山发生森林“火情”。接到“火情”报告后，区森林防火指挥部调动龙湾屯镇半专业森林消防队赶赴现场。森林消防队员到达火点后，迅速展开扑救。由于现场风力较大，火势未得到有效控制，区森林防火指挥部随即调动区属第一、第二专业森林消防队和木林镇、张镇、大孙各庄镇、北石槽镇半专业森林消防队伍，先后赶赴火场增援，扑救火点火势。经过全体队员20余分钟的奋力扑救，“山火”被扑灭。

城乡发展一体化

【农村能源设施管理】年内，一是做好1座沼气站和300座太阳能公共浴室日常管护和安全监管，确保设施安全运行，动态运行率98.5%，满足农户用气、冬季沐浴需求。二是开展顺义区“两气”工程安全隐患排查治理工作，达到消除安全隐患的目标。三是实施李桥镇王家常村太阳能公共浴室升级改造工程，探索多能互补新模式。四是加强农村能源新技术、新成果的宣传力度。五是指导各镇村做好农村路灯维护工作，方便村民夜间出行。六是加强沼气站和太阳能公共浴室管理人员培训，共培训1 000人次。

【美丽乡村建设】年内，一是建设太阳能公共浴室15座，解决农村冬季老百姓洗澡难的问题。二是新建连村路灯3 000盏，解决农村连村路路段夜间无路灯照明问题。三是指导各镇推进农村地区村址内街坊路新建和修缮工程。2019年项目共计完成修缮道路316条、176 950米^2，新建道路27条、31 117米^2，完成整体进度95.4%。2020年项目有3个镇进入施工阶段（龙湾屯镇、北石槽镇、南法信镇），完成道路48条、44 207米^2，其余各镇均处于招标阶段，完成整体进度5.4%。

【开展冬季清洁取暖工作】年内，一是在仁和镇河南村实施优质燃煤替代工程。共配送完成15 199.5吨，保障用煤村民温暖过冬。二是进一步建立健全清洁取暖设备的长效运行管护机制。依托19个镇级“煤改清洁能源”售后服务中心，建立热线电话服务、快速响应服务、服务质量回访、应急抢修保障、备品备件保障等机制，通过提前谋划、提前部署、提前行动、做好日常维修服务等措施，确保17余万台设备正常运行。三是落实电价和气价补贴政策。做好取暖季“煤改电”峰谷电价电费补贴、“煤改气”气价补贴用户新增和调减核定、补贴发放工作。

农村经济发展

【概况】年内，顺义区紧跟国家战略，深入推进乡村振兴战略，统筹推进新冠疫情防控和农业农村改革发展稳定各项工作，“三农”领域各项重点任务实现稳中有进。农业供给持续提升，美丽乡村建设成效显著，低收入农户全部实现脱低。

【北京市休闲农业“十百千万”畅游行动】年内，打造顺义区舞彩浅山和运河湿地（顺义段）2条休闲农业精品线路，培育美丽休闲乡村4个，提档升级休闲农业园10个，改造精品线路沿线民俗接待户。全国“一村一品”示范村北小营镇前鲁各庄村以特色产品张堪水稻为主题，通过挖掘农耕文化、宣传品牌、发展产业融合等方式，实施村庄特色产业提升行动。

【“科技+农业”加快推动】年内，安排建设农业科技示范基地6个，通过技术集成示范基地增产增收5%以上。持续推进“百名农业专家兴顺工程”，聘请专家77名，打造科技示范服务平台，提升农技推广服务效能。支持把课堂开到田间地头，鼓励农民通过“半农半读”方式就近就地接受职业教育和技能培训，累计培训农民2 169人。实施高素质农民培育项目，累计培育高素质农民80人。

农业生产

【概况】年内，以粮食安全为底线，落实各项农业支持保护政策，开展耕地质量等级监测，加大保护性耕作等绿色技术应用，加快推进高标准农田建设，实现粮食高产稳产。农林牧渔业总产值428 571.8万元，同比减少1.2%，其中农业153 924.4万元，同比减少2.9%；林业101 536.2万元，同比减少20.2%；牧业134 952.9万元，同比增长3.8%；渔业3 664.1万元，同比减少36.4%；农林牧渔业及辅助性活动34 494.2万元，增长180.8%。粮经类作物收获面积11 200公顷，总产量6 925.4万千克，总产值1.6亿元，同比分别增长9.8%、11.6%、33.3%。蔬菜播种面积7 800公顷，同比减少2.57%；上市总量61 368.96万千克，同比增长5.9%；销售收入145 667.75万元，同比增长1.57%。粮经类作物中，小麦收获面积约4 300公顷，平均亩产373千克，总产2 424.5万千克，产值5 430.9万元；玉米收获面积约6 700公顷，平均亩产429千克，总产4 332.9万千克，产值10 399万元；经济作物类（白薯、豆类、花生）种植面积124.09公顷，总产168万千克，产值512.2万元。农业机械化水平健康发展，重要农时机械化作业全面完成，主要农作物秸秆实现禁烧，秸秆综合利用率稳步提高，新的农机购置补贴政策继续推进，农机新技术引进示范成功。

【农业机械化总体水平】年内，农机总动力19.6万千瓦，拥有种植、养殖、农产品初加工等各类农机装备2.08万台（件）；拥有各级各类农机社会化服务组织及农机专业户72家，其中农机作业组织（户）52家，农机维修及供应户20家；拥有各类农机从业人员2 140人。小麦生产全过程机械化水平继续保持100%，玉米生产全过程机械化水平趋于100%，小麦玉米两种主粮综合机械化质量稳步提高。

【重要农时机械化作业】春耕期间，投入各种重耙、深松、旋耕等机具800余台（件），完成1 400公顷（2.1万亩）春玉米播种，全部实现免（少）耕作业。“三夏”期间，投入小麦联合收割机、玉米免耕播种机及其他机具1 000余台（件），完成4 186.7公顷（6.28万亩）小麦收割和4 933.3公顷（7.4万亩）夏玉米免耕播种，免耕播种率继续保持100%。“三秋”期间，投入玉米谷穗收获机、玉米青饲料收获机、小麦播种机和犁、耙、松、旋等机具1 200多台件，完成玉米机收6 200公顷（9.3万亩）和冬小麦播种5 253.3公顷（7.88万亩），玉米机收率97.9%。

【农机新技术引进示范】8月，利用北京市秸秆综合利用重点区创建项目支持资金，为北京兴农天力农机服务专业合作社、北京鑫利农机服务专业合作社、北京万顺旺农机服务专业合作社补贴购置大型青饲料玉米压捆裹包机各一台，机械型号“MP2000 - X”。“三秋”期间投入使用，完成933.3公顷（1.4万亩）青饲料玉米压捆裹包作业，打捆31 000包，每包重约850千克。10月，区农机推广服务站投资40万元引进绿植废弃物多功能处理机1台，主要用于农村枯枝落叶、垃圾杂草等处理，实现废弃物资源化利用。年内完成粉碎处理绿植废弃物10万米^3。

【“菜篮子”产品“三品”产量覆盖率85%】年内，制发《2020年顺义区农产品“三品一标”工作实施方案》，推进全区“三品”认证工作。全年顺义区共有“菜篮子”“三品”认证产品1 316个，其中种植业1 180个、渔业108个、畜牧业28个。截至年底，顺义区“菜篮子”产品“三品”产量覆盖率85%。

【重大动物疫病防控】年内，扎实做好非洲猪瘟等重大动物疫病、布病等人畜共患病防控工作，严格落实免疫、监测、流调、应急准备等各项防控工作。全区累计开展重大动物疫病免疫 653.2 万头（只、次），监测及送检畜禽样品 113 600 份，组织非洲猪瘟、布病、牛结节性皮肤病等区级网络培训 5 次、培训 639 人次，发放疫苗数 154.91 万毫升、各类免疫标识 134 800 枚、消毒药 120.31 吨、防护物资 315 200 个（套），驱虫动物数量 99 500 头（只），消毒面积 1 527.16 万米^2，灭鼠场户 829 个，灭鼠面积 121.95 万米^2。全年全区未发生区域性重大动物疫情。

【检疫许可】年内，严格落实《签约兽医辅助支撑下的官方兽医检疫实施方案》，结合非洲猪瘟防控要求，按程序出具检疫证明。全年产地检疫动物 2 071.529 6 万头（只），其中生猪 91 699 头，禽 2 061.888 8 万只，牛 2 647 头，羊 593 头，其他动物 1 469 头（只）；屠宰检疫动物 183.237 9 万头（只），其中生猪 99 700 头，禽 156.28 万羽，全年未发生重大动物源性食品安全事件。

【快速检测】年内，在动物源性食品源头监管中，加强快速检测工作，检测瘦肉精与药残 9 515 份，委托第三方检测 192 份，配合上级单位采样 488 份。

【从业人员培训】年内，区农机中心培训拖拉机驾驶员 80 人，取得驾驶资格证书；线上培训农机安全生产和使用“北京农机 App”购机人员 471 人；线下复训“三夏”“三秋”农机驾驶员 144 人；田间培训农机操作及保养人员 200 人。区种植中心采取线下、线上相结合的形式培训农民 1 671 人次，培训内容包括农作物病虫草鼠害防控技术、生产栽培技术以及农药、肥料、种子相关知识等。

【农机安全生产】年内，完成农机安全监理行政许可事项 1 625 件，其中拖拉机、收割机检验 1 061 件，其他事项 564 件；培训农机监理人员及农机驾驶员 284 人次，开展田间农机安全生产检查 2 100 台次，检查农机维修网点 82 家次，处理各种违章违规行为 76 次。全年未发生重特大农机安全生产事故。

【农情监测】年内，开展农作物苗情、墒情、病虫草鼠害监测，全年监测 127 次，提出科学合理的生产管理建议及病虫草鼠害防控指导意见 31 篇，指导春耕、“三夏”“三秋”等关键农时的生产。全区粮菜作物病虫草鼠害发生面积 10.9 万公顷次，防治面积 16.25 万公顷次。

【新品种新技术试验示范】年内，依托叶类蔬菜、西甜瓜和食用菌 3 个北京现代农业体系综合试验站，与北京市蔬菜研究中心、北京市农业技术推广站等部门合作，建立顺沿特菜基地、地源遂航基地、赵家峪基地、绿富农合作社、松各庄瓜菜合作社、兴农鼎力合作社示范基地 6 个，开展新品种新技术示范展示。全年示范国内外优质瓜菜新品种 100 余个，开展蜂授粉技术、新型滴灌带节水灌溉、瓜果类蔬菜生物防治技术等示范 10 余项。

【蔬菜种苗产业】年内，全区有集约化育苗场 13 家，提供各类种苗 2 800 多万株，育苗种类包括番茄、大椒、茄子、西瓜、甜瓜、黄瓜、生菜、菜花等。为北务、杨镇、李桥等镇的 500 余个育苗户，提供嫁接西瓜、甜瓜、番茄等种苗 700 余万株，解决本地农民蔬菜生产用苗问题。

【植物检疫】年内，顺义区签发产地检疫合格证 66 批次、14 种作物、183.73 公顷（2 756 亩），未发现检疫性有害生物；签发调运检疫证书 192 批次，调运种子 10.69 万千克。

【草地贪夜蛾防控】年内，按照“早谋划、早预警、早准备、早防治”的要求，制定《顺义区 2020 年草地贪夜蛾防控预案》，召开 2020 年草地贪夜蛾监测部署暨培训会部署防控工作；建立区镇两级监测点 339 个，发放诱捕器及诱芯 422 套，加强监测；印发宣传彩页 7 000 份，每户 1 份；发放防控药剂苏云金杆菌、甲维盐各 4.5 吨，一旦发现幼虫马上防治。全年累计诱捕草地贪夜蛾成虫 9 头，未发现幼虫危害。

村镇建设

【人居环境整治和美丽乡村建设】年内，作为农村人居环境整治三年行动的收官之年和美丽乡村建设取得重要进展的关键之年，在 5 月、8 月 2 次全市人居环境整治核查中，顺义区均位列全市第五。顺义区第一批美丽乡村验收任务通过率 120%，位列全市第二。农村改厕基本完成，生活垃圾收运处置体系日益完善，农户生活污水得到有效管控，各镇、村管护制度进一步制度化、常态化。

【传统村落保护发展】年内，通过加强统筹和调度，督促、指导龙湾屯镇加快焦庄户村传统村落规划编制进度。区规自分局组织专家对焦庄户村传统村落保护发展规划进行修改完善。

【农村基础设施建设】年内，投资1 695万元，在全区16个镇新建连村路灯3 000盏，解决村民夜间出行难题。投资1 275万元，新建太阳能公共浴室15座，解决村民冬季洗澡难题。对村庄内未硬化的街坊路进行新建，对已硬化的街坊路中破损处进行修缮，由各镇政府主导组织实施，改善村民出行条件。

农村改革与管理

【食用农产品合格证制度试行】年内，顺义区作为“国家农产品质量安全县”，推进食用农产品合格证试行工作，制定《顺义区2020年试行食用农产品合格证制度实施方案》（顺农发〔2020〕12号）。截至年底，全区规模主体以上和145家散户生产主体全部试行食用农产品合格证制度。探索创新试行模式，推广“合格证+追溯码”模式，有102家企业实行“带证上市，带码销售”。

【违法行为查处与立案】年内，顺义区按照“精细梳理、精当分责、精准实施、精确考核”的“四精”管理模式，压实责任，打击违法、保护合法，狠抓违法行为查处工作。全年共开展执法检查6 914次，人均执法量181次，超额完成市、区两级执法考评指标。开展查处违法行为并立案123起，罚没款107 300元。

【农业信息调查统计】年内，统计上报农业农村部、北京市相关粮经、蔬菜信息10类275次。包括春白地面积及播种计划统计，春耕、“三夏”“三秋”生产进度统计，粮经作物种植档案统计，农业农村部农情调度数据管理系统、农情基点信息，北京市物价监测信息采集系统和蔬菜品种、面积、产量、价格等生产信息监测，北京市农资价格监测网和农业综合统计信息采集系统、蔬菜生产情况统计、农产品产地市场信息监测统计等。

【专项整治】年内，开展违规调运生猪、农资打假、狂犬病防控专项执法，药物饲料添加剂退出、农产品质量安全监测、利用网络销售活动等专项整治12次。

【设施蔬菜标准园提升】年内，组织北京顺沿特种蔬菜基地、北京丰顺恒农业科技发展有限公司、北京绿富农果蔬产销专业合作社、北京北郎中诺金蔬菜种植专业合作社4家单位开展设施蔬菜标准园创建，4家基地共完成133公顷的创建提升。在温室大棚基础设施改造、环境控制功能提升、水肥一体化设备升级、精准喷药机械配置、农业物联网设备应用、标准园管理技术制度体系建设、种植过程可视化监测管理系统等各方面均有所提高，使园区综合生产技术水平总体提升。

【农产品质量安全监管】年内，对蔬菜基地开展“双随机”抽查与日常检查101次，针对发现的问题提出具体整改意见。组织6家基地开展无公害首次认证、55家基地复查换证、1家基地扩项认证，全区种植业无公害认证基地95家，认证率74.5%。推荐5家基地参选北京市优级标准化基地，8家基地进行复评。加大全区蔬菜农药残留抽检力度，农业农村部级、北京市级抽检425个样本，区级抽检速测16 674个样本，34种农药残留定量抽检462个样本，合格率均为100%。

【农业执法】年内，对农药、种子、肥料等种植业投入品质量进行监管。检查农资生产、经营和使用单位986个次，抽检农资样本70个，立案5起，罚没款25 800元；责令限期改正4起；责令10个农药经营单位下架不合格农药产品24种249.92千克，货值金额6 297元。

【森林消防防火】年内，区长青林场加大安全投入，结合林场实际，发挥森林消防成员单位主责，制定《森林防火工作预案》《防汛工作预案》，添置必要的消防器材，做好防火、防汛的各项准备工作。

【安全生产责任制落实】年内，依据《中华人民共和国安全生产法》的规定，顺义区建立健全各项安全生产责任制，层层签订《安全责任书》。共签署《安全责任书》4份、《森林防火责任书》16份、《防汛责任书》4份、《交通安全责任书》48份。

农村民生

【低收入农户精准帮扶收官】年内，顺义区扎实推进“六个一批”精准帮扶措施，从产业、就业、教育、医疗、住房等方面持续开展帮扶工作，加强低收入村产业项目带动作用，推进低收入“引智帮扶”项目，重点关注边缘户和返低风险户，巩固精准帮扶成果。截至年底，顺义区低收入农户2 486户、4 871人，人均可支配收入全部超过认定标准线（11 160元），100%实现“脱低”，3个低收入村全部消除。根据统计数据显示，2020年度顺义区低收入农户人均可支配收入18 345元，同比增长14.5%，绝对值连续4年位居全市首位。

【农村地区村庄冬季清洁取暖】年内，实施优质燃煤替代工程，共配优质燃煤 1.52 万吨。健全清洁取暖设备的长效运行管护机制。依托 19 个镇级“煤改清洁能源”售后服务中心，建立热线电话服务、快速响应服务、服务质量回访、应急抢修保障、备品备件保障等机制，通过提前谋划、提前部署、提前行动、落实日常维修服务等措施，做好村民供暖保障工作。

【农机购置补贴】年内，继续落实北京市“自主购机、定额补贴、先购后补、区级结算、直补到卡（户）”的农机购置补贴政策。享受补贴政策的农机服务组织（户）28 家，补贴机具 35 台，机具总额 9 812 591 元，享受补贴资金 1 915 964 元，其中中央补贴1 348 500元，市级补贴 567 464 元。补贴机具包括大中型拖拉机 16 台、青饲料收获机 5 台、打捆机 2 台、秸秆粉碎还田机 1 台、喷灌机 3 台、农用北斗终端 2 台、田园管理机 1 台、自走式喷杆喷雾机 2 台、旋耕机 1 台、铧式犁 1 台、免耕播种机 1 台。

基层组织与民主政治建设

【村社区“两委”换届】年内，起草《关于认真做好顺义区村和社区“两委”换届选举工作的实施意见》，提出“五全面、四提升、两优化、一保持”目标。督促指导镇街、村居同步组建工作专班，组织“全覆盖”“全流程”业务培训，实现上下联动、无缝衔接。开展 2 轮选情大摸排，实行清单管理、挂账督办、跟踪问效，将全区 426 个村、152 个社区划分为“平稳推进”“重点突破”“集中攻坚”3 种类型。严把人选资格条件，完成 2 轮 4 985 名现任村社区“两委”干部以及预测人选的审核工作和动态联审。

【社区（村）治理 20 条措施落地】年内，研究制定《关于巩固社区（村）疫情防控成果 推进社区（村）治理工作方案》，明确 20 条具体措施、62 项任务清单。

【农村发展党员违规违纪问题排查】年内，建立区镇两级工作领导小组，对 4 880 名十八大以来农村发展党员和转入党员入党过程进行全面排查，梳理问题线索 1 558 条，对涉及带病入党、异地入党等 189 条严重问题线索逐一甄别、研提意见，指导各镇分类审慎处置，提高发展党员工作质量。

【基层党建水平全面提升】年内，谋划基层党建述职评议考核，筹备全区党（工）委书记党建述职会，指导全区 2 502 家基层党组织逐级开展党建述职，实现党建述职主体 100%全覆盖。开展“国门讲堂、红领培优”党建培训，首次实现村（社区）、国有企业、“两新”组织等 8 个领域党组织书记以及党务工作者党建培训全面覆盖。

农村环境保护

【留白增绿】年内，完成任务地块 565 宗、任务面积 85.11 公顷农业领域的留白增绿工作。对拆违腾退土地中涉及永久基本农田和新增耕地的地块进行现场核验，确保待移交地块土地平整、无垃圾和渣土，恢复任务地块的种植条件；引导农户、村集体适时开展农作物种植活动；根据林田生态整体布局和地块实际情况，因地制宜实施复种复绿。

【平原生态林养护】年内，按照《北京市平原生态林管护技术导则》等文件要求编制长青林场全年养护方案，每月对管护工作进行检查验收，促使高标准完成补植补造、林木修剪、有害生物防治、浇水、除草、涂白、林地保洁及枯枝死树清理等平原生态林养护工作。同时林场生态林养护 App 线上管理系统正式运行，全场 117 个生态林小班管护内容全部上传并逐级审核，录入工作日志 6 989 条，实现网上全过程监管，提升养护精细化管理水平，监管效率大幅提升。

【林业生态建设】年内，长青林场共计栽植优良观赏常绿树种白皮松 997 株、国槐 1 100 株、银杏 83 株、油松 70 株，面积 3.4 公顷（51.04 亩）。生态建设不断完善，落实平原造林地块面积 13.15 公顷（197.2 亩）。同时通过抚育管护，提高林场森林覆盖率，林分郁闭度更加合理，生态环境有效改善，绿化美化程度明显提高。

【粮食作物秸秆禁烧及综合利用】春耕期间，1 400 公顷（2.1万亩）越冬秋茬地内残留的玉米秸秆及根茬，利用重耙、旋耕、深松等农机化技术实现粉碎还田，实现肥料化，综合利用率保持 100%。“三夏”期间，4 186.7 公顷（6.28 万亩）小麦产生的秸秆，利用粉碎还田和打捆技术，全部实现肥料化、饲料化和商品化，综合利用率继续保持 100%。“三秋”期间，6 333.3公顷（9.5 万亩）玉米产生的秸秆，其中6 266.7公顷（9.4 万亩）实现粉碎还田和带穗青贮收获，基本实现肥料化、饲料化和商品化，综合利用率 98.9%，未发生秸秆焚烧事件，实现周年禁烧目标。年内，承担北京市季节性裸露农田扬尘抑制项目，完成小麦玉米秸秆粉碎还田暨免（少）耕播种作业4 133.3公顷（6.2万亩），每公顷补贴1 050元（70元/亩）。

【可持续渔业生态健康养殖】年内，开展水产健康养殖示范创建，发展生态健康养殖模式，推广中草药免疫、生态防控措施，加快推进水产养殖用渔药减量行动。开展中草药替代化学制剂渔药，渔药的精准使用，微生态制剂的推广，利用水生植物进行水质改良的鱼稻共生系统等多项试验示范推广工作。创建健康养殖示范场10个，试验示范面积110余公顷，在实现减少用药量35%的基础上，继续努力推进此项工作，同比降低化学药物使用量7%。

【无害化处理】年内，共监督无害化处理病死和死因不明的动物102.225万头（只）、动物产品54.630吨。

【蔬菜园区废弃物循环利用】年内，镇、村、园区和中标企业合作，回收蔬菜废弃物3 521.5公顷（52 823.3亩）119 743吨，涉及16个镇，制成有机肥15 966吨，产生有机质6 213吨，区财政补贴资金10 821 460元。

【农业面源污染控制】年内，围绕农业生态环境安全和农产品质量安全的目标，开展农田节药、节肥工作。全区完成菜田增施有机肥面积3 412.6公顷，每亩补贴有机肥1吨，共计补贴商品有机肥51 189.121吨，全区17个镇248个村5 690多个主体参加项目实施。建立废旧地膜回收网点20家，回收废旧地膜200吨，兑换新地膜200吨。采购发放生物农药和高效低毒低残留农药10.033吨、全降解黄板942 468张，累计减少化学农药纯量1 230千克；背负式蓄电池超低容量喷雾机40台，农药利用率比常规器械提高20%，达到50%；回收农药包装废弃物958.6万个39.61吨，全部销毁。截至年底，全区化肥利用率41.2%，测土配方施肥技术物化落地率98%，农药利用率45.2%，统防统治覆盖率48.56%，绿色防控覆盖率77.1%。

【粮田增施有机肥试点】年内，在全区重要水源地选取重点镇，率先试点探索粮田肥料统配统施社会化服务，覆盖粮田1 294.69公顷（19 420.36亩），每亩补贴有机肥1吨。

【绿色防控】年内，针对主要农作物重点推广应用绿色防控产品，对绿控产品进行补贴，全区5 200余个蔬菜生产主体享受补贴，覆盖菜田3 247公顷，开具病虫诊断处方3万余个，全区菜农享受补贴资金2 063.14万元。

【森林资源保护】年内，长青林场收回合同到期承包户的承包林地，共计7.19公顷（107.78亩）。完成林地围网建设1 496延米，修建大门40米^2，围挡592.7米^2。

农村经济管理

【土地确权登记颁证】截至年底，共发放证书70 173份，发证率96.48%。收回信息错误和有争议证书840本，证书更正工作进行中。区经管站合同科张建国获评农业农村部“全国农村承包地确权登记颁证工作先进个人”。

【家庭承包合同与农村集体经济合同管理】年内，清理出暂缓确权颁证的村中应签未签承包合同1 524户，全部整改完毕。“三资”管理平台全区共登记管理农村集体经济合同12 457份，合同总金额702 709万元。问题合同1 945份，全部整改完毕。审核通过村级经济合同293份，其中农用地3.33公顷（50亩）以上或者建设用地0.67公顷（10亩）以上的合同36份，特殊用途类合同257份。

【百名专家兴顺工程】年内，聘请中国农业科学院、中国农业大学等10余家单位35名专家，落实合作项目40项。西甜瓜国家团队首席专家许勇研究员与种植中心合作，在顺义西瓜主产区，继续选取有种植经验及带动作用的种瓜大户，扩大高品质、高产、耐裂中型西瓜新品种“京美”“京嘉”系列西瓜大面积示范推广，春季全区甜王类西瓜种植达到80%以上。武占会、刘明池研究员基于抗病品种、嫁接模式、封闭无土栽培模式的设施蔬菜化肥减施技术模式在顺义组织推广；刘文革、张万清等专家在新品种推广方面开展工作；曹坳程等专家从药物处理方面就番茄根结线虫、黄瓜根结线虫开展相关项目合作；李洪岭、曾建波等专家分别就番茄长季节栽培、西甜瓜丰产优质等技术开展工作。

【农村集体资产清产核资】2019年清查单位530家，镇、村两级资产总计249.13亿元，其中镇级53.39亿元，村级195.74亿元；负债总计85.56亿元，其中镇级42.6亿元，村级42.96亿元；所有者权益163.57亿元，其中镇级10.79亿元，村级152.78亿元。村级集体土地总面积为85 513.33公顷（1 282 700亩），其中农用地61 100公顷（916 500亩），占总面积的71.45%；建设用地24 366.67公顷（365 500亩），占总面积的28.5%；未利用地46.67公顷（700亩）。

【农经统计分析和专项监测】年内，统计单位561家，共涉及农户数148 000户，农村集体经济资产总额307.6亿元，集体经济总收入41.3亿元，农民人均所得27 872元，劳动力就业率95.8%。

【产权交易平台建设】年内，全区农村产权交易项目累计挂牌56宗，成交48宗（包括2019年结转6宗），总成交额7 387万元。挂牌、成交共涉及全区11个镇，比上年增加3个。成交项目数量较上年同期增长29宗，增长率153%。

【农村集体经济审计监督】年内，组织19个镇的集体经济审计部门，对2019年村级公益事业专项补助资金管理使用情况、村级组织主要负责人经济责任、镇村集体企业财务收支情况进行审计，审计金额3 726 967万元。对审计中查出的问题，要求各镇建立整改台账逐条整改，通过抽查跟踪进行监督指导。

【农村集体经济组织登记证书变更换发】年内，贯彻落实农业农村部和市农业农村局相关文件及通知精神，原由各区政府负责发放并加盖公章的“北京市农村合作经济组织登记证书”，统一调整为由各区农业农村局负责发放、农业农村部统一监制、市农业农村局统一印制的“农村集体经济组织登记证”，并加盖公章，具体工作按全市统一部署同步推进，换证工作全部完成。

【农民合作社质量提升整区推进】年内，出台《顺义区农民合作社示范社考核评定办法》，通过培育农民合作社，推动区域内合作社由点到面的全面发展、合作社之间的联合发展、合作社与其他新型经营主体间的融合发展。举办2期共220人次参加的农民合作社整区推进质量提升业务培训班，对理事长、理事、财务负责人进行集中培训。为有带动作用的示范社拍摄宣传片，宣传合作社品牌，发挥优秀合作社示范引领作用。

顺义区领导名单

顺义区街道、镇（乡）党政正职领导

	党委（工委）书记	镇（乡）长、主任
仁和镇（地区办事处）	刘　洋（9月免） 胡小兵（9月任）	李光明（10月免） 周靖慧（11月任）
马坡镇（地区办事处）	贾　睿	高福良
牛栏山镇（地区办事处）	王鉴远	王永生
赵全营镇	陈　红	张　敬（11月免） 刘川海（11月任）
高丽营镇	王海松	王秀刚（4月免） 张　涛（4月任）
北石槽镇	胡小刚（11月免） 乔　龙（11月任）	黄海厚
南法信镇（地区办事处）	黄永志（10月免） 李光明（10月任）	王　雪
后沙峪镇（地区办事处）	冯江全（11月免） 李　强（11月任）	李　强（11月免） 孔祥伟（11月任）
天竺镇（地区办事处）	李子腾	周靖慧（11月免） 郭小军（11月任）
李桥镇	张春和（4月免） 于长雷（4月任）	乔　龙（11月免）
南彩镇	赵海波（11月免） 张　敬（11月任）	夏自景
杨镇（地区办事处）	李　莉（女）	何长华
张镇	刘晨光（11月免） 李　浩（11月任）	张　涛（4月免） 姚国柱（11月任）
北小营镇	欧阳华洲（10月免） 胡小刚（10月任）	孙海江（10月免） 冯　健（10月任）
木林镇	李　刚（11月免） 王忠诚（11月任）	李　浩（11月免） 李　芒（11月任）
龙湾屯镇	张国宇	李　杜
李遂镇	朱新生（1月免） 李泽钧（1月任）	赵　楠
北务镇	马占磊	聂树生
大孙各庄镇	李志刚	安建军

（顺义区史志办　兰　岚）

昌 平 区

综　述

昌平区位于北京市城区西北部，总面积1 343.5千米^2，山区、半山区占全区总面积的2/3。主要河流属温榆河水系，为暖温带大陆性季风气候。区辖街道办事处8个，镇政府14个，其中地区办事处4个。下辖301个行政村和255个社区居委会。截至年底，昌平区户籍人口66.4万人，比上年增加1.5万人，增长2.3%，其中非农业人口49.2万人，占全区户籍人口的74.1%，比上年提高0.9个百分点。农业人口17.2万人，占全区户籍人口的25.9%。户籍人口出生率7.24‰，死亡率9.78‰，自然增长率－2.54‰。年内，新登记流动人口195.7万人，核销168.1万人，更新386万人。

2020年，昌平区实现地区生产总值1 147.5亿元，以不变价计算，比上年增长4.6%。其中第一产业增加值7.8亿元，比上年下降17.4%；第二产业增加值358.5亿元，比上年增长10.7%；第三产业增加值781.2亿元，比上年增长2.2%。三次产业比例为0.7：31.2：68.1。“十三五”时期，昌平区经济实力连续迈上新台阶，经济总量不断扩大，综合实力显著增强。五年间，昌平区地区生产总值年均增加78.5亿元，年均增长6.6%，高于全市平均增速1.1个百分点。

年内，昌平区完成农林牧渔业总产值20.2亿元，比上年下降12.5%，其中农业产值完成6.5亿元，比上年下降14.1%；林业产值完成7.9亿元，比上年下降13.5%；牧业产值完成4.1亿元，比上年下降11.9%；渔业产值完成0.1亿元，比上年增长7.7%；农林牧渔专业及辅助性活动产值完成1.6亿元，比上年下降2.8%。粮食播种面积11 619.92亩，比上年增加1 211.5亩，比上年增长11.6%。

全年粮食产量3 519.67万吨，比上年增长15.0%，粮食亩产302.9千克，比上年增长3.0%。全年蔬菜产量32 133.2万吨，比上年增长16%；禽蛋产量0.1万吨，比上年下降7.6%。2020年，昌平区拥有农业观光园144个，比上年减少6个；观光园总收入2.2亿元，比上年下降24.1%。乡村旅游实际经营户243户，累计接待游客102.3万人次，比上年下降61.3%；乡村旅游总收入0.5亿元，比上年下降62.9%。设施农业占地面积13 203.5亩，比上年增长10%；实现产值3.7亿元，比上年下降13.6%。

“十三五”期间，昌平区坚持都市型现代农业的发展方向，积极推进农业结构调整升级，全区休闲农业与乡村旅游累计接待游客1 746.8万人次，累计实现总收入20.8亿元。连续举办四届北京农业嘉年华活动，联合天津、河北等地，推广京津冀三地特色农业，有效带动周边乡镇的乡村旅游发展，累计接待游客494.1万人次，实现收入2.2亿元。

开发重点文化旅游线路产品，开展“从花海到花港”昌顺百里休闲水岸长廊旅游推广、微走长征路红色之旅、千年白浮泉律动运河源以及“金秋汇聚·畅游昌平”等主题鲜明的文旅宣传推广活动。发布各类宣传信息3 640条，覆盖人群2 000多万人次以上，推介昌平文旅企业百余家、文旅线路30余条、文旅产品百余种。成功举办“居庸山月”诗歌晚会、温泉文化节、第五届中国北京国际魔术大会、第七届北京善行者公益徒步活动，扎实做好苹果文化节的文旅板块活动，品牌知名度进一步提升。截至年底，全区有乡村星级民俗村18个，星级民俗户257家（五星级12家、四星级73户、三星级126户、二星级40户、一星级6户），特色业态109家。

农业产业

【概况】2020年，昌平区以乡村振兴战略二十字方针为引领，持续加大强农惠农富农政策力度，制定下发《昌平区2020年“菜篮子”区长负责制实施方案》，全区完成农业总产值6.5亿元，粮食种植11 619.92万亩，产量3 519.67吨；蔬菜播种13 328.2亩，产量32 133.2吨。全区猪存栏25 088头，牛存栏6 011头，羊存栏20 592只，鸡、鸭、鹅等禽类存栏349 113只，均完成市级下达的任务。“三品”认证覆盖率超过75%，顺利通过国家农产品质量安全区验收。完成全区农业领域“留白增绿”任务537.45亩。通过对拆违腾退土地中涉及永久基本农田和新增耕地的地块，种植农作物和观赏性作物，实现生态绿色覆盖。举办电商销售昌平农产品活动，与区融媒体中心合作，开展直播带货，通过网络途径宣传昌平区优质农产品。

【昌平农民丰收节】 9月18日，昌平区中国农民丰收节开幕，活动历时约一个月，以农民合作社为主体举办多场丰富、有趣、市民参与度高的专场活动。在延寿镇黑山寨村会场，以板栗和栗蘑为主，举行板栗采收、栗蘑采摘等农事体验活动。9月23日，在兴寿镇肖村会场，以蔬菜为主，开展现场教学阳台菜园种植、手工DIY花卉盆栽等互动活动。9月28日，在兴寿镇西新城会场，100余位市民参与其中，现场进行果蔬采摘，体验刨花生、挖红薯等农事活动，同时将昌平区特有农产品进行展销，供游客选择购买。十一期间，昌平农优产品入驻乐多港，展销20家合作社的30种优质特色农产品，每天销售达8 000元左右。

【“菜篮子”区长负责制】 年内，制定下发《昌平区2020年“菜篮子”区长负责制实施方案》，统筹推进“菜篮子”工程建设，提升农产品生产能力、市场流通能力、质量安全监管能力和调控保障能力，推进高产创建，发挥农业科技优势，推动“菜篮子”生产向标准化、规模化种养、组织化运作和产业化经营方向发展，满足人民群众对高质量、绿色农产品日益增长的需求提供坚实保障。

【粮食补贴政策落实】 年内，制定下发《关于印发〈2020年昌平区耕地地力保护补贴实施方案〉的通知》，依照全区种植粮食、经济作物以及露地蔬菜的耕地面积，按文件要求的补贴原则、贴补范围、补贴标准、补贴工作程序实施。市级每亩补贴300元，区级每亩补贴100元，总计每亩补贴400元。全区粮食、经济作物及露地蔬菜生产面积共计8 994.457亩，涉及11个镇（街）109个行政村共计补贴农户4 453户，共补贴资金3 597 782.8元。

【粮食生产】 年内，全区粮食生产任务为播种面积10 400亩，产量3 297吨；实际粮食播种面积11 619.92亩，产量3 519.67吨。全区蔬菜生产任务为播种面积12 583.5亩，产量31 597.7吨；实际蔬菜及食用菌播种面积13 328.2亩；产量32 133.2吨。

【休耕轮作项目】 年内，按照《北京市农业农村局关于开展耕地休耕试点工作的指导意见》要求，全区开展耕地休耕试点工作。南邵镇、十三陵镇、阳坊镇、小汤山镇、兴寿镇、百善镇、城南街道开展耕地休耕轮作试点共计1 135.8亩，经区联合验收组验收合格。实施休耕轮作试点项目每亩按900元标准补贴。

【冬小麦良种更新项目】 年内，按照市农业农村局《2020年北京市冬小麦良种更新推荐良种名录》文件精神，制定并下发《关于印发〈2020年北京市昌平区冬小麦良种更新工作实施方案〉的通知》，全区实施冬小麦换种1 340亩，供种数量20 700千克。

【规模养殖场粪污资源化利用】 年内，按照市农业农村局、市生态环境局《关于开展大型规模养殖场粪污资源化利用情况检查的通知》要求，区农业农村局与区生态环境局联合制定《昌平区畜禽规模养殖场粪污资源化利用情况检查、评估方案》，将检查、评估工作扩大到所有规模养殖场。通过检查评估整改，提升规模养殖场粪污处理设施覆盖率和综合利用率，提高养殖场主粪污资源化利用意识。

【生猪生产工作恢复】 年内，全面提升现有4家养猪企业设施设备，尽最大努力保障养殖生产达到设计规模和年出栏量，并签订生产任务责任书。推进首农中育南口种猪场重建项目，多次组织召开相关部门协调会解决建设中出现的困难，工程北侧洗消中心区域已完工，并顺利自河北省承德市调运3 114头后备母猪隔离饲养。全区生猪存栏达到25 088万头，完成市级下达的2万头任务指标。

【草莓种植】 年内，全区种植草莓涉及13个镇、78个村、1 500余户种植户，用于草莓生产的日光温室4 865栋，总产量635万千克，比上年增加0.79%；全区草莓总产值2.8亿元，受疫情影响比上年减少15.15%。

【林果种植】 年内，完成老果园更新发展454余亩，其中更新发展矮化苹果、樱桃、京白梨等优势树种275.8亩，采购果袋8 499.4万个，采购商品有机肥5 934.25吨，完成果树支柱建设38.3亩，补贴铁肥2 500千克。全区果品总产量23 080.4吨，产值23 607.62万元，其中苹果产量12 195.2吨，产值12 889.08万元。全区更新发展矮砧苹果3.3公顷，苗木保存率普遍在90%以上。累计完成苹果套袋7 516.2万个。开展果树冬剪、花期管理、着色管理等培训指导、座谈研讨55场次，培训果农4 800人次，发放技术资料2 000多份，定期到10镇、21个示范果园开展关键期技术培训指导和示范。

【花卉种植】年内，全区花卉种植总面积 295.7 公顷，因受新冠肺炎疫情影响，花卉产品出现滞销情况，三季度开始逐渐恢复正常生产，全年产值 16 344.9万元，销售额 6 674 万元。针对新冠肺炎疫情造成的花卉销售难问题，采取拓宽销售渠道，加大网上销售、微信推送等销售方式，对昌平区花卉生产开展系统宣传，提高昌平花卉的知名度。利用微信平台开展花卉生产技术指导 100 余次，在确保防疫安全的条件下，入户指导 300 余人次。

【农产品质量安全监管】2020 年，严格落实农产品质量安全监管，昌平区动物卫生监督所助力打赢新冠肺炎疫情防控阻击战，做好检疫工作，满足全区畜禽产品供应，保障百姓日常生活需求。根据农业农村部、市农业农村局总体部署，完成昌平区创建国家农产品质量安全区工作验收。开展“利剑 2 号”畜禽产品专项整治，抽查样品 13 145 批次，自检 7 785 份，定量检测 31 项 153 份，均未发现异常情况。

【畜禽产品市场供应检疫保障】1 月 20 日开始，昌平区加大畜禽产品市场供应检疫保障力度，督促全区屠宰场和动物产品分销企业遵守有关新冠肺炎疫情防控规定，及时下发区农业农村局《落实疫情防控责任告知书》和区卫生健康委《温馨提示昌平群众》等告知书，要求企业完善疫情防控制度、员工安全防护到位，确保返京务工人员一律进行 14 天隔离观察，防止聚集性感染。实行 24 小时专人专岗，开展动物产品产地检疫工作。驻场查验生猪屠宰企业 1 家，检疫分销白条猪肉 44 475 头，出证 30 756 张；现场查验 12 家动物产品分销企业动物产品 175 批，共计 1 905 吨。

【“利剑 2 号”畜禽产品专项整治】7 月 31 日，昌平区动监所以禽蛋、猪肉、牛肉、羊肉等畜禽产品为重点，对蛋禽规模养殖场及养殖小区、年出栏 10～100 头的肉牛养殖场（户）、年出栏 20～200 只肉羊的养殖场（户）、生猪屠宰企业，组织开展“利剑 2 号”畜禽产品专项整治行动。行动期间出动执法人员 816 人次，检查 402 场次，出具监督笔录意见书 302 份，发放养殖场（户）宣传材料 180 份，入户指导培训养殖场（户）100 人次。

【国家农产品质量安全区验收】9 月 2 日，根据农业农村部、市农业农村局总体部署，对照《国家农产品质量安全县考核办法》，考核专家组通过听取汇报、查验材料等方式对昌平区创建国家农产品质量安全区工作进行验收。经专家组严格评审，昌平区顺利通过考核，完成国家农产品质量安全区验收工作。

【“双节”期间猪产品质量安全保障】9 月 5 日，昌平区动监所加强屠宰场猪肉产品检疫工作，保障国庆、中秋“双节”期间供应。持续做好猪肉产品查证验物，对全部外调白条均进行查验，必须证物相符，检测结果合格，才出具检疫合格证明。“双节”期间共检测猪肉产品样品 1 165 个，猪肉白条水分 7 588个，瘦肉精样品 135 个，全部合格。

【动物源性产品质量安全检测】年内，完成动物源性产品质量安全检测，对分销企业、屠宰企业、饲料生产、养殖生产各个环节完成抽样、送样、定量检测工作。全年共检测样品 13 841 份，完成计划 8 781份的 157.6%。定量检测 211 份（猪肉 115 份、猪肝 5 份、禽肉 40 份、饲料 29 份、生鲜乳 8 份、鸡蛋 14 份），检测项目总数 3 760 项次；定性检测 13 630 份，包括生猪屠宰企业猪尿液样本 229 个、生猪屠宰企业官方检测瘦肉精 1 119 份、水分现场快速抽检 11 682 份和养殖场 600 个尿液样本“瘦肉精”快速定性检测。配合上级监测任务完成肉蛋奶抽检样品 266 份。

【食用农产品合格证使用】年内，推动种植、养殖生产者落实质量安全主体责任，牢固树立农产品质量安全意识，根据《农业农村部关于印发〈全国试行食用农产品合格证制度实施方案〉的通知》制定并下发《昌平区食用农产品合格证实施方案》。全区有 39 家农产品生产主体使用食用农产品合格证，共印制合格证 43 万张，已使用 15 万张，涉及农产品 4.6 万吨。

【果品质量安全认证和管理】年内，对 18 家单位进行无公害、绿色和有机果品认证及复查换证，其中首次认证单位 6 家，复查换证单位 12 家。对全区 41 家无公害认证单位以及 6 家有机认证单位和 2 家绿色认证单位进行生产管理规范性、生产标准的落实情况和包装标识合法性等方面进行检查。在全区范围内抽检樱桃、杏、桃、李、葡萄、枣板栗、核桃、柿子、苹果等果品样品共计 670 份，按无公害果品标准检测农药残留，用于监测果品质量安全。

【动物卫生监督管理与疫情防控】2020 年，昌平区动物卫生监督所持续加大动物卫生监督管理工作，开展辖区兽用生物制品生产企业检查，进一步规范国家有关兽用生物制品验收、贮存、保管、使用、销毁方面规定。召开非洲猪瘟疫病防控相关会议，印发《关于进一步加强重大动物疫病防控工作的通知》，开展辖区内生猪散养情况拉网式排查，防止散养复养反弹。完成畜类口蹄疫免疫 12.18 万头（只）次，禽流感疫苗免疫 793 866 只次。

【兽用生物制品安全检查】 1 月 10 日，昌平区动监所对辖区兽用生物制品生产企业进行检查。重点检查企业在菌毒种的验收、贮存、保管、使用、销毁方面是否严格执行国家有关兽医微生物菌种保管的规定，在生产过程中是否采取措施防止物料及产品所产生的气体、蒸汽、喷雾或生物体等引起的交叉污染，同时要求企业在日常生产过程中认真按照《兽药管理条例》有关规定，做好风险排查及隐患处理工作。

【实验动物检疫流程规范】 1 月 13 日，昌平区动监所在流村镇北京玛斯生物技术有限公司举办主题为“规范实验动物检疫出证流程”座谈会，有 4 个实验动物生产单位参加。交流具体的实验动物检疫出证流程，包括接收实验动物单位“实验动物使用许可证”年检备案注意事项，运输实验动物车辆备案，如何开具“动物检疫合格证明（动物 A）”，针对 2019 年出具检疫证明中经常出现的问题指导 2020 年的相关工作。实验动物生产单位提出自己面临的问题，并进行交流讨论。

【动物演艺活动专项执法检查】 1 月 15 日，昌平区动监所针对媒体报道“室内动物园”管理混乱，环境卫生差，有疫病传播和伤人风险等情况，对全区动物演艺活动开展专项执法检查，严厉打击违法行为，确保公共安全。加大对辖区重点场所巡查力度，摸清底数；利用网络、媒体报道实时跟进本辖区内动物演艺活动；通过宣传册、明白纸对有计划或已举办动物演艺活动的主办方开展普法宣传；严格落实申报制度，并按《北京市动物演艺活动防疫监管办法》的要求实施相关防疫措施。专项活动共检查动物演艺、展览等活动场所 20 余家，查办未按规定申报展览动物案件 1 起。

【活畜禽交易专项执法检查】 1 月 24 日开始，昌平区动监所春节期间全体人员轮流 24 小时值守，在全区范围内开展活畜禽交易专项执法检查，全面摸排辖区活畜禽交易情况，针对辖区大型商场、农村集市、花鸟鱼虫市场等重点场所建立日巡查工作机制，巡查过程中以宣传册、明白纸方式宣传检疫申报、强制免疫、无害化处理等相关法律法规。开展动物演艺活动检查，按照要求进行申报审批，告知采取有效措施避免人员密切接触，督促经营者主动做好动物防疫管理相关工作。活动期间检查 42 场次，出动执法人员 108 人次。

【饲料生产企业疫情防控督导】 3 月 2 日，昌平区动监所完成对全区 17 家饲料企业新冠肺炎疫情防控督导工作，共出动执法人员 71 人次，检查 26 场次。向企业发放《昌平区农业农村局落实疫情防控责任告知书》《昌平区卫生健康委温馨提示昌平群众》；对企业原有外地人口数量、春节前留守人员数量、返京人员数量及隔离情况、复产情况进行核实调查；出具监督笔录意见书 26 份，督促企业返京人员必须严格执行 14 天隔离，从业人员上岗做好防护，戴口罩测体温及进行必要的消毒，并要求企业报送每日返京人员情况。

【兽药生产企业安全生产整改】 4 月 23 日，昌平区动监所组织百善镇王庄工业园内 4 家涉及兽药生产的企业，召开安全生产整改约谈专题会议。针对 4 家企业涉及的具体问题，区农业农村局领导进行整改工作部署，对于整改操作难度不大的，要求立即整改；对于需要一定时间筹备相关设施设备或进行房屋布局规划的，设定整改时限要求限期整改，并要求各企业次日报送整改方案。

【非洲猪瘟疫情防控】 5 月 12 日，昌平区动监所按照农业农村部、公安部、交通运输部联合召开的“全国非洲猪瘟联防联控机制视频会议”部署，开展非洲猪瘟专项执法检查工作，活动截至 6 月，共出动执法人员 122 人次，检查生猪养殖场（户）61 场次，产地检疫生猪 2 394 头，落地核查实验用途生猪 5 批次共计 57 头，监督无害化处理病死猪 1 083头，发放《非洲猪瘟防控手册》等宣传材料及相关政策文件 630 份。年内，按照《北京市生猪养殖场所生物安全评估办法（试行）》标准及要求，对生猪养殖场所生物安全风险评估材料进行三轮生物安全风险评估，提升昌平区生猪养殖场生物安全水平和重大动物疫病防控工作能力。全年昌平区动物疫控中心监测非洲猪瘟样品数量 29 087 份，结果均为阴性，共出动车辆 129 车次，人员 387 人次，排查养猪场 645 场次，排查猪只 200 余万头次，未发现异常情况。

【肉联厂官方兽医室抗疫】 6 月 13 日，在北京市新发地发生新冠肺炎疫情后，北京第五肉联厂驻场官方兽医第一时间跟进厂方疫情防控工作，根据应急预案排查公司内与新发地关联人员，隔离有关人员，对全厂人员进行核酸检测，结果为阴性。配合区疾控中心对冷库环境进行环境监测采样，加强人员防护的同时加强猪产品检疫工作，做到外调厂家全覆盖，保证猪产品无疫安全。外调猪产品 162 批共计1 613.81吨，水分检测 232 个，外调白条瘦肉精检测 39 份样品，检测结果为阴性。

【官方兽医及签约兽医培训会】 10 月 15 日，昌平区动监所召开昌平区官方兽医及签约兽医培训会，60 余名官方兽医及签约兽医参加培训。培训强调了官方兽医及签约兽医检疫工作的重要性，对疫病的防控、强制免疫、检疫和疫病防控相关的法律法规等内容进行深刻阐述，对重大动物疫情的处置流程和方针政策进行系统指导性的授课。

【企业冬季疫情防控监督】 11 月 15 日开始，昌平区动监所对北京第五肉联食品有限公司开展专项检查，督促企业继续加强疫情防控，完善人员出入登记测温，保证绿码上岗，减少外来人员和厂区人员交叉。对进口冷冻产品分区隔离储存，配合疫情防控部门做好新冠肺炎病毒核酸检测工作。在企业办公楼和场区显著位置张贴疫情防控挂图和展板，宣传疫情防控常识。在厂房配备机械通风设备，重点场所落实消杀措施，人员在厂区佩戴口罩上岗。监督企业继续疏导员工保持社交距离，合理设置工作岗位距离，缩减宿舍人员密度，保障疫情不反弹。

【法治农业建设履职】 年内，昌平区动监所落实法治农业建设，办理动物卫生监督案件 23 起，其中饲料类 1 起，兽药 5 起，动物诊疗类 11 起，动物产品和屠宰类 1 起，养殖类 5 起。A 类执法人员（13人）人均办案量 1.69 起，完成考核标准的 112%（标准为13×1.5＝19.5）。检查发现处罚案卷撤案率 0（标准为 10%以下）。职权履行率 8.2%（标准为 10%）。一般程序案件的平均办案周期 17.2 天（标准 30 天），投诉举报立案 7 起，案件处理及答复率 100%，案件按期结案率 100%。行政复议零变更（撤销）、行政诉讼零败诉。全年申请立案 22 起，结案 22 起，其中一般程序 14 起，简罚 8 起，罚没款共计 3.94 万元。

【行政处罚案件信息公开】 年内，昌平区动监所落实行政处罚案件信息公开，推进“双随机”抽查工作。全年产生的 7 份一般案卷在决定书下达之日起 3 个工作日内，全部上交区农业农村局进行信息公开。对全区 217 家监督服务对象开展“双随机”摇号记录 12 次，出动执法人员 120 人次，检查抽查数量 60 次。使用“北京市行政执法信息服务平台”，22 起案件均在案件结案后 7 个工作日内完成行政处罚信息录入。

【动物卫生监督综合执法】 年内，动物卫生监督综合执法检查 1 157 场次，其中录入执法信息平台 1 087场次，出动执法人员 2 943 人次，下达监督笔录 786 份，意见书 820 份，提出整改意见 3 656 条。共办理案件 22 起，其中一般程序 14 起，简罚 8 起，罚没款共计 3.94 万元，所有案件保持零投诉。及时妥善处理投诉举报 45 起。

【动物基础免疫】 年内，累计完成猪口蹄疫免疫 60 272头次、猪蓝耳免疫 240 头次、猪瘟免疫 54 315头次，完成牛口蹄疫免疫 16 391 头次，完成羊口蹄疫免疫 45 088 只次、羊小反刍兽疫免疫 24 424只次、羊布病免疫 16 983 只次，完成狂犬病免疫20 460条。累计完成禽流感疫苗免疫 793 866 只次、新城疫免疫 37 255 只次。其他疫病指导性免疫完成猪伪狂犬病免疫 34 817 头次、鸡痘免疫 28 060只次、鸡传喉免疫 26 685 只次、鸡传支免疫 64 569 只次、法氏囊免疫 61 599 只次、产蛋下降综合征免疫 20 798 只次、羊痘免疫 1 523 只次、羊梭菌免疫 1 228 只次、犬瘟热免疫 4 480 条次。

【动物疫病监测】 年内，完成全区禽流感抗体监测 9 935只份，平均抗体合格率为 93.4%；口蹄疫抗体监测 1 670 头份，平均抗体合格率为 93.1%；鸡新城疫抗体监测 480 只份，平均抗体合格率为 100%；猪瘟抗体监测 348 头份，平均抗体合格率为 93.4%；羊小反刍兽疫抗体监测 171 只，平均抗体合格率为 79.5%；猪蓝耳病抗体监测 220 头份，平均抗体合格率为 72.7%；狂犬病检测 100 条，合格率为 98.0%。

【动物检疫净化】 年内，动物检疫完成结核病和布鲁氏菌病净化，动物疫控中心自检羊布病 830 只份、肉牛布病 37 头份、猪布病 90 头份、犬布病 130 条，检测结果均为阴性。检测奶牛布病 6 423 头次（包括送市疫控），检出两头阳性，已无害化处理。奶牛结核检疫 4 248 头（不包括三元绿荷牛场），检测结果均为阴性。完成马传贫、马鼻疽检疫净化，检疫马传贫 763 匹份、马鼻疽 763 匹份，检测结果均为阴性。完成鸡白痢、白血病检疫净化，检疫鸡白痢 800 只份、白血病 999 只份，检测结果均为阴性。

【消毒和环境综合治理】年内，昌平区动物疫控中心对全区1 985个养殖场（户）开展统一灭鼠免疫工作，灭鼠防疫面积累计达315.85万米^2。开展动物免疫标识（二维码耳标）佩带工作，共发放动物耳标62 000枚。

【植物疫病防控】2020年，围绕农产品生产环节，规范农药安全用药监管，以农药出入库和使用记录措施落实情况为切入点，检查种植基地100余家次，针对农药使用不规范等问题及时进行督促整改。开展植物检疫与疫情普查，昌平区植物未发现大面积病害。受北京市植物保护站推荐，完成北京市昌平区2020年全国蔬菜病虫害“绿色防控示范县”创建材料申报工作。

【农药市场监管】年内，组织农药市场执法检查433次，完成农药“百草枯”专项检查、高尔夫球场用药督查等重点工作。针对农药企业抽查农药标签2 000余个，完成市、区两级4批次农药质量抽检75个样品，合格率100%。完成2019年立案查处农药案件3起，共处罚金9 760元；完成2020年立案查处农药案件2起，共处罚金11 100元。在报纸上开办“安全科学使用农药知识”宣传专栏2期；开展安全用药知识集中宣传培训3次；为辖区绿控示范基地更新置换“禁限用农药名录展板”20块；开展技术咨询1 000余人次，发放宣传资料3 000余份。

【农药残留检测】年内，针对辖区农产品生产基地、农户、配送企业、蔬菜批发、零售市场等，开展种植农产品农药残留抽检257批次，完成定性检测24 314个样品、定量检测420个样品，合格率为100%。

【植物检疫与疫情普查】年内，植物检疫开具产地检疫证36份、调运检疫证46份。针对瓜类果斑病等18种检疫性有害生物及恶性杂草进行普查，处置面积1.75万亩。针对三裂叶豚草（发生面积10亩）进行2次地毯式除治；处理涉疫种子共49.35千克。未发现其他疫情。

【重大迁飞性害虫监测与防控】年内，制定《昌平区2020年草地贪夜蛾等重大迁飞性害虫监测与防控工作方案》，成立专项工作组，申请区财政专项资金，建立21个监测点，举办培训2次，发放《草地贪夜蛾防控手册》100册，布设诱捕器500套。全年累计诱捕到草地贪夜蛾成虫31头，幼虫20头，化防面积30亩。

【专业化统防统治】年内，成立3家昌平区蔬菜植保专防组织，共开展专业化服务2.1万亩次，其中专业化防治面积1.5万亩次、巡棚与指导0.6万亩次，专业化防治面积中理化诱控和生物防治技术0.78万亩次，占专业化防控面积的52%。

【绿控产品补贴】年内，完成“昌平区绿色防控产品补贴项目”，项目覆盖辖区1 669个种植基地、合作社及种植户，涉及面积17 523.86亩。全年开具绿色防控处方4 099条，涉及补贴户625个、面积12 229.8亩，享受补贴资金559万余元，其中使用天敌、授粉蜜蜂、理化诱控产品占95.86%，生物农药仅3.27%，化学农药仅占0.87%。

【农机监理】2020年，区农机安全监理所落实全国农资打假专项治理行动会议精神，开展农资打假“春雷行动”专项治理，进一步规范农机维修企业监管。春耕春播关键时期，在全区范围内开展春耕备耕的农机检查，维修保养农业机械，保障顺利投入春耕作业。从农机法律法规、安全生产知识、作业现场维护、驾驶操作人员注意事项等方面开展农机跨区作业宣传教育，杜绝安全生产责任事故。加强管理，进一步加强农机生产经营组织的农机安全生产制度建设，为4家农机服务组织建立健全安全生产规章制度。打造农机安全宣传阵地，明确农业生产经营者主体责任，为全区重点农业设施园区更新农机安全宣传橱窗20个，内容包括《北京市农业机械监督管理规定》及《农机安全生产管理制度》。

【农资打假“春雷行动”】3月10日开始，为贯彻落实全国农资打假专项治理行动视频会议精神，区农业农村局农机监理所执法人员对辖区内已复工的农机维修企业开展农资打假“春雷行动”专项治理。专项检查主要是针对农机维修人员是否持证上岗，是否超范围经营，是否以次充好、使用不符合国家规定的农机配件，农机配件进货渠道是否正规、有无产品合格证等方面。

【春耕生产助力保障】3月23日开始，区农机安全监理所执法人员到北京百悦阳光科技发展有限公司，对拖拉机、旋耕机以及旋耕刀等农业机械的安全状况进行检查，保障农机具可随时投入春耕生产服务。全区3个农机服务组织参加春耕作业农业机械维修保养。6月1日，区农机安全监理所执法人员对百善镇东沙屯村农田内正在进行春播作业的农业机械开展农机安全隐患排查。执法人员查看驾驶员及车辆证件是否齐全、是否参加年检，拖拉机制动、转向、灯光等操作系统是否存在隐患，对播种作业环节安全操作是否规范进行检查，同时宣传农机安全生产知识，提高广大农民群众安全生产意识。

【“三夏”农机安全生产检查】6月15日，为确保“三夏”期间农机安全生产形势稳定，区农机安全监理所开展“三夏”农机执法检查。执法人员到国家精准农业研究示范基地，对参加麦收的联合收割机牌照、操作人员证件以及灭火器配备情况进行检查，向基地负责人发放秸秆禁烧宣传材料，并要求操作人员时刻绷紧麦田防火这根弦，杜绝焚烧秸秆行为，确保麦收安全。

【“三秋”农机跨区作业宣传教育】8月19日，为切实做好常态化新冠肺炎疫情防控条件下“三秋”农机跨区作业工作，昌平区农机安全监理所在北京东瑞盛农机专业合作社开展跨区作业安全宣传教育活动。活动中，执法人员对全区3家农机服务组织跨区作业农机手就农机法律法规、安全生产知识、作业现场维护、驾驶操作人员注意事项及安全生产责任书等进行宣传教育，参加活动人员20多人次。

【农机事故应急处置演练】9月4日，昌平区农机安全监理所在北京克满农机专业合作社开展农机事故应急处置演练活动。各镇（街）农机监理员及农机专业合作社相关人员共20人参与观摩活动。演练活动采取“以练代训”形式，结合自身在农机事故应急处理工作中的短板，重点演练事故发生后当事人、镇（街）相关单位报案过程及应急处置环节的具体方法。通过演练，提升农机安全监理机构受理、处置农机事故的能力。

【冬季农机生产安全消除隐患宣传】11月19日，昌平区农机安全监理所在北京金六环农业园内，开展消除安全隐患，确保冬季农机生产安全宣传活动。执法人员现场讲解农机事故案例、农机安全生产注意事项，要求农业机械操作人员严格遵守安全操作规程。并现场发放农机安全手册、事故案例等宣传材料600份，为冬季农机安全生产营造良好环境。

【农机安全事故隐患排查整治百日行动】年内，根据北京市农机监理总站《“农业生产经营组织农机安全事故隐患大排查大整治百日行动”实施方案》要求，昌平区农机安全监理所开展农机安全隐患排查大整治百日行动，共检查农机生产经营单位50家次，执法检查483件，开展宣传教育活动3次，发放宣传材料1 120件。

【“双随机”抽查执法】年内，按照“双随机”抽查制度要求，结合北京市农业执法网“双随机”摇号结果，昌平区农机监理所对全区相关镇（街）、4家农机服务组织、6家农机维修企业、67家农业设施园区，随机抽取监管对象和执法人员，全年出动执法人员240人次，检查监管对象84家次，检查覆盖率达57%。

农业服务

【概况】2020年，昌平区农业服务中心以“农村美丽、农业振兴、农民富裕”为出发点，以“拓市场、塑品牌、促增收”为目标，全面服务昌平“三农”工作，促进全区都市型现代农业发展提质增效。年内，昌平区被农业农村部认定为全国第五批率先基本实现主要农作物生产全程机械化示范县（市、区）。

【农机购置补贴】2019—2020年，补贴21台农机具，涉及兴寿、小汤山、马池口等8个镇（街），使用农机购置补贴资金120.818万元，全部拨付到购机者手中。

【草莓生产服务】年内，农业服务中心组织成立草莓生产服务工作队并分成9个服务小组，包镇到村，指定专人包村到户，送服务下乡，对全区草莓全生育期进行技术指导，做到全覆盖，无死角。规范投入品使用，推广新技术新模式，在草莓生长季不定期对草莓生产区域及产品进行环境监测和产品监测，抽检灌溉水、土壤情况以及草莓的农药残留和重金属残留等，保证草莓生产安全性，促进产业振兴和农民增收。

【农产品销售服务】年内，农业服务中心在突发疫情下帮扶农户销售，线下包村到户服务340余次，参与服务技术人员800余人次，线上远程指导农户1 300余人，并发布蔬菜技术指导意见、草莓技术指导意见。筹措蔬菜种苗，分发蔬菜种苗247.73万株、籽种1.5万袋，指导进行草莓蔬菜套种，丰富种植品种，增加效益。联系多家专业合作社，统一按保护价收购农户草莓，提高昌平区草莓批发价格，打击批发商贩恶意压价行为。“牵线搭桥”拓宽销售渠道，成功与“菜篮子”直通车、臻途旅游微信群、“妈妈共享家”“奕人专供”等平台进行对接，与南邵兴昌佳苑、青秀尚城、路劲世界城、廊桥水岸等多个大型社区取得联系，开通社区配送、快递配送等销售方式。全区 13 个种植草莓的镇（街）草莓销路畅通，市场基本稳定。

【政策补贴申请落实】年内，区农业服务中心经审核验收向财政申请草莓种苗、农药、土壤化学消毒、立体基质栽培及营养液、半基质栽培及营养液、后墙壁挂式管道栽培、生产用授粉蜜蜂及草莓蔬菜基质更新 8 项补贴，共计 1 633.29 万元。

【草莓育苗产业扶贫】年内，昌平区引导本地种苗繁育企业对接河北省张家口市尚义县、内蒙古太仆寺旗等冷凉地区建立育苗基地，5 家育苗企业在尚义县和太仆寺旗有繁育温室及春秋棚数量 550 栋，所育品种为红颜、隋珠、圣诞红等主栽品种。全年繁育种苗 1 554.9 万株，销售到昌平 900 万株。

【"昌平草莓"地理标志管理】年内，完成 1 家草莓新申请单位现场评估及合同签订工作，发放标志标签 28 800 枚；完成 15 家现有地标单位年度现场回访工作，对 12 家用标企业进行现场抽检；统一发放草莓包装 10 000 件给用标企业，规范"昌平草莓"地标产品包装，促进用标企业规范标志、标签的使用。

【秸秆综合利用推进】年内，新建 6 处农林废弃物综合处理站，全年处理农林废弃物达到 1 万吨。建立农作物秸秆综合利用补贴体系，加大政策扶持力度，实现农作物秸秆综合利用率 100%。按照"五料化"利用，积极引导并逐步探索秸秆综合利用处理途径。

【农业污染防治推进】年内，打好农业污染防治攻坚战，有序推进农业生态环境保护项目，加强化肥减量增效工作，全面开展土壤环境质量监测，探索农业废弃物资源化利用，建立农药包装废弃物和农膜回收处理机制，农膜回收率达到 80%以上，推进耕地安全利用，实现农业的高质量、绿色发展。

【农业科技项目示范推广】年内，组织昌平区农业技术推广站、农业环境监测站、植保植检站、种子管理站 4 个农业技术推广单位在农业节水、生态环保、高产高效、质量安全、繁种育种等领域开展 10 个试验、示范、推广项目。通过项目实施解决一批制约全区农业生产的关键技术问题，培养一批农业生产技术骨干。

【农民实用技术线下培训】年内，为克服新冠疫情影响，区农业服务中心开展线下培训 15 期 462 人。通过微信群、微信朋友圈发布"京科惠农""农业专家大讲堂""知网学术大讲堂"等培训信息 72 期，通过抖音、快手、天猫、知网等平台开展线上培训，提升疫情期间培训效果。

【高素质农民培训】年内，结合本地实际，围绕主导产业，开展"一点两线、全程分段"以产业发展为立足点，以生产技能和经营管理能力提升为两条主线的草莓、苹果种植户、合作社骨干培训，完成高素质农民培育 120 人。

【创业创新项目实用人才培养】年内，经区人才工作领导小组办公室综合考评，推荐 4 名优秀农村实用人才参加"第六届农村实用人才优秀创业项目评选资助活动暨第四届北京市农村创业创新大赛"。经过项目路演、实地考察等环节，昌平区 2 个项目获得北京市第六届农村实用人才优秀创业项目评选资助。

【初级实用人才培育】年内，全区 21 个镇（街）培育新增 5 类初级农村实用人才 114 人，其中营销类 6 人、技术类 20 人、管理类 61 人、生产类 9 人、文体类 18 人。推荐 7 名优秀农村实用人才参加农业农村部举办的"农村创新创业导师培训班"。

乡村建设

【概况】2020 年，新农村建设服务中心围绕美丽乡村建设、农村地区清洁取暖两项重点任务，聚焦乡村振兴战略，推进农村地区环境质量持续改善。全年完成 121 个村庄规划的审批工作，全区 215 个需要编制规划的村庄中，已有 202 个完成村庄规划编制并得到区政府批复。17 个镇（街）街 234 个村庄完成美丽乡村建设项目勘察测绘、设计、预算编制、实施方案编制及实施方案评审工作。对 41 个村庄和 11 个社区实施农村"煤改电"工程，订购安装取暖设备 20 400 台，其中包括电暖器 6 377 台、空气源热泵14 023台。

【美丽乡村建设项目启动】5 月，经昌平区政府同意，由区新农村建设服务中心作为主体进行美丽乡村建设项目施工招标工作，并正式启动美丽乡村建设项目，涉及全区 234 个村庄，项目总额为 21.194 5 亿元。项目主要包括市级财政支持项目、其他环境整治项目、公共服务设施提升性项目等三大类 14 大项建设任务，涵盖水、电、路、公厕、垃圾分类等各个方面。年内，昌平区共有 127 个村庄正式启动美丽乡村项目建设，其中 90 个村基本完工，并通过市级验收。

【**延寿沟域建设项目**】9月，延寿镇申报延寿沟域建设项目——连山石河道综合治理工程开始进场施工，11月，所有建设内容全部完成。项目通过对河道进行整治，改善河道水环境，进一步提升村庄整体环境，促进农村休闲产业发展，带动农民持续增收。

【**美丽乡村建设规划**】年内，有序推进美丽乡村项目建设工作，编制全区215个村的村庄规划，其中98个通过区级部门联审，82个获得区政府正式批复。组织第三方公司对全区第一批86个村庄进行两轮环境问题核查工作，形成问题台账，督促各相关镇（街）按照台账举一反三进行全面整改，最终通过年底市级部门验收。

【**农村地区清洁取暖**】年内，采用煤改电方式继续推进农村地区冬季清洁取暖工程建设，涉及东小口镇店上、兰各庄，十三陵镇北新村，流村镇高崖口、漆园、王峪、小水峪、瓦窑3个镇共8个村2 605户，冬季清洁取暖工程减少燃煤7 815吨。截至年底，全区有185个村完成清洁取暖改造工作。

【**取暖设施后期管护**】年内，清洁取暖后期长效管护工作委托区属企业北京永安热力公司进行专业化管理及维护，将全区72 304台设备，按照地域差别，划分成6大片区进行管理，做到片区划分、责任到人。完善设备监控系统，建立全区统一报修服务平台，并详细制定《客服人员培训方案》《维修培训方案》《报修流程培训方案》等，报修、投诉电话通过海报、横幅、展板、致村民的一封信等形式宣传到位，确保后期管护工作专业、及时、准确。

【**农村人居环境整治工作专班**】年内，成立农村人居环境整治工作专班，全面负责农村人居环境长效管护综合协调工作，及时掌握各部门、镇街农村人居环境整治工作进展情况，协调区级各相关职能部门解决整治工作中的重点难点问题。工作专班对全区263个村切实执行“一村一策”，打造“一村一景”，以加快补齐设施短板为着力点，以农业转型升级为关键点，以农民增收致富为落脚点，加大农村人居环境专项整治，大力推进美丽乡村建设专项行动，打造美丽乡村，建设美丽昌平。

【**农村地区供电建设**】年内，深刻认识“煤改电”工作的政治意义和民生价值，克服疫情影响，以超常规的资源投入工作，完成42村、2.6万户“煤改电”任务，改造任务量占北京公司总体的91.3%，为地区生态环境和民生改善作出积极贡献。持续打造“全能型”供电所，开展供电所全员量化考核，以“效益最大化、人员最精化、服务最优化”为工作目标，建立完善乡镇供电所激励和约束机制，促进供电所形成科学、合理、高效的全员绩效管理模式。

【**农村危房改造**】年内，提升农村住房居住质量和品质，增强农村居民获得感、幸福感和安全感，实现“住房安全有保障”的目标。在危房改造收尾阶段坚持落实每天通报一次各镇工程进度，每周检查一遍未完工现场，每半月召开一次工作调度会的“三个一”制度。通过精心谋划、科学施策，深入一线、靠前指导，完成全区338户的危房改造工作，并全部通过竣工验收，及时完成资金发放工作。

【**抗震节能农宅建设**】年内，督促上年度未完工抗震节能农宅工程收尾及竣工验收工作。对各镇新开工农户房屋进行改造，由各镇委托监理机构及区住建委委托第三方机构进行检查，确保改造后的农宅符合抗震和节能等要求。针对2018年北京市抗震节能农宅建设政策空档期农户自行改造的281户房屋，委托第三方机构对改造后的房屋是否符合抗震节能等要求进行检查。持续做好2018—2020年抗震节能农宅建设通过竣工验收农户信息系统录入工作。

农村改革

【**概况**】2020年，深化农村改革，加快农村发展，维护农村和谐稳定，充分认识“三农”工作特殊重要性，把“三农”工作作为重要政治任务抓紧抓好，推进美丽乡村建设，整治人居环境，着力加强生态环境建设，大力拆违还绿、见缝插绿、腾退建绿。推进农村经济发展，因地制宜推动发展壮大集体经济，大力发展特色产业，大力推进精准帮扶，发挥农民专业合作社作用，带动村民增收致富。推进乡村文明建设，培育和践行社会主义核心价值观，积极倡导文明健康的生活方式，努力培育良好家风和淳朴民风。

【**“村地区管”工作改革**】3月，落实“村地区管”工作，制定下发《关于实行农村集体经济合同联预审机制的通知》，根据规定，深化区级组织领导，落实分级责任，突出重点监管，收到北七家、崔村、小汤山、南邵、南口、沙河、马池口、回龙观等18个镇（街）共284份新签订经济合同申请，并全部进行实地考察，其中116份申请符合联审要求，可以继续履行村级重大事项民主决策程序“十步工作法”后续程序；34份申请由于审批手续不完善，未通过区级联审工作；134份申请正在联审过程中。7月，建立区级职能部门联预审机制，以“合同管理”为抓手，达到进一步对农村“五块地”的规范管理目标，撰写《昌平区加强农村集体土地合同管理工作方案》，完善农村集体土地合同联预审机制。8月31日，区政府印发《关于加强农村土地资源管理利用建立健全“村地区管”机制的实施意见》，坚持规划引领、用途管控、以用促管的原则，强化区政府管规划、管用途、管合同、管程序、管监督、管查处的权责。12月23日，《昌平区加强农村集体土地合同管理工作方案》正式下发实行。

【全国农村宅基地制度改革试点】 9月20日，中农办和农业农村部《关于批复农村宅基地制度改革试点地区名单的函》（中农函〔2020〕20号），确定北京市昌平区、大兴区等104个县（市、区）和3个地级市作为全国新一轮农村宅基地制度改革试点地区。试点工作2021年启动，2022年年底结束，工作周期2年。

【农村产权流转交易市场建设成果展】 11月26日，区农业农村局、区经管站相关领导参加“北京农村产权流转交易市场建设十周年成果展”开幕式，并组织相关工作人员前往参观。展览以“躬耕十载，惠农强农”为主题，以北京农村产权流转交易市场建设十年的积极探索和发展历程为切入点，对全市各区十年来农村产权交易成果及先进经验进行展览展示。昌平区作为实体展览之一，通过视频、图文展示的方式，集中展示昌平区在农村产权交易发展及成效、出台政策及创新做法等方面取得的成就。

【农村工作改革创新推动】 年内，区委农村工作领导小组召开会议，要求全区统筹抓好疫情防控和农业农村发展。要有序推进美丽乡村建设，深入实施“百村示范、千村整治”工程。建立健全农村基础设施和环境卫生长效管护机制，抓好农村地区垃圾分类工作。要大力推动农村工作改革创新。促进乡村产业融合发展，盘活闲置资源，促进农村民宿、休闲农业、观光农业的持续健康发展。抓好林下经济试点，建好延寿、羊台子两条经济沟峪。强化农业科技创新，加大科技助农、科技兴农力度。提高涉农从业人员能力素质，鼓励本地青年人才回村创业。依法管理农村土地，深化规自领域问题专项整改，落实“村地区管”“农地农用”。加强农村宅基地及房屋建设管理，抓好改革试点。

农村经营管理

【概况】 2020年，昌平区农村合作经济经营管理站严格落实“村地区管”工作要求，监督指导农村集体重大事项“十步工作法”规范履行。提高政治站位、主动担当作为，积极参与全区重点工作和专项任务。统筹规划各类经济合同调查，持续推动农村集体经济合同清查整改。准确高效完成农经统计和信息化工作，大力推进农村管理信息化。规范合作社产业化提升，拓展合作社服务范围。大力推进惠农政策贯彻落实，推广农村产权交易平台使用。有序指导专项审计工作开展。加强农村集体经济合同管理，深化区级组织领导，落实分级责任，突出重点监管奠定坚实基础，制定并下发《关于实行农村集体经济合同联预审机制的通知》。关注农村低收入统计监测，组织全区各镇（街）相关工作人员进行涉及低收入统计监测及农村经济收益分配报表等业务培训。按照市农业农村局相关要求，组织各镇（街）开展农民负担监督检查工作，落实村级减轻农民负担各项制度。

【农村经济收益分配年报统计】 1月17日，完成2019年度全区农村经济收益分配年报统计工作。2019年昌平区农村集体经济总收入23.9亿元，比上年下降2.6%；农民人均所得23 263元，比上年增长6.3%。

【低收入农户统计监测】 2月15日，完成2019度全区低收入农户统计监测年报工作。2019年昌平区纳入监测的低收入农户1 400户2 756人，低收入农户的家庭年人均可支配收入全部超过11 160元，全区平均为20 505.6元。2020年全区低收入农户年人均可支配收入22 028元，比上年增长7.42%。全区低收入农户的家庭年人均可支配收入全部超过13 000元。

【农村管理信息化数据更新】 3月1日，完成2019年度农村管理信息化数据更新工作，包括家庭信息、人口信息、劳动力信息、党员信息、管理人员、大学生村官、村级党务社务管理等19张报表。

【专项合同清查整改】 5月，按照市级合同整改政策指引文件精神，制定《昌平区涉地集体经济合同遗留问题整改政策指引》。召开分级会议，强调推进合同整改。实行周报机制，指导重点镇村，包括11个重点镇和65个村集体。三次与区法院沟通合同整改工作，完成涉地农村集体经济合同及规自领域巡视反馈问题合同清查整改工作。

【兔肉美食推广】6月6日，参加第18届中国兔肉节线上公益活动。活动主题是"美好兔肉·健康生活"，由中国畜牧业协会、中国肉类协会主办，北京会场由北京谷氏农业专业合作社承办，国宴大师现场制作兔肉美食。8月13日，由北京谷氏农业专业合作社开办的第一家全兔宴餐厅在十三陵镇北新村开业。

【公益事业金审计及相关整改】7月，开展2019年度公益事业金审计工作。2019年，享受市级财政拨付的村级组织正常运转专项补助资金的行政村数为303个，应支付村级公益事业专项补助资金共计6 072.5万元，实审村数为303个。经审计，21个镇（街）303个村实际收到村级公益事业专项补助资金6 072.50万元。2019年，村级公益事业专项补助资金使用金额5 964.31万元，用于公益设施建设费用516.25万元，公益设施维护费用2 048.15万元，社会管理费用2 815.42万元，社会事业费用496.37万元，村务人员工资88.12万元。通过后期整改，截至年末专项补助资金余额447.63万元较整改前减少191.91万元；结余主要原因是个别村存在工程未完工或整体拆迁现象，基本没有公益支出。通过审计，未发现资金违规使用的情况。

【助农休闲培训班】8月4日，区经管站和昌平农广校联合举办特色餐饮助推休闲农业培训班在兴寿镇鑫城缘果品专业合作社开班，邀请北京餐饮协会副会长王云结合昌平特色农业产业讲授冷热菜制作技艺与食材加工销售技巧等内容，16家区级以上示范社和有需求的合作社、农广校相关班级学员参加培训。

【区级示范社培育创建】8月26—27日，区农业农村局、区经管站、属地镇政府，联合对申报区级示范社的5家普通社（南邵镇三合庄春刚果品专业合作社、崔村镇善养食用中药材种植专业合作社、十三陵镇繁花部落农业专业合作社、兴寿镇美林间草莓种植专业合作社、东篱种植专业合作社）进行审查，通过现场询问、查看办公场所、翻阅各项规章制度，详细了解合作社生产、销售、财务、成员分红等经营情况。

【示范社理事长培训】9月9—10日，区级以上示范社理事长培训在阳坊大都开办。培训班邀请中国社会科学院农村发展研究所副所长苑鹏教授讲解《农民专业合作社法》，59家区级以上示范社理事长参加培训。

【土地承包经营纠纷仲裁员培训】9月26日，区经管站综合法制科联合市农村产权交易所驻昌平办事处、威正律师事务所，在阳坊大都举行2020年昌平区农村土地承包经营纠纷仲裁员培训。会议对农民负担监督检查、农村产权交易、调解仲裁法3个方面内容组织培训，全区23个镇（街）相关工作人员参加培训会，提升了农村经管工作人员的业务能力。

【农村集体经济合同培训会】10月29日，昌平区经管站在阳坊大都召开农村集体经济合同培训会议，全区各镇（街）合同管理员参加会议。会议邀请昌平区法院民事二厅副庭长尤文静针对农村土地承包、流转相关法律问题和典型案例做专题培训，对即将施行的《中华人民共和国民法典》做详细讲解。区经管站合同指导科就近期工作重点、存在问题及年终考核指标进行强调和部署。

【合同收益清理与核对】年内，清查全区各类农村集体经济合同14 488份，并做好涉及合同的扫描件备案及农村集体经济合同管理台账更新工作。开展工业大院合同收益清理与核对，完成2019年度和2020年度资产收益补助核算工作。完成南邵镇、沙河镇和小汤山镇工业大院腾退涉及的合同租金核算。

【农村集体资产年度清查】年内，开展2018年、2019年度农村集体资产年度清查，清查核实全区460家组织和企业农村集体资产441.75亿元，其中镇级组织资产4.83亿元，镇级企业185.89亿元；村级组织资产246.77亿元，村级企业9.55亿元。全区集体经济组织的所有者权益为73.96亿元，负债总额为367.79亿元。全区农村集体土地总面积共184.05万亩。资产清查数据已完成录入审核并通过市级审核，各镇（街）形成专项资产清查报告已上报归档，资产清查工作全面完成。

【村集体经济组织债务摸底调查】年内，通过全面摸底，全区312个农村集体经济组织，村级债务总额共计9.91亿元。按来源划分：银行信用社等借款本息共计 1.24 亿元，占比 12.51%；单位借款本息共计 6.74 亿元，占比 68.01%；个人借款本息共计 0.91 亿元，占比 9.18%；应付款项（不包括应付征地补偿款）共计 1.03 亿元，占比 10.39%。按用途划分：经营性债务共计 3.53 亿元，占比 35.62%；公益事业债务共计 0.31 亿元，占比 3.13%；管理费用共计 0.07 亿元，占比 0.71%；历年没有税费尾欠款项；其他支出共计 5.99 亿元，占比 60.44%。债务摸底调查数据已录入平台并通过市级审核，各镇（街）形成专项债务摸底调查报告已上报归档，债务摸底调查工作全面完成。

【村级财务规范化指导培训】 年内，区经管站主动送业务辅导到基层，提高基层对“三资”管理的认识，确保农村“三资”管理稳定。实地走访全区各个镇（街）、103 个村集体，通过查阅存档材料及实地查看，发现“三资”管理不规范问题共计三大类。结合问题清单，征求各镇（街）业务需求，开展专题业务培训，累计培训 588 人次，累计培训时长 76 课时。

【家庭承包合同清理整改】 年内，开展家庭承包合同清理整改工作，涉及全区 208 个村，采取确权确利形式的 1 个村，采取确地与确股相结合的 40 个村，采取确权确股形式的 167 个村。清理家庭承包合同 10 019 份，其中确地类合同 9 497 份，确股（利）合同 522 份；发放村内股权证 272 057 本，其中含承包地股 186 829 本；涉及承包总面积 375 433亩，总户数 75 065 户。

【农村集体土地合同管理】 12 月 23 日，贯彻落实市区两级“村地区管”工作要求，结合全区实际，区经管站起草《关于落实“村地区管”加强农村集体土地合同管理的工作方案》。通过工作方案，建立区级职能部门联预审机制，以“合同管理”为抓手，达到对“五块地”规范管理目标。文件经过多次修改完善并通过区政府专题会与五部门联合专题协调会审议，出台《昌平区加强农村集体土地合同管理工作方案》。

【村、社区“两委”干部资格审查】 年内，按照全区村和社区重点工作专班统一部署，完成现任村、社区“两委”干部资格审查，审查人员共计 3 810 人。全年落实村、社区“两委”资格联审工作长效机制工作，累计完成资格联审 24 批次。

【村“两委”经济责任审计】 年内，区经管站及时了解各镇（街）审计工作进展，针对问题强化业务指导。审计全区 312 个村集体经济组织的 341 名负责人，包括村书记、村主任和村股份经济合作社董事长。经审计，各镇（街道）未发现现任村“两委”主要负责人存在违反财经法纪、侵占集体“三资”现象。但仍发现在会计核算、经济合同管理、资产管理、制度执行等方面存在问题。为确保审计工作取得实效，昌平区及时组织各镇（街）开展审计问题整改工作，同时与财务科联合开展下乡指导，针对各镇审计发现的问题督促各镇（街）积极整改。

城乡环境管理

【概况】 2020 年，进一步提升昌平区城乡环境建设管理水平，推动城乡环境管理工作，开展景观提升工程和环境建设惠民工程，集中治理环境秩序、广告牌匾等突出问题，不断优化城乡环境管理机制，持续改善全区城乡环境面貌和环境卫生。全年完成南口地区和昌平城区共 10 座公厕改造。

【行业疫情防控监管】 年内，立足本职，加强行业监管，要求 22 个镇（街）及北企公司，做好保洁人员的防护，做好公厕、垃圾中转站、垃圾桶、环卫车辆等设施的消杀管理，并建立照片反馈制度加强监管。在新冠肺炎疫情防控的同时，持续开展垃圾分类宣传，提高分类纯净度。建立安全例会制度，加强内部监管。督促各科室保持办公环境清洁，开展防疫宣传教育，提高员工防疫意识，坚持“日报告”“零报告”制度。

【城乡环境整治机制】 年内，强化月检查、月排名、月曝光机制，将全区 22 个镇（街）和北企公司分为街道、平原、山区 3 个组分类考评，运用第三方专业检查队伍对存在的问题进行挂账督办，全年共挂账 3.41 万处，销账率 99%。

【环境重点难点问题专项整治】 年内，开展老大难问题专项整治，对暴露垃圾、店外经营、堆物堆料、乱设广告牌匾、车辆乱停放 5 类问题，建立台账 497 处，全部销账。开展有碍观瞻问题专项整治，对主要道路两侧易产生环境问题的有碍观瞻点位进行详细排查，共建立台账 374 处，已全部销账。

【城乡接合部重点村环境整治】 4 月，首都城市环境建设管理委员会办公室下发《城乡接合部农村地区村庄台账》，涉及昌平区 10 个镇（街）83 个村庄，区城市环境建设管理委员会办公室根据昌平区实际下发《关于推进城乡接合部重点村环境整治工作的意见》，制定“一村一策”整治方案，统筹协调各镇（街）开展整治工作，共清理卫生死角 7 887处，清理积存垃圾渣土 1.9 万吨，清理非法广告 21 万张，新设或完善垃圾收运设施 651 个，完成公厕改造 47 座，新建或维修改造照明设施 845 处，拆除或规范广告牌匾 1 700 块，拆除废旧设施 102 个，累计挂账 3 210 处，销账率 100%。

【小巷环境精细化整治】年内，按照“十无五好”（即无私搭乱建、无开墙打洞、无乱停车、无乱占道、无乱搭架空线、无外立面破损、无违规广告牌匾、无道路破损、无违规经营、无堆物堆料。公共环境好、社会秩序好、道德风尚好、同创共建好、宣传氛围好）的标准，完成 4 条街巷（龙泽园街道东亚上北小区南侧路、云趣园三区南侧路、通达园小区南侧路、城北街道东关一条胡同）整治任务，铺设沥青路面 1.05 万米^2，粉饰围墙 3 900 米^2，清理暴露垃圾、渣土 14 吨，拆除违规广告牌匾 80 余块。东关一条胡同入选 2020 年十大“北京最美街巷”。

【门前五包责任制完善】年内，在“门前三包”的基础上建立“门前五包”（包环境卫生、包绿化、包社会秩序、包无违规广告和包无违法建设）管理责任制。签订“门前五包”责任书 16 049 份，签订率 100%。

【市郊铁路沿线环境提升】9 月，高标准完成市郊铁路怀密线（S5）昌平段沿线环境提升项目，怀密线途经昌平区 11 个镇（街），全长 55.4 千米，涉及 6 个车站。整治提升工程粉饰建筑外立面 10.6 万米^2、围墙 10.2 万米^2，油饰围栏 2.3 万米^2，修补围墙 8 568 延米，新建路面铺装 5 800 米^2，两侧新增和改造绿化面积 215.47 公顷。

【节日景观布置】年内，认真做好节日景观布置工作，在政府街、南环大桥、京藏高速东辅路、回龙观东西大街、自行车专用路等重点道路以及西关三角地公园、万科商场路口、回龙观东西大街路口等主要场所，通过悬挂 LED 中国结、灯笼、灯带和缠绕树灯等形式进行景观布置工作。国庆期间共悬挂 LED 灯笼 3 414 个、中国结 1 172 个，悬挂灯带 5 400 米。

【建筑渣土管理】年内，强化建筑垃圾四项行政许可监管，办理建筑垃圾行政许可 1 039 件，其中渣土消纳许可 188 件、车辆准运许可 840 张、建筑垃圾经营性运输服务行政许可 9 份、设置建筑垃圾渣土消纳场所许可 2 份。牵头组织开展建筑垃圾运输专项执法 797 次、出动执法人员 13 627 人次，共查扣违规建筑垃圾运输车 854 辆，完成区内施工工地检查 61 次。加强全区建筑垃圾消纳工作，建立昌平区建筑垃圾积存点位动态台账，上账点位 128 个，销账 125 个。昌平区渣土消纳场剩余 3 处，剩余填埋量为 228 万吨。建筑垃圾资源化处置项目共计 15 个，年度累计处理建筑垃圾 270 余万吨，处置项目现场存料合计 430 余万吨。

【道路机扫新工艺覆盖率提升】年内，全区 146 条总长 232.87 千米的城市道路，实行以机械化清扫作业为主、人工保洁为辅的清扫保洁作业，城市道路机械化作业率达到 99%，其中实行“洗、扫、冲、收”组合工艺（新工艺）作业率达到 92%以上，有效降低道路尘土残存量。

【垃圾分类工作推进】年内，夯实基层基础，提升全链条管理能力，围绕家庭厨余分出率、其他垃圾减量率、分类设施达标率、桶站值守率四项考核指标，不断提升分、收、运、处全链条闭环管理。强化组织动员，发挥“支部引领、党员带领”的作用，实施“垃圾分类我报到”行动。加强社会动员，利用“志愿北京”平台招募志愿者 1 万人，结合全区 75 个“分小萌”垃圾分类示范引导站，开展志愿服务。加强宣传动员，动员小巷管家、楼门长等社会力量，开展宣传活动。加强执法考核，提升工作推力，通过区级巡查、属地排查、行业自查、第三方抽查等多种方式，加大对小区、餐饮企业、商市场等重点场所混投、混装、混运行为的查处力度。

【环境卫生综合检查】年内，开展环境卫生综合检查，对全区镇（街）按照“全面摸排、规范运输、检查整改、创建示范”4 个阶段开展指导检查。检查规范村庄 118 个，小区 109 个，单位 39 个，商超 365 家。落实“日检查”“季考核”，提升环境质量。全年共建立台账 185 处，整改 130 处，整改率为 70.2%。每季度协同各职能部门对全区镇（街）及北企公司的环境卫生工作进行评价考核。积极做好区内 77 条河道及小微水体河道周边环境卫生整治和 6 条重点公路的监督检查。对昌平境内京藏、京新高速、京承高速、六环 53 个高速出入口周边及 20 个地铁站周边环境卫生进行周检查，检查中出现问题及时整改协调处理。

【环境卫生重点任务统筹协调】年内，统筹协调，及时完成市、区各项环境管理重点任务，针对中央环保督察期间，投诉阿苏卫垃圾填埋场异味扰民等信访件，坚持“市级统筹、属地负责”的原则，督促场区设施加强防控异味措施，并配合市城管委和周边居民代表不定期驻场监管。定期对所属设施进行检查考评。通过积极回应和主动监管，促进企业良性运行。加强沟通，着力做好回天地区环境卫生工作，按照区政府要求，完成回天地区总面积737万米^{2}道路清扫保洁服务、48座公厕运营维护、生活垃圾收集运输，以及夏季防汛、冬季扫雪铲冰、空气重污染等环卫应急服务保障任务。

【农村供水】年内，开展农村供水设施安全隐患排查，发现存在水源保护问题6处、水源井消毒设施未配备32处、消毒设施运行不到位3处，对排查出的问题在6月底前全部完成整改。开展农村供水工程管理信息公开工作，新制作农村供水工程信息公示牌159块，更新90块，信息公示率达到100%。办理村庄供水站取水许可证205个，办理率96.8%，完成管水人员健康证办理工作，完成昌平区14家乡镇集中供水厂规范化管理评估工作，完成市局年度农村供水专项检查，委托专业公司对单村供水站、水池等供水设施进行代理维护，保证农村供水水质安全。完成农村供水站年度水质检测工作，水质合格率97%，完成农村供水工程总表安装440块，安装率100%。按照市级要求，与昌平区发改委、区财政局、区农业农村局共同完成区级农业水价改革验收工作，形成昌平区农业水价改革工作报告并报市级相关部门审核。全区累计安装农业机井智能计量设备1 200套，建立区、镇、村三级用水管理平台。“两田一园”范围内实现机井计量全覆盖，131个村已全部通过“一事一议”确定水价，并启动水费征收工作。

【农村污水处理】年内，对所有农村污水处理设施进行运行情况检查，检查内容包括设施运行情况、安全生产情况以及出水水质达标情况。根据《北京市进一步加快推进城乡水环境治理工作三年行动方案（2019年7月—2022年6月）》工作要求及市水务局统一工作安排，共完成44个村的农村生活污水收集处理设施建设工程。全区农村污水处理设施共101座，其中可移动一体化设施30座，全年累计污水处理量833.85万米^3。

园林绿化

【概况】2020年，北京市昌平区园林绿化局挂昌平区绿化委员会办公室（简称区绿化办）牌子，是区政府园林绿化行政主管部门。有8个内设机构：办公室（安全生产科）、义务植树科、生态建设管理科、产业发展科、综合管理科、城镇绿化管理科、森林资源管理科、政工科。下属事业单位11个，编制人数320人，实有人数249人（其中初级工程师78人，中级工程师41人，高级工程师17人），研究生学历15人，本科学历117人，大专及以下学历117人。年内，昌平区林木绿化率提高到67%，林地面积达到89 866.67公顷。森林覆盖率提高到48%，森林面积达到64 066.67公顷，两率均为全市五个城市发展新区之首。完成京津风沙源治理项目封山育林1 667公顷。区内有昌平公园、永安公园、未来科学城滨水公园等16家，全区精品公园3个，市级重点公园1个。

【园林绿化普法宣传】9月18日，城北园艺驿站组织社区居民开展园林绿化普法宣传讲座和插花体验活动，驿站工作人员带领社区居民参观驿站室内外的园艺景观，并介绍园艺植物习性特点与养护方式。参观结束后在会议室集中学习关于古树名木保护、“互联网+”全民义务植树相关知识，并观看了新森林法的宣传影片，还进行了园林绿化普法问卷调查。社区居民在室外活动空间进行插花园艺体验活动。

【平原地区造林】年内，完成平原地区造林任务1 496公顷（不含提升改造纯新增1 347公顷），栽植树木113.26万株。

【绿化为民办实事项目】年内，落实绿化为民办实事项目，城镇绿化为民办实事项目建设总面积30 272米^2，批复总投资907万元。建设内容主要有土方工程、绿化工程、铺装工程、配套设施工程、照明工程、灌溉工程及大市政接口工程。共完成微地形改造700米^3，栽植苗木35 463株，地被花卉9 072米^2。铺设园路及广场3 925.18米^2，安装成品座椅17个，垃圾桶18个，座凳138.53米^2，指示牌4个，园灯68盏，敷设供水及供电管线4 220米。项目地点分别位于城北街道、城南街道、南邵镇、北七家镇。

【森林健康经营】年内，完成生态效益促进发展机制森林健康经营工程林木抚育2 866.7公顷（含国家重点公益林抚育），其中重点地区林木抚育面积 1 031.7公顷，一般地区林木抚育面积 1 835 公顷，作业道路建设 36 540 米。

【代征绿地收缴】年内，完成代征绿地收缴 7 处，面积约 149 272 米^2。

【林木有害生物防控】年内，共完成产地林木检疫 86 个单位（个人），检疫苗木总面积 1 792 公顷，实现产地检疫率 100%的目标。监测测报美国白蛾、红脂大小蠹等林果有害生物 32 种。

【林木伐移管理】年内，共发放“林木采伐许可证” 642 件，采伐林木 257 003 株，蓄积 19 296.75 米^3。严格执行限额采伐管理，林木移植发证 61 件、38 231 株，树木砍伐审批 76 件、438 株，树木移植 20 件、509 株。

【野生动物保护】年内，累计监测野生鸟类 30 余万只，未发现野生动物传播疫源疫病异常现象。救助苍鹰、猫头鹰、野猪等野生动物 30 余只。

【古树名木管理】年内，按照北京市主要领导关于“保护风貌，做好古树体检，加强遗产文化研究”的指示精神，全力推进昌平区古树名木保护管理工作，对全区古树进行普查，对每株古树都登记挂牌，标示科属种、保护等级等相关信息，做到“一树一证”。申请专项资金，对南口镇辖区内 18 株古树，十三陵特区辖区内长陵陵区东侧古树群、陵内 5 株古树和康陵村内 1 株银杏实施修补树洞、整理树冠枯枝、加装护栏、防腐处理、砌筑墙体、加施肥透气管、支架支撑等抢救复壮工程。

【林业执法】年内，共依法处理结办林业案件 7 件，处理违法人员 4 人，处理违法单位 3 个，共执行罚款 130 840 元。侦办刑事案件 4 起，采取刑事强制措施 5 人。

【森林火灾防控】年内，围绕“春季森林防火专项检查”和“野外火源专项治理”工作，促进各项防范及应急处置措施落实到位，昌平区森林防火形势相对平稳，未发生较大以上森林火灾，未发生人员伤亡事故。

【林木越冬基数调查】年内，为保障昌平区园林绿化树木安全，区园林绿化局专业技术人员在流村、延寿等地开展林木越冬基数调查工作。通过综合汇总林木越冬基数调查数据，认真整理、统计和分析数据，确保准确掌握病虫害越冬情况，及时准确监测发生动态和预测发生趋势，为林业有害生物综合防治工作提供科学依据。

规划和自然资源

【概况】2020 年，北京市规划和自然资源委员会昌平分局开展规划和自然资源领域专项治理，制定相关文件规范用地秩序。编制街区单元指引，落实人、地、房三大指标，形成初步成果。落实总体规划关于“一年一体检”要求，按照市规自委统一部署，继续推进昌平区 2019 年度城市体检评估工作，并形成《北京市昌平区 2019 年度城市体检报告》。按照市区关于振兴乡镇战略的三年行动计划，有序组织编制完成 3 批 215 个村的美丽乡村村庄规划。推进供地任务落实，集中优势力量，科学有效释放空间资源。深入贯彻市区领导关于轨道交通及一体化指示精神，搭建区级轨道交通一体化专班，制定相关工作方案，建立昌平区轨道交通一体化工作机制。完成昌平区第三次全国国土调查统一时点更新工作，按照国家和市级要求上报区级调查成果数据。推进自然资源资产产权制度改革，牵头编制《昌平区自然资源资产产权制度改革实施方案》。

【规划和自然资源领域专项治理】年内，制定《昌平区规划和自然资源领域专项治理领导小组和专班工作组织方案》《昌平区关于开展规划和自然资源领域问题整改落实〈关于加强规划和自然资源领域内部约束监督的意见〉〈关于治理基层涉地乱象和涉地腐败的意见〉的工作分工方案》，明确组织架构、总体要求、重点任务安排及责任分工，成立区级领导小组，设立工作专班，组建政策法规、技术规范、基层治理、监督执纪执法 4 个工作组，将分工方案中 38 项改革任务进一步细化落实为 65 项主要工作并形成“任务清单”，统筹做好调度、察访、汇总上报等各方面工作。通过整改，形成城乡规划管理、减量发展、“村地区管”等方面经验做法，在全市刊发推广。出台《关于进一步加强制止和查处违法用地违法建设工作的意见》《关于做好没收违法建筑执行工作的意见》《昌平区城乡规划实施和土地资源管理定期报告制度》等制度文件，形成违法查处、没收执行、耕地保护等一系列工作成果，进一步规范用地秩序。

【乡镇国土空间规划编制】年内，按照市级层面全面开展乡镇国土空间规划编制工作计划安排，开展小汤山、延寿、阳坊、南口 4 个乡镇国土空间规划编制工作，形成初步成果，同步启动兴寿镇乡镇国土空间规划的编制工作。

【美丽乡村规划编制】年内，组织编制完成3批215个村的美丽乡村村庄规划，其中202个村庄规划取得批复，批复率93%。推进昌平区美丽乡村村庄规划数据库平台建设工作，充分发挥村庄规划对村庄建设的管控引导作用。

【生态保护红线评估调整优化】年内，对2018年国务院批复的生态保护红线划定成果开展评估调整优化，并与自然保护地划定成果整合，形成成果正式上报市规自委，由市规自委统一上报市政府，经市政府常务会及市委常委会审查通过。

【市政基础设施规划建设】年内，推进水环境、污水治理。全面落实新一轮污水治理三年行动计划，落实河长制，加快水环境治理工程，推进天通河、东沙河治理，回天地区雨污水分流改造等工程方案研究及前期规划手续办理。优化电网结构，提高供电能力。推进大唐青灰岭风光发电厂110千伏电力送出工程的规划手续办理。推进“煤改清洁能源”项目建设，核发德胜口村（山区）以及曹碾村（平原）等20项农村煤改电工程规划意见，开展六环以南12个村庄煤改清洁能源供暖方案研究工作。

【征地及农用地转用项目管理】年内，审核上报征地及农用地转用项目4件，用地面积102.07公顷，其中农用地36.75公顷、建设用地62.39公顷、未利用地2.93公顷。收到市政府建设用地批复3件，总用地面积10.61公顷，其中农用地9.34公顷、建设用地1.27公顷。

【土地整理及耕地占补平衡】年内，完成3个土地复垦项目验收工作，新增耕地面积26.33公顷（其中可用新增耕地指标9.13公顷），开展4个土地复垦项目，其中2个项目已竣工，2个项目区政府已下达规划设计批复；开展增减挂钩项目4个，其中1个项目已完成拆旧区复垦；完成1个建设项目表土剥离方案会审工作；组织有关专家对10个临时用地复垦方案进行评审。为昌平区北七家镇平坊村土地一级开发项目等2个征地及农转用项目落实占补平衡指标，补充耕地面积6.85公顷。

【地质灾害防治】年内，组织区公路分局、区文旅局及各相关镇（街）开展地灾隐患排查工作，排查威胁居民点地质灾害隐患223处，巡查排查621次。全年发布区级地质灾害气象风险预警6次（3次蓝色、3次黄色），组织完成地灾宣传、培训及突发性地质灾害应急调查等工作。组织完成11个地质灾害治理工程验收工作，其中延寿镇1个、十三陵镇2个、南口镇8个。

组织工作

【概况】2020年，全区组织系统坚持以习近平新时代中国特色社会主义思想为指导，全面学习贯彻党的十九大和十九届二中、三中、四中、五中全会精神，认真贯彻落实新时代党的建设总要求和新时代党的组织路线，统筹推进领导班子和干部人才队伍、基层党组织和党员队伍建设，广泛动员各级党组织和党员干部在疫情防控、基层社会治理过程中积极主动履职、有效发挥作用，为全区经济社会高质量发展提供坚强政治和组织保证。成立区委“两新”工委，完善联席会议机制，加快“两新”组织“两个覆盖”。加强对机关、卫生、教育、国企等其他领域党建工作调研指导，稳步推进年度重点任务落实落地。

【领导班子选配】年内，围绕中央关于全国党政领导班子规划建设纲要和北京市贯彻落实措施要求，梳理细化全区工作方案，健全完善干部选拔任用制度，构建覆盖全区处级、科级职务与职级选拔任用工作制度体系，提升选人用人制度化、规范化水平。立足昌平改革发展需要，按照规划纲要要求，聚焦优化班子结构、提升整体效能，突出政治标准和实干担当，统筹推进领导班子配备和干部调整工作。全年共调整处级领导干部294人次，新提拔干部105人。

【疫情防控阻击战】年内，牵头负责社区防控工作，统筹建立22个镇（街）、551个社区村“联防联动”快速响应机制和社区防控体系，建立临时党支部312个，近5 000名区、镇下沉干部、4.6万名在职党员迅速投入抗疫一线，顺利完成村（社区）防控、重点人摸排、境外进京人员转运、集中和居家人员管理服务、大规模核酸检测等重要工作任务，果断处置北大国际医院、回龙观街道、天通苑北街道零散确诊病例疫情传播风险，全区疫情防控工作取得阶段性成果。积极应对秋冬季疫情防控，重点抓好入境和中高风险地区进京人员集中观察，把党支部建在观察点，开展重温入党誓词、“我是党员我值守”等系列党日活动，确保各项工作平稳有序。做好常态化疫情防控工作，研究制定党建引领社区治理22条措施，建立干部人才常态化下沉机制，推动各级党委（党组）班子成员建立基层党支部工作联系点，成立社区防控常备应急队伍。开展常态化疫情防控示范村（社区）创建工作，强化城乡接合部人口倒挂村和“三无”小区整治，推进312个小区（村）安装卡口智能技防设备。

【基层党建工作责任落实】年内，制定《2020年全区基层党建工作重点任务清单》，推动落实7方面52项重要任务，压实责任传导。深入推进“双述双评”和“三定两评”，开展各级党组织书记抓基层党建工作述职评议考核，村（社区）“两委”班子及成员述职述廉，形成责任传导链条。制定《2020—2024年村和社区“两委”干部队伍建设实施意见》，细化15个方面具体举措，健全选育管用工作体系。抓好村级后备人才选育储备，更新完善624人后备人才库。严格落实“五个一”机制，加快推进9个软弱涣散村、5个后进社区整顿转化。开展基层党支部书记“头雁领航”和党员“骨干担当”行动，组织党组织书记制定任务书、党员作出承诺，充分发挥带头示范、先锋模范作用。

【村（社区）“两委”换届选举】年内，成立换届选举工作专班，加强统筹协调，定期开展专题调度和工作培训。坚持“十不能”资格条件标准，严格联审机制，对全区3 741名现任村和社区“两委”干部进行两级联审，同步推进经济责任审计、入党核查等相关工作。认真做好选情摸排和提前布局，指导各镇（街）逐村（社区）、逐岗位、逐人头开展摸排，对重难点村（社区）进行专题调度，压紧压实各方责任。

【“吹哨报到”改革和“接诉即办”】年内，制定细化年度38项重点任务，坚持问题导向、效果导向，高频次实地督导，率先开展执法帮扶，开发“吹哨报到”网上运转系统，在镇（街）综合执法改革和队伍建设、社会单位设施开放、小微绿地建设、社会组织孵化等方面，取得进展。聚焦“压总量、提三率”目标，成立接诉即办“6+1”工作机构，建立完善专题会周研判、重大问题预警、重点件一把手亲办、驻点帮扶等工作机制，开展集中诉求大解决活动，不断强化主动治理、源头治理。注重考核结果运用，将考核结果与干部选拔任用、职务职级晋升、绩效考核评优等挂钩，压紧压实承办单位责任。强化业务培训指导，对成绩排名靠后、问题突出的单位，及时提供驻点帮扶服务，从机制、制度、流程等方面进行专题指导，提升各单位“接诉即办”工作质量和水平。

昌平区领导名录

区委书记　于长辉
副书记　王合生（8月免）
甘靖中（9月任）　谢文征
常委　王燕庆　苏贵光（9月免）
解江凌　徐　萍（女，3月免）
贺　军　陈　军（5月免）
周金星
李志杰（蒙古族，5月免）
朱　平（4月任）
区人大常委会主任　朱光彤
副主任　杨国昌（12月退休）
奚增森（9月退休）
李春菊（女，1月免）
杨洪达（1月退休）
张强斌　刘长永（1月任）
沈树祥（1月任）
梁士强（1月任）
赵海英（1月任）
区长　王合生（8月免）
甘靖中（10月任）
副区长　苏贵光（9月免）
李志杰（5月免）
刘长永（2月免）
吴　彬（女，7月免）
周金星（11月任）
朱炳文　董贵蛟
刘晓东（6月任）
冯志明（11月任）
佟立志（女，11月任）
区政协主席　张晓兰（女）
副主席　李永生　靳增立
洪起国（2月免）
李雪红（女）　姚仰平
明占学　吴小利（1月任）
秘书长　纪树一
区委农工委书记　尚万江
区委农工委副书记、　宗　江（11月免）
区农业农村局局长　张正伟（11月任）

昌平区各镇（街道）党政正职领导

	党（工）委书记	镇长（主任）
回龙观街道办事处	刘晋京	王　旸（女，6月免） 霍　琨（6月任）
东小口镇（地区办事处）	戈　娜	肖振业
沙河镇（地区办事处）	周金星	柴龙钢（5月免） 柳　强（5月任）
小汤山镇	王红敏（8月任）	蒋　玮（9月免） 苗广生（9月任）
崔村镇	冉　灏	李桂美（女，5月免） 曾文涛（5月任）
兴寿镇	郭卫东	黄　俊
阳坊镇	李　昌（5月免） 徐冬云（女，5月任）	徐冬云（女，5月免） 郑　松（5月任）
南邵镇	林　宇（5月任）	李　勇（9月免） 鞠国栋（9月任）
百善镇	李怀来（5月免） 尹　航（5月任）	莫清海
北七家镇	齐俊国（5月免） 雷海良（5月任）	雷海良（5月免） 乔　昆（5月任）
十三陵镇	唐拥军（5月免） 李　攀（5月任）	刘长德（9月免） 崔宙鹏（9月任）
延寿镇	李　攀（5月免） 刘浩军（5月任）	刘浩军（5月免） 罗立华（5月任）
南口镇	唐朝辉（6月免） 李哲元（6月任）	李哲元（6月免） 燕明星（6月任）
流村镇	桑先军	龚家银
马池口镇	张海岩	韩　炜
城北街道办事处	李　欣（女）	明占学
城南街道办事处	郑森堂（5月免） 李建忠（5月任）	曾波（5月免） 冯光（5月任）
天通苑南街道办事处	刘庆海	高益梅（女）
天通苑北街道办事处	刘智勇（9月免） 李　刚（9月任）	李　刚（8月任）
霍营街道办事处	张海明（回族，9月免） 孔令军（9月任）	孔令军（9月免） 赵　静（女，9月任）
史各庄街道办事处	杨玉宝	易宏琤
龙泽园街道办事处	李文慧（女）	郝洪涛

（昌平区农业农村局　朱歆彤）

大　兴　区

概　　述

大兴区位于北京市南部，总面积 1 036 千米^2。下辖黄村、西红门、旧宫、亦庄、瀛海、青云店等 14 个镇和清源、兴丰等 8 个街道办事处。据第七次全国人口普查，大兴区（含北京经济技术开发区）常住人口为 1 993 591 人，其中大兴区（不含北京经济技术开发区）常住人口为 1 845 446 人。

2020 年，大兴区实现地区生产总值 932.8 亿元，比上年增长 2.0%。实现农林牧渔业总产值 30.5 亿元，比上年增长 9.8%。

全区有耕地面积 18 626.67 公顷。粮食播种面积 3 933.33 公顷，产量 2.5 万吨；蔬菜播种面积 1.18 万公顷，产量 36.9 万吨，是北京市蔬菜主要产区之一。西瓜播种面积 1 200 公顷，产量 6.2 万吨，排全市首位。果树种植面积 5 000 公顷，产量 7.1 万吨。花卉种植面积 201.1 公顷，鲜切花产量 509 万支、盆花 5 717 万盆，其中月季种植面积 99 公顷、产量 597 万株。

发展各类农业园区 392 个，涌现出宏福农业、四季阳坤、老宋瓜园、月季品种园、御林古桑园、京农智慧农业 4.0 园区、凤采军辉等一批典型园区。其中，宏福农业、京农智慧农业 4.0 园区，均是从荷兰引进的智慧温室建造和种植技术，使用智能控制系统，实现农业生产的智慧化、生态化、可视化、可追溯。

全区农业设施大棚 5.2 万栋、4 000 公顷，设施数量占全市的 25%。设施农业年收入 12.8 亿元，平均亩效益 1.24 万元。其中，连栋温室 547 栋、333.33 公顷，以种植花卉、蔬菜为主，最高亩产值 50 万元；日光温室 1.5 万栋、1 066.67 公顷，以种植蔬菜、西甜瓜、果品、花卉为主，最高每亩收入7万元左右，亩均收入3万元；钢架大棚3.7万栋、2 600公顷，以种植蔬菜、西甜瓜为主，亩均年收入1.8万元。

培育休闲观光园、农家乐等休闲农业经营主体145个，实现总收入1.23亿元，比上年减少23.69%；经营利润1 386.5万元，比上年增长55.54%。举办休闲农业相关节庆、农事活动14次，比上年减少16.13%。在区市场监管局注册的合作社有777家，市级以上农业产业化龙头企业9家，其中国家级农业产业化龙头企业3家（榆垡镇秋实农业、黄村镇资源亚太饲料、旧宫镇金星鸭业）。

成功创建国家农产品质量安全区，有农业标准化基地100家（种植75家、果品25家），取得"三品"（无公害农产品、绿色食品、有机农产品）认证基地110家。每年区级定量检测2 500个、定性检测4.5万个以上。推广"大兴农品"追溯二维码500万枚。通过支持外埠基地建设、划定禁养区等措施缩小养殖体量，清退禁养区养殖企业333家，经营性养殖散户退出1 317户。

城乡发展一体化

【城乡一体化发展扩容提质】年内，大兴区落实北京城市总体规划，推进新城控规试点报批工作，11个镇域总规和16个街区控规进展顺利。深入推进"疏整促"专项行动，拆除违法建设391万米^2，腾退土地517公顷，清理三层以上出租院落179个，完成2 755户棚户区改造任务，积极推进22条背街小巷环境整治，实施龙河路改造工程，兴丰街道富华巷获评"北京市最美街巷"，群众家门口的环境更优、品质更高、生活更方便。加快城市更新改造，布局智慧市政等6个新场景应用，团河路等一批基础设施投入使用。持续推进"拔钉子"行动，腾出可上市土地94公顷，榆垡、旧宫东站、车站北里项目彻底清理完毕，滞留10年的海户新村、七街安置房项目全部开工建设。全年实现成交商品住宅用地42.5公顷，回笼资金84.9亿元。

【城乡治理体系加快完善】年内，大兴区齐心协力抓好垃圾分类和物业管理两个"关键小事"。开展垃圾分类宣传、物业条例宣传，覆盖40余万人。围绕提高桶站值守率等10个方面精准发力，基础设施改造进度在全市排名靠前。紧抓业委会组建，新成立业委会284个，引入愿景集团等社会力量，56个无物业小区实现物业管理全覆盖。提炼大兴"拉家常"议事会品牌，建立多元主体联合响应机制。启动撤村建居试点工作，摸排全区171个拆迁村，逐步形成工作方案。深入落实"接诉即办"，承办"12345"市民服务热线19万件，群众诉求办理响应率达100%。

【临空经济区建设】年内，北京自贸区高端产业片区正式挂牌，完成10.3千米^{2}政策空间划定。自贸区累计新增市场主体258家，注册资本254亿元。北京大兴国际机场综合保税区获国务院批复。自贸创新服务中心投入运营，综保区公共库等项目具备开工条件，临空区发展服务中心等4个项目工程进展顺利。大礼路、青礼路两大城市主干道部分通车，进一步完善了临空区交通路网。

【"疏解整治促提升"专项行动】年内，27项任务全部完成，其中拆除违法建设391万米^2，腾退土地517公顷。对已疏解退出的151家一般制造业企业、市场及物流企业开展"回头看"，巩固疏解提升成效。对接镇街治理，初步解决西红门、青云店老旧小区等疑难问题。22条背街小巷环境精细化整治提升任务已全部完成。

【基础设施】年内，大兴区持续推进马西路、黄亦路等重点道路建设。完成11个镇98条乡村公路大修工程。年末大兴区公路里程2 923.4千米，其中国道198.6千米，省道209.8千米，县道411.6千米。按公路等级分，高速公路187.7千米，一级公路163.6千米，二级公路484.3千米，三级公路387.5千米。着力推进农村基础设施提档升级，完成16个市级试点村道路、供水等基础设施建设。实施44个村的污水管线建设，改造农村户厕5.3万余户，覆盖率达99.77%。推动安定镇循环经济产业园纳入市政府"一会三函"审批政策范围。

【公共交通】年末，大兴区公共电汽车运营线路68条，比上年末增加6条；运营线路长度2 276千米，比上年末增加541千米。年末轨道交通运营线路4条，运营线路长度58千米。年末大兴区实有出租汽车2 255辆，客运量531.6万人次，其中新能源出租车803辆，比上年末增加328辆；客运量181.7万人次，比上年末增加1.7万人次。公租自行车站点数591个，公租自行车1.7万辆，公租自行车全年累计租借次数2 766万次。

【生态治理】年内，大兴区创新以图查尘、以绿固尘、以路督尘、以技治尘工作法，加强污染源监管执法力度。严格落实河长制，狠抓黑臭水体整治，完成永兴河、小龙河城市段综合治理，4个镇级再生水厂达到通水条件，安南、新西凤湿地公园建成开放。率先出台土壤环境管理指南，全面加强重点单位、疑似污染地块监管。创建国家森林城市，实施新一轮平原造林1.72万亩、临时绿化1 533.34万米^2。2020年，大兴区细颗粒物（PM2.5）年均浓度值为37微克/米^3，比上年下降15.9%，浓度值首次低于全市平均水平；可吸入颗粒物（PM10）年均浓度值为64微克/米^3，比上年下降19.0%，累计降幅居全市第二；二氧化氮年均浓度值为33微克/米^3，比上年下降17.5%；二氧化硫年均浓度值为3微克/米^3，比上年下降25.0%。生活垃圾无害化处理率达100%，比上年提高0.04个百分点。林木绿化率达到32.8%，比上年提高0.7个百分点。城市绿化覆盖率为46.9%，比上年提高1.3个百分点。

都市型现代农业

【农业新品种新技术示范与推广】2020年，大兴区引进示范农作物新品种314个，其中蔬菜品种128个、西甜瓜品种116个、玉米品种31个、大豆品种27个、小麦品种12个，推广面积800公顷。示范推广新技术20项，其中蔬菜栽培技术10项、西甜瓜栽培技术10项，示范推广面积2 666.67公顷。

【蔬菜集约化育苗】2020年，大兴区22家（含西甜瓜、草莓）市级蔬菜集约化育苗场育苗生产面积17公顷，年育苗9 681.07万株（含西甜瓜1 941万株），其中14家育苗场（含3家草莓育苗场）取得农作物种子生产经营许可证。全年通过现场指导和运用微信工作群、网络平台等现代信息手段，累计培训85次，指导育苗种植户220人次。

【草莓生产】2020年，冬春季全区草莓生产面积33.5公顷，种植品种有“红颜”“章姬”“弥生姬”等，其中“红颜”为主要栽培品种。重点草莓育苗园区育苗面积5.9公顷，育苗437万株。通过电话、视频授课等方式开展技术指导12次，组织草莓重点园区观看市级专家视频授课2次。在第六届“北京草莓之星”评选活动中，大兴区4个样品获得“星级奖”，5个样品获得“优秀奖”。

【国家西甜瓜产业技术体系大兴综合试验站项目】年内，大兴区引进西甜瓜及砧木新优品种116个，安排试验18个，优选16个新品种，推广面积800公顷；示范推广新技术4项，推广面积2 666.67公顷；集中培训观摩37次，累计培训1 534人次；发放培训资料3 700余份，扶持建设西甜瓜销售平台2个。

【设施瓜菜生态施肥技术推广与应用】年内，大兴区完成肥料（配方肥65吨、生物有机肥12吨、基质100吨、水溶肥10袋）配送及发放工作。同时完成项目中土壤和植株检测、试验示范工作10项。实验结果平均亩增产235.67千克，每亩节约化肥投入5.13千克（纯量），减少肥料投入31.5元/亩。组织开展技术宣传培训3次，培训87人次；科普赶集1次，发放《肥料知识手册》等相关宣传材料2 270份。

【农业生产技术培训】年内，大兴区在新冠肺炎疫情防控期间创新培训形式，运用微信工作群、网络平台等现代信息手段，以技术管理意见和技术培训视频等形式，为重点菜农和蔬菜园区技术人员开展技术培训。通过网络平台累计开展视频专题培训、组织网络课堂学习等20余期，发布蔬菜生产管理技术意见27条，累计培训农民7 478人次，结合疫情督导开展技术指导760次，电话咨询指导1 777人次，通过移动平台向示范户、园区等发布灾害性天气预警信息33次。

【农业执法检查】年内，大兴区开展农业执法检查193次，出动执法人员968人次，检查农资生产经营单位760家次，对抽检不合格的样品依法查处；办理行政处罚案件12起，罚款8 649元；受理“12345”“12316”各类投诉5起。

【生产经营行政许可】年内，大兴区种植业中心行政大厅受理窗口接待咨询近200人次，受理农作物种子生产经营许可变更2件，受理蔬菜种苗生产经营许可申请2件，依法核发行政许可。截至年末，大兴区有农作物种子持证企业43家，其中22家种子企业，3家草莓种苗企业，18家蔬菜种苗生产企业。与中国检验检疫科学院合作，植物检疫行政许可签发产地检疫15批次，调运检疫6批次。

【农业改革发展资金重点项目】年内，大兴区开展地膜回收及处置项目、有机肥替代化肥项目、叶类蔬菜集约化育苗补贴、蔬菜科技示范基地建设项目等农业改革发展资金重点项目5个。累计回收旧地膜1 290吨，发放新地膜430吨；有机肥补贴面积2 180.73公顷，补贴肥料3.27万吨；补贴叶类蔬菜商品苗 2 738.08 万株；建立高品质蔬菜科技示范基地 1 个，有机蔬菜科技示范基地 1 个，优质蔬菜科技示范基地 1 个，累计示范蔬菜品种 16 种。

【蔬菜价格监测】年内，大兴区开展蔬菜产地生产信息监测上报，落实蔬菜产地价格监测点 10 个，涉及蔬菜企业 2 家、蔬菜种植重点村 8 个，监测蔬菜品种 60 余个，采集入库蔬菜价格等数据 1 343 条。累计向市农业农村局报送蔬菜价格周报 16 次，向区农业农村局报送蔬菜价格周报 41 次。

【耕地地力保护补贴】年内，大兴区耕地地力保护补贴对象为大兴区拥有耕地承包权的种植农户（含村集体土地承包户），补贴范围为大兴区种植粮食、经济作物以及露地蔬菜的耕地，补贴标准为每公顷 4 500元。全区享受耕地地力保护补贴面积 2 989.83公顷，涉及 10 个镇、284 个村、11 454 户，补贴资金 1 345.42 万元。

【农业废弃物资源化利用中心项目】年内，大兴区建设农业废弃物资源化利用中心 1 个，采购粉碎、翻抛、筛分、打包、运输等回收处理设备 16 套；优化完善处理工艺 1 套，通过秸秆回收—粉碎—发酵—除尘生产 4 步高效综合处理工艺，实现秸秆的高效处理；完成 348.73 公顷秸秆回收，处理各类秸秆 8 200 多米^3，生产有机物质 930 多米^3。

【基本菜田补贴项目】年内，大兴区基本菜田补贴项目——大兴区 2020 年西瓜科技示范基地建设项目顺利完成，建设 1 个有机西瓜农业科技示范基地、1 个西瓜农业科技示范基地。2 个示范基地试验示范 65 个品种，试验示范技术 7 项，培训 427 人次，发放资料 517 份，建成技术支撑团队 2 支。

【耕地质量等级调查评价】年内，大兴区完成土壤取样 642 个，测试土样指标 46 个、水样指标 5 个、植物指标 5 个，完成大兴区耕地质量等级调查评价报告及变动表各 1 份。

【推广应用绿色防控产品】年内，大兴区推广应用绿色防控产品补贴资金 1 550 万元，执行绿控产品补贴项目工作的植物医生 14 名，绿控补贴产品经营点 12 个，涉及补贴面积 6 022.8 公顷。自 3 月 1 日（补贴节点）至 12 月 21 日，累计开具绿色防控处方10 173条。补贴资金中，使用天敌防控占比 67.25％，授粉昆虫占比 25.82％，理化诱控占比 2.9％，生物农药占比 2.93％，化学农药占比 1.1％，累计防治病虫害面积 5 533.33 公顷。

【赤眼蜂防治二代玉米螟】年内，大兴区种植大户、一般农户通过市植保站绿色防控补贴平台购买松毛虫赤眼蜂、螟黄赤眼蜂，开展“二代玉米螟生物防治”。7 月 24 日，统一投放 2 亿头赤眼蜂，防治面积 755.67 公顷，防治效果 81.2％，减少化学农药投入 2.83 吨。

【农药包装废弃物回收处置】2020 年，大兴区农药包装废弃物回收覆盖庞各庄等 9 个镇，区域内农作物种植面积 6 666.67 公顷。回收工作于下半年开始进行，11 月 30 日结束回收工作，回收农药包装弃物 1 000 万个，全部予以销毁。

【植物疫情防控】2020 年，大兴区通过植物检疫人员及 6 个植物疫情监测点开展植物疫情监测普查工作，普查 17 种检疫性有害生物，普查代表面积 1 400公顷，速测样本 53 个，全年未发现检疫性有害生物。

【农林废弃物机械化处理】年内，大兴区农业农村局、区农机中心牵头制定印发《大兴区农林废弃物机械化处理实施方案》。进一步推进全区秸秆禁烧，减少大气污染，提高农林废弃物综合利用水平，彻底解决农林废弃物污染问题，确保农业生产可持续发展，农业农村环境得到明显改善。通过废弃物处理还田，增加土壤有机质和土壤养分，解决土壤板结和耕性变差问题，实现水土环境根本性改善，达到农业生态循环利用，促进全区美丽乡村建设，实现“农业增效，农村整洁，农民受益”目标。

【对口扶贫】年内，大兴区种植业中心选派 2 名技术人员到内蒙古正镶白旗开展技术支持，引进新优小果型西瓜新品种，推广西瓜嫁接、水肥一体化、蜜蜂授粉等技术；继续引导 4 家农业企业（合作社）到正镶白旗开展产业帮扶。截至年末，有 8 家农业企业（合作社）在正镶白旗建立生产基地，投资 1 800 余万元，租赁土地 283.13 公顷，种植西瓜、南瓜、甘薯、叶菜类等农作物，带动当地贫困人口 211 人。

【农机技术示范】年内，大兴区开展多项农机技术示范作业项目，全区甘薯机械化生产面积 333.33 公顷，生产全程机械化技术示范作业 200 公顷，林果机械化技术示范作业 2 666.67 公顷，瓜菜生产机械化技术示范作业 3 333.33 公顷，大田生产机械化技术示范作业 3 333.33 公顷。通过不断增加示范推广面积，增强辐射带动作用，提高广大农民群众对农机新技术、新机具的认识，激发农户利用新技术的热情。

【农机购置补贴】 年内，大兴区补贴各类农业机械62台，补贴资金431.12万元。其中中央资金138.8万元，市级资金292.32万元。

【裸露农田保护性耕作技术推广】 年内，大兴区完成农机深松整地作业960公顷，秸秆粉碎覆盖还田作业1 333.33公顷，免耕播种作业1 333.33公顷。

【农机执法检查】 年内，大兴区通过电话、粘贴宣传页等方式，大力宣传新冠肺炎疫情防控知识和农机安全生产有关法律法规及农机安全生产防范常识。印发《大兴区关于进一步加强农机维修网点新冠肺炎疫情防控工作的通知》《关于加强新冠肺炎疫情防控期间春耕农机安全监管工作的通知》等文件，确保各镇在认真做好防疫工作的同时，做好春耕期间的农机安全生产工作。对各镇农机网点进行实地排查，张贴《致全市机手朋友的一封信》《致辖区农机维修网点一封信》宣传疫情防控常识，确保大兴区农机服务组织疫情防控“零感染”、农机安全生产“零事故”。开展多种形式的执法活动，结合“双随机”检查，加大对农机维修网点、农机合作社的执法检查力度，检查农业机械142台、农机维修企业34家、农机合作社5家，出动车辆86车次，出动执法人员136人次，做出行政处罚15件，有效保障农机安全生产，遏制农机安全生产事故发生。

【农业机械检验及行政许可】 年内，大兴区办理新农业车辆注册登记34台，办理新增驾驶员44人，换领驾驶证17人，检验农业机械327台。对3个周期未参加年度检验的京01号牌拖拉机进行公告注销，涉及车辆83台，同时对申请注销的121台拖拉机办理注销登记手续，淘汰204台老旧机械。

【农机培训】 年内，大兴区农业技术学校圆满完成10个农机培训项目。其中包括2个农机取证类培训项目（农机驾驶员取证培训2期，80人；农机修理工取证培训1期，31人）；4个农机安全类培训项目（林果打药机械安全操作培训2期，40人；玉米收割机安全驾驶维修专项培训1期，41人；设施农业机械安全操作培训2期，60人；农机从业人员复训10期，300人次）；3个农机技能指导类培训项目（农机合作社网络信息化培训1期，40人；农机购置补贴政策宣传及机具使用培训2期，60人；农业废弃物无害化处理及利用培训2期，43人）及农民田间学校（安定镇、礼贤镇、魏善庄镇、榆垡镇4所农民田间学校开展各类活动40期，培训学员1 000余人次）。举办培训班63期，培训学员1 695人次。9月21—25日及10月12—31日，先后开展基层农技人员能力提升培训和新型农业经营主体培育工作两个农业培训项目，培训区内8个镇学员160人，为服务乡村振兴、拓宽培训思路发挥积极作用。

非农产业

【农产品流通】 年内，大兴区组织涉农企业、合作社开展农超、农社、农企（餐）、电商对接。区级以上示范社结合自身优势，分别开展与家乐福、盒马、华联、永旺、果多美等大型商超企业的对接。部分合作社通过社区直营店、便民商亭、“网店＋社区直投柜＋社区体验店”等不同模式，与40余家社区进行对接，并在疫情防控期间积极参与“蔬菜直通车”工作，在促进本地农产品流通的基础上，保障为社区居民提供安全优质的农产品。部分合作社还通过京东、天猫、淘宝、盒马等网络平台推广销售大兴特色农产品，累计销售2 492.41万千克，实现收入26 131.38万元。

【旅游发展】 截至年末，大兴区形成6家A级旅游景区、12个市级民俗旅游村、47个乡村旅游特色业态、38个区级非物质文化遗产等文化旅游要素共同构成的新国门文化旅游服务基础。5月18日，以“疫去月季开・香约新国门”为主题的第十二届北京月季文化节暨第三届魏善庄镇休闲文化季在大兴区世界月季主题园开幕。“赏月季、品文化、云带货、逛市集、共创城”，每周1个主题。活动持续到6月18日。活动现场，“大兴网友”变身带货主播，为大兴区的花农、果农和相关企业进行代言，帮助农户和企业销售优质的特色农产品，开启直播助农带货模式。5月28日，“乐享生活・京彩大兴”第三十二届北京大兴西瓜节开幕。该次活动两日接待游客8 000人次，现场展卖收入突破20万元，网络直播带货销售西甜瓜2 100余箱，实现带货收入超过18万元。9月12日，庞各庄镇第28届金秋旅游文化节暨大兴区2020年“中国农民丰收节”在梨花村开幕。活动以“丰收・崇俭”为主题，从“网上踏青梨花海”到“金果飘香待君来”，庞各庄镇助力农业产业发展，实施乡村振兴战略，通过举办金秋旅游文化节带动农民增收，促进产业增收。

【服务业扩大开放】 年内，大兴区建立服务业扩大开放综合试点分类动态项目库和项目进展旬报机制及政策诉求月报机制（简称“一库两机制”），督促各成员单位吸引服务业扩大开放综合试点项目落地。2020年，大兴区上报市级统筹项目14个，区级动态项目库新储备项目86个。其中，区级动态项目库中已落地项目28个（含外资项目12个），累计吸引投资约156亿元。

【自由贸易试验区创新发展】年内，临空经济区北京部分成为国家服务业扩大开放综合示范区和北京、河北两个自由贸易试验区的重要承载地。实施首批81条制度创新清单的48条及外汇管理改革试点细则9条，发布第二批39条制度创新清单。完成自由贸易试验区控制性规划和产业规划，采取1.5级模式建成自由贸易试验区创新中心，实现当年决策、当年立项、当年开工、当年投入使用“四个当年”。新增市场主体306家，其中外资7家，新增注册资本265.07亿元。首批8家金融机构确定入驻意向，自由贸易试验区创新金融业务陆续落地。北京自由贸易试验区高端产业片区（大兴）挂牌，印发实施《中国（北京）自由贸易试验区高端产业片区大兴组团实施方案》，实现政策清单、空间资源、项目清单“三单管理”，确定23项政策清单、9个空间资源项目清单、100家目标企业清单。

村镇建设

【美丽乡村建设】年内，大兴区坚持以村庄特色为基础，以“利长远”为考量，在完成313个美丽乡村创建村村庄规划编制的基础上，完成236个村的村庄规划审批。同时，积极推进美丽乡村创建村街坊路、供水、绿化、LED路灯、分类垃圾桶等基础设施建设，建成后村庄更加优美、生活更加舒适便捷，有效提升老百姓的幸福感和获得感。围绕南中轴路沿线、庞采路沿线、永定河文化带沿线和北京大兴国际机场周边，聚力打造16个乡村振兴示范村，在提升基础设施水平基础上，更加注重丰富村庄内涵，初步形成百年古梨园——梨花村、蘑菇童话村——李家场、手工艺创作村——王庄村、特色蔬菜种植村——东北台等特色村庄。16个示范村全部通过市级阶段性评估。

【农村环境改善】年内，大兴区持续开展农村人居环境整治，全区360个村庄全部通过市级考核验收，村庄环境水平从全市最后一名提升到全市中游水平，同时被评为2020年全国村庄清洁行动先进县（市、区）。全区拆除私搭乱建和侵街占道58 374处、182万米^2，清理乱堆乱放、乱贴乱画31万处，清理生活垃圾60.4万吨，清理生活污水直排溢流和村域河塘沟渠1.8万处，发动农民群众投工投劳30余万人次，农村地区人居环境得到进一步改善。持续深化农田环境治理，成立10个督导组，采取包镇的形式开展督导检查，发现问题及时反馈镇政府处置，并定期组织召开工作调度会和开展问题“回头看”，促进农田环境整洁有序。各镇上报治理问题点位8 761处，清理垃圾、废物废料等2.14万吨，整治撂荒和裸露地515处、340.6公顷，清理老旧、残破等农业设施805栋。

【新农村设施服务】年内，由于新冠肺炎疫情原因，全区所有太阳能公共浴室停止营业，在停止营业的情况下，托管服务企业对全区43座太阳能公共浴室进行维修维护198次。组织人员对庞安路333盏太阳能路灯光电池板上方的枝叶进行修剪，切实提高光电池板的采光时间与充电效率，维修10次，维护保养380余盏，确保庞安路太阳能路灯正常运行，为百姓夜间出行提供保障。对路灯托管服务企业监督检查19次、维修路灯3 460基，服务企业巡查路灯25 842盏、更换LED光珠9 162个、更换驱动3 132个。

农村改革与管理

【农村土地承包经营权确权登记颁证】2015年，大兴区在全区范围内开展农村土地承包经营权确权登记颁证工作。截至2020年年末，按从区到镇、从镇到村、从村到户的发放程序，向农户发放证书39 877本，发放率99.6%。

【农村集体经济产权制度改革】2020年，大兴区加强对整建制转非村固化成员、固化股份的指导工作。截至年末，完成整建制转非村固化112个，其中瀛海镇28个村固化股东16 521人；亦庄镇20个村固化股东14 868人；黄村镇24个村固化股东15 280人；旧宫镇15个村固化股东9 506人；礼贤镇15个村固化股东10 782人；榆垡镇10个村固化股东5 655人。

【农村集体经济组织登记证换发】年内，对全区农村集体经济组织和各镇级合作经济联合社进行统一社会信用代码证书换证工作。利用全国农村集体经济组织登记赋码管理系统，按照镇级、村级申请，联网大兴区政务服务大厅一网通办系统，完成527

个村的经济合作社、股份经济合作社和14个镇级合作经济联合社的基本信息的审核和录入，完成农业农村部监制的18位统一社会信用代码经济组织证书换证工作。制发证书1 060套（正、副本各1个），原“北京市农村合作经济组织登记证书”收回作废。

【村级重要经济事项监管】年内，大兴区继续落实村级重要事项事前咨商和招投标工作办法，按季度开展对各镇村级重要事项事前咨商情况和招投标事项的统计工作。全区开展事前咨商和招投标工作涉及11个镇（街道），召开联席会议220次，咨商议题5 772个，出具指导性意见7 550条；招投标事项126件，涉及金额1.36亿元。全区通过北京农村产权交易平台，成交项目34宗，成交金额4.2亿元，流转土地面积2 333.33公顷。全区在北京农村产权交易所挂牌成交27宗，成交金额9 079.36万元，流转土地面积93.53公顷。

【农村集体资产清查】年内，大兴区经管站开展对全区2018、2019年度农村集体资产清查工作。对全区14个镇级组织、548个村级组织、10个组级组织、3家镇级企业、12家村级企业，共计587个清查对象开展清查。截至2020年年末，全区清查核实农村集体资产总额481.44亿元，负债254.38亿元，所有者权益227.06亿元。其中经营性资产205.36亿元，非经营性资产276.08亿元；核实集体土地总面积68 960公顷，其中农业用地53 280公顷（含林地10 693.33公顷），建设用地15 146.67公顷，未利用土地533.33公顷。

【村级资产调查】年内，大兴区经管站在全区范围内开展村级债务摸底调查。截至2020年年末，全区528个村农业人口349 707人，年末村集体资产总额4 417 087.97万元，集体债务总额1 076 362.44万元。

【村级公益事业专项补助资金审计】年内，大兴区经管站审计500个村2019年村级公益事业专项补助资金9 611.41万元。经审计，专项补助资金使用金额9 231.21万元。

【收益分配统计分析】年内，全区农户所得总额980 351.80万元，比上年增长4.48%。其中：报酬性收入296 707.80万元，增长5.37%；财产性收入272 034.10万元，增长8.98%；家庭经营净收入336 637万元，下降0.69%；转移性净收入74 972.90万元，增长10.12%。在统计范围内的人均所得29 378元，比上年增长4.43%。

【农村信息化系统维护和建设】年内，大兴区经管站完成全区村、镇、区、市四级平台的数据采集、录入和上报工作。继续开展对农村管理信息化综合应用平台的维护工作，开展对信息化软硬件设备及网络的运维工作，培训农村信息化人员400余人次。

【“五类供地”管理】年内，大兴区统筹安排“规划已经稳定、年内可以实现供地”的“五类供地”（房业组合类、贡献优先类、自主开发类、市场配置类、调整功用类），优化集体经营性建设用地入市项目。房业组合类，具体指魏善庄镇北部8、9、11、12共4个地块，采取共有产权房与产业用地混合供地的办法，解决项目平衡问题，完成前期供地程序、地价评估、供地方案等工作，取得市政府批复后可挂牌入市。贡献优先类，具体指西红门镇2号地D地块，采取“总部经济+税收定额”的办法，平衡项目综合收益，该地块完成入市交易。自主开发类，具体指黄村镇2号L06地块，采取的办法是镇级联营公司建设低密度企业独栋，提高产品收益水平，完成入市交易。市场配置类，具体指旧宫镇庑殿三村，通过直接挂牌市场公开比价，提高市场配置水平，地块可在年内实现供地。调整功用类，指共有产权房项目区级统筹1、3号地块，两个项目属于挂牌地块，与意向方完成洽谈，其中1号地完成入市交易。截至年末，“五类供地”中，黄村镇狼垡2号地L06地块、西红门2号地D地块、区级统筹共有产权房1号地3个地块完成入市交易，土地面积27.57公顷、总建筑规模41.68万米^2。

【商品房选址】年内，大兴区为缓解镇级联营公司财务压力，在探索集体经营性建设用地建设共有产权房、集租房后，继续探索利用集体经营性建设用地平衡资金地块建设商品房的路径，推进职住均衡，实现以房补业。截至年末，确定300多万米^{2}商品房选址方案，报市规划和自然资源委员会进行审批备案。

【调整贷款结构】自集体经营性建设用地入市试点起，各镇联营公司发放贷款587亿元。截至2020年年末，偿还贷款100亿元。2020年，大兴区按照“延期限、降利率”的总体思路，对集体经营性建设用地拆除腾退项目的存量融资，通过利率调整、贷款置换、担保方式变更等形式进行全面调整。将利率统一下调至4.65%，通过国家开发银行或其他银行牵头，对存量贷款期限由原有的3～5年调整至新批的8～10年。贷款期限调整完成后，全区2020、2021、2022年的还款额分别为0.1亿元、0.11亿元、26.75亿元。集体经营性建设用地拆腾项目，由区属国企北京兴展投资控股有限公司担保方式转换为集体土地使用权抵押方式。截至年末，统筹推进449.6亿元集体经营性建设用地存量贷款置换，每年可节省融资成本4.19亿元，缓解联营公司还款压力，增加项目洽谈的主动权，有利于引入更加符合市区两级要求的优质产业。

农民生活

【农民增收】2020年，大兴区低收入农户实现人均可支配收入17 784元，比上年增长15.6%。持续推进产业帮扶，累计安排40个低收入产业帮扶项目，以就业、农资、分红等方式帮扶低收入农户，累计带动低收入劳动力就业836人次，发放工资477.29万元；产业帮扶收益1 567.82万元。重点做好就业帮扶，低收入农户劳动力就业率比上年提高10个百分点，实现有就业能力且有就业意愿的低收入农户劳动力就业率100%。不断强化政策帮扶，将全区低收入农户772人纳入社会救助保障范围；出台补充医疗保障政策，提高医疗保障报销比例，实现全区低收入农户城乡基本医疗保险全覆盖；完成51户低收入农户危房改造工作和低收入农户适龄子女义务教育全覆盖。引领社会力量帮扶，全区198个帮扶单位，帮扶低收入农户2 350户次5 511人次，累计帮扶金额（含实物折合）435.9万元。

【基本医疗建设】2020年，全区医疗卫生基本建设总投资4.10亿元，其中财政投入4.04亿元、单位自筹0.06亿元。新建、扩建医疗用房29 017米^2，西红门医院改扩建项目、旧宫医院改造项目、长子营卫生院住院楼改造提升项目全部竣工。截至2020年年底，大兴区有村办卫生室184个，私人办村卫生室2个，乡村医生203人，全年诊疗2.33万人次（含新建5家村卫生室）。238名乡村医生参加乡村医生岗位培训，完成理论和实践技能培训、临床进修及全员培训，共计142学时。28名乡医完成“2020年基层卫生人才能力提升培训项目在线培训”，7名乡医参加“2020年北京市乡村医生岗位胜任能力提升培训班”，提高乡村医生对基层常见疾病的诊疗能力、急救现场的初步处理能力和应用中医适宜技术治疗常见病的能力。

【就业服务】全年提供就业岗位6.8万个，新增城乡劳动力就业1.9万人。年末实有登记失业人数5 205人，城镇登记失业率为2.36%。全年共开展招聘活动255场，发布招聘岗位7.5万个，培训城乡劳动力7.7万人次。职业技能培训人员总量达6.1万人次，比上年增长4.3倍；职业介绍成功人数0.8万人次，比上年增长8.3倍。

【社会保障】年内，完成1 908套公租房摇号、配租入住工作，为低收入人群解决居住问题。启动同兴园等8个老旧小区改造。完成17.53万人养老金待遇调整，四类养老金待遇平均增幅3.6%。落实城乡居民养老保险缴费补贴728万元，惠及4.78万人。推动养老服务提质增效，推进2家养老照料中心和25家社区养老驿站建设。深化“六个一批”帮扶机制，1 360户低收入户、2个低收入村完成脱低。精准帮扶全区低保户等23小类特定困难群体5 086人，缓解困难群体看病就医负担。落实各项惠民政策，节约群众殡葬支出204.5万元。

【文化活动】年内，大兴区开展农村文艺演出星火工程、百姓周末大舞台等演出509场次，“多彩大兴·魅力绽放”群众文化风尚季、“书香大兴”全民悦读汇等品牌活动158场次，覆盖群众19万人次。10月31日，北京市河北梆子剧团与安定镇徐柏村河北梆子剧团结对共建仪式在徐柏村新时代文明实践站举行。两个剧团签订共建协议，并共同为共建基地揭牌。该次结对共建，是市级剧团与乡村剧团戏曲文化联合发展的首次尝试。11月9日，第四届“多彩大兴·魅力绽放”群众文化风尚季之原创文艺大赛启动仪式在魏善庄镇泓文博雅艺术馆举行。通过线上海选、线下竞演的方式，评选出《中国脊梁》《奔小康》《中华龙舞起来》《花好月圆》等10个“最佳作品”、10个“才艺之星”和14个“优秀表演奖”。11月26日，大赛总决赛闭幕。

【旅游活动】2020年，大兴区整合节庆资源，组织开展第三十二届北京大兴西瓜节、“保利建工杯”全国西甜瓜擂台赛、甜蜜送瓜之旅、全景大兴13小时连续直播、“金土地梦飞扬”全总文工团慰问演出等系列活动。推动开展大兴区“春华秋实”秋季旅游、采育镇第二十届葡萄旅游文化节、北臧村首届帐篷文化节、庞各庄第二十八届金秋旅游文化节等活动。

【文化、科技、卫生“三下乡”集中示范活动】 1月11日，“我们的中国梦”——文化进万家大兴区2020年文化、科技、卫生“三下乡”集中示范活动在礼贤镇龙头村文化活动中心拉开帷幕。“三下乡”活动以“贴近实际、贴近生活、贴近群众”为原则，立足农村，服务农民，通过传播先进文化，倡导科学文明健康的生活方式。区科协作为主要承办单位，精选优质科普资源，组织3家企业向居民展示科技前沿技术、宣传科普知识。包括全生命周期生态建筑体系、垃圾分类有奖问答、科普有奖竞赛“一战到底”等活动。

基层组织与民主政治建设

【基层党组织规范建设】 年内，大兴区推动“四议一审两公开”“三务公开”制度的落实，结合村“两委”换届选举“回头看”，对全区抽取的72个村实地调研走访，通过座谈采访、档案抽查等方式，重点对文件落实情况及基层党组织建设情况进行检查和督导，将调研发现的问题“点对点”反馈并挂账督促问题整改。落实好党员教育管理工作条例、党员教育培训工作规划，每月到村参加村党支部“党员活动日”活动，了解活动开展内容、效果，结合村“两委”换届“回头看”，全年走访60个村。

【村干部队伍建设】 年内，大兴区创新培训方式，每月一期、每期一天、每期一主题开展4期村级党组织书记大讲堂，共培训220余人。召开23名第一书记座谈会了解工作开展情况，进行两轮全覆盖实地走访，督导“六个一”制度的落实，推动帮、扶、助作用发挥。

【村级后备人才储备】 年内，大兴区与北京农职院开展村务管理专业大专学历招生合作，全年录取289人。协同区委组织部举办第三期优秀村级后备干部培训班，采取村“两委”推荐、镇党委考察、区级审核把关的方式，通过“党校理论灌输、机关轮岗感悟、基地拜师学艺、回村实践锻炼”四阶段，促进后备干部队伍“质”“量”双提升。

【农村基层民主建设】 年内，大兴区委社会工委、区民政局选派6名工作人员，参与对11个镇72个村“两委”换届“回头看”复查工作。7月30日，再次对村务监督等工作进行强调与督促部署。村务监督委员会均具备“工作有人员、办公有场所、对外有牌子、监督有制度、监审有公章、工作有台账、经费有保障”。配合区政务局开展规范村（社区）务事项清单工作。

“三农”工作部署和实施

【深化“三农”发展机制】 年内，大兴区研究出台《关于纵深推进乡村振兴战略确保如期高质量实现全面小康的实施方案》《北京市大兴区2020年镇级党政领导班子和领导干部推进乡村振兴战略实绩考核方案》，明确重点任务90项，考核指标19项，统筹指导2020年乡村振兴工作。推进“十四五”时期乡村振兴规划编制工作。编制庞采路高端特色农业产业带发展规划。对庞采路农业产业现状、提升改造需求等进行系统调研，从背景意义、现状条件、定位目标、产业布局、重点任务、重大项目、保障措施等方面进行体系化深度研究。

【农村“三资”管理】 年内，大兴区深化“村地区管”。印发《大兴区农村集体土地“村地区管”管理办法》，明确全区“村地区管”正面清单、负面清单、考核评价评分表。深化“村资区管”，印发《大兴区关于进一步加强农村集体资产监督管理的指导意见》，建立农村集体资产处置“村资区管”区级联审制度。深化农村宅基地管理，《大兴区农村宅基地及房屋建设管理实施意见（试行）》通过区委常委会审议，制定《大兴区农村宅基地建房审批管理实施细则（试行）》（征求意见稿），进一步规范农村宅基地及房屋建设管理。积极推进农业农村部部署的深化农村宅基地制度改革试点，将《北京市大兴区人民政府关于报审〈大兴区深化农村宅基地制度改革试点实施方案〉的函》报送市农业农村局。

【土地综合整治试点】 年内，北京大兴国际机场专项整治立项14个项目，拟实现新增耕地443.47公顷。依据《自然资源部办公厅关于印发全域土地综合整治试点名单的通知》，正式批准全域综合整治试点名单，大兴区以黄村、北臧村、安定3个镇为试点，在全市率先开展以镇域为单元的全域土地综合整治试点工作。

【乡村基层治理制度设计】 年内，大兴区出台《大兴区关于加强和改进乡村治理的工作方案》，以加强领导、健全机制、强化监督等为抓手推动落实67项重点任务，助力自治、法治、德治融合发展。培育和树立以党建引领的美丽乡村建设、乡村治理示范村19个，发挥引领示范和辐射带动作用。

【农村集体经济合同清理整改】 年内，大兴区根据北京市农业农村局、北京市规划和自然资源委员会《关于开展涉地农村集体经济合同自查自纠的通知》，以及2019年12月11日市农业农村局和市规划和自然资源委员会视频会要求，自2019年12月末开始在全区范围内开展农村集体经济合同清理整改工作。截至2020年7月末，全区各镇收集农村集体经济合同5 544份，其中涉地经济合同5 179份；发现问题合同1 822份，其中涉地经济合同1 797份。问题合同全部整改完成。

【支持低收入户增收及低收入村发展】 2020年，大兴区财政局积极配合大兴区农业农村局深入研究政策措施，制定《大兴区2020年促进低收入农户增收及低收入村发展工作实施方案》。下达相关镇支持低收入农户增收及低收入村发展市级资金1 024万元，充分带动低收入农户增收，缩小城乡居民收入差距，推进脱贫攻坚圆满收官。

【分类整理涉农相关政策】 年内，大兴区财政局对全区涉农政策进行梳理分类，整理出农林水相关政策125项，其中农业政策71项（区级36项、中央及市级35项）、林业政策25项（区级5项、中央及市级20项）、水务政策29项（区级10项、中央及市级19项）。

【农民专业合作社统计年报】 年内，大兴区经管站配合大兴区农业农村局做好农民专业合作社规范发展工作。根据市农业农村局《关于做好2020年度农村经营管理统计年报及农村管理信息化数据更新工作的通知》要求，完成全区784家农民专业合作社统计年报的系统填报工作。

【农业机械尾气污染物控制装置加装】 2020年，大兴区根据市农业农村局印发的《北京市农业农村局关于做好2020年度拖拉机和联合收割机尾气污染物排放控制装置加装工作的通知》要求，制定大兴区实施方案。年内，加装拖拉机96台、联合收割机15台，共计111台（拖拉机40马力以下45台，40～75马力34台，75～120马力14台，120～155马力3台；联合收割机75～120马力6台，120～155马力6台，155～217马力3台）。涉及资金142.75万元，公开招标137.35万元，尾气检测专项费用5.4万元。全区在册登记国补京02号牌农业机械拖拉机372台、收割机70台，2019年和2020年度加装261台国补机械。

【新冠肺炎疫情防控】 2020年，面对新冠肺炎疫情的不利影响，大兴区制定印发《关于做好新冠肺炎疫情防控工作的紧急通知》《大兴区农业农村局防控新冠肺炎疫情方案》《关于涉农企业新冠肺炎疫情防控指导方案（试行）》等多项疫情防控工作文件。全面督查农业园区、农资企业、农资店和农机维修网点等，先后出动7 776人次，排查5 457场次，发放宣传材料2 090份。加强对养殖场（户）、兽医实验室、屠宰企业、动物诊疗机构、农贸市场及水产养殖等场所的巡查，严禁活禽非法交易、私屠滥宰等违法行为。加强企业重点人员排查管控，做好农贸市场清洁、消毒通风等环节监管，先后出动巡查人员4 443人次，检查2 224场次，发放宣传材料1 315份。严把动物及动物产品进京卡口，对运输畜禽车辆进行逐一登记检查，并按程序进行消毒，累计进京道口运输车辆消毒数量5 455车，检查动物产品4.69万吨。全力做好农业行业及农村领域新冠肺炎疫情防控督导工作。强化人员保障，安排7名处级干部、63名（含48名下沉干部）党员干部参与区委组织部防控组督导工作。安排4名处级干部、47名党员干部参与农业行业督查。新发地聚集性疫情发生后，围绕职能进一步强化村庄（社区）卡口、涉农企业、农村在建项目工地、单位自管小区的疫情防控检查指导工作。及时安排37名下沉干部继续到村庄社区参加疫情防控，并先后抽调22名年轻干部参加村庄社区核酸检测、大数据筛查和隔离人员督导等工作。多渠道宣传引导疫情防控工作，结合区域特色，制定下发《大兴区村庄防控“明白图”》《致饲养宠物社区居（村）民的一封信》《关于“共抗疫情积极应对”的倡议书》及各类工作指引1万余份，服务和引导群众科学有效防控疫情。在报刊、网站、微博、微信刊发疫情防控类、典型事迹类信息，营造了良好的防控工作氛围。

大兴区领导名录

区委书记 周立云
副书记 王有国 霍光峰
常委 金卫东 石银峰
翟德刚 许玉增 高念东
艾 丽（女）
袁海鹏（12月免）
姚茂文（12月任）
刘传忠

区人大常委会主任　邵　恒
副主任　张德广　陈晓君（女）
郭金江　刘振宝　刘士忠
区长　王有国
副区长　高念东　石银峰　刘禹锡
杜志勇（1月免）
杨彦光（7月免）
李　强　杨蓓蓓（女）
何景涛（1月任）
朱光耀（6月任）
韩新星（12月任）
区政协主席　吴问平
副主席　李亦武　冯　波
荣俊艳（女）
苏　荣（不驻会）
韩占生（不驻会）
刘会新（女，不驻会）
区纪委书记　袁海鹏（12月免）
姚茂文（12月任）
副书记　芦君英（女）　冯宝军
史金涛

大兴区各镇党政正职领导

	党委书记	镇长
黄村镇	何景涛（3月免）	莎红高（7月免）
	莎红高（7月任）	唐胜明（7月任）
北臧村镇	尚建刚	靳　璐（10月免）
		张华义（10月任）
庞各庄镇	王　森	吴　浩
榆垡镇	张志全	张国柱（5月免）
		王　彪（5月任）
礼贤镇	张　斌	方　勇（3月免）
		何　飞（3月任）
安定镇	耿晓梅（女）	白建松
魏善庄镇	谢景然（女）	王　涛
青云店镇	张廷武	刘振明
长子营镇	赵建红	王　坡
采育镇	张新颖（女）	窦炳洋
西红门镇	张福长	高振华（7月免）
		高志纯（7月任）
旧宫镇	任喜军	黄　浩
亦庄镇	李　燕（女，10月免）	秦化真（5月免）
	靳　璐（女，10月任）	赵　亮（5月任）
瀛海镇	张　博	孙锐东

（大兴区史志办　田亚南）

怀　柔　区

概　况

怀柔区委农工委、区农业农村局贯彻落实党中央、市委关于“三农”工作的方针政策、决策部署和区委有关工作要求，在履行职责过程中坚持和加强党对“三农”工作的集中统一领导。区农业农村局主要职责有十三大项，分别包括：贯彻执行国家关于“三农”工作的发展战略、中长期规划、重大政策及有关法律法规、规章，统筹推动发展本区农村社会事业、农村公共服务、农村文化、农村基础设施，指导本区乡村特色产业、农产品加工业和休闲农业发展工作等多项任务。全局设行政科室10个，行政编制39人，下设事业单位26个，事业编制255人，设动物卫生监督所1个，执法编制35人。2020年，全区农业总产值14.5亿元，比上年下降2.9%；干鲜果品总产量19 058.5吨，比上年下降5.6%。禽蛋产量160吨，比上年下降23.81%。生猪存栏15 000头，出栏7 000头，比上年下降33.41%。2020年，种植业产值11.2亿元，完成全年任务的119.1%。全区粮食播种面积45 196.72亩，其中春播粮食作物面积29 437.32亩（春播玉米面积23 112.74亩、小麦面积1 701亩、豆类1 393.9亩、薯类109.7亩、其他作物3 119.98亩），夏播粮食面积11 238.8亩（夏玉米11 238.8亩），秋播粮食面积4 520.6亩。全区蔬菜播种面积11 504.8亩，总产量3 046.81万千克，总收入8 460.7万元。食用菌种植面积441亩，总产量169.63万千克，收入585.19万元。

农村经济发展

【大力发展农村集体经济】 年内，一是根据市级相关文件精神，起草了《怀柔区关于加强农村基层党组织领导扶持壮大村级集体经济的实施方案》，明确了利用3年时间实现村集体经济组织年收入达到或超过50万元，全区村集体经济组织经营性总收入年均增长6%的任务目标。二是坚持以解剖麻雀的方式，结合村庄规划和农民意愿，对10个试点村因地制宜地制定了“一村一策”发展方案，每个试点村结合自身优势和特点，明确了特色种植、林下经济、乡村旅游、物业经营和红色文化基地等重点发展方向。三是继续发挥6种扶持模式作用，在59个试点村成功试点的基础上，强化镇乡试点村项目工作指导，全面梳理农村闲置资源，探索合理利用模式，发展特色项目，加快推进集体经济发展。

【三项措施发展现代化有机种植业】 立足生态涵养区功能定位，大力发展现代化有机种植业，实现质量兴农、绿色兴农、品牌强农。一是加大力度，打造有机农业种植试点。发展“三农”产业化联合体有机种植试点、高效设施有机农业试点和规模化有机粮食种植试点，在有机农业产业链加大投资，做大做强怀柔区有机农业品牌。二是鼓励认证，加快推进“三品”认证步伐。目前，怀柔区共有有机认证主体5个，认证产品84个，有机批准产量931.8吨，有机产地认证规模29.3亩。怀柔区主导产品无公害认证率达到74.8%，有机认证率2.4%。三是引进人才，提升农业技术水平。加大对科技成果推广、技术人员和技能型人才培训等方面的投资力度，定期对本地农民和经营者进行科技培训，计划年内开展农业技术培训1 000余人，提高农技人员素质和管理水平。

【培育新时代农村致富带头人】 年内，会同区委组织部、统战部围绕如何抓住“百年科学城”建设契机实现乡村振兴，举办了“村支书论坛”。成立了头雁工作室，15名“头雁”成员通过结对帮扶，为29个联系指导村“把脉支招”经济发展，指导村级治理，打造全面进步、全面过硬的农村基层党组织。通过网络开展“大家讲给大家听”讲堂30余期，培训农民2 000余人。组织开展“休闲农业和乡村旅游”和“农产品加工”两个专题培训，每个培训班为期10天，共培训学员134人次。采用理论教学与实地教学相结合的教学模式，通过专题讲座、现场教学、学员展示、小组讨论的方式，让参训学员学有所获。

【大力发展休闲农业】 年内，以落实全市“十百千万”畅游行动为抓手，不断推进怀柔休闲农业向精品化升级，提升服务水平，打造怀柔品牌。一是认真做好休闲农业发展规划编制工作。委托专业设计公司编制《怀柔区休闲农业发展规划》，围绕休闲农业提档升级、品牌打造、价值提升等方面，全面规划“十四五”时期怀柔休闲农业发展的思路和方向。二是高水平打造“长城风情”精品线路。投入资金760万元，在渤海镇马道峪村至沙峪村沿线，实施基础设施完善、景观节点打造、环境综合整治、美化绿化四大工程，打造休闲农业精品线路。三是盘活农村闲置存量，推进乡村民宿精品改造，打造科学家、艺术家们的共享空间。计划投资500万元，在渤海镇景峪村实施乡村民宿精品提升工程，收购12家闲置农宅，计划打造乡村民宿精品、科学家小院和艺术工作室。目前，12处闲置农宅中，已有8处正在与村集体经济合作社签订流转合同，剩余4处有意向的农宅正在进行洽谈。

【景观农田种植面积快速增长】 年内，为加快推进农业结构调整，促进美丽乡村建设，全力推进怀柔区生态涵养区建设。2019年，制定了《怀柔区景观农田种植奖励政策的实施方案》，对种植的一般景观农田每亩奖励700元，对优质景观农田每亩奖励1 500元。截至2020年7月底各镇乡上报种植面积15 856亩，超额完成7 000亩建设任务，其中优质景观农田面积3 410亩，一般景观农田12 446亩，主要种植作物有油菜、葵花、中药材、草花组合、金花葵等。

【聚焦统筹发展，优化生猪产业】 年内，按照《北京市生猪产业优化提升发展和保障猪肉市场稳定供应任务工作方案》要求，到2020年年底，怀柔区生猪养殖存栏目标任务为1.2万头。怀柔区及时传达解读中央及北京市关于复工复产、交通运输方面的政策，引导企业提档升级，提高生产效率和生物安全防控水平。积极配合北京湘村高科生态农业有限公司开展洗消中心项目建设以及生产设施设备升级改造，提升企业智能化、标准化水平。监督指导北京湘村高科生态农业有限公司按调运计划分批次从湖南邵阳总部调入育肥猪，年底存栏达到了1.5万头，完成任务量的125%。

【农机概况】 2020年，全区农机化作业服务组织32

个，其中拥有农机原值50万元（含50万元）以上的15个。全区农业机械总动力12.14万千瓦，其中拖拉机2.56万千瓦，收获机械0.86万千瓦，其他机械8.72万千瓦。农机从业人员4 246人。机械化作业总面积20.08万亩。

【落实农机购置补贴政策】兑付农机购置补贴资金415.883 9万元，共补贴农机具87台（套）。具体为：秸秆粉碎还田机18台，补贴金额57 560元；3GC-0.83割灌机7台，补贴金额2 919元；3TGQ-4P田园管理机4台，补贴金额4 790元；3WPZ-700喷杆喷雾机1台，补贴金额66 670元；600型树枝粉碎机40台，补贴金额29万元；青饲料收获机5台，补贴金额100万元；HW6620B树枝粉碎机3台，补贴金额18万元；JSLT660型水产品初加工设备1套，补贴金额211.2万元；轮式拖拉机3台，补贴金额44 900元；ZH1000-500树枝粉碎机5台，补贴金额40万元。

【防疫期间打造"农民网络课堂"】2月4日，怀柔区农业农村局"大家讲给大家听"农民网络课堂正式开课。当天第一课是由"北京巧媳妇手工艺品专业合作社"社长郑秋伶主讲的"手工艺编织制作"，课程在微信群进行直播，有206名农民群众在网上学习了手工编织技术。除了手工艺编织课程外，区农业农村局还组织10余名"新农人"讲师开设了果树剪枝、花卉种植、菜品制作和乡村旅游等线上课程。自2月4日开课至2月12日，"大家讲给大家听"农民网络课堂已经开课6期，共培训农民学员1 000余人，其中有低收入户近200人。同时，还通过"新农人"微信公众号发送知识学习小视频，农民可反复观看回放，让更多农民有了学习机会。

【做好动植物疫病防控工作】年内，区农业农村局扎实做好动植物疫病防控工作：一是按照市、区疫情防控相关文件和会议要求，及时制定、完善疫情防控工作方案和应急预案，多次召开工委会议专题研究疫情防控措施、部署防控工作。二是按照"管行业管疫情"的要求，对种植养殖、屠宰、兽药等行业企业开展巡查检查。全年累计出动检查人员1 125人次，检查1 602村次，行业监管企业549家次，检查动物产品运输车辆519车次，动物产品2 320.954吨。三是加强植物检疫监测防控工作。签发省间调运检疫证书588批次，调出种子195.760 7万千克；对辖区玉米制种实施产地检疫，检疫合格面积319亩。普查13种检疫性有害生物地块5 000亩次，防除三裂叶豚草面积3 000亩。

【渔政站完成年度"双随机"执法工作】2020年，区农业农村局渔政站圆满完成了"双随机"执法检查工作。此项检查重点是水生野生动物保护，共抽查企业21家，其中，药店7家、养殖企业6家、餐饮企业3个、水族店5家。

【强化农产品质量监管】年内，投入资金约780万元，开展辖区内的农产品质量安全工作。完成了国家农产品质量安全区创建，镇乡农产品质量安全管理服务试点，定量检测蔬菜、动物、水产品共计830个批次。加大农资打假力度，启动了食用农产品合格证试行工作，开展全程特优基地示范建设。全区标准化基地备案覆盖率达到99.1%，主要农产品"三品"认证率达到77.1%，完成年度目标任务。

【开展农产品质量安全检测技术培训】7月29日，区种植中心质检站组织开展农产品质量安全检测技术培训，对来自7个乡镇管理站的12名技术人员进行了"小班教学"。此次培训采取理论知识和实验操作相结合的方式进行，对抽样取样和快速检测方法技术进行了"精准培训"，着力解决基层农产品质量安全检测技术人员的实操技术难题，为广大基层农检技术人员提供技术支持。自区种植中心质检站取得"双认证"资质以来，充分发挥技术服务部门职能优势，加快对乡镇管理站和园区自检员的技术指导，疫情期间为自行开展快检的基地园区提供检测技术支持，依据种植中心配发的速测仪使用方法，整理了农药残留快速检测方法技术指导文件和检测记录表，通过微信群发至各园区供其使用，指导园区自检130样次。

【妥善解决种植园区蔬菜销售难的问题】2月3日，北房镇政府反映，受疫情影响，一些农业园区、种植大户出现了销售难的问题，如北京沄清源种植专业合作社、北京艳宏圣地种植养殖专业合作社生产规模较小，日常为菜商上门购买，因疫情影响，现无销售渠道。区农业农村局与大星发超市协商，采取"农超对接"的模式解决销售难题。截至2月22日，大星发超市已帮助农户销售农产品1 500多千克。

【落实新冠病毒疫情防控工作】根据《怀柔区委农村工作委员会、怀柔区农业农村局新型冠状病毒感染肺炎防控工作实施方案》要求的工作职责，重点检查畜禽养殖场（户）防疫、消毒、病死动物无害化处理、销售活畜禽的游商、村庄路口设卡等情况，共出动检查 35 人次，检查村庄次数近百次，发放消毒药 30 箱、防护服 80 套、脚套 250 双、手套 250 套、口罩 200 个，要求各村防疫员在做好自身防护的前提下，指导村内畜禽养殖场（户）开展消毒工作，巡查、检查过程中未发生异常情况。

【疫情期间强监测守护百姓“菜篮子”安全】根据北京市农业农村局《关于进一步加强应对新冠肺炎疫情防控期间农产品质量安全监管工作的通知》要求，怀柔区农产品质量安全综合质检站立即行动，开展区内生产基地园区“菜篮子”产品的风险监测工作，截至 3 月 20 日共完成风险监测检测 250 批次，其中指导园区自检 130 批次，定量检测 91 批次，其中草莓 2 批次，蔬菜 89 批次，检测甲胺磷等 14 个指标，全部合格。

村镇建设

【美丽乡村建设扎实推进】年内，一是坚持因地制宜、突出特色，完成了第二批、第三批 150 个村村庄规划和实施方案的编制工作，其中 20 个村的村庄规划已通过区政府审批。二是不断加快农村基础设施和公共服务设施建设，实施了 285 座村级公共厕所改造、1 164 座户厕改造、13 个村污水治理、34 个村级文化站和 71 个村的绿化工程，完成了农村住宅抗震节能和危房改造。三是整体推进 16 个市级“百村示范”村庄的基础设施和公共服务设施建设，目前工程已全部完工，初步形成了以长城文化和满族文化为特色的美丽乡村风景线。四是继续实施“百村示范、千村整治”，按照“清脏、治乱、增绿、控污”的要求开展农村人居环境整治，严格落实月调度、月检查、月排名督导机制，保障环境水平位居全市生态涵养区前列。截至 12 月底，共清除村内积存生活垃圾 83 166 处、38 935.5 吨；清理村域河塘沟渠 8 156 条（处）；清理农业生产废弃物 10 203 处、11 268 吨；拆除私搭乱建 2 316 处、7.093 5 万米^2；清理乱堆乱放乱贴乱挂乱画 53 902处；清理生活污水、粪污直排溢流 522 处。

【“北京乡村振兴战略实绩考核”结果出炉，怀柔区位列第二】4 月，“北京乡村振兴战略实绩考核”结果出炉，怀柔区农业农村工作在全市排名第二。根据《中共北京市委办公厅印发〈北京市涉农区党政领导班子和领导干部推进乡村振兴战略实绩考核意见〉的通知》（京办字〔2019〕号）等文件。市委农办组织 12 个市级单位，围绕组织领导、重点任务、公众评价 3 个模块的 16 项指标，对 13 个涉农区进行了年度考核，考核结果经市委农村工作领导小组 2020 年第一次全体会议研究通过，并经市委农办审定。考核评定怀柔区和顺义区两个区获得优秀等次，其他 11 个涉农区评为合格等次。

【口头村获评全国美丽休闲乡村】在农业农村部举办的 2020 年“中国美丽休闲乡村旅游精品景点线路”推介活动中，“党报进社区”的共建社区怀柔口头村，获评全国美丽休闲乡村。口头村大力发展以旅游业为主导的第三产业，以圣泉山风景区旅游及其配套产业开发为重点，形成了“景区＋民宿街区＋景观农业”的旅游度假产业格局。并以生态环境带动产业、服务科学城建设的新型模式，推进美丽乡村建设。口头村把握圣泉山景区的良好优势，通过土地流转，建设“圣泉山花海”“景观稻田”“古槐巷”“江南水街”等景观，建立了发展乡村旅游与休闲服务相结合的产业落脚点。

【山区搬迁工程有序开展】年内，新一轮山区农民搬迁工程共涉及宝山镇养鱼池村 43 户、105 人，该项目经过民主程序、地灾评估、入户摸底及搬迁实施方案后，于 4 月底正式开始进行工程建设，12 月完成房屋主体建设。京津风沙源治理二期易地搬迁工程涉及宝山、琉璃庙、喇叭沟门 3 个镇乡、6 个行政村的基础设施建设工程，建设内容为护村坝、护坡和街道硬化，截至 2020 年 12 月主体工程建设已全部完成。

【推进农业生态综合建设】年内，充分挖掘生态资源价值，守牢发展和生态两条底线，总投资 5 232 万元，推进生态综合建设。投资 3 000 万元，大力推进栗花溪谷（栗花沟）生态沟域建设。沿线共涉及1 836户、5 386 人，对 8.1 千米沿线开展环境整治、街巷整治、绿化美化建设，目前已基本完成主体工程。投入资金 2 232 万元，推进全区农业生态综合建设。开展了绿色防控产品推广应用，发放“北京市作物健康保障卡”面积 1.71 万亩，完成绿色防控补贴资金发放，推广应用有机肥，农药包装废弃物回收处置，地膜回收处置，小麦病虫害统防统治等项工作。实施耕地休耕轮作，推广应用抑制季节性裸地农田扬尘关键保护性耕作等技术。

【开展乡村振兴战略志愿服务活动】8 月 6 日，区农业农村局深入落实乡村振兴战略，积极开展志愿服务活动，组织乡土专家到桥梓镇后桥梓村的田间地头，为周边农户，特别是低收入农户开展夏季果树管理知识培训，手把手教授在场的 50 余名果农剪枝技术，帮助农户提高果品产量和质量，用实际行动助力怀柔区乡村产业发展。

【“美丽中国建设”志愿服务活动】 8 月 7 日，区农业农村局相关领导干部在九渡河镇东宫村开展“美丽中国建设”志愿服务活动，以实际行动带领当地老百姓积极参与其中，努力营造共同建设美丽乡村的良好氛围。活动中，区农业农村局负责美丽乡村建设工作的相关负责人和工作人员对九渡河镇的环境整治工作进行了检查，对村容村貌进行了指导，并以身作则一起投入环境整治工作中，带领村干部和村民在九渡河镇东宫村对街道进行了集中打扫，并对村内的公共健身器械进行了擦拭消毒。在区农业农村局相关领导和工作人员的带领下，村民建设美丽家园的积极性得到了显著提高。通过环境整治工作，老百姓也逐步改变了观念，由旁观者变为参与者，纷纷投入到美丽乡村建设中来。

【农业领域“留白增绿”市级任务已全部完成】 区农业领域“留白增绿”土地复垦市级任务已全部完成。市级下达任务 0.03 公顷，现已完成 2 个地块共计 0.037 1 公顷，超额完成 23.7%。全年农业领域拆违腾退土地的复种复绿面积为 2.84 公顷，涉及 7 个镇乡，26 个地块。本着应绿尽绿原则，截至目前，已完成 22 个地块“留白增绿”工作，完成复耕复种 2.73 公顷，已完成全部地块的 96.1%，完成率为全市第二。

农村改革与管理

【研究制定“村地区管”实施办法】 为了健全土地用途管控机制，管好用好农村集体建设用地，保障村集体和农民获利受益，区农业农村局起草了《怀柔区关于进一步加强农村集体土地管理加快建立健全“村地区管”机制的实施办法》。10 月 26 日和 11 月 19 日由副区长王建刚同志组织召开专题会进行研究，12 月 4 日通过区政府常务会审议，正式出台。

【扎实开展爱国卫生月活动】 4 月是第 32 个全国爱国卫生月，区农业农村局扎实开展爱国卫生月活动，通过发放宣传资料、悬挂宣传条幅、播放 LED 宣传电子屏幕等方式，大力宣传新时期爱国卫生工作的任务、目标和意义，发放各类卫生健康宣传资料1 000余份。

农村民生

【低收入脱贫成效显著】 截至 2020 年年底，怀柔区低收入农户已全部越线达标，低收入农户人均可支配收入实现 18 338 元，同比增长 15.8%，人均可支配收入排名全市第二。按照年初区委区政府印发的《怀柔区 2020 年低收入农户帮扶工作实施方案》，以“六个一批帮扶措施”为工作主线，启动低收入帮扶项目 6 个，有效带动低收入农户增收。为全区低收入农户购买商业医疗保险；将全区所有低收入农户纳入“红十字会博爱基金”，用于 8 类重大疾病及因交通、生产安全事故造成伤残后给予相应救助。在区住建委危房改造补贴基础上，再给予低收入农户每户 1 万元的补助。

【煤改清洁能源全力推进】 2020 年，怀柔区对桥梓镇、九渡河镇、汤河口镇、琉璃庙镇、长哨营乡、渤海镇 6 个镇、12 个村实施整村“煤改电”工程，实际完成设备安装 2 310 户，有采暖需求的住户均正常供暖。年内，对符合政策条件的 311 户进行“煤改气”改造，“煤改气”完成通气 272 户。2020 年共有 9 个镇乡（街道）、105 个村订购优质燃煤 27 092.25 吨，全部配送完成。

【强化煤改清洁能源管护工作】 年内，区农业农村局开展多项措施，切实保障群众取暖需求。一是精细化开展“煤改电”长效管护工作，进一步完善报修机制。在建立企业、区、村“三级”售后服务热线电话体系的基础上，公布了区级调度电话。更新冬季取暖“温馨提示卡”，及时协调解决取暖设备出现的问题。下发了《关于做好农村地区冬季取暖安全工作的通知》，普及取暖安全知识，全面排查整治取暖安全隐患，扎扎实实做好农村地区冬季取暖安全工作。二是提高信息化管理服务水平，实行平台数字化管理。将已安装 485 模块的“煤改电”设备全部纳入市级平台实行信息化管理，实现设备运行数据实时监测，设备故障提前报警，极寒天气提前预警等功能，降低设备使用故障的发生，为用户提供设备故障和极端天气的预警服务。三是运维服务管理工作下沉，召开长效管护工作会，建立设备维修企业承诺制。四是建立突发采暖问题双应急机制。“煤改电”设备企业在区内建立应急抢修队伍的基础上，逐步建立镇乡“煤改电”运维管理服务中心，组建应急抢修队伍，解决维修企业应急抢修不及时的问题。

基层组织与民主政治建设

【着力建强基层组织】 年内，区委农工委、区农业农村局印发了《怀柔区村党组织书记备案管理制度（试行）》《怀柔区村和社区“两委”干部资格联审制度》等制度办法，对“两委”干部全面加强监管。明确了推进软弱涣散党组织整顿转化工作具体措施，优化整合帮扶单位、第一书记、镇包村干部等工作力量，为村级引智引资、引人才、引信息。推进新一轮“联乡帮村”工作，单位和村庄已全部对接到位，努力实现合力共建。开展换届选举前期准备，启动对村主要负责人经济责任审计，积极稳妥地做好换届选举工作。

怀柔区领导名录

区农工委、农委书记	田志兵（6 月免）
	喻永刚（6 月任）
区农委主任	田志兵（6 月免）
	喻永刚（6 月任）
区农业农村局局长	马春秀（女，7 月免）
	喻永刚（7 月任）

（怀柔区农业农村局　郭怀东）

平　谷　区

概　况

平谷区委农村工作委员会、平谷区农业农村局于 2019 年 3 月挂牌成立，合署办公，共同承担着党中央关于“三农”工作的政策措施落实，指导全区农业各产业发展（包括蔬菜、粮经、畜牧、水产、农业机械、农村能源）和确保农业安全（包括动植物疫病防控、农业投入品、农产品安全）等方面职能，为正处级单位。设区委农工委书记、区农业农村局局长 1 名，区委农工委副书记 1 名，区农业农村局副局长 5 名。局机关内设 10 科 3 室（综合服务科、科技和信息化科、规划发展科、农村经济管理科、产业化发展科、生态建设科、畜牧水产科、种植科、农产品质量安全科、政策宣传指导科、办公室、党建办公室、美丽乡村建设办公室），共设 18 个党支部，386 名中共党员，下设副处级单位 3 个（农业综合执法大队、农服中心、新农村建设中心）；科级单位 12 个，全部为局直所属机构；局系统编制人员 378 人，在岗人员 348 人。区委农工委、区农业农村局认真落实区委区政府“抓生态、稳增长、促民生、保平安”的总体要求，扎实推进全区农业、农村高质量发展。

农村经济发展

【农产品稳产保供成绩优异】 2020 年平谷区农业总产值 32.9 亿元，在生态涵养区中排名第一，全市排名第三。全年生猪存栏达到 10.15 万头，完成市级任务的 127%。粮食面积达到 6.6 万亩，完成市级任务的 106%；产量达到 2.56 万吨，完成市级任务的 101%。蔬菜面积达到 2.67 万亩，完成市级任务的 115%；产量达到 6.27 万吨，完成市级任务的 114%。

【农产品质量安全持续强化】 获批全市首批食用农产品合格证制度试行试点区。目前全区共有无公害认证基地 175 家，“三品”认证覆盖率达 91.7%；农业标准化基地 236 家，覆盖率达 83.3%。

【农村生产安全有效保障】 全年 24 小时监控“三烧”，挂牌成立森林消防综合应急救援队伍。打通 72 处河道治理堵点，汛期实现“零死零伤”。实施桃细菌性黑斑病防控面积 6.56 万亩。落实重大动物免疫程序，全年全区未发生重大动植物疫情。

【粮食及经济作物概况】 年内，全区粮食收获面积 4 397.64公顷，亩产 387.33 千克，总产 25 550.4 吨。夏粮收获面积 798.2 公顷，亩产 342.94 千克，总产4 106吨。其中小麦 701.3 公顷（2018 年秋播，2019 年夏收），亩产 364.05 千克，总产3 829.62 吨；豌豆 96.9 公顷，亩产 190.2 千克，总产 276.46 吨。秋粮收获面积 3 599.45 公顷，亩产 498.78 千克，总产26 930吨。其中玉米收获面积 3 210.6公顷，亩产 410 千克，总产 19 745.19 吨；豆类收获面积 98.2 公顷，亩产 169 千克，总产 248.93 吨；薯类收获面积 256.97 公顷，亩产 1 778.86千克，总产 6 856.7 吨。

【养殖业概况】 年内，全区牧业产值 9.52 亿元。年出栏生猪 0.21 万头、羊 2.05 万只、牛 0.13 万头，生产禽蛋 6.61 万吨。年末存栏生猪 10.15 万头、羊 1.96 万只、牛 0.18 万头。全区登记备案的养殖场（户）共62个，其中规模猪场7个，家禽场51个，牛场2个，羊场1个，犬场1个。全区渔业产值0.75亿元，全年水产品产量5 648吨。全区可利用水域面积989.7公顷，其中，养殖面积545.7公顷，水库面积444公顷。养殖品种以鲤鱼、四大家鱼（青鱼、草鱼、鲢鱼、鳙鱼）等常见食用鱼品种为主。

【果品业概况】年内，全区果品总产量为21.97万吨，产值为14.76亿元；大桃总产量为18.33万吨，产值为12.47亿元。

【农机概况】年内，全区拥有农机维修企业23家，农机合作社18家。拥有农业机械总动力15.63万千瓦，拥有大中型拖拉机304台、配套农具1 057台套，拥有小麦联合收割机34台，玉米联合收割机31台，畜牧养殖机械739台（套），林果业机械1 127台（套），渔业机械2 748台（套）。粮食作物生产基本实现耕、种、收、管全程机械化，其中小麦耕、种、收机械化作业率达到100%。

【蔬菜种植概况】年内，全区蔬菜播种面积1 776.8公顷，总产量6 271.1万千克。

【落实耕地地力保护补贴政策】年内，全区耕地地力保护补贴资金共计17 342 112元，补贴面积3 853.8公顷，涉及12个镇（街道），166个村，18 293户农户。

【开展生态休耕试点项目】年内，区内生态休耕任务3 000亩，补贴资金270万元，涉及3个乡镇，7个村。

【蔬菜稳产保供奖励政策】年内，全区蔬菜稳产保供奖励政策补贴面积934.18公顷，补贴资金2 446 996元，涉及13个镇（街道），124个村，4 587户农户。

【种植业设施升级改造奖励政策】2020年，全区继续落实《种植业设施升级改造奖励政策》。全区有8个乡镇启动了设施升级改造工作，包括马昌营、东高村、峪口、王辛庄、大兴庄、山东庄、南独乐河、夏各庄镇，涉及建设主体有10家，共修复老旧设施391栋、重建操作间591个。

【病虫害预测预报】年内，全区蔬菜病虫害总体为偏轻发生，其中虫害重于病害，主要病虫害种类为灰霉病、霜霉病、白粉病、蚜虫、红蜘蛛、蓟马等。据统计全区蔬菜病虫害发生面积为8.6万亩次，防治面积为17.4万亩次，挽回蔬菜损失5 305.3吨。依托建立的6个植物疫情监测点，以及对目标作物和场所的全区普查，涉及10个乡镇37个村，普查代表面积11 694亩，未发现（疑似）检疫性有害生物。

【绿色防控】年内，设立病虫草鼠监测点37个，监测粮经及蔬菜作物病虫草鼠害92种；在病虫发生防控关键时期和极端天气时期累计发布指导简报19期；启动平谷区绿色防控产品补贴，补贴对象涉及14个乡镇（街道），2 424户，覆盖面积1.5万亩。全年使用补贴资金共计613.5万元，累计补贴面积15.3万亩次。通过悬挂宣传标语条幅、印发宣传材料、组织专题培训等多种形式，宣传《农作物病虫害防治条例》等法律法规，普及草地贪夜蛾等农作物病虫害科学防治、农药安全使用等技术知识，累计培训500余人次，发放宣传材料2 000余份。

【草地贪夜蛾应急防控】年内，培训全科农技员、种植大户、蔬菜基地技术员等多层次群体，培训人数276人，印制和发放宣传材料1 500余份，建设草地贪夜蛾、草地螟等重大迁飞性害虫的防控缓冲区，共布设10盏高空测报灯、262台太阳能杀虫灯、5 995套性诱捕器，共发现草地贪夜蛾5头，未在平谷区大面积暴发。

【生猪恢复生产工作】加速推进北京市生猪恢复生产工作，全区优选新希望、六马、四方红、大伟嘉、首农等5家优质养殖企业，在东高村、夏各庄、南独乐河、峪口等4个乡镇建设5个现代化规模化养猪场。2020年全区实现生猪存栏10.15万头，超额完成了市级任务。

【畜禽种质基地建设】平谷区获批创建国家现代农业（畜禽种业）产业园，这是北京首个以种业为主导产业的国家现代农业产业园，具有重大的开创意义和示范意义。2020年，完成峪禽种鸡、北京油鸡、首农奶牛、樱桃谷鸭等畜禽种质项目选址布局，加速推进土地流转及前期相关手续。2021年全面启动建设。

【畜牧监督执法】年内，区农业农村局完成4轮饲料环节督查，现场检查饲料生产经营企业共计655个次，检查畜禽养殖场（户）1 835个次；开展"瘦肉精"检测工作，全年快速检测抽检样本1.73万个，未发现检测阳性动物；建立巡查举报制度，每月对全区畜禽养殖、饲料、生鲜乳、种畜禽等环节进行排查，查办生产不符合产品质量标准的饲料案件3起，罚款25 880元，没收款4 616元。

【水产监督管理】年内，区农业农村局与监管对象签订责任书共计 258 份，落实生产、经营主体责任，其中水产养殖场（户）251 份、水库 5 份、渔药生产经营企业 2 份；按督查频率完成水产养殖环节监管，全年共督查水产养殖场（户）493 个次、渔药生产经营企业 8 个次；开展水产无公害认证工作，复查换证 55 家，现共认证无公害水产养殖户 105 家；完成水产品质量安全抽检任务 487 份，其中市渔政站 158 份、区质检站 329 份；开展渔业质量安全专项整治行动，立案 4 起，罚款 800 元。

【渔业增殖放流】年内，区农业农村局开展渔业增殖放流工作，在黄松峪、西峪水库和洵河、洳河重点段开展放流活动。放流品种为鲢鱼、鳙鱼等滤食性鱼类，规格 50～100 克/尾，放流鱼苗合计 41 万尾。

【科技推广】年内，区农业农村局依托产业生猪创新团队、水产技术推广站，通过微信平台等现代信息沟通工具，组织开展生猪、水产 2 个产业技术培训，共计培训人员 345 人次，发放各类技术材料、明白纸共计 200 余份。

【实施重大动物疫病程序化免疫】年内，区农业农村局坚持对高致病性禽流感、口蹄疫、高致病性猪蓝耳病、猪瘟、布病、犬狂犬病等重大动物疫病实施程序化免疫。采取养殖场（户）自免与监管人员入户免疫相结合的方式，共免疫高致病性禽流感、新城疫、口蹄疫、猪瘟等重大动物疫病 7 365.66 万头（只）次。

【实施动物疫病免疫抗体监测】年内，区农业农村局加强免疫抗体监测工作，对免疫抗体不达标的畜禽及时强化免疫，并做好抗体跟踪监测工作，确保免疫效果。共监测样品 3.23 万份，高致病性禽流感、口蹄疫等疫病免疫抗体监测覆盖面均达到 100%，二免后抗体保护率均高于农业农村部规定的标准。

【人畜共患病检疫净化】年内，区农业农村局对奶牛（肉牛）布病、奶牛结核、马传贫、马鼻疽、禽白痢等严重危害畜牧业生产的动物疫病进行检疫净化，共检测样品 1 725 份。

【非洲猪瘟防控工作】年内，区农业农村局坚持非洲猪瘟防控常抓不懈，严格落实各项常态化防控措施。坚持开展非洲猪瘟病原学检测，对养殖、运输、屠宰三个环节的生猪、病死猪、猪产品、环境和饲料五类样品进行全链条、全覆盖检测。全年共采集各类样品 3.42 万份，均为阴性。

【动物卫生监督执法】年内，共进行产地检疫 3 560 车，其中家畜 0.28 万头（只），鱼苗 47.3 万尾，家禽 338 万只，雏禽 6 318 万只，种蛋 5 373 万枚，报检受理率达到 100%。马坊、上堡子 2 个公路动物卫生监督检查站共检查过境车辆 5 400 车，检查动物 336.70 万头（只）、动物产品 4.08 万吨。南山村、大旺务、夏各庄 3 个检查站共劝返车辆 646 车，劝返动物 27.03 万头（只）、动物产品 0.41 万吨。查处运输动物产品未附有检疫证明、经营动物产品未附有检疫证明、不按照动物疫病强制免疫计划进行免疫接种等案件 411 起，罚款 17.49 万元，没收款 4 616 元。

【兽医药政监督执法】年内，区农业农村局组织执法人员对 4 家兽药生产企业、4 家兽药经营企业、67 个养殖监管场（户）、7 个动物诊疗机构进行 10 轮以上现场检查，对发现的未及时填写生产记录、未落实安全生产制度等问题督导进行了整改。年内，审核动物诊疗许可证诊疗机构名称变更 1 家，审核兽药经营企业申请 2 家。按照市、区抽检计划，开展兽药质量及畜禽产品药残抽检，共抽检兽药及动物产品3 574份，未检出不合格样品。

【执业兽医资格考试】年内，区农业农村局经过考点现场确认和资格初审，全区有 29 人参加全国执业兽医资格考试，其中 3 人获取执业兽医师证书，4 人获取执业助理兽医师证书。

【国庆礼桃保障】区果品办作为牵头单位圆满完成 2020 年“国庆礼桃”保障供应工作。选定 2 个品种、2 户果农，保质保量完成 2 400 个国庆礼桃供应工作。9 月 30 日晚，平谷大桃出现在庆祝中华人民共和国成立 71 周年招待会的晚宴上。通过完成此次保障任务，进一步提升平谷大桃生产管理、品质管控、物流配送等全要素管理水平，促进大桃产业高质量发展。

【国桃示范园建设】年内，制定《平谷国桃标准及生产技术规程》，在全区推广“平谷国桃”种植标准，建成 104 个、201 亩“平谷国桃”示范园，旨在以国桃标准为引领，助力提升全区大桃的生产管理、品质管控、物流配送等全要素管理水平，促进平谷大桃品牌影响力大幅提升。

【有机肥替代化肥试点】年内，落实北京市园林绿化局“2020 年果园有机肥替代化肥试点项目”，共涉及 12 个乡镇、18 个园区，实施面积 5 000 亩，施用有机肥10 000吨。

【桃细菌性黑斑病防控】 年内，全区组织实施桃园细菌性黑斑病防控工程6.57万亩，共涉及果农1万余户，每户发放一册《平谷区桃主要病虫害防控技术》，共下发技术材料1万余份。根据测报数据结合气象预报信息，发送病害防治手机短信30余条次。全年开展果树病虫害防治培训70余场。

【无公害果品认证】 制定并公布果品“三品”认证奖励政策，积极推进无公害认证工作，组织开展无公害认证培训、现场检查等，2020年新申报无公害认证24家、复查换证15家。

【果品质量安全抽样检测】 认真做好果品质量安全抽样检测，检测11种果品（桃、杏、苹果、梨、核桃、柿子、樱桃、葡萄、山楂、板栗、枣），总计270个样品，经检测全部合格。

【有害生物疫情监测】 为了监控苹果蠹蛾，防止其传入平谷区危害果品，在全区12个乡镇46个村设置80个监测点位，其中在与天津、河北交界的金海湖、夏各庄、南独乐河、东高村、马坊设置70个监测点。另外，在大桃主产乡镇设置10个苹果蠹蛾监测点。经80个监测点位监测未发现苹果蠹蛾。

【果树实用技术培训】 年内，全区开展新品种推广、果树修剪、土肥水管理及病虫害绿色防控等培训260场，培训1.3万人次，发送果树管理短信21条，果农接收信息13万人次。

【果品品牌建设】 年内，授权40家农业企业和合作社使用“平谷＋图形”证明商标（平谷大桃区域公用品牌）与“桃乡”“桃花”“御园”“国之首 桃之都”“国桃”等5个商标。与区市场监管局联合执法检查4次，对违法违规使用平谷大桃区域公用品牌、平谷大桃地理标志标识等行为限期整改。在北海公园举办“北京花果观光采摘季启动仪式暨‘平谷瑞桃 祝福京城’”平谷大桃品牌宣传活动。

【桃贮藏保鲜项目】 为提升平谷大桃采后处理和贮藏保鲜技术水平，减少果品损耗、延长供应期，区果品办采用“政府＋科研＋企业”的“金三角”模式，应用中国农业大学和国家农产品保鲜工程技术研究中心（天津）的冰温保鲜库改造和大桃贮藏技术，由平谷区农业公司具体承担大桃冰温贮藏保鲜项目，通过试验探索、品质检测，确定了大桃冰温保鲜的参数、方法，能够延长大桃上市期35天。

【扶贫协作和对口援建】 年内，结合扶贫协作对接需求，3次赴新疆洛浦县开展“洛浦县沙漠盐碱地种植大桃试验示范项目”技术指导与检查、验收。当地土壤改良后，树木长势良好，平洛心意农业科技有限公司温室内桃树开始结果，平洛森浓农业科技有限公司50亩桃树进入初结果期。

【开展保护性耕作作业补贴】 年内，在全区范围内全面加强农机深松整地、秸秆粉碎覆盖还田、少免耕播种三项抑制季节性裸地农田扬尘关键保护性耕作技术集成推广应用。完成土壤深松1.5万亩，秸秆粉碎覆盖还田2.5万亩，少免耕播种0.5万亩，建立扬尘实施效果监测点3个。

【落实农业机械购置补贴】 年内，根据市局农业机械购置补贴新政策，与区财政局联合印发了《2018—2020年北京市平谷区农机购置补贴实施方案》，并通过各种途径（召开宣传会，下乡镇发放宣传材料，制作条幅等）对新政策进行宣传，宣传到村到户。截至2020年年底，全区已经受理补贴申请602份，受益户571户，机具数量612台，涉及补贴金额64.532 5万元（其中中央补贴34.65万元，市级补贴29.882 5万元）。目前，已经完成补贴申请148份，受益户143户，机具数量152台，涉及补贴金额18.762 6万元（其中中央补贴11.66万元，市级补贴7.102 6万元）。完成北京嘉华种猪育种有限公司农机购置新产品（生猪养殖成套设备）补贴的审核、公示等工作，涉及补贴金额2 151万元（其中中央补贴1 290万元，市级补贴861万元）。

【农机维修企业督查】 年内，区农业综合执法大队与全区23家维修企业全部签订责任书。每季度对农机维修企业进行1次专项督查，督查内容主要有：维修技术等级证书是否存在过期未验等情况，做好催检工作；对维修企业经营的刹车片、润滑油和喇叭等农机维修配件进行抽查，检查是否存在假冒伪劣产品，发现1起查处1起，规范农资市场秩序。共计完成督查92次，出动执法车辆92车次，执法人员224人次，未发现假冒伪劣产品。

【安全隐患排查】 年内，区农业综合执法人员深入各乡镇（街道）、村，提前对准备投入作业的农业机械的安全性能状况进行检查、登记，协助督促机具使用者做好对农机具的维护保养工作。对合格的机具，执法人员粘贴检验合格标志，对达不到安全标准的、存在隐患问题的机具，下达整改意见通知书，限期整改。

【违法行为行政处罚】年内，区农业综合执法大队积极开展田间、设施农业园区、农机维修经营者等重点地区、重点机型、事故多发时段的日常和联合执法检查，共完成执法检查 827 次，在北京市行政执法信息服务平台上录入执法检查 827 条。依法对违法行为实施行政处罚，共制作案卷 100 件（一般程序 23 件，罚款 2 090 元；简易程序 77 件，罚款 600 元）。

【督导杜绝农作物秸秆焚烧】年内，区农业综合执法大队分成 4 个秸秆禁烧督查小队，春耕、“三夏”“三秋”期间，督查小队分片包乡，加大巡查力度，要求作业现场严禁吸烟，落实责任制，强化联防联控，做好防火措施落实，对重点地块由专人负责看守，消除可能引火的一切隐患。开展秸秆禁烧督查 166 次，出动执法人员 461 人次。配合区农业农村局引导农民使用保护性耕作、秸秆还田技术、青贮技术，通过多种技术的实施与带动，使作物秸秆得到综合利用或还田覆盖，杜绝焚烧秸秆现象。

【农机安全操作培训】年内，区农业综合执法大队制定平谷区农机驾驶操作人员培训计划，定期举办农机安全生产知识和操作技能培（复）训班，组织农机技术人员下乡进村，对机手进行培训，培训内容主要包括农机具的操作技能和安全操作规程。未经培训、考核的驾驶员一律不得参加农机作业，保障农机作业安全。春耕、“三夏”“三秋”作业前举办培训班 3 期，培（复）训农机驾驶（操作）人员 280 人次。

【农机安全普法宣传】年内，区农业综合执法大队配合区电视台，制作《平谷区农机农田作业、运输安全生产事故案例警示教育材料》专题片 1 期，报送农机动态、安全信息 16 篇。利用村级广播，定期宣传农机法律、法规、安全操作知识。定期到各乡镇集市、广场，开展农业法律、法规宣传活动，利用设置展板、贴横幅、发放农机法律手册等形式，向机手宣传农机法律、法规和安全操作知识。本年举办农机普法宣传活动 2 次，发放各种农机安全宣传材料 2 000 余份，接待群众咨询 200 人次。

【农机年度检审和牌证管理】年内，区农业综合执法大队积极做好农机检审和牌证管理工作。拖拉机、联合收割机注册登记 3 台，转移登记（区内过户）14 台，转移登记（迁出本区）2 台，车辆转入 2 台，变更登记 5 台，拖拉机、联合收割机补领/换领行驶证 10 个，补领/换领登记证书 1 个，补领/换证号牌 2 副，注销登记 31 台，年度检验 435 台，登记事项更正 9 台。拖拉机、联合收割机驾驶员初次申领 33 人次，拖拉机、联合收割机驾驶证补领/换领 128 人次，恢复驾驶资格考试 8 人次，档案记载事项更正 1 人次。

【安全技术检验】年内，圆满完成全年农机安全技术检验率指标。严格按照农业机械实地安全检验办法开展检验工作，严格落实总站农业机械检验工作的要求，拖拉机、联合收割机实地安全技术检验工作有序开展，平谷区拖拉机检验率 86.70%，联合收割机检验率 100%。

【拖拉机和联合收割机加装尾气污染物控制装置】年内，为做好非道路移动机械的尾气污染物排放控制工作，有针对性地对农业机械进行尾气污染物的治理，开展加装尾气污染物控制装置工作，保护平谷区大气环境。2020 年，共计完成安装污染物减排控制装置 47 台。

村镇建设

【概况】年内，北京市平谷区农业农村局坚持生态立区、绿色发展，以乡村振兴战略二十字总要求为引领，以农村人居环境整治为切入点，以加快补齐设施短板为着力点，以“煤改电”售后服务为落脚点，抓重点、补短板、强基础、惠民生，全面开展美丽乡村建设工作，不断增强农民群众的幸福感、获得感。

【农村人居环境整治】通过区、镇、村三级层层部署，开展专题培训，组织现场观摩，区主要领导亲自督导、区主管领导逐乡镇拉练调度，行业部门包行业、包镇双向督导，乡镇干部包村、村干部包片落实责任，引导村民广泛参与。2020 年累计自查整治各类环境问题点位 5 万余处，解决了多年来农村侵街占道、乱堆乱放等环境顽疾，一改农村“脏、乱、差”旧貌。在年终环境整治综合排名中位列全市第五，圆满完成环境整治三年行动任务。

【美丽乡村建设】科学编制规划方案，通过分区分类指导、层层审核把关等，第一、二、三批 257 个美丽乡村创建村规划已全部通过审批，为各村发展完成了顶层设计。不断补齐农村基础设施短板，完成街坊路新建与修缮 144 万米^2，安装路灯 1.3 万盏，百姓出行更加便捷。第一批 155 个美丽乡村创建村及 8 个百村示范村在农村人居环境、基础设施配备、当地产业发展等方面取得显著成效，全部通过市级考核验收。

【“煤改电”售后服务】 实施了平谷区智慧运营平台研发应用项目，开通了“煤改电”400售后服务平台，形成了“接单、派单、跟踪、回访”的“煤改电”售后服务体系。2019—2020年取暖季“煤改电”售后400服务平台共接到农户报修电话13 109件，解决问题13 107个，解决率达到99.9%；降低了“煤改电”问题投诉，保障了老百姓温暖过冬。

农村改革与管理

【概况】 年内，区农业农村局以治理体系和治理能力现代化建设为主攻方向，以实施乡村振兴战略为统领，以实现“五大振兴”为目标，坚持和加强党对乡村治理的集中统一领导，坚持“生态立区、绿色发展”，坚持“问题导向、系统治理”，坚持“创新实践、示范带动”，直面乡村发展的短板，充分发挥农民主体作用，推动共建共治共享、推动“三治”融合，不断增强广大农民的获得感、幸福感、安全感，着力构建适合当代乡村治理的“平谷路径”。

【起草《平谷区乡村治理体系建设试点工作方案》】 方案涵盖六大方面45项任务，其中综合治理25项，专项治理20项。以“街乡吹哨、部门报到”机制为抓手，从区级、部门、镇村三个层面分层分级推进试点区建设。

【试点示范突破】 挖掘培养乡村治理的典型，选树刘家店镇寅洞村的村务中心示范点、峪口镇西樊各庄的说事评理议事普法中心示范点、马坊镇政务服务中心等一批符合“三有 ”标准的示范点，将治理探索实践转化为加强治理的有效措施，形成可复制、可推广的工作机制。整理了“推进刘家店镇村级诚信体系试点建设 推进基层‘三治’融合发展模式”“‘小积分’撬动三治融合‘大治理’”等19个基层乡村治理典型案例1.0版，让各基层单位管事有单可查、办事有章可循，不断提升治理效能。

【入选国家数字乡村试点区】 年内，入选国家数字乡村试点区，获评“全国县域数字农业农村发展先进县”。

【“三农”本体改革全面启动】 年内，“三农”本体改革全面启动，并在刘家店镇开展区、镇、村三级联合社改革试点，取得初步进展。制定完成“村地区管镇主责”实施办法，刘家店镇全域试点建设农村管理信息化平台，制定宅基地管理办法。

【农村生态治理成效明显】 第一批155个美丽乡村创建村全部通过市级考核验收。“无煤化”进程位居全市生态涵养区第一。创新农村治污建设、运行、管护、考核全新模式。“生态桥”工程共粉碎果树枝条6万吨，改良土壤1.6万亩。完成百万亩造林3 918亩、森林健康经营抚育3.4万亩、小微绿地1公顷、“留白增绿”2公顷。获得“全国农村生活垃圾分类和资源化利用示范县”荣誉称号，人居环境综合排名全市第五。

农村民生

【持续保持新冠肺炎“零病例”】 构建区、镇街、社区（村）三级联防联控体系，在城乡基层疫情防控一线成立1 369个临时党组织，选派“双基”建设专员常态化下沉村居，守住防控第一线，为全区疫情防控打牢基础。

【全部完成脱低任务】 精准落实“六个一批”帮扶措施，全区低收入农户人均可支配收入达17 177元，同比增长17%。开展农业领域对口支援，带动4个对口县2 000余贫困户就业增收。

【基础设施不断完善】 完成农村“煤改气”“煤改电”9.9万户。完成街坊路新建与修缮144万米^2，安装路灯1.3万盏。实施18个村安全饮用水提升工程。完成山区搬迁156户、620人。

【公共服务水平持续提高】 试点探索村务中心“政府＋企业＋群众”运营模式，得到财政部高度评价。开展多层次就业服务和农村劳动力职业技能培训，实现3 144名农村劳动力转移就业。探索建立十种“医养联动”模式，全区共41家养老服务机构和居家养老实现医养结合。农村学位供给充足，全区共有农村学校52所，提供学位1.1万个，城乡优质教育资源均衡基本实现。

基层组织与民主政治建设

【“两委”换届工作扎实推进】 对所有镇村逐一分析研判，274个村党组织全部完成换届，共产生委员998名，实现年龄学历“一降一升”，为基层治理和经济发展奠定坚实组织保障。

【持续强化软弱涣散村整顿】 动态更新“一村一策”，3个村提前通过市级转化验收。

【加强基层党员管理】 聚焦常态化疫情防控、新时代爱国卫生运动、垃圾分类等重点任务，开展党员报到、志愿服务等活动。

【基层社会持续稳定】 推进扫黑除恶专项斗争，深入开展“六清一建”行动，共打掉 6 个恶势力团伙。细化 64 条干扰破坏“两委”换届选举行为，确保换届平稳有序。

平谷区领导名单

区委农工委书记、区农业农村局局长　胡宝旺

（平谷区农业农村局　杨广京）

密　云　区

综　　述

密云区处于北京市东北部，东西长 69 千米，南北宽约 64 千米，属燕山山地与华北平原交接地，是华北通往东北、内蒙古的重要门户，故有“京师锁钥”之称。密云区东邻河北省承德县和兴隆县，南与平谷区、顺义区相连，西接怀柔区，北与河北省滦平县毗邻。辖区内三面环山，中部低缓，自然地貌特征为“八山一水一分田”，山区面积占全区面积的 4/5，水源保护区占全区面积的 3/4。作为北京市郊区之一，是全市面积最大的区，根据《北京城市总体规划（2016—2035 年）》，密云区功能定位是首都最重要的水源保护地及区域生态治理协作区，国家生态文明先行示范区，特色文化旅游休闲及创新发展示范区。

2020 年，密云区辖 2 个街道：鼓楼街道、果园街道；17 个镇：密云镇、溪翁庄镇、西田各庄镇、十里堡镇、河南寨镇、巨各庄镇、穆家峪镇、太师屯镇、高岭镇、不老屯镇、冯家峪镇、古北口镇、大城子镇、东邵渠镇、北庄镇、新城子镇、石城镇；1 个地区办事处：檀营地区（檀营满族蒙古族乡）。有 93 个居委会、330 个行政村。

境内土地总面积 2 225.92 千米^2，农用地 17.91 万公顷，其中耕地 1.71 万公顷、园地 2.91 万公顷、林地 13.07 万公顷、草地 0.22 万公顷。建设用地 4.35 万公顷，其中城镇村及工矿用地 1.40 万公顷、交通运输用地 0.33 万公顷、水域及水利设施用地 2.24 万公顷。其他土地 0.38 万公顷。

年末，全区常住人口 52.76 万人，比上年末增加 2.46 万人。常住人口中，外省市来京人口为 111 531人，占常住人口的 21.1%，年末全区户籍人口 44.06 万人，比上年末增加 0.1 万人。其中，非农业人口 19.92 万人，占户籍人口的比重为 45.21%；农业人口 24.14 万人，占 54.79%。常住人口中，有家庭户 19.50 万户，集体户 1.45 万户，家庭户人口 48.13 万人，集体户人口 4.63 万人。居住在城镇人口 35.03 万人，占 66.4%；居住在乡村人口 17.72 万人，占 33.6%。

全年完成农林牧渔业总产值 30.35 亿元，比上年下降 8.6%。其中农业产值 14.1 亿元，下降 1.0%；林业产值 10.1 亿元，下降 15.0%；牧业产值 4.9 亿元，下降 16.8%；渔业产值 0.66 亿元，增长 15.0%；农林牧渔专业及辅助性活动产值 0.59 亿元，比上年下降 4.1%。完成粮食生产 8 866.67公顷，产量 5.06 万吨；完成蔬菜播种面积 3 266.67 公顷，年产量 14.97 万吨。完成生猪存栏 3.8 万头以上。打造精品农业，全区果树面积 3.07 万公顷，打造出新城子苹果、石峨玉皇李子、黄土坎鸭梨、穆家峪红香酥梨等一批密云水果品牌；果品产量 5 100 万千克、产值 3.8 亿元。全区从事果品种植的农户 7 万户。全区养蜂规模 2 072 户、11.5 万群，占全市蜂群总量的 44%，年均生产普通蜂蜜 320 万千克、巢蜜 113 万千克、蜂王浆和蜂胶等 19 万千克，蜂产品年产值近 1.2 亿元。完成老旧设施温室改造 27.39 公顷，建成标准化果园 24 公顷。推进“三社融合”发展（农民专业合作社、供销合作社、农村信用社融合发展），累计收购板栗 4 974.6 吨，占本年板栗总产量六成以上，平均收购价每斤 4.2 元。举办“5·20 世界蜜蜂日”等一系列活动，打造“蜂盛蜜匀”品牌。推进密云水库渔业生产高质量发展，打造“密云水库净水鱼”品牌。推进农村土地承包经营权确权登记颁证工作，发放证书 74 652 本，发证率 98.60%，涉及全区 308 个村、83 048 户农民，1.65 万公顷土地。

城乡融合发展

【概况】 2020年，全年实现地区生产总值338.6亿元，按可比价计算，比上年下降1.6%。其中第一产业增加值12.6亿元，下降10.5%；第二产业增加值85.2亿元，下降18.5%；第三产业增加值240.7亿元，增长6.8%。三次产业构成比例为3.7∶25.2∶71.1。全区人均地区生产总值68 323元。完成一般公共预算收入39.3亿元，比上年增长4.9%。全区居民人均可支配收入39 282元，比上年增长3.4%。低收入农户人均可支配收入实现17 736元，比上年增长19.1%。

【基础设施建设】 京沈高铁密云站建成，站前广场、顺潮街等配套设施投入使用。市郊铁路怀密线完成升级改造，通密线实现开通。通怀路密云段建成通车，西统路北延二期工程贯通。阳光街道路工程、商务区A2地块配套道路工程投入使用。13条背街小巷环境整治工程、5座公厕升级改造全部完工，新城再生水厂进入商业运营，新城地表水厂开始供应居民用水，农村供水全部配套消毒设施。塘峪220千伏输变电站主体完工。501个5G基站建成。

【城市精细化治理】 开展“疏整促”专项行动，完成背街小巷整治、公园绿地建设等35项市区两级任务。实施停车秩序治理和砂石料、垃圾渣土堆放点清理整治等专项行动，清除一批影响城乡环境的顽疾。垃圾分类工作全面铺开，家庭厨余垃圾分出率和生活垃圾减量率排名全市前列。清运生活垃圾6万余吨，处理填埋气294.6万米^3，处理渗沥液6 779吨。

【美丽乡村建设】 改善农村基础设施和村庄环境，推进污水治理、绿化美化、公共照明、街坊路建设工程。54个村启动供水改造和污水治理工程，37个村基本完成农村绿化美化工程，累计改造农村户厕1.4万户，农村卫生户厕覆盖率达98.41%，全部达到三类使用标准。完成8个村2 700户“煤改电”任务，累计完成235个村8.3万户。落实山区地质灾害和生存恶劣地区搬迁政策，年内150户320人已搬入新居。加强农村人居环境常态化管护，在全市人居环境三年行动收官检查中，综合排名位居涉农区第二。

【保水工作】 制定《进一步严格保护密云水库的三年行动计划》，签署“两市三区”生态环境联建联防联治合作协议，建成库区智能视频监控系统。开展密云水库百日整治行动。制定潮河规划实施方案，稳步推进6类23项重点任务。实施严于市级的水环境跨界断面考核补偿办法，14家单位需缴纳补偿金395万元，占被考核单位的63.6%。推进19个镇街内涉水村庄（社区）的水质监测及评价考核。治理水土流失面积119千米^2。截至12月30日，密云水库蓄水量24.8亿米^3，密云水库和潮河、白河入库断面水质保持国家地表水Ⅱ类标准。

【污染防治】 深化“一微克”攻坚行动，PM2.5年均浓度29微克/米^3，比上年下降14.7%，空气质量达标天数286天，比上年增加16天，空气质量全市最优。完成8个村庄“煤改清洁能源”，查处经营性企业非法使用燃煤问题。登记非道路移动机械2 623辆，发放号牌1 573辆，开展机动车和非道路移动机械执法检查百日行动。建立责任明晰的扬尘管理体系，发挥好覆盖67家工地的视频监控平台作用，道路“冲、扫、洗、收”作业率92.01%。成立全市首个砂石绿色基地，年运输量约400万吨，实施农村污水治理三年行动，推进68个村污水设施续建、新建和改造提升。加强土壤污染治理，受污染耕地安全利用率和污染地块安全利用率动态达到100%。

乡村治理

【村“两委”换届“回头看”】 4月中旬至6月中旬，对全区327个建制村开展换届“回头看”，坚持“抓两头带中间”，持续整顿工作薄弱和软弱涣散村党组织，补齐乡村治理短板，推动全区农村基层党组织全面进步、全面过硬。

【第三批第一书记工作总结暨第五批第一书记工作部署会】 1月9日，召开第三批第一书记工作总结暨第五批第一书记工作部署会，总结全区第三批第一书记驻村帮扶工作，安排部署第五批第一书记工作。区委组织部、区委农工委、区直机关工委有关领导，各镇、区级派出单位相关领导，市、区选派的第三、第五批村党组织第一书记90人参加会议。

【村党组织书记区级备案管理制度出台】 4月29日，区委组织部制定《关于建立村党组织书记区级备案管理制度的实施办法（试行）》，健全完善村书记选拔任用、教育培养、监督管理等工作措施。

【排查整顿农村发展党员违规违纪问题】 9月，以冯家峪镇为试点，对十八大以来发展的142名党员开展入党过程核查。经过基层自查、区级复查、蹲点调研、分析研判、认定处置等程序，在试点工作基础上，创新发展党员“四个一”工作机制，规范工作程序。

【农村发展党员专项督查】11月，在20个镇街（地区）党（工）委开展发展党员专项督查，对督查中发现的政治审查不规范、党（工）委延期审批、归档材料不齐全等问题，及时指导纠正，要求基层党（工）委限期整改，规范发展党员程序，提高新发展党员质量。

【农村党组织书记专题培训】11月，区委组织部联合区纪委区监委以“村级干部规范履职”为专题，制定下发《关于做好2020年农村党组织书记专题培训工作的通知》，要求各镇党委采取集中观看培训课程光盘的形式，开展专题培训，提升村党组织书记规范履职能力。

【村级阵地党建建设】年内，区委组织部印发《关于提升村级阵地党建工作氛围的通知》，要求党组织书记办公室配备党旗、制度上墙，在支部办公显著位置悬挂党徽，在村口设置村情简介标识牌，为327个村、60个社区拨付保障资金232.2万元。根据镇街申请、实地查看，支持7个镇级党群服务中心、31个村和社区阵地修缮提升，拨付资金1 210万元。

【“三进四帮扶”活动】10月13日，在太师屯镇龙潭沟村召开“三进四帮扶”活动现场推进会。区直机关工委所属77个单位党组织书记及相关部门负责人现场实地参观、观看宣传片、开展帮扶经验交流。年内，区直机关77个单位党组织与31个低收入村、23个软弱涣散村、40个社区党组织开展结对帮扶共建活动，7 097名在职党员回社区（村）报到。区直机关各级党组织开展帮扶活动456次，协调帮扶物资1 500余万元，办实事294件。

都市现代农业

【概况】年内，按照保障粮食安全、“菜篮子”区长负责制的要求，制定专项扶持政策，建设日光温室，种植蔬菜、玉米等农作物。成功创建国家现代化产业园，调整“两田一园”喷灌技术，投资建设高标准农田项目，推进系列精品农业品牌建设。

【农林牧渔业产值】年内，全区完成农林牧渔业总产值30.35亿元，比上年下降8.6%。其中，农业产值14.1亿元，比上年下降1.0%；林业产值10.1亿元，比上年下降15.0%；畜牧业产值4.9亿元，比上年下降16.8%；渔业产值0.66亿元，比上年增长15%；农林牧渔专业及辅助性活动产值0.59亿元，比上年下降4.1%。

【节能型日光温室建设】制定扶持政策，对新建、翻建节能型日光温室给予每公顷150万元扶持。对水库移民村、接收村给予每公顷225万元扶持。采取全额补贴模式扶持低收入农户新建日光温室。对所需的棚膜、棉被、卷帘机、优质种苗等必备配套物资给予80%以上扶持。新建日光温室279栋27.39公顷，促进农民增收。

【农业领域“留白增绿”】年内，全区完成农业领域“留白增绿”面积16.93公顷，涉及14个镇71个地块，种植蔬菜、玉米等农作物。2018—2020年，农业领域完成107.21公顷拆违腾退土地复种复绿任务，涉及14个镇82个地块。

【国家现代农业产业园创建工程】年内，农业农村部、财政部同意密云区等全国45个现代农业产业园备案并创建国家现代农业产业园。

【高标准农田建设项目】年内，全区高标准农田建设总面积403.33公顷，建设内容包括土地平整工程、土壤改良工程、灌溉与排水工程、田间道路工程、农田防护与生态环境保持工程等。总投资1 815万元，其中293.33公顷高标农田完成立项审批，涉及4个镇11个行政村，总投资1 320万元。

【精品农业】年内，全区以促进农业产业提质增效为重点，建成标准化果园24公顷。持续扶持生态蜂产业、保水渔产业，立足生态优势，推进“蜂盛蜜匀”“密云水库净水鱼”品牌建设。

【畜禽养殖】年内，全区生猪存栏3.8万头，出栏2.1万头，比上年下降38%。奶牛存栏1.13万头，鲜奶产量4.82万吨，比上年下降7.6%。肉羊存栏2.47万只，出栏1.8万只，比上年下降18.7%。肉牛存栏0.14万头，出栏0.29万头，比上年下降52.9%。家禽出栏44.6万只，比上年下降58.1%。禽蛋产量0.7万吨，比上年下降22.3%。

【病死猪无害化处理】年内，全区贯彻落实市农业农村局工作要求，做好数据统计、汇总和上报工作，全区养殖环节处理病死猪1.12万头。

【畜牧技术试验示范及推广】年内，全区完成奶牛生产中应用“真菌类虫草培养物”，改善瘤胃环境提高生产水平技术，增加鲜奶产量1 721吨，增加收入671万元。开展奶牛繁育调控技术，提高年繁殖率5.8%，胎间距缩短9天。给奶牛佩戴163套电子计步器传感器，开启奶牛养殖的智慧模式。提高青贮质量和消化吸收率，利用乳酸杆菌提高质量，利用纤维素酶提高青贮的消化吸收率，使单产水平提高3%。开展保姆行动，为养殖企业解忧，解决6—7月龄犊牛腹泻难题，为养殖企业减少死亡淘汰20余头。开展应用益生菌降解粪污等技术入场指导工作24次。

【稳产保供】年内，全区抓好粮食、蔬菜、生猪生产任务，特别是在新冠肺炎疫情期间，加大蔬菜、生猪等农产品生产及上市销售力度。全年完成粮食生产8 866.67公顷，产量5.06万吨。完成蔬菜播种面积3 266.67公顷，年产量14.97万吨。完成生猪存栏3.8万头以上，全市排名第二。

新农村建设

【概况】年内，全区推进市级示范村建设，实施山区搬迁工程，开展农村人居环境综合整治，综合排名全市第二。开展垃圾分类、农村厕所改造、煤改清洁能源、“大棚房”整治等工作，组建生态环境保护队，推进新型美丽乡村建设。

【垃圾分类】5月1日至12月31日，农村地区购置各品类垃圾桶1.33万个，垃圾分类投放亭328个，厨余垃圾车、其他垃圾压缩车、抽污车、清扫车和轻型环卫装备76辆，调优调强垃圾分类指导员2 355人。12月，家庭厨余垃圾日均分出量1 017.83吨，分出率29.86%。

【乡村示范典型】年内，推进13个市级示范村建设（河南寨镇：团结、台上；北庄镇：北庄；溪翁庄镇：黑山寺、东智北、尖岩；古北口镇：古北口；巨各庄镇：蔡家洼；东邵渠镇：西邵渠；大城子镇：苍术会；冯家峪镇：西白莲峪、石洞子；太师屯镇：龙潭沟），加强落实人居环境长效管护机制，挖掘示范村特色，加强产业发展，提升乡风文明。年底完成市级示范村创建验收工作。

【农民安居工程】年内，制定出台《密云区新一轮（2019—2022年）山区地质灾害易发区及生存条件恶劣地区农民搬迁工程实施方案》，实施山区搬迁工程，完成冯家峪镇冯家峪村、前火岭村170户搬迁任务，完善道路、供水、供电、供暖、污水等公共服务配套设施。

【农村人居环境整治】年内，全区拆除农村私搭乱建4.24万处、208.12万米^2，清理农村生活垃圾49 521处、20.93万吨。清理乱堆乱放乱贴乱堆乱画10.09万处，清理河塘沟渠4 148处，54个村启动供水改造和污水治理工程，37个村完成农村绿化美化工程。密云区在人居环境三年行动计划核验中全市排名第二。

【农村厕所改造】年内，完成改厕1.35万户，卫生户厕覆盖率98.41%，全区农村公共卫生厕所达到三类以上水平，推进公厕改造工作，完成提升改造160座，建设示范公厕37座。

【煤改清洁能源】年内，煤改电设备安装完成8个村、2 650户，安装完成率100%。累计完成煤改清洁能源235个村、8.3万户。在未实施煤改电村庄推广使用优质燃煤，年内订购优质燃煤3.3万吨，全部配送到位。

【“大棚房”监管】年内，全区加强设施农业监管，严防“大棚房”问题反弹，制定“大棚房”2020年区级巡查工作方案，区农业农村局会同区规自分局、区农业服务中心对全区设施农业大棚园区开展“大棚房”问题“回头看”及季度检查工作，重点检查8 000余栋“大棚房”，无反弹问题。

【生态环境保护队建设】年内，各镇、村成立生态环境保护队、生态环境保护公司，增强人员力量，完善机械装备。截至年底，太师屯镇、东邵渠镇建立镇村两级生态环境管护队，另有7个镇申请成立管护队。

【精神文明建设】年内，组织实施“我的村庄更美丽”竞赛活动，征集现代诗、楹联、散文、摄影作品1 800余篇，巩固扩大美丽乡村建设成果，营造文明和谐的农村环境。发挥先进榜样带动作用，挖掘、宣传农村地区新冠肺炎疫情防控工作一线上涌现出的好人好事，传递社会正能量。

农村民生

【概况】年内，全区输出农村劳动力5 398人，安置2 929名劳动力就业，低收入农户人均可支配收入17 736元，比上年增长19.1%，增速排名全市第一。

【产业帮扶】年内，完成黑木耳、甘薯、蜂产业等项目帮扶，推进乡村民宿精品产业发展，引进优质运行公司，引导低收入户以闲置房屋为资源入股，建立利益联结机制，实现资源变资产、农民变股民转变。全年8个镇13个村申报项目建设，涉及200个院落。

【就业帮扶】年内，密云区加强与北京城区对接，利用城市公共服务类岗位安置农村地区劳动力就业，累计输出农村地区劳动力 5 398 人。开发水源区网格化管理岗等公益性岗位，吸纳农村就业困难人员实现转移就业，安置 2 929 名农村劳动力实现就业。

【低收入农户人均可支配增长 19.1%】年内，本区低收入农户人均可支配收入 17 736 元，比上年增长 19.1%，其中工资性收入 5 063 元，经营净收入 1 271元，财产净收入 530 元，转移净收入 1.09 万元。9 057户、1.74 万人越过低收入线，31 个低收入村“摘帽”，完成“脱低”任务。

【低收入农户“三保障”】年内，低收入家庭 493 名学生享受教育补助，补助资金 164.61 万元，累计为2 243名低收入家庭学生提供教育补助，涉及资金 909.81 万元。累计完成低收入农户危房改造 251 户，5 570 户低收入农户纳入社会救助范围，其中民政低保家庭 4 883 户，民政低收入家庭 264 户，五保户 423 户，实现社会保障兜底、不漏一人。

【政策性农业保险】年内，完成政策性农业保险工作，其中种植业承保规模 7 586.67 公顷，养殖业承保规模 13.44 万头，实现总保费 5 413 万元。

【金融支持“三农”发展】年内，全区推进“三社融合”发展（即农民专业合作社、供销合作社、农村信用社融合发展）。制定板栗收购计划，设置 19 个板栗收购点，开展板栗收购工作，累计收购板栗 4 974.6 吨，平均收购价为每斤 4.2 元，带动密云地区其他小商贩收购价格从 3 元左右上涨到 4 元以上，保障全区板栗种植户实际效益。

【确权登记颁证】年内，全区推进农村土地承包经营权确权登记颁证工作，发放证书 74 652 本，发证率 98.6%，涉及全区 308 个村、83 048 户农民，1.65 万公顷土地。

【村地区管】年内，落实“村地区管”要求，制定《密云区“村地区管”管理办法》，加强管控村级集体建设用地、生态绿地和农用地，保障农村集体经济组织和农民利益。

【集体经济】年内，引导镇村通过组建集体所有制环卫公司，建立专业合作社，经营集体林场，发展商贸、乡村民宿精品等方式壮大镇村集体经济，11 个镇申请成立集体所有制环卫公司。

【水库移民补助】年内，核定农业户口水库移民 5.8 万人，发放补助资金 3 482.82 万元。无固定职业农转非水库移民 8 872 人，发放补助资金 496.83 万元。大中型水库库区和移民安置区教育扶持人口 1 311人，扶持资金 229.3 万元。

【水库一级保护区内群众困难补助】年内，密云水库一级保护区内群众困难补助 3.23 万人，发放生活困难补助资金 6 469.6 万元。

农业行政执法

【概况】年内，全区开展动物卫生监督执法、动物检疫、防控非洲猪瘟，全年开展专项非洲猪瘟检测 3 361份。猪肉、牛肉、鸡肉样品送交第三方检测 24 份。配合市兽药监察所、市动物卫生监督所、市饲料监察所抽检 24 批次，采集样品 498 份。发放动物检疫合格证明（动物 A、B）42 本、动物检疫合格证明（产品 A、B）3 154 本，发放大小检疫标识 107.5 万枚。回收各种检疫证明存根 2 453 本。全区大中型拖拉机保有量 463 台，检验 248 台，停驶 188 台，检验率 101.3%。联合收割机保有量 40 台，检验 29 台，停驶 10 台，检验率 117.5%。核发检验合格标志 503 个，接受群众咨询 200 余人，满意度 100%。农业机械牌证全年注册登记 41 台，注销 131 台，补换领行驶证 5 台，补换领登记证书 4 台，补领号牌 8 个，转移登记 22 台，转移登记迁出 2 台，变更登记 4 台。申领驾驶证 29 人，换领驾驶证 123 人，恢复驾驶资格 3 人。办理拖拉机和联合收割机登记及驾驶证核发 788 件。与全区 19 个农机合作组织、43 家农机维修企业各岗位分别签订农机安全生产和岗位责任书。向 55 家大的宾馆、饭店、渔具店、水族馆发放读本、宣传图片 70 余份，发放法制宣传材料 200 余份，法律法规告知书 55 份。对 29 家饭店、1 家养殖场下发《市场监管总局 农业农村部 国家林草局关于禁止野生动物交易的公告》。办理捕捞许可证 213 个，发放安全须知 213 份，签订捕捞协议。

【非洲猪瘟疫情防控】年内，按照国家和本市非洲猪瘟防控工作统一部署，组织培训动物防疫技术人员和养殖场（户）360 人次。与食药、城管、工商、公安、交通、园林、城市管委等部门开展联防联控，强化 7 个进京道口管控，严禁一切违规运输动物和动物产品的车辆进入本市。公路检查站检疫检查出入境牛 2 498 头、猪 2.24 万头、禽 28.66 万只、鸭 9 553 只、羊 558 只，畜禽产品 25.95 万吨，消毒车辆 1.48 万辆。完成派驻官方兽医 10 人，加强屠宰场监管任务，实现监管无盲区。调进白条猪肉非洲猪瘟检测，检测非洲猪瘟样品 5 355 份，全部合格。

【畜禽养殖场（小区）备案更新】年内，按照市农业农村局统一部署，按照备案登记程序，开展 2 次畜禽养殖场备案登记工作，全区登记备案更新规模养殖场（小区）24 个。

【动物免疫及免疫抗体监测】年内，全区畜禽重大动物疫病强制免疫 550.7 万头（羽、只、条），免疫率 100%，指导性动物疫病免疫 14.1 万头（羽、只、条）。监测、检测采样场数 8 042 个场（户）次，监测、检测禽流感、口蹄疫、布病、结核病、马传贫、马鼻疽、瘦肉精、非洲猪瘟等样品 10.4 万份，监测、检测覆盖面 100%，免疫抗体合格率 96%以上。

【检疫监督】年内，依法依规落实产地检疫、屠宰检疫和公路检疫工作。产地检疫：生猪 1.98 万头、羊 326 只、禽类 96.056 万只、种蛋 1 530 万枚、肉牛 602 头、马 19 匹、其他动物 266 只、淡水鱼（苗）265 万尾。屠宰检疫：禽 37.57 万只、牛 993 头，监督无害化处理病死禽 677 只，修割不合格动物产品及有害腺体 0.18 吨。监督生猪定点屠宰场出厂动物产品 1.1 万吨。古北口、番字牌公路动物防疫监督检查站监督检查：进京牛 2 498 头、猪 2.24 万头、禽 28.66 万只、鸭 9 553 只、羊 558 只，畜禽产品 25.95 万吨，消毒车辆 1.48 万辆。

【动物卫生监督执法】年内，开展行政执法检查各类监管对象 1 450 家次，出动执法人员 2 220 人次，出动执法车辆 925 车次，下发监督笔录意见书 2 629 份。与监管对象签订责任书和承诺书 39 份、安全生产责任书 25 份。全年查办案件 44 起，其中一般案件 27 起（动物卫生类案件 23 起、兽药类案件 3 起、饲料案件 1 起）。简易案件 17 起，罚没金额 3.373 万元，罚没兽药 18 盒，无害化处理病死猫狗 66 只。

【种子生产经营监督执法】年内，对全区农作物种子生产经营单位和门店开展行政执法检查 674 家次，检查覆盖率 100%。抽调执法人员 142 人次，检查生产经营单位 71 家，完成率 100%。开展种子质量监督抽查，检测农作物种子样品 99 份。办理行政许可 1 项，办理种子经营备案 64 家。调解种子质量纠纷 2 起。

【渔政执法】年内，开展水生野生动物保护及渔业资源环境执法检查 1 320 人次，立案 29 起，罚款 1.05 万元。完成北京市农业系统第一起生态环境损害赔偿工作。配合水务部门、公安部门、生态环境部门完成河道联合执法 46 次，出动执法人员 100 人次。

【农机执法】年内，依法依规查处和纠正各种违法违规行为，消除农机事故隐患，确保农机安全生产。全年开展执法检查 509 次，查处违法违规行为立案处理 20 件，罚款 200 元。

【行政审批】年内，依法对生产经营者办理行政许可证件，完成“生鲜乳准运证”换证 7 个，发放“兽药经营许可证”3 家，审批“动物防疫条件合格证”29 个，审核发放“动物诊疗许可证”3 家。

农业生产服务

【概况】年内，区农服中心推进设施农业产业发展、农业设施设备现代化建设、农业绿色高质量发展，推动高效特色杂粮产业建设，开展密云水库增殖放流，保障农产品质量安全。拓宽农产品销售渠道，电商年销售本地农产品超 2 亿元。壮大村集体经济，对低收入户进行设施蔬菜产业帮扶。推进东西部扶贫协作，带动贫困户脱贫，促进农业发展。

【设施蔬菜产业】年内，全区完成老旧棚室改造 27.39 公顷，恢复闲置温室 13.33 公顷，政策补贴总资金 8 365.53 万元。“设施蔬菜重要害虫配备式天敌增效控害技术研究与应用”项目获北京市科学技术奖二等奖。

【“一村一品”蔬菜专业村】年内，发展“一棚一品”种植棚 1 300 余个，打造后焦家坞番茄、圣水头黄瓜、龙洋辣椒、套里叶菜、金沟草莓等 20 个区级蔬菜专业村。

【特色杂粮产业】年内，推广豫谷 18、中谷 1 等谷子品种种植 1 333.33 公顷。发展西瓜红、烟薯 25、龙薯 9 等甘薯种植 366.67 公顷，优种率 100%。引进冰冻烤薯生产线，改造升级甘薯储藏库 3 000 米^2，鲜食甘薯储藏能力 250 万千克以上，腐烂率由 30%降至 5%以下。

【“一村一品”杂粮专业村】年内，打造“一村一品”杂粮专业村，扶持高岭镇石匣、郝家台、东邵渠镇界牌等一批专业村建设，全区有杂粮专业村 50 余个。

【蔬菜新品种推广】年内，推广特色京彩系列番茄、光辉 101 番茄、紫丹萝卜等优质新品种 9 个，新品种覆盖率 80%以上。推广水肥一体化、冬季防寒保暖、高架椰糠无土栽培番茄等新技术 12 项。加大 2 100 余个种植棚的新品种、新技术、新装备推广应用力度。研制保温棉被布设机，解决设施农户铺设大棚保温棉被的困难。

【食用菌栽培】 年内，全区完成食用菌种植 47.07 公顷（菌棒 623 万棒），包括黑木耳、赤松茸、平菇、香菇等品种，产量 228.5 万千克，产值 1 460.6万元。种植黑木耳 41.73 公顷（菌棒 517.6 万棒），涉及 6 个镇 26 个村（含 11 个低收入村），生产干木耳 12.8 万千克，产值 1 024 万元。

【农业机械化】 年内，提升基础设施装备水平，配套省力化运输车、轨道车、卷帘机等设施设备 500 台套，补光灯 8 000 余盏。引进自走式高地隙喷杆喷雾机 14 台，引进谷子、甘薯生产机械 30 台套。综合机械化生产水平达到 87%。太师屯镇引进葡萄深加工生产线，带动周边 5 个村发展葡萄种植。为 2 家规模化生猪养殖场购置补贴机械化养殖与防疫设备，完成市级任务指标。

【循环农业】 年内，探索种养结合循环利用的农业可持续发展新模式。促进秸秆和农业废弃物综合利用，完成综合利用 4 133.33 公顷。开展秸秆综合利用机械化作业约 6 666.67 公顷。落实 4 个种养结合机械化秸秆处理点，建设有机肥加工制作处理站，确保有机肥还田。

【增殖放流】 年内，向密云水库投放鲢、鳙、鲂等净水鱼苗 771.6 吨，打造“密云水库净水鱼”品牌。优化升级 2 套机械化增殖放流设备，降低鱼苗死亡率，完善水库上游主要河道两侧生产型养殖场（户）专项治理后续工作。

【化肥、农药减量】 年内，全区化肥使用量 4 396.4 吨（纯量），比上年减少 3.12%。化学农药折百量 21.74 吨，比上年减少 2.13%，农药利用率 45% 以上。

【有机肥替代化肥】 年内，全区实施有机肥替代化肥行动。推广应用有机肥 666.67 公顷以上，测土配方施肥技术应用率 98%以上。化肥使用量较 2015 年降低 37.7%。

【农业面源污染防控】 年内，全区建立农药包装废弃物回收点 37 个，回收农药包装废弃物 41 万余个，减少 6.62 吨农药面源污染物；建立农膜回收点 19 个，回收农膜 25.34 吨，回收率 80%。

【农业投入品质量监管】 年内，加强对农业投入品质量监管力度，监督和指导农户肥料、农药使用，规范过量使用等行为。帮助 5 家电商基地配备农残检测室，加强 7 个电商农残检测室试剂耗材供给，提供技术指导。

【销售渠道拓宽】 年内，密云区与北京新发地等 8 大批发市场建立并维护产销渠道，引导电商企业帮助农户拓宽销路，指导农户线上销售，实现 2 000 余名市民与农户“零距离”对接，开展农民直销技能一对一培训 50 余人次，扶持培育新电商及销售企业 2 家。

【产业帮扶】 年内，推进低收入村、低收入户产业帮扶项目。对新王庄和季庄村低收入户进行设施蔬菜种子种苗、栽培技术、销售等支持，实现单棚收入 7 万元以上。落实林下黑木耳生产 40.1 公顷，涉及 7 个乡镇 18 个村 233 个低收入户，户均增收 2 万元。开展低收入村（户）秋季赤松茸种植示范 4 公顷，谷子生产 66.67 公顷，甘薯生产 20 公顷。提升改造龙洋村和司营子村集体的 13 个闲置棚室，为低收入村、经济薄弱村配套农机具 95 台套。

【扶贫协作】 年内，推进东西部扶贫协作。引导本忠盛达、泰民同丰专业合作社在河北省蔚县建立蔬菜生产基地 13.33 公顷，提供番茄、辣椒、草莓、鲜食玉米等种苗 30 余万株，动员社会力量为蔚县捐赠资金 10 万元及价值 10 万元以上无土草莓栽培设施 1 套。选派 8 名专业技术人员赴河北省蔚县、滦平县进行技术交流与培训。

【“十百千万”工程】 年内，全区落实“十百千万”工程项目，扶持培育年销售收入千万级电商企业 13 家，年销售收入百万级销售企业近百家，电商年销售本地农产品超 2 亿元。补贴本地 9 家电商及合作社购置农产品包装设备、运输车、建设农残检测室等 562 万元。落实农户贷款贴息工作，补贴 22 户贷款利息金额 4.3 万元。

【农产品质量安全】 年内，全区完成样品定性、定量检测 5 509 个，其中蔬菜样品 5 418 个，水产品 91 个，合格率 100%。对 12 家农产品生产基地和电商农残速测室进行技术指导，加大蔬菜农残检测力度。组织农药生产企业、经营单位检查活动 41 次，其中联合检查 8 次，出动执法人员 162 人次，检查农药生产企业、经营单位 159 个次。

【种植业农产品认证与农田质量监测】 年内，全区有无公害认证园区 71 家、认证品种 314 个、认证面积1 735.23公顷，产量 5.63 万吨。绿色园区 7

家、认证品种 32 个、认证面积 76.07 公顷，产量 5 830吨。建立基本农田环境质量长期定位监测点位 20 个、农产品产地土壤和农产品协同监测点位 162 个、无公害农产品产地环境监测点位 10 个、农田地下淋溶面源污染监测点 1 个、北京市种植业面源污染调查与监测点 30 个。

【保护性耕作】年内，印发《密云区 2020 年推广应用抑制季节性裸地农田扬尘关键保护性耕作技术资金补贴项目实施方案》，组织全区 11 个镇开展保护性耕作技术作业 2 666.67 公顷，其中深松整地作业2 000公顷、秸秆覆盖还田少免耕播种 666.67 公顷。完成深松整地 1 200 公顷（占总任务的 60%）。

【病虫草鼠害防治】年内，全区指导病虫草鼠害防治 8.94 万公顷，预报准确率 90%以上，防治效果 85%以上。

【生物防治】年内，全区繁育天敌昆虫 160 亿头，推广赤眼蜂等生物防治面积 10.67 万公顷，减少化学农药用量约 224 吨，减少防治用工约 31.2 万个。开展食蚜蝇、蚜茧蜂和螟黄赤眼蜂等天敌昆虫新品种生产、贮存、应用试验研究工作。

【星级评定考核】年内，完成区级综合质检站的星级评定考核工作，获得三星级区级质检站资格；参加市农业农村局开展的农产品质量安全检测能力验证考核工作，考核参数均达到考核标准。

【农民培训】年内，全区围绕设施蔬菜、粮食产业、电子商务等方面开展新型职业农民培训 15 次，121 人参加；电子商务线上培训班 17 次，40 人参加；线上“一对一”培训班 10 次，10 人参加；拖拉机驾驶员培训 18 人；开展食用菌、无土栽培番茄、蔬菜生产机械化、农机作业质量检测等培训，328 名村级全科农技员参加。

农村合作经济管理

【概况】年内，农村集体经济总收入 2.94 亿元，比上年增长 15.7%。全区农村集体资产总额 47.28 亿元，负债总额 23.43 亿元，所有者权益实现 23.85 亿元。区经管站制定《关于农村土地承包经营权证书发放工作的应急预案》，开展确权登记颁证，完成确权合同面积 1.65 万公顷，发放证书 74 652本。清理整改涉地经济合同，清理涉地集体经济合同 1.64 万份。全区 322 个村集体经济组织完成产权制度改革，占应改革 331 个村集体经济组织 97.3%。新型集体经济组织有股东 25.4 万人，股本总额 12.3 亿元。全区按股分红总额 0.21 亿元。完成 832 个会计核算单位，审计金额 53.82 亿元。贯彻落实《密云区农村产权流转交易管理办法》，挂牌项目 4 宗土地类，成交项目 4 宗，成交金额 1 412.5 万元，成交总面积 57.33 公顷。

【确权登记颁证】年内，区经管站完成确权合同面积 1.65 万公顷，占应确权土地合同面积 96.1%。发放土地承包经营权证书 74 652 本，发放率 98.6%，完成市级要求发证率 90%工作任务。

【农村集体经济合同清理整改】年内，全区清理涉地集体经济合同 1.64 万份，涉地面积 2.37 万公顷，租金总额 10.23 亿元。发现问题合同 279 份，其中约定方面问题 57 份、订立程序方面问题 201 份、其他方面问题 37 份。整改完成 278 份，占问题合同 99.6%。

【产权制度改革】年内，全区 322 个村集体经济组织完成产权制度改革，占应改革总数 97.3%。新型集体经济组织股东 25.4 万人，股本总额 12.3 亿元，其中集体股东股本 2.5 亿元，社员股东股本 9.8 亿元。

【农村产权交易】年内，全区挂牌项目 4 宗土地类，成交项目 4 宗，成交金额 1 412.5 万元，成交总面积 57.33 公顷，其中成交项目数比上年（1 宗）增长 300%。

【新型分配制度】年内，全区按股分红总金额 0.21 亿元，其中集体股分红 390.26 万元，个人股分红 1 732.16万元，受益股东 2.05 万人。截至年底，按股分红总金额 3.05 亿元。

【低收入村农户建档立卡】年内，低收入户 9 054 户、1.74 万人越过低收入线，低收入农户人均可支配收入 17 736 元，比上年增长 19.1%。31 个低收入村全部“摘帽”。

【农村经济运行监测】年内，全区实现农民人均所得 2.61 万元，比上年增长 0.2%。集体经济实现总收入 2.94 亿元，比上年增长 15.7%。

【公益事业专项补助资金审计】年内，区经管站完成 17 个镇 334 个村集体经济组织 2019 年度公益事业专项补助资金审计工作，330 个村级组织公益事业专项补助资金使用金额 7 425 万元，密云镇 4 个撤村转制的经济合作社（白檀、宾阳、长安、南菜园）未使用公益事业补助资金，金额 90 万元。

【农村经济审计】年内，全区完成 832 个会计核算单位，审计金额 53.82 亿元，查出违规违纪单位

50 个，违规违纪金额 841.85 万元，整改金额 724.42 万元。

【村级组织财务管理】年内，区经管站开展村级财务公开检查指导工作，抽查 17 个镇 33 个村，对发现问题立行立改。制定全区村级财务收支预决算执行情况调查方案，抽取溪翁庄镇石马峪村和走马庄村 2 个村作为试点。修改完善村级财务统一预决算模板，规范村级财务年度预决算管理。制发《关于规范村级公务用车、公务接待和村干部补贴管理的有关规定（试行）》。

【村级债务清查】年内，区经管站抽选 4 个镇 8 个村作为村级债务清查试点单位，摸清村级账内、账外债务底数，完善村级债务清查工作实施方案。

【干部资格审查】年内，区经管站开展在任村“两委”干部资格预审工作和村“两委”干部补选人选候选人资格联审工作。全区审查在任村“两委”干部 1 562 人次，其中 1 551 人次通过资格审查。审查村“两委”干部补选人选候选人 175 人次。

【村“两委”负责人经济责任审计】年内，区经管站开展村“两委”主要负责人任期经济责任审计工作，审计时限为自当选开始至 8 月 31 日。审计村数 332 个，审计村干部 349 名，审计金额 44.22 亿元。

农民专业合作社

【概况】年内，全区农民专业合作社 1 497 家，其中种植业 353 家、果品业 343 家、养殖业 378 家、农产品产销业 192 家、农机服务业 42 家、民俗旅游业 117 家、农宅 59 家、手工艺业 4 家、联合社 9 家。登记入社农户 6.11 万户，非登记入社 1.83 万户，占全区农业生产经营户 82.7%。全区有国家级示范社 20 家、市级示范社 14 家、区级示范社 86 家。

【贷款贴息项目】年内，市级农村金融推进项目资金（贷款贴息）项目 641.56 万元补贴到位，涉及 60 家农民专业合作社、涉农企业及农户，贷款金额 1.02 亿元。审核申报 2021 年农业领域贷款贴息金融扶持资金 692 万元，涉及全区农业领域 81 笔银行贷款，银行贷款金额约 1.2 亿元。

【三级示范社财务审计】年内，区合作社中心对 120 家三级示范社进行 2016—2018 年财务审计，审计政府财政扶持资金使用是否规范，形成的资产是否量化到成员账户，盈余是否按规定分配。

【示范社监测】年内，区合作社中心依据《关于开展市级农民专业合作社示范社监测工作的通知》要求，做好市级、国家级示范社监测工作。建立健全三级示范社“三会、两证、两册、一账、一上、一档、两日、两公开”制度。

【示范社动态考评】年内，区合作社中心对示范社动态考评做到“一社一议”，主要检查《合作社工作手册》记录是否完整、签字手续是否完备、与记录中的文字材料是否符合、影像资料是否与会议时间一致，含注册时间、盈余情况、与成员交易额、与非成员交易额、有无不良记录等，对不符合标准的示范社剔除，2 年内不得再次申报区级示范社。

【农业电子商务发展】年内，区合作社中心鼓励合作社开展电子商务推广农产品，以密云农产品电商协会为依托，给予 11 家销售千万以上电商以及 20 家密云农业好品牌单位“密云农业”品牌宣传包装箱 19 万个，礼品箱 6 万个。培育 30 家农产品电商，比上年增长 54.6%，年底实现销售额 8 亿元。

【品牌宣传】年内，区合作社中心利用交通台 103.9 兆赫、北京地铁、“密云 360”、现代企业网头条、微博、微信公众平台，宣传“密云农业”品牌，制定提升密云农业品牌影响力 3 年实施计划。

【人才培训】年内，区合作社中心组织示范社管理人员进行 3 期“新型电商销售（抖音带货）”和“农民专业合作社监事长或执行监事（二期）”封闭式培训，300 余人参加。聘请专业人员为奥金达蜂产品、京纯养蜂、季庄村蔬菜、金樱谷等合作社进行 11 期 0.5 天的小型培训，1 000 余人参加。

【融资服务】年内，区合作社中心协调银行机构和北京市农业融资担保有限公司为基层农民专业合作社、涉农企业、农产品销售电商平台等做好融资担保工作。推荐融资项目 31 个，涉及银行贷款金额 5 892万元。

【政策性农业保险】年内，政策性农业保险承保涉及 17 个乡镇，286 个村，8 677 户，总保费 5 413 万元，总保额 8.7 亿元。理赔涉及 5 337 户，赔付资金4 634万元。

【“农宅十旅游”合作社发展模式】年内，区合作社中心以民宿和特色餐饮为主题，以文化和康养为特色，探索“农宅十旅游”合作社发展模式。

【密云蜂业产业发展】年内，围绕“蜂盛蜜匀”塑造密云蜂业金字品牌，征集、确定“密云蜂业”标识，推出“密云区蜂产品证明标章”和“评鉴标章”，市民购买密云蜂产品可认准密云蜂业 logo。出台“密云蜂业”商标标识使用管理办法和“密云蜂业”开发新产品、新包装扶持资金奖励办法。

【示范社规范化建设】年内，区合作社中心把好示范社准入关，农民专业合作社规范化建设走在全市前列。全区有市级示范社 14 家，其中产业合作社 11 家，旅游合作社 3 家。区级示范社 86 家，其中产业合作社 51 家，旅游合作社 35 家。

密云区领导名录

区委书记	潘临珠
副书记	龚宗元（12 月免）
	马新明（彝族，12 月任）
	朱柏成
常委	杨　珊（女，11 月免）
	蒋学甫　王永浩　葛俊凯
	刘永强　王维民
	朱锡才（5 月任）
区人大常委会主任	王玉江
副主任	孔令昌　赵秦岭（女）
	李洪山　何继玲（女）
	王铁明（1 月免）
	李光辉（8 月免）
区长	龚宗元（12 月免）
代区长	马新明（彝族，12 月任）
副区长	杨　珊（女）　朱锡才
	刘　滨　范永红（1 月免）
	张明智（1 月任）
	方建卿（5 月免）
	李　伟（挂职，5 月免）
	马春秀（女，民建，7 月任）
	马新明（彝族，12 月任）
区政协主席	王稳东（6 月免）
副主席	李长春　孙　奇（民建）
	何丽娟（女）　相远方
	王森林（回族，民革）
	杨伟兰（女，民进）
区委农工委书记、区农业农村局局长	张天杰

密云区乡镇（街道办事处）党政正职领导干部

	党（工）委书记	乡（镇）长（办事处主任）
鼓楼街道	周广明	侯东武（10 月免）
		王德强（10 月任）
果园街道	耿晓婧（女）	李　斌
檀营满族蒙古族乡、檀营地区办事处	关佩君（女，满族，10 月免）	张　波（10 月免）
	张　波（10 月任）	
密云镇	陶晓明（满族，10 月免）	张广军
	王国良（10 月任）	
河南寨镇	马　超	
	王立文（女，1 月任）	
	王立文（女，8 月免）	
十里堡镇	李东方（1 月免）	王　珂
	齐　超（1 月任）	
西田各庄镇	刘振江	张卫星（1 月任）
溪翁庄镇	晁怀新（10 月免）	杨建军
	王　红（女，10 月任）	
穆家峪镇	郭保林	
	任玉文（女，8 月免）	
	李海生（满族，10 月任）	
巨各庄镇	李阔林	周粮源
太师屯镇	胡　勇	赵　军
古北口镇	高英杰（女）	杨行辉（10 月免）
		田树权（10 月任）
高岭镇	王大捷（女，10 月免）	程建邑（10 月免）
	侯东武（10 月任）	宗晓宇（10 月任）
不老屯镇	付宝东（1 月任）	刘卫东
冯家峪镇	陈祥庶	林桂彬（1 月任）
大城子镇	常艳军（女，8 月免）	魏志刚
	任玉文（女，8 月任）	
东邵渠镇	赵　勇	杨海军（1 月任）
北庄镇	付宝东（1 月免）	林　立（1 月免）
	林　立（1 月任）	郑艳华（10 月任）
新城子镇	刘继雄	曾永东
石城镇	何立军（女）	李　冬（满族）

（密云区农业农村局　张鹏飞）

延庆区

综　述

延庆区位于延怀盆地东部、燕山沉降带西端，区域呈东北西南走向的半椭圆形板块。东邻北京怀柔区，南接北京昌平区，西与河北省怀来县接壤，北与河北省赤城县相邻。区域东西最长 70 千米，南北最宽 45.5 千米，总面积 1 994.88 千米^2，占北京市总面积的 12.6%，其中山区面积占 72.8%，平原面积占 26.2%，水域面积占 1%。全境平均海拔 500 米。延庆区是京津冀协同发展格局中西北部生态涵养区的重要组成部分，是保障首都可持续发展的关键区域。根据《北京城市总体规划（2016—2035 年）》，延庆区是首都西北部重要生态保育及区域生态治理协作区，生态文明示范区，国际文化体育旅游休闲名区，京西北科技创新特色发展区。延庆是天然生态园和全国知名旅游区，2019 年获首批国家全域旅游示范区和全国民宿产业发展示范区称号。全区森林覆盖率 59.28%，林木绿化率 71.67%，人均绿地面积 53.14 米^2，人均公园绿地面积 46.13 米^2。有松山、玉渡山、野鸭湖等 12 个国家和市、区级自然保护区，总面积 530 余千米^2，占区域面积的 27%；湿地6 667公顷，占区域面积的 5%。全年空气质量二级和好于二级天气达 84%，连续多年居北京市前列。2022 年北京冬奥会，延庆区将承办雪车、雪橇大项和滑雪大项中的高山滑雪比赛等项目。根据第七次全国人口普查结果：全区常住人口 345 671 人，其中外省市来京人口为 80 736 人，占常住人口的 23.4%。2020 年，全区农业生产持续恢复，工业产值快速增长，商品消费缓慢恢复，景区呈现回暖迹象，投资降幅收窄，建筑业产值基本持平，一般公共预算收入保持增长，税收收入略有上升，居民收入小幅增长。

城乡融合发展

【概况】年内，严格落实新版北京城市总体规划，区域规划获批，新城控规、11 个专项规划、6 个乡镇域国土空间规划编制有序推进，355 个美丽乡村村庄规划全部编制完成。南菜园 1～5 巷等 5 个棚改项目稳步推进。陕京四线工程干线全线贯通，历史性接入市政天然气。燃气实现“同城同价”，惠及千家万户。城东、城南供热中心煤改气工程实行 PPP 模式运行，全区供暖行业全部实现能源清洁化。

【居民可支配收入】全年全区居民人均可支配收入 37 385 元，比上年增长 2.5%；人均生活消费支出 24 770元，增长 0.5%。其中，城镇居民人均可支配收入 50 476 元，增长 3.6%，人均生活消费支出 30 767元，下降 2.1%。低收入农户人均可支配收入 16 775 元，增长 15.8%，增速高于全区居民人均可支配收入 13.3 个百分点。

【低收入农户帮扶】全区低收入农户 8 031 户，家庭人口 16 065 人，全部实现脱低。2020 年，低收入农户人均可支配收入 16 775 元，同比增长 15.8%，增速在全市排名第四，生态涵养区排名第四。制定《2020 年低收入农户帮扶工作实施方案》，开展低收入农户边缘户和返低风险户摸排，建立“一户一策”帮扶台账。制定《2020 年延庆区低收入产业发展资金使用方案》，重点支持乡村民宿精品、特色种植、异地购置物业等收益稳定且具有可持续性的产业。

【农村经济统计分析】2020 年，全区农村集体经济实现收入 80 440.6 万元，占农村经济总收入的 5.7%，同比下降 18.2%。

【金融服务】推动银行出台“民宿贷”等金融产品，落地专项低息贷款 4.95 亿元、中小微企业贷款 83.3 亿元、民宿急需运营资金 900 余万元。

【生态保护和绿色发展】年内，落实《关于推动生态涵养区生态保护和绿色发展实施意见》，推动市发展改革委与区政府联合印发《抓住两大盛会机遇推动延庆区绿色发展行动计划（2020—2022 年）》，一体推进生态保护、基础建设、公共服务等领域 96 项重点任务、82 个重点项目落地见效。

【坚定清理存量违建】累计拆除违法建设 291 万米^2，占违法建设总量的 78.4%。

【疏解低端业态】疏解退出一般制造业企业 39 家，“散乱污”企业实现动态清零。

【织密路网密度】新建大修城市道路 34.2 千米、公路 441.3 千米，乡村公路实现 100%通车、中等路以上比例达到 90.3%。

【村地区管】根据北京市政府要求，制定出台《北京市延庆区加强农村集体土地管理落实“村地区管”机制的实施意见》，建立农村流转土地的“村地区管”工作机制。

【严格“三块地”管理】制定加强农村集体土地管理落实“村地区管”机制的实施意见、农村宅基地及房屋建设管理办法，农村集体经济涉地问题合同基本完成整改。坚定实施棚改“拔钉子”行动，南三村安置房封顶，石河营建材城主体腾退基本完成。

农村经济发展

【概况】2020年，全区农业生产持续恢复，工业产值快速增长，商品消费缓慢恢复，景区呈现回暖迹象，投资降幅收窄，建筑业产值基本持平，一般公共预算收入保持增长，税收收入略有上升，居民收入小幅增长。全年完成固定资产投资（不含农户）比上年下降30.8%。其中，基础设施投资下降54.7%；建安投资下降35.5%；房地产开发投资下降2.1%。第一产业投资比上年下降42.5%；第二产业投资下降53.1%；第三产业投资下降26.8%。截至年末，全区实现地区生产总值1 944 775万元，按不变价计算，比上年下降1.3%。其中，第一产业实现增加值61 835万元，下降22.5%；第二产业实现增加值441 749万元，下降12.6%；第三产业实现增加值1 441 191万元，增长4.0%。三次产业结构为3.2∶22.7∶74.1。

【休闲农业产业发展】启动创建全国休闲农业重点区工作，提升改造16个休闲农业园区，建设“乐享妫川”四海段、八达岭外石路段休闲农业旅游线路。推介“乐享妫川”中国美丽乡村休闲旅游精品景点线路。花盆村、沙门村、姚官岭村3个村获得“北京市特色专业示范村”称号。

【妫水农耕】全市首个农产品区域公用品牌“妫水农耕”形成有机杂粮、精品蔬菜、花卉园艺、优质果品、精品畜牧五大特色产品体系。9家企业或合作社正式加盟“妫水农耕”联盟，制定“妫水农耕”基地奖励办法，明确“妫水农耕”图形logo，注册25类商标，完成“妫水农耕”蔬菜类产品整体形象设计工作，开设4家“妫水农耕”品牌直营店，与第三方合作入驻京东、淘宝网上商城。

【种植面积】年内，全区粮食播种面积9 245.49公顷（138 682.3亩），包括玉米8 617.33公顷（129 260亩）。粮食总产7 074.09万千克，其中玉米6 935.87万千克。蔬菜播种面积1 942.69公顷（29 140.40亩），蔬菜总产量6 493.62万千克。

【农业废弃物循环利用】2019—2020年完成1.38亿千克农业废弃物资源化利用，其中农作物秸秆0.31亿千克、园林废弃物700万千克、畜禽粪便1亿千克，收集任务全部超额完成。加工制作、配送有机肥0.5亿千克，全区累计减少化肥用量555.56万千克，化肥利用率提高到40.2%。实现种养循环可持续发展。

【畜牧产业】年内，畜牧业实现产值4.36亿元，同比下降5.22%。奶牛存栏0.92万头，肉牛出栏3 058头，家禽出栏131.69万只，生猪出栏1.05万头，羊出栏1.58万只。全年鲜奶总产2.95万吨，鲜蛋总产1.2万吨。

【畜禽规模化养殖场粪污治理】年内，结合延庆区畜禽规模化养殖场粪污治现状，对延庆区2家养殖企业开展畜禽规模化养殖场粪污治理综合化利用项目，涉及资金205万元。受新冠肺炎疫情影响，经与北京市农业农村局请示，臭气处理设施建设项目在2021年6月完成建设。

【“两病”净化】年内在4月和9月开展了春、秋两季奶牛“两病”（奶牛结核病、奶牛布病）净化工作。结核病检疫净化工作共检测奶牛12 676头，结果均为阴性。全年奶牛布鲁氏菌病净化共采集血样3 517头份，共检出5头阳性，在监测结果反馈前，已淘汰2头，无害化处理布病阳性牛3头。

【狂犬病免疫工作】全区14个犬只狂犬病免疫定点单位全年共免疫犬只16 785条。狂犬病应免免疫率100%，免疫标识佩戴率100%。

【过敏反应鉴定及补偿】全年累计鉴定畜禽过敏现象289起。共认定奶牛流产4头；肉牛流产6头、死亡4头；羊死亡37只、流产46只；禽类死亡192只。过敏反应补偿资金共计22 685元。

【非洲猪瘟专项防控工作】延庆区继续落实非洲猪瘟防控机制，落实监管排查、路口管控、市场及调运监管、病死猪排查和风险筛查等多项防控措施，共监测样品5 591份，报送各类报表和总结1 146份，回应群众关切问题15件，保障延庆乃至京西北区域不发生非洲猪瘟疫情。

【强制免疫“先打后补”试点工作】2020年强制免疫试点场涉及生猪养殖场1个，奶牛养殖场4个，共补贴资金11 661元。

【生猪产业恢复生产工作】按照北京市生猪产业优

化提升发展有关文件要求，延庆区新建1个生猪规模养殖场，改建1个生猪规模养殖场。新建场和改建场均已完成工程建设并投入使用，为延庆区生猪生产任务完成奠定基础。年末延庆区生猪存栏2.67万头，完成市级对延庆区生猪存栏2.5万头的任务指标。新建北京丰森源农业发展有限公司，位于旧县镇米粮屯村，养殖规模为基础母猪5 000头，年出栏商品猪12.5万头，是延庆区最大的现代化规模养殖场，并创造了当年建设、当年投产的佳绩。

【延庆首个地理标志证明商标注册成功】11月20日，“延庆香白杏”经国家知识产权局核准，成功注册地理标志证明商标，是延庆区首个农业地理标志证明商标，是继农业农村部颁发的“延庆国光”“延庆葡萄”“延怀河谷葡萄”地理标志认证后延庆区的又一张闪亮名片。

【两个花卉研发创新中心落户延庆】8月19日，“竹藤花卉航天育种研发中心”和“中国花卉创新发展中心”正式落户延庆中关村园艺产业创新中心。两中心将基于航天育种，持续开展竹藤花卉良种选育与推广，并围绕花卉产业发展大数据分析、品种创新、人才培养、对外交流等开展研究，推动花卉产业高质量发展。

【林业产业】年内，全区花卉种植面积稳定在1 000公顷（1.5万亩），实现产值1.5亿元，主要种植菊花、月季、牡丹、草盆花、高档花卉、观赏草等。全区农林复合经济面积3 607公顷（5.41万亩）。其中平原造林地农林复合经济面积为2 813公顷（4.22万亩），林花、林药和林草147公顷（0.22万亩）。森林旅游面积2 533公顷（3.8万亩）。全区蜂群总量1.5万群，年产蜂蜜21万千克，全区蜂产业带动农民就业210余户。

【绿色惠民建设】年内，更新改造低效果园面积88.6公顷（1 329亩），更新改造品种主要有八棱脆海棠、国光苹果、富士苹果、夏黑葡萄、科瑞森葡萄。提升改造79栋日光温室设施，繁育苹果、葡萄、樱桃、石榴、海棠等果树盆景4万盆。

【第十二届北京菊花文化节（延庆展区）开幕】9月27日至10月10日，2020年第十二届北京菊花文化节（延庆展区）在北京延庆世界葡萄博览园内开幕。市园林绿化局和区相关领导出席开幕式。本次活动的主题是“百花竞放迎冬奥，佳色秋菊靓妫川”，分为室外和室内两个展区。整体布展融合葡萄圆形设计元素，将园区设计成一线二展八区。室外布展分为菊花花境、景观园艺、菊花品种3个展区，共布设5万株菊花及其他花卉10万株。室内布展2 500米^2，分为精品品种展示区、花艺作品展示区、菊花书画作品展示区、菊花文化体验区和花卉衍生品售卖区5个部分，用菊花鲜切花10 000株，其他花卉及叶材300扎。活动期间，接待游客0.3万人次，实现收入16.72万元。

【首届北京国际花园节闭幕】10月16日，首届北京国际花园节在北京世园公园落幕，活动期间累计吸引近40万人次前来游览。由专家严格评选与市民网络投票的花园花境大奖、金奖、育种突破奖等112个园艺类奖项依次揭晓。中国风景园林学会、华中农业大学、国际园艺生产者协会、中国花卉协会、中国风景园林学会、首都绿化办、延庆区政府、北京世界园艺博览会事务协调局相关负责人出席闭幕式。4月28日至10月15日活动期间，近5万米^{2}的世园标志性花卉景观以及70余个室外精品展园美景再现，95场园艺体验活动、170场音乐、健身、科普等民众参与性活动轮番登场。23家国内园林园艺企业、3家国际园艺企业、12家国际育种公司分别参与了首届北京国际花园节的企业花园花境、新优品种展示活动，共展出600余种新优花卉品种。

【延庆区获评“2020中国冰雪旅游十强县区”】1月5日，以“奥运旅游新动力，美好生活新体验”为主题的2020年中国冰雪旅游发展论坛在哈尔滨市举办。中国旅游研究院发布2020年全国冰雪旅游十强县（区）榜单，延庆区被评为“2020中国冰雪旅游十强县区”。

【第四届北方民宿大会】11月27日，延庆区召开以“新地标、新发展、新跨越”为主题的第四届北方民宿大会。大会解读了《促进乡村民宿发展的指导意见》和《乡村民宿服务要求及评定》地方标准；启动“‘我的桃花源’之‘全民寻找桃花源’活动”；举办以“乡村荣耀，共生力量”为主题的民宿共生社区主旨论坛。

【新一轮百万亩造林工程】年内，完成新一轮百万亩造林工程582.77公顷（8 741.66亩）。其中，京张高铁延庆段绿色通道建设工程118.79公顷（1 781.8亩），延庆区2020年平原重点区造林绿化工程32.53公顷（488亩），延庆区2020年前山台地造林工程293.56公顷（4 403.4亩），延庆区

2020 年山前平缓地造林工程 127.94 公顷（1 919.15亩），延庆区思贤公园城市森林建设工程 4.58 公顷（68.77 亩），延庆区 2020 年小微绿地建设工程 2.78 公顷（41.74 亩），留白增绿单独实施 2.59 公顷（38.8 亩）。

【深化国家全域旅游示范区建设】推动乡村民宿精品与全区旅游资源联动发展，乡村民宿精品达到 120 家，入选首批国家文化和旅游消费试点城市、2020 年度中国乡村旅游发展名区。2020 年前三季度住宿业收入 2.1 亿元，居全市生态涵养区第一。

【支农高校毕业生管理】年内，全区合同期满大学生“村官”（选调生）33 人全部就业，就业率 100%，其中 3 人被组织安排支援城市副中心建设，4 人调入区委办局工作，25 人留任乡镇公务员岗位，1 人放弃公务员选择自谋职业。招聘乡村振兴协理员 36 人，其中硕士 2 人，本科 17 人。推进“把脚印留在妫川大地上”主题实践活动，引导支农毕业生聚焦农村发展、助力冬奥世园干事创业。

【农业信息化建设】延庆区成功申报为“互联网+”农产品出村进城试点区。完成佳仕百年公司承建的 20 家益农信息社初次验收工作；新增 192 家益农信息社，同步部署 192 家新建社村的网页资料汇总；全区益农信息社总量达到 309 家，完成 309 家已建益农信息社编号。

【科技成果】5 月 12 日，延庆区葡萄及葡萄酒产业促进中心申请的发明专利“一种温室葡萄 VF 形树形的培养方法”获得国家知识产权局授权。11 月 23 日，延庆区葡萄及葡萄酒产业促进中心在河南省完成“适宜温室一年两熟的葡萄品种筛选研究及推广”科技成果的评价与登记，并获得河南省科技厅颁发的科技成果证书。

【粮食和物资储备】年内，粮食安全区长责任制考核连续 5 年被评为优秀等次，连续两年考核排名全市第一。新增区级临时储备成品粮 100 万千克，超额完成市级任务；玉米收购 2 670 万千克，转储 2 330万千克；粮食应急企业全部实现挂牌管理；开展政策性粮食管理问题整改“回头看”专项行动；发放救灾物资 4 848 件，补库 4 821 件；进行两次物资倒垛一次应急演练；开展救灾物资大清查，救灾物资实现系统化管理。

【农产品流通】区农业农村局与中国邮政集团北京市延庆区分公司签署新一轮战略合作协议，全年农邮通共计运输农产品宅配 22 464 件，商超 2 262 车次。货运通行证申报约 103 车次，共发证 98 张。瓜果证申办 17 张。

【农交会】组织四家农业企业参加第十八届中国国际农产品交易会。

【农业领域复工复产】制定下发《延庆区农业行业复工复产疫情防控工作方案》，建立监测对象台账，针对不同场景制定了设施农业、畜牧行业和果园花卉苗圃企业防控的疫情防控规范。对监测对象进行巡查，指导并监督企业（合作社）按照指引内容做好经营场所疫情防控工作。发放新冠疫情防控海报、通告等宣传材料，及时传达更新疫情防控政策。

【农业行政执法工作】全年累计开展农业执法检查 16 199 次，作出行政处罚 118 件，罚款 10.38 万元，无行政强制案件。

【野生动物造成损失补偿】年内，区野生动物损害补偿共涉及 14 个乡镇、135 个行政村、1 902 户，农作物损失面积 102.07 公顷（1 531 亩），损失产量 81 万千克，家禽家畜损失 1 503 只，经济作物果树损失 52 株，造成损失金额 221.7 万元，按损失金额 70%进行补偿，共计 1 577.99 万元。

【成为第三批国家农产品质量安全县创建单位】在巩固前两年的创建成果基础上，加大创建力度，落实属地管理责任，全力提升农产品质量安全监管能力和水平，于 2020 年 9 月接受市级专家组考核验收，成绩位列全市第三批 9 个区第一，2021 年 2 月通过农业农村部批准，成为第三批国家农产品质量安全县创建单位。

【农产质量安全工作】统筹扎实抓好农业标准化、“三品一标”、主体信息更新、专项整治、监督抽检等各项常规工作。年内新备案农业标准化基地 3 家、新建全程特优标准化基地 1 家、市级优级农业标准化基地 5 家，全区共有备案农业标准化基地 77 家。新增“三品”认证基地 10 家，认证基地总数保持在 100 家以上。继续开展食用农产品生产主体信息核查与更新工作，2020 年年底共有在库主体 34 713 个。组织开展农村假冒伪劣食品专项整治等多个专项行动。全年检测农产品样本 3.2 万个，合格率常年保持在 98%以上，未发生重大农产品质量安全事件。

【试行食用农产品合格证制度】食用农产品合格证制度，借鉴了工业品合格证管理模式，规定农产品种植养殖生产者在自我管理、自控自检的基础上，自我承诺农产品安全合格上市，是一种新型农产品质量安全治理制度。2019 年年底农业农村部全面部署试行工作，试行品类主要是蔬菜、畜禽、禽蛋、养殖水产品、水果（园林绿化局负责）；试行主体主要是生产企业、合作社、家庭农场，鼓励小农户参与；全国统一基本样式，北京市细化样式和规格等要求。2020 年，延庆区 15 家基地成为市级试点，同时筛选了 100 个企业或合作社作为区级试点，截至年底共开具合格证 4 万余张，带证上市农产品 2 700 余吨。

村镇建设

【概况】 年内，严格落实新版北京城市总体规划，区域规划获批，新城控规、11 个专项规划、6 个乡镇域国土空间规划编制有序推进，355 个美丽乡村村庄规划全部编制完成。南菜园 1～5 巷等 5 个棚改项目稳步推进。新建大修城市道路 34.2 千米、公路 441.3 千米，乡村公路实现 100%通车、中等路以上比例达到 90.3%，路网密度处于生态涵养区领先水平。美丽乡村建设扎实推进。115 个村开工建设，90 个村基本完工。完成农村人居环境整治三年行动任务，改造户厕 8 490 户，生活垃圾实现收集、转运、处理全覆盖。5 条美丽乡村风景线初现雏形。

【美丽乡村建设】 年内，第一批 119 个创建村中，117 个建设实施方案通过区级审批，114 个村完成招标，80 个村已基本完工，43 个村完成区级联合验收。第二批 127 个创建村中，29 个村开工，10 个村基本完工，2 个村完成区级联合验收。第一批创建村中共有 46 个村涉及污水项目，42 个村已基本完成，其余 4 个村涉及山区搬迁工程，正在统筹推进中。25 个示范村的村庄规划和建设实施方案已全部通过区级审批，18 个村的深化设计已经完成，12 个村完成招标，6 个村开工建设，2 个村竣工。农村基础设施长效管护工作，拨付管护资金 1.95 亿元，管护水平全面加强。5 条美丽乡村风景线初现雏形。

【农村地区冬季清洁取暖工作】 2020 年内，通过公开招标确定“煤改电”设备供应企业 7 家、优质型煤供应企业 4 家。完成 5 个乡镇、46 个村庄、0.74 万户“煤改电”设备安装，为 15 个乡镇、3 个街道配送优质燃煤 2.8 万吨。

【农村“煤改气”工程】 年内，全区涉及 2016—2018 年列入改造计划的有 12 个乡镇、79 个村庄、约 2 000 户。经各乡镇摸底调查，2020 年急需自采暖的用户（刚需实施“煤改气”）约 380 户。截至年底，累计通气 790 户，完成当年急需自采暖用户的改造任务。

【农村危房改造】 年内，完成农村危房改造确户 405 户（4 类重点对象和低收入农户 347 户、优抚对象 58 户），其中 124 户通过随亲属合住、入住养老机构等方式解决住房安全，281 户为建设任务。年末，实现开工 281 户、开工率 100%，主体结构完工 261 户、主体结构完工率 92.88%，竣工 158 户、竣工率 56.22%。

【农村抗震节能农宅建设】 年内，完成农村抗震节能农宅建设确户 7 637 户。年末，实现开工 7 637 户，竣工验收 4 610 户，竣工率 60.36%，剩余 3 027户按市级部门要求于 2021 年 6 月底前完成竣工验收。

【责任规划师团队建设】 年内，构建“1 个区级城乡建设与规划＋7 个街乡（镇）”两级联动的责任“妫画师”团队，发挥专业规划人员的桥梁纽带作用，将专业知识引进社区和乡村，助力背街小巷整治、“创城”和老旧小区改造等工作，打通规划实施的“最后一公里”。

【征地及农用地转用项目用地管理】 年内，完成征地批准 3 个、征地前期工作 2 个，总用地面积 108.55 公顷；完成农转用批准 1 个，总用地面积 1.39 公顷。

【耕地保护与占补平衡】 年内，完成 1 个社会投资土地整治项目的规划设计工作，并已获得区政府立项批复，建设规模 5.74 公顷（86.08 亩），预计新增耕地 5.43 公顷（81.51 亩）。完成 2 个区财政投资土地整治项目工程验收，建设规模 7.07 公顷（106.04 亩）。立项 1 个增减挂项目，建设规模 0.84 公顷（12.67 亩），预计新增耕地 0.84 公顷（12.67 亩）。完成 1 个土地整治项目验收，项目建设规模 112.61 公顷（1 689.10 亩），新增耕地 33.30 公顷（499.46 亩）。实施 2 个整治项目，建设规模 77.38 公顷（1 160.67 亩）。立项 2 个康庄镇棚改增减挂项目，规划完成 10.45 公顷（156.82 亩）建设用地复垦。

【节水管理】 年内，全区创建节水型单位 9 家、村庄 10 个。在 13 个村庄换装节水型生活器具 8 320 套。延庆区获全国第三批节水型社会建设达标区称号。完成“两田一园”农业高效节水灌溉 3 266.67 公顷（4.9 万亩），惠及 14 个乡镇 108 个村。健全完善农业灌溉和计量、收费等基础设施及机制建设，大幅提高农业用水效率。

【乡村公路隐患排查】 9 月，在延庆区管养范围内开展穿村公路（包括县道、乡道、村道）隐患排查工作，建立隐患台账 36 处，涉及重点隐患道路 14 条，重点解决穿村路段村庄标志、减速标线等问题。排查过程中安装注意行人标识 13 处，施划减速标线 22 处，增加黄闪灯 36 处。

【第一条乡村公路慢行道建成】 10 月 24 日，延庆区第一条乡村公路慢行路古崖居慢行路完工，项目总投资 142.47 万元。实施内容为新建行人、自行车专用道 2 203 米，沿线设置休息座椅 18 个，修复盖板方沟 390 米^2，种植草坪 550 米^2 等，缓解古崖居景区周边道路人车混行的交通压力，规范景区前交通秩序。

【电力发展提升】 电力投资 91 亿元，基本形成“500 千伏双电源、220 千伏双环网、110 千伏双向链式”的供电结构，供应能力满足未来几十年发展需要。

【污水处理】 年内，全区新建污水管线 223 千米。完成 50 个村的农村生活污水处理设施建设。千家店镇、珍珠泉乡、大庄科乡污水处理厂通水调试，张山营镇田宋营村污水处理厂完成总工程量的 79%，刘斌堡乡污水处理厂完成总工程量的 60%，四海镇污水处理厂完成总工程量的 75%。对全区 68 处污水在线监测设施进行集中管理，在线率达到 100%，每季度统计污水处理量。

【农村人居环境整治三年行动收官】 按照《北京市农村人居环境整治考核验收评分标准（试行）》，延庆区全面落实“1＋8”环境整治工程的各项任务，各乡镇严控工作时间节点，分批分层次整治了各个村庄环境，较好地完成了农村人居环境整治三年行动收官检查工作，全区所有村庄通过验收，实现了村容村貌干净、整洁、有序。2021 年 2 月 18 日，中央农办、农业农村部印发了《关于通报表扬 2020 年全国村庄清洁行动先进县的通知》，对北京市延庆区等 106 个措施有力、成效突出、群众满意的村庄清洁行动先进区县予以通报表扬。

【水环境持续改善】 持续开展“清河”“清四乱”行动，新建改建集中污水处理厂站 14 座，完成 138 个村污水治理，全区污水处理率由 78% 提升到 92%，全域地表水水质由Ⅳ类稳定达到Ⅲ类及以上。

【水土保持】 年内，全区投资 3 071.25 万元，完成 47 千米^2 生态清洁小流域综合治理任务，涉及 2019 年延庆区京津风沙源小流域综合治理工程张山营小流域 30 千米^2、2019 年延庆区国家水土保持重点建设工程水峪小流域 11 千米^2、西五里营小流域 6 千米^2。

【留白增绿工程】 年内，完成留白增绿 4.34 万米^2，其中 1.76 万米^2 与 2020 年新一轮百万亩造林统筹实施，涉及八达岭镇、大榆树镇、井庄镇、旧县镇，共 15 个地块；2.58 万米^2 单独立项实施，涉及井庄镇、旧县镇、千家店镇、永宁镇、珍珠泉乡、香营乡，共 13 个地块。

【城区绿化】 年内，建设完成恒润公园，完成思贤公园工程总量的 75%，完成天成公园、创新家园工程总量的 95%；实施 39 条主次干路和背街小巷街区靓化工程，补植行道树 822 株、地被 61 204.5 米^2；在 13 个社区完成绿地补植完善 68 783.31 米^2。

【首都群众性创建】 年内，创建首都绿色村庄 7 个：沈家营镇下花园村、八达岭镇南园村、千家店镇红旗甸村、井庄镇果树园村、旧县镇白草洼村、大庄科乡西沙梁村、四海镇永安堡村；创建花园式单位 1 个：园林绿化局办公区；创建花园式社区 1 个：沈家营镇天成家园北社区。

【水污染防治】 年内，制定印发《延庆区污染防治攻坚 2020 年行动计划》，并落实各项任务。完成集中式饮用水水源地环境保护状况评估，并按照要求开展专项排查及整治。开展乡镇间水环境区域补偿工作，完成农村健康饮水工程和农村环境综合整治任务。创建节水型社会，获批全国第三批节水型社会建设达标区。落实河长制相关工作要求，完成“十三五”期间建设生态清洁小流域 14 条、187 千米^2 的任务。

【山区搬迁工程】 年内，香营乡山底下村、四海镇大吉祥村、井庄镇碓臼石村完成搬迁主体工程。刘斌堡乡周四沟村开工建设。

【生态沟域建设】 年内，重点建设沟域“文脉永宁”完成总工程量的 50%，“百里山水画廊”“四季花海”“冰川绿谷”“乡宴柳沟” 4 条生态沟域提升项目全部完成，5 条沟域共安排财政转移支付资金 1 500万元。

农村改革与管理

【概况】 坚持以党建引领基层治理改革为重点，全面深化改革取得突破，260 项年度任务全部完成。深入推进区域化党建，基本建立三级党建工作协调委员会。下大力气推进农口机构改革，构建“1＋4”管理架构，56％人员编制下沉乡镇，初步搭建起乡村振兴和“三农”发展的系统服务管理体系。深化综合执法改革，18 个街道乡镇综合行政执法队全部组建，431 项行政执法权下放街乡。在全市率先完成乡镇机构改革，进一步提升乡镇服务管理能力。

【合作社建设】 规范农民专业合作社建设，支持 13 家农民专业合作社进行“社账托管”。截至 12 月底，全区共有 52 家三级社。对全区 10 家国家级示范社就 2019 年的经营情况及财务情况进行动态监测。

【家庭农场】 按照市级要求核查家庭农场现状，并将农场信息录入全国家庭农场名录系统。现全区已录入 58 家。

【经济合同清理】 针对 2019 年 12 月 31 日前签订的农村集体经济合同开展清理整顿工作，共清查涉地类农村集体经济合同 10 774 份，其中问题合同 5 193份，已完成整改问题合同 5 193 份，问题合同整改率达 100％。

【镇级产改】 持续跟进 2019 年启动改革的五个乡镇工作进展情况，启动延庆镇、沈家营镇、井庄镇、永宁镇四个乡镇的镇级产权制度改革工作。

【土地确权登记颁证】 涉及 15 个乡镇、341 个村(其中 35 个村属于暂不确权村)、46 651 户，二轮土地承包面积 35.5 万亩，国土部门第二次土地调查面积 42.5 万亩，应确权面积 42.5 万亩，应确权农户 46 651 户。共完成确权农户 46 473 户，已确权面积 31.6 万亩，颁发证书 46 473 本，证书发放率 99.62％。

【扶持壮大村集体经济】 开展 2019 年度和 2020 年度扶持壮大村级集体经济工作，共计 49 个试点村。

【经济责任审计】 对全区 376 个行政村的“两委”主要负责人进行经济责任审计，审计时段为 2018 年 7 月 1 日至 2020 年 9 月 30 日。审计实现村级经济总收入 2 183 735.67 万元，经济总支出 1 567 992.74万元，发现六大类 2 078 条次问题。

【村级财务】 出台印发《延庆区农村集体组织委托代理记账管理办法（试行)》。对延庆区 15 个乡镇 376 个村 2019 年的债务情况进行了摸底调查。截至 2019 年年底，村级集体账内涉及债务的共有 228 个村，占总村数的 60.6％，累计债务总额 20 730万元。截至 2018 年 11 月底，延庆区村级共涉及单位借款 13 087.8 万元，涉及全区 15 个乡镇 165 个村共 445 笔。截至 2021 年 2 月 26 日，已偿还借款 384 笔，还款金额达到 8 402.9 万元。

农村民生

【概况】 年内，“两不愁三保障”实现全面达标，8 031户低收入农户全部脱低。实施十万人大培训项目，累计培训 8.1 万人次，促进各类就业近 5 万人。建成老年幸福餐桌 113 家、社区配餐服务站 21 家，惠及近 4 万名老年人。基本便民服务网点累计达 1 494 个，基本便民服务业态社区覆盖率提升到 100％，生活性服务业规范化、品质化、便利化水平明显提升。

【脱贫攻坚】 年内，深入称沟湾村开展走访慰问、知识宣讲、联建共建等活动，帮助销售大榛子、玉米、木耳等农副产品，为低收入户家庭学生办理建信“龙安 e 生”和“意外伤害”两项保险。全年发放乡村振兴卡 8 300 余张，累计发放消费扶贫信用卡 1.54 万余张，消费满减 250 余万笔，带动扶贫商品销售 550 余万元。

【城乡医疗保险】 参加城乡居民基本医疗保险人数达到 132 822 人，增长 0.1％，参加职工基本医疗保险人数达到 132 560 人，增长 4.8％；参加工伤保险人数达到 93 329 人，增长 2.3％；参加失业保险人数达到 87 554 人，增长 4.6％。

【城乡劳动力就业】 年内，区人力社保局促进城乡劳动者就业 7 882 人，其中城镇登记失业人员就业 3 890 人，农村劳动力转移就业 3 992 人。帮扶城乡就业困难人员就业 5 756 人，其中城镇就业困难人员就业 1 764 人。城镇登记失业率 3.78％，城镇登记失业人员就业率 60.24％。对困难失业人员、困难企业职工和安置农民工较多的企业进行走访慰问；社会公益性就业岗位累计安置城乡就业困难人员 3 068 人。

【农村转移劳动力职业技能提升】 年内，组织开展农村转移劳动力等重点人群、援企稳岗、以工代训职业技能培训 17 546 人，拨付培训补贴 2 042.38 万元。其中以训稳岗培训补贴 2 004 人、472.6 万元，一次性培训补贴 15 107 人、1 510.7 万元，重点人群培训补贴 338 人、29.2 万元，以工代训培训补贴 97 人、29.876 万元。

【果品栽培管理技术培训】 年内，举办果品栽培管理技术培训 40 场次，参与讲课老师 102 人次，参加培训果农 1 000 余人。培训地点分别在旧县镇白羊峪村，井庄镇王木营村，八达岭镇大浮坨村、里炮村，张山营镇苏庄村、前庙村、后庙村、西五里营村，沈家营镇上花园村，永宁镇北沟村、碧森园、南山健源，刘斌堡乡山西村、山东沟、红果寺村、上虎叫村；涉及 7 个乡镇 16 个村。

【全民义务植树】 4 月 4 日，是首都第 36 个义务植树日。延庆区以"建森林城市同为冬奥添彩"为主题，开展大型全民义务植树活动。近 600 人在张山营镇冬奥森林公园参加义务植树活动，栽植华山松、油松、栾树、元宝枫等常绿和彩色树种 1 200 余株。年内全区超额完成义务植树任务 84.3 万株，其中新植树木 10.6 万株。

【北京延庆阪泉体育公园开园】 9 月 19 日，北京延庆阪泉体育公园举办开园仪式，正式对外开放。阪泉体育公园成为延庆首个以自行车运动、航空运动、极限运动、户外运动等体育休闲项目为核心的综合性体育运动公园。活动当日还举办了 2020 第十届北京国际自行车骑游大会，近千人参加比赛。

【延庆区农民运动会】 9 月 22 日，由延庆区体育局、延庆区体育总会主办，延庆区农民体育协会承办的 2020 年北京市延庆区农民运动会在延庆体育场举行，全区十个乡镇的 100 余名农民群众参加。本次比赛以"庆丰收·迎小康"为主题，包含庆丰收接力、推铁环等项目。延庆镇获得团体一等奖。

【中国农民丰收节乡村半程马拉松赛】 9 月 26 日，由北京市体育局、北京市体育总会主办，北京市体育总会秘书处、北京市田径运动协会、北京市马拉松协会、延庆区体育局、延庆区农业农村局承办的"'奔向小康'2020 中国农民丰收节乡村半程马拉松赛"在延庆世界葡萄博览园举行，480 余名长跑爱好者参与。李超以 1 小时 12 分 51 秒的成绩摘得男子组冠军，付海锋、延庆刘超分获亚军、季军。延庆袁君霞以 1 小时 32 分 22 秒的成绩问鼎女子组冠军，亚军、季军分别由延庆贾少杰、斐林获得。赛道贯穿延庆世界葡萄博览园和北京延庆阪泉体育公园，以世界葡萄博览园为起终点，绕北京延庆阪泉体育公园 5 000 米赛道 3 圈，途经蔡家河湿地景观区和烽火台文物古迹景观区。

【第二十届北京市农民象棋赛获奖】 11 月 11—13 日，由北京市农民体育协会主办，北京市农民体育工作办公室、延庆区体育局承办，延庆区农民体育协会协办的"福润杯"第二十届北京市农民象棋赛在延庆举办，全市 12 区 13 支队伍共 92 人参赛。延庆区两支代表队分获二等奖、三等奖，延庆区农民体育协会和福润公司获体育突出贡献奖。

【农民广场舞比赛】 11 月 20 日，由区体育局、区体育总会主办，沈家营人民政府承办的"激扬冬奥情·舞动丰收景"农民健身广场舞比赛拉开序幕，全区 14 个乡镇的 260 余人参赛。沈家营镇《山河美》获一等奖，旧县镇《自豪的建设者》、香营乡《喜乐年华》、千家店镇《吉祥中国年》获二等奖，张山营镇《我在冬奥等你来》、延庆镇《天堂草原》、八达岭镇《美丽中国》、康庄镇《志愿者一起来》、井庄镇《丝绸之路》获三等奖。

【农民冰雪项目推广活动】 12 月 17—18 日，由区体育局主办的延庆区农民冰雪项目推广活动在延庆区刘斌堡乡青山园举行，全区 10 个乡镇的 40 余名文体骨干参加。此次推广的冰雪项目包括雪上拔河、雪上拖人接力、雪上毛毛虫、雪上对对碰、雪上足球过障碍射门和冰上自行车 6 项，采用分组方式进行。

【乡镇（街道）配备教育干事】 3 月，区教委完成乡镇（街道）教育干事配备工作。制定《延庆区教育委员会关于加强乡镇（街道）教育管理工作的实施方案》，在 18 个乡镇、街道设立教委办公室，配备 25 名教育干事，负责协助本级政府统筹区域内各类教育管理工作。

【农村卫生】 年内，全区有村卫生室 179 个，全部为村办，服务覆盖率 100%。有乡村医生 240 人，岗位培训人均 143 学时。

【社会保险基金】 年内，全区三险（养老保险、医疗保险、失业保险）累计收缴 69 917.66 万元，比上年减少 42 537.49 万元，降幅 37.83%，三险累计发放 179 611.75 万元，比上年增加 36 830.62 万元，增幅 25.80%。社保稽核受理投诉案件 109 件，办结率 100%，补缴金额 239.21 万元。

【城乡居民养老保险】 截至年底，全区参加城乡居民养老保险人数 4.88 万人，收缴金额 5 348.97 万元。领取养老金人数 3.54 万人，领取保险金额 36 541.67万元。上调基础养老金标准后每人每月最低 820 元。

【城乡居民医保经办业务下沉】共同推进城乡居民医保信息变更、异地就医登记等相关业务下沉工作。完成医疗保险系统安装调试，对基层经办人员进行业务培训指导，切实提高群众医保报销的便利性，解决山区参保人实际困难。

【建立三级救助管理服务体系】年内，依托城市网格化管理系统，建立覆盖全区 18 个街道（乡镇）、425 个社区（村）的三级救助管理服务体系。落实属地政府管理责任，发动社区（村）网格员、社区工作者开展街面巡查、咨询劝导和转介处置工作，兜牢织密全区救助防护网。

【城乡最低生活保障】7 月 1 日起，城乡低保标准从家庭月人均 1 100 元调至 1 170 元，城乡特困分散供养标准从家庭月人均 1 650 元调至 1 755 元。全区共有城乡低保对象 2 261 户、3 738 人，支出低保金 4 815.92 万元，城乡特困人员共计 992 户、996 人，支出资金 2 847.53 万元，城乡低收入家庭共 141 户、364 人，支出资金 37.4 万元。为城乡低保和城乡特困人员发放电价补贴 28.61 万元。1—6 月（换成全年的数据），为城乡低保和城乡特困人员发放临时价格补贴 370.23 万元。

基层组织与民主政治建设

【推进农口机构改革】构建“1＋4”管理架构，56％人员编制下沉乡镇，初步搭建起乡村振兴和“三农”发展的系统服务管理体系。

【深化综合执法改革】18 个街道乡镇综合行政执法队全部组建，431 项行政执法权下放街乡。在全市率先完成乡镇机构改革，进一步提升乡镇服务管理能力。

【村、社区“两委”换届“回头看”】年内，下发《关于开展村、社区“两委”换届“回头看”的通知》，摸排确定示范村 11 个、重点提升村 11 个、软弱涣散村 9 个，形成各类村名单及村“两委”换届“回头看”工作报告。抓好重点提升村和软弱涣散村相关问题整改，指导各乡镇完善重点提升村和软弱涣散村台账和整顿方案。

【村、社区“两委”换届选举筹备】年内，组织区委农工委、区农业农村局、区委社会工委、区民政局等区级主责部门召开碰头会，对专班筹备、整体时间安排、各部门职责分工等工作进行研究会商，形成共识。会同公、检、法和纪委等 12 家资格联审单位，对全区 1 902 名村（社区）“两委”干部进行资格预审。成立区级换届专班，指导 18 个街乡组建换届工作专班。制定实施《延庆区乡镇党委和村（社区）“两委”换届工作专项调研方案》，完成乡镇街道、村社区选情分析研判。推进 11 个重点提升村和 9 个软弱涣散村整顿提升工作。成立区换届领导小组及工作机构，完善“一办九组”工作机制。建立村级基础信息、35 岁以下储备人员、每村 35 岁以下人选情况、“一肩挑”预判人选等人员信息台账。制定《北京市延庆区村（社区）“两委”换届工作领导小组办公室工作制度》。制定印发《关于认真做好全区村（社区）“两委”换届工作的实施意见》。截至年底，完成全流程实景演练，制定《北京市延庆区村（社区）“两委”换届选举疫情防控工作方案》《村（社区）党组织换届疫情防控工作指引》《村（居）委会换届疫情防控工作指引》。

【党群服务中心建设】年内，推进党群服务中心与党支部实训基地深度融合，构建功能完备、运行规范、效果显著的实训基地。新成立延庆镇、大榆树镇、八达岭镇乡镇级党群服务中心 3 个，村级党群服务站 10 余个。新成立的党群服务中心集教育、管理、咨询、培训、会议、服务、文体活动等于一体，功能得到进一步优化。

【村党组织第一书记选派】年内，下发《关于进一步加强第一书记管理有关工作的通知》。做好第五批选派第一书记入村对接工作，集中选派 31 名科级干部入村开展结对帮扶工作。总结 2016 年以来第一书记在低收入帮扶工作中的经验做法以及发挥作用情况。完成市派第三批任期考核以及市派第三批、第四批年度考核工作，撰写《第一书记选派管理使用情况分析报告》，对 2 名优秀第一书记事迹进行宣传总结。

【软弱涣散基层党组织整顿】年内，指导 9 个软弱涣散村开展集中整顿，以村、社区为单位建立问题清单和整改台账，实行备案销号管理。建立健全软弱涣散常态整顿、动态管理、重点帮扶等工作机制，严格落实“五个一”工作机制和“一村一策”整顿方案，持续巩固，防止反弹回潮。梳理总结、研究分析整顿面临的主要矛盾和下一步整改措施，形成专题报告。

【农村实用人才开发培养】3 月 6 日，启动部署农村实用人才工作，确定新培养农村实用人才 135

名，同时选配区级指导教师28名、配备乡土专家36名。鼓励支持优秀农村实用人才项目参加市级创新创业大赛，延庆镇农村实用人才韩永茂“田源净菜·田园精彩”项目，获评北京市农村实用人才优秀创业项目。

【村、社区“两委”主要干部培训】1月，按照《延庆区村、社区“两委”干部素质提升工程五年行动计划》的安排，组织开展村党支部书记、村委会主任冬季学法培训班。培训立足形势明方向，聚焦短板定举措，围绕法治亮底线，全方位提升农村党组织政治意识、法治意识、规矩意识，为交出服务保障冬奥会和高质量绿色发展两张优异答卷提供组织保证。全区376个村党组织书记、村委会主任全员参加。

【新时代文明实践】培育“一懂两爱”政策宣讲队伍，线上发布服务项目65次，线下送政策下乡志愿服务100余次。推选延庆榜样候选人5名，推选北京榜样候选人1名。

【实施百名农业领军人物培育工程】通过公共基础课和专题课研修培训、一对一专家学员结对帮扶指导、首农京东电商市场对接、山东上海浙江外出考察学习、京科惠农等多平台线上学习，组织学员累计完成了120学时的培训任务，培育专业技能型人才20人、经营管理型人才55人、美丽乡村建设型人才25人，为延庆区打造了一支百人的农业领军人才队伍。

【培育农业科技示范基地】经过自愿申报、专家评审、审核认定的程序，延庆区共有4家基地入选2020年北京市农业科技示范基地（全市共35家）。2020年，4家基地完成了8个新品种的试种和14项新技术的试验应用工作。通过新品种新技术的试验示范，每个基地增产增收5%以上。

【推进基层农技推广】继续抓好村级全科农技员队伍建设和技能培训，优化农技员日常工作管理，发放服务补贴219.15万元。年末村级农技员共121人。建设长期稳定的农业科技示范展示基地1个，主推有机发酵罐牛床垫料再生技术和VMS奶牛自愿挤奶系统两项技术，主推技术到位率达100%。

【农民培训】根据延庆区新型职业农民登记和多年来农村实用人才培养情况，整合农民培训重点对象群体共6 128人。针对以上重点人员，统筹各类培训资源，联合有关部门开展行之有效的职业素质提升培训。2020年，新型职业农民培训相关责任单位共计培训农民7 043人次。

【强化意识形态建设】全区开展理论中心组学习12次，学习党内法规、涉农政策件50余件。在第31届北京农民艺术节活动期间，10月18日延庆区举办的“乡村大舞台专场展演活动”荣获优秀专场，原创冬奥舞蹈串烧《2022去北京》《冰在舞雪在烧》《冰雪情怀》节目荣获金奖，乡村小戏《三娘教子》选段荣获银奖，《宝莲灯》《采桑》选段荣获铜奖。农民艺术节活动的举办满足了延庆区农民群众的精神文化需求，进一步推动了乡村文化振兴、培育提升乡风文明。

【深化扫黑除恶专项斗争】坚持边扫边治边建，把扫黑除恶与加强农村基层组织建设一体谋划、一体推进，将扫黑除恶专项斗争作为镇村领导班子年度考核和各级党组织书记抓基层党建述职评议考核的重要内容，纳入全区党建考核体系，建立健全涉黑涉恶线索移交机制，充分发挥基层党组织战斗堡垒和党员先锋模范作用，组织引导党员群众积极主动广泛参与，铲除黑恶势力土壤，净化基层政权。

区、乡（镇）“三农”工作部署和实施

【对口帮扶协作】1月21日，内蒙古自治区兴和县委书记付海青一行到区就扶贫协作工作取得的成果与区领导穆鹏、于波座谈，双方就下一步脱贫攻坚巩固提升工作进行了交流。6月10—11日，区党政代表团围绕“巩固拓展扶贫攻坚成果确保高质量打赢脱贫攻坚战”，赴河北省张家口市怀来县、宣化区，内蒙古自治区乌兰察布市兴和县，对接推进对口帮扶工作。8月4日，河北省张家口市宣化区委书记张聪率党政代表团到区，就进一步深化对口帮扶工作进行回访并与区领导座谈交流。8月7日，内蒙古自治区乌兰察布市兴和县党政代表团到区，就进一步深化对口帮扶工作进行回访并与区领导座谈交流。10月27日，河北省张家口市宣化区委、区政协领导一行到区，就进一步深化对口帮扶和扶贫协作工作与区领导座谈交流。10月22日，延庆区与河北省怀来县联合召开东西部扶贫协作联席会，双方就进一步对接对口帮扶和扶贫协作工作开展座谈交流。12月23日，河北省张家口市赤城县四套班子领导带队到区，就两地协作发展进行考察，并与区领导座谈交流。

【区农村工作会议】4月24日，延庆区农村工作会议召开。会议落实中央、市委关于农村工作的会议

精神，聚焦实施乡村振兴战略，研究部署全区2020年“三农”工作。主管副区长作2020年延庆区农村工作报告。区委主管副书记就相关工作措施进行说明。会议以视频会议形式召开，在区纪委监委和各乡镇设立分会场。穆鹏、于波、吕桂富、陈合安等区领导参加会议。

【王红到区检查乡村民宿】 4月28日，副市长王红带队到区，对全区在疫情期间乡村民宿恢复经营情况进行检查。于波等区政府领导及区相关部门负责人陪同检查。

【全国放鱼日活动】 6月6日，“养护水生生物资源 促进生态文明建设”2020年“全国放鱼日”北京同步放流活动在延庆野鸭湖国家湿地公园和玉渡山自然保护区举行，包括瓦氏雅罗鱼、细鳞鲑鱼在内的6万尾鱼苗放流入湖。

【卢彦到区调研】 7月31日，副市长卢彦带队到区，调研市管国企结对帮扶低收入农户工作。市国资委、市农业农村局、市文化和旅游局、首发集团、北京一轻控股有限责任公司相关负责人参加调研。

【“长城人家”正式揭牌】 7月31日，石光长城乡村民宿精品作为全区首个“长城人家”正式揭牌，“清凉一夏·畅游延庆”消夏避暑系列活动同步开幕。全区乡村民宿精品企业和30余家乡村民宿精品签约平台及旅行社代表参加活动。

【新增“科技小院”】 7月31日，延庆新增3家“北京科技小院”，分别为旧县镇大柏老村、延庆镇唐家堡村、四海镇王顺沟村。当日在旧县镇召开座谈会并举行授牌和揭牌仪式。至此全区已有“科技小院”8家。

【乡镇机构改革全面启动】 9月18日，区委常委会召开会议，研究乡镇机构改革实施方案和相关配套文件。9月21日，区委召开延庆区乡镇机构改革动员部署会，会议分别对乡镇机构改革实施方案和农口事业单位下沉乡镇作说明。区农业农村局、延庆镇、区园林绿化局代表发言。会议以视频形式召开，在区人大、区纪委等地设分会场。穆鹏出席会议并讲话。

【农民丰收节开幕】 9月19日，2020年中国农民丰收节暨延怀河谷葡萄文化节在北京世园公园正式拉开帷幕。活动以“妫水农耕惠百姓，延怀河谷庆丰收”为主题，展示脱贫攻坚新成果、农业产业发展新成就、乡村振兴新面貌，营造全民盼丰收、庆丰收、享丰收的氛围。

【北京农业产业化龙头企业协会云年会】 9月23日，2020年农民丰收节（延庆）暨北京农业产业化龙头企业协会云年会、农产品（食品）消费扶贫产销对接会在延庆世园公园百果园召开。北京农业产业化龙头企业协会、北京餐饮行业协会、北京农产品流通协会、新发地批发市场旗下农产品供需企业146家，及北京对口支援地区企业40余家，共350余人参与活动。“妫水农耕”作为主办方，重点对“妫水农耕”联盟9家单位进行宣传推介，并组织茂源广发等5家延庆区大型合作社及农企参加。大会特为“妫水农耕”品牌联盟组织5场重点合作意向签约仪式，为延庆区对口扶贫单位组织了专项对接会，并向在疫情期间为北京市蔬菜保障做出突出贡献的北菜园、绿富隆、茂源广发三家企业成为“点对点”食材供应配送企业授牌。本次活动在腾讯视频平台开设线上云会场，在新浪新闻网络直播间开设企业宣传专场，会议期间直播间观看点击量达到15万人。

【菊花节开幕】 9月27日，第十二届北京菊花文化节延庆展区在世界葡萄博览园开幕。展区分为室外园艺展和室内精品展，分别展示延庆区菊花种植产业成果。活动持续至10月10日。

【乡村民宿精品发展座谈会】 11月25日，区政府召开乡村民宿精品发展座谈会。会议听取延庆民宿产业发展情况及2020年北京市首届乡村民宿大会暨第四届北方民宿大会筹备情况的汇报，区领导与多家民宿代表开展座谈交流。穆鹏、于波及区政府相关主管领导出席。

【村（社区）“两委”换届工作动员部署会】 12月24日，区委召开村（社区）“两委”换届领导小组第一次会暨村（社区）“两委”换届工作动员部署会。会议贯彻落实中央、市委有关精神，对全区村（社区）“两委”换届工作进行再动员、再部署。区四套班子领导出席会议。

延庆区领导名录

区委书记 穆　鹏
副书记 于　波（满族）
李军会（5月免）
张　远（9月任）
常委 穆　鹏　于　波（满族）
张　远　叶大华

	黄克瀛（女）李志遂（9月任）
	蒋达峰　张　琦　吴世江
	刘瑞成（9月任）
	李军会（5月免）
	刘学亮（5月免）
区人大常委会主任	吕桂富
副主任	郭永华　闫承发　张景军
	贺常荣（女）
	吴辰英（女，不驻会）
区长	于　波（满族）
常务副区长	张　远（10月免）
	叶大华（10月分工调整为常务）
副区长	叶大华　刘瑞成
	祖　宇（8月免）
	许　杰（8月任）
	罗　瀛（女，满族，7月免）
	陈桂芬（女）　丁章春（1月任）
	徐　永（4月任，挂职）
	任江浩（11月任）
区政协主席	陈合安
副主席	刘明利　谷艳兰（女）
	张立新　张留全
	程大庆（不驻会）
	杨雪平（女，不驻会）
区委农工委书记、区农委主任	贺常荣（兼，女，4月免）
	崔秀海（4月任）

延庆区乡镇党政正职领导

	党委书记	**镇（乡）长**
延庆镇	郭慧成	张海峰
永宁镇	郭雄强	曹凯锋
康庄镇	陈桂芬（兼，女，1月免）	王　楠
	马红寰（1月任）	
张山营镇	吴世江（兼）	郁世民
八达岭镇	王振龙	郝建云（女）
旧县镇	马红寰（1月免）	王　赢（1月免）
	王　赢（1月任）	刘　宇（1月任）
千家店镇	王晓娟（女）	卢石军
四海镇	马庆有	郭清尧（3月免）
		林　俊（3月任）
沈家营镇	卫洪英（女）	陈仲文
井庄镇	赵振华	荣欣锋
大榆树镇	赵满江	桂轶杰
香营乡	董喜延	苑立杰
刘斌堡乡	崔秀海（3月免）	侯士杰
	郭清尧（3月任）	
大庄科乡	张树清（女，1月任）	尤　轩
珍珠泉乡	闫茂先	赖慧武

（延庆区农业农村局　孙猛）

市委农工委系统行政、事业机构

中共北京市委农工委 北京市农业农村局

2020年，中共北京市委农村工作委员会、北京市农业农村局党风廉政建设工作坚持以习近平新时代中国特色社会主义思想为指导，认真贯彻落实十九届五中全会、十九届中央纪委四次全会和市纪委十二届五次会议精神，增强“四个意识”，坚定“四个自信”，做到“两个维护”，坚持稳中求进总基调，坚持和完善各项制度体系，加强对制度执行的监督，强化对权力运行的制约，一体推进不敢腐、不能腐、不想腐，为推动首都乡村振兴战略和“三农”工作创新发展提供坚强保障。

党建工作

【坚持把政治建设摆在首位】 深入贯彻《中共中央关于加强党的政治建设的意见》，教育引导党员干部增强“四个意识”，坚定“四个自信”，做到“两个维护”，坚决贯彻落实中央决策部署和习近平总书记重要指示批示精神。严肃党内政治生活，坚决执行重大事项请示报告制度。坚持党建引领机构改革。持续巩固深化“不忘初心、牢记使命”主题教育成果，提升党员干部做好“三农”工作的主动性、自觉性。

【强化思想理论学习】 年内，理论学习中心组组织学习33次，集体研讨交流4次，整理汇编《学习参考资料》79期、500余篇文章；主要领导作党的十九届五中全会精神主题宣讲；举办两期“学习宣传党的十九届四中全会精神专题培训班”，组织机关及所属单位局、处级领导干部180余名参加“全市领导干部学习贯彻党的十九届四中全会精神专题研讨班”；组织近600名党务干部参加“云课堂”培训班；为党员干部发放《习近平谈治国理政（第三卷）》《党的十九届五中全会学习辅导百问》等学习书籍3 000余册。

【落实全面从严治党主体责任】 组织召开2020年全面从严治党（党建）工作会。制定《2020年落实全面从严治党主体责任清单》，明确17项工作任务，定期专题听取班子成员落实“一岗双责”情况汇报，阶段性评估落实情况。制定《2020年度中共北京市委农工委、市农业农村局机关落实全面从严治党主体责任调研走访工作方案》，调研走访党支部与党组织书记履行、落实全面从严治党主体责任情况；同时，会同市纪委、市委老干部局等单位对系统单位从严开展主体责任落实情况动态抽查。根据市反腐倡廉建设领导小组办公室《关于对市委农工委、市农业农村局2019年全面从严治党（党建）工作考核结果暨政治生态分析研判问题清单的反馈意见》，制定《关于2019年全面从严治党（党建）工作考核结果暨政治生态分析研判问题清单的整改工作分工方案》，将反馈意见分解细化为12个问题，制定针对性强的整改措施，逐项压实整改责任，持续推进整改，并巩固拓展整改成效。

【认真做好疫情防控工作】 成立新冠肺炎疫情防控工作领导小组，下设6个具体工作小组，制定印发《中共北京市委农村工作委员会关于加强党的领导为打赢疫情防控阻击战提供坚强政治保证的通知》，制定《新型冠状病毒感染的肺炎疫情防控工作方案》，召开45次疫情防控工作会议，进一步落实“四方责任”，坚持“三防”“四早”“九严格”，统筹抓好“三农”重点工作，压紧压实机关和所属单位主体责任、细化防控措施。发挥党组织战斗堡垒作用，选派20名党员干部下沉到昌平、大兴一线，成立2个防控一线临时党支部，全力以赴配合村、社区做好疫情防控工作，在全市抗击新冠肺炎疫情表彰大会上，5个先进个人、2个先进党支部获得表彰。

【机关第一次党员代表大会胜利召开】 7月29—30日召开了中共北京市委农工委、市农业农村局机关第一次代表大会，选举产生了中共北京市委农工委、市农业农村局第一届机关委员会和第一届机关纪律检查委员会委员，为实施乡村振兴战略、推进全市“三农”事业发展提供组织保障。

【引导党员发挥先锋模范作用】 引导党员干部积极投身到全国“两会”等重大活动农产品质量安全服务保障任务中。完善党建引领“吹哨报到”和“接诉即办”工作机制，年内，共受理“12345”市民服务热线派单615件，响应率100%、解决率97.1%、满意率98.1%。党员干部积极参与工作生活街道社区守桶、护桶等垃圾分类相关工作2 000余人次。

【持续推进作风建设】 加强会议统筹管控，削减21场次会议计划；公文数量精简50%以上；优化考核评价体系，督查项目比上年减幅近37%。制定监督检查工作方案，对系统和所属单位落实“四方责任”和防控措施等进行15轮次的监督检查；成立2019年规自领域专项巡视问题整改和规自领域问题专项整治工作专班，督促整改任务按时保质完成；以“四不两直”形式对所属单位的廉政教育、有无“吃喝风”、疫情防控、节日福利发放、公车停驶等工作进行40余次检查；加大对选人用人工作监督，全年共出具党风廉政意见108人次，突出对干部选升、招聘中计票、面试等环节的监督。制定领导班子权责清单，修改完善机关处室权责清单，进一步厘清权责边界，确定权责范围。

【压紧压实党风廉政建设主体责任】 按照“谁主管、谁负责”原则，层层压实责任，以“关键少数”带动“绝大多数”，领导干部带头执行党章党规，发挥示范带头作用。召开中共北京市委农工委、市农业农村局系统全面从严治党（党建）暨党风廉政建设大会和“以案为鉴、以案促改”警示教育大会。积极配合派驻纪检监察组开展监督执纪问责，运用“四种形态”，全年批评、教育、帮助、处理50人次，其中第一种形态46人次，第二种形态4人次，不断增强监督执纪实效。

领导班子和干部队伍建设

【加强干部教育管理，提升队伍整体素质】 不断加大干部政策的宣讲力度，强化教育培训，引导干部践行忠诚干净担当。把学习贯彻习近平新时代中国特色社会主义思想作为头等大事，组织部分副处级以上领导干部学习习近平总书记在中央政治局第二十一次集体学习时的重要讲话精神，通过率100%；采取“云课堂”形式，组织中共北京市委农工委、市农业农村局机关及所属单位590余人学习领会《习近平谈治国理政（第三卷）》等内容，不断提升干部政治素质。抓好党的十九届四中全会精神学习培训，组织中共北京市委农工委、市农业农村局180名局处职领导干部参加了全市领导干部学习贯彻党的十九届四中全会精神专题研讨班，组织9个小组学员研讨交流，进一步坚定理想信念，把牢政治方向。

【开展干部选任】 结合职务职级并行制度实施，全年共晋升8名处级干部至二级巡视员、15名科级干部至四级调研员，完成2名援藏干部的职级晋升工作，提拔使用6名处长、25名副处长，选任3名总师。处长平均年龄由年初的50.4岁变为48.4岁，降低2岁；副处长平均年龄由年初的43.1岁变为38.6岁，降低4.5岁，机关干部队伍年龄结构得到了优化。同时，统筹开展所属参公单位职务职级并行工作，先后晋升所属单位7人至一级调研员，9人至二级调研员，4人至三级调研员。完成了执法总队班子干部的职级套转工作。

【做好日常监督】 全年采取随机抽查和重点抽查相结合的方式共抽查61人，其中58人如实报告，1人漏报情节较轻，1人漏报情节较重，1人隐瞒不报。对于漏报情节较轻的，及时进行批评教育，对漏报情节较重和隐瞒不报的，分别给予了诫勉，并按照专项整治要求，对全部涉及的人员进行了提醒谈话，进一步强化了有关事项报告在从严治吏方面的作用。

【从实开展考核】 结合实际组织开展了中共北京市委农工委、市农业农村局机关年度考核工作，经过干部述职、测评打分、民主推荐等，评选出机关公务员优秀三等功16名、优秀嘉奖27名、称职嘉奖28名。加强结果运用，切实发挥考核指挥棒作用，对在年度考核测评中不称职率超过10%的3名干部进行了提醒谈话，对优秀和称职得票率达不到三分之二的2名干部予以诫勉，以考核倒逼干部担当作为。

【做好干部选派、招录】选派1名机关干部到乌鲁木齐市挂职锻炼，接收2名干部到机关挂职。认真开展公务员公招、补录、遴选和军转干部接收等工作，严格履行各项程序，共招录3人、补录2人、遴选2人，接收团职年转干部1人。

党风廉政建设

【选举成立机关纪律检查委员会】举成立中共北京市委农工委、市农业农村局机关纪律检查委员会。7月30日，经市直机关工委批准，中共北京市委农工委、市农业农村局机关召开了第一次党员代表大会，选举了中共北京市委农工委、市农业农村局机关纪律检查委员会。召开了中共北京市委农工委、市农业农村局机关纪律检查委员会第一次委员会，选举了书记，明确了分工。

【制发《2020年党风廉政建设工作要点》】牢记初心使命，提高政治站位；压实主体责任，强化责任落实；加强廉政教育，筑牢思想防线；深化作风建设，巩固建设成效；聚焦关键监督，强化执纪问责；加强自身建设，完善工作机制6个方面进行了工作部署。

【召开2020年党建及全面从严治党工作部署会】2020年4月16日，中共北京市委农工委、市农业农村局召开了2020年党建及全面从严治党工作部署会。中共北京市委农工委、市农业农村局领导班子成员、系统单位党政组织主要负责人、机关支部书记、所属单位党组织主要负责人60余人参加了会议。会议学习传达了全市党建工作领导小组会会议精神，学习传达了习近平总书记在十九届中央纪委四次全会上的重要讲话和会议精神以及蔡奇书记在市纪委十二届五次全会上的讲话和会议精神。中共北京市委农工委、市农业农村局领导班子成员与分管处室、局属单位代表签署了党风廉政建设责任书。

【组织开展“以案为鉴、以案促改”警示教育】12月18日，中共北京市委农工委、市农业农村局组织召开了全系统“以案为鉴、以案促改”警示教育大会，市委第七巡视组、市纪委监委第一监督检查室相关人员出席了会议。中共北京市委农工委、市农业农村局班子成员、系统单位班子成员、驻中共北京市委农工委、市农业农村局纪检监察组、机关副处级以上（含）领导，所属单位班子成员近200人参加会议。会议组织集体观看了涉农区的警示教育片《背离初心的代价》和《辛家堡村等四起典型案件警示录》。会议要求按照以全市警示教育大会为镜鉴，主动举一反三、自查自纠、抓好整改。对照问题和反面案例，将“严”的要求贯穿管党治党全过程各方面，推动全面从严治党不断取得新成效。同时要求中共北京市委农工委、市农业农村局系统全体广大党员干部必须以更大决心、下更大的力气，以刀刃向内的勇气、自我革命的精神，推进党风廉政建设和反腐败斗争向纵深发展。

【组织开展系列反腐倡廉教育】结合学习《习近平谈治国理政（第三卷）》，选取了习近平总书记关于全面从严治党、党风廉政建设和反腐败斗争相关论述，制作成宣传专栏，在南北办公区进行宣传；紧盯节假日关键时期开展“八项规定”、纠治“四风”提醒教育；开展学习宣传月活动，9—10月在各党组织中集中开展廉政学习、宣传，观看反腐倡廉教育警示宣传片。通过系列教育，营造了风清气正的“三农”发展氛围。

【开展监督工作】强化政治监督。持续做好新冠肺炎疫情防控工作的监督检查。成立监督检查组，制定了监督检查工作方案，对系统单位和所属单位落实“四方责任”和防控措施等进行了全面监督检查。以“四不两直”“夜访”、电话等多种方式，对系统单位和所属单位的防控工作进行了15轮次的监督检查，全力保障了“零感染”机关的创建。加大对低收入农户帮扶工作的监督力度。通过参加会议、查阅相关材料、保持与处室负责人沟通，及时了解任务进度、掌握工作动态，发挥督促作用。突出问题监督。2019年规自领域专项巡视问题整改和规自领域问题专项整治工作是2020年中共北京市委农工委、市农业农村局的一项重要政治任务，主要监督是否有不作为、慢作为、推诿扯皮等现象，督促整改任务保质按时完成。注重日常监督。将日常监督检查工作纳入常态化。全年元旦、春节、清明、五一、国庆、中秋等假期，机关纪委会同驻中共北京市委农工委、市农业农村局纪检监察组以“四不两直”形式对所属单位的廉政教育、有无“吃喝风”、餐饮浪费、疫情防控、值班值守、离京请示报备、节日福利发放、公车停驶等进行了检查，共检查40余次。同时加大对选人用人工作的监督，全年共出具党风廉政意见 120 人次，突出对干部选升、招聘中计票、面试等环节的监督。在日常工作中，注重从细小处发现问题和不足，及时提醒相关部门和单位纠改。

【建章立制，强化对权力运行制约】修改完善中共北京市委农工委、市农业农村局权责清单。认真梳理中共北京市委农工委、市农业农村局的行政职权事项和“三定”职责，按照权责法定、权责透明、权责统一的原则，厘清权责边界，确定权责范围，精简权责事项，统一格式标准，进一步完善了中共北京市委农工委、市农业农村局处室的权责清单。同时，制订了中共北京市委农工委、市农业农村局班子的权责清单，经工委会研究通过，在一定范围内进行了公开。制定了《市委农工委关于办理党员处分事项的工作流程（试行）》，并经工委会讨论通过。拟制了《市委农工委市农业农村局党支部（总支）纪检委员工作职责》，已开始试行。建章立制为理顺工作流程，规范工作程序打下了良好的基础。

老干部工作

2020 年 12 月底，市委农工委系统及直属单位的离退休干部总数 1 667 人，党员 1 096 人，离退休干部党支部 33 个。离休干部 37 人，其中局级离休干部 9 人、处级及以下离休干部 28 人。退休干部总数为 1 630 人，其中局级干部 30 人，处级及以下干部 1 600 人。

2020 年，在市委、市政府正确领导下，坚持以习近平新时代中国特色社会主义思想为指导，深入贯彻落实党的十九大和十九届历次全会精神，发挥老干部工作制度优势，坚持让市委放心、让老干部满意的工作标准，加强离退休干部政治建设、思想建设和党组织建设，提升离退休干部服务管理质量，组织引导离退休干部发挥优势作用，为推进首都治理能力现代化进程、助力实施首都乡村振兴战略作出新贡献。

【抓好离退休干部学习宣传】系统各单位通过组织离退休干部参加市委老干部局和本单位组织的报告会、老干部宣讲、读书座谈、参观走访等活动，利用市委老干部局和基层单位的网站、信息平台、老干部微信群、单位内网、老干部宣讲团等平台载体和活动，组织老干部进行学习。组织全体离退休干部添加并学习浏览中组部老干部局微信公众号“离退休干部工作”和市委老干部局微信公众号“北京老干部”。分别于 6 月和 9 月组织系统单位老干部参加北京市离退休党支部书记培训班线上培训和秋季线上理论学习班，并组织 30 多名党支部书记分别参加了主会场和分会场开班典礼、集中听课和讨论。

【抓好离退休干部三项建设】在政治建设方面，始终把政治建设摆在首位，树牢“四个意识”、坚定“四个自信”、做到“两个维护”“三个一”“四个决不允许”。坚持阅读文件、情况通报、参加重要会议、参观考察、走访慰问等工作制度。年内组织部分离退休干部和工作人员参加了北京市离退休干部庆祝中国共产党成立 99 周年座谈会暨“双先”表彰会分会场活动。

在思想建设方面，通过情况通报、专题辅导、支部学习、调研座谈、实地参观、网络学习等形式，组织老干部深入学习、常悟常进。年内组织系统离退休干部积极参加中组部组织的“我看脱贫攻坚新成就”调研，多名老干部提交了调研报告和体会。

在组织建设方面，认真贯彻落实《中国共产党支部工作条例（试行）》和《中国共产党纪律处分条例》。按方便老干部学习活动的原则设置党支部。认真组织党支部换届和改选工作。7 月组织选举产生的 3 名离退休党员干部代表参加市委农工委机关党委换届选举工作。继续做好离退休干部党员工作补贴发放工作。充分发挥网络和支部微信群的作用，党支部活动由实体向网络延伸。按月向担任党支部书记、副书记和委员的离退休干部发放工作补贴。

【为老干部办实事】办好市委、市政府为离休干部办实事项目，全面落实各项生活待遇。为每位离休干部都填了信息表、工作台账、信息档案，独立建档。对高龄、重病等有特殊困难老干部加大帮扶力度。疫情期间克服各种困难，为离退休干部联系住院、转院、陪护等事宜，并到医院看望和经常电话、微信问候。在老干部去世后，协助家属办理丧事。系统各单位普遍建立了退休干部困难帮扶机制。在传统节日期间、建党、国庆等重大时间节点，广泛开展走访慰问离退休干部活动，看望参加抗美援朝的老干部，主动倾听老干部心声，切实把党和政府的温暖送到老干部身边。

【老干部积极参与“助力北京”】一是助力抗疫。中共北京市委农工委系统离退休老干部们在疫情发生后积极捐款支持抗击疫情和恢复生产，发挥正能量，助力打好防控疫情阻击战。有的老干部以文章、诗歌的形式表达了对打赢疫情防控阻击战的信心和决心，有的老干部参加了社区巡逻、路口值勤等工作。二是参与生活垃圾分类，助力社区管理。农工委系统引导离退休干部深刻认识垃圾分类工作的重要意义，认真学习垃圾分类方法，宣传垃圾分类的重要意义。通过向老干部微信群转发北京市老党员先锋队关于积极参与生活垃圾分类和物业管理工作的倡议书、垃圾分类小视频、图片等内容进行广泛宣传，增强老干部们对生活垃圾分类正确投放的知晓度、认同度和参与度，并鼓励老干部在做好日常生活垃圾分类，身体条件允许的情况下，积极参与社区垃圾分类志愿工作，很多老干部担任社区生活垃圾分类指导员和志愿者。离退休干部踊跃参加市委老干部局组织的以“促进垃圾分类、共建美好家园”为主题的网络摄影比赛活动，农工委系统共收集到 47 位老干部的 101 张参赛照片，并在老干部微信群中展示宣传。三是助力脱贫攻坚。根据市委老干部局关于开展“我看脱贫攻坚新成就”专题调研活动的要求，市委农工委积极行动，通过下发调研活动通知、带头组织老干部调研等形式，在全系统离退休干部中开展了此专题调研活动。通过此次调研，老干部对脱贫攻坚有了更全面、更深刻、更具体的认识。他们在感受着脱贫成果带来的喜悦时，也表达了自己参与到社会建设中来的满腔热血和信心。

【引领老干部工作向基层延伸试点】年内向西城区介绍了本系统离退休干部的整体情况，提供了离退休干部名单和详细信息。介绍了需要重点关注的老干部群体，即高龄、空巢、重病、鳏寡孤独、特困等离退休老干部情况。推荐党建经验丰富、有个人特长和参加老党员先锋队、宣讲团等发挥优势作用明显的老干部情况。并根据实际情况推荐经验丰富、业务熟练的老干部工作人员作为老干部工作联络员，支持街道、社区工作。目前已有老干部到居住地社区报到，并在社区日常管理、疫情防控常态化工作和垃圾分类工作中积极主动发挥作用。

工会工作

2020 年，市委农工委、市农业农村局直属机关工会认真履行工会职能职责，带领各级工会积极践行社会主义核心价值观，全面服务机关和所属单位全体职工，助推乡村振兴大发展，为首都高质量发展做贡献。

【抓好工会组织建设】7 月 30 日召开中共北京市委农工委、市农业农村局机关及所属单位会员代表大会，选举产生中共北京市委农工委、市农业农村局工会第一届委员会及第一届经费审查委员会，并在中共北京市委农工委、市农业农村局工会第一届委员会第一次会议上协商产生了女职工委员会。指导农业综合执法总队完成工会组建工作，指导水产技术推广站完成工会换届工作。

【开展先进推荐工作】组织开展 2020 年北京市劳动模范、先进工作者和模范集体评选表彰工作。北京市农业环境监测站职工欧阳喜辉干部获得市委、市政府 2020 年 12 月颁发的“北京市先进工作者”荣誉称号。积极响应市总工会和市直机关工会的号召，组织开展 2020 年度生活垃圾分类先进集体和“最美职工”宣传推选活动。机关村镇处职工王玉珏干部获得“最美职工”称号，北京市畜牧总站获得先进集体的荣誉称号。

【做好防控新冠疫情工作】全年共计采购发放口罩、酒精棉片、手套、湿巾、洗手液等物品 10 万余件，为单位安装配送柜 10 余个。

【引领垃圾分类生活新时尚】中共北京市委农工委、市农业农村局工会配合中共北京市委农工委、市农业农村局垃圾分类领导小组，组织开展了丰富多彩的垃圾分类专题活动。一是邀请生态资源科技方面的老师现场指导并讲授垃圾分类知识。二是为夯实垃圾分类知识，工会还组织了知识有奖答题。三是利用各种方式发放了宣传手册 600 余册。

【全面服务机关和下属单位职工】为庆祝三八妇女节，组织机关女职工开展线上多肉植物栽培技术培训。关心关爱劳模，在元旦、春节前夕，完成全国劳模、市级劳模 3.6 万元春节慰问金的统计与发放。为退休市级劳模殷守仁申报特困帮扶金近 6 万元。组织 7 位劳模参加市总体检。落实机关职工生日慰问政策，在十一、春节前为职工购买发放节日慰问品近 30 万元，完成工会扶贫任务。积极为生病职工送温暖。慰问机关生病住院、困难职工 18 人次、落实住院慰问金 1.5 万元、落实困难补助金 1.6 万元。为机关及基层单位 7 名职工申请市直机关工会困难职工帮扶基金 6.9 万元。

【组织开展特色文体活动】一是羽毛球比赛。组织机关及直属单位15个代表队以实际行动落实全民健身运动，从9月15日开始，组织预赛、决赛30多场比赛，参与活动人员达300人次。二是乒乓球比赛。组织开展“和谐杯”乒乓球比赛预赛、决赛等20多场，参与人员近200人次。三是滑冰公益体验课。组织50多名干部职工分期分批赴朝阳大悦城冠军滑冰场参加第六届北京市民快乐冰雪季滑冰公益体验课，以实际行动“助力冬奥”。四是“科学健身方法进机关”健身项目推广，组织开展了时尚健身操、瑜伽、养生八段锦等四项示范项目。五是单身联谊活动。组织近30名基层单位职工参加北京职工婚姻家庭建设协会组织的“燕缘际会·云之恋歌”单身职工线上交友联谊活动，为单身职工在网上创造相识、相知、相恋的机会。

北京市气象局

概　况

中华人民共和国成立初期，北京市气象工作由中央气象台兼管，1958年7月，北京市农林水利局设气象组，开始组建市属气象台站网，1959年11月，北京市气象服务台成立。1960年10月，经国务院批准成立北京市气象局，逐步健全各级气象机构，开展各项气象业务工作。1964年2月与市水利工程局合并为市水利气象局，1968年10月与市农林局、市农机局、市农场管理局合并为市农业局，1973年7月恢复市水利气象局建制，1978年6月恢复市气象局建制。1980年以后，北京市气象局实行中国气象局和北京市人民政府双重领导管理，以部门领导为主的管理体制，作为中国气象局的下属机构，同时是北京市政府的工作部门。负责北京市行政区域内的气象管理工作以及承担北京地区气象监测、制作和发布北京地区天气预报和灾害性天气预警任务，开展气象科学研究和气候变化研究等工作。

北京市气象局同时是中国气象局华北区域气象中心，负责对该区域内的其他省（自治区、直辖市）气象局开展气象业务技术协调和指导、科研组织、技术支持及业务培训等工作。

60多年来，北京市气象局内设机构和直属单位经历过多次变化与调整。2020年市气象局内设有局办公室（应急管理办公室、行政管理处）、应急与减灾处（大型活动气象服务办公室）、观测与预报处（华北区域气象中心协调办公室）、科技发展处（气候变化处）、计划财务处、人事处、政策法规处（气象服务管理处）、党组纪检组、机关党委办公室（精神文明建设办公室）、离退休干部办公室10个机关处室、10个直属事业单位，下设14个区气象局（东、西城区政府明确由区应急办承担气象工作职责）。代管北京市人工影响天气中心；北京气象学会、北京减灾协会挂靠北京市气象局。

人员与机构

年内，全市气象部门在编职工545人，其中，参照公务员管理118人，事业单位管理人员和专业技术人员427人。职工学位结构：博士学位122人、硕士学位208人、学士学位148人、大专及以下67人。职称结构：高级职称216人（其中正研级职称43人）、中级职称232人，正研级高工占比为7.9%、高工占比为40%。

机构设置

单位名称	办公地点	邮编	联系电话
北京市气象局	海淀区紫竹院路44号	100089	68400858
北京市气象台	海淀区紫竹院路44号	100089	68400581
北京市气候中心	海淀区紫竹院路44号	100089	68400552
京津冀环境气象预报预警中心	海淀区北洼西里55号	100089	68400755

（续）

单位名称	办公地点	邮编	联系电话
北京城市气象研究院	海淀区北洼西里 55 号	100089	68400745
北京市气象服务中心（专业气象台）	海淀区紫竹院路 44 号	100089	68400562
北京市气象灾害防御中心	海淀区北洼西里 55 号	100089	68400678
北京市气象信息中心	海淀区紫竹院路 44 号	100089	68400527
北京市气象探测中心	大兴区成寿寺路临 1 号	100176	68400731
北京市气象局机关服务中心	海淀区紫竹院路 44 号	100089	68400808
北京市人工影响天气中心（代管）	海淀区紫竹院路 44 号	100089	68400535
北京市避雷装置安全检测中心	海淀区北洼西里 55 号	100089	68400707

学会、协会

登记证号	社团名称	业务主管单位	会长	电话	地址	邮编
0010262	北京气象学会	北京市科学技术协会	朱　江	68400820	海淀区紫竹院路 44 号	100089
0010834	北京减灾协会	北京市科学技术协会	林克庆	68400821	海淀区紫竹院路 44 号	100089

主要工作

2020 年，北京市气象局认真贯彻落实党的十九大和十九届二中、三中、四中、五中全会精神和习近平总书记关于新中国气象事业 70 周年重要指示精神，分析形势，谋划首都气象事业高质量发展，把新发展理念贯穿气象事业发展全过程和各领域，加快推进更高水平气象现代化，坚持系统观念，统筹推进气象事业高质量发展，为全面建设气象强国开好局、起好步。

一、推进融入型党建新做法

把党的政治建设放在首位。将学习宣传贯彻党的十九届五中全会和习近平总书记重要指示精神作为首要政治任务抓实抓细，全面纳入党组理论中心组、党支部和各类培训班重点学习内容，全年党组理论学习中心组集中学习 13 次（研讨 5 次），修订学习办法，首次举办读书班，营造“线上线下同步学，理论实践共同抓”的氛围。创新开展“深入贯彻习近平总书记重要指示精神，加快推进更高水平气象现代化专项行动”。

建立“四抓两做”党建工作体系。形成党组重视抓、机关党委重点抓、基层支部具体抓、“条块结合”一起抓，群团组织配合做、党员干部主动做的党建与业务深度融合工作体系。严肃党内政治生活，制定融入型党建工作考核办法，建立“书记有约”制度。明确局领导班子基层党支部工作联系点。扎实开展党建课堂、业务学堂、道德讲堂“三堂课”教育，持续打造“党旗在攻坚克难中飘扬，党徽在履职尽责中闪光”平台，全面实施青年理论提升工程，开展青年忠诚教育，先进经验在《北京机关党建》杂志和公众号上刊载。

奋力投身疫情防控阻击战。及时部署，严密工作方案，成立领导小组，建立联防联控和职工档案动态管理机制，抓好各项应急性和常态化防控措施，争创“零感染”机关。党员 2 100 余人次参与社区“双报到”，干部职工 1 349 人次坚守“下沉”镇村抗疫一线 141 天，疫情防控捐款 11.86 万元。市区两级气象部门为疫情防控各项措施落实提供精准天气预报服务。市区两级微信矩阵增加“疫情查询”模块，通过“双微”、网站等途径发布疫情防控信息 7 427 余条。开展“抗击新冠肺炎疫情”先进典型推选活动，选树先进典型集体 19 个，先进个人 75 人。

持之以恒正风肃纪。党组和领导班子扛起全面从严治党主体责任，认真履行“第一责任人”和“一岗双责”责任，完成全面从严治党主体责任清单任务，印发“三重一大”事项清单，开展谈心谈话 467 人次，召开警示教育大会 3 次。制定《巡察整改及成果运用办法》，建立巡察监督重点问题清单制度，开展对8个单位的常规巡察工作。严格落实中国气象局巡视整改要求，建立“销号式”管理工作机制，完成巡视整改任务。以“四不两直”方式开展疫情防控、全面从严治党主体责任清单、巡察审计整改等专项检查。完成审计项目31项，审计总金额19.58亿元。严把干部选任廉洁关，坚持廉政提醒谈话制度。严管意识形态。严格落实中央八项规定及其实施细则精神。

二、探索研究型业务新业态

科技创新支撑核心业务取得新突破。睿图—短期2.0版逐小时快速更新系统汛期实时试运行。睿图—化学系统2.0产品支撑京津冀和汾渭平原环境气象业务。谋划“魔杖行动”，加强模式预报性能检验评估，加快“模式＋AI”的网格预报技术研发，5项新预报方法投入实时运行。完善“三维、秒级、多要素”冬奥气象监测网络，改进睿图—睿思系统，研发睿图—大涡实时预报模式，提供“分钟级、百米级”预报产品。22家单位参加“智慧冬奥2022天气预报示范计划”，预报产品实现集中平台应用和实时检验。发挥大北方联盟机制优势，联合攻关睿图模式同化等关键技术，设立上甸子野外科学观测基地开放课题，优化云物理北京重点实验室学科布局与研究方向，示范开展全国人工影响天气精准作业。11项国家自然科学基金和5项北京市自然科学基金获批立项，局属企业首次获批国家级科技项目，1项北京市科技计划课题获批。

气象现代化建设取得新进展。地面气象观测自动化实现业务运行。海陀山S波段天气雷达与京冀7＋2部X波段天气雷达组成高密度双偏振雷达观测网。以海淀、门头沟、通州等区为试点开展智慧城市气象观测，搭建服务城市管理应用场景。强化雷达组网产品和飞机、高分卫星等新观测资料应用。“睿”高性能计算机试运行。完成天镜本地部署，测试运行大数据云平台。北京站（54511）获得世界气象组织百年气象站认定，朝阳等11站获得中国气象局五十年气象站认定。石景山区局业务用房竣工入驻。

业务技术体制改革推出新举措。建立起以数据为中心的新型业务流程和系统架构，完成6个单位业务技术体制改革，建成“业务上收、服务下沉”的业务布局，形成全市一盘棋的气象信息化服务供给新格局。深化拓展重要天气个例复盘机制，科研人员深度参加会商。继续推进北京城市气象研究院改革发展，在四年一次的国家级气象科研院所评估中获评优秀，在依托区域中心建设的8个院所中排名第一。强化内外合作，加强高层次人才引进，与1名国际知名模式专家达成聘用协议。

围绕国家战略服务拓展新领域。延庆区成功获评北京首个“天然氧吧”称号，得到蔡奇书记的充分肯定。建成京津冀环境气象评估系统，提供15期环境气象第三方评估材料。建立水体、植被生态遥感监测指标体系和系统平台。开展415次生态修复型人工影响天气作业，累计增雨量7 070余万吨。9个区局与津冀交界地市县局建立合作机制，探索“通武廊”大运河场景式气象服务。在门头沟、房山等5个区开展基层智慧农业气象服务能力提升专项建设，助力乡村振兴。

三、倡导服务型管理新模式

全面深化“放管服”改革。聚焦防雷重点单位监管，印发指导目录。首次受理甲级资质申请。融入政府监管体系，防雷许可事项纳入市工程建设项目审批事项清单。建立京津冀区域防雷安全协同监管联席会议制度，开展区域联合执法。压减政务服务事项申报材料和办理时限分别为4%和22%，压减送达时限50%。启动政务服务延时办理业务，实现政务服务事项“不见面审批”。全面实施行政执法“三项制度”，累计开展专项督查5次，执法检查2 322次。层层压实防雷安全监管责任。开展升放气球执法巡查、专项普法活动，未发现违法违规问题。市局被评为全市安全生产工作先进单位。

公共气象服务水平显著提升。主动走访水务、应急、交通、城管、农业农村、生态环境等10余家重点服务对象，为春运、森林防火、供暖、扫雪铲冰等工作提供专项服务产品5 000余期。探索以政府购买服务的方式，加强首都功能核心区气象服务保障。与市排水集团、市园林绿化局签订合作协议。完成房山试点8类气象灾害风险调查和致灾危险性评估区划，建立风险调查基础数据库和评估模型，首次与市水务局联合发布山洪风险预警4次，与市规自委联合发布地质灾害风险预警5次，报送决策材料94期，累计发布基于承灾体影响的风险预警 1 020 期。首次开展花粉始期预报和杨柳飞絮预报，预报产品总阅读量 1 000 万人次以上。气象北京微博微信关注度和粉丝量较 2019 年分别增长 6.5%和 27.5%，在全国气象同行和市政府部门的排名中名列前茅。“12345”市民服务热线回复率和办结率均达 100%。公众气象服务满意度达 91 分。

营造良好发展环境。倡导将真诚服务基层的理念融入日常管理，两次面向全局干部职工征求意见并加以改进。针对加强人才引进培养、规范局属企业改革、优化财务制度管理等出台 25 项政策措施。统筹谋划市区两级培训，累计 980 人次参加各类政治理论学习培训。着力选优配强处级班子，领导干部配备率达 93.5%。改革目标管理考核，首次开展机关工作效能考核。树立“榜样”意识，打造“标杆”文化，争创模范机关。市局机关获全国气象部门模范机关创建标兵单位，2 个单位获优秀单位。7 人入选中国气象局高层次人才计划，2 人获专业技术二级岗资格，5 人获正高级职称资格。门头沟、延庆两区局首获“全国文明单位”称号，4 家单位通过“全国文明单位”复审。年内，1 人获全国先进工作者、1 人获市先进工作者。65 人次获司局级以上奖励，22 个单位获上级单位表彰。坚决落实“过紧日子”要求，优化资产管理调配。发挥群团、工会等组织政治作用。积极做好老干部工作，认真落实老干部两项待遇。顺利完成北京气象学会换届。

四、创新“六个三”措施，筑牢气象防灾减灾第一道防线

针对北京超大城市气象防灾减灾特点与需要，在防极端性、防突发性、防局地性天气“三防”方面聚力；在上察天时、下察地势、中察人和“三察”方面着力；在报准落区、报准强度、报准时段“三报”方面发力；在风险预警、分区预警、有效预警“三警”方面努力；在决策叫应、部门响应、公众回应“三应”方面助力；在锤炼党性、磨炼科技、锻炼人才“三炼”方面形成合力。准确预报汛期“7·2”“8·12”等强降雨天气过程，汛期大雨以上天气预报准确率较 2019 年提高 5.5%，开展精细到街道（乡、镇）的“分区的分区”预警，暴雨预警提前量比前三年平均提升 165 分钟。持续全网推送汛期气象灾害防御宣传片，创新融媒体直播，累计阅读量达 2.5 亿人次，互动 16.2 万人次。为实现北京市“不死人、少伤人、少损失”的防汛工作目标提供有力服务保障，得到蔡奇书记和时任中国气象局局长刘雅鸣等领导的充分肯定和公众好评。

精心做好冬奥会筹备等重大活动气象服务。冬奥气象服务保障工作基本就绪。及时组建冬奥延庆赛区核心区气象服务专班，获得“汛期核心区各项工作的主心骨”的好评和工程建设指挥部赠出的唯一锦旗。制定冬奥气象服务宣传口径，组织媒体广泛深入报道冬奥气象工作。圆满完成“十四冬”、服贸会、中高考等 33 项重大活动服务保障。

统筹优化布局组网建设，建成立体化高密度全覆盖监测网。在全国气象部门率先开展最密集的 X 波段雷达组网探测，实现高质量示范应用，有效提升了局地小尺度灾害性天气的及时监测预报能力，此项工作获评 2020 年气象部门创新工作。自动气象站实现乡镇全覆盖，平均站间距达 6.2 千米。京冀交界新增自动气象站 247 个，城市副中心 42 个，增强了北京上游和周边地区灾害性天气监测能力。

科技创新支撑核心业务发展，构建睿图数值预报模式体系。建立集天气—环境—城市为一体的睿图数值预报模式体系，实现 0～24 小时无缝隙网格化客观分析和预报。建成新一代高性能计算机“睿”系统，计算能力达千万亿次，居全国省级气象部门之首。建立 0～240 小时 1 千米分辨率的智能网格预报业务体系，发展延伸期预测和专业预报技术。初步融入城市网格化治理体系。

主动对接多方需求，开展“融入式”精细化服务。建立完善信息共享、会商联动机制，连年保障首都安全度汛。年均完成重大活动保障 40 余项，圆满完成新中国成立 70 周年庆祝活动等重大活动服务保障，形成重大活动气象服务保障规范。积极服务生态文明建设，通风廊道纳入北京城市总体规划。开展环境气象第三方评估业务，得到蔡奇书记、陈吉宁市长的肯定。开展抗旱增蓄、生态修复、森林火险、重污染天气防控等人工影响天气作业，增雨作业成效显著。

气象科技创新和人才队伍建设取得明显进步。成立北京城市气象研究院，优化推动城市气象科学研究发展，国际科技合作项目“城市对降水和雾霾影响科学试验”被世界气象组织 3 个工作组列入联合研究示范项目，国际影响力明显提升。建立大北方区域数值预报协同创新联盟，成员扩展到15个省区市气象局，推动了数值预报模式体系的发展。

气象依法行政体系长足发展。气象法治建设水平不断提高，全面推行普法责任制，建立和完善领导干部学法用法制度。全面推行行政执法“三项制度”，开展检查1万余次，实施行政处罚200余件。实行“证照分离”改革，气象信息服务单位备案实行告知承诺制。全面推行“网上办、邮寄办”。防雷减灾体制改革任务落实到位，完善首都防雷安全责任体系。市政府出台加强防雷安全工作文件，全面开放防雷检测市场，有效提升防雷事中事后监管能力。连年获评全市安全生产工作先进单位。正式颁布实施1部条例、8项行业标准、10项地方标准。

北京市气象局党政领导班子成员

党组书记、局长	张祖强
党组成员、副局长	曲晓波　牛国良 郭　虎
党组成员、纪检组组长	王月宾
党组成员、副局长	梁　丰
党组成员、副局长（挂职）	郭彩丽
二级巡视员	刘　强

（北京市气象局　张轶斐）

北京市农林科学院

2020年，针对新冠疫情常态化防控新情况和脱贫攻坚决胜之年对北京市农林科学院科技服务、成果转化工作的要求，立足国家乡村振兴发展战略，围绕京郊农业高质量发展、京津冀协同发展及北京市对口支援帮扶协作和区域合作，北京市农林科学院以落实“一巩固三提升”为引领，以“低收入增收和科技帮扶工作”为主线，以“双百对接”“科技小院”为抓手，以成果转化为切入点，深入开展调研，深化与区县合作，搭建合作平台、汇聚项目资源、创新服务模式、强化成果转化，全院成果转化与科技推广工作有了新的发展。

一、立足需求，全力推动科技惠农和乡村振兴

为贯彻落实《中共北京市委市政府关于实施乡村振兴战略的措施》《北京市乡村振兴战略规划(2018—2022年)》和《强化创新驱动科技支撑北京乡村振兴行动方案（2018—2020年)》精神，结合北京市农林科学院“一巩固三提升”工作方案和《科技惠农行动计划工作方案（2016—2020)》，北京市农林科学院集中精力、明确重点、理清思路、协调联动，积极汇聚院内、院外各类资源，统筹协调上级、下级相关力量，在汇集市农业科技项目、院区院镇合作项目及院科技惠农项目基础上，统筹示范推广工作，更加有力有效助推乡村振兴工作。

据不完全统计，全年累计共组织实施各类示范推广项目近60项，在京郊11个区及京津冀等地区的320个基地（园区、专业村、企业或农民合作组织)，对接低收入村53个，派驻226名市乡村指导员，推广各类新品种超过500个，示范相关配套技术315项，展示各类物化新成果、新装备162项，建立各类核心示范区面积4万亩，辐射带动区域产业63万亩，组织开展各类技术培训、指导、观摩2.9万人次，培训基层骨干技术人员及农民9 000余人，实现示范区增收节支到1.4亿元。

按照《北京市农林科学院提升农业科技“京郊篇”工作方案》安排，2020年根据郊区需求和北京市农林科学院推广服务工作发展，包装实施了蔬菜优新品种更新与配套技术示范推广、美丽乡村生态景观营造技术集成与示范、果园智能管理技术应用示范等6个第一批“京郊篇”项目。通过1年的实施，上述6个项目均达到了预期项目目标，在京郊建立核心示范点65个，面积13 570亩以上，示范推广蔬菜、林果、食用菌、花卉、杂粮、玉米等各类新品种158个，新技术32项、物化产品19项，组织开展各种技术服务、技术培训、现场观摩等814次，培训技术骨干及农民1 432人，实现节本增收超过2 335万元，有力引领和支撑了京郊特色农业产业发展。

二、多项并举，积极推进科技成果转化

（一）进一步完善院相关管理制度

按照市审计要求，结合院、所工作实际需要，对《北京市农林科学院技术开发、技术咨询、技术服务工作奖励管理办法》《北京市农林科学院科技成果转化奖励管理办法》进行修改完善，在符合国家、北京市政策、法律同时，更利于新政策贯彻实施，进一步促进科技创新和成果转化。

（二）加强平台合作交流，为成果市场化提供广阔空间

继续加强与北京产权交易所在挂牌交易、成果披露、法律服务、转让公示等方面的交流与合作。2020 年在“北交科技”平台公开挂牌食用菌、草莓、植保新产品等 12 项成果，其中包括 6 项专利技术。线下成交额共 109.4 万元。此外，积极与中交所、中国农业科学院成果转化局、北京技术交易促进中心、北京高校技术转移联盟等平台联系，将北京市农林科学院成果资源推介给需求方，根据对方需求梳理院各类成果、技术 142 项进行对接，其中玉米、蔬菜等成果和相关技术达成转让或合作协议。

（三）拓宽渠道，多种方式加强成果宣传推介

2020 年，因疫情原因不利于组织成果现场推介、实地对接等活动。北京市农林科学院开拓思路，设置了“科技服务平台数据更新及移动终端开发”“科技惠农宣传及资料汇编”“科技成果流量小视频制作与自媒体传播”和“新媒体农业服务推广模式探索与实践”等项目，运用网络平台建设、宣传资料编辑出版、新媒体传播等多种方式，推进北京市农林科学院科技成果的转化推广。其中，通过信息所打造的“京科惠农大讲堂”网络直播平台，推介蔬菜、作物、果品、食用菌等新品种 70 余个，讲解相关高效农业适用新技术 100 余项，为北京市农林科学院在当今新媒体蓬勃发展的大背景下推进成果转化做出了有益的探索和创新。在开展直播培训的同时，借鉴电商直播带货模式，联合北京市农林科学院蔬菜中心、玉米中心、小麦中心和京研种业、中种杂交小麦种业等企业，采取“科研院所搭台、农业大咖带货”的形式进行了新品种线上直播推介活动，在面向专业种植户普及先进技术知识的同时，配合 PPT、视频等多媒体，全方位展示推介了北京市农林科学院的优良育种成果。帮助各中心克服疫情期间成果转化困难，降低了转化成本，扩大了宣传覆盖面，占领了市场先机。另外，鉴于传统的成果推介手段在目标受众分散、价值取向多元的态势下，越来越显示出较大的局限性，因此，借助新媒体特别是自媒体平台，组织摄制了 5 部反映北京市农林科学院科技成果的流量小视频，通过院公号、“12396”农科服务热线、农科大视界，以及这些公号入驻的微信平台、B 站、抖音、快手等更大的平台，进行整合传播，逐步形成“北京市农林科学院出品”的成果品牌集聚效应，进一步提升北京市农林科学院成果转化效率。

（四）积极加强成果转化工作，努力创造社会效益和经济效益

根据市相关制度的更新及审计要求，对成果转化相关管理办法进行了修订和完善。建立起既能充分调动科技人员和相关管理服务人员积极性，又能与国家激励政策、组织纪检纪律相符合的宽松的成果转化环境。截至 2020 年年底，全院共实现成果转化总收入达 1.76 亿元，其中技术转让收入 3 863.79万元、技术许可收入 386 万元、技术开发收入 6 243.29 万元、技术咨询收入 958.74 万元、技术服务收入 6 146.26 万元。除去成本等开支，共实现净收入 1.31 亿元。

三、汇集资源，加快推动“四极”科技对接

2020 年积极与市业务部门、区主管部门、乡镇政府、涉农企业和新型经营主体对接，推进“市院、院区（镇）、院企、科农”合作，服务于北京农业和农村经济发展。

持续推进了北京市农林科学院与通州、平谷、顺义、怀柔、延庆、房山等区的合作关系，重点强化了北京市农林科学院与门头沟、大兴等区的合作关系。与市农业农村局积极对接围绕《千名干部科技人员进千村入万户》《北京“千村万户”良种更新工程（2020—2022 年）及 2020 年实施方案》、科技项目、林下经济试点、低收入增收、对口支援协作、高端设施农业等加强对接工作，参与市农业农村局种业处的《北京市种子条例》的调研、起草工作；积极与市园林绿化局林改处、科技处等对接，落实好大石窝镇林下经济试点和退耕还林科技支撑工作，组织专家撰写《北京市农林科学院退耕

还林工程科技支撑工作方案》，对支撑全市退耕还林工作提出了具体措施，并部署了相关工作；与通州区、大兴区、怀柔区和平谷区统战部门对接，开展了北京科技小院建设，建设了7个科技小院；与密云区科委、园林绿化局等多次对接，组织蜂产业科技支撑工作研讨、调研和实施，北京市农林科学院成为推动密云“蜂盛密匀”建设的重要力量，组织与密云汇源生态园全面对接，从草莓育苗产业化、果渣资源化利用、果蔬加工、智慧农业支撑、规划设计等方面全面合作；与海淀区就农业中关村开展了座谈、交流，并参加各种调研对接活动，落实四季青镇“四季青花卉种业园项目”对接合作；与门头沟区签署了科技助农战略合作协议，从低收入帮扶、科技小院建设、美丽乡村建设、智慧乡村等方面强化合作支撑。

四、夯实基础，扎实推进服务模式创新

进一步推动院科技服务模式创新，以基地建设为主线，进一步完善资金、场地和人才等基础保障，引导和加强院各类推广服务类基地管理，按照基地的不同功能和定位，逐步形成“农业科技综合服务试验站、专家工作站、科技小院、试验示范基地”四种类型的农科院特色推广模式，形成了试验站、科技小院、专家工作站和双百对接基地四种类型的服务模式，实现综合试验站试验示范服务、专家工作站组团服务、科技小院驻站对接服务、对接基地精准服务，使北京市农林科学院专家进一步面向村户、接近生产实际，加快推动北京市农林科学院成果的转化落地。

2020年，重点扶持农业科技综合服务试验站2个、专家工作站12个、科技小院12个、双百对接基地99个，彰显了北京市农林科学院对北京市乡村振兴战略的引领、支撑和服务功能。据不完全统计，北京市农林科学院通过四级服务体系建设在北京和河北共建立示范点141个，推广各类新品种及相关配套技术534项，示范各类物化新成果、新装备近401项，建立核心试验示范面积2.4万亩，辐射58.2万亩，累计开展各类培训近2.4万人次，培训农民2.6万人，展示新品种400多个，实现示范区亩产量提高10%以上，节水在25%以上，增收节支超过5 000万元。

五、精准对接，科技帮扶低收入村户增收

2020年是北京市低收入增收帮扶的决胜之年。北京市农林科学院自2017年起便立足自身科技资源优势，广泛参与到全市低收入增收帮扶工作中来，研究出台了《北京市农林科学院关于推进低收入村（户）增收科技帮扶工作的意见》（京农林科党〔2017〕23号），全面推进低收入村（户）增收科技帮扶工作。2017—2020年北京市农林科学院累计组织93位专家对接京郊53个低收入村，与453户开展“一对一”帮扶精准对接，组织18个基层党支部与17个低收入村开展了支部对接结对子，派驻5位科技人员到郊区低收入村挂职第一书记。截至2020年年底，全面完成了北京市农林科学院对接的低收入村脱低致富，且北京市农林科学院对接的低收入村年均增收幅度高于同区域低收入村平均水平、对接的核心低收入户年均增收幅度高于同村其他低收入户平均水平的总体帮扶目标，为当地农业产业发展和低收入农户增收工作提供了有力支撑。

六、创新思路，扎实推进基层农技人才和农民培育

2020年新型职业农民培育工作以农技人员需求为导向，以区域农业产业发展为立足点，以生产技能和管理能力提升为主线，坚持培育的“前期调研全面化、组织实施规范化、培育对象精准化、课程设置分级化、效果评价及时化”原则，综合运用了专题讲座、实地观摩、网络课堂、考核竞赛等多种形式，有效提升了基层农技推广队伍和新型职业农民的业务能力和综合素质。据不完全统计，2020年组织开展了延庆百名农业领军人物培育、科技下乡服务、科普宣传以及京科惠农大讲堂直播培训等共60多场次，开展线上线下培训9.89万人，解决技术问题1 482个，提供信息服务850万人次，解决重点农业技术问题1 418个。

七、强化对接，科技助推受援地区产业发展

2020年，北京市农林科学院克服新冠疫情的不利影响，在落实疫情防控常态化要求的前提下，

主动发挥平台、技术、人才优势，在市农业农村局、市扶贫支援办等部门的总体部署和支持下，面向河北、新疆、西藏等首都对口援助地区需求，推进农业产业规划项目合作，加强技术服务和技术指导，开展人才培训，并通过农业科技直播等活动，探索疫情防控期间的对口扶贫工作，积极推动消费扶贫，为促进首都农业科技成果广泛落地，推动受援地区产业技术升级、人才队伍建设、农民科学素质提升发挥重要作用。

（一）规划引领助力对口援助地区产业发展

针对河北、新疆、西藏等首都对口援助地区产业升级需求，先后推进了《张家口赤城县现代农业产业园规划设计》《河北省阜平县鸽产业示范园建设方案及可行性研究报告》《内蒙古正镶白旗星耀镇京蒙协作农业科技园区规划设计》《和田地区设施农业产业发展总体规划》《和田地区饲草料产业发展总体规划》《拉萨市设施农业产业发展总体规划（2021—2025 年）》《拉萨市万亩设施蔬菜基地建设规划（2021—2025 年）》等 7 个规划项目的实施。通过规划为贫困地区产业转型发展发挥引导性作用。

（二）帮扶培训加快对口地区人才培育

受北京市海淀区人力社保局、张家口市农业农村局、拉萨市农业农村局等单位委托，先后面向河北省易县、赤城县、阳原县、康保县、唐县；内蒙古自治区卓资县、敖汉旗、科右前旗；湖北省丹江口市；新疆和田地区；西藏拉萨等支援地区，承担了致富带头人培训、扶贫干部交流培训、公益性岗位技能培训和受援地区师资能力提升培训等培训项目。通过线上线下相结合，专家现场指导，经验交流，实地观摩等多种形式，有效提高了学员的生产技能，增强了学员对扶贫政策和乡村振兴战略的理解，为带动所在地区脱贫增收提供了人才保障。

（三）扎实推进河北对口帮扶工作

围绕京津冀协同发展和对口帮扶工作，通过双百对接基地科技帮扶和专家工作站，加大对张家口市、保定市和承德市对口帮扶力度，助力当地特色产业发展，助推当地脱贫攻坚工作。

（四）继续推进与内蒙古自治区通辽市的科技合作

继续深化与通辽老科协合作，共建立玉米展示示范田 1 000 亩。通辽市京科 968 播种面积超过 1 000万亩，青贮玉米京科青贮 516 播种面积 100 万亩，其他京科系列品种推广 50 万亩，进一步推进通辽市玉米产业的发展，带动品种更新换代，助力脱贫攻坚工作。

（五）支撑京津冀农业创新科技联盟工作

一是积极引导成员单位参与抗疫和春耕备耕。新冠肺炎疫情伊始，联盟迅速发动成员单位，全力开展防控工作，并立足科技和产业优势，助力春耕备耕，努力推动联盟企业复产复工。如联盟通过积极引导和组织成员单位筹措防控物资，向湖北人民捐助防护用品及生活用品，其中北京市农林科学院向武汉捐赠 20 台环境消毒机，安装于武汉市第一医院等十余家医院，以实际行动践行社会责任。相关工作获得多方肯定，以“京津冀农业科技创新联盟助力新型冠状病毒肺炎疫情防控”为题刊载于国家农业科技创新联盟公众号。二是推进与河北省滦平县和深州市的科技合作。三是支持开展京津冀项目联合申报。依托联盟平台，北京市农林科学院进一步加强与联盟成员单位和区域内农业创新单位的合作。先后联合河北农业大学、石家庄农业科学院、承德农业科学院、唐山曹妃甸天旭生态农业有限公司等联盟成员单位和沽源县三源食品等区域内农业创新单位新申报“叶菜类蔬菜营养液育苗及配套全程机械化生产关键技术研发与示范”“冀东设施菜地退化土壤生物改良关键技术研究与示范”等多个创新项目。四是积极开展京冀农业科技合作和观摩活动。

（六）积极推动消费扶贫活动

按照市扶贫办、市财政局要求，北京市农林科学院应完成采购贫困地区农副产品额度为 937 230 元，共完成采购贫困地区农副产品总额 1 030 192.6元，已超额完成近 10%。各所中心积极采取措施，通过集采联销、团购等融合线上线下的形式组织采购，均提前完成采购额度。

八、进村入户，深入一线助推乡村发展

按照市农业农村局《关于开展“千名干部科技人员进千村入万户活动”活动的实施方案》的统一部署和院《干部科技人员进千村入万户工作方案》，统一规划部署，干部带头、科技人员积极参与，并协调北京市农林科学院自有经费 226 万元，为进村入户工作的开展提供了强有力的支撑。全院共有 226 位干部科技人员对接 226 个村，占全市“进村

入户”村的28.4%。对接的干部科技人员均深入对接村开展调研，共进村3 300人次，走访联系农户810户，并在走访农户基础上察民情、问需求、发现问题，其中对于可以解决的技术问题，先行解决。当前发现的各种问题471项，已解决技术层面的问题410项，提出工作意见建议201条。送各类成果500余项，组织培训300多人次，培训农民3 000多人。特别是在2020年疫情期间，针对对接村农产品卖难问题，对接专家积极通过各种渠道销售农产品10 000多千克，缓解了燃眉之急。进村入户工程推动了科技人员直接到村户了解需求，并力所能及地解决问题，并把技术需求作为科技问题去在科学试验中解决，既锻炼了队伍，也使科技工作者走出实验室，了解“三农”的真实需求，提升了为农情怀，推动了“街巷吹哨、部门报到”工作模式的落实，实实在在为基层解决需求。

学会、协会

序号	社团名称	依托单位（所、中心）	业务主管单位	会长（理事长）	秘书长	电话
1	中国园艺学会樱桃分会	北京市林业果树科学研究院	中国园艺学会	张开春	闫国华	010-82596007
2	中国园艺学会草莓分会	北京市林业果树科学研究院	中国园艺学会	张运涛	钟传飞	010-82598882
3	中国经济林协会文玩核桃分会	北京市林业果树科学研究院	中国经济林协会	秦树福	郝艳宾	010-82596063
4	中国经济林协会板栗分会	北京市林业果树科学研究院	中国经济林协会	王玉柱	兰彦平	010-82592521
5	北京果树学会	北京市林业果树科学研究院	北京市科学技术协会	王玉柱	张开春	010-82592521
6	北京作物学会	玉米研究中心	北京市科学技术协会	赵久然	王卫红	010-51503404
7	中国水产学会观赏鱼分会	水产所	中国水产学会	朱华	孙向军	010-67581482
8	北京水产学会	水产所	北京市科学技术协会	朱华	丁文	010-67586268
9	北京农业信息化学会	信息中心	北京市科学技术协会	赵春江	董大明	010-51503493
10	中国农业技术推广协会农业信息化委员会	信息中心	中国农业技术推广协会	——	——	010-51503493
11	中国农业机械化协会信息化分会	信息中心	中国农业机械化协会	——	——	010-51505355
12	中国人工智能学会智能农业专业委员会	信息中心	中国人工智能学会	——	——	010-51503250
13	中国畜牧业协会信息分会	信息中心	中国畜牧业协会	——	——	010-51503855
14	北京植物病理学会	植环所	北京市科学技术协会	李健强	燕继晔	010-51503695
15	北京昆虫学会	植环所	北京市科学技术协会	彩万志	郭晓军	010-51503431
16	北京农药学会	植环所	北京市科学技术协会	郑永权	杨新玲	010-51503438
17	北京食用菌协会	植环所	北京市科学技术协会	刘宇	王守现	010-51503432
18	北京土壤学会	营资所	北京市科协技术协会	黄元仿	刘宝存	010-51503583
19	北京畜牧兽医学会	畜牧所	北京市科学技术协会	沈建忠	刘彦	010-51503210
20	北京蔬菜学会	蔬菜中心	北京市科学技术协会	李武	刘伟	010-51503200
21	北京农产品质量安全学会	质标中心	北京市科学技术协会	王之岭	潘立刚	010-51503793

北京市农林科学院党政领导班子成员

党委书记 吴宝新
党委委员 唐桂均 刘建华
王春城（2020 年 11 月任）
院长 李成贵
副院长 唐桂均
王春城（2020 年 11 月任）
刘建华（2020 年 7 月起挂职河南省南阳市委常委、副市长）
王之岭
副院级领导 鲁俊豪
副局级领导 吴守荣

北京市农村经济研究中心

2020 年，北京市农村经济研究中心（以下简称“农研中心”）在市委农工委、市农业农村局的领导下，党组和领导班子把握全局、周密部署，紧抓政治思想建设、党风廉政建设和工作作风建设，在疫情防控和平安建设、调查研究和决策支持、农业农村信息化建设和史志鉴刊等工作上，团结奋斗，履职尽责，较好完成了各项工作任务，取得了新的工作成绩。

一、政治思想建设

中心党组始终把政治思想建设摆在首位，带领全体党员干部自觉用党的创新理论武装头脑，指导实践和推动工作，持续推动党员干部“两学一做”常态化、制度化。通过组织学习讨论、调查研究、支部活动等形式，深入学习贯彻习近平新时代中国特色社会主义思想，以及习近平总书记对北京的重要讲话和指示精神，尤其是对“三农”工作和乡村振兴战略的重要论述，深入学习贯彻党的十九大和十九届二中、三中、四中、五中全会精神，及时传达贯彻中央决策部署和市委工作要求。年初召开了农研中心政治思想工作会议，部署了党的建设、党风廉政建设、意识形态教育、工作作风建设、平安北京建设等工作，其间有检查，年底有考核。2020 年党组理论学习中心组集体学习 14 次，组织专题研讨 5 次，14 个党支部全年开展支部活动 139 次，班子成员以党员身份参加所在支部学习 21 次。党组书记、主任张光连以《30 年铸辉煌、未来更可期——农研中心成立 30 周年回顾与思考》为题为全体党员干部讲党课，中心班子其他成员分别为分管处室党员讲党课，所有党支部书记在本支部结合工作实际至少讲一次党课。全体党支部书记和支部委员参加了中共北京市委农村工作委员会、北京市农业农村局组织的学习党章、贯彻条例专题辅导报告会，以视频会议的形式参加全市基层党建业务培训班。中心党组认真落实全面从严治党主体责任，党员领导干部认真落实“一岗双责”，全体党员干部巩固深化“不忘初心、牢记使命”主题教育成果，持续强化政治思想教育，增强了“四个意识”，坚定了“四个自信”，做到了“两个维护”。

二、工作实绩

（一）年度重点目标任务完成情况

1. 落实单位责任，认真做好疫情防控工作。 年初面对突发新冠肺炎疫情，在市委、市政府统一部署和中共北京市委农村工作委员会、北京市农业农村局督导下，农研中心党组和领导班子严格落实单位责任，成立新冠疫情防控领导小组及 4 个工作小组，高度重视，分工负责，严密组织，严格落实各项防控要求，中心机关、直属单位和家属区均没有出现疫情或明显防控疏漏。主要做法，一是提高政治站位，把疫情防控作为当前首要政治任务和战略要求，严格落实、科学实施。二是落实防控措施，包括制定防控方案、落实防控物资、改造门岗设施，做好测温登记和环境消杀、保障信息畅通等。三是强化责任担当，领导和党员干部带头，督导处室、单位、个人认真防疫，做到“三防、四早、九严格”，全员签订疫情防控承诺书，全员轮流参加北沙滩社区执勤站岗，减少不必要的外出活动，不组织、不参加聚餐聚会，非必要不出京，保持戴口罩、勤洗手、常通风、少聚集健康生活习惯，党员通过“双报到”“吹哨报道”活动积极参与所在社区的疫情防控，职工2次抗疫捐款2.87万元。四是全员宣传引导，第一时间转发权威疫情防控通报，系统普及科学防疫知识，及时编发防控简报、防控提示，张贴疫情防控宣传海报。

2. 开展实施乡村振兴战略调研工作。按照中共北京市委农村工作委员会、北京市农业农村局工作部署，围绕2020年《目标管理任务书》，中心领导带领有关处室和单位，加强与农业农村部、中共北京市委农村工作委员会、北京市农业农村局处室、远郊区有关单位的交流合作，深入开展实施乡村振兴战略课题研究。2020年调研工作进一步加强统筹，主动对接和配合中共北京市委农村工作委员会、北京市农业农村局重点工作，明确了7项重点课题、7项一般课题、3项中青年课题、1项试点研究、5项其他调研和4项农村经济监测和分析报告。同时落实中共北京市委农村工作委员会、北京市农业农村局交办的8项重点研究任务。2020年，中心公开发表研究论文12篇，内刊发表调研报告73篇，公开出版专著10部，参与编写专著3部，获得全市优秀调研成果二等奖1项，获得农业农村部中青年干部学习交流活动“加强和改进乡村治理”征文优秀奖1项。

《推进首都乡村振兴战略“百村千户”调研》获得第十四届全市调查研究成果二等奖。《党建引领乡村振兴实践中“第一书记”作用效果与启示研究》获北京市机关党建优秀调研报告一等奖。《北京市撤村建居调研报告》提出的强化集体经济组织建设、强化政府公共职责等六方面政策建议，正在转化为全市撤村建居的指导意见。《农民丰收、文化传承与民族复兴——关于中国农民丰收节的思考与建议》从农民与市民、乡村与城市、生产与生态、物质与精神、传统与现代、强农与强国等六个层面深刻分析了农民丰收节的时代价值，提出了丰富农民丰收节内容和形式的建议，研究成果收录到《2020年中国农民丰收节乡村绿色发展研讨会论文集》。《我国乡村社会的结构性变化与治理问题研究》指出了乡村治理的突出问题和四个着力点，政策建议收入在《半月谈》2020年第24期，一些观点被国家部委吸收采纳。《首都乡村集体经济组织振兴路径研究》从指导思想、地位作用、工作重点、体制改革和内部治理五个层面提出的工作建议，填补了北京市乡村集体经济组织研究的空白。《分类推进首都乡村治理现代化问题研究》分析了首都乡村治理的三重挑战和五个难点，提出了超大城市乡村治理现代化的实现路径，相关建议为北京市“十四五”乡村振兴战略实施规划编制工作提供重要支撑。《农村集体经济发展与改革路径研究》提出农村经济改革“二次飞跃”转折点已经来临，论述了农村集体经济体制改革70年的理论框架，阐述了集体经济组织的基本特征与功能，提出了集体经济“乡镇统筹”新三级治理思路。《北京市集体经济组织治理与评价系统研究》提出了党的领导、市场治理、社区治理、政府治理等4个一级指标及25个二级指标构成的集体经济组织评价体系。《北京市农业及相关产业增加值核算研究》发现，农业及相关产业在国民经济中具有持久性的基础地位，2002—2019年北京市涉农产值占到总GDP的7%以上，提出的投入产出核算方法建议得到农业农村部发展规划司的认同，认为对于全国层面农业及相关产业增加值核算具有重要参考意义。《北京科技农业发展研究》提出了建立科技产业体系、完善人才激励政策等5方面建议。《北京宅基地基层管理实践研究》对新中国成立以来的宅基地制度和管理体系进行系统梳理，以数据为支撑呈现了主要问题，以案例为依托总结了典型做法，提出了强规划、清职责、组队伍、搭平台等具体建议。与市城乡办合作的《天津双城生态屏障区对我市二绿地区建设的启示》得到隋振江副市长的批示。多处室联合开展的《门头沟乡村民宿建设试点研究》，提出了民宿产业结构与组织体制“双重升级”的改革思路。《北京市乡村民宿扶低攻坚作用机制研究》6条基本经验和6条具体建议，得到市文旅局的肯定。历经三年研究编制的北京市地方行业标准《共享农园建设与管理规范》《休闲农业园区等级划分与评定》，有利于农村新业态发展，有利于管理法治化、规范化。《北京市农业保险存在问题研究》全面分析了北京市2007年建立政策性农业保险制度以来，农业保险工作的特点、成效及问题、原因，提出了继续加大政策扶持力度、有效保障产业发展需要、不断培养农户保险意识、切实提升保险服务水平等决策建议。《新时期北京市农村合作金融问题研究》创新提出建立以乡镇联社为载体、以农业产业为纽带，在乡镇范围内统筹推进农民专业合作社内部资金互助的新型合作金融体系，具有较高实践价值。《北京市集体林场发展林下经济产业研究》，针对产业管理、资金扶持、政策体系、项目管理、社会化服务等提出5方面工作建议。指导的《密云区农民专业合作社发展“十四五”规划（草案）》得到区政府重视。《破解农村集体经济薄弱村发展瓶颈的对策建议》支撑了市委党校研学小组调研活动。组织编辑的《集体经济蓝皮书》争取成为全国性的农村集体经济发展与改革研究交流平台。

3. **积极参与乡村振兴“十四五”规划编制等工作。**在中共北京市委农村工作委员会、北京市农业农村局统一组织领导下，中心全体研究处室和直属单位分工协作，密切配合，全程参与《北京市乡村振兴“十四五”发展规划》编制工作。组建了专家咨询委员会，建立了专家库，申请和管理专项经费，编发了《工作简报》《动态与参考》。积极参与“总体目标任务、经济体制、生态宜居、产业兴旺、投入保障机制、城乡融合发展”等编写专班的工作。同时，组织开展了“北京市‘十四五’时期乡村振兴战略实施规划指标体系研究”“北京市农田建设管理和保护利用研究”“北京市‘十四五’时期农村人居环境整治和美丽乡村建设问题研究”“北京市‘十四五’时期休闲农业发展规划”等专班课题研究工作。《北京市“十四五”乡村振兴实施规划——城乡融合研究》研究报告提出了健全“村地区管”机制，用活农村土地资源、深化“三块地”改革的建议。与中共北京市委农村工作委员会、北京市农业农村局发展规划处共同开展的“北京市农业资源调查与产业布局工作”研究课题，利用地理信息技术手段统计分析了郊区各功能区不同地类的分布面积及占比等状况，并按新总规功能分区进行了分布分析，为北京市“十四五”时期优化农业产业布局提供了参考数据。另外，配合局农田建设管理处开展“北京市农田建设、管理与保护利用研究”研究课题，摸清了耕地资源家底，得到中共北京市委农村工作委员会、北京市农业农村局主要领导的肯定。配合中共北京市委农村工作委员会、北京市农业农村局发展规划处完成了农业农村部下达的“2020年国家重要农业资源台账制度建设”课题任务，指导顺义、大兴两区完成了2010—2019年国家重要农业资源台账数据汇交和农业资源利用评价工作。结合北京市休闲农业“十百千万”畅游行动计划，形成了休闲农业常态化监测体系，确定了11条精品带、15个热点路段、54个产业集中连片区。

4. **扎实推进农业农村史志鉴刊编发工作。**在市委农工委、市农业农村局、市党史地方志办领导下，农研中心作为主要编撰单位，历经数年，高质量完成了《北京志·农业农村志》（1996—2010）的编辑出版工作。完成《北京农村年鉴2019》的编撰工作，强化了对新形势、新任务，新变化、新问题的研究分析。高质量编辑发行12期《北京农村经济》月刊，发表稿件376篇，超过120万字。编辑印发了《北京农村经济发展报告》（蓝皮书）4个分册，组织开展了“农研30年”“郊区党建”等征文活动。

5. **努力推动农业农村信息化建设工作。**加强了电子政务支撑服务，稳定运行中共北京市委农村工作委员会、北京市农业农村局内网门户、政府网站、微博及OA系统，完成中共北京市委农村工作委员会、北京市农业农村局政府信息公开窗口接待任务、北京“三农”舆情监测与预警分析工作，强化了涉农信息分析预测；完善了涉农信息资源建设与管理，超额完成“十三五”全市智慧乡村建设任务，扩大了智慧乡村成果宣传推广，提高了农业物联网应用服务平台能力；加强了重要信息系统和网络安全监测管理，建立了中共北京市委农村工作委员会、北京市农业农村局信息安全通报机制，开展网络安全应急演练，加强监控值守，确保重要敏感时期网络安全，未发生重大信息安全事件。

6. **成功组织“京郊大地著文章”系列工作。**2020年是农研中心成立30周年，为了更好地总结过去、谋划未来、开拓前进，经中共北京市委农村工作委员会、北京市农业农村局领导同意，成功组织开展了系列工作。全部以“京郊大地著文章”为题，编辑10分钟的视频回顾片，编印24页的农研画册，编发50篇专题征文，展出300多张回顾图片，升级了多功能会议室，电子屏自动展示400多张珍贵历史照片，自动演示3套“历史上的今天”农村改革发展等大事记，组织了10场周末大讲堂，邀请老领导和老干部代表、有关研究专家代表开展了“乡村振兴战略”等9场工作座谈，取得了预期的效果。

7. **进一步加强了对外交流与合作。**加强了新型“三农”智库建设，扩大了调查研究的交流与合作。分别与农业农村部农村经济研究中心、密云区人民政府签署了农村经济研究工作战略合作框架协议，与科技部农村发展中心、天津市、房山区政府、门头沟区政府、尚浓智库、北京市社会科学院等加深了合作交流。受市台办委托组织完成了京台美丽乡村交流活动，组织完成北京市城郊经济研究会年会工作等。

（二）制度执行情况

1. **严格党内政治生活制度。**召开2020年中心全面从严治党工作会议，部署全面从严治党各项工作，以党章为根本遵循，坚持党的政治路线、思想路线、组织路线、群众路线，强调领导干部“一岗双责”，在党的思想建设、组织建设、党风廉政建设、领导能力建设中，注重增强政治性、时代性、原则性和战斗性。中心党组和领导班子不忘初心、牢记使命、以上率下，认真学习贯彻习近平新时代中国特色社会主义思想，认真落实党组工作条例、重大事项请示报告条例、基层组织工作条例、党员教育管理工作条例、理论学习中心组学习规则、党员领导干部民主生活会若干规定、领导干部报告个人有关事项规定、党政机关厉行节约反对浪费条例等，在研究推动和组织开展工作中，坚持实事求是、理论联系实际、密切联系群众、批评和自我批评，坚持民主集中制，严明党的纪律，努力保持党的先进性、纯洁性，努力增强党的生机活力，确保履职尽责和完成各项任务。印发2020年《党建工作要点》《党风廉政工作要点》《意识形态工作要点》，从班子成员到支部书记全部签订《落实全面从严治党工作责任书》《党风廉政建设责任书》《意识形态工作责任书》，认真落实《全面从严治党工作考核结果整改措施》《党风廉政风险点责任清单》《贯彻全市基层党建工作重点任务清单》《查摆党建工作存在问题清单》。认真落实中心《党组会议事决策规则》《主任办公会议工作规则》。各党支部认真落实“三会一课”、主题党日、谈心谈话、组织生活会、民主评议党员等组织生活制度。

2. **坚持正确选人用人导向。**中心党组认真落实党政领导干部选拔任用工作条例、党政领导干部考核工作条例，学习贯彻中办关于进一步激励广大干部新时代新担当新作为的意见，教育引导干部担当作为、干事创业，认真落实干部考核评价和职级改革工作，加大干部尤其是年轻干部培养锻炼，着力增强干部适应新时代发展要求的能力。制定中心《领导班子成员引领年轻干部成长成才实施方案》，一把手至少联系3名处级干部、3名科级干部，班子副职根据工作分工至少联系2名处级干部、2名科级干部，加强对年轻干部跟踪培养，促进年轻干部成长成才。开展了年轻干部需求和成长路径分析的调查研究工作，制定了年轻干部培养“三年行动计划”。组织了“我与中心同行、我为中心发展献策”青年干部座谈会，激发青年干部的干事创业热情。按照干部职级改革工作统一部署，坚持德才兼备、以德为先，坚持五湖四海、任人唯贤，坚持信念坚定、为民服务、勤政务实、敢于担当、清正廉洁的好干部标准，2020年完成43名干部职级晋升和选拔工作，包括晋升31名一至四级调研员，其中一级调研员6名，二级调研员17名，四级调研员8名，晋升3名一级主任科员，选拔9名副处长，完成干部职务职级晋升后的工资调整，初步实现干部队伍高素质、专业化、年轻化目标。

3. **落实绩效评价和财务管理制度。**落实事业单位绩效评价有关要求，完成了2019年度预算项目绩效评价，参加评价项目11个占总数的35.5%，涉及金额1 327万元，占项目预算总额的61.3%，均达到预期指标。落实事业单位财务管理有关规定，完成2019年度部门决算和财务报告编制工作。2020年度预算信息公开和2019年度决算信息公开后，没有收到社会监督质询。配合市审计局完成了2019年度部门预算执行和决算草案审计工作，对指出的具体问题进行了整改，上报了整改报告。完成2019年度内部控制评价报告编报和制度修改完善工作，完成2021年度预算项目专家评审，完成3个协会脱钩前资产清查工作等。

4. **落实平安建设和运行保障制度。**中心党组把社会治安综合治理（平安北京建设）列入重要议事日程，建立“统一组织、部门管理、分级负责”“谁主管、谁负责”的安全责任管理体系，及时研究有关制度和工作方案，每逢节假日和重要敏感时期都进行安全教育提醒。主要领导与西城区德胜门街道交通安全委员会签订了《交通安全协议书》，主要领导与分管领导、分管领导与各处室单位负责人之间，都签订了年度《社会治安综合治理责任书》《保密工作责任书》《意识形态工作责任书》，各处室、单位负责人与工作人员都签订了年度《计算机终端类使用与保密承诺书》。安全小组认真落实《社会治安综合治理工作方案》，组织督促做好疫情防控、值班值守、机要保密、应急保障、卫生保洁、垃圾分类、公车管理、交通安全、安全保卫等工作。编制更新中心《安全工作风险台账》，积极参与中共北京市委农村工作委员会、北京市农业农村局安全工作互查。安全工作负责人熟悉安全风险情况，在全中心推动平安北京建设工作常态化、系统化、制度化。认真落实节假日和特殊时期局级、处级、值班人员三级24小时值班值守制度。认真落实有关工作制度，做好组织协调、文件运转、公章管理、会议服务、网络安全、档案信息、机要保密、办公环境等运行保障工作。

三、党风廉政建设

中心党组和各党支部认真学习贯彻党风廉政建设各项规章制度。为监督党员干部守住政治纪律底线，筑牢党风廉政思想防线，签订了《党风廉政建设工作责任书》《党风廉政建设个人承诺书》，10月中旬开展了中心廉政宣传月活动，元旦、春节、五一和端午等重要时间节点开展“四风”问题提醒教育，及时传达学习全市和中共北京市委农村工作委员会、北京市农业农村局召开的“以案为鉴、以案促改”警示教育大会精神。2020年接受2次全面从严治党检查考核，针对发现的中心违规使用课题经费发放劳务费等问题，党组及时向市纪委作出深刻检查，对相关人员按规定进行处分，认真剖析问题，立行立改，持续强化纪律教育，保持警钟长鸣。

四、作风建设

积极响应市委“吹哨报道”“双报到”号召，中心党支部和全体党员、干部、群众积极参与到社区疫情防控工作中。组织“进千村、入万户”活动，各党支部与联系点村党支部结对共建，广泛开展乡村振兴调研和基层帮扶活动。2020年春节期间，中心领导带队到17个联系点村走访慰问困难群众85户，发放慰问金4.25万余元。支持“第一书记”工作，从党费中拨出10.1万元扶持怀柔区四渡河村板栗包装盒印刷。继续落实职工“温暖工程”，为职工提供母婴室、职工之家阅览文化室、职工之家体育锻炼室、职工之家户外活动空间，组织了“庆三八”女职工权益保护法律知识答题活动等。

五、存在的问题和不足

2020年农研中心工作存在的主要问题和不足，一是适应“十四五”时期新发展阶段、新发展理念、新发展格局，深入全面实施具有首都特点的乡村振兴战略的需要，履职尽责做好“三农智库”，更好发挥决策参谋作用的战略谋划和战术准备还不够；二是围绕中心、服务大局，支持配合市委农工委、市农业农村局核心工作，重大调查研究工作协同上还需要进一步加强；三是整体上看，调研选题和成果转化应用上，满足农村改革发展和乡村振兴实践需要还不够；四是党政机构改革农经管理职能转隶出去后，调查研究核心业务与远郊区、乡镇、村的普遍联系与合作关系的重建，还需要创新发展；五是部分党员干部学习落实有关规章制度不及时、不准确，通过专项检查才发现和纠正了违规发放劳务费的问题；六是克服新冠病毒疫情影响，创新技术手段强化调查研究的工作不够充分。

六、2021年工作主要思路和重点目标任务

2021年是“十四五”规划开局之年，是开启全面建设社会主义现代化国家新征程、向第二个百年奋斗目标奋进的起始之年。农研中心党组、领导班子和全体干部职工，将进一步深入学习贯彻习近平新时代中国特色社会主义思想，全面从严治党、全面履职尽责，深入落实党中央决策部署和市委、市政府工作安排，以中央经济工作会议、中央农村工作会议，北京市农村工作会议等明确的乡村振兴战略，新发展阶段、新发展理念、新发展格局等部署为遵循，围绕中心、服务大局，大力支持配合市委农工委、市农业农村局核心工作，团结一致、再接再厉，在继续做好疫情防控和平安建设工作的同时，努力完成中共北京市委农村工作委员会、北京市农业农村局交办的和改革发展需要的各项重点工作。

2021年北京市农村经济研究工作的重点，一是配合中共北京市委农村工作委员会、北京市农业农村局做好《北京市“十四五”时期乡村振兴战略实施规划》的编制和重点任务谋划工作；二是开展农村集体经济发展壮大体制机制及政策研究工作；三是开展科技提升农业、资源评价与绿色发展、“三块地”政策、政策性农业保险、观光休闲旅游产业、乡村振兴典型案例等调研工作。

北京市农研中心领导班子成员

党组书记、主任　张光连

党组成员、副主任　曹四发　吴志强

刘军萍

市城乡经济信息中心主任　刘军萍

二级巡视员　熊文武

（北京市农村经济研究中心　宋晋敏）

北京农业职业学院

一、落实落细疫情防控工作

（一）加强组织领导

第一时间成立疫情防控领导小组，制定疫情防控总体方案。制定《延期开学工作方案》《延期开学期间在校学生管理办法》等各类方案制度20余个，推送《2020年春季学期延迟开学通知》等各类通知40余个。领导干部靠前指挥，党员主动作为，师生员工守土尽责，涌现出了一大批忠于职守、顽强拼搏、无私奉献的模范榜样和先进典型。后勤管理处医疗保健服务中心主任彭朝亮被评为"北京市抗击新冠肺炎疫情先进个人"。

（二）狠抓工作创新

利用信息化手段全面掌握师生健康状况及行程轨迹，做到情况清、底数明。打造"零接触"餐饮保障服务，人性化设计毕业论文送审答辩、滞留湖北人员重点防控与关心关爱。创造优良条件，首批落实毕业生返校复课，确保"应毕业尽毕业"、按期毕业。精心组织京内外12个省市178名学生专升本考试。

二、狠抓主题教育及巡视整改

（一）推进主题教育专项整治和突出问题整改工作

制定《落实市委巡视反馈意见整改工作方案》，全力推进整改工作各项任务落实到位。在课程思政、思政课程、意识形态、党支部建设、干部工作、社团管理等几方面取得整改成果。细化分解《落实市委党的政治建设若干措施》，加快整改进度。

（二）认真落实巡视整改任务

坚持标本兼治、以改促建，统筹谋划、整体推进，巡视反馈的9个方面23个问题已完成整改7个，基本完成整改9个，需长期整改的7个也取得阶段性进展。严肃对相关责任人进行问责追责，提醒谈话4人，对1名正处级干部作出职务调整，退回领导干部病假多发工资19万余元，新建和修订制度21项，整改工作取得阶段性成效。

三、全面启动"十四五"规划编制工作

印发《"十四五"时期发展规划编制工作方案》，成立领导小组和办公室，成立8个专项工作组和总体规划起草组，对相关工作进行部署。相继召开3次推进会，在对"十三五"时期各项工作进行全面总结分析的基础上，形成《"十四五"时期发展基本思路和重点问题解决措施清单》《"十四五"时期拟实施的重大项目、重大政策、重大改革举措》，完成学院"十四五"规划初稿。

四、开展高质量有温度的教学工作

（一）全面推进线上线下教育教学

面对疫情大考，提出"延期开学、如期开课"，全面推进在线教育教学。按照教学日历和课堂安排，全部课程做到应开尽开。实现线上教学学生到课率高，师生互动率高，教师教学信息化能力显著提高，实现在线教学与课堂教学质量实质等效。

（二）扎实推进"双高""特高"建设

制定实施《"双高""特高"项目管理办法（试行）》，扎实推进项目专项年度计划。完成高职人才培养方案修订，积极推进相关专业建设。"食品安全专业群""水利工程专业群"与"北京排水集团给排水工匠技师学院""京林园林工程师学院"分别获批第二批北京市职业院校特色高水平骨干专业（群）和实训基地（工程师学院、技术技能大师工

作室）建设单位。

（三）加强职教集团与校企合作建设

开展职教改革优秀案例征集，联合首农集团成功入选职业院校教师企业实践基地。召开京津冀农林高校协同创新联盟 2020 年交流推进会，服务京津冀全面乡村振兴。组织开展第五届全国涉农职业院校教学能力大赛。园艺技术、动物医学专业入选北京市职业院校校企合作“双师型”教师培养培训基地。

（四）职业技能大赛成绩优异

参加各级各类学生职业技能竞赛近 100 项，参赛学生约 1 800 人次，比赛成绩优异。在 2019 年中国北京世界园艺博览会中国省（自治区、直辖市）室内展品竞赛中，由环艺专业张思文同学创作的干花作品“Forever”和张雨晴等同学创作的干花作品“熊猫日记”荣获特等奖。“猫和少年”等七幅学生作品在中国北京世界园艺博览会高校科研院所室内展品竞赛中荣获金奖 3 项、银奖 5 项、铜奖 7 项。在全国职业院校技能大赛改革试点赛中，高职组园林技术专业李其伟、孟春牛同学代表北京队参加园艺赛项比赛荣获全国第六名、团体二等奖，是北京队在该赛项中取得的最好成绩，实现了历史性突破。学院派出 2 支代表队、15 人次参加了由人社部主办的国家二类以上大赛 2 项，荣获一等奖 3 项，二等奖 1 项，三等奖 2 项，优秀奖 2 项。获北京市教委主办赛事一等奖 1 项，国家行（教）指委级竞赛一等奖 3 项、二等奖 2 项、三等奖 1 项，地厅级竞赛一等奖 1 项、二等奖 1 项、三等奖 3 项。

五、强化“三全育人”

制定实施“三全育人”工作方案，具有农职特色的全员、全过程、全方位育人机制得到加强。确定了独具农职特色的“铸根京郊”师德核心价值观，文艺体育美育得到加强，获首都高等学校第 58 届学生田径运动会暨首都高等学校第 12 届秋季学生田径运动会丙组团体总分第一名，实现“六连冠”。荣获北京市高校美育改革创新优秀案例 1 项。针对疫情防控特殊形势，积极推进学生心理健康教育，解决学生生活之忧，全面帮扶和服务在校生，保证了疫情防控期间在校学生健康安全。持续推进“耕读传家”德育品牌建设。

六、高质量推进招生就业工作

面临疫情影响带来的严峻形势，依托校园网、微信公众号、QQ 群等新媒体渠道，创新招生就业工作。2020 年录取高职学生 1 519 人，高端贯通培养招生 270 人，高端贯通招生人数创历史新高。毕业学生 1 316 人，就业率为 96.89%，其中，升本 156 人，参军入伍 39 人，较上年均有大幅提高。荣获“2020 年北京地区高校毕业生就业工作先进集体”光荣称号。

七、进一步加强人才队伍建设

组建园林园艺、动物医学、食品营养与检测、水利工程与技术等 4 个市级团队和旅游管理、村务管理、智慧农业等 3 个院级团队。首次制定引进高层次技能型人才计划，引进高层次技能人才 1 人、专任教师 16 人、专业技术人员 5 人。教师发展中心、教师工作部正式挂牌。1 名教师入选北京市百千万人才工程、2 名教师入选市级职教名师、2 名教师入选市级专业带头人、5 名教师入选市级优秀青年骨干教师。

八、进一步加强实训基地建设

园艺技术和动物医学两个专业成功入选北京市校企合作“双师型”教师培养培训基地，推荐首农集团参评市职业院校教师企业实践基地并成功入选。完成现代化智能温室项目申报和审批、田间教室、星创天地和兰花文化园建设。创新创业园建设项目获批。

九、加强科研与成果转化

完成 2 项市级、45 项院级科研项目立项开题工作，其中，宣传部申报课题作为唯一一所高职院校获 2020 年度北京市党建研究会课题立项。完成北京市教育科学“十三五”规划 2020 年度课题、市教委 2021 年度自然科学基金联合资助项目、科技和社科一般项目共计 16 个项目申报工作。获得 2020 年度 12 项北京市农业科技项目立项，并进入实施阶段。落实对接各级各类项目 48 项，对接服务产业村、合作社、农业企业等产业主体40余个，引进特禽、果蔬等新品种30余个。南繁基地运营顺畅，学术委员会工作得到加强。在第十六届北京兰花展中，学院送展兰花荣获金奖3个，银奖2个。

十、不断提高社会服务工作水平

（一）成立北京乡村振兴学院

农业农村部、市农业农村局、市教委、首农食品集团等方面的领导为北京乡村振兴学院揭牌。

（二）提高科教服务“三农”工作实效

第15批科技挂职团队实施各类项目11个，引进梅花鹿饲养等各项技术19项，种植养殖新品种30个，培训农民450余人次。启动第16批科技挂职人员选派工作。申请基本经费约80万元，加强“进千村入万户”工作。

（三）由农广校牵头联合农业高校、科研单位和涉农企业构建的农民教育培训体系更加完善

京津冀三地组建了800人师资库，农广校体系全年培训农民23 000多人。

（四）助力脱贫攻坚，服务乡村振兴

完成10个北京科技小院建设，牵头23所市属高校，对接帮助34个低收入村全部脱低。对口支援西藏、内蒙古、河北青龙满族自治县、威县赤城县、湖北十堰市、山西繁峙县、代县开展脱贫攻坚。

十一、稳步推进国际合作与交流

开启泰国分院汉语课程及园艺专业课程线上教学新模式；举办“丝路一家亲”农业技术线上系列培训，为毛里求斯、斯里兰卡等非洲和东南亚7个国家培训近200名农技人员；与毛里求斯合作的食用菌培训项目在北京2020服贸会“一带一路”论坛上宣布启动；与俄罗斯、泰国合作科研项目有序开展；成功举办中荷食品安全和人才培养论坛。

十二、加强学院治理和办学条件建设

认真贯彻落实党委领导下的校长负责制，党政主要领导认真履行推进法治建设第一责任人职责，总结“七五”普法，部署“八五”普法。开展规章制度“留立改废”工作，实施制度创新。制定《2020年度内部控制工作方案》，修订《项目管理办法》《财务审批报销手册（试行）》，简化审批流程。加强财务信息化建设和财政专项预算绩效管理。完成2019年度预算执行和决算草案、2019年项目绩效、市教委结题科研项目等审计工作。实现资产购置入账、报废、调拨等业务全流程线上办理、四校区资产库合库。针对疫情防控以及线上教学技术需求，信息化建设得到完善，线上线下平台使用指导与技术服务工作得到加强。图书资料服务和职教研究进一步加强，学院学报被评为“RCCSE中国高职高专成高院校学报类核心期刊（A）”。

十三、进一步加强安全稳定工作

结合疫情防控，实施校园封闭式管理，加强安全防范与隐患排查整改，加强宣传教育培训演练，实施网格化动态管理，规范日常安全管理，确保学院安全稳定。

北京农业职业学院领导班子成员

党委书记 李云伏
院　　长 范双喜
副 书 记 冯学会
纪委书记 牟少华
副 院 长 李俊英　程文华
副院级领导 王晓华

（北京农业职业学院　孙田田）

统 计 资 料

农村基本情况

2020 年

指标名称	北京市	朝阳区	丰台区	海淀区	门头沟区	房山区	通州区
村委会个数（个）	3 887	144	57	63	178	459	470
乡村户数（户）	2 245 705	199 818	110 227	141 736	31 509	228 370	312 623
乡村人口（人）	5 779 287	452 778	271 077	347 375	64 568	637 361	838 815
乡村从业人员（人）	3 442 687	310 993	160 266	207 877	34 174	323 181	431 010
指标名称	**顺义区**	**昌平区**	**大兴区**	**怀柔区**	**平谷区**	**密云区**	**延庆区**
村委会个数（个）	426	301	527	284	272	330	376
乡村户数（户）	264 807	381 296	155 084	96 858	115 371	119 530	88 476
乡村人口（人）	726 450	890 030	478 891	232 901	344 787	280 063	214 191
乡村从业人员（人）	431 512	595 947	286 806	142 147	201 289	192 304	125 181

农林牧渔业总产值（现价）

单位：万元

各 区	农林牧渔业总产值			农 业			林 业		
	2020 年	2019 年	2020 年比 2019 年增长（%）	2020 年	2019 年	2020 年比 2019 年增长（%）	2020 年	2019 年	2020 年比 2019 年增长（%）
北京市	2 634 324	2 817 045	−6.5	1 075 723.2	1 023 274.8	5.1	977 400.6	1 156 294.1	−15.5
朝阳区	60 628.8	74 631.6	−18.8	4 902.9	2 153.8	127.6	54 732.0	69 146.2	−20.8
丰台区	16 438.8	20 076.3	−18.1	4 564.2	4 759.3	−4.1	11 757.8	14 922.5	−21.2
海淀区	38 976.3	42 726.9	−8.8	15 426.2	15 424.0	0.0	19 152.6	18 980.5	0.9
门头沟区	47 729.2	68 081.0	−29.9	6 058.9	4 797.1	26.3	39 821.6	61 151.1	−34.9
房山区	332 843.4	332 759.5	0.0	107 248.8	102 612.1	4.5	171 747.3	182 653.8	−6.0
通州区	307 918.2	302 602.8	1.8	131 305.5	99 721.2	31.7	145 956.9	138 532.1	5.4
顺义区	428 571.8	433 735.0	−1.2	153 924.4	158 517.3	−2.9	101 536.2	127 171.4	−20.2
昌平区	202 608.8	231 557.5	−12.5	65 043.6	75 738.3	−14.1	79 083.2	91 392.8	−13.5
大兴区	304 635.1	277 386.2	9.8	166 571.4	162 292.0	2.6	117 655.2	94 224.6	24.9
怀柔区	97 184.4	145 068.8	−33.0	32 435.6	36 142.4	−10.3	60 273.1	96 072.5	−37.3
平谷区	329 078.5	358 254.5	−8.1	193 415.2	170 973.8	13.1	23 838.1	56 228.0	−57.6
密云区	303 159.2	331 624.8	−8.6	140 906.8	142 369.3	−1.0	100 913.5	118 657.1	−15.0
延庆区	156 336.3	188 684.3	−17.1	53 919.7	47 774.2	12.9	50 933.1	87 161.5	−41.6

（续）

各区	牧业			渔业			农林牧渔专业及辅助性活动		
	2020年	2019年	2020年比2019年增长（%）	2020年	2019年	2020年比2019年增长（%）	2020年	2019年	2020年比2019年增长（%）
北京市	452 081.8	493 203.2	−8.3	40 936.6	52 821.3	−22.5	88 181.6	91 451.2	−3.6
朝阳区	599.2	246.7	142.9	241.3	260.3	−7.3	153.4	2 824.6	−94.6
丰台区	0.0	315.6	−100.0	0.0	0.0	—	116.8	78.9	48.0
海淀区	866.5	933.7	−7.2	346.6	488.7	−29.1	3 184.4	6 900.0	−53.8
门头沟区	511.5	484.5	5.6	0.0	0.0	—	1 337.2	1 648.3	−18.9
房山区	46 110.9	40 396.1	14.1	2 320.6	2 637.9	−12.0	5 415.8	4 459.6	21.4
通州区	21 136.7	49 683.3	−57.5	9 171.5	12 729.8	−28.0	347.6	1 936.4	−82.0
顺义区	134 952.9	130 002.4	3.8	3 664.1	5 759.1	−36.4	34 494.2	12 284.8	180.8
昌平区	41 398.5	46 979.2	−11.9	1 332.6	1 237	7.7	15 750.9	16 210.2	−2.8
大兴区	16 404.1	16 629.9	−1.4	12.9	0.0	—	3 991.5	4 239.7	−5.9
怀柔区	2 510.5	7 426.0	−66.2	649.6	2 915.8	−77.7	1 315.6	2 512.1	−47.6
平谷区	95 151.5	95 376.3	−0.2	7 538.5	10 812.8	−30.3	9 135.2	24 863.6	−63.3
密云区	48 857.4	58 725.3	−16.8	6 581.5	5 720.9	15.0	5 900.0	6 152.2	−4.1
延庆区	43 582.1	46 004.2	−5.3	862.4	403.6	113.7	7 039.0	7 340.8	−4.1

注：全市数据含远洋渔业数据。

主要农产品产量

单位：吨

各区	粮食			蔬菜（含食用菌）			干鲜果品（不含瓜果类）		
	2020年	2019年	2020年比2019年增长（%）	2020年	2019年	2020年比2019年增长（%）	2020年	2019年	2020年比2019年增长（%）
北京	305 299.6	287 609.2	6.2	1 378 943.2	1 114 533.6	23.7	429 972.4	488 802.0	−12.0
朝阳区	131.5	13.0	911.5	3 059.3	1 577.8	93.9	179.7	76.2	135.8
丰台区	238.0	132.2	80.0	2 015.8	1 631.0	23.6	649.5	626.0	3.8
海淀区	2 201.9	2 101.4	4.8	18 483.3	14 962.8	23.5	3 494.4	3 252.6	7.4
门头沟区	796.0	705.0	12.9	1 183.1	840.3	40.8	3 234.7	2 683.0	20.6
房山区	35 032.0	32 304.3	8.4	153 909.1	133 678.9	15.1	30 266.0	30 827.9	−1.8
通州区	17 048.7	16 229.2	5.0	248 857.6	166 411.0	49.5	17 729.3	23 883.6	−25.8
顺义区	51 534.4	48 639.7	6.0	244 812.7	216 457.3	13.1	21 194.1	34 970.0	−39.4
昌平区	3 522.1	3 060.5	15.1	32 133.2	27 693.8	16.0	23 080.4	26 295.7	−12.2
大兴区	24 892.5	21 435.3	16.1	369 285.3	290 892.5	26.9	39 330.2	46 992.2	−16.3
怀柔区	18 107.0	15 543.3	16.5	27 838.0	17 528.1	58.8	18 273.9	19 058.5	−4.1
平谷区	25 550.4	23 643.9	8.1	62 710.7	42 505.6	47.5	219 710.8	237 338.8	−7.4
密云区	50 618.2	46 940.3	7.8	149 718.9	133 942.5	11.8	42 265.3	50 851.9	−16.9
延庆区	70 740.9	58 564.0	20.8	64 936.2	66 412.0	−2.2	10 564.1	11 945.6	−11.6

（续）

各区	肉类			#猪牛羊肉		
	2020年	2019年	2020年比2019年增长（%）	2020年	2019年	2020年比2019年增长（%）
北　京	35 269.9	51 425.1	−31.4	20 880.9	34 172.2	−38.9
朝阳区	—	0.7	−100.0	—	0.7	−100.0
丰台区	0.0	22.8	−100.0	—	—	—
海淀区	77.3	173.9	−55.5	71.3	169.2	−57.9
门头沟区	14.0	23.9	−41.7	3.3	2.4	37.1
房山区	4 329.0	3 803.8	13.8	1 220.6	1 338.4	−8.8
通州区	2 585.3	6 852.0	−62.3	380.4	2 800.2	−86.4
顺义区	14 318.4	18 087.4	−20.8	12 875.0	15 434.4	−16.6
昌平区	1 420.0	1 914.8	−25.8	1 089.8	1 611.4	−32.4
大兴区	539.2	898.4	−40.0	262.7	472.8	−44.4
怀柔区	220.8	1 075.6	−79.5	195.3	1 004.6	−80.6
平谷区	5 012.0	7 967.8	−37.1	786.4	4 521.5	−82.6
密云区	3 223.5	5 642.0	−42.9	2 376.2	4 089.1	−41.9
延庆区	3 530.5	4 962.0	−28.8	1 620.1	2 727.6	−40.6

各区	牛奶			鲜蛋		
	2020年	2019年	2020年比2019年增长（%）	2020年	2019年	2020年比2019年增长（%）
北　京	242 360.8	264 134.8	−8.2	97 393.3	96 212.7	1.2
朝阳区	749.0	353.4	111.9	—	—	—
丰台区	—	—	—	—	271.0	−100.0
海淀区	733.8	761.6	−3.7	—	—	—
门头沟区	24.0	20.0	20.0	40.2	56.1	−28.3
房山区	31 660.7	31 266.4	1.3	4 525.3	4 839.2	−6.5
通州区	35 185.8	57 207.1	−38.5	96.1	537.4	−82.1
顺义区	39 356.1	38 259.7	2.9	2 235.7	2 741.1	−18.4
昌平区	27 666.9	24 689.9	12.1	1 241.1	1 343.1	−7.6
大兴区	27 989.0	25 924.3	8.0	3 733.1	3 011.6	24.0
怀柔区	0.2	—	—	208.8	298.3	−30.0
平谷区	1 304.2	914.0	42.7	66 057.1	61 636.2	7.2
密云区	48 187.1	52 135.2	−7.6	7 267.1	9 352.6	−22.3
延庆区	29 504.0	32 603.3	−9.5	11 988.6	12 126.0	−1.1

注：全市粮食产量为抽样调查推算数据，故与区合计数不等。

农作物播种面积

单位：公顷

各　区	农作物播种面积			粮食作物			蔬菜及食用菌		
	2020年	2019年	2020年比2019年增长（%）	2020年	2019年	2020年比2019年增长（%）	2020年	2019年	2020年比2019年增长（%）
北　京	102 154.4	92 195.6	10.8	48 896.0	46 515.3	5.1	38 145.7	31 175.7	22.4
朝阳区	219.7	133.0	65.2	20.0	3.7	445.5	147.6	85.0	73.5
丰台区	184.4	138.3	33.3	51.8	30.9	67.6	127.9	102.5	24.8
海淀区	1 216.7	1 047.7	16.1	438.3	415.6	5.5	629.1	531.5	18.4
门头沟区	1 360.5	1 354.9	0.4	435.5	427.2	1.9	217.4	171.3	26.9
房山区	12 653.8	11 404.0	11.0	6 344.8	6 059.9	4.7	5 084.7	4 195.1	21.2
通州区	9 304.2	7 553.7	23.2	2 669.5	2 588.6	3.1	6 187.7	4 408.9	40.3
顺义区	18 040.9	16 924.4	6.6	8 618.2	8 228.7	4.7	5 128.1	4 539.2	13.0
昌平区	2 569.8	2 264.1	13.5	775.3	693.9	11.7	888.5	699.3	27.1
大兴区	18 016.5	15 480.6	16.4	3 916.1	3 530.1	10.9	11 809.3	9 641.0	22.5
怀柔区	5 190.0	4 776.6	8.7	3 072.0	2 766.4	11.0	774.8	645.8	20.0
平谷区	7 058.4	5 880.4	20.0	4 397.6	4 108.9	7.0	1 776.8	1 238.9	43.4
密云区	13 175.8	12 510.8	5.3	8 911.5	8 658.2	2.9	3 431.0	2 996.3	14.5
延庆区	13 163.7	12 727.2	3.4	9 245.5	9 003.1	2.7	1 942.7	1 920.7	1.1

设 施 农 业

2020年

指标名称	占地面积（亩）			销售收入（万元）		
	本年实际	上年同期	增幅（%）	本年实际	上年同期	增幅（%）
合计	198 784.30	193 505.20	2.73	500 809.04	471 035.80	6.32
一、温室	104 180.80	101 207.80	2.94	321 450.41	317 321.50	1.30
1. 蔬菜	—	—	—	175 392.57	168 402.80	4.15
2. 食用菌（干鲜混合）	—	—	—	37 879.53	36 828.50	2.85
3. 花卉苗木	—	—	—	28 581.76	35 143.20	—18.67
其中：鲜切花	—	—	—	1 512.12	2 324.00	—34.93
盆栽花	—	—	—	26 590.26	32 365.10	—17.84
4. 瓜果类	—	—	—	63 679.14	61 223.50	4.01
其中：草莓	—	—	—	61 019.10	58 368.10	4.54
5. 水果	—	—	—	7 104.94	8 400.50	—15.42
6. 其他	—	—	—	8 812.47	7 323.00	20.34
其中：盆栽观叶植物	—	—	—	396.87	1 430.90	—72.26

（续）

指标名称	占地面积（亩）			销售收入（万元）		
	本年实际	上年同期	增幅（%）	本年实际	上年同期	增幅（%）
二、大棚	87 267.60	82 832.90	5.35	168 151.88	141 896.00	18.50
1. 蔬菜	—	—	—	121 937.91	86 044.50	41.71
2. 食用菌（干鲜混合）	—	—	—	1 059.58	1 120.70	−5.45
3. 花卉苗木	—	—	—	7 074.00	8 050.80	−12.13
其中：鲜切花	—	—	—	1 624.70	1 471.50	10.41
盆栽花	—	—	—	5 407.30	6 577.30	−17.79
4. 瓜果类	—	—	—	32 339.86	40 561.60	−20.27
其中：草莓	—	—	—	1 615.70	3 233.70	−50.04
5. 水果	—	—	—	4 320.38	3 901.10	10.75
6. 其他	—	—	—	1 420.15	2 217.30	−35.95
其中：盆栽观叶植物	—	—	—	15.80	209.00	−92.44
三、中小棚	7 335.90	9 464.50	−22.49	11 206.75	11 818.30	−5.17
1. 蔬菜	—	—	—	7 472.06	7 704.30	−3.01
2. 食用菌（干鲜混合）	—	—	—	399.25	387.90	2.93
3. 花卉苗木	—	—	—	489.20	1 178.70	−58.50
其中：鲜切花	—	—	—	24.30	32.80	−25.91
盆栽花	—	—	—	404.90	1 145.90	−64.67
4. 瓜果类	—	—	—	2 829.34	2 534.40	11.64
其中：草莓	—	—	—	163.30	35.10	365.24
5. 水果	—	—	—	16.30	13.00	25.38
6. 其他	—	—	—	0.60	—	—
其中：盆栽观叶植物	—	—	—	—	—	—
补充资料：设施个数（含温室、大棚、中小棚）（个）	167 346	165 418	1.17	—	—	—

生 猪 生 产

2020年　　单位：头

各区	存栏			出栏		
	本年	上年	幅度（%）	本年	上年	幅度（%）
北京市	321 756	131 926	143.9	175 525	283 648	−38.1
朝阳区	—	—	—	—	—	—
丰台区	—	—	—	—	—	—
海淀区	562	845	−33.5	962	1 971	−51.2
门头沟区	—	—	—	—	—	—
房山区	11 800	645	1 729.5	—	584	—
通州区	5 536	—	—	993	—	—
顺义区	95 234	82 576	15.3	127 943	153 036	−16.4
昌平区	20 931	9 355	123.7	10 423	15 092	−30.9
大兴区	8 018	—	—	—	—	—
怀柔区	15 094	2 195	587.7	1 927	10 124	−81.0
平谷区	101 546	1 182	8 491.0	2 085	47 593	−95.6
密云区	37 971	27 219	39.5	20 732	33 459	−38.0
延庆区	25 064	7 909	216.9	10 460	21 789	−52.0

牛的生产

2020年

单位：头

各区	存栏			出栏		
	本年	上年	幅度（%）	本年	上年	幅度（%）
北京市	82 378	81 141	1.5	24 887	41 799	−40.5
朝阳区	328	216	51.9	—	—	—
丰台区	—	—	—	—	—	—
海淀区	196	171	14.6	—	—	—
门头沟区	8	7	14.3	—	—	—
房山区	8 965	9 419	−4.8	5 376	5 608	−4.1
通州区	9 064	9 177	−1.2	1 332	9 828	−86.5
顺义区	24 848	24 138	2.9	8 640	11 460	−24.6
昌平区	5 549	5 269	5.3	881	1 161	−24.1
大兴区	4 627	5 179	−10.7	1 305	1 874	−30.4
怀柔区	937	856	9.5	160	659	−75.7
平谷区	1 774	1 856	−4.4	1 254	1 793	−30.1
密云区	12 784	12 352	3.5	2 881	6 116	−52.9
延庆区	13 298	12 501	6.4	3 058	3 300	−7.3

羊的生产

2020年

单位：只

各区	存栏			出栏		
	本年	上年	幅度（%）	本年	上年	幅度（%）
北京市	163 799	168 707	−2.9	130 831	226 236	−42.2
朝阳区	162	205	−21.0	—	50	—
丰台区	—	—	—	—	—	—
海淀区	—	—	—	—	—	—
门头沟区	529	535	−1.1	201	145	38.6
房山区	20 260	22 631	−10.5	12 937	14 673	−11.8
通州区	2 541	2 219	14.5	3 569	57 490	−93.8
顺义区	51 527	54 962	−6.3	49 485	49 504	0.0
昌平区	13 533	12 671	6.8	7 922	11 673	−32.1
大兴区	2 352	2 173	8.2	1 958	10 883	−82.0
怀柔区	1 820	1 133	60.6	468	5 556	−91.6
平谷区	19 582	21 060	−7.0	20 539	28 497	−27.9
密云区	24 730	24 047	2.8	17 983	22 105	−18.7
延庆区	26 763	27 071	−1.1	15 769	25 660	−38.6

家 禽 生 产

2020 年

单位：万只

各 区	存栏			出栏		
	本年	上年	幅度（%）	本年	上年	幅度（%）
北京市	832.2	974.77	−14.6	936.44	1 113.06	−15.9
朝阳区	—	—	—	—	—	—
丰台区	—	—	—	—	2.40	—
海淀区	0.02	0.03	−21.3	0.2	0.17	16.1
门头沟区	0.81	1.59	−49.2	0.84	1.43	−41.3
房山区	46.95	92.13	−49.0	203.66	159.65	27.6
通州区	2.96	4.48	−33.9	106.98	204.54	−47.7
顺义区	55.75	60.58	−8.0	84.69	152.94	−44.6
昌平区	23.07	26.38	−12.6	19.07	20.71	−7.9
大兴区	29.26	25.51	14.7	18.89	25.37	−25.5
怀柔区	4.16	4.45	−6.6	1.58	4.08	−61.3
平谷区	514.96	531.04	−3.0	324.21	276.03	17.5
密云区	89.53	116.94	−23.4	44.62	106.58	−58.1
延庆区	64.73	111.65	−42.0	131.69	159.16	−17.3

农业观光园

各 区	农业观光园个数（个）		高峰期从业人员（人）		接待人次（人次）		经营总收入（万元）	
	2020 年	2019 年	2020 年	2019 年	2020 年	2019 年	2020 年	2019 年
北 京	925	948	28 706	33 815	8 672 351	15 379 957	154 527.6	232 126.1
朝阳区	7	7	845	1 251	135 196	280 647	10 357.6	29 889.9
丰台区	12	11	716	704	1 236 913	1 813 539	11 283.1	17 861.5
海淀区	87	87	2 367	2 637	212 515	306 680	8 535.8	8 989.6
门头沟区	31	34	307	385	118 702	128 335	923.1	1 219.2
房山区	71	72	900	1 080	335 796	519 839	3 365.4	5 058.4
通州区	38	44	1 705	2 097	291 734	657 545	9 412.0	14 079.5
顺义区	68	66	1 943	2 468	590 931	1 588 942	10 544.0	17 913.0
昌平区	144	150	4 759	5 274	391 746	966 051	22 475.6	29 601.1
大兴区	48	54	1 529	2 176	434 425	901 320	7 740.6	11 431.2
怀柔区	137	139	1 452	1 816	903 535	1 609 374	9 923.7	15 211.0
平谷区	135	136	7 750	8 235	2 369 710	3 016 766	20 225.7	23 751.7
密云区	110	107	3 384	4 286	1 387 062	2 887 368	34 717.2	51 270.6
延庆区	37	41	1 049	1 406	264 086	703 551	5 023.7	5 849.4

注：全市合计数中含石景山区数据，故分区数据相加不等于合计。

乡村旅游

各区	乡村旅游接待单位（个、户数）		高峰期从业人员（人）		乡村旅游接待人次（人次）		乡村旅游总收入（万元）	
	2020年	2019年	2020年	2019年	2020年	2019年	2020年	2019年
北　京	5 832	7 354	19 626.00	23 720.00	10 103 383.00	19 200 658.00	95 269.86	144 289.93
朝阳区	4	4	12.00	19.00	320.00	2 600.00	10.00	42.15
海淀区	10	25	286.00	320.00	201 942.00	367 115.00	4 081.80	6 019.68
门头沟区	314	396	844.00	1 034.00	211 688.00	503 612.00	3 911.34	4 728.47
房山区	947	1 053	2 190.00	2 108.00	644 140.00	1 187 061.00	4 669.51	7 258.61
通州区	73	68	142.00	170.00	1 116.00	32 270.00	715.50	987.80
顺义区	16	29	127.00	246.00	145 634.00	479 402.00	657.30	1 505.10
昌平区	243	275	1 325.00	1 556.00	1 022 664.00	2 642 758.00	5 132.70	13 825.85
大兴区	34	32	401.00	421.00	206 392.00	372 630.00	1 028.30	1 279.80
怀柔区	1 320	1 511	4 342.00	4 811.00	1 557 266.00	2 504 659.00	19 452.77	23 924.00
平谷区	414	726	2 161.00	3 467.00	1 721 858.00	3 390 924.00	10 879.02	20 562.97
密云区	1 732	1 988	4 728.00	5 272.00	2 730 000.00	3 767 474.00	29 370.85	34 289.98
延庆区	716	1 247	3 068.00	4 296.00	1 660 363.00	3 950 153.00	15 360.77	29 865.52

注：民俗旅游接待单位、户数为实际经营的单位、户数。

索　引

本索引采取主题索引法编纂，主题词一年鉴正文出现的重要专业名词或名词词组、机构名称为主。按汉语拼音音序、音调依次排序，首字相同时，则以第二字排序，以此类推。

H

J

K

L

M

N

撰稿联系人名单与单位

张亚昆　通州区史志办
兰　岚　顺义区史志办
赵兴涛　房山区农业农村局
朱歆彤　昌平区农业农村局
田亚南　大兴区史志办
符乃清　门头沟区农业农村局
郭怀东　怀柔区农业农村局
杨广京　平谷区农业农村局
张鹏飞　密云区农业农村局
孙　猛　延庆区农业农村局
张伟楠　朝阳区农业农村局
潘高峰　海淀区农业农村局
李雅荣　丰台区农业农村局
华　蕾　市教育委员会
刘　刚　市民族宗教事务委员会
蒋一鸣　市商务局
毕宝磊　市交通委员会
张　楠　市市场监督管理局
于田畅　市民政局
刘约章　市文化和旅游局
李志敬　市卫生健康委员会
齐庆栓　市园林绿化局
张　祎　市水务局
马　凯　市司法局
李昊喆　市农村商业银行
李　潇　市农林科学院
孙田田　市农业职业学院
张轶斐　市气象局
康　斌　市统计局
宋晋敏　市农村经济研究中心
万敏波　市农业农村局

图书在版编目（CIP）数据

北京农村年鉴．2021 /《北京农村年鉴》编委会编．—北京：中国农业出版社，2022.12

ISBN 978-7-109-30326-3

Ⅰ. ①北… Ⅱ. ①北… Ⅲ. ①农村经济—北京—2021—年鉴 Ⅳ. ①F327.1-54

中国版本图书馆 CIP 数据核字（2023）第 002605 号

中国农业出版社出版

地址：北京市朝阳区麦子店街 18 号楼

邮编：100125

责任编辑：姚 佳　　文字编辑：王佳欣

版式设计：杜 然　　责任校对：周丽芳　　责任印制：王 宏

印刷：北京通州皇家印刷厂

版次：2022 年 12 月第 1 版

印次：2022 年 12 月北京第 1 次印刷

发行：新华书店北京发行所

开本：889mm×1194mm　1/16

印张：27　　插页：12

字数：825 千字

定价：200.00 元